中国收藏拍卖年鉴

（2011）

主编　张忠义

新 华 出 版 社

图书在版编目（CIP）数据

中国收藏拍卖年鉴．2011／张忠义主编．—北京：新华出版社，2011.4

ISBN 978－7－5011－9582－4

Ⅰ．①中…　Ⅱ．①张…　Ⅲ．①收藏—中国—2011—年鉴②拍卖—中国—2011—年鉴
Ⅳ．①G894－54②F724.59－54

中国版本图书馆 CIP 数据核字（2011）第 052123 号

中国收藏拍卖年鉴（2011）

责任编辑：梁秋克　王晓娜
装帧设计：伍民力
出版发行：新华出版社
地　　址：北京石景山区京原路 8 号
网　　址：http：//www. xinhuapub. com
　　　　　http：//press. xinhuanet. com
邮　　编：100040
经　　销：新华书店
照　　排：北京汉书鸿图文化传播有限公司
印　　刷：河北省高碑店市鑫宏源印刷有限责任公司
开　　本：889mm×1194mm　1/16
印　　张：44.5
字　　数：1280 千字
版　　次：2011 年 4 月第一版
印　　次：2011 年 4 月第一次印刷
书　　号：ISBN 978－7－5011－9582－4
定　　价：398.00 元

本社购书热线：（010）63077122　　　　中国新闻书店电话：（010）63072012

图书如有印装质量问题，请与印刷厂联系调换。电话：（0312）2806333

《中国收藏拍卖年鉴》（2011）
专家顾问委员会

肖燕翼　国家文物鉴定委员会委员，故宫博物院原副院长

邹佩珠　李可染艺术基金会理事长，李可染夫人

沈　鹏　中国收藏家协会顾问，中国书法家协会名誉主席

张　柏　中国博物馆学会理事长，国家文物局原副局长

张文彬　中国博物馆学会名誉理事长，国家文物局原局长

张延华　中国拍卖行业协会会长，国家标准化管理委员会原副主任

张忠义　中国收藏家协会副秘书长，中国书画艺术鉴定研究中心学术委员

陈燮君　上海博物馆馆长，中国博物馆学会副理事长

欧阳中石　首都师范大学教授、博士生导师，中国书法文化研究院名誉院长

罗哲文　中国收藏家协会咨询鉴定专家委员会名誉主任，中国文物学会名誉会长

郑欣淼　中国收藏家协会顾问，故宫博物院院长，文化部原副部长

郑闻慧　炎黄艺术基金会理事长，黄胄夫人

郎绍君　中国艺术研究院研究员，美术理论家

胡德生　国家文物鉴定委员会委员，故宫博物院研究员

耿宝昌　中国收藏家协会顾问，国家文物鉴定委员会副主任委员，中国古陶瓷学会名誉会长

寇　勤　中国拍卖行业协会副秘书长，中国嘉德国际拍卖有限公司董事副总裁

彭卿云　中国文物学会会长，国家文物局原副局长

温桂华　北京拍卖行业协会会长，北京翰海拍卖有限公司董事长

廖静文　中国收藏家协会顾问，徐悲鸿纪念馆馆长，徐悲鸿夫人

熊光楷　中国人民解放军原副总参谋长、上将，中国国际战略研究基金会名誉会长

戴志强　国家文物鉴定委员会委员，中国钱币学会副理事长

《中国收藏拍卖年鉴》（2011）
编 辑 委 员 会

《中国收藏拍卖年鉴》（2011）
特约撰稿人

王凤海：中国拍卖行业协会副秘书长

胡妍妍：中国嘉德国际拍卖有限公司副总裁

拓晓堂：中国嘉德国际拍卖有限公司古籍善本部总经理

张忠义：《中国收藏拍卖年鉴》主编

尹　毅：中国艺术科技研究所书画真伪科学鉴定研究中心主任

马继东：《中国收藏拍卖年鉴》副主编

王旭平：《中国收藏拍卖年鉴》编委

刘胜利：《中国收藏拍卖年鉴》编委

刘新岗：《中国收藏拍卖年鉴》编委

刘轶丹：《中国收藏拍卖年鉴》编委

钱　冶：《中国文物报》收藏版主编

鲁　婧：《人民日报》人民网　收藏频道主编

韩涧明：《收藏·趋势》执行主编

云　菲：《中国艺术报》通联专刊部副主任

李红娟：《艺术市场》编辑部副主任

阮富春：《文物天地》编辑

毕武英：《中国证券报·收藏投资导刊》记者

张　娟：《中国收藏》编辑记者

高　敬：搜狐文化频道记者

杜　卡：自由撰稿人

编辑说明

一、由中国收藏家协会、中国拍卖行业协会、中国艺术科技研究所主办，新华出版社出版发行的《中国收藏拍卖年鉴》（首卷2011年版）现已问世。作为第一部收藏拍卖类年鉴，每年一期，集权威性、知识性、工具性于一体，力求全面、客观、公正地反映文物艺术品收藏和市场发展状况，为促进民间收藏与拍卖事业贡献力量。

二、《中国收藏拍卖年鉴》本着服务行业的宗旨，特设立专家顾问委员会。委员均为在业内作出突出贡献、知名度高、影响力大的专家学者，并有相关部门领导参与指导工作，为年鉴的学术性、权威性、实用性提供了保证。

三、《中国收藏拍卖年鉴》在内容设置上求全、求新、求变，力争办出特色、办出水平。对广大读者研究学习、查阅资料、掌握信息有重要的参考价值。

四、本刊采用篇目、类目、分目、条目四级编辑体例，并分别以不同字体、字号加以区分，条目为本年鉴内容的基本载体。

五、“政策法规”、“业界动态”、“考古发现”、“艺术品拍卖信息”、“年度重要拍品”等以日期为序。由于是首卷，政策法规部分的选取不以2010年为限，从前到后，以保持连续性和全面性。

《中国收藏拍卖年鉴》（2011）

支 持 单 位

（排名不分先后）

新华出版社

华夏城乡文化书画研究院

《人民日报》人民网收藏频道

中央电视台《国宝档案》

中央数字电视书画频道

中国收藏家协会官网

中国拍卖行业协会官网

雅昌艺术网

新浪网收藏频道

中国文化报

中国文物报

中国艺术报

《中国拍卖》

《中国收藏》

《收藏》

《文物天地》

《艺术市场》

《收藏投资导刊》

序　言

由中国收藏家协会、中国拍卖行业协会、文化部中国艺术科技研究所主办，新华出版社出版发行的《中国收藏拍卖年鉴》（首卷2011年版）终于与大家见面了。这是第一部深度关注中国文物艺术品、深入探索收藏拍卖行业的年鉴体权威著述。对于它的问世，我作为一个老文物工作者，感到由衷地高兴。

文化是一个民族的精神和灵魂。在当下推动社会主义文化大发展、大繁荣的新时代，文化产业的发展被列入了国家战略部署，关系到国家的发展和中华民族的伟大复兴。而文物艺术品正是中国历史和文化的产物，是中华民族传统文化最集中的体现。文物艺术品的收藏，是一种高雅的文化生活，是中华民族优良的文化传统。自商周汉唐以来至今已有3000多年的历史。现在国家各级博物馆和相关文物艺术品收藏机构中保存的大量历史文化遗产珍品，莫不是历代公私收藏积累传承下来的成果，可谓功莫大焉。

因此，收藏不只是个体行为，也不仅仅是对物件的收集与整理，更重要的是对民族、对国家历史文化的汇集与传承。俗话说，盛世收藏。当今时代政通人和，国泰民安，无疑是有史以来最大的盛世。无论是收藏活动还是文化事业，都得到了空前的发展，呈现出蓬勃向上的大好局面。从20世纪90年代开始，在中国出现的文物艺术品拍卖，为文物艺术品的交流提供了一种全新的模式，拍卖以公开、公平、公正为原则，虽然发展时间不长，却已经成为时下最集中、最有效、最具表现力和影响力的文物艺术品交易形式。特别需要指出的是，文物艺术品拍卖近年来已经成为国家文物征集的最主要形式之一。国家文博单位已经先后通过拍卖征集了许多重要文物，诸如《研山铭》、《出师颂》、《淳化阁帖》等。可以说，当前文物艺术品收藏活动已经离不开拍卖，二者相辅相成，密不可分。然而同当前繁荣的收藏市场一样，拍卖行业也存在假拍、拍假、管理运作不规范等各种急需解决的问题。所以全面、准确、客观地认识中国收藏拍卖事业和艺术品市场是现在迫切需要的，更是艺术家、收藏家和各方面从业者的共同愿望。《中国收藏拍卖年鉴》正是适应这一需求，应运而生。

《中国收藏拍卖年鉴》是以全面、系统、准确地记述上年度收藏拍卖事业发展状况为主要内容的资料性工具书。为客观反映当前文物艺术品收藏事业和拍卖市场情况，《中国收藏拍卖年鉴》内容设计上包括政策法规、业界动态、专文、特稿、艺术品拍卖信息等版块。为我们全面了解中国文物艺术品收藏现状和艺术品拍卖业最新动态提供了可靠的依据，为相关部门和广大读者及时掌握信息提供了一个重要窗口，是可以参考利用的资料库与信息港。内容翔实，博采众长，集辞典、手册、图录、统计资料、书目、索引、文摘、指南、便览于一身，对研究学习有重要的参考价值。

据我所知，国内许多知名的专家、学者及有关领导对《中国收藏拍卖年鉴》的出版发行十分重视，并给予了很多帮助，对《中国收藏拍卖年鉴》在文物艺术品收藏事业与拍卖行业产生的积极重要影响赋予了极大期望。在此部《中国收藏拍卖年鉴》中，收藏和拍卖事业同时得到关注，在业内具有开拓性意义。我衷心地希望，《中国收藏拍卖年鉴》能够不负众望，开拓进取，办出特色，办出水平，并且越办越好，逐渐成为广大收藏家、收藏爱好者、文物工作者与有关管理部门的亲密朋友，成为一本可以信赖的工具书。

书的编者知我从事文物保护工作60多年来，由于工作关系从不收藏文物，但对文物艺术品的收藏很感兴趣、十分热爱与支持，特嘱我为序，于是写了一些感想和认识，请教读者方家高明，并借以为对此书出版之祝贺。

罗哲文

2011年2月

（作者系国家文物局古建筑专家组组长、中国文物学会名誉会长、中国紫禁城学会名誉会长、中国长城学会名誉会长、中国收藏家协会咨询鉴定专家委员会名誉主任）

目 录

第三部分　专　访

第四部分　业界动态

第五部分 考古发现

第六部分　政策法规

第七部分　艺术品拍卖信息

第八部分　年度重要拍品

第九部分　文化机构名录

第一部分 专文

ZHUANWEN

七十载矢志不移

全国政协副主席、中国文联主席　孙家正

当人们追求经济发展和现代化目标时，往往容易忽视祖先留下的遗产，忽视我们代代相依的精神家园。让人欣慰的是，总有一批先觉和义士率先觉醒并自觉承担起反思、呐喊的责任，以自己的博识和远见，洞察于前、忧患于前、行动于前、慷慨于前，不惜汗、不气馁、不居功地奋斗着。时下也是如此——当全球化的飓风向我们袭来时，他们保持着清醒，坚定地守护着民族文化的根脉，并以开放的态度面向世界，承担了取其精华、去其糟粕，为我所用、不囿于我的责任。

中国的文化遗产保护能有今天的成就，除国家昌盛、政通人和外，还有一个很重要的原因是得益于一批能人志士为之鼓呼奔走，罗哲文先生便是其中之一。70年来，他服务中国文物保护事业的初衷不改，老而弥坚。可以说，七十载矢志不移，七十载巧思笃行，俨然如文博苑中的花匠，尽心呵护着满园春色。

在这翻天覆地的70年里，罗哲文先生几乎参与了中国文化遗产保护的所有重大事件，很多还是由他倡议并参与实施的。从长城保护到大运河申遗，从历史文化名城到加入《世界文化遗产公约》，罗先生惟日孜孜，无敢逸豫，为中国的文化遗产保护作出了杰出贡献。2009年，罗先生获得了由文化部、国家文物局评选的从事60年文物工作杰出贡献奖和各个社会团体授予的“中国文化遗产保护终身成就奖”，这是对他70年工作的充分肯定和最好评价。

这70年的光阴可以从1940年追随梁思成先生算起。他从一个放牛娃成为梁思成的入室弟子。他的启蒙之路是极具中国文化色彩的口传心授的传统方式，勤奋敬业、躬身笃行、心无旁骛等这些中国传统文化赞颂的优秀品质，在他身上得到了很好的继承和发扬。70年来，他遍涉祖国各地，以我的家乡江苏为例，他先后到苏州100多次、常州数10次；至于长城，我们能说出的地名，他全都到过。同时，他出版了很多著作向国内外宣传中国的文化遗产，有的文章还被收入小学、中学、大学课本。为了更好地总结经验和留存资料，罗先生在青年时代就学会了摄影、学会了自己冲洗照片，到现在他依然背着相机东奔西跑、爬上爬下，精力和兴趣不让青年。

古往今来，凡有大成就者，在成功者的基础上还要具备三个能力。一是善时，所谓“君子藏器于身，待时而动”；二是善始，所谓“以明防前，以智虑后”；三是善疑，所谓“于不疑处有疑，方是进矣”。今天的大成就者也是如此。因为有着丰富的经验和阅历，罗先生往往能够独具于众识之前。目前举国关注的“大运河申遗”，最早是罗先生和一些老政协委员倡议的，现在已经是涉及六省市35个城市的大事了。我很同意罗先生在文物保护维修上一贯坚持要有中国特色的观点。他曾经发表过一篇文章：《文物古迹也是有体有形、有声有韵》，我专门写信给他，表示赞同和敬佩。其实，早在1989年，他就提出历史文化名城不仅要保护有形的文物古迹，也要保护无形的音乐、戏曲以及科学技术、医药技术、宗教风水等“文化活力”，在观念上已经很接近10年之后出现的“非物质文化遗产”了。

罗哲文先生是文化部的老专家，又是全国政协的老委员。我到文化部和全国政协工作后有很多时候和他在一起工作，从他身上得到的教益匪浅。罗先生出生于1924年，今年已经86岁高龄，依然奔波在文化遗产保护的第一线，他是一位令人尊敬的文化遗产的守护者。在工作中，他提携后进、不吝私藏，以身示范、热情乐观，真正做到了“老骥伏枥，志在千里。烈士暮年，壮心不已”。我国还有很多像罗先生这样的老专家、老学者，为了祖国的繁荣昌盛、为了民族的伟大复兴，不念不苟，不堕不移，亲力亲为，积极为祖国建设出谋划策。他们是我们的宝贵财富，值得我们致敬和学习。

由实而虚的艺术升华

中国人民解放军原副总参谋长、上将　熊光楷

我于2005年年底退出军队现职领导岗位后，为自己确定下8个字的座右铭："文韬武略、习武学文"。前4个字是对我的职业生涯的总结，后4个字则是对我退休生活的规划。

在我的生命中，在军队服现役的时间超过半个世纪。但我并没有骑马扛枪走天下，我是用学到的文化知识，参与国家和军队的战略研究和军事外交工作。这是"文韬"服务于"武略"。退出现役后，我决心习武不辍，只要国家还面临着安全问题，军队还肩负着保家卫国的使命任务，作为一名老兵，我就一天也不能懈怠，要时刻关注国际风云变幻，以及国家的长治久安。这是"习武"。与此同时，我将加大"学文"的力度，用更多的时间和精力学习文化知识，力争为祖国的文化繁荣贡献一份心力。

我的"学文"，有一个主轴，就是藏书、读书、用书，徜徉在我几十年间搜集到的签名盖章书的海洋中。多年来，我一直是签名盖章书收藏的爱好者。至今，我收藏的签名盖章书已逾3000册。早在10多年前，我就有一个心愿，退休后要好好读一读这些书，好好写一写这些书。因此，还在季羡林先生健康工作的时候，我就利用一次外事活动的机会，请他为我构思中的丛书写作计划题写了"藏书・记事・忆人"的书名。

2008年年初，我的第一本《藏书・记事・忆人》出版。这本书带有一定的综述性质，概貌性地介绍了我的藏书。2009年10月，在举国欢庆新中国60华诞之际，我又出版了一本《藏书・记事・忆人：印章专辑》，专题性地介绍了我收藏的盖章书。这本新出版的第三本《藏书・记事・忆人》是"书画专辑"，专门介绍我收藏的签名盖章的书法绘画作品集。

今天，当书画与收藏联系在一起的时候，人们的第一反应往往就是书画真迹的收藏，然后就会想到市场价值几何。很少有人收藏书法绘画的作品集，专门收藏作者签名盖章的书法绘画作品集的就更少了。我为什么情注其中而且乐此不疲呢？一方面是因为我爱好艺术，在工作与生活中又常常能够接触到许多著名的艺术家，有便利条件。另一方面，我更乐于和这些艺术家通过交谈感悟艺术境界，更看重他们书画作品中的精神蕴藉，而不是经济价值。况且，直接收藏书画需要以经济实力做后盾，收藏的数量会受到很大限制，而相对而言价格低廉得多的书画作品集，内容却丰富得多，可以囊括艺术家各个时期的代表作。现在的印刷技术又是那么先进，捧览精美画册，其效果即使不如原作，但对业余爱好者来说也相差不是很多了。

这本"书画专辑"共分为三部分：中国绘画、中国书法和外国绘画书法。我发现，无论东方还是西方，无论艺术的形式和技法如何千差万别，其优秀的作品都有共同之处，那就是，它们都妥善处理好了虚与实的关系，源于生活，又高于生活，在生活之实的基础上，通过艺术家灵心巧手的提炼与升华，实现了艺术之虚，将美呈现给世界。

以中国绘画为例。人们在对中西绘画进行比较的时候，常说中国画的长处在于写意，西洋画的长处在于写实。一些人把透视和比例作为重要标准，以此批评中国的写实不如西方。这是不恰当的。实际上，传统中国画的写实非常优秀，无论三国时期的"曹衣出水"，还是唐代的"吴带当风"，都达到了相当高的水平，而其年代距今都已一两千年。只不过中国的写实不像西方的写实那样追求几何规律一般的要求。早在1700年前，在中国绘画理论初创时期，晋代的著名画家、绘画理论家顾恺之就指出，"手挥五弦"难画，而"目送飞鸿"更难画，因此他提出了"传神论"，认为绘画的根本在于"传神"，要"以形写神"、"迁想妙得"。顾恺

之提出了一个很高的标准，并被后代的无数中国画家遵从，特别是中国文人画兴起之后，在写实的基础上，以追求神似和意趣为特征的写意画得到了飞跃发展。

在写实和写意的关系中追求写实基础上的写意，这是中国绘画发展的一个重要脉络。尤其是近代以来，这个脉络更加彰显。写意之外，还有大写意，有泼墨，有彩色泼墨，这些写意技法都经艺术家的探索实践得到了长足发展。从齐白石、徐悲鸿，到今天的刘大为、冯远，虽然他们风格各异，擅长的绘画门类也不尽相同，但无一例外都能虚实结合，意在画外。齐白石老人说“妙在似与不似之间”，他画的虾之所以栩栩如生，既是因为他笔下的虾活灵活现，画出了“神”，也是因为他对虾的基本情态有准确的把握，没有脱离虾的“形”。这就是“似与不似”之妙，或者如古人所说的“无法中有法”、“入乎规矩之中，超乎规矩之外”。

在中国，自古就有“书画不分家”的说法。与中国绘画写实与写意的关系相呼应，我认为，中国的书法的实质是要处理形与神的关系。因为书法是一种从实用中脱胎而出并上升到审美范畴的艺术形式，实用性是书法的根基。无论是最初的象形文字，还是后来的形声字，中国的文字都以“形”为基础，而其中又以楷书的“形”为关键。中华文明绵延至今，绝大多数文字以楷书为载体。楷书带有浓厚的“正式的”与“官方的”色彩，因此也被称为“正书”或“真体”。“神”附着于“形”，楷书的“形”就是堂堂正正的端严庄重之“神”。

我收藏的签名盖章书法集，大都集中于当代，既有林散之、启功的盖章本，又有欧阳中石、沈鹏等当代名家的签名本，还有张海、申万胜等当今书法界领导人的签名本。我发现，这些书法名家虽然都能精通多种字体的创作，但他们作品最多的往往还是行书和草书。林散之是典型的大器晚成的艺术家，他自称“六十岁后才学草书”，但他独辟蹊径地以汉隶功底研习草书，以拙补巧，使古老的草书展现了新的生机。无独有偶，中国书法家协会现任主席张海也是在胸有成竹之后又不拘成法，将他擅长的隶书、行草、汉简结合起来，开创了草隶书写的新境界。可以说，书法史的发展，有一个从形到神的脉络；具体到每一位杰出的艺术家，也有一个不断从形到神，突破成法，超越自己的过程。如果说“形”是书法的根基，那么，“神”就是艺术家游心万仞的自由境界。

由于从事对外军事交往工作的原因，半个多世纪以来，我陆陆续续地几乎走遍了世界各地。每到一地，在工作之余，只要有可能，我都尽量挤出时间到剧院欣赏戏剧，到音乐厅聆听演奏，或者到博物馆和画廊欣赏绘画与雕塑。在参观的过程中，以及通过一些朋友的帮助，我陆续收藏了一些国外著名画家或者画廊的画册，得到了签名或者盖章。在我的藏书中，外国图书是一大门类，其中就包括这些精美的画册。收集在这些画册中的绘画作品，以油画为主，实际上，我们今天常说的西洋画，主要也是指兴起于文艺复兴时期的油画。

我曾经来到法国卢浮宫，观摩《蒙娜丽莎》的原作。看着画面上那个似笑非笑的神秘女子，我突然意识到，这里实际上是西方绘画的现实主义源头。文艺复兴之前，西方绘画几乎完全是宗教题材的天下，寥寥无几的现实题材，画的基本上也都是王公贵族。只有到了文艺复兴时期，蒙娜丽莎这样的普通平民（也有人猜测蒙娜丽莎是贵族，但也绝不是可以被载入史册的显宦贵胄），才进入了画家的视野。而油画的诞生，恰好给了这种以常人入画的艺术取向有力的现实主义的途径。因此，文艺复兴以来，西方油画无论源头还是主流，都是现实主义。

但是，进入19世纪之后，现实主义主流发生了一些变化。画家不再满足于画室里的刻板的静止的人体与静物。他们背起画夹走到室外，走向田野，变动的风景和自在劳作的人们占满了他们的视野。更重要的是，对瞬息万变的“光”的追求以及用画笔展示人类心灵微妙变化的尝试，使油画从现实走向抽象，进入一个新的发展阶段，形成了印象派、后印象派、野兽派、立体派、表现主义、达达主义、未来主义、超现实主义等众多现代流派和新的绘画技巧。

中国画的实质是处理写实与写意的关系，在写实之中突出写意；中国书法的实质是处理形与神的关系，在形的基础上追求神韵；外国绘画的实质是处理现实与抽象的关系，从现实的表象中抽象，去挖掘心灵的体验——这就是我收藏签名盖章书画集并研读学习的心得。

今天，我们生活在一个文明多样化、文化多元化的地球村里，各种艺术形式的交流融合成为世界性的潮流。特别是在中国，随着我国经济的高速发展，人们的精神文化生活也极大丰富地发展起来，艺术百花园里更是呈现出争奇斗艳的繁荣景象。这种“争奇斗艳”并不是非此即彼的排他，或者三六九等的优劣排序，而是各展所长，各施其能，各擅胜场，竞相吐芳。中国美术家协会现任主席刘大为曾经对我说，当今的国画创作已经进入一个名家辈出、整体水平全面提高的“高原时期”。我非常赞同他的观点。同时我想，何止国画创作，中国的书法艺术、中国其他门类的艺术实践，不也借着改革开放和东西文化交流的春风，正在攀登新的高峰吗？到那个时候，我的收藏爱好一定能够得到更多收获，从我收藏的书画作品集里一定能够得到更多美的陶冶、美的享受。

中国文物与艺术品拍卖步入“标准时代”

中国拍卖行业协会会长　张延华

1997年是中国拍卖业历史上十分重要的一年。这一年，《中华人民共和国拍卖法》颁布，标志着中国拍卖业进入了以市场化、法制化、国际化为特征的新的历史阶段。在这一背景下，中国艺术品拍卖市场逐步发展起来。即使是面对全球金融危机的冲击，2009年秋拍，中国文物艺术品拍卖仍然进入了“亿元时代”。当2010年春拍正如火如荼地不断刷新纪录时，中国拍卖业的第一部行业标准《文物艺术品拍卖规程》正式颁布实施。这意味着我国文物艺术品市场从此走上更加规范化、标准化之路。

一、《文物艺术品拍卖规程》将对中国的拍卖市场产生重大影响

《文物艺术品拍卖规程》是我国拍卖行业第一部标准，它的实施将会从制度上进一步规范行业的职业行为，提升行业管理水平。因此它的制定、颁布、实施具有划时代的意义，甚至可以与《拍卖法》的颁布实施在一个意义的层面上来衡量。

企业要办好，除了在大的框架内遵守法律之外，同时必须走标准化之路，严格执行有关标准。今后我国还会陆续出台拍卖行业一系列标准。目前正在搭建标准体系框架。中国拍卖行业将走上一条标准化的道路，通过企业自觉遵守标准，逐步使社会对拍卖行业有一个正面的全新认识，真正了解拍卖是怎么一回事。另一方面有效遏制拍卖当事人不规范的行为，一方面通过标准的出台，让更多的业外人士能清晰地了解拍卖程序，帮助拍卖企业健康发展。

二、《文物艺术品拍卖规程》是对《拍卖法》的重要补充

《文物艺术品拍卖规程》相对《拍卖法》是补充，也是完善。中国拍卖行业恢复20多年以来，一直都以有一部规范行业行为的法律感到欣慰、自豪。因为很少有一个小的行业，甚至大的行业能够有一部专门的法律。拍卖起步虽然晚，但是很快就有了一部规范行为的法律。这是中国拍卖行业的立足之本。这些年拍卖业的成长，发展壮大，应该说没有一步离开《拍卖法》。但是作为一部法律不可能面面俱到，十分细致周到，将拍卖的每一个操作步骤都设计出来。它只能从大的框架上、规则上提出要求。因此，《拍卖法》实施之后的这十几年来，大家越来越发现非常需要一套在《拍卖法》框架约束之下更具有可操作性的行业规则。

2009年12月，协会完成了这部行业标准。从2003年意识到行业标准的重要性，到2007年开始起草，再到出台，整整历时8年。这部标准是众多企业参与起草制定的。这说明企业已经意识到一部可行的行业标准对整个行业的重要性。这部标准的出台，弥补了拍卖法的不足，使我国拍卖行业的法制建设、制度建设更臻于完善。另外还有很重要的一点，这一标准涉及的一些问题很可能会在下一步修改《拍卖法》当中加以引用。一些实践中遇到的问题先在标准中得到解决，等于也是为修改《拍卖法》做了准备。当然推荐性标准不是法律，不能强制执行，要企业自愿执行。

三、规范与自律是拍卖行业永不放弃的主题

有阳光的地方必然有阴影，但阴影毕竟遮蔽不住阳光。在当今的中国文物艺术品拍卖界，知假拍假是极少数人的个别行为。通过这部标准，一方面约束拍卖企业自己，另一方面也向社会各界展示拍卖的阳光形象。有《拍卖法》在，有这个标准在，社会各界就能够更好地对拍卖行业实施监督。拍卖各方当事人可以依据这一标准来衡量拍卖企业的操作程序是否规范，维护自己的权益。

知假拍假和假拍我们从来是反对的，毫不含糊。虽然行业协会没有行政手段，但是一旦发现，会积极地向执法部门举报，协助有关政府机构对其进行制裁。而且协会自身有企业信誉评级系统，将会直接影响该企业的信用评级。所以说拍假和假拍是拍卖行业通病是不公正的。事实上，在中外艺术品拍卖界，拍卖企业不知假而拍假的事情时有发生，今后这种事情也难以避免。因为鉴赏艺术品是件很难的事情，再高水平的文物鉴赏专家也会有鉴别不了的东西。因此，协会要求企业的是，坚决杜绝知假拍假，同时严格按照标准组织拍卖活动，从程序上减少拍假的可能性。

四、目前中国文物艺术品拍卖现状

政治开明、经济繁荣、社会稳定，特别是传统文化的回归以及对新文化的追求等诸多力量汇合，形成了当前文物艺术品强烈的市场需求，因而也给中国文物艺术品拍卖创造了一个千载难逢的发展机遇。

可以说中国经济持续增长，为拍卖业提供了良好的生存环境。即使是面对全球金融危机，中国拍卖行业也没有出现经营大幅下滑，反而大幅增长。尤其是文物艺术品拍卖，成交额和成交率双双上扬。2009 年过去了，中国拍卖行业整体运营形势良好。2010 年的兴旺景象大家也都看到了。现在全世界都在看中国的文物艺术品市场，中国古老文化正在被世界重新认识。中国艺术品市场价值的回归与国家整体经济形势同步上扬毫不足怪。这绝不是谁炒作得了的。

当然，我们也清楚地认识到，中国文物与艺术品拍卖业还十分年轻、稚嫩。希望通过这部行业标准能让企业尽快地成长，行业更加规范。要使我国艺术品拍卖业迅速茁壮成长，真正跻身于国际名牌艺术品拍卖企业之中，还有很多事情要做，中国文物艺术品拍卖企业任重而道远。

清代内府收藏书画用印

——兼考数例赝作

故宫博物院原副院长　肖燕翼

清代内府收藏的书画，富甲天下，并大多著录于《秘殿珠林》、《石渠宝笈》初编、续编、三编。该书是乾隆、嘉庆二朝相继编纂的著录书，并辑入《四库全书》子部艺术编，所著录的古代书画达八千余件。但这只是清内府收藏的一部分，还有许多未被著录在内的书画。曾经参加过“续编”编纂工作的大臣阮元，在其《石渠随笔》一书中记载，没有被著录的书画是因为“或贮库，或发盛京（今沈阳故宫），或赏诸王及军机大臣、南书房、上书房大臣”。无论被著录与否，凡清代内府所藏书画大多钤有皇帝御玺。据不完全统计，清内府所藏书画迄今尚有七八成存世，多藏于国内外博物馆、文物单位，也有少量作品流传于民间，被文博机构或收藏家们竞相购藏。凡钤有乾隆御玺的内府藏书画，又被概称为“乾隆五玺”的书画，其实这是一个一般的概念，事实上是一个较为复杂、似乎无规律的钤印现象。古代书画是否为清内府收藏，是否被著录，是否钤有皇帝御玺，即在书画本身的文化艺术价值之外，增重了一层流传历史的价值，每每为文博单位、收藏家所重视。因此，搞清书画钤加御玺的一般规律是十分必要的，有时还是鉴定书画真伪的重要依据之一，本文对此略加考述。

清内府所藏书画大都钤有乾隆、嘉庆、宣统三朝玺印。有些书画上的玺印多至一二十方，似乎无规律可循。如仅从《石渠宝笈初编》著录的书画看，其实是有规律的，即该书“凡例”中说明的：“书画分贮乾清宫、养心殿、重华宫、御书房四处，俱各用鉴藏玺以别之。又有‘石渠宝笈’、‘乾隆御览之宝’二玺，册、卷、轴皆同。上等者则益以‘乾隆鉴赏’、‘三希堂精鉴玺’、‘宜子孙’三玺。既分贮四处，所编字号仍分布排次，取其便于观览。”按“凡例”的规定，凡收录书画均钤收藏殿所等三玺，上等书画又加钤“乾隆鉴赏”等三玺，即上等书画钤六玺，次等书画钤三玺。以此验《石渠宝笈初编》收录的书画，所钤玺印似无例外。以北京故宫所藏为例，如上等书画元周郎《杜秋图卷》、宋赵昌《写生习蛱蝶图卷》、扬无咎《雪梅图卷》等；次等书画，如宋赵佶《芙蓉锦鸡图轴》、明朱见深《岁朝佳兆图轴》等。《秘殿珠林》著录的则是宗教题材的书画，钤用印记以“秘殿珠林”一印替代“石渠宝笈”一印，其他全同。除此之外，现传世的清宫旧藏书画，可见的还有钤一玺、二玺、五玺、七玺以及《石渠宝笈续编》书画钤八玺（如赵雍《松溪钓艇图卷》）、《石渠宝笈三编》仿照《初编》钤三玺、六玺（如赵佶《听琴图轴》）等。毫无规律可循的是乾隆帝晚年即做太上皇时随意钤加“太上皇帝”、“古稀天子”等玺印，即阮元所说的“皆随时补钤也”，就另当别论了。下面仅就未入《续编》、《三编》的清宫书画所钤玺印的不同情况，略作列举、说明。

钤加一玺的书画，如明董其昌《临阁帖册》、清王原祁《西岭云霞图卷》、郎世宁《午瑞图轴》、冷枚《梧桐双兔图轴》等。其中，郎世宁、冷枚为宫廷画家，王原祁虽属文人画家“四王”之列，但也有许多奉敕创作的臣字款作品，《西岭云霞图卷》即属臣字款作品。看来此类作品会钤上玺印，作为宫中一般藏画。董其昌《临阁帖册》属于另一种情况。该书册原贮乾清宫，属次等书册，在拣选入《石渠宝笈初编》时列为“不入选”，因之只在册首钤有“乾隆御览之宝”一玺。及今鉴之，此册为伪迹。

钤加二玺的绘画极少见，可知的有收录于《海外藏中国古代绘画》一书的元吴镇《野竹图轴》。该图为张珩、王季迁递藏。据故宫图书馆藏编纂《石渠宝笈》时留下的“底本”中“办理书画档案”记：“乾隆十年九月廿九日又奉旨，凡续入之名人书画等件，俱著用‘石渠宝笈’、‘乾隆御览之宝’鉴藏图书，俟将来编书时再行补用。钦此。”该图上正钤有此二玺，可知是《石渠宝笈初编》成书后才进宫的。为什么钤二玺的书画较为罕见？从《石渠宝笈初编》一书的编纂“底本”及“办理书画档案”看，乾隆所下旨意是多变的，很可能是在钤二玺的旨意之后，又颁下加钤“乾隆鉴赏”、“宜子孙”、“三希堂精鉴玺”的旨意。这就是《石渠宝笈续编》的“凡例”中所说：“内府书画初入选者（指选入续编），钤用玺五。”在《石渠宝笈初编》收录书画钤三玺或六玺之后，乾隆皇帝已产生编纂续编的念头，先是颁旨钤用二玺，后又采取《初编》的办法，钤加五玺备办，也就又规定了其后续交书画均钤五玺，待续编《石渠宝笈续编》时再钤贮藏殿座印记及其他印记。如元赵孟頫《幽皇戴胜图卷》，本幅除钤五玺外，又加钤“石渠定鉴”、“宝笈重编”、“御书房鉴藏宝”三玺，即前后钤八玺，成为著录于《石渠宝笈续编》书画所钤御玺的典型格式。

但问题是，本应续入《石渠宝笈续编》的、已钤五玺的书画，有很多作品，包括一些很著名的作品并未续入，结果只钤有五玺，其数量之多，以致令人认为书画上的乾隆五玺，成了清内府所藏书画钤御玺的规律。仅以元代绘画为例。

藏于美国大都会博物馆的赵孟頫《双松平远图卷》，原为清著名收藏家安岐藏，20世纪40年代经王季迁携去美国，这是一件很重要的绘画。在卷后，赵氏自题：“仆自幼小学书之余，时时戏弄小笔，然于山水独不能工”，是早期融书法、绘画笔法的典型作品。又题：“仆所作虽未能与古人比，然视近世画手，则自谓少异耳”。作者自己也认为开了画法新风。安岐卒后，其家藏多归内府，时《石渠宝笈初编》已成书，故未能入编。

元倪瓒的《虞山林壑图轴》，现藏美国大都会博物馆。此图为倪瓒晚年代表作之一，原为明末项元汴藏品。本幅钤五玺，又有乾隆己卯（二十四年，1759年）一诗题。除五玺外，又钤“淳化轩”、“乾隆宝翰”、“信天主人”、“淳化轩图书珍秘宝”四印。根据《续编》“凡例”中所讲，这是此件书画在入编前曾藏于淳化轩，已先钤上诸印玺，后仍按例钤五玺。

元倪瓒的《疏林图轴》，现藏日本大阪市立美术馆，为倪瓒山水小景中的佳作。钤五玺，本幅中上有乾隆丙子（二十一年，1756年）一诗题“老笔疎疎了了，幽襟落落萧萧。假象不妨似，真宗何解神超”。诗中言倪瓒的似与不似的艺术之趣以及笔墨表现中反映出的文人画家气质，反映了乾隆对该画的喜爱与欣赏。

元柯九思《横竿晴翠图轴》，现藏日本大阪市立美术馆，画一竿折枝弯竹。柯九思善画墨竹，自题此图：“此法极难，非积学之久不能也。”内中颇有自得之意。钤五玺，幅上有乾隆御题诗，书于乾隆四十九年甲辰（1784年）仲夏，本幅左有纪晓岚一题：“乾隆己酉（五十四年，1789年）赐经筵讲官礼部尚书兼文渊阁直阁事臣纪昀。”按《石渠宝笈续编》始于乾隆五十六年（1791年）正月，该图已赐纪昀。

元方从义《武夷放棹图轴》，北京故宫藏。原为安岐藏，卞永誉《式古堂收画汇考》著录。

明朱见深《一团和气轴》，北京故宫藏。朱见深即明成化帝。图绘一弥勒盘膝而坐，头部两侧分别为道观老者和戴方巾的儒者，寓儒、道、释三教合一之意。诗塘存成化帝书“一团和气图赞”，钤五玺。左下又钤“宝蕴书画记”。按宝蕴楼在故宫西华门内，1913年筹办古物陈列所，将沈阳故宫、热河行宫两处文物集中到故宫，并于1914年在已毁的咸安宫旧址上始建宝蕴楼库房。故该图原为沈阳、热河两处藏品，入故宫后再未出宫。

明董其昌《临阁帖册》，现藏北京故宫。该册为十册，册后有文震孟、范允临等人题，钤五玺，又钤“宝蕴楼藏”一印，故此书册也应是古物陈列所所藏书画，后归故宫。

蓝瑛《秋色梧桐图轴》，为明代的所谓“浙派殿军”蓝瑛的精品之作。

钤有五玺的书画作品还有很多。因为五玺中没有钤原贮藏殿所的印记，所以均未被《石渠宝笈三编》著录。为什么这些钤五玺、准备续入《石渠宝笈续编》的书画没有被收录呢？如按《石渠宝笈初编》成书于乾隆十年10月，《石渠宝笈续编》开始编于乾隆五十六年（1791年）正月，中间隔45年时间。分析起来，一是因为此时间一部分书画被赏赐出去，如赏纪昀的一例；二是有些作品原未藏于清宫内府，而是分藏各地，即使在皇宫、宫苑等地，如《石渠宝笈初编》中即有以圆明园、畅春园收录的作品，虽钤有五玺，且准备录入《石渠宝笈续编》，有所遗漏也属正常，毕竟内府收藏的性质与博物馆收藏有本质上的区别；三是编《石渠宝笈续编》时，乾隆帝已81岁高龄，不可能再像《石渠宝笈初编》那样事必躬亲，严加督查。又且内府收藏，贮藏处所、方式，相当分散且无规律。据溥仪《我的前半生》一书中记有这样一段经历："我十六岁那年，有一天由于好奇心的驱使，叫太监打开建福宫那边一座库房。库门封条很厚，至少有几十年没有开过了。我看见满屋子都是堆到天花板的大箱子，箱皮上有嘉庆年的封条，里面是什么东西，谁也说不上来。我叫太监打开了一个，原来全是手卷字画和非常精巧的古玩玉器。后来弄清楚了，这是当年乾隆最喜爱的珍玩。乾隆去世以后，嘉庆下令把那些珍宝全部封存。"由此看来，如果《石渠宝笈续编》一书未能收录的，至《石渠宝笈三编》，虽始于乾隆五十八年，完成则在嘉庆二十一年（1816年），谁又能知道这些箱子是编录完成后封的，还是未编就被封起来了？总之，从这些分析来看，漏编的当然不少，传下来的也就只钤五玺了。

钤七玺的书画，像钤二玺的书画一样，也是较为罕见的，下面举三例予以说明。

唐杜牧《张好好诗卷》，是唐代诗人杜牧留下的唯一书法作品，也是唐代名人可信为真迹的书法作品之一。该作著录为《石渠宝笈初编》"养心殿"，上等书卷。按规律应钤六玺，但却在卷前宋宣和装的前黄绢隔水上钤一"乾隆御览之宝"方形朱文印；又在卷中诗序与诗的第一句上方钤同样印文的一枚椭圆形印。为什么？同样据《石渠宝笈初编》的"底本"中"办理书画档案"记乾隆谕旨一道："本日魏（下空两格）传旨，嗣后签题朱熹，俱写朱子，已办者俱着改正。本日又奉旨，各处收藏书画俱用各处鉴藏宝一颗，后此上等、次等之册页，御览宝（指乾隆御览之宝）用在本身，勿用在副页上；手卷勿用在隔水上；挂轴勿用在诗塘上。其现在副页、隔水、诗塘上用御览宝者，本身俱补用乾隆御览之宝一颗，再用某处鉴藏宝一颗。凡手卷、册页、挂轴用宝之处，不必拘定，总要不压本人字画。酌置空处用。如有万不得已之处，压字无妨。"这一档案中所记的魏某，似是内府中的管事太监。又"本日"，依档案上下所记，是乾隆十年三月间事，正是《石渠宝笈初编》草就之时，因之钤加印玺在同步完成。乾隆谕旨说得很清楚、细致，因《张好好诗卷》已在黄绢隔水上钤一御览宝，故又补用一印，且卷中只能压在字间，故只能"压字无妨"了。因为后补，匆忙间压得模糊不清，细看才辨出为另一颗御览宝，并与前印区别为方形、椭圆形的二印。如前述，冷枚《梧桐双兔图轴》，方形御览宝则是压在挂轴诗塘上，可能是漏掉补钤，或是在本幅再钤一御览宝，形式上生叠，影响观瞻而不钤了。

王珣的《伯远帖》，是与晋陆机《平复帖》同为晋人可信的法书真迹，又与王羲之《快雪时晴帖》、王献之《中秋帖》并称"三希"。该帖也曾为安岐所藏，在乾隆十一年丙寅春入藏内府，其时《石渠宝笈初编》已编订，因为乾隆帝特为喜好，仍被收录。先被列养心殿处藏品，故除五玺外，钤"养心殿鉴藏玺"一印。已经如此，乾隆帝仍觉得不显重视和偏爱之意，又与《快雪时晴帖》、《中秋帖》在养心殿内一温室中单贮，赐名"三希堂"，又刻"三希堂"双龙一玺加钤，因之有了七玺。

赵孟頫《水村图卷》，是画家以水墨所画江南水乡小景的山水画，所用笔墨，枯淡松秀，对元代枯笔山水的形成有很大影响，是继五代董源画江南山水典型之后的又一发展。该卷收录于《石渠宝笈初编》，属上等书画，故钤有六玺。卷上有乾隆御题二段。在第二段诗题后加钤"石渠继鉴"者，乃已入前书（指《石渠宝笈初编》）而复加题记者也。即这不是常规，只是一些书画上有此一玺。

收录于《石渠宝笈》续编、三编的书画钤御玺，则较有规律而少有变化。《石渠宝笈续编》著录的书画，不分上下等，除所说的"乾隆五玺"外，又加钤了"石渠定鉴"朱文圆印、"宝笈重编"白文方印，并按收藏殿所，加钤"乾清宫精鉴玺"等，共成"八玺"。如北京故宫所藏赵孟頫《幽皇戴胜图卷》、赵雍《松溪钓艇图卷》等。《石渠宝笈三编》著录的书画也不分上下等，一律采取《石渠宝笈初编》上等书画的钤印格式，即钤加六玺，只是将"乾隆御览之宝"、"乾隆鉴赏"中的"乾隆"二字改为"嘉庆"而已，其他四玺则印文、规制相同，如宋徽宗赵佶的《听琴图轴》。

在嘉庆朝，曾将一些《石渠宝笈》初编、续编收录的书画上加钤“嘉庆御览之宝”一玺。在末代皇帝溥仪尚未出宫的一段时间，曾萌生点查宫中物品的念头，一部分书画又被钤上了“宣统御览之宝”、“无逸斋精鉴玺”二印。这些印玺，也是在许多清内府收藏书画上常常见到的。

上述清内府藏书画钤加皇帝御玺的一般规律以及特殊的说明，只能说是大都如此。因为皇家收藏绝非博物馆收藏的概念，不同阶段的改变以及皇帝的随意性，往往造成不合规律处。虽然如此，大致了解其一般规律，对于书画的研究、鉴定、收藏也有很多帮助。比如从文物鉴定角度来看，如果书画上钤加的御玺有违上述的一般规律，则需慎重对待；反之，即便钤印全符合规律，也未必是真品，因为皇家收藏中也有许多伪作。下面则举例说明。

怀素《自叙帖卷》，是唐代草书家怀素传世的著名作品，著录于《石渠宝笈初编》，卷后有宋、明人的多则题跋、题名，并有多种出版物。如果仔细观察此帖，会发现有许多钩摹痕迹，而此作名气之大，几不敢怀疑其为伪迹。其实早在明代后期，詹景凤就在其《东图玄览》一书中记述此帖为伪迹。并说出了为何人所伪：“怀素《自叙帖》，旧在文待诏（征明）家。吾歙罗舍人龙文幸于严相国（嵩），欲买献相国，托黄淳父、许元复二人先商定所值，二人主为千金，罗遂致千金。文得千金，分百金二人寿。予时以秋试过吴门，适此物已去，遂不能得借观，恨甚。后十余年，见沈硕宜谦于白下。偶及此，沈曰：‘此何足挂公怀，乃赝物尔。’予惊问，沈曰：‘昔某子甲，从文氏借来，属寿承（文彭）双钩填朱上石。予笑曰：跋真，乃《自叙》却伪，摹奚为者？寿承怒骂：真伪与若何干？吾摹讫，掇二十斤归耳’。大抵吴人多以真跋装伪本后，索重值，以真本私藏，不与人观，此行径最为可恨。”正是受了詹景凤记载的启发，本人曾撰文一篇，考鉴《自叙帖》为伪迹。兹后，台北学者王裕民又曾专门考鉴《自叙帖》为“伪国宝”，并撰写专著。此帖考鉴为伪迹，还可以提示我们以下两点：

其一，明末奸相严嵩并非书画鉴赏收藏家，只是将其作为财务的搜刮者，《自叙帖》就是向他行贿的一件书画。因其不辨真伪、优劣，所以文彭敢于以假顶替。后严嵩败，其书画文玩收藏，又恰为文征明次子、文彭之弟文嘉经手，录为《钤山堂书画记》。当他见到《自叙帖》时，才说了一句真话：“以予观之，但觉跋胜。”大凡送礼行径，以送书画、文玩最为两便，一显文雅，二避公然行贿之嫌，但其值不菲，彼此心照，此古今共同。有了这一好办法，作伪者则专门预备了送礼的“好伪物”，即便“恭送”皇家的礼品中也不乏此类伪品。因此，我们看《石渠宝笈续编》前序文中说：“自乙丑至今癸丑，凡四十八年之间，每遇慈宫大庆、朝迁盛典，臣工所献古今书画之类不知凡几。”又《石渠宝笈三编》前嘉庆皇帝上谕：“朕自丙辰受玺以来，几暇惟以翰墨为事，内外臣工所献古今书画亦复不少。”在这些所献书画中，必有不少类似《自叙帖》的伪书画。至清王朝后期，尤其根本不懂书画、文物的皇帝、后妃们，其所接受的书画礼物，更是伪多真少。

其二，《自叙帖》为文彭所钩摹的一说，则《自叙帖》绝非孤例。文征明、文彭所处时代，书画作伪，风气特盛。文征明子弟、门生特多，尤其所掌握的书画技能，大作伪书画。正因为他们本身已是有名的书画家，其伪作也有着相当的水平，往往令人难以鉴别。其实在当时，还不过是文氏一个门庭而已。接下来再举有失的一例。

文征明《存菊图卷》，著录于《石渠宝笈初编》。按明人王闻，字达卿，号存菊，为吴门一地名医，又是文征明弟子王谷祥之从兄。此图即文征明为其所绘，故曰《存菊图卷》。改图时文氏仿元代王蒙画法的水墨画，初看水平尚佳，但仔细鉴阅，则笔墨有滞腻处，不似文氏真迹那样苍劲爽逸，是有本而刻意仿学的一种伪作。又，《存菊图》见于明清著录的还有数本，看来可能其中有真本，也必有不止一种的其他伪本，因为文征明不可能为同一人绘几种同一题材的作品。著录时最值得注意的是康熙时人高士奇《江村书画目》所记的一本，高氏自注云：“好而不真”。按高士奇，号江村，浙江钱塘人，出身贫穷，好学能文，以为人机敏，又工书法，受到康熙皇帝的赏识，擢为身边的亲信大臣。其人善鉴别，富收藏，著有《江村销夏录》，皆为所收书画名迹。《江村书画目》是其搜集书画的一本秘账，内记收购书画价目、真赝、优劣以及献给皇帝或子孙永宝等。其中，颇多已记为伪作而献给康熙帝者，以致这本秘账被发现、被乾隆帝知道后，引起乾隆的大怒。《存菊图卷》被注为“好而不真”，却可说明高士奇的赏鉴眼力，但又被献诸内府，是内府收藏伪作来源的一例。此图的“好而不真”，又应是文氏子弟、门生知有《存菊图》，故已掌握的文氏画法，模画而成，并成多本，也是一时作伪的风气和特定的方法之一。

《元人君子林卷》，著录于《石渠宝笈初编》，卷内收元代画家李珩、赵雍、柯九思、吴镇、倪瓒、宋克、王绂所画墨竹或竹石图，故曰：“元人君子林”。但七家中只李珩、王绂的墨竹为真迹，其他五家则均为伪作。其中，吴镇所画墨竹及图后草书诗体，一望可知为明人詹僖所伪。按詹僖，字仲和，明中期人。其书画并不为大多人所知，但仍有较罕见的本款书画。以之对比传世的一些吴镇墨竹、赵孟頫的草书作品，即可判为詹僖所伪。因为詹氏所伪，并不刻意临仿对象的书画特点，只是自由创作般的大体仿书、仿画。正因其似乎是自由挥洒，没有了临仿的局促感，反而让人不觉其伪。只要加以对比，即可知詹僖所伪书画的特点。

卷中又一段宋克的竹石图，图后有一段带有浓厚章草书意的行楷书题。此段书画颇类似《石渠宝笈初编》著录的宋克《书陶诗并画竹石小景图卷》。该卷今藏于美国普林斯顿大学美术馆。因北京故宫也藏有一卷，并较《石渠宝笈》著录的一卷还要多书陶渊明诗10余首。两卷比较，应为同一人所书、所画，且书画后的款题完全相同。一个著名书画家当然不可能在同一时间，为同一人作两件完全相同的书画。仅此一点即可判为伪迹。宋克为元末明初的著名书法家，擅章草书，临学三国时期吴国皇象的章草，楷书则习王羲之小楷书《黄庭经》、《乐毅论》，故其章草、行楷书，既有皇象章草的古拙之意，又富王羲之的秀雅风神。同时，宋克还兼善竹石小景画。作伪者在一卷中兼而仿之，并且一旦有一伪作，必仿之再三，故有这样大致相同风貌的赝品。清人包世臣在《艺舟双楫》中言鉴赏：“一望而知何家者，细求一本家所习前人法而不见者，仿书也。以此察之，百不失一。”对于上述三件伪宋克书画，可为最佳注脚。

上述数件精内府所藏书画的辨伪，说明皇家所藏也颇多伪作，尽管作品上都钤有御玺或书有御题。因此，在了解了清内府所藏书画，钤有乾、嘉二帝御玺的一般规律后，只能判为皇家所藏，并不能证明其皆为真迹。又且，上述伪作，皆明人所伪，因明中期以后，城市经济较为发达，引发书画市场的繁荣，有需求则必有“假货”的大量出现，也是时代背景使然。流传至今，依然有相当数量的作品传世，虽当今鉴定研究已多有揭示，但必会还有我们尚未识别的，倘言收藏，则需慎之又慎了。

如果从本文所言清内府收藏书画的钤用御玺看，钤御玺不合有关规律、可以依之鉴为伪迹的情况，大都发生于清末、民国时期。这是因清宫所藏因各种原因散佚出宫，引发社会间竞藏，再引发以各种手段伪造宫藏书画，并胡乱钤加乾隆、嘉庆二帝玺印的现象。例如，北京故宫收藏晋王献之著名书迹《送梨帖》，原著录于《石渠宝笈续编》，按规律应钤加八方玺印，但只钤有四玺。细验帖之本身，则赫然为珂罗版印刷品，而其外装潢又是标准的乾隆时期形式，显然是被人“掉包”了。内中颇有一段故事，将有另文介绍。由此可以看出，故宫博物院所藏尚且如此，更遑论社会间的伪迹了。其中，清末、民国间由于清宫藏书画的散佚，许多在北京地安门（俗称“后门”）交易，出现了专门伪造宫藏书画的所谓“后门造”，从钤用御玺的角度来看，也会对这类伪作的鉴别有所帮助。

真理总是愈辩愈明的。书画的鉴定也会随着各种专题研究而不断有所发现，有所明辨，这是一个不间断的研究过程，也会有助于公私收藏的提升。

“致力于社会和谐”的博物馆管理

——在国际博协第22届大会主旨报告会上的演讲

上海博物馆馆长　陈燮君

一、博物馆管理应该亮出和谐理念

国际博协2010年上海大会的主题为“博物馆致力于社会和谐”，会议提倡共同性，鼓励不同文化之间的对话，为与会者提供论坛，在充满活力、不断变化的博物馆事业环境中，发展创新的、跨学科的、范围广泛的理论框架。国际博协在137个国家里的28000名会员对于维护和保存有形及无形文化遗产方面起了重要作用。通过这次大会，大家能够继续紧密合作，涵盖各种不同文化，发展一个相互理解的大社会，一个更加和平、宽容、和谐的世界。这次大会将汇集全球的专家，鼓励新的合作模式，给博物馆成员提供机会，使大家能够处理各种形式的文化遗产：有形的、无形的、可移动的、不可移动的、文化的、自然的遗产问题，为博物馆发展作出贡献。

今天，中国拥有40多万处不可移动文化遗产、2000多万件可移动文物和自然遗产与自然文化综合遗产，它们是中国人民勤劳智慧传统和推进文化创新的生动载体。2500多座不同类型、不同学科的博物馆正是依赖于这些遗产资源，并正在和谐地发挥着积极的社会功能，从而使中国的博物馆成为整个国际博物馆事业中最具活力的组成部分。

我们在实践中体会到，今天博物馆的和谐理念面临着新的拓展的需求与可能。

一是“心灵沟通”的追求。当今社会“信息爆炸”、节奏加快、心理压力日增、人际关系趋远，需要加强博物馆管理，以博物馆的社会教育功能的潜移默化，使观赏者敬畏历史，珍惜生命，重视文脉，放松心态，以“心灵沟通”促进社会和谐。

二是“文化多样性与互容性”的完善。在世界整体性发展的今天依然要强调文化的多样性与互容性。近代博物馆的兴起就是以世界性与民族性统一为前提的，博物馆寻求文化多样性发展，与公众共享艺术赏珍，并以此提升观众的文化品位和修养水准。当今经济全球化、社会信息化，博物馆虽处经济、社会、文化一体化、全球化发展的大背景之下，但依然应以完善“文化多样性与互容性”为己任。

三是“文化权益”的维护。享用社会公共文化，维护公民的文化权益，已成为今天博物馆管理工作者的应有理念。正是在这样的理念之下，博物馆进一步经历着建立“依赖现代科技的征集收藏功能、形成学科发展优势的研究功能、面向现代社会的社会教育功能”的三大功能的现代化历程。

四是“公益性、基本性、均等性、便民性”的体现。博物馆管理“致力于社会和谐”，理应充分体现公益性、基本性、均等性和便民性，由此进一步坚守“精神家园”，完善综合功能，改进空间布局，提高服务水平。

五是“和谐自然”的关注。今天博物馆的和谐理念除了崇尚人与人的和谐、人与社会的和谐以外，还提倡人与自然的和谐。以人类文明的成长的智慧和先进的生态、环保理念以及“低碳经济”的有效应对来缓和日益尖锐的人与自然、环境的各种矛盾，已是博物馆管理者的不可回避的议题。

六是“休闲功能”的拓展。在现代生活中，“自然节奏”的留驻、休闲功能的养育是一种企盼和呼唤，博物馆在现代化管理的推进中，理应把“休闲功能”的拓展放上议事日程，予以实践涵盖，使观众不仅深入了解“从哪里来，到哪里去”、“懂得回家，熟悉回家的路”，而且在遨游历史、观赏文物、走近自然、赏心悦目的过程中休闲身心、放松心态，把博物馆作为“恢复宁静”的静静的港湾。

当然，博物馆管理在亮出和谐理念的同时，还应积极建构观念落地的途径。在实践中，具体途径很多，诸如传统时空的灵动、资源共享的整合、社会服务的尝试、服务体系的共建、专业研究的延伸、成本核算的新见等。如果说，“致力于社会和谐”的博物馆现代化管理的理念是企盼的、理想的、智慧的、美丽的，那么和谐理念的落地途径是现实的、多元的、凝聚力量的、穿透未来的。

二、博物馆管理理应关注人文关怀

“致力于社会和谐”的博物馆管理倡导人文关怀，观众至上，服务跟上，以人为本，以情感人。

博物馆管理关注人文关怀，就要由传统的封闭性走向开放性。国外有的博物馆正在增加非研究领域人员的比重，特别是在管理、行政和社会教育、博物馆服务等领域有效加强力量。与此相关联，有的博物馆除了继续加强传统领域的专业研究外，还注重文化多元性和社会文化的博物馆论述。有的博物馆在各种运作上，从社会需求出发建立自己的文化视角，从观众的希冀来完善博物馆的定位。

博物馆管理关注人文关怀，就要由重“物”转变为人、物并重，以人为本。固然，博物馆的藏品仍然是博物馆运营的重要基础，但如果博物馆接受“致力于社会和谐”、“为社会和社会发展服务”的观念，就必须与时俱进，不能“见物不见人”、“管物不管人”，而应该让博物馆所扮演的角色具有多样性，从一个侧重收藏、展示、研究的场所，发展为物质和非物质文化遗产的展示窗口、研究基地、交流平台、“信息港”以及凸显文脉、血脉、地脉的社会文化传播集散地。

博物馆管理关注人文关怀，就要从单纯的回放足迹变成时间上的双重指向，前瞻性地指向未来。博物馆应把握历史发展的规律，积极参与社会的变迁，描绘人类文明进步的趋势，总结创造性思维与人类文明演进的关系，充满活力地参与创造一个新的未来。

上海博物馆作为国际化大都市上海重要的文化窗口和艺术殿堂，以真诚执著的人文关怀赢得浓烈的文化真诚与倾情，展示着中华文明的源远流长与博大精深，承载着炎黄子孙的历史文脉与辉煌业绩，播扬着城市文化的民族精神与人文风采，同时也融入了上海几代文博工作者的辛勤耕耘与悉心养育的“精、气、神”。上海博物馆是中国古代艺术博物馆，建馆50多年来始终以发展城市文化为己任，以真诚执著的人文关怀为几代“上博人”的共同的追求。1996年，上海博物馆新馆建成以后，已日益成为上海城市文明的一个地标，成为上海城市精神风貌的一个象征，成为“上海都市胸膛上的一座艺术殿堂”。我们在实践中感悟到：正是因为博物馆的真诚执著的人文关怀，才使参观博物馆成为观众的持续的向往；正是因为博物馆观众对博物馆的厚爱和倾情，才使博物馆的发展赢得了永久的活力。

一是以人为本的队伍建设。上博始终倡导在真诚执著的人文环境中“超越自我”。为此，上海博物馆的领导班子明确提出了弘扬“敬业、创新、一流、合作、务实”的“上博精神”。敬业就是忠于职守，这是“上博精神”的基础。创新是上博精神的灵魂，上海博物馆各项工作的不断创新是博物馆事业不断发展的重要前提和保证。一流是目标，是对事业的高标准、严要求。上海博物馆的一流精神体现为一流的收藏、一流的管理、一流的研究、一流的展示、一流的服务和一流的社会教育。合作是上海博物馆各项工作得以顺利开展的通途。合作精神体现为领导班子的合作，上下关系的合作，部门之间的合作，还体现在馆与馆的合作，文博系统与其他系统的合作，上博与国内、国际博物馆的合作等方面。务实是工作作风，求真务实是对待工作的科学态度。脚踏实地的务实作风保证了上海博物馆各项工作的稳步发展。

二是贴近社会的公共文化服务。上海博物馆在公益性服务上开启了走向社会的新途径。1998年举办了新馆首届“中学生夏令营”，从2000年开始，围绕“博物馆与现代都市”、“博物馆与社区建设”、“博物馆与全球化”、“博物馆与青少年”等主题，每年举办一次“5·18国际博物馆日活动周”文博知识宣传普及活动，包括组织全市性的中学生征文与文博夏令营、建立学校型文博基地、举办社区居民的收藏展览和专家陈列室讲解、策划专题新闻报道等内容，取得了良好的社会效益。在“文化遗产日”活动中，以丰富多彩的活动体现了保护文化遗产、守望精神家园的文化真诚。

三是慷慨捐赠的亲情关怀。上海博物馆与捐赠者之间，有着异常亲密的友谊，相互倾诉真诚执著的人文情怀。社会上收藏家以及他们后代的无私捐赠是上海博物馆得以具有丰富馆藏的一个重要来源。50多年来，捐赠文物的有1000人次以上，捐赠的等级文物和一般藏品的总数达11万件以上，其中有很多是上海博物馆的重要馆藏。在上博的前厅有一面“金榜”，上面按年度排列着这些捐赠人的名字，上博以此铭记捐赠者。

三、博物馆管理让城市生活更美好

作为城市历史的记录者和展现者，同时是城市文化重要承载者的博物馆，它绝不仅仅为今天的城市记录过去，也为未来的城市留存今天，并联系和展示历史与现实间的关系，展望未来的发展方向。博物馆的这一特性决定了它将是城市文化的积极参与者和推动者。其作用也不仅仅表现在文物收藏、文物研究和文物陈列，还表现在为引领城市文化、弘扬城市精神、搭建多元文化交流平台等起着特有的作用。博物馆作为社会瞩目的公共文化机构，以其独有的文化资源和文化方式为社会和社会发展服务，构成了独特的博物馆文化，让城市生活更美好。

博物馆文化以藏品等文博资源为基础，与当地城市的人文与自然环境相适应，努力为城市文化发展提供精神动力和智力支持。博物馆文化的每一次新创意和新举措都将丰富和提升城市生活的文化含量。当今社会是一个交往普遍化和紧密化的全球化社会，是一个信息化、网络化、数字化的社会，是一个充满各类文化因素的多元社会。正是在这一大背景下，要求博物馆文化有新的创意。这种创意标志着新的博物馆理念的酝酿和构建，意味着传统博物馆思维范式和行为模式的转换。人们已经清楚地认识到构筑博物馆文化的重要性，感受到博物馆文化正在发生重大的变化。博物馆文化应强调为社会及其发展服务，体现外向的、多维的、以公众需求为中心的工作思路和文化精神。博物馆要用自己的文化方式营造良好的文化氛围，组织观众喜闻乐见的展览，举办启迪智慧的各类讲座和观众向往的各种活动，努力发展先进文化，推动社会进步。博物馆担负着文化交流的重任，发挥着推进文化创新的重要作用。博物馆用“润物细无声”的方法，滋润着城市文化，养育着城市风骨，弘扬着民族精神，传承着人类文明。博物馆以充满创意的文化情怀拓展“致力于社会和谐”的新的社会功能。

博物馆文化是城市文化的重要组成部分，博物馆文化又与作为背景的城市文化互动互益。城市有了博物馆及其文化积累就显得和谐宁静，博物馆由于有了和谐宁静的城市环境就更添理性与深沉。当然，这种理性与深沉往往伴随着城市的文化轰动和人文震撼。上海博物馆近年来逐渐意识到展览在城市文化建设中的重要作用。在“精品意识”、“特色功能”与“规模效应”日渐凸显的同时，展览的推陈出新呼唤着城市文化浪潮的激荡，凸显了城市文化的历史纵深感，赢得了城市的新的阅读视角和文化空间，坚守了城市文化的纯真与自觉。博物馆创意无限的文化情怀不仅丰富了城市文化的色彩，还提升了城市文化的品位，凝聚了城市文化的精髓。城市文化的发展也对博物馆文化提出了新的需求与挑战，促进博物馆在国际化、现代化城市文化进程中拓展自身的社会功能，使博物馆更好地养育博物馆的文化品格、城市品位和时代品质。

随着社会环境的演变，博物馆为了应对新的社会需求，励精图治，踏实践行，积极以公众需求为导向，在文化传承的基础上，探索科技支撑以面向现代社会发展，强化学术攻关以突出文化纵深认知，重视公众教育以拓展社会横向联合。博物馆以其独有的文化资源和文化方式为社会服务，构成了独特的博物馆文化形态。当今社会的信息化、网络化、数字化的特征促进博物馆文化形态的进一步转变。数字信息化建设在上海博物馆有序推进。全面展开的信息化工程为上海博物馆实现“国内领先、世界一流”的建馆目标注入了新的动力。从“上博网站”的开通，“藏品数据库”的建立，到“多媒体触摸屏”的设置和信息化博物馆的开通，上博的信息化建设在为博物馆开展文物保管、学术研究和社会教育工作注入新的活力的同时，有力地诠释了网络文化的发展已成为博物馆文化创新的时代特征之一，从而使城市文化与博物馆文化有了更好的良性互动。

在筹办与举办中国2010年上海世博会的过程中，上海博物馆事业的发展正以“办世博、创未来”的新的文化要素与城市文化品格进行综合考虑，全面整合文化遗产，进行“世博”与“文博”的互动思考，对承办成功、难忘、精彩的世博会努力形成文化合力。

近年来，上海的博物馆文化作为城市文化的重要组成部分，有效增强世博会的文化含量，使世博会在主题演绎、场馆营造、展览组织、论坛设计、活动运营、整体运筹等方面顺利推进，直奔“城市，让生活更美好”的主题。中国2010年上海世博会对上海是一个历史机遇。世博精神可以提炼成“欢聚、沟通、展示、合作”8个字，世博精神是文化多元与文化融合的精神。世博精神的延续是科学精神的凝聚、人文精神的融合、民族精神的坦示、时代精神的展示、创新精神的吞吐。世博会期间，上海作为世界文化展示的大舞台，以先进的、国际化的方式，向世界介绍中国的文化艺术，展示上海的城市文化，上海世博会积极促进世界各国的文化交流，使上海世博会成为世界文化，包括东西方文化交流的又一次盛会。2010年上海世博会的举办，给上海城市文化新发展带来了机遇与挑战，使上海城市的传统与现代、时尚与记忆、传承与发展、地域性与整体性、多样性与共同性、民族性与世界性更好地结合起来。办世博，创未来，以“文博”助“世博”，充分体现了城市文化对成功举办中国2010年上海世博会的积极作用。

古希腊哲学家亚里士多德曾经说过：“人们聚集到城里来居住；他们之所以留居在城市里，是因为在城市中可以生活得更好。”中国2010年上海世博会的主题是“城市，让生活更美好”，上海“文博”工作者从“世博”的实际出发，借览历史性博览、艺术性博览、科技性博览、综合性博览的经验，进行主题性博览的探索，在主题演绎上努力完成“破题性演绎”、“二度演绎”和“展品演绎”，在展品设计上力求小中见大、深入浅出、喜闻乐见、石破天惊、突出经典、古今结合、畅想未来、体现世博精神，兼顾“主导”与“主体”，确立“世博现场”理念，做到“逻辑联系”与“游客流动中的实际体验”相结合，重视“自主创新”、“集成创新”和“引进消化再创新”，突出城市公共设施、公共空间、公共环境、公共艺术、公共交通、公共安全等，建立“自我修复系统”，进行“开环演绎”，夯实城市史、文化史、经济史、科技史、社会发展史、思想史、文学等跨学科演绎基础，建立评估体系，为大型演绎积累经验、进行文化积淀，顺利推进中国2010年上海世博会的主题演绎、课题深化和工程推进工作。

“致力于社会和谐”的博物馆管理，让社会发展更和谐，让城市生活更美好；而社会的和谐发展和城市的美好生活，又进一步促进了博物馆事业的发展和繁荣，为人类文明的持续进步提供了坚实的保障。

笔墨论稿

中国艺术研究院研究员　郎绍君

提要：

笔墨是传统水墨画的主要“语言”与技巧方式，是唯水墨画才有的特征。作为艺术话语，“笔墨”有一定模糊性但又可以释说、理解和把握。它原生于对特殊材料的技术把握又超越了材料与技术。作为视觉艺术语言，它有结构性、程式性、有独立而悠久的传统和深厚的精神背景。笔墨不同于“肌理”。它受制于造型又超乎造型之外，它是手段亦是目的。画史上，笔墨高于并重于色彩。有无笔墨与笔墨高下是衡量笔墨的两个层面，其中“高下”更有意义，而“高下”标准，一向有传统共识。笔墨形态丰富而精微，笔墨风格有常有变，笔墨格调是对风格及其所体现的人格、精神和艺术品位的价值判断，体现着笔墨的最高追求。

水墨画是近百年中国美术关注的重心，而笔墨又是水墨画讨论与实践的焦点之一。画家谈论笔墨，大多在“庐山”之中，偏于经验性；理论家谈论笔墨，则多在“庐山”之外，偏于空泛。本文尝试对笔墨的主要问题作一思考性清理，但限于篇幅，仍有许多重要方面不能涉及。[1]

一、对笔墨的基本理解

“笔墨”二字向来没有、也不可能有“科学”的解释。这源于中国学术的综合性和艺术概念的模糊性。但笔墨是看得到，能够意会、可以把握的，美术史上的释说虽不尽一样，却大同小异，具有相当的一贯性。

笔墨乃由传统水墨画工具材料性能所规定，在长时间的技巧训练中形成的造型、写意、表趣方式和手段，是唯水墨画才有的“话语”。毛笔、水墨依照一定程式在纸、绢、壁上作画时产生的点、线、面、团、叠加、渗透、摩擦、转折，行笔疾徐、轻重、粗细，用墨运水多少所产生的光涩、枯润、曲直、方圆、厚薄、齐乱种种效果，这些效果引出的刚柔、遒媚、老嫩、苍秀、生熟、巧拙、雅俗种种感受，画家内在世界、外在操作与这些效果、感受的诸种关联以及人们在创作、欣赏过程中形成的对它们的感知方式与习惯，都凝结在笔墨话语之中。一些“现代水墨”作品，通过呈现水墨材料本身的质、量感，或对水墨材料的特殊处理，暗示某种文化意味，表达人与材料间的某种关系。此与笔墨只在使用原材料这一点上有相关性，别无任何共同之处。[2]笔墨具有结构性。笔与墨、笔与笔、墨与墨的排列、组合即结构。这种结构因水分、含胶量、含矾量、纸性、笔法、墨法的不同而不同，也因题材、描绘对象、作画习惯、造型追求、风格塑造、意趣爱好之异而异。笔墨结构的核心因素是用笔——笔是笔墨结构的“骨”，是变化多端的笔墨“力的样式”的根本来源。笔墨结构没有定形，具有自身的逻辑性，在相当程度上是抽象的。无定形使它自由，逻辑性限制这自由不流于任意胡涂，抽象性则令其不受制于物象的造型原则——它们不即不离，相关但不同一：有时服从于造型，有时与造型重合，有时独立于造型之外。

笔墨具有程式性。笔墨程式是笔墨结构逐渐规范化的结果，也是画家对物象进行综合、概括、简化、节奏化、意趣化、形式化的产物。笔墨依存于程式，程式为笔墨的载体。在画史上，笔墨程式的成熟标志着水墨画的成熟。程式即规范，有规范才能有效承传。所以笔墨程式是水墨画得以久远传承的重要条件。程式具有很高的稳定性，但也会随着创作客体与主体的变化而变化。程式如果被固化、被千百次无生殖力地重复，就会失去活力，变成僵壳。明清近代一些画家因远离大自然的滋润，缺乏内在创造动因，死守程式，导致了水墨画阶段或部分性的衰落。[3]但把笔墨程式视为“魔鬼”，把它等同于“保守”“旧趣味”，敬而远之或轻易抛弃，或以西画方法代替它，又导致笔墨和水墨画本性的迷失、丧失。[4]

笔墨不是孤立的。凡形成绘画的内部外部因素，如造型、构图、风格，画家的书法、诗文、篆刻、美术史论修养，画家的个性、情感、品操，乃至时代风气、相应的文化历史情境，中国人的智慧特色等，无不与笔墨有着千丝万缕的联系。用当下流行的评论术语说，就是笔墨也有它的“语境”和“上下文”。唯有综合地看它、用它，将它视做整个水墨艺术、中国文化有机生命的一部分，才能对它有真正的理解与把握。这是笔墨问题的难点之一。不从强化修养和整体上把握笔墨，仅把它看做一种技术上的功夫，只能练出个有技无道的画匠、画家。

笔墨是水墨画的主要“语言”。作为传递绘画内涵的媒介与手段，它本身也具有文化符号性和一定的精神意义——作为特殊的传达方式和接受方式，它凝聚着中国文化独有的气质与性格。无声的视觉语言具有世界性，但这种世界性也有限——东西方绘画“语言”背后的深层意蕴、情致、趣味、文化个性和精微绝妙之处，是很难被对方感觉和理解的。由于西方文化的强势传播，西画已为更多的东方人熟悉，但真正理解西画微妙处的人并不多。中国水墨画则始终不为西方人所理解（西方对水墨画的部分接受，主要是海外华人和极少数汉学家）。这种不理解主要不在媒材，而在它的笔墨形式、笔墨表现与文化意蕴。有人认为，水墨画的现代化，必须回到“纯材料”，即把“现代水墨”看成无国界、无民族文化特性、无纵向传承与横向联系的纯材料性艺术；不论是谁，也别管怎么画——即使完全不懂中国传统绘画的西方人，只要用水墨材料作画，就同样是水墨画。这种主张，大抵出自放弃传统以换取与西方同步、取得西方认可的动机，是“现代化就是西方化”观念的产物。而对传统绘画和传统文化的无知，则是这类观念产生的内在背景。

制造肌理可否等于或代替笔墨？否。“肌理”这个词，也像“皴”字一样，原本指人肌肤的纹理。以物理和化学的方法（揉纸、拼贴、油拓、水拓、在水墨中注入洗涤灵等各种非水墨材料等），制造出某种类似自然形象与自然肌理的效果，始自20世纪60年代海外画家的现代水墨探索。但制造肌理不是笔墨，其原因：

第一，肌理是对水墨媒材进行物理或化学性处理得到的偶然效果，不管画家对效果有怎样的预料，肌理本身都具有不可更改的先定性。这也就是说，只有材料与材料处理而非人的思想、才情、技巧，才是形成肌理的决定性因素。笔墨是画家掌握、使用并创造性地发挥材料特性，表现人的感觉、趣味、心理和思想的过程。人的因素是决定性的，材料和材料处理对未来效果的先定性影响微乎其微。

第二，制造肌理是一种缺乏难度的技巧，与技巧难度很高的笔墨有天壤之别。难度意味着可能性，唯有充满可能性（沟通内与外、心与物、心与心）的难度才具有巨大的魅力。历代大师锲而不舍地追求笔墨的完美和独创，与它具有极富吸引力的难度和可能性分不开。制造肌理靠的是窍门和利用物性，即使一个没有经过任何美术训练的人，也可以轻而易举制造出肌理奇异、乍一看让人感觉有趣的无笔画。20世纪80年代以来，无笔画的泛滥和迅速冷却，正是肌理制造太过容易、人们很快就看腻的缘故。无难度而出效果的无笔肌理画适合了急功近利，希图马到成功的人的需要。在一定意义上，难度差异是区别艺术品质的试金石。难度高的技巧虽未必确保艺术的高品质，但高品质的艺术一定包含着难度高的技巧。对技巧难度的追求，是人类进行艺术创作的基本动力之一。它以有难度的美的形式的创造检验和证实人自己的力量，让人体验到自我实现的愉悦。中外传统艺术都是讲究技巧难度的，现代艺术虽弱化了技巧的难度，但大多增加了表达观念、显示智慧和科技含量的难度，其与单纯肌理水墨的不同也是显而易见的。

第三，肌理效果靠的是外在的偶然性，只要按照一定的程序和方法制造，就会出现所要的效果，艺术主体总是滞于物性，处于被动地位；笔墨表现要求笔笔写来，心物凑泊、内外谐和，不滞于物、不碍于情，能够最大限度地发挥能动性与创造性。

第四，如前所述，笔墨在漫长的历史过程中凝聚了特定的文化与心理内涵，已非单纯的方法技艺。制作肌理只是制造效果的工艺，其历史不过几十年，没有任何的文化积淀。

说肌理与笔墨在性质、获得方式与价值各方面的不同，并不是一概否定它的作用和意义。在水墨画趋于多元的今天，肌理水墨画理应有自己的一个位置；作为一种技巧，它丰富了水墨画的表现力，如果把握得好，可以成为对笔墨的有益补充。而把笔墨方法与肌理方法适当结合起来，可以更有力地表现某些场景、物象、情调和气氛。这方面已有诸多探索和经验，在此不细述。

二、笔墨与造型

今人所说“造型”，相当于古人说的“象形”“取形”。传统绘画中最早成熟的形神论，很突出“骨法”。[5]就对象而言，骨法指与造型密切相关的“骨相”结构；就主体而言，则专指用笔。在“六法”中，“骨法用笔”排在“气韵生动”之后，地位比“应物象形”重要。这说明早在六朝时，中国绘画艺术就不把笔法视为造型的单纯从属物了。至唐代，张彦远《历代名画记》总结说：“夫象物必在于形似，形似须全其骨气，骨气形似，皆本于立意而归乎用笔。”书中还特设《论顾陆张吴用笔》一章，与《论画六法》章并列，讨论经典性笔法的形态和意义。[6]元以后，纸（尤其是含矾日益减少的生纸）取代绢，“书画同源”之说比“诗画一律”之说更加流行，[7]笔墨在绘画中的地位空前提高。[8]明清将最高的造型称做“不似之似”“离形得似”，与造型越来越迁就、适应笔墨的要求有密切关系。即只有“不似之似”的形象，才适宜笔墨栖息，并充分发挥它的表现力。这在把笔墨看做绘画最高表现的董其昌山水画中得到了集中体现。但随后，出现了摹古风气，重笔墨、轻造型演为重古人笔墨、轻师法造化，更进一步演变为对自然和人生（包括精神世界）本身的忽视和遗忘。被复制、重复而非被活用、发展的笔墨程式，也就失去了它曾具有的描绘与表现世界的活力。[9]

20世纪以来的中国画革新，向写实性猛烈倾斜，出现了徐悲鸿学派和被作为正统样式的写实水墨画，对景描摹、重理性轻感觉的素描方法成为培养水墨画家的主要途径。[10]在画家写生造型能力空前加强的同时，笔墨能力迅速减退了。水墨写实派画家和革命理论家在批评辗转摹仿的同时，有意无意地回避了笔墨，或者把重视笔墨与“封建文人趣味”联系在一起，或者将笔墨看作“保守”的根源——这在20世纪后半叶的中国画教育和中国画问题的讨论中，都是有据可查的。[11]水墨写实派在否定“四王”和“保守派”的同时，却全力肯定“革新”画家石涛、八大、八怪、任颐、齐白石、黄宾虹、陈师曾、潘天寿和张大千，殊不知这些艺术家无一不是重笔墨、有很高笔墨修养与功夫的。这一矛盾现象不难解释。以素描为根基的水墨写实画家大都来自西画阵营，缺乏笔墨观念、修养与功底。他们对石涛、八大等的肯定，并非在笔墨而主要在题材、造型或思想、立意方面。在革命理论家看来，“笔墨趣味”乃有闲阶级所欣赏的东西，不是人民大众“喜闻乐见”和革命宣传迫切需要的，轻视以致抛弃它理所当然。

那么，写实造型与笔墨表现究竟是什么关系？半个多世纪的画史表明，写实造型特别是光影素描造型有碍笔墨的充分发挥——笔墨相对自由的书写性、水墨在宣纸上的渗透性及其控制、笔法及其丰富的力感与趣味等，都与逼真的造型要求有矛盾。齐白石画虾、蟹和蛙，做到了真似与笔墨的高度统一，但齐白石自己，也没有把真似与笔墨的高度统一贯穿到水族题材以外的写意作品中去，其大多数作品（包括山水、花鸟、人物），仍遵循着他推崇的“妙在似与不似之间”的造型原则。即便是齐白石的虾、蟹形象，也不是用毛笔直接对物写生得来的，而是把视觉记忆加以简化，通过高度程式化的笔墨刻画出的。换言之，没有造型的简化，笔墨的程式化，齐白石的水族也达不到真似与笔墨的高度统一。黄胄画驴、吴作人画骆驼也在一定程度上达到了这种统一，但黄胄有笔有墨，吴作人有墨无笔。黄胄、吴作人都是画速写的能手，在简化造型上，吴作人高出一筹，在笔墨功底上，黄胄则胜吴作人多多：前者力透纸背，后者平摆浮搁。在“高度统一”这点上，他们又都逊于齐白石。但齐白石晚年，却慨叹自己在笔墨上没有超过吴昌硕。[12]这在一定意义上是对的，吴昌硕的书法和笔线质量胜过齐白石，也不像齐白石那么重视造型的真似。理解造型与笔墨的关系，不能不研究这些耐人寻味的现象。

重视写生甚至崇拜写生，是20世纪中国绘画和绘画思想的一大特色。这大约很难用“进步”、“退步”一类词汇作简单评量。尊崇写生，与20世纪中国无处不在的“科学主义”有密切的关系。“科学的”就好、就正确，“不科学的”便不好、便错误，是"五四"以来普遍扎根于中国政治界、知识界的思想。在美术界，则有科学透视，科学解剖，科学素描……总之，只有符合科学，才算得上艺术上的成功。20世纪50年代，美术界的权威人士说中国画"不科学"，便源出于此。这种观点虽在后来受到了批评，但批评者的理由，是说中国画符合"科学"，而不敢说"不科学"恰恰是艺术、是中国画的特点乃至优长。造型讲"科学"，笔墨只能讲可意会而难以言传的"力""气""韵""味"，后者难免以"不科学"而被蔑视和嘲笑。徐悲鸿在一首题画诗中嘲笑吴昌硕的画"芦""竹"不分，便是典型一例。[13]

与此相关的，还有对唯物主义和机械"反映论"的尊崇：认为一切艺术都是艺术家对外在世界的摹写和"反映"，一切"正确的思想"都是对客观世界及其规律的"正确反映"，艺术也不例外。这种观念大大忽视了人的意识、情感、个性、心理、想象、幻想对艺术的巨大作用，而艺术也很难用"正确"与"错误"来衡量。在这种观念的主导下，素描与写生被视为一切艺术（包括工艺设计与中国画等）的基础，临摹可有可无甚至被认为是有害的。对学画的人，其直接结果是导致了对写生的依赖。20世纪50~70年代，美术院校的学生和毕业生大都练就了面对真人实物写生的能力，却大多不懂书法，不大明白传统绘画的基本规范，笔墨技巧普遍较差。更严重的是，一离开实景实物就手足无措，就跳不出摹似对象的"写生状态"，而乏于想象和创造，不能变形、造境、创意。一味临摹会泯灭创造性，一味写生会从另一方向泯灭创造性——这也许是近300年中国画史最值得重视的经验。[14]

三、笔墨与色彩

传统水墨画（包括在笔墨的基础上施以单色或淡色的作品），在唐代后期就已成为中国绘画的主流，就有了"运墨而五色具"之说。[15]稍后，又有了"画道之中，水墨为上"之论。[16]重视颜色的工笔重彩画，也大多含有笔墨勾皴的因素。笔墨几乎无处不在、无处不与造型、结构、骨架、表现发生关系。除重彩花鸟、大青绿山水外，笔墨总是比色彩更重要，总是处于支配地位。"画以墨为主，以色为辅。色之不可夺墨，犹宾不可溷主也。"[17]之所以如此，有观念、习惯的原因，也有技巧、技术的原因。从技巧层面上说，最难处理的莫过于笔墨与石色的关系——前者透明，后者不透明，而透明与否，关系到作品的格调与趣味。如何在覆盖大面积青绿的同时，还保持笔墨的透明性，做到"青绿斑斓而愈见墨采之腾发"，[18]要大费周折。古代画家对笔墨的修炼，远远超过了对色彩的研究，是不争的事实。与西画相比，中国画最突出的特征与特长在笔墨，西画最突出的特征及特长在色彩。基于此，弱化乃至放弃了笔墨的中国画革新者如高剑父昆仲、陈树人、林风眠、吴冠中及当今诸多中青年画家，大都把探索的着眼点和期望值放在借鉴西画色彩、力图改变中国画"贫色"状态的方面。

在水墨写意画中，让色彩唱主角，大约有两种选择。一是把笔墨降至次要地位；二是放弃或基本放弃笔墨，让色彩取而代之。林风眠的鹭、秋鹜等，大体属第一种；他的多数风景、静物、人物，大体属第二种。林氏画鹭鸶等鸟禽，全以中锋笔线勾勒造型，其笔墨主要是富于动势、近于汉唐壁画或民间瓷绘的迅疾笔线，与明清画家主要体现于皴擦点染的笔墨不同。整个作品的环境、气氛描写，还是以色彩为主。他的绝大多数风景、静物作品，引入西画的光色方法，使用丰富、明艳、覆盖力很强的水粉颜料造型并表现空间、结构、光感和情调。墨色在大多情况下作为底色或黑色使用，用笔的方法近于油画的笔触而远于传统笔法。我把这一探索称作中西融合的"西体中用"式，即指它以西画色彩（及构图等）为体、以中国画笔墨（主要是墨及其韵味）为用。林风眠有良好的西画根底，杰出的色彩感觉和甘于寂寞耕耘、肯于为艺术献身的精神，他的作品所达到的深刻、完美和动人程度，在中西融合型的绘画中最富启示性，迄今无人能与之比肩。[19]但"西体中用"式可以代替从传统自身出新或相对重视笔墨的"中体西用"式吗？显然不能。中国画的革新，更须强调中国自身的传统，否则就会走上自我取消的路。早期受教于杭州艺专和国立艺专的吴冠中，也把引自西画的色彩表现放在首位，他借取更晚近的20世纪形式派如抽象主义，以色墨点、线、面描绘源于写生、造型简化的风景。其风格与表现上的轻松、灵动、富于诗意，对色彩的悦目、和谐、雅俗共赏性的追求，无疑是极富个性的，但其水墨作品是"画"出而非"写"出，笔力与墨色软、薄、巧的特性，与力透纸背、韵味悠长的传统水墨画、内涵丰富而又刚健绚丽的林风眠水墨画都相去甚远，也是有目共睹的事实。追求色彩势必弱化笔墨，但完全放弃笔墨，须有其他方面（如西画）的强势相支撑，并付出在相当程度上失掉传统风格的代价。

强化色彩表现，是当代许多中青年画家所致力探求的。有的强调色彩渲染，但大面积、多层次渲染会挤掉笔墨表现，或导致过分的装饰性；有的在保持笔墨表现的同时，留出一些局部染以重色，使整个作品造成色与墨的强烈对比，但怎样使两种效果（色彩平涂的“光”与笔墨的“毛”、大块的笔墨与大块的色彩）完美的统一，仍有待解决；有的适当把丙希色与国画色结合使用，先以墨笔充分勾皴，再层层染色，力图既强化色彩又保留笔墨及水墨本身的透明性，但笔墨的损失总是显而易见的；有的改变笔线的画法，使它在形态上与丰富的色彩融为一体；有的用笔墨的方法画色，有皴有擦，有泼有积，既见色又见笔，所谓“以色当墨”，还有的以平面构成的方法安置色块、墨块……这些，在陈向迅、王赞、海日汗、王彦萍、陈平、卢禹舜、朱振庚、唐允明等画家的作品中都能清晰地看到。他们让色彩担任主角，又保留了相当的笔墨性，从而使作品在描绘与表现上都达到一定的深度。这些画家有一个共同点，就是除了色彩修养外，还都有较好的笔墨功夫。

传统绘画的笔墨已经高度完美，以笔墨为主、色彩为辅的传统路线，还能有很大作为吗？我的回答是肯定的。传统笔墨的高度成熟，早在元代中后期就出现了。从元四家、明四家到董其昌，再到清代四僧、四王，四百多年间，中国画的笔墨不仅高度成熟而且高度完美了。但后来还是出现了扬州画派、海派和更近的吴、齐、黄、潘、张大千、傅抱石，他们在笔墨上都有不同程度的突破与推进，都创立了自己富于表现力的笔墨风格。艺术的“高度成熟、完美”，并不像跳高运动那样有一个可以准确测量的标准，也不像某些“发展论”、“循环论”说的必有一个“成熟—衰败”的宿命。笔墨的“高度成熟”是从两方面衡量的：一是与材料工具特性相联系的技巧成熟程度；二是笔墨风格与个性的成熟程度以及它们与整个作品风格的和谐关系。前者作为一种基本的、客观性的因而也是颇为稳定的因素，可以为一切后来的画家所用，后者作为一种个人性、时代性较强的可变性因素，大体属于艺术家独创的范围。我们指的可传承笔墨，主要是前者。这也就是说，在古人手里成熟的笔墨程式与技巧，可以为今人所用，但能否在此基础上创造出自己的、时代的笔墨风格，并以之表现新的内涵，则主要看画家的能力、条件与可能。这正如始创于欧洲的油画亦已高度成熟与完美，后人仍能大有作为，继续创造出动人的风格与作品，是一样的道理。

四、笔墨有无与高下

衡量笔墨有两个层面：一是笔墨的有无；二是笔墨的高下。“有笔墨”指画家有传统笔墨训练，具备一定笔墨功力。“无笔墨”则指完全没有笔墨训练，当然也谈不上什么笔墨功力。在非笔墨因素（空间结构、造型、创意等）水准相近的情况下，有笔墨一定比无笔墨显得有力、有气、有神。不过，笔墨的“有无”只能模糊度量，人们的具体度量，可能会千差万别。单纯以“有笔墨”或“无笔墨”评价作品，以偏赅全，是不可取的。我们重视笔墨，呼吁研究笔墨传统，并不是要简单地以“有无笔墨”衡量水墨画作品。特别是在当代，出现了各种非笔墨、弱化笔墨而寻求其他表现的水墨画（可称之为“非笔墨类型”水墨画），对它们的价值，我们不能以有无笔墨来衡量。只有尊重水墨画多元这个事实，并主要以非笔墨标准如立意、传情、造境、空间处理、形象塑造、抽象表现、色彩个性、观念表现等进行具体衡量，才是合理的态度。当然，用不尽相同的标准去衡量，不是说有笔墨作品与无笔墨作品不可比，或比不出高下。但这种比较须以兼容两者的尺度、在更为宽泛和“抽象”的意义上进行，如生活的深度，各自在艺术语言上达到的高、纯度，对传统的承继与推进如何等。任何人都会有对某种艺术、某种风格、某种语言手段的偏爱，正是这种偏爱构成了创造与欣赏的无比丰富性。但如果把偏爱变成偏狭，或在评论中以偏爱取代理性的、公正的分析，无论对己、对人就都是有害的。在“有无笔墨”这个问题上也是如此。

笔墨是有高下的。而且“高下”之分比“有无”之辨重要得多，有意义得多。历代画论对笔墨高下的认识虽有歧义，共识却是主要的。黄宾虹总结的“平、留、圆、重、变”5种笔法以及笔墨要“刚柔得中”、“浑厚华滋”，要重“内美”等论述，可以概括对好的、高的笔墨的共识。[20]5种笔法实际是以现代语言译述了自唐代以来书画（主要是书法）用笔要“如椎画沙”（平，用力平均，笔笔送到，且含蓄有力）、“如屋漏痕”（留，笔迟滞，力透纸背，且出之自然）、“如折钗股”（圆，无往不复，无垂不缩，且转折浑劲，如玉筋铁线）以及“点必如高山坠石”“努必如弩发万钧”、“含刚劲于婀娜”“化板滞为轻灵”、“粗而不恶”“肥而能润”之类的经典性话语，是历代书画家和艺术史家所公认的。因此，5种笔法讲的并非单纯的用笔方法，也包含着像“含蓄”、“有力”、“自然”、“举重若轻”这些理想性的传统审美要求。“变”不是指具体笔法，而是指对程式性传统笔墨与风格的革新，如黄宾虹自己所说：“推陈出新，如岁序之有四时，泉流之出众壑，运行而已，而不易其常。”[21]这也出自“有经必有权，有法必有化”的传统画论。[22]只知摹仿、重复而不知变不知化的笔墨，不是好的笔墨。但这种变化不是任意的、没有限定的。黄氏以“运行而不易其常”说明这种限定。何谓之“常”？应是“规范”。笔墨最基本的规范是“不易”的。“刚柔得中”、“内美”向来是中国艺术追求的目标，并可以从传统哲学中找到深层根据。只有“浑厚华滋”，带有黄宾虹强烈的个人风格爱好的色彩，但也是从传统画论中转借而来的。[23]品质低下的笔墨，被传统画论称为“病”与“忌”。如宋郭若虚《图画见闻志》说的“板、刻、结”，元黄公望《写山水诀》说的“邪、甜、俗、赖”，清笪重光《画鉴》、沈宗骞《芥舟学画编》、王原祁《雨窗漫笔》等说的“躁动”、“纤巧”、“浮滑钝滞”、“重而滞”、“明净而腻”、“丛杂而乱”等。这些“病”与“忌”，在特殊情况下也能成为一种“病态美”，但绝非“不易”之“常”。当今一些作者和评论者把这种病忌当宝贝热炒，也算世纪末现象吧！

笔墨高下的传统共识，在近千年水墨画历程中形成，反映了中国人对水墨艺术深层的认识和审美要求，即便到今天，依然是有效的。现代的艺术实践会对它们加以丰富和充实，但这种丰富和充实绝不是取代和取消。还有什么别的标准能把它取代吗？在笔墨大大被弱化的今天，首要的事情是能否坚持它们并真正付之于应用。

近代以来，人们常常把笔墨高下归于“功力”，而“功力”概念的模糊性，又足以遮避那些决定笔墨高下的真正本质性内容。掌握笔墨是有难度的，非长时间的练习甚至苦功不能得。提倡笔墨的功力，完全是应该、必要的。但这并不意味着下了工夫、有了笔力就一定能得到出色的笔墨。单纯摹仿前人，与特定对象、内涵相悖，有力但板结无生气，纵横外张、毫无含蓄之意，有韵味但过分甜俗的笔墨，都可能有一定的功力。单纯以“功力”判断代替内涵更为丰富的高下分析，违背关于笔墨高下的传统共识。历代艺术大师的笔墨，都是有生命有灵性的，唯有不但学其功力，还要得其给笔墨以生命灵性的奥秘，才能获得真正高品质的笔墨。

引西画以改革传统水墨画的画家，大多只关注笔墨的“有无”而不大理会笔墨的高下。他们的思路是，改革中国画的关键在引进“新”而非把握“旧”，于是不在笔墨上用力用意，甚至把讲究笔墨简单地等同“保守”而予以拒斥。如果完全放弃笔墨而另寻他途，可作别论；如果并不完全放弃笔墨，这种态度就大可怀疑。理解与把握笔墨的质量，才能深入地理解与把握传统，未能掌握传统最出色的东西，如何将它改革好？人人都熟悉“不入虎穴，焉得虎子”的道理，但真正愿意并能够进入虎穴的，却百不见一。从岭南派创始人到当今一些著名的中国画革新家，他们艺术上的不足如笔墨过分躁动、张肆、刻露、浮薄、轻滑、俗媚、肿胀、脏乱、呆板、空虚等，都源于缺乏高笔墨意识、未深入笔墨“虎穴”这知、行两方面的原因。改革中国画，既需用心于引进“新”，也需用心于把握“旧”。这个道理，近百年来常被人忽略。

五、笔墨形态、风格、格调

笔墨有形态之别。不同形态能唤起不同的视觉心理感受。传统画论有一套词语系统，来描述笔墨形态及相应的感受经验。如生、熟、平、留、滑、涩、方、圆、轻、重、薄、厚、苍、润、筋、骨、肉、老、嫩、刚、柔、清、浑、巧、拙、朴、华、甜、辣、生、拙、物趣、天趣、浮薄、甜熟、苍润、生拙、荒率、苍莽、遒媚、雄劲、娇憨、缥缈、剥落、蹲跳、潜伏、嵯峨、奇峭、平朴、险峻、熟后生、熟外生、荒率苍莽、荒率生拙、微茫惨淡……这些笔墨话语，看似模糊，却恰当地传达了笔墨操作和欣赏的经验，是可以充分意会的（当然，欣赏者的意会有深有浅，需要相应的素养与条件）。它们所表达的种种感觉，是经过了知觉、观念加工，富于心理内容和生命体验的。似乎笔墨变成了人，变成了千姿百态的人生和世界——人对大千世界的丰富感觉，凝缩在其中；人对生命自身的种种体验，通过它得到了“复现”——以一寸之管在纸绢上对生命感觉的复制和创造。其细腻丰富，精微深湛，只有西方古典音乐才能相媲美。

现代的水墨画，不需要对感觉的这种精微表现了吗？我们需要强化结构、效果、视觉张力，但这绝不意味着放弃对丰富形态与精微品性的追求，把笔墨变成粗率简单、浮薄狂肆、夸张俗艳、大而空的货色。以致广大、尽精微见长的中国水墨画，不能盲目追随抽象表现主义式的张狂，波普式的粗俗，极少艺术式的简单，结构主义式的冷酷，而轻易放弃自己借以立命、能够永恒的东西。[24]

笔墨风格指画家或画家群在笔墨上的总体风貌，属于画家或画家群艺术风格的一部分（常常是主要部分）。笔墨风格是由客体对象的形质、结构、自然与人文背景，创作主体的气质、精神、修养、艺术传承诸因素综合决定的。不过，主客体因素如何起作用并相互作用，并没有一定之规。

譬如，影响笔墨风格的主客体因素会因时间与空间的变迁而变迁。画家年龄，社会、历史、时代与自然环境，语言、风俗的不同，直接或间接影响到笔墨风格。笔墨风格还会随着水墨画艺术自身的演变而不同，如五代宋元绘画，笔墨风格与造型风格有着紧密的联系；明清绘画，造型风格弱化而笔墨风格凸显，近现代绘画，造型与色彩风格突出而笔墨风格淡化等。各种风格发生、演变的历史及其内外原因，极其复杂而微妙，始终是艺术史研究的基本对象和课题之一。但近百年来，探索笔墨风格的论著，关注并能够进行笔墨风格分析的美术史家，如凤毛麟角。[25]这与20世纪中国重政治轻艺术、重内容轻形式、重新轻旧、重当下轻传统、重外来艺术轻本土艺术的大环境，与美术史学的贫乏薄弱分不开，而绝不意味着笔墨与笔墨风格没有研究价值。

风格有传承性。传承相近的画家多有相似的笔墨风格。画史上的“董巨派”、“李郭派”、“马夏派”、“四王派”、“岭南派”等，均如是。传统绘画既强调传承的系统与脉络，又强调转益多师和风格的独创。所谓风格的独创，常常不是强调拉大笔墨风格的距离，而是强调笔墨风格的特殊品格。不懂或不熟悉传统水墨画的人，往往只看到图像的不同，而辨不出笔墨风格的差别。当今一些画家基于展览效果之需，努力扩展水墨画的视觉张力，但全以西方绘画“视觉冲击力”的标准要求水墨画，一味强化图象的奇特与对比，而无视笔墨风格讲究细微品味的特点，甚至放弃笔墨的传承性，使水墨作品变得外张而内虚，势大而质空，大有舍本求末的危险。[26]

“品”、“格”、“格调”也许是笔墨乃至整个水墨话语中最值得重视的概念。“品”、“格”二字均有度量等级之意，“画品”便是给绘画定高下优劣，如谢赫所言“夫画品者，盖众画之优劣也”。[27]最初的品级以“一、二、三”“上、中、下”标示，宋以后习用“格”字，诸如“神、妙、能、逸”四格。[28]《词源》释“格调”云：“指作家或作品的艺术风格。也指人的风格品质。”——“风格品质”四字，似最接近“格调”本意，最值得品味。同一条目释文中所引韦庄“人言格调胜玄度，我爱篇章敌浪仙”、秦韬玉“谁爱风流高格调，共怜时势俭梳妆”二诗中的“格调”，指的既非单纯的艺术风格，亦非单纯的人品，正是作品的“风格品质”。那么，作为“风格品质”的“格调”具体指什么？我在一篇文章中曾试着这样释说：

如果说艺术风格是艺术家把握世界的一种态度和方式，艺术格调便是对这种态度和把握方式的价值判断。人们可以勉强说风格无优劣（假设都是有个性的风格），却必须承认格调有高下。具体言之，格调是透过形式风格、语言和技巧运用折射出来的人格价值——寓于美中的真与善的程度，业已形式化、物质化的精神品位。在中国艺术里，格调是判定雅俗优劣和最终价值的主要尺度。

——《现代中国画论集》第201页，广西美术出版社，1995年，南宁。

这段话强调了格调品评中的“价值判断”，对艺术本身品位的内容有所忽视。后来，我在另一篇的文章中做了补充，并再次强调了传统格调理论“坚持与画家人品、人格相一致的原则”。[29]“艺术本身品位的内容”指相关于自然性的合规律性的程度，价值判断指相关于道德性的合目的性的程度。两者随着历史环境变迁，但始终会保持那些能穿透时空的内容。

笔墨格调，是水墨画品藻中最重要也最微妙的部分。它抽象模糊，又具体而微。倪云林、渐江、查士标均属“逸”格，笔简意繁，但又个个不同。倪侧笔出锋，清刚幽淡，一尘不染，如张浦山所谓“刊尽雕华”；[30]渐江出自云林，但中锋勾画，将笔意融入山石结构，一变而为森奇冷峻；查士标远绍云林，近宗渐江，笔墨落拓，一派散淡荒寒之气。他们都是有道、禅修养和超越性精神追求的士人，或孤高绝俗，或贞于气节，这种种笔墨格调，与他们独立兀傲的人格、意气相表里（或曰“异质同构”）。

不妨再以成熟期的现代画家为例：

齐白石——笔墨平直刚健、拙朴苍劲，融于形质之中，神而妙，雅兼俗。这源自他农民兼诗人的气质，由艺匠入士林的经历以及他对明清文人画和民间艺术的广泛汲取。

黄宾虹——用笔一波三折，刚柔得中，浑厚华滋，既在形质之中，又在形质之外。画家深厚的国学修养，超乎世俗的士人精神，采自山川造化的生生活力，都凝入近乎纯笔墨的形而上的追求。

潘天寿——以至大至刚之气操笔，强其骨线，拙其墨迹，进而霸悍其势，怪丑其形，至其极，将水墨画的优美变作了水墨的崇高。这和画家入世的社会理想、拙朴刚正的人品，他所喜欢的明清个性派绘画及韩昌黎、李长吉诗歌，是吻合一致的。

张大千——或以卓越的仿摹把个性掩藏在他人风格之中，或以恣肆汪洋的泼彩泼墨藏古风于奇幻的新景之表，倜傥风流而不远风雅，自恃才高却肯于用功，亲世玩世又超然于纷争之外。这些都镌刻在其俊秀多变、时雅时俗的笔墨上。

傅抱石——其散锋皴擦，勾泼结合，气势盈满、神采飞扬，含精致于豪放，纳古意于今情的笔墨，恰与他的诗人气质、对晋人风度和石涛的偏爱相契合。

李可染——其融于造型、层层积染、自成一体、深秀浓重有时不免沉滞的笔墨，跟他淳厚执著的个性、以“深入生活”求创新的观念、对景落墨的写生经验，有着无法分割的联系。

古人有“人品不高，用墨无法”之说。这里说的人品或人格，应作广义的解释：人的气质、道德修养、精神追求综合塑造的品格。人品的高下与笔墨方法及其熟练程度并无必然联系，但与笔墨风格特别是笔墨品质、气息有一定相关。平庸的人格难免笔墨的平庸，飞扬跋扈的人品必有某种外张的笔态，这种必然的连带关系，决定了高格调笔墨的追求，必然伴随着对完美人格与超越精神的追求，对庸俗、低劣、市侩、无灵魂和丑陋灵魂的拒斥。

人性完美永远是一种理想，但不媚俗、不势力、不张狂、不萎靡、不虚伪、不贪婪、不猥琐等，总是体现着一种崇高的人格追求。传统绘画对笔墨格调及其与人品一致性的强调，正体现着中国艺术对真与善尤其是善的极大关怀。应该说，这正是中国艺术传统的本质特色之一。

超越精神，是指中国艺术对世俗物欲（地位、金钱等）的超越，对真纯高尚的精神理想的追求。它与西方观念中近于上帝的超验性、神性有一致之处，但又很不同，因为这种超越性始终不失人性的温暖与光辉。对笔墨格调的追求，是这种追求的特殊形式。

中国艺术的这一传统，我们没有理由不重视、不继承、不发扬。

注释：

[1] 如研究笔墨问题的前提与意义，笔墨的有限性、现代性，笔墨欣赏中的精英化与大众化，“笔墨中心主义”的由来与误解，笔墨完满性及其超越可能性等，本文都暂不涉及，待另文专述。

[2] 单纯地呈现工业材料或自然材料本身的特性，或通过对材料的某种处理来表现一种感觉、一种观念、一种人与物间关系的暗喻，在当代西方艺术中颇为流行。国内一些“实验水墨”画家和旅居海外的华裔画家，只在材料的意义上取用水墨、宣纸，以创作绘画、综合材料绘画、装置、浮雕、软雕塑等。如旅法画家杨诘苍以“极少艺术”观念所作绘画作品，上海画家王天德的观念性作品，徐虹的综合材料性作品，河北画家胡又笨的纸浮雕性作

品，广东一些画家的抽象水墨作品等。它们无论在观念上、技巧上、制作上都脱离了传统的笔墨，属于做材料或仅仅利用水墨媒材的、非笔墨的“水墨艺术”。

［3］对明清近代水墨画的评价，有单纯“衰落说”，如康有为、陈独秀、徐悲鸿和20世纪50年代的一些美术史著作（如李浴《中国美术史纲》等）。有单纯的“繁荣说”，如林木《明清文人画新潮》等近人著作。“衰落说”或“繁荣说”都过于简单和情绪化。事实要复杂得多。分门别类看，人物画在整体上进一步衰落了，山水画在明代后期、清代前期有很大发展；明代前期、清代后期相对衰落；花鸟画在明代和清代前期都有较大发展，清代后期相对衰微。

［4］20世纪特别是20世纪后半叶以来，由于过分强调艺术的“科学性”和实用功能，中国画被视为“不科学”和“保守”，必须用西画加以改造，必须要向通俗性、大众化靠近，于是出现了以素描为基础、弱化或取消书法基础、笔墨基础的写实中国画以及中国画向年画、连环画靠近、弱化或取消文人画诗意与修养的通俗中国画。不加分析地把视笔墨为“形式趣味”，把重视笔墨视为“形式主义”、“保守主义”甚至“封建主义”。以苏式写实主义为主要参照的写实水墨、以西方现代主义为主要参照的“现代水墨”，都在一定程度上丢弃了传统水墨的本质特性。

［5］顾恺之《论画》中，多次使用“骨法”“骨趣”“天骨”“奇骨”“骨俱”“隽骨天奇”等词。“骨法”出自相法，通过看人的骨骼结构判断人的天资、福分、命运之类。晋人引入画评，则指象形特征，其中主要是人的结构特征。

［6］《历代名画记》卷一第13页、卷二第23页，秦仲文、黄苗子点校，人民美术出版社，1963年，北京。

［7］郎绍君《苏轼与文人写意》，《中国艺术研究院硕士学位论文集》，文化艺术出版社，1984年，北京。

［8］董其昌《画旨》云：“以境之奇怪论，则画不如山水，以笔墨之精妙论，则山水绝不如画。东坡有诗曰：‘论画以形似，见与儿童邻。作诗必此诗，定知非诗人。’余曰‘此元画也。’晁以道诗曰：‘画写物外形，要物形不改。诗传画外意，贵有画中态。’余曰：‘此宋画也。’”这段话，生动地区别了宋画与元画，即一个重形似，一个重笔墨。

［9］郎绍君《论现代中国美术》第137～138页，江苏美术出版社，1988年，南京。

［10］流行于20世纪50～70年代的“写实水墨画”，不只来自徐悲鸿学派，也与接受苏联“社会主义现实主义”的影响有极大关系。徐氏学派的影响主要是写实—方法上的，苏联的影响主要是情节性、正面歌颂等思想艺术观念上的。此外，还有近代中国通俗绘画如年画、连环画在大众化方面的影响等。

［11］郎绍君《非学校教育》，《美术研究》1998年第3期，第16～18页，中央美术学院美术杂志社，北京。

［12］胡佩衡《齐白石画法与欣赏》，人民美术出版社，1959年。

［13］徐悲鸿题一幅吴昌硕的画，有此嘲笑。原画藏中国艺术研究院美术研究所。

［14］同［8］。

［15］张彦远《历代名画记》卷二第26页，秦仲文、黄苗子点校，人民美术出版社，1963年，北京。

［16］出自王维《山水诀》（传）。《山水诀》一般被认为是宋人的画诀，托名王维。

［17］盛大士《溪山卧游录》，参见俞剑华编《画论类编》第262页，中国古典艺术出版社，1957年，北京。

［18］同［17］。

［19］郎绍君《慰藉人生的苦难——林风眠艺术的内涵》、《创造新的艺术结构——林风眠对形式语言的探索》二文，参见《现代中国画论集》第73页、99页，广西美术出版社，1995年，南宁。

［20］黄宾虹《画谈》，作于77岁。转引自孙旗编《黄宾虹的绘画思想》第121页，台湾天华出版事业股份有限公司，1979年，台北。

［21］同［20］。

［22］石涛《苦瓜和尚画语录·变化章》，转引自俞剑华编《画论类编》第148页，中国古典艺术出版社，1957年，北京。

［23］董其昌自题其画曰：“川原浑厚，草木华滋。”与黄宾虹“山川浑厚，草木华滋”仅一字之

差。参见沈宗骞《芥舟学画编》卷一。

[24] 发端于20世纪50～60年代我国台湾、香港地区的"现代水墨"，最初主要取鉴于美国的抽象表现主义。20世纪80年代以来大陆和旅居海外的"现代水墨"（亦称实验水墨）画家，除借鉴抽象主义之外，还借鉴表现主义、超现实主义、波普艺术、极少艺术和观念艺术等。其中，借鉴抽象主义、表现主义、超现实主义的画家较多，也较有成绩，如刘国松、吕寿琨、周绿云、曾佑荷、李孝萱、王彦萍、海日汗等。但许多画家并不很了解西方艺术，又放弃了中国水墨画的笔墨等长处与特色，以为另起炉灶才是出路，画大画，无笔画，造肌理就好，画得粗野、放纵、怪诞、浓艳、强悍就"新"，就"现代"，就"与国际接轨"，这实在是一种很悲哀的现象。

[25] 近百年来，论述笔墨较多的美术家有金城（《画学讲义》）、黄宾虹（《古画微》及大量题画、书信）、潘天寿（《潘天寿美术文集》等）、傅抱石（《中国的人物画与山水画》等）、童书业（《南画研究》）、谢稚柳（《水墨画》等）、郭味蕖（《写意花鸟画创作技法十二讲》）等。不难看出，他们主要是有实践经验又熟悉美术史的画家，所论多带有经验性质。从美术史与美术理论的角度研究笔墨，几乎是空白。

[26] 传统水墨画特别是明清水墨画，讲究案头欣赏，多小幅（如扇面、册页、长卷），宜近观其质，不宜远观其质。这样的水墨画悬挂在空间高大的美术馆或公共场所，确实太弱。针对这一不足，许多画家在为展览会和厅堂馆所制作的作品，都扩其尺幅，强其结构，厚其笔墨，鲜其色彩，以增强视觉效果。这种努力本来很有意义，无可厚非。但很多人缺乏笔墨功力而又急于求成，只以大面积铺陈墨色或制作性工艺取胜，造成有其势而无其质、只有制作性而无书写性的板、刻、空作品泛滥。

[27] 谢赫《画品》（亦称《古画品录》），参见俞剑华编《画论类编》第355页，中国古典艺术出版社，1957年，北京。

[28] 南齐·谢赫《古画品录》按第一、第二、第三分品级；唐李嗣真《续画品录》分上、中、下三品；李在另一著作《后书品》中又提出"逸品"说；唐张怀作《书断》，始立"神、妙、能"三品；唐朱景玄《唐朝名画录》合李、张之说，分为"神、妙、能、逸"四品；宋黄休复《益州名画录》将四品重排为"逸、神、妙、能"，改称为"四格"，后人认同并承之。

[29] 郎绍君《现代中国画论集》第434页，广西美术出版社，1995年，南宁。

[30] 清·张庚《浦山论画》，参见俞剑华编《画论类编》第226页，中国古典艺术出版社，1957年，北京。

追忆夏鼐先生和苏秉琦先生

中国社会科学院考古研究所研究员　马文宽

一次峰回路转的调动

夏鼐所长是享誉世界的考古学家，他的渊博学识为人们所敬仰，他对后学的提携亦为人们所称道。我从山西省农村调往中国社科院考古研究所也体现着他对后学无微不至的关怀。

1978年春节期间，我在北京大学吕遵谔老师家得知，当年考古研究所批下来10个业务指标，可从外省有关业务人员中调入。我当时即去恩师苏秉琦先生家，请先生为我推荐。第二天先生向研究所负责政工的党委副书记乌恩很客观地介绍了我的情况。据后来苏先生对我说，是这样推荐的：马文宽，1960年北大考古专业毕业，后一直在农村教学，没有什么考古成绩，但如能调来考古所可以顶一个业务人员用。不久，我的档案调到了所里。我得知这一消息后立即回到了北京，与爱人米兰英一起来到考古所，向政工组的领导同志诚恳地介绍我们的情况：我与爱人分居两地18年，爱人是一名外科医生，每日工作很是劳累，且患有风湿性关节炎，还要照管两个年幼的女儿，请组织上多多照顾，解决我们的实际困难。同时我还向领导说明，我1957年被划为"右派"，1961年摘掉帽子。政工组领导对我们说："现在'右派'已不是问题了。我们考虑的只是你的业务能力问题。我们还要进行多方面研究。你先回去吧，我们会考虑你的调动问题。"这样我心情沉重地回到了家。我爱人第一次听说，我调动工作"'右派'已不是问题了"则显得很是兴奋，整天乐颠颠的，还不时地问我，"人家说了，'右派'不是问题了，我思想也轻松了，这次调动及咱们两个孩子长大后就不受你'右派'的影响了吧?"是啊，在此以前的两次工作调动，皆因"右派"问题告吹了。这次可能不再是问题了，但又提出了"业务能力"问题，使我忧心忡忡。18年来不在考古单位工作，还因种种主客观原因，我没发表一篇考古文章，那用什么来证明"业务能力"呢? 我感到这次调动有可能因为"业务能力"的问题而办不成。果不其然，要不是经过一番惊险的过程、要不是经过夏鼐所长亲自处理此事，我的这次工作调动就又无果而终了。

政工组在经过研究以后，以18年脱离考古工作，业务能力不清楚为由决定将我的档案退回。所里负责邮件传送的老邢已将我的档案从政工组拿到传达室，准备送往八面槽邮局。在这极为关键的时刻，正好乌恩有事来到传达室，见到桌上有一包邮件，拿起一看是寄往山西省清徐县的，就马上对老邢说，这个你先别寄，等一等再说。乌恩先生立即到政工组了解情况后就去请示夏鼐所长，汇报了苏先生的推荐及政工组退档的意见。夏所长听后，考虑一会儿后说，"这样吧，可以对马文宽考核一下，叫他两个月内翻译一篇文章，写一篇考古文章寄来，看看再说"。

约在年中，我接到考古所科研处寄来有关考核的信。我很幸运，在20世纪60年代初期我尚未恋爱成家，每年回京3次度假（麦收假、秋收假、寒假）时，无事可做就去北京图书馆整天看书。有一天查到一本由牛津大学考古学与艺术史研究实验室主任艾特肯（M. J. Aitken）著的《物理学与考古学》(Physics and Archaeology）一书。浏览以后觉得很有新意，就信手抄了有关科技测年的几个段落。现在顶了大用场，否则在小县城内是找不到任何关于考古学的外语资料。翻译完后寄到考古所，夏所长看了以后，可能为了谨慎起见，又交由仇士华先生再审。多年后一次与仇先生闲谈，聊到我的这篇翻译，他说总的来看还算可以，但有些小的错误，与夏先生商量后就算通过了。夏所长又叫科研处同志再次给我写信，催我尽快把论文寄来。

当时我在中学的教学工作量很大，就把我平时收集有关古代漆器的文章目录整理了一下，想以此充当论文寄往考古所。我的同窗李文杰先生此时尚在科研处工作，他收到信后就与我的中学和大学同学徐光冀先生商议。他们认为这样做不妥，夏所长要的是文章，不是资料，于是就把漆器目录退回，叫我一定要据此写一篇文章寄来。

我从没发表过考古文章，加之时间紧，我真有些信心不足，有“赶鸭子上架”的感觉。我白天备课、教课、判作业，早晚还要辅导学生自习，只能在深夜和假日来赶写。经过一个多月的艰苦努力，感到身心颇为疲惫，但终于把文章《略谈战国漆器》写完了。为了使复杂、激动的心情平和一些，我带着文章到太原市省文物工作管理委员会，请我同窗叶学明及北大学友李裕民先生审阅，以便修改。在他们看完后，认为文章写得还算可以，我的心情平静多了，就将文章连同有关资料卡片100余张寄往考古所。夏所长看后在科研处说，马文宽的考核可以了，然后将文章连同卡片一起亲自送到政工组说，“此人有初步研究能力，可以给他办理调入手续”。9月底我接到所里的来信说，调令已下，要我尽快办理手续。我又用了两个月的时间奔波于省、市、县各有关部门，终于在12月1日回到了北京。

到所后我争取到在第三研究室浙江队工作的机会，从事瓷窑发掘与研究。我利用了距来年3月去浙江发掘前还有的时间，将《略谈战国漆器》进行了修改，其时得到了叶小燕等先生的指导与帮助，发表在1981年的《中国历史博物馆馆刊》上。

来所后，我与夏所长接触不多，但我对老人家的崇敬之心常在。当我调入考古所已经无望之时，是夏所长奇迹般地使之起死回生，给了我考核的机会；是夏所长的考核又使我完成了第一篇论文的写作。万事开头难，从此开始了我的漫长写作之路。夏所长的严格要求使我受益终身。

为了报答夏所长的知遇之恩，我极为努力地工作，节假日也很少休息，要力争把18年的“损失”夺回来。在退休后的14年中，也坚持了每日8小时左右的工作，这些不仅是出自我对考古事业的挚爱，也是出于对夏所长的感激之情。在夏鼐所长诞辰百年之际，我想对先生最好的怀念，就是要在今后的岁月余生中全身心地继续投入到考古工作中，像先生那样工作到生命的终结。

一语指明研究路

那是1978年寒假结束的前一天，我去北京大学历史系了解有关我的毕业分配及我是否还有可能“归队”从事考古工作的问题。得到的回答无关痛痒，我悻悻地走出了办公室，在校园中漫步。这时便想到，应去看望一下教过我的老师，因为在1957年10月我被划为“右派”以后，没有一位授课老师歧视过我，他们总是以同情的态度对待我，指导我的学习。当时距我所处位置最近的是吕遵谔先生的家，进门后受到了先生的热情接待，我的心情一下子暖了起来。更让我异常兴奋的是，吕先生给我说了一个大好消息。吕先生像20余年前讲课一样，话语急速地对我说：“马文宽，告诉你一个好消息，今年考古所批下来10个业务指标，可以从外省调入。我与考古所没有业务联系，帮不上忙。你下午进城就去苏（秉琦）先生家，请他给你推荐。你调回来搞考古，也好与家人团聚啊!”吕先生这番感人的肺腑之言，使我终生难忘。

那一天，在校内食堂就餐后，为了不打扰苏先生午休，我在未名湖畔散步以打发时光。此时心绪起伏，幻想着调回北京后能够呵护爱妻与两个年幼活泼的女儿；更幻想着重新从事考古专业后，自己能够作出一些成绩。当然，更多的是回忆起恩师苏先生一次次地对我的关怀。1960年大学毕业后，我被分配到山西省太原市清徐县吴村初级中学劳动、教学期间，苏先生见到山西省考古界的领导，就建议他们把我从清徐县调到省里从事考古工作（这是同窗叶学明先生告知的）。但在当时的政治环境下，这种建议是不可能实现的。记得20世纪70年代初，苏先生得知他的一名学生成为省文物工作管理委员会的领导成员时，就想通过她把我调到省文管会工作。此校友受先生之命，自然努力去办理，进展颇为顺利，几乎到了“水到渠成”的地步。但不久我被告知，这次调动工作又被无情地终止了。忆起几次的工作调动均无果而终，于是感叹自己真是人生多舛！可是此时又有了一线希望：这次是否能有所转机？

那天下午3点钟左右，在西直门下了公交车后步行到苏先生家，先生如往常一样热情地接待了我。

我向先生说明来意以后，先生说：“你如能调回北京那太好了。不管办成办不成，明天我一到所里就向所领导推荐你。但你可还要有两手准备啊。”在我起身要告别的时候见到了师母，她对我说：“看来你的身体还很好啊。”并又提起1959年年初我从陕西华县替先生扛回一大口袋大红枣的往事。

那是1958年秋，我跟随北大历史系54级考古班的同学去陕西华县，参加该班为期半年的考古田野实习，被分配做每天发掘出土“小件”、陶片的登记和保管工作。在此期间，苏先生来华县指导学生实习发掘工作。由于我常在室内工作，有时就陪同苏先生观看发掘出土的“小件”和陶片，从中学到了很多东西，先生做学问的思路与方法潜移默化地留在了我的脑海中。苏先生在离开华县前对我说：“文宽，明天我离开这里了，还要到别处去。我在这里买了一口袋红枣，你回北京时帮我送回家吧！”我爽快地答应了。就是这么一点极为平常的小事，20年后师母还记着，使我非常感动。几十年来，苏先生在业务上、生活上对我的教导、关心实在太多了。现在想来，自己对先生的回报实在太少了。

经苏先生向研究所领导推荐以后，不久我的档案就调到了考古所。在多方人士的帮助下，经历了一番极为曲折复杂的过程和考试后，1978年12月1日我终于调回了北京。18年的农村劳动和中学教学工作结束了，我进入了中国考古学的研究殿堂——中国社会科学院考古研究所，从此开始了我的考古人生。回京的第二天我去所里报到，时任考古所党委副书记的乌恩岳斯图先生问我今后的业务方向是什么，这一问题我已想了很长时间。我当时觉得，长期脱离考古业务，并且自己也已40多岁，无论做哪一项研究都需从头开始，都需付出极大的努力。考虑到李文杰先生与我大学同班，在调动工作期间他与我的另一位同学徐光冀先生曾为我提供了很好的建议，于是我决定到长江队去与文杰一起工作。在乌恩先生向夏鼐所长汇报以后，就这样定下来了。出了办公室去看望苏先生。当先生听到我要去长江队时，马上对我说：“文宽啊，早期考古是咱们所的研究重点，很多人研究20多年了，你要出点成绩，何时能赶上人家？现在咱们研究所开展瓷窑考古了，搞的人很少又是新课题，你还不如搞点瓷器研究，这样出成绩或许较快一些。”先生的一席话使我茅塞顿开，觉得非常有道理，还是搞瓷器更适合我。于是我立即又去找乌恩先生，当他了解了我的来意之后说：“你在这里等一下，我还得去请示夏所长。”几分钟后，乌恩先生告诉我：“夏所长同意你搞瓷器，你准备明年春天跟李德金去浙江发掘龙泉窑吧。”就这样，我到了汉唐研究室浙江队工作。

苏先生的几句话给我指明了研究方向，使我的一些长处得到了发挥，也使我后半生与瓷器结下了不解之缘。可以说，苏先生的一席话指导了我后半生的学术生涯。在浙江队与李德金等先生的4年工作中，使我掌握了瓷窑址的调查、发掘、资料整理与报告编写的全过程。这是我在考古所的立足之本。

1983年夏，研究室临时调我到内蒙古队协助刘观民队长去额济纳旗居延地区调查汉代烽燧的工作。这虽不是我的研究课题，但听命后欣然前往。原因之一是，我来所后就听说，观民老师对田野工作特有经验，且待人宽厚；另一个原因是，大西北有着诱人的魅力，一直是我多年期盼、向往之处。果真也是，约两个月的大漠考古调查虽艰苦异常，却使我的身心得到了陶冶与修炼，加之经常可见大自然所赐予的奇观妙景，眼界大开，同时在与蒙古族同胞的接触中，他们的淳朴而豪放的性格也深深地感染了我。这一切均增加了我后半生豁达、韧性十足的性格。

居延之行的另一重要收获是我找到了古瓷研究的一个突破点。早在去居延之前，我随观民队长去承德做准备工作，恰逢苏先生也在此。有一天晚饭后在苏先生屋内闲谈，先生对观民老师说：“观民，你以后有机会给文宽开个路。”故在居延调查时，每遇到西夏——元代遗址，观民老师总是与朱延平先生一起帮我捡拾瓷片。晚间有时我在蒙古包内的烛光下对瓷片反复观察、拼合，发现有些瓷片并非来自中原或南方地区，因而推测在距此不太远的地方可能有窑址存在，最有可能在宁夏地区。在居延工作结束时，我向观民老师提出去宁夏调查瓷窑址的要求，得到了批准。这样，在乘火车的归途中，我在兰州告别了队友，转车奔向了银川。在宁夏博物馆领导的大力帮助下，遂在灵武县城以东70里处的磁窑堡发现了西夏窑址。经各级领导批准后，进行了6年的发掘、资料整理与报告编写，使鲜为人知的西夏瓷得以向世人揭示。在此期间，我多次向苏先生汇报工作，先生耐心听完后均给予具体的指导与建议。记得有一次我向先生汇报，问他在窑址内除西夏和元代的遗迹外，还有一座清代窑炉是否需要发掘？苏先生明确地告诉我，只要是遗址内的古代遗迹，有条件的都应发掘。清代的窑炉结构搞清楚了，也是研究中国陶瓷窑炉发展史的重要资料。现在想起来，先生的指导是非常中肯的，是站在更高的层次上考虑学术问题。

1990年，我向苏先生述说我的研究方向要有所变更的打算，即以瓷器为突破口转向中国与伊斯兰世界文化交流课题的研究。先生听后很是高兴并鼓励我说："咱们所研究外国考古的人员很少，你应该发挥自己的优势，开拓一个新的研究领域。但这是一个大的课题，难度很大，要有长期坐冷板凳的思想准备。"真如先生所言，这一课题我研究了近20年，虽取得了一些成果，但距目标还很远，仍需努力。

自从来到考古所后，为了报答苏先生多年来的关怀与帮助，我极为努力地工作，几乎每晚到所里"加班"两三个小时，节假日也很少休息。在退休后的14年中，也仍然坚持每日8小时的工作时间。这些不仅是出自我对考古事业的挚爱，也是出于对苏先生的感激之情。

1997年6月下旬的一天中午，我在从研究所回家的途中去医院看望苏先生，其时先生刚从重症监护室转到普通病房，看到先生，我心情颇为沉重。先生在重病期间还在关心自己著作的出版，还在关心着学术研究。先生在当年6月30日离我们而去了。我在第二天得知先生仙逝后极为悲痛，40年来接受先生教诲的情景一幕幕地浮现在眼前。当时就想，往后对先生最好的怀念，就是在余生中全身心地继续投入到考古研究中去，像先生那样热爱考古事业，一直工作到生命的终结。

传承历史，开拓创新，积极推动中国民间收藏事业实现新的跨越

中国收藏家协会会长　闫振堂

收藏，就是人类有目的的系统收集、整理、研究、鉴赏、弘扬人类社会创造的和自然界存在的，带有物质文化和精神文化的物品的自觉行为；是一种积淀人类文明，启迪人们智慧，增长人们知识，陶冶人们情操的高雅的社会文化活动；也是一种高层次的专业性、学术性、实践性很强的科学鉴赏研究活动；也是一种聚集知识财富和物质财富的一种手段。一项收藏就是一个时期或某一门类历史的缩影。

我们的伟大祖国，历史悠久，文化底蕴深厚，是世界文明古国之一。几千年来，中华民族辉煌灿烂的传统文化，积淀丰厚的文化遗产是我们收藏的源泉。我国的民间收藏活动由来已久，同人类的生产、生活息息相关。随着社会生产力的发展，人们物质文化生活水平的不断提高，我们的祖先们先后创造了万千种类、色彩斑斓、包罗万象的文化艺术收藏品。从而历朝历代都有了许许多多的收藏家、收藏爱好者，开展了许许多多的收藏活动。

今天，我们中国的民间收藏活动，越来越发展，越来越深入，越来越广泛。已成为陶冶人们情操，提高思想境界，振奋民族精神，建设精神文明，提高公民素质，丰富人民的精神文化生活，促进社会稳定和进步的重要力量，在社会经济和文化发展中，越来越起着积极的推动作用。

但在这大好形势下，也存在着不少这样那样的困难和问题。如国内收藏品市场疏于管理，杂乱无章，制假无罪，卖假不罚，虚假鉴定，“拍假假拍”等现象，到处可见。同时不少外国人也不择手段地与我国的三盗（盗墓、盗捞、盗窃）分子、走私犯、销赃者、造假者勾结在一起，形成一条黑色产业链，他们也在收藏中国的文物艺术品，使我国的大量文物流失国外等。以上有些问题，需要国家有关部门研究解决。有些问题，需要我们全国的收藏组织与收藏家、收藏爱好者自己来研究解决。那么，作为中国收藏家协会，全国各级收藏组织以及全国的收藏家，甚至世界华人收藏家们，在我们力所能及的范围内应该如何进一步发挥自己的积极作用，传承历史，开拓创新，不断推动中国民间收藏事业有一个新发展，新跨越呢？现谈以下几点意见，与大家一起讨论、研究。

一、要在收藏、保护、研究上实现新的跨越

（一）收藏，就要坚持“合法收藏”、“收藏精品”的原则

当前，中国古玩艺术品供不应求的局面，造成了收藏品市场出现了许多假冒伪劣的文物艺术品，甚至也出现了不少不法分子盗掘的出土文物。使许多收藏爱好者上当受骗，有的在私下、“地下”渠道购买了一定数量的不合法文物。为此，我们要求中国收藏家协会的每一名会员，同时也希望广大藏友都要遵纪守法。在国家没有新的有关民间收藏法规出台之前，一定要遵守国务院颁发的《文物保护法》和《文物保护法实施条例》等有关法律、法规，做一名遵纪守法的收藏家。同时，我们提倡坚持“古今结合，以今为主，重在精品”的收藏原则，因为合法买卖的古代收藏品是有限的，不能再生的，而现当代的收藏品是不断创新发展，是无限的。随着科学技术的发展，现代创新的一些艺术品更加精美。不论古代艺术品，或现代艺术品，只有内涵丰富，艺术价值、科学价值（包括自然科学和社会科学）高的艺术精品，才有真正的收藏价值。具体地讲，

只有古代珍贵文物和现代艺术大师、名家及精英们创作的代表作才是收藏家、收藏爱好者收藏的重点。精品以外的收藏品，不管古代、现代都叫一般收藏品，可以收藏，但不应作为收藏重点。

（二）收藏，就要科学保护，确保收藏品的安全

近年来，不少收藏家收藏了成千上万件精美的收藏品，但他们对收藏品的保管基本处于原始、粗放状态。造成这种原因，一是不少藏友缺乏对藏品科学保管方面的知识，亦不懂得这方面的技术。如很多藏友把书画、陶瓷、玉器、家具、青铜器等保管条件不同的藏品混在一起放置，不知道纸质、绢帛要防霉、防虫，青铜器如何防锈除锈等方面的保护技术。二是很多藏友缺乏科学保护藏品的设备和条件。有的藏友在库房内，甚至住宅里既堆满了杂乱无章的各种藏品，又住着一家人，同时还养着几只大狗。不少藏友以占有收藏品数量多而自居，把钱和精力都放在购买藏品上，却很少购买应有的保护藏品的设施设备。为此，建议藏友们首先要知道，你那珍贵的藏品，不只属于你个人，它是国家和人类的财富，你有必须保管好的责任和义务。对收藏品来讲，保护是第一位的，没有有效地保护，也就没有合理利用。因此，为使藏品得到有效保护，所有的藏友都要学习掌握不同类别藏品的保管知识和技术。对有条件的收藏家，要根据不同藏品添置相应的保存设施设备，如恒温、恒湿设备，消防、安防设施等；对经济条件有限的藏友，也要尽可能地配备一定的藏品保护设备。

（三）收藏，就要深入研究，努力提高鉴赏水平

近年来，我们民间收藏研究工作发展较快，不仅有了不少专业报纸杂志，有的报刊还增加了收藏栏目，或将报刊改为专门的收藏版，发表了大量有关收藏理论知识的文章。还有许多藏友编辑出版了不少收藏门类图书、专著。各级收藏组织编辑发行了自己的会刊、通讯等，这些都是收藏理论知识研究的成果。但对中国收藏家协会的广大会员以及全国的收藏爱好者来讲，还是不够的。我们认为“收藏”二字，“收”就是“拥有”、“占有”；而“藏”则是高一层次的管理能力。这种管理能力，应当是两个方面：一是对收藏品的保管能力；二是对收藏品的研究能力。要做一名真正的收藏家就应当是对自己所收藏的某一类或几类收藏品有丰富的研究和实践经验，在所收藏的领域中，有很深的学术造诣，并有开创性的研究成果，或在重要收藏理论上有一定的突破。在收藏类刊物及著名收藏网站上发表过一定数量的高水平的收藏学术论文，或有几种收藏理论专著。大家公认的收藏家张伯驹、王世襄先生，他们对自己的收藏品了如指掌，对自己的收藏品研究和考证都有突破性的卓越成就。张伯驹先生的《丛碧书画录》，王世襄先生的《明式家具珍赏》，都已成为我们民间收藏的瑰宝。真正的收藏家绝不是守财奴式的占有，而是对收藏全面深入地整理和研究，使那些不为人知的艺术精品，能在收藏家手中被善待，发掘其真正的历史价值、艺术价值、科学价值及其丰富的内涵。“收”与“藏”比较，“藏”才是真功夫，藏的水平，决定“收”的能力。有了高水平的收藏鉴赏理论，自然也就不会在假冒伪劣藏品面前上当受骗。因此，我们还须在收藏的深入研究，提高鉴赏水平上下工夫。

二、要在展示、交流、鉴定、培训、服务上实现新的跨越

（一）收藏，就要做好展示、交流、服务工作

利用好各种收藏品，使其发挥应有的社会效益，是民间收藏活动层次提升的具体体现。几年来，中国收藏家协会和全国各级兄弟收藏组织单独或联合举办，或与地方政府及企事业单位联合举办了收藏品的大量展示、交流、服务活动，对中国民间收藏品的资源进行整合利用，发挥了为社会服务的积极作用。但在民间收藏品利用上，全国发展并不平衡，经济发达地区民间收藏品资源的利用率相对较高，其他地区则较弱。从总体上讲，民间收藏品的展示、交流，为社会服务尚处在发展的初级阶段。一是很多展览交流的陈列不规范，主题不突出，形式一般化。甚至很多是地摊性质的展示交流，很难体现出收藏品的丰富内涵和精美的艺术价值和科学价值。二是不少主办单位和承办单位，举办展示交流活动的目的，主要是经济效益。经常以什么国际艺术节、全国交流展、展销会、博览会等名称，并给评比金银铜奖，颁发证书等诱惑藏友和参展商，结果展览条件差，缺乏宣传广告，致使参观展览的人很少，购销的人更少，而参展商花了参展费、路费、运输费、食宿费等，但一件商品也没有卖出去赔了不少

钱，怨声载道。三是展览、展销的艺术收藏品，包括新的工艺收藏品的水平不高，一般化的多，精品少，就是有些精品，也有进一步提高的空间。还有不少藏友收藏的精品不愿意拿出来展览，所以真正的收藏精品，在全国的各种展示交流活动中见到的不是太多。针对以上问题，我们今后一定要在收藏展览、交流、服务的质量、水平上下工夫。一要明确展览交流的目的，既要讲经济效益，更要讲社会效益。二要尽量举办一些真正的收藏精品展示交流活动，要反复号召和动员我们的藏友们，肯于把自己的镇家之宝，亮点突出的收藏精品拿出来参加展示交流活动，提高民间收藏活动的品位和层次。三要以科学的手段和方法组织好展示交流活动。要有整套的运输、保管、陈列等组织计划方案，确保收藏精品的安全。四要解决好展示交流的所需的经费。要争取当地政府或企业家的支持，或藏友之间的支持，或其他引资方法解决经费。五要争取各方面专家、领导的大力支持，使我们逐步把每一项展示交流活动都办成具有民间收藏特色的一流水平的活动。

（二）收藏，就要建立和完善鉴定的服务体系

随着民间收藏事业的飞速发展，对收藏品的鉴定已成为一项极为重要的服务项目。然而，现在的民间鉴定机制和鉴定队伍存在自发自生、放任无序、鱼龙混杂的现象。一是现在有些民间鉴定机构本身不一定合理合法；二是有的鉴定机构内部操作不够规范，没有标准，没有程序；三是民间鉴定机构内缺少自己的鉴定队伍。现在民间鉴定主要依靠国家文博单位的各类专家来帮助鉴定，他们为民间收藏品鉴定作出了很大贡献。当然，社会上也有不少通过自己的实践，自学成才的鉴定专家。但这些还不能满足民间收藏事业发展的需要。而且在一些鉴定活动中也有有意无意的鉴定不准确，出假证明等现象。为此，我们建议：一要各收藏组织管理好自己的鉴定机构和鉴定队伍，强化自己的鉴定力量。除培养自己的民间鉴定队伍外，要选聘那些学识水平高、道德操守表现好、法制观念强的文博鉴定专家，充实我们的民间鉴定队伍。在鉴定制度和程序上要做到一件藏品两名以上专家鉴定，确保鉴定的准确性。在传统鉴定方法之外，还可以发掘其他鉴定手段，如利用高科技等方法辅助鉴定。二要教育引导我们协会的广大会员和收藏爱好者，除不断提高自己的鉴赏水平外，如请专家为自己“掌眼”，首先自己“掌眼”，通过各方面了解，认清是不是值得信赖的专家。然后再作出是否可请他鉴定的判断。对于那些不懂鉴定而自吹是“专家”的人，要特别警惕。三要积极创造条件，为收藏品的鉴定、传承建立必要的档案材料。四要积极建议国家有关部门尽快出台《民间收藏鉴定管理办法》、《收藏鉴定师职业资格管理办法》等。通过我们的共同努力，逐步建立一套科学、完整的可信度很强的收藏鉴定体系。

（三）收藏，就要努力为会员，为收藏爱好者做好各种培训服务

从当前收藏队伍的情况来看，有相当一部分藏友缺乏收藏的专业知识，风险意识淡薄。不少人收藏比较盲目，不够理性，重视经济价值，轻视文化艺术价值的倾向比较明显，付出了高昂的“学费”。甚至有的藏友排他性很强，收藏了很多赝品，也乐此不疲，不听劝导。为了提高大家的收藏素养、收藏水平，我们必须在开展各种培训服务上下工夫。对收藏专业的培训一定要抓好以下几点：一要选好教授。聘请品德好、学识水平高，既有丰富的实践经验，又在某一收藏领域中有高深理论水平的文博专家们任教。同时要求他们按照教学对象，教学内容的基本要求备好课，教好课，使学员真正提高收藏专业的知识、技能和素质水平。二要抓好重点人才的培训。我们认为，当前应当重点抓好收藏品鉴定人才、收藏品修复人才和收藏品经纪人的专业培训工作。据说，现在专门参与收藏活动的有数千万人，每年交易额达数百亿元，无论收藏家、商家，还是艺术家，都需要鉴定、修复和中介服务方面的人才。三要确定必须掌握的教学培训内容。除侧重面不同的专业知识和技能外，还应讲授有关职业道德、法制观念方面的内容。四要抓好培训的组织领导工作。通过我们的培训，一定要真正培养出一批我们民间收藏队伍中德才兼备的骨干人才。

三、要在与艺术家、企业、政府紧密结合，推动收藏文化产业发展，建立活动基地上实现新的跨越

（一）收藏，就要使收藏家与艺术创作家紧密结合

人类社会创造的各种艺术收藏品，主要是艺术

创作家包括书画家、工艺美术大师及精英等创作制造的。没有他们的创造，就没有收藏品。没有收藏品也就没有收藏家。但是没有收藏家的需求、指导、参谋，则艺术创作家的创造往往是盲目的。如古代的砚台，既有使用价值，又有艺术欣赏价值。它既是书法绘画存墨、运笔的必需品，又是精美的艺术收藏品，故称文房四宝之一。而现在制砚大师们制造的砚台，则大多数是只有观赏价值，没有使用价值，即只能观看，不能使用，砚只是虚名，实际上已成为端石或歙石等石头的雕刻艺术品了。因此，现在创作的和市场上销售的各种砚台，几乎没有几件既有高水平艺术价值又有高水平科学价值，既美观又实用的艺术精品。绝大多数都是一般化工艺品，一般化收藏品，只能作为一般化礼品送人，而不能作为收藏精品。还有些现代艺术品，一味求大、求奇，初看感觉冲击力不小，但细致研究就感到艺术震撼力不强，也不能作为艺术精品。如果我们通过各种展示、交流、论坛等多渠道活动，当好艺术创作家的参谋，向制砚、陶艺、雕刻等各类工艺美术大师们，向书画家等各方面的创作家们，提出收藏家、使用者的意见、建议和要求，并经常互相交流沟通情况和经验，不断总结新的创作和改进意见，则他们一定会从各个方面创造出既有继承又有创新的更多、更美、更好的艺术精品，充实丰富我们的收藏。所以，我们一定要在当好艺术家的参谋，与各类艺术家紧密结合上下工夫，努力做好这件两全齐美的大好事情。

（二）收藏，就要使收藏文化与企业文化紧密结合

企业参与到收藏领域，在中国由来已久，从古代的富豪商家到现在的企业家，他们出于对历史文化的热爱和个人喜好的相得益彰的自然结合，而又凭借自己的经济实力，将大量文物艺术收藏品收藏、保护下来，从而形成了一个新的企业收藏文化体系。现在的企业竞争已经历了从数量竞争、质量竞争、品牌竞争、设计竞争到文化品位竞争的历史阶段。每个企业必须有自己的创新文化底蕴的积累，对于文化的吸纳和创新已成了当前企业的最高竞争方式。企业文化与收藏文化结合，既可以保护和传承中国的传统文化，又可以使企业员工受到历史文化传统的教育，增强他们的民族责任感；还可以拓展其企业的文化品牌、内涵和外延，形成一种独有的企业文化。近来，收藏事业发展很快，有些收藏品的行情走势之高，令人咋舌。而站在市场最前沿的企业家们也敏感地发觉到了这一点，便纷纷进入了艺术品的收藏和投资领域，成千上万的文物艺术收藏品被企业家收藏。而且，有着企业背景的企业收藏博物馆也相继出现，形成了有规模的企业收藏，甚至有许多企业家已成为中国收藏事业的领潮人物。因此，我们必须进一步在收藏文化和企业文化的结合上做更多的工作。

（三）收藏，就要积极建立收藏家活动基地和收藏文化产业基地

一是与古玩市场、艺术品收藏市场等场所紧密结合，在市场内建立收藏组织的活动基地。经常开展各种收藏、展示、交流、鉴赏、研讨、拍卖等活动。二是与企业家合作建立中型或大型的“收藏文化产业园”。在“收藏文化产业园”内，吸引各类艺术创作家与收藏家一起开展各种艺术创作、展示、销售、交流等收藏活动。三是与重视收藏文化的一些城市紧密结合，整合资源，着力创建一个或几个具有特色的收藏文化活动和产业基地。如为了把七朝古都开封市打造成为一个“收藏之都”的城市，中国收藏家协会与开封市人民政府创建了每两年举办一届的“中国收藏文化（开封）论坛”。为了办好论坛，他们组织各方面的资源，在创建了一个“清明上河园”，建造了一座“东京艺术中心”，改建了一条“东京御街”（收藏文化街），修建了一个“金明池广场”，改造了开封市博物馆、新都汇、翰园等论坛收藏文化的各个活动和产业基地。每届论坛都有全国各方人士参加的创作、展示、交流、研讨、鉴定、拍卖、收藏等15至20个系列的文化活动，产生了良好的社会效益和经济效益，受到了全国各方面的好评。

综上所述，盛世民间收藏，形势喜人；传承文明历史，任务艰巨。让我们团结合作，克服前进中的困难，解决发展中的问题，与时俱进，开拓创新，为推动中国民间收藏事业实现新跨越，作出积极的贡献。

漫谈文物艺术品收藏与鉴赏

中国收藏家协会副秘书长　张忠义

从2009年起，中国文物艺术品市场进入了“亿元时代”。2010年，文物艺术品拍卖市场延续2009年的火暴态势，继往开来，再创新高，充分显示了收藏家、投资人强劲的购买力以及对传统文化和民族艺术品的推崇。中国文物艺术品收藏、投资已经吸引了全球的注意力。中国综合实力的发展和人民生活水平的提高使得我国精神文化的消费占有越来越大的比重，文物艺术品的收藏、鉴赏已成为当下的热门话题。

一、中国文物艺术品收藏鉴赏的历史及现状特点

我国古代先民，历来就有收集、珍藏和研究古代文物艺术品的传统。相传夏禹所铸的“九鼎”，在夏王朝灭亡以后，“鼎迁于商，载祀六百”。商朝珍藏了600年以后，由于“商纣暴虐，鼎迁于周”。周“成王定鼎于郏鄏，卜世三十，卜年七百，天所命也”。(《左传》宣公三年）战国时秦灭西周（公），“九鼎没泗水彭城下”（《史记·封禅书》)。秦始皇统一中国后，巡行天下，“过彭城，欲出周鼎泗水，使千人没水求，弗得”(《史记·秦始皇本纪》)。现存的汉画像石、画像砖都发现有“泗水捞鼎”的生动图象。夏朝的“九鼎”成为王权的象征，历代统治者皆欲得之。秦失鼎，意味着将失天下，国祚不永。可见中国文物收藏，由来已久。

对中国历史上文物艺术品的收藏，普遍认为出现过四次高潮，即北宋、明末、清初、清末民初。

北宋时期，由于最高统治阶级的提倡，收藏之风大盛。特别是宋徽宗非常迷恋并大力搜索古代文物，官僚和士大夫阶层也竞相效尤，收集和研究文物之风大炽。一批金石著作，如《宣和博古图》、《考古图》、《金石录》、《集古录》等也陆续完成，我国传统金石学在宋代的“收藏热”中形成了。明末，由于资本主义萌芽在中国出现，文物艺术品交易活跃，催生了官僚和商贾的收藏热情，也产生了诸如扬州八怪等大批流芳千古的民间艺术家。清朝初年，特别是乾隆皇帝的大力提倡，宫廷收集的各种文物门类多、数量大，以宫廷所藏编写了《西清古鉴》、《西清续鉴》、《石渠宝笈》、《宝笈续编》等大型著作。与此同时，民间一批金石著录和研究著作相继出版，成为“收藏热”的标志。清朝末年，特别是1840年以后，由于帝国主义列强的侵入和洋务运动的兴起，在各地修铁路、开矿山的过程中，屡有重要文物出土。不少达官贵人和文人学士，利用他们的为官之便或雄厚的财力，竞相搜集出土重器，并有相当一部分流往国外，形成又一次“收藏热”。

中华人民共和国成立后，经过一段文物艺术品收藏封闭期和毁坏期。1978年，随着中国改革开放，特别是近20年政治经济的全面发展，文物艺术品拍卖这种新的交易形式引入，久违的“文物艺术品收藏”又重回人们的生活中。“抑之既久，其发必速”，新一轮的“收藏热”在全国波澜壮阔地展开，我们把其称为中国历史上第五次收藏高潮，其参与人数之多，影响范围之广是空前的：到2009年，中国参与各类收藏投资活动的有近9000万人，全国的民间藏馆有300多个；各地收藏组织有500多个；交换市场设置之普遍，收藏门类之多样，在我国收藏史上绝无仅有，并且出现许多与以往收藏高潮完全不同的特点：

第一是大众收藏和高端收藏同步进行。北宋和乾隆盛世这两次高潮是由皇帝和皇室收藏引领的，晚明时期与清末民初是由民间收藏推动的。以往的收藏，或是最高统治者偏爱和提倡，官僚、贵胄趋炎；或是文人、商贾热衷、少数人追随的行为，其规模毕竟有限。而当今的“收藏热”，则是普通群众

自下而上开始的，几乎成为全民的行动，其中更有一部分是文化精英和国家收藏。过去我们是收藏书画、器物、古籍、珠宝、玉石等，现在像像章、票证、商标，扑克牌及各种当代艺术品都有人收藏。普通民众收藏的大部分是一般的艺术品，精英和国家收藏的则是文物艺术品，公藏和民藏相辅相成，此起彼伏，合力作用，共同演绎创造了这一次高潮，这是第一个特点。

第二是媒体的积极参与成为此次高潮的显著特点。媒体的宣传力和影响力，广泛、深入地介入，对这次高潮的形成起到了推波助澜的作用。报纸、杂志、广播、电视，甚至包括网络这些现代媒体把对文物艺术品收藏和文化艺术市场的鼓动作用发挥到了极点。铺天盖地，声势浩大。

第三是全球一体化趋势突出。过去的四次收藏高潮都是处于中国内部，具有明显局限性，然而这一次高潮是伴随着国家的改革开放，打破了文物艺术品收藏的封闭状态，改变了过去与世界隔绝的状况，使中国的文物艺术品收藏活动完全暴露在全世界的大环境中，不可避免地成了世界收藏的一部分。全球一体化，互相牵动、互相影响的特点明显。

第四是金融资本的特性凸显。当然凡是收藏都离不开钱，但这一次高潮，大量的银行、保险、基金、企业，甚至包括国外流动资本等一些操控性质的资金大量介入，则是过去从未有过的。他们最主要的目的不是收藏、鉴赏，而是为了获得利润。也就是说，文物艺术品的投资功能已经超过了它的收藏功能。当今的“收藏热”不少人是抱着投资、增值和保值的目的参与其中的，希望自己在“收藏热”中捡到“大漏”而“一夜暴富”，所以现在收藏和投资已经成为了一个不可分割的整体。

第五是此次“收藏热”中，出现了一个特殊群体——专门进行文物鉴定的鉴赏家。历史上的收藏家，不仅有雄厚的财力基础，而且有深厚的学识储备和文化积淀。往往收藏家就是鉴赏家，诸如乾隆皇帝本人，就是精于各种古代文物的鉴赏家。而我们目前出现的“收藏热”中，不少人因缺乏对收藏相关学问的研究，带有很大的盲目性，必须借助鉴赏家的经验学识来指导收藏投资，才能获得成功，因而鉴赏家成了文物艺术品市场不可或缺的重要组成部分。当今鉴赏家可以分为博物馆学专家、考古学专家、收藏家和实战型专家4个体系，他们各有所长。博物馆学专家，接触馆藏品较多，对经典流散文物有专攻，有先发优势，往往在行内享有较高的声誉；考古专家，对不可移动文物有研究，对出土标准器较为熟悉，鉴赏工作显得证据充分；而收藏家由于真金白银的付出，经验教训的积累，对所藏门类的痴迷，对擅长的门类研究最深，经常会一望而知真假；实战型专家主要指艺术品市场中介中的一部分人，如拍卖公司业务主管，他们虽然自己不收藏，但工作需要，每年接触无数文物艺术品，征集、辨别、定价……实践出真知，他们有后发优势，长年累月，用心钻研，也会成为专家。但尺有所短寸有所长，上述四类专家都有不足，在当今各种作伪方法、作旧手段层出不穷之际，必须互相学习，取长补短，强调理论紧密联系实际，对鉴赏品进行全方位、多角度的分析、研究，才能增强鉴定结论的精确性和权威性。

第六是市场的火暴成为文物艺术品收藏投资最强有力的推手，特别是文物艺术品拍卖成为了一种市场标志，对收藏投资起到了明显的引导作用，对文物艺术品的收藏和投资，甚至对全社会都造成了巨大冲击。以市场为导向这个指引点十分明确。我们可以看一下最近几年拍卖市场上中国文物艺术品的最高价：元青花瓷器罐“鬼谷子下山”，拍了2.28亿元人民币。明永乐鎏金铜释迦牟尼坐像佛1.21亿元。乾隆御制“水波云龙”宝座8578万港元。而占据整个市场半壁江山的书画类，更有突出表现，近两年已有10余件成交价超过亿元人民币。2010年秋拍中，王羲之《平安帖》3.08亿元，宋佚名《汉宫秋图》1.68亿元，八大山人《竹石鸳鸯图》1.19亿元，陈栝《情韵墨花》1.14亿元。近现代书画作品也有多件过亿，其中徐悲鸿《巴人汲水图》1.71亿元，李可染《长征》1.08亿元成交。这些不断出现的高价艺术品成为市场火暴的开路先锋和中流砥柱。

第七是文物、艺术品、收藏鉴赏知识空前普及。国家相关机构和民间组织大规模兴办各种学校、培训班、鉴定班；许多媒体单位也开办文化文物收藏投资系列讲座；全国范围内形成新的产业链和一个前所未有的文物艺术品收藏投资知识储备、文化传播、信息交流热潮，使普通民众对中国历史、中国美术史和中国文物的关注、学习、研究日渐深化，不论老幼都知道旧物贵重，中国传统文化、历史文物也在全球受到热捧。

第八是文物艺术品市场空前繁荣的负面标志——极度混乱。首先是赝品泛滥。我曾和其他专家一起，多次参加各种鉴定会、研讨会，市场流通的文物艺术品假的比真的多，不仅书画，各门类都是如此，各种造假手段防不胜防；其次是炒作盛行，艺术家耐不住寂寞，自我吹嘘，二三十岁未见多少功力就敢自称大师；再次是投资人用资金进行操作，中介和媒体有偿配合；最后是全社会浮躁、浮夸成风，拍卖公司管理运作不规范、成交结果掺杂水分等行为屡见不鲜。诸如此类，造成了市场的混乱局面。

二、文物艺术品收藏鉴赏的原则

这里所指的文物艺术品收藏是专指那些可移动文物，即流散文物，文物藏品、具有历史、艺术、科学价值的各时代的艺术品、工艺美术品，如现在艺术品市场最热的历代书画、瓷器、玉器、古籍善本、古玩杂项等，根据个人经验，我总结了几条原则，力图探索文物艺术品收藏鉴赏可循的规律。

第一个原则是高端原则。所谓高端指的是什么呢？就是历史上名家名作，例如宋徽宗的《写生珍禽图》。宋徽宗在历史上不是一位好皇帝，但是他却是一位伟大的艺术家和收藏家，在中国美术史上占有重要地位，《写生珍禽图》是其作品典型风格的代表。这幅作品 2002 年在中国嘉德的拍卖会上，创造了当时的最高价——2530 万元人民币。2009 年，北京保利再次上拍，后来得知是比利时大收藏家尤伦斯在 2002 年买入此画，2009 年金融危机时他拿来拍卖，结果拍出了 6171 万元人民币！可见，高端的艺术作品会经受住市场的检验。

文物艺术品收藏的第二个原则是精品原则。艺术家的作品不可能都是精品，许多是一般作品。无论收藏什么门类，我们都主张精品。齐白石有一幅名为《蝇》的画，1997 年中国嘉德的拍卖会上以 2 万元人民币起拍，最后拍到 19.8 万元。齐白石的画作当时是两三万块钱一平方尺，但这幅画只有 0.4 平方尺，是香港著名大收藏家张宗宪先生买的，他认为齐白石画苍蝇绝无仅有，题材独特；尺幅虽小，苍蝇腿上纤毛毕现，而且“蝇”与“赢”谐音，暗喻彩头，精致之极。这就是大收藏家卓越的眼光。

第三个原则是潜力原则，包括有潜力的艺术品门类和有潜力的艺术家。五六年前，我应媒体之约，曾预测书画市场潜力品种，多次明确提出：古代书画、书法作品和信札手稿有巨大潜力，并撰写了《古代书画必然升值的十个理由》（独特的历史价值；丰富的文化内涵；深厚的笔墨功力；稀缺的存世数量；与国内同时代“工艺品”的价格比较；与国外同时代绘画作品的价格比较；伪赝问题不足为虑；无个人炒作之忧；收藏家投资人的成熟将推升古代书画价格；书画收藏与投资的哲学思辨）。这种预测是有根据的，艺术品能够不朽必须具备三个条件：第一，记录历史；第二，风格独特；第三，以情感人。现在古代书画和书法作品价格已经涨得很高。有潜力的艺术家怎么判断呢？第一是已经在美术史上具有重要地位，作品得到社会认可；第二是目前虽尚未成名，但是他的底蕴、内涵、人品预示着他将会成为名家。这是一个很复杂的情况，根据我的理解，要想真正成为艺术大家，也必须有三个条件：第一，要经历苦难，否则没有生活经历和阅历。第二，要有生活文化积累，不学习理论、不做学问不行。第三，一定要献身艺术。譬如一个艺术家，对钱的兴趣超过了对艺术的兴趣，那就没有太大希望，艺术家必须视艺术为生命，才可能有前途、出成绩。

第四个原则是低价原则。任何的艺术家和艺术品都有它的价值内涵和价格外延，每件作品的价格都不可能永远上扬，永无止境。而且同一件作品的价值判定和价格认同会因时因地而异，其价格既有必然性，也有偶然性，所以低价收藏也是必须强调的一个原则。

第五个原则是稀缺原则，就是物以稀为贵的法则对文物艺术品的收藏同样适用。乾隆时期御用画家金昆、郎世宁的《大阅第三图·阅阵图》，所绘人物千篇一律，从艺术上讲水平有限。2001 年第一次上拍就拍出了 1600 万港元，2004 年第二次拍了 2600 多万港元，2008 年第三次拍了 6000 多万港元。其贵重之处就在于它记录了历史上乾隆阅阵场景，符合稀缺原则。

第六个原则是系列原则。系列原则主要解决体系和完整的问题，就是搞文物艺术品收藏最好有重点，不要面面俱到。投资也是一样，投资家再有钱，也不可能什么都投。《陈独秀等致胡适信札》十三通，2009年在中国嘉德拍卖会上拍卖，最后成交价格是554.4万元，国家首次行使优先购买权将其收购。透露了什么信息？就是成规模、成系列贵重，如果单独的几封信分别拍卖，价格上就会相差很多。

第七个原则是长线原则。我们说长线是收藏，短线是投机，想今天买，明天卖的，就是投机。我举个例子，徐悲鸿的一幅油画《放下你的鞭子》，2007年在香港苏富比拍卖了7200万港元，是当时徐悲鸿单件作品的最高价。长线是其中的一个原因，50多年没有人见过这张画，而这张画的题材和内容都很独特。1939年，抗日战争爆发以后，徐悲鸿在新加坡一个广场上看到当时知名女影星王莹为宣传抗战，正在街头演出著名剧作家田汉改编的独幕剧《放下你的鞭子》，之后徐悲鸿就画了这幅画，送给了新加坡的好友黄孟圭。黄孟圭去世后，他的后人曾找到新加坡博物馆，希望博物馆收藏，由于各种原因没有成功。后来找到新加坡收藏家陈之初。当双方要签订收藏合约时，陈之初又去世了。后来画作到了一位亚洲收藏家手里，据说买入的价格也就是10万元，10万元和7200万港元是什么样的差别！无数事实证明，艺术品收藏投资，长线最佳。与房地产不同，房地产70年后资产趋向于零，艺术品则不然，时间越长，历史和文献价值、稀缺特性会更加突出。

第八个原则是喜爱原则。虽然放在最后，但却是文物艺术品收藏投资最重要的原则。因为文物艺术品是精神产品，文物收藏不是收藏金钱，也不仅是收藏物质形态，重要的是收藏人的历史、人的生活、人的情感，收藏特别讲究情感交流与精神欣赏，这样才能物质精神双丰收。收藏一定是出于喜爱，如果刚入市就指望赚钱，反而会让自己陷入亏损的境地。无论哪种艺术品形态，都蕴涵了深厚的历史、人文印迹，需要细细品鉴才能收获快乐。

三、文物艺术品收藏投资的风险及误区

根据个人经验，我总结了文物艺术品收藏投资的5种风险和10个误区：

第一，收藏投资的最大风险是赝品。近10年我大概参加了起码50场以上有偿和无偿的鉴定会，与其他专家一起到各地去鉴定，感触颇深，真品越来越少，赝品越来越多，这种形势应该说是很悲观的。如果用真品的价格买到赝品那就是最大的风险。

第二是保存管理风险。一般文物艺术品对保存条件都有要求，诸如温度、湿度、光照等，不少门类的文物艺术品，还要防灰尘、防有害气体、防微生物与害虫，因为它们会从不同方面损毁文物艺术品，譬如中国古代书画，虽有“纸寿千年、绢寿八百”之说，但前述各种因素发生作用，都可能使其寿命缩短，甚至断裂、霉烂、彻底毁掉。

第三是流通变现的风险。流通有风险，到目前为止虽然有很多人收藏投资艺术品，但是能出得起大价钱的人还是少数。股票，市场不好的时候可以斩仓出局，但是文物艺术品不能马上兑现，有的时候砍掉一半价格还是找不到买主。文物艺术品收藏投资还是小众市场，它的长线特征决定了急需变现时会遇到问题。

第四是诚信风险，包括艺术家、鉴赏家和中介的诚信问题。一幅画本来就是他在20年之前送给某人的，某人现在缺钱拿去卖了，可是这个艺术家不承认那画是他的。因为20年前他的画风还是比较幼稚的，水平也低些，他不愿意承认这一点；鉴赏家也有专业局限，术业有专攻，如果一个鉴赏家样样精通，就要打个问号，好比看病，内外科、五官、肛肠、妇科样样都看，你敢相信吗？还有个别专家只认钱，给钱就真，不给钱就假。再比如古玩店、画廊标“虚价”，拍卖公司“假拍”等，艺术家、鉴赏家与中介都存在道德和诚信风险。

第五是资本炒作风险，这个风险很高。当代艺术品近两年的暴涨暴跌就是最明显的例子。资本是非常敏感的，看好一个画家以后就到处收他的作品，收到一定数量以后就开始上拍卖会作价。很多人跟进之后，资本就出货，如果是高位跟进的，麻烦就大了，这有如股票市场的坐庄，是资本运作的一种方式，应该尽力回避。

以上5种风险作为外部环境，需要认真防范。而作为文物艺术品收藏投资的主体，主观认识和实际行动上存在的误区，将更加危险。我列出10个误区，并用破折号表达出克服误区的正确方法（限于篇幅，不再详细说明）：1. 一夜暴富——得失随缘。2. 半途而废——坚持到底。3. 浅尝辄止——博学深研。4. 误听故事——明辨是非。5. 盲从他

人——实事求是。6. 贪婪侥幸——见好就收。7. 孤芳自赏——合作交流。8. 全面出击——突出重点。9. 孤注一掷——量力而行。10. 自以为是——谦虚谨慎。

那么我们该如何对待文物艺术品收藏鉴赏呢?我觉得用这5句话很好:“博学之、审问之、慎思之、明辨之,笃行之”。它出自《礼记·中庸》第十九章:说的是为学的几个层次,或者说是几个递进的阶段。“博学之”意谓为学首先要广泛地猎取,激发好奇心和求知欲。“博”还意味着博大和宽容。唯有博大和宽容,才能兼容并蓄,使为学具有世界眼光和开放胸襟,真正做到“海纳百川、有容乃大”。“审问”为第二阶段,有所不明就要追问到底,“尽信书不如无书”,“疑问、疑问”,要对所学加以怀疑、审问。问过以后还要考察、分析,进行逻辑思考,是为“慎思”。“明辨”为第四阶段。学是越辨越明的,不辨,所谓“博学”就会鱼龙混杂,真伪难辨,良莠不分。“笃行”是为学的最后阶段,就是既然学有所得,就要努力实践,使所学最终有所落实,做到“知行合一”。只有明确目标、坚定信念的人,才能真正做到“笃行”。

四、文物艺术品的鉴赏及实例

文物艺术品的收藏鉴赏是知识密集型、智慧密集型活动。所谓鉴就是鉴定的意思,文物艺术品鉴定的具体内容一是辨伪;二是断代。它们之间有着密不可分的内在联系,应辩证地对待。在鉴定过程中,客观因素占主导地位。各种藏品和流散文物的鉴定,是文物鉴定的重点。如书画、瓷器、玉器、铜器、金银器、珐琅器、漆器、文献等,都是文物鉴定的主要对象。文物真伪之所以能辨别,是因其都是在一定历史条件下产生,不能脱离时空而单独存在。超时间、跨空间地再制作一件与某件文物完全相同的物品,一般是不可能的。

文物艺术品的类别不同,鉴定方法也不同。虽然具体方法很多,但基本方法可归纳为传统方法和现代科学方法两大类。

传统鉴定方法是自古以来,人们在研究、鉴定文物中不断探索、总结、发展、再总结、再发展的科学成果。而现代科学方法则是利用当代各种科学仪器,采用物理、化学手段对文物进行检测,根据检测结果进行分析判断,从而得出结论。目前有些文物门类科技手段应用较广(比如瓷器),有些门类还处在探索阶段(比如书画)。就书画的鉴定而言,虽然已经开始探索多种科技手段,但还处于试验阶段,现在广泛应用的还是传统经验鉴定法。不同的传统经验鉴定者鉴定一件书画作品,具体步骤会有所不同,主要内容却大同小异。都会包括四个方面:第一,看画风;第二,看内容;第三,看材质;第四,看装裱。看画风是解决书画艺术家个人风格问题,就是用被鉴作品表现出的风貌与人们头脑中此前已经建立起来的同一位艺术家风格的标准器进行比对,从而作出判断;看内容是要解决个人风格和时代特色两方面问题,画的内容是否与时代相符,是否与艺术家惯例相符,比如画的内容是大炼钢铁,那只能是大跃进时期的产物,再比如花鸟画家王雪涛如果画人物,就会遇到质疑而格外小心;看材质与看装裱,主要解决时代特征问题,因为不同时代的书画材料和装裱形式是不同的,它们无疑都是判别真伪的参照物。碰到复杂情况,还要进行考古参照和文献考据,只有全面分析、综合判断才能得出正确结论。当然也有一些一眼假的东西,具备一定学识,就可以判定。比如唐寅的虎,我就见过五六幅,其实根本就不用细看。唐寅,生于庚寅年,字伯虎。因为他是属虎的,出于对自己属相的避讳,从来都不画老虎,所以唐寅画的老虎肯定是赝品。

所谓赏主要指欣赏,是对作品的优劣、深浅、好坏进行感受和作出结论。这往往会与鉴赏者的学养、喜好、所处环境相关联。欣赏中主观意识占主导地位。因此要求鉴赏者不但要对藏品体验、感悟,还要学习研究;不但要能与历史对话,还要知道它的现实意义;不但有广博的知识还要有高深的修养;最重要的真正的鉴赏家,同时也应该是艺术家,要在藏品原有内涵上进行二次或三次再创造,完成行动上的创举和思想上的升华。

文物艺术品欣赏过程大体可分3个阶段:心理机制进入鉴赏注意状态,类似期望的情感产生;随着鉴赏的深入,情感和理解交错展开,出现精神上的愉悦;欣赏者展开想象空间,通过回忆、关联、遐思,艺术再创造获取新的灵感,达到超越自我、提升自我的全新境界。

“有一千个读者,就有一千个哈姆雷特”。虽说对文物艺术品的欣赏会因人而异，但还是有共同标准的，共同标准就是真善美。欣赏文物艺术品，从表面上看是个体的精神活动，实际上却融会着丰富的历史和现实的社会性内容。见解是主观的，却寄寓着客观性。这就是诸多文物鉴赏家对某件文物能够取得共识的基本原因。共识应该是绝对的，差异则是相对的，所以，文物鉴赏提倡“求同存异”。

以中国书画的鉴赏为例，有它自己的特点。中国画有一个从实用转向审美的过程。最早的时候叫兴教化、助人伦，唐太宗那时命令一些书画家，把他的功臣画像出来展示，告诉人们，这都是有战功的、对他忠心耿耿的。现在一些宣传部门还讲要用书画这种形式教育人、启发人、感染人，这个功能依然有。中国画史上非常有名的谢赫的“六法论”（气韵生动、骨法用笔、应物象形、随类赋彩、经营位置、传移模写）讲的是书画创作，同时也是我们欣赏和鉴定的主要依据。

书法，我们以王羲之的《兰亭序》为例：晋代王羲之最突出的成就是变汉魏以来质朴的书风为笔精墨妙，开创了颜美流畅的行草书先河。有人评价王羲之的书是清风拂袖，明月入怀，这比较学术也比较抽象，说得通俗普通一点，就是平和自然，笔势也比较委婉含蓄，能感到其运笔如行云流水一般。《兰亭序》实际上是一篇纪实的书法作品。公元353年三月初三，王羲之任会稽内史，邀请了谢安等42人在绍兴搞了一个活动，叫兰亭休憩，就是大家喝酒、作诗。《兰亭序》实际上就是为这些人作的诗写的一篇序文手稿，一共是28行，324个字。唐太宗对王羲之的书法酷爱有加，千方百计把《兰亭序》收集到手，为了宣扬和推广王字，他就命令当时几个非常著名的大的书法家，欧阳询、柳公权、冯承素、虞世南等几个人临《兰亭序》，赏赐大臣。《兰亭序》真本作为殉葬品和他一起埋入了昭陵。现存故宫的《兰亭序》，是冯承素的摹本（也叫神龙本）。《兰亭序》乃王羲之酒后一气呵成，书法潇洒飘逸，骨骼清秀，点画遒劲，疏密相间，布局也很巧妙，尤其突出的是在重字的别构上，里面有20个“之”字，都有不同的体态和美感，没有一个是一样的。宋代米芾在评论王羲之《兰亭序》的时候写了这么一句话：“二十八行三百字，之字最多无一似”，也佩服得不得了。除了“之”字之外，还有其他一些，如“事”、“为”、“以”等，都别出心裁，自成妙构，确实不愧为“天下第一”。

绘画，以明代文人画家徐渭的《墨葡萄》为例：徐渭，字文长，号天池山人，青藤道士，浙江绍兴人。中国古代的文人要出人头地，一定要走仕途这条道路，要考试，他虽然才气十足，但屡试不中。中年时，到浙闽军务总督胡宗宪那去做幕僚。后来因为胡宗宪牵扯到了明代大贪官严嵩的案子被当做其同党逮捕入狱。他曾一度发疯发狂，晚年生活潦倒，以书画为生，非常穷困。徐渭是在中国美术史上开辟水墨大写意新纪元的代表人物，对后世的影响极大。清代的石涛、八大山人、扬州八怪，近现代的齐白石、潘天寿、李苦禅，这些成就卓越的大写意花鸟画家，都从徐渭这吸收了营养。徐渭的代表作《墨葡萄》现存北京故宫博物院，用草书的笔法入画，不求形似求神似，中国画墨分五色在这里面表现得淋漓尽致。尽管只用墨，却可见浓黑色、灰色、甚至白色，而且他用墨的时候用水，水用得比较多，所以感觉到浓淡相宜，水气淋漓。这幅画率真、任性，不经意间却变化万千。画简但意繁，包含的内容非常丰富。中国画诗、书、画、印的特点在这里集中表现出来。他的题诗“半生落魄已成翁，独立书斋啸晚风。笔底明珠无处卖，闲抛闲掷野藤中”。是这幅画不可缺少的部分，看似歪歪扭扭的书法恰恰表达了他坎坷的人生。具有非常强的感染力和穿透力。所以这幅画在美术史上叫做中国文人画大写意的巅峰之作。

五、文物艺术品收藏鉴赏的意义

我们中华民族五千年文明不断线，文物艺术品收藏鉴赏起了至关重要的作用。因为各种文物艺术品都包含着深厚的历史价值、艺术价值、科学价值和经济价值，具有很强的欣赏、研究功能，可以说没有收藏就没有历史，没有传承就没有文明。

从宏观上讲，文物艺术品收藏利国利民，任何一个国家，不知道她的过去，就不理解她的现在，不熟悉过去和现在，就无法预见未来。文物用生动鲜活的实例记载历史、弘扬文化、以物育人。传统文化的博大精深可以使人见贤思齐，知耻后勇，可以增加全体国民爱国情怀，提高民族自信心和民族自豪感，有利于中华民族伟大复兴。中国历史上许多大收藏家，都是伟大的爱国者。许多人的看似个人收藏行为，最终都融入国家和民族之中。近现代著名的收藏家张伯驹先生，为文物艺术品收藏事业穷其一生。当年倾家荡产，卖掉自己居住的宅子，同时把夫人潘素的首饰卖掉，凑齐220两黄金，就为了买一幅古画《游春图》，目的是不让这件国宝落到外国人手里。而他千方百计收藏的另一幅国宝《平复帖》，即使自己身遭绑架的时候，也嘱咐家人不能出让《平复帖》去救自身的性命。1956年，他把自己所藏《平复帖》、《游春图》等22件文物艺术品无偿捐给了国家，成为故宫博物院镇馆之宝，千秋万代，激励后人。

从经济学角度看，收藏鉴赏还对文物艺术品价值的发现和价格体现起到至关重要的作用。在全世界范围内，所有创造高价的文物艺术品都是收藏鉴赏活动带来的市场经济效应。从微观层面上讲，收藏既是个人物质活动也是精神行为，欣赏文物能使人入神超妙，自古以来，艺术品的欣赏被视为最高的审美活动之一。收藏活动也被人们视为高尚的精神追求。人们总结收藏有10种乐趣：“寻觅之乐、获得之乐、休闲之乐、发现之乐、研究之乐、交友之乐、捡漏之乐、增值之乐、成名之乐、奉献之乐”。收藏还可以成为一种治疗高血压、胃病、神经衰弱、精神烦恼的良方，有20多个国家已经把收藏作为心理治疗的正式科目。收藏鉴赏治疗疾病，民间有传说，历史上也有记载。例如清初画坛“四王”之一的王时敏就有观看精品画作以后疾病自愈的传说。

由此看来，收藏不仅能增长知识，启迪智慧，提高素质和修养，增加风采和风度，更有益健康，可以延年益寿。我有一个粗略的统计，艺术家、收藏鉴赏家的寿命大都比较长，平均比普通人高10岁。历史上唐代的柳公权88岁、欧阳询85岁，在那个年代的年龄这么大是很少见的。近代历史上最大的收藏家，乾隆88岁，是最长寿的皇帝。他之所以长寿，当然有很多原因，但是全身心地投入艺术欣赏是一个很重要的原因。近代齐白石95岁，刘海粟98岁。当代收藏家王己千活了96岁，王世襄95岁，书画收藏鉴定大家徐邦达先生今年已经百岁。由于优秀作品能展现超常的意境和趣味，让人展开想象的翅膀，以理想主义、浪漫主义塑造未来，使人从精神层面脱离真境进入神境，既延长了人的生命长度，也拓宽了生命宽度，获得至高无上美的愉悦和无尽的遐思，成为永恒。

TEGAO

第二部分 特稿

走向辉煌

——我国文物艺术品拍卖的恢复与发展

王凤海

文物艺术品拍卖是我国拍卖市场的重要组成部分，文物艺术品拍卖的恢复与发展折射出我国拍卖业恢复发展的历程。在党的改革开放方针指导下，我国文物艺术品拍卖正式登上历史舞台；在邓小平同志南巡讲话的鼓舞下，我国文物艺术品拍卖得到了较快的发展；在“三个代表”精神的指导下，我国文物艺术品拍卖不断壮大；在树立科学发展观的正确思想指引下，我国文物艺术品拍卖正在创造着更多的辉煌。

一、我国文物艺术品拍卖的恢复

20世纪80年代后期，我国改革开放的深入造就了政通人和、百业俱兴的社会环境，经济的发展促进了人民物质生活水平的迅速提高。富而思文和恢复文化传统的社会思潮逐步形成。对“文化大革命”的深刻反思，引发了全民族对传统文化的追索和热爱，思想解放催生了色彩纷呈的当代艺术创作。对文物艺术品价值和价格的重新认识以及人们在收藏领域思想观念上的拨乱反正，使得中国历史上空前规模的全民性文物艺术品收藏开始回暖并迅速升温。而拍卖这种特殊买卖方式在20世纪80年代中期的复苏，则让文物艺术品重新看到了一种实现自身价值的理想方式。

我国改革开放后文物艺术品、收藏品的拍卖起源于邮品。1985年至1992年期间，北京、成都、上海、郑州、长沙等地都不断有邮品拍卖会的消息传出，同时其他文物艺术品的拍卖活动也时有发生。1988年5月，北京市拍卖市场曾经拍卖过一件明式圈椅，被澳大利亚人瑞得曼先生以2000元购得。其后，北京市拍卖市场与北京文物商店联合举办了一次文物专场拍卖会，拍卖可以外销的瓷器、书画、丝毯并有7件成交。自此，中国拍卖行业开始了对文物艺术品拍卖的初步探索。

1991年，一位荷兰商人在北京市拍卖市场和北京广告公司共同举办的联谊活动中，提出在北京举办“中国旅游国际拍卖会”活动的建议。该建议得到了北京市有关部门的批准，并将活动确定为“92北京国际拍卖会”。

“92北京国际拍卖会”前后，我国文物艺术品拍卖活动渐渐多了起来。如1992年5月9日，北京市拍卖市场举办了“首届古旧照相机拍卖会”；6月6日，上海拍卖行举办了旧工艺品拍卖会；9月20日，西安举办了“92西安国际拍卖会”；10月3日，深圳市动产拍卖行在深圳举办了“首届当代名家书画精品拍卖会”。这些拍卖会的相继举办，揭开了我国文物艺术品拍卖的序幕。

1993年之后，上海朵云轩、中国嘉德、北京翰海、北京荣宝、中商盛佳（现为中贸圣佳）等专门从事文物艺术品拍卖的公司相继成立。随后，广东、天津、四川、陕西、黑龙江等地陆续出现了多家文物艺术品拍卖机构并陆续举办了文物艺术品拍卖活动。与此同时，在上海、辽宁、江苏、浙江、福建、广东等沿海省份，不少综合性的拍卖企业也纷纷开始涉足文物艺术品拍卖，我国文物艺术品拍卖市场初步形成。

有统计表明：

1994年，北京、上海、南京、广州、西安等地共举办艺术品拍卖会10多次，总成交额为1.5亿元左右。

1995年，全国文物艺术品拍卖成交额达3.5亿多元。

1996年，全国文物艺术品拍卖成交额突破4.5亿元。

1997年，全国具有文物艺术品拍卖资质的企业已有近百家，当年的全国成交总额突破6亿元。

在此期间，我国文物艺术品拍卖的成交纪录不断创新。除《十咏图》（北京翰海1995年秋季拍卖会）、《丽人行》（中国嘉德1996年秋季拍卖会）分别以1980万元和1078万元人民币的成交价占据中国古代书画和中国近现代书画作品的最高拍卖纪录外，还有一大批成交纪录在不断诞生。如：1995年4月，一件明永乐青花扁腹葫芦瓶在翰海拍卖会上以1331万元的价格创造国内中国瓷器最高价；同年，在北京国际邮品拍卖会上，《全国山河一片红》等3枚新中国邮票分别拍得10万元、6万元和25万元；10月，我国宋初官修四大类书之一的《文苑英华》一册，以143万元成交；在秋季拍卖当中，嘉德推出的著名油画作品《毛主席去安源》，以605万元创下中国油画的拍卖纪录；1996年10月，北京翰海鼻烟壶专场拍卖会上，一件清乾隆粉彩轧道西番莲纹鼻烟壶拍出104.5万元；12月，北京太平洋拍卖公司首次拍卖了96件毛泽东用瓷，成交额875万元，引起社会关注。与此同时，翡翠珠宝拍卖，手表相机拍卖，书刊资料拍卖，当代瓷器拍卖，油画、雕塑拍卖，西方艺术品拍卖等门类的专场拍卖应运而生，我国文物艺术品拍卖正式恢复并经历了第一个快速发展时期。

二、我国文物艺术品拍卖的规范

在我国改革开放的进程中，许多事物都是在无例可循的现实中边实验边建立规则的。我国文物艺术品拍卖的规范化进程也是如此。

20世纪90年代初期，在当时特定的历史条件下，我国文物艺术品拍卖处在没有合法地位和摸索阶段。在此期间，文物艺术品拍卖并没有获得相关政策法规和法律条文的许可。当时的《文物保护法》对民间文物收藏、文物流通的规定只有短短的两三百字，在这两三百字中，出现最多的是“禁止”、“不得”、“必须”一类的词汇。令人庆幸的是，当时主管文物市场的政府部门负责人以坚定的改革和开放文物市场的决心，以循序渐进、稳步试点的方针策略，通过颁布《文物拍卖试点管理办法》和《文物拍卖管理暂行办法》的政策调整方式，以政府逐次审批拍卖会等审慎措施，逐步放开了文物艺术品拍卖的限制。随后，文化部和内贸部分别颁布了《艺术品市场管理规定》和《拍卖市场管理办法》等政府规章，使我国文物艺术品拍卖的管理“合法化”。

1996年7月5日，八届全国人大常委会第二十次会议通过了《中华人民共和国拍卖法》，并于1997年1月1日开始实施。从此，包括文物艺术品拍卖在内的中国拍卖业，真正步入了法制的轨道。虽然《拍卖法》中有关文物艺术品拍卖的条款规定得并不详尽，但首次出现的“文物拍卖”内容，使文物艺术品拍卖机构及其经营活动真正具有了合法地位。2002年10月，修订后的《中华人民共和国文物保护法》正式颁布，随后《中华人民共和国文物保护法实施细则》出台。再次明确了民间文物收藏与文物拍卖的合法性，详细规定了文物艺术品拍卖过程中的操作规范和法律责任。自此开始，我国文物艺术品拍卖进入了一个以法制建设、行业规范为主导的市场调整时期。

在1998年至2002年这一期间，中国文物艺术品拍卖市场虽然增长速度有所放缓，并经历了一个市场格局的调整期，但并没有止步不前。骨干企业的成交业绩仍在稳步上升，一个个新的成交纪录也在不断地被创造、被刷新。

有统计表明：

1998年，全国艺术品拍卖成交额维持在6亿元人民币左右；

1999年，全国艺术品拍卖成交额下滑到5.5亿元；

2000年，全国艺术品拍卖成交额继续下滑到5亿元；

2001年，全国艺术品拍卖成交额回升到6.36亿元。

2002年是我国文物艺术品拍卖成交额大幅提高的一年。这一年文物艺术品拍卖市场的表现告诉我们，中国文物艺术品拍卖的真正高潮开始到来。

当年4月，在中国嘉德春季拍卖会上，从海外回流的宋徽宗《写生珍禽图》以2530万元成交；12月，北宋书法家米芾的《研山铭》出现在中贸圣佳秋季拍卖会上，最终以2999万元成交，成为全世界最昂贵的中国书法作品。

2002年，全国艺术品拍卖成交额首次突破10亿元，总额为11.39亿元。

加强理论研究，提倡行业自律，始终是我国拍卖业常抓不懈的重要工作。无论是1996年在上海举行的“中国与世界拍卖市场国际研讨会”，还是自1999年开始每年举办的“拍卖理论研讨会”，理论建设、行业规范始终是大家高度关注的核心问题。

1999年9月1日，中拍协发出《关于印发文化艺术品拍卖研讨会〈会议纪要〉和〈行业自律倡议书〉的通知》，呼吁全国拍卖业同仁树立良好的职业道德和法制观念，遵守行业规范，为买卖双方提供优质服务。

2001年1月18日，中拍协发出《关于开展拍卖企业资质评定的通知》，在拍卖行业内开展了资质评定工作，以配合国家整顿和规范市场经济秩序，促进拍卖企业规范经营。

2002年，中国拍卖行业协会常务理事会发出了《关于加强行业自律的公开信》，表明了业内人士纯洁队伍、净化市场的坚强决心和信心。

2004年6月16日，中拍协发出《关于印发〈关于加强行业自律若干规定〉的通知》，正式公布了《中国拍卖行业协会关于加强行业自律的若干规定》，以不断加强行业自律，自觉接受有关政府部门的管理和社会各界的监督。

2009年举办的文物艺术品拍卖国际论坛和2010年正式实施的《文物艺术品拍卖操作规程》，都对我国文物艺术品拍卖的规范进行起到了积极的促进作用。

学习境外知名拍卖机构的经营理念和操作规范，是我国文物艺术品拍卖企业迅速走向成功的一项重要经验。加强从业人员的基础培训和再教育，更是中国拍卖行业协会作出的突出贡献。在现行的拍卖从业人员基础教育、拍卖师资格考试培训和再教育过程中，文物艺术品拍卖的专业课程设置占有相当重要的比例。国内文物艺术品拍卖企业的人才队伍建设得到了迅速发展，一大批高知识结构的年轻人进入拍卖领域，促进了传统文物鉴定手段与现代科学技术鉴定方法的融合，为行业发展增强了坚实的发展后劲。我国文物艺术品拍卖进入了一个规范的发展时期。

三、我国文物艺术品拍卖的发展

2003年春季，文物艺术品拍卖市场人气之旺，买气之盛，令人意想不到。不管是冷门的还是热门的拍品，都有买家追捧。例如往年拍卖会上推出的齐白石作品一般在20万元左右就能买到，而这一季中国嘉德推出的与往年相差不大的齐白石作品，成交价均在50万元以上；一件估价为40万元的孙中山《总理遗墨》，成交价达到了111万元。在翰海春季拍卖会上，一件起拍价仅为2000多元的玉器最后的成交价竟然达20多万元。

秋季拍卖会上，各家拍卖公司的成交额仍在大幅攀升。11月，中央电视台连续两天对中贸圣佳国际拍卖公司秋季拍卖会进行长达4小时的现场直播，傅抱石的《毛主席诗意山水册》，以1980万元人民币成交，创造了中国近现代画的最高价。齐白石的《诗意山水册八开》以1661万元人民币成交，创造了齐白石作品的最高价。中国嘉德推出的隋索靖《出师颂》以2200万元成交；北京翰海推出的元管道升《织绣十八尊册》，以1980万元成交。

2003年，全国文物艺术品拍卖成交额达到30亿元。

2004年，我国文物艺术品拍卖依然保持了强劲的发展势头。千万元以上价位的拍品不断涌现。中国嘉德拍卖的清乾隆《缂丝兰亭序卷》以3575万元成交，该公司从日本征集的吴昌硕《花卉十二条屏》，以1650万元成交，创造了吴昌硕作品的最高价位。中贸圣佳推出的陈洪绶的《花鸟册》，经过41次竞争，以2860万元成交，该标的在1999年北京翰海曾以209万元成交；北京翰海推出的傅抱石《茅山雄姿》以2090万元成交，此画在1999年北京翰海曾经以308万元成交；徐悲鸿《巴人汲水图》，以1650万元成交，此画1999年北京翰海曾经以132万元成交；北京荣宝推出的徐悲鸿《九州无事乐耕耘》以1705万元成交，此画1996年中国嘉德曾经以192.5万元成交。当年，全国艺术品拍卖成交额为59.90亿元。

2005年，我国文物艺术品拍卖仍处于急剧升温和高速发展时期。据不完全统计，2005年全国拍卖成交价超1000万元的艺术品有30件之多。在这些过千万元的拍品中，既有中国古代书画、当代书画，还有油画、瓷器、佛像等艺术门类。吴冠中的《鹦鹉天堂》在北京保利秋拍中以3025万元成交，不仅打破了吴冠中个人纪录，也成就了中国当代画家作品的最高价格；中贸圣佳推出的任伯年《华祝三多图》，以2860万元成交，创造了任伯年作品的新纪录。在伦敦举行的佳士得拍卖会上，一只绘有鬼谷子下山图的中国元代青花罐以1568.8万英镑（折合人民币约2.3亿元）的成交价，让这件中国瓷器成为全世界最昂贵的陶瓷艺术品和亚洲最昂贵的艺术品。北京翰海推出的明永乐青花八方烛台，以2035万元成交，创造了中国内地瓷器最高价。邮票《全国山河一片红》四方联在成都志诚拍卖行的邮品拍卖会上也创出110万元的纪录。

据统计，2005年我国180余家文物艺术品拍卖公司共举办文化艺术品拍卖187个场次、592个专场、拍品成交10.15万件（套）、成交额146.32亿元人民币（引自《全国艺术品拍卖2006年度报告及2007年行业发展预测分析》），其中仅北京市文物艺术品拍卖成交额就达到99.35亿元。

2006年我国文物艺术品市场延续了上年的发展势头，其市场规模（包括拍卖场次、专场数量、拍品件数、竞买人数、成交总额等）呈不断上升趋势。当年，我国各类文物艺术品拍卖成交额达到167.36亿元，创造了我国文物艺术品拍卖成交额的历史纪录。

2007年，我国文物艺术品拍卖市场处于明显的调整回落时期。虽然当年也出现了不少千万元以上价位的拍品，如仇英的《赤壁图》(中国嘉德7952万元)，陈逸飞的《黄河颂》(中国嘉德4032万元)，徐扬《南巡纪道图》(中贸圣佳3696万元)，吴冠中的《交河故城》(北京保利4070万元)，大明宣德《铜鎏金无量寿佛像》（北京匡时2750万元）。但当年全国文物艺术品拍卖成交额远远低于2006年的成交额，只有140.77亿元。

2008年，是我国文物艺术品拍卖业务总体下滑的一年，也是大家议论最多的一年。始于2007年年初的次贷危机，在2008年愈演愈烈，不仅金融市场（股市、期市）大幅下跌，石油、钢铁等生产资料及大宗商品价格大幅度下滑，实体经济也因信贷紧缩快速回落。受国际金融危机、当然更重要的是受我国相关经济政策与环境以及高价位文物艺术品珍品稀缺的影响，全年成交额只有102.33亿元，较2007年又有明显下降。中国文物艺术品拍卖市场经历了一个低潮年。

2009年，对于中国文物与艺术品拍卖市场来说，是具有里程碑性质的一年。这一年，中国拍卖行业协会成功举办了文物艺术品拍卖国际论坛，通过面对面的接触、研讨，拉近了我国文物艺术品拍卖和国际拍卖业的距离。

这一年，中国书画拍卖成交额的世界最高纪录被三次刷新，并首次出现了单幅成交过亿元的作品。首先，北京匡时春季拍卖会时，八大山人《仿倪云林山水》立轴，以8400万元成交，刷新由仇英《赤壁图》手卷保持了两年的7952万元的纪录；接着，中贸圣佳秋季拍卖会上，徐扬《平定西域献俘礼图》手卷，又以1.34亿元成交，第二次刷新纪录，同时也将中国书画带入了单件拍品的亿元时代；随后，北京保利秋拍，明代吴彬的《十八应真图卷》以高出底价8倍的1.69亿元成交，第三次刷新中国书画最高纪录，也是在这场拍卖中，“唐宋八大家”之一的宋代曾巩唯一的传世书法作品《局事帖》，以1.0864亿元打破了中国书法拍卖成交的国内纪录。同年，在中国嘉德秋季拍卖中，《朱熹、张景修等七家（宋元时期）宋名贤题徐常侍篆书之迹》卷，也以1.008亿元成交。

这一年，我国文物艺术品拍卖成交额达到228.1亿元，比上年增加122.91%，成为当年我国拍卖市场中增速最快的板块。

2010年，完全是上年良好势头的继续，《文物艺术品拍卖操作规程》的正式实施，让大多数拍卖企业的规范运作跃上了一个新的台阶。随着一件件高价位文物艺术品珍品的出现，随着一个个过亿元成交价的诞生，我国文物艺术品市场迎来了最为火暴的一年。该年内，张大千《爱痕湖》(中国嘉德春拍1.008亿元)、黄庭坚《砥柱铭》(北京保利春拍4.368亿元)、王蒙《秋山萧寺图》(北京保利春拍1.3664亿元)、钱维城《雁荡图》(北京保利春拍1.2992亿元)、王羲之《平安帖》(中国嘉德秋拍3.08亿元)、李可染《长征》(中国嘉德秋拍1.075亿元)、徐悲鸿《巴人汲水图》(北京翰海秋拍1.71亿元)、南宋《汉宫秋图》(北京保利秋拍1.68亿元)、宋徽宗御制清乾隆御铭“松石间意”琴（北京保利秋拍1.3664亿元）均因其过亿元人民币的成交价而引起人们的关注。中国国内的文物艺术品拍卖真正进入了单件成交亿元时代。虽然统计数字尚未出来，但预计2010年全国文物艺术品拍卖成交额突破300亿元将不会存在问题。

四、我国文物艺术品拍卖的主要成就

如果把1992年作为我国文物艺术品拍卖的起点，那么自此至2010年我国文物艺术品拍卖已经有18年的时间了。回顾这18年的历程，我们可以看到，文物艺术品拍卖不仅推动了我国文物艺术品市场的发展，促进了散失在海外的大批国宝的回流，推广普及了文物艺术品收藏，而且还对我国的文物保护作出了积极的贡献，为我国公益事业的发展提供了崭新的平台。

（一）文物艺术品拍卖推动了文化艺术品市场的发展，提高了中国文物艺术品的经济价值和国际地位

十几年的文物艺术品拍卖，三轮市场高潮的烘托，拍卖公司的竭力运作，收藏家的大举介入，让中国的文物艺术品市场得到了迅速的发展。文物艺术品拍卖中屡屡爆出的高价位，极大地提升了中国文物艺术品的国际地位。

十几年来，中国书画开始在市场价格上屡创新高，其发展速度超出所有人的想象。李苦禅的《英姿飒爽》立轴，1996年以13万元成交，2005年春季再次推出时，已是319万元的身价。1994年11月，中国嘉德推出齐白石《山水十二开册页》，成交价为517万元，2003年，中贸圣佳拍卖公司上拍一件齐白石《山水八开册页》，成交价达到1661万元。

在拍卖市场发展初期，除了从事美术史和古代书画研究的专业人士以外，知道张先或者钱维城的人没有几个。1995年，北京翰海以1980万元拍出北宋张先《十咏图》之后，人们开始关注中国古代书画。此后，宋徽宗《写生珍禽图》、米芾《研山铭》、索靖《出师颂》、陈洪绶《花卉册页》、鲜于枢《石鼓歌帖》等书画作品的价格屡屡攀高。今天，从吴门四家到清初四王，从八大山人到扬州八怪，只要有精品浮现，一定会拍出令人难以猜测的天价。文物艺术品拍卖极大地提升了中国书画价格的增长速度。

与此同时，中国的文物艺术品拍卖在不断延伸。陶瓷、油画、邮品钱币、玉器文玩、影像雕塑等，凡是出现在拍卖市场的，都有可能创出令人意想不到的价位。有收藏家深有感触地说，中国拍卖市场引领着中国文物艺术品市场；真正能够保值增值的文物艺术品只能在拍卖市场中寻找。

（二）文物艺术品拍卖促进了文物回流，成为散失在海外的大批国宝回归的重要渠道

文物，代表着一个民族的历史与智慧，也承载着一个民族的荣辱与尊严。散落在世界各地的数以百万计的中国文物，是中华文明的传播者，也是中国百年屈辱的阴影。让珍贵文物回家，让文物批量回流，曾经是许多人梦寐以求但又不知何时才能实现的梦想。我国文物艺术品拍卖恢复以前，“文物外流”是一个时常出现的词汇，而近几年，“文物回流”一词的出现频率明显增加，应该说，我国的文物艺术品拍卖功不可没。

随着我国文物艺术品拍卖市场的迅速发展，越来越多的海外人士从最初观望，逐步产生了投资国内收藏市场的强烈需求，越来越多的海外收藏家和艺术品经营者开始向国内市场投放拍品，令人欣喜地改变了近百年来中国文物艺术品只出不进的历史格局，带来了流失海外文物回归故土的大好机遇，也极大地激发了国内新一代文物收藏者的民族自豪感和竞买收藏的热情。可以说，文物艺术品拍卖的兴起造就了中国流失海外的文物大量回流的历史热潮。

事实上，国内文物艺术品拍卖刚刚恢复，让散失在海外的大批国宝回归祖国就成了一些拍卖企业的主攻内容。中贸圣佳拍卖公司成立之初就定位于主攻海外文物艺术品。经过几年的摸索，他们较早地开始把早年遗失海外的中国文物艺术品成批带到国内拍场，随着国内文物艺术品拍卖的不断升温，这些作品开始大受欢迎。随后，很多中国拍卖企业走出国门，寻找遗失在海外的中国瑰宝。2002年，中国嘉德春拍中，举世罕见的宋徽宗亲笔手绘《写生珍禽图》从海外回归，这件珍品以2350万元的高价一举打破当时的中国书画世界拍卖纪录。这一年，从海外回归的多件重量级拍品纷纷出现在国内拍场上，引人注目的宋代大书法家米芾的《研山铭》，一时成为社会舆论的热点话题。最终，在国家有关政策的支持下，《研山铭》以2999万元的成交价被国家收购。同在这一年，中贸圣佳从海外征得唐阎立本《孔子弟子像》摹本，由首都博物馆出资800万元购藏。被称为清末九大藏书的“翁氏藏

书”，在中国嘉德的不懈努力下，终于回归祖国，入藏上海图书馆。可以说，我国文物艺术品回流的过程，是伴随着拍卖企业征集拍品的路线——从最早的我国香港、台湾地区，到日本、东南亚，直至欧美走过来的。随着征集拍品的增加，回归文物的种类也在不断丰富。除了传统的书画、瓷器两大门类以外，玺印、古琴、佛像、铜器、钱币、邮品等。目前，在国内著名文物艺术品拍卖企业中，海外回流的艺术品拍卖已占全部拍品的30%以上，回流艺术品成交额超过全部拍品成交额的40%。文物艺术品拍卖从根本上改写了100多年来中国艺术品外流的历史。

（三）文物艺术品普及了文物艺术品知识和收藏知识，活跃了社会文化生活，为大众收藏开辟了广阔的领域

1994年11月，在北京朝阳体育馆开幕的中国嘉德“周末拍卖会”不仅开辟了一个大众收藏平台，也为工薪阶层了解拍卖、参与拍卖提供了一个窗口。这种形式受到了广大群众的欢迎，很快遍及全国。从北京到上海，从西安到广东，从辽宁到甘肃，“周末拍卖会”、“大众收藏拍卖会”、“民间收藏拍卖会”等致力于百姓收藏的“小拍”接连不断。显示出中国的文物艺术品拍卖不仅仅是巨贾富商与收藏家们活动的场所，也已经成为大众收藏与投资艺术品的宝地，成为许多城市工薪阶层重要的文化生活乐园。

从1995年开始至今，我国书画艺术品的小型拍卖非常活跃。我国各地，尤其是北京、上海等地，各种中小型拍卖会不断，艺术品拍卖的槌声交相呼应，汇成一股强大的书画艺术品拍卖浪潮，掀起了一个又一个的高潮，成为艺术品拍卖业一道亮丽的风景线。这些拍卖会上，一些中青年作家的书画作品往往成为竞买者关注的焦点，两三百元的起拍价也让更多老百姓有能力进行艺术品收藏这块以往可望而不可即的领地。

近些年来，各拍卖公司中小型拍卖会拍品的规模发生了很大的变化，拍品内容由于量大也有了细分，特别是很多中小型拍卖会也出现了专项与专场拍品，如瓷器、玉器、家具、铜镜、佛像、相机专项，张大千书画专场，名家藏品专场，当代书画名家专场等。这些小型拍卖会，办得轻松活泼，平易近人，程序简捷，标准规范。为爱好古董文玩的人士提供了交流平台，为人民群众的收藏需求创造了较多的机会。这种拍卖活动为中国艺术品市场带来了勃勃生机，增添了新鲜活力，为工薪阶层创造了条件，普及了文物艺术品知识和收藏知识，活跃了社会文化生活，为大众收藏开辟了广阔的领域。

（四）文物艺术品拍卖为我国文化遗产保护作出了积极贡献

文物艺术品拍卖中屡屡爆出的高价提升了中国文物艺术品的国际地位，文物艺术品拍卖为文物艺术品大量回流提供了通畅的渠道，为国家收藏提供了一个崭新的平台，文物艺术品拍卖使大批民间收藏家不断出现，形成了高水平的文化传承、文物保护力量。这些都是事实，但最重要的，是唤醒了全社会的文物保护意识，提高了人民群众的文化修养，培养和提高了人民群众保护文物的意识。

文物艺术品的拍卖和新闻有着先天的关联和相互促进作用。拍卖虽然是一个规模不大的行业，但却是一个引人注目的行业，它时常能创造出颇具轰动效应的社会新闻。在每年的大型艺术品拍卖活动期间，经常会出现什么样的珍贵文物即将被拍卖，这些文物为什么珍贵，可能会创造出什么样的高价位等新闻。越是重要的文物，拍卖过程持续的时间就会越长，参与的媒体就会越多。媒体的大力追踪源于文物艺术品拍卖本身所具有的新闻价值，而新闻价值的产生又源于社会公众的需要。拍卖、媒体、公众三者之间的有机互动，让艺术品拍卖万众瞩目，也让中国文物艺术品的价值妇孺皆知。拍卖，让绚丽多姿的艺术精品离普通百姓如此之近，拍卖成了社会公众了解文物艺术品的一个生动的课堂。有了文物艺术品拍卖，你永远也不可能再让人们把祖宗留下的遗产砸烂摔碎了。文物艺术品拍卖从更大的层面上为我国文化遗产的保护作出了积极贡献。

（五）文物艺术品拍卖为我国公益事业的发展提供了崭新的平台

倡导时代文明，献身公益活动，是许多文物艺术品拍卖企业的突出特色。多年来，中国拍卖行业协会组织自己的会员参与各式各样的慈善义拍活动。为“希望工程”捐款、为捐资助学义拍、为救助贫困义拍等。在全国各类拍卖企业中都有过许多

感人的事例。拍卖企业在服务他人、回馈社会的同时，锻炼了队伍，培养了人才，大幅度提升了企业的公众形象。为希望工程和社会公益事业作出了贡献。

多年来，中国拍卖业始终坚持“源于社会，回报社会”的宗旨，2001年12月在中拍协特别会员期间，组织主办了一场“捐资助学公益拍卖活动”，拍卖所得善款22万元全部捐赠给中国青少年发展基金会，在江西省靖安县水口乡建立一所“中拍希望小学”。2005年1月，在中拍协第三次会员大会期间，为向印度尼西亚海啸灾区捐款，组织举办了一场公益拍卖会，筹得善款50多万元。2008年5月12日，汶川地震让亿万中国人的心连在了一起，各行各业的人们以不同的方式表达着对灾区同胞的关怀。中国拍卖行业协会在第一时间向全行业发出了抗震救灾倡议书，并在全行业发起抗震救灾系列义拍活动。粗略统计，在短短的几天时间里，仅北京荣宝、中国嘉德、北京保利和北京匡时4家文物艺术品拍卖公司通过拍卖募集的善款就达1.5亿元，向灾区人民献上了自己的一份爱心。

从上述回顾我们可以看到，随着我国国民经济的持续发展，我国拍卖业进入了一个新的发展阶段。拍卖业的法制建设、队伍建设和理论建设都得到了新的提高，文物艺术品拍卖的服务水平和经营业绩，也都取得了令人满意的成绩。拍卖业已经步入了稳步、有序的发展时期。拍卖作为一种社会中介服务已经成为我国社会主义市场经济中的重要组成部分。

我们深知，拍卖业的成长常显幼稚与不足，尚不尽如人意。拍卖业的每一次进步都倾注着社会各界的关注与支持，每一点成就都体现了社会的宽容与厚爱。拍卖人任重道远，拍卖业远不到树碑立传之时。我们深信随着我国市场体系的完善和法律法规的健全，我国拍卖业会一路高歌，走向新的辉煌。

2010年拍卖市场：泡沫吗

胡妍妍

2010年秋季拍卖又是一场预料之中的收藏界狂欢。各家拍场都以历史性的突破完美收官，据粗略统计，2010年全国拍卖总成交额逾550亿元，中国嘉德第一次达到全年75.5亿元，单季拍卖总成交41.33亿元的最好成绩，其强项中国书画，更是以全年春秋两季大拍45.2亿元，秋季16个专场，3件超越亿元的拍品和29.7亿元的成交额，交出令人满意的答卷。

在2011年来临之际，回顾锣鼓喧天的2010年，喜悦和忧虑参半，有一个最绕不开的话题——艺术品市场的高增长有泡沫吗？

事实上，“泡沫论”一直跟随着中国艺术品市场走了十几年。我们可以翻看以往的报纸杂志，每年都有人唱衰。而这个市场就是在一片质疑声中，不断成长。从各个阶段来看，顶级的艺术品都是当时的天价，远远背离普通人的力所能及和想象力。1996年傅抱石《丽人行》以1000多万元成交时，就有人惊呼有泡沫了。再者，艺术品一物一价，甚至看似雷同的东西，估价则有天壤之别，对大多数人来讲，这简直是不着边际的估价原则，即便熟悉地产、金融的经济学家，也把艺术品市场看作是一个不折不扣的神秘游戏场。艺术品市场的特殊性和边缘性，使得很多人对此市场缺乏认识，从而心存不解，这大概是泡沫论的群众基础。另外，凡是媒体报道的艺术品拍卖的消息，多半是在宣传耸人听闻的第一天价和一涨再涨的总成交额，以及同一作品成交价不断翻倍的例证，久而久之，很少有人关心整个市场的总体面貌和“大盘指数”，结论不免偏颇，泡沫论就此吹了出来。

自2009年秋季开始的新一轮普涨是周期性的一波。宏观看，起跳点从藏品数量最为稀缺的中国古代书画开始，推及市场面最广阔、坚实的近现代书画，再推及最具国际性，锤炼长久的瓷器、玉器、家具等古玩市场，一波一波，稳而不乱。微观看，划时代的亿元拍品秩序井然，吴彬《十八应真图卷》、曾巩《局事帖》、朱熹等《宋名贤题徐常侍篆书卷》、黄庭坚《砥柱铭》、张大千《爱痕湖》、王羲之《平安帖》、陈栝《情韵墨花》、李可染《长征》……每件亿元拍品都有根有据，可以说出名堂。由此看出，市场大热是理性的，是有备而来的。这个准备，一是财富的积累，流动资金的充裕。二是知识的普及，收藏理念深入人心。三是十几年来，艺术品市场赚钱效应的发酵。四是拍卖行的服务深化，整体行业的发展、壮大。

即便说艺术品市场有泡沫，这个泡沫并不令人担忧，因为这是一个财富顶端的小众市场，相对单纯，在中国经济整体向上前行的大背景下，这点泡沫似乎微不足道。“泡沫”一词出自金融圈，金融的泡沫，乃至泡沫溃灭的危机，其惨烈，其频繁，其深远，不是艺术品市场可以想象和类比的。不过，在缺乏用数学模式演算的艺术市场里，借鉴金融界百年来大量的数据分析和理论著述，倒是他山之石，可以攻玉，反省一下艺术品市场的这点事。有经济学家分析1907年那场经济危机，他指出有两条重要的线索，导致恐慌和崩溃。(1) 复杂的金融系统，这个系统本身就孕育着危机的蔓延，而错综复杂性使得参与者难以掌控全部信息，不对等的信息引起恐慌。(2) 经济快速增长，造就旺盛的货币需求，最终给金融体系造成流动性压力。需求的饱和或者是投资机会的饱和，都是危机的引爆点。

非专业的经济学分析来看，艺术品的市场体系眼前还相当简单。画廊、拍卖行，加上个人之间的买卖，基本没有信贷等金融手段的支持。刚刚有点眉目的艺术品基金的加入，少许银行尝试的抵押信贷，都是才露尖尖角的小苗，在艺术品市场的作用远未显现。与盘根错节的金融体系，以及炫人眼目的金融技术、产品相比，根本不可同日而语。就信息而言，小众市场的好处之一就是信息充分流通，特别是艺术品拍卖市场，信息披露越来越透明，交易时间间隔比较长，有足够的传播周期，悄然而至的突发性恐慌不易形成。另外，经济的发展确是催生了旺盛的艺术品需求，形成价格上扬，但是，一时还不看不到造成流动性的压力。2007 年到 2009 年两年间，仅国民收入就增长了 7.6 万亿元，这个数字足够支撑目前水平的 190 年的全国拍卖总额。参照这个数字对比，不难看出艺术品交易量的渺小。再者，进入市场的艺术品虽然是商品，它依然有非同一般的气质。迷人的创造性、观赏性、怀旧性、历史性、珍惜性……令人欲罢不能，因此，艺术品超越普通商品的功能性和普通投资品的单一获利性，兼而有之的混合功用，加上资源稀缺的事实，也难以短期满足需求，至于饱和似乎遥遥无期。另外一个重要的事实，现今购买艺术品的买家群体是社会财富的上端，行业分布广泛，不是一般风吹草动就非得“割肉”逃亡的投机客，即使是以投资为目标，也有长远的计划和坚强的实力，在市场不景气时，往往采取惜售而非抛售的对策，不会像推多米诺骨牌一样，推倒市场。这是十几年的记录反复证明的。而买家群体也通过十几年的拍卖转换了门庭，从前继承祖上传家宝的“老家老户”，被财富成功者取代，新的持有者获取的每件艺术品都是以不菲的价格竞争来的，因此，在无获利的前提下，不轻易让出，买家和卖家群体逐渐融合为一拨人马，他们的交易对手是后来的财富成功者。而在高速发展中的中国是不乏这样的后来者。

诚然，我们乐观的态度，或许也是一种危险。在金融危机的征兆描述中，有些还是值得我们警惕：

·价格快速上升，非常高的估值倍数和成交量。

·对某些资产的旺盛需求。

·大量经验匮乏的投资新手入市。

·惊人的交易量。

·交易模式、证券发行、技术和产品服务的创新。

·激进的信贷政策，人们使用廉价贷款。

·监管部门放松对金融中介和投资者行为的规范。

·正面的经济消息，引发新一轮经济增长。

·传媒鼓吹迎合公众偏好。

上述描述的现象，在千变万化的经济运转中，或多或少地总是存在，一旦所有不安的迹象不期而遇地集合，爆发危机的概率就增至极大。17 世纪的“郁金香泡沫”、18 世纪的“英国南海泡沫事件”、20 世纪初“美国泡沫经济”及近期的“金融海啸”，都是在类似背景中发生的。翻看经济历史，反视艺术品市场的种种现象，自警和约束对市场健康、长久的发展必不可少。

可能我们始终生活在泡沫中，在每次泡沫破灭之时，总有人受损，有人央及，有人幸免。我们如果不能阻止泡沫的生成，那么就力求做一个幸运儿。在投资机会放大的艺术品市场中，关注艺术本身，爱你所爱，买你所爱，不随波逐流，感性地爱，理智地买，或许是一种规避风险的高招。

“敦煌”百年

拓晓堂

关于敦煌藏经洞发现的过程，历来说法甚多。按照王元禄道士的说法，1900 年 5 月 26 日，差两个星期就要整整 110 年前，天炮震响，天开一缝！发现了藏经洞。

俄国奥勃鲁切夫 1905 年最先到藏经洞，用一些日用品就换走了两大包写本（数量不详），一直没有发表。所以在国际敦煌研究领域影响不大。

之后，1907 年 5 月 21 日斯坦因第二次来到敦煌（第一次是 3 月王道士出外未在），以一个尽人皆知的唐僧的故事，和为数不多的银两，从王元禄道士手中骗走了大批的敦煌藏经洞的经卷等物。从而将敦煌藏经洞名声传播海内外。

前者王元禄道士不知道藏经洞中之物的价值，堪称中国近代四大文献发现之一；后者斯坦因没有想到它的学术意义，无意之间奠定了至今国际显学敦煌学。因此，从敦煌藏经洞发现，到敦煌学建立，那时就没有做好准备，而且从一开始就伴随着欺骗和文物的流失，所以陈寅恪说：敦煌学，乃世界学术新潮流。又说：吾国学术伤心史也。以至于许多问题至今仍然是众说纷纭，莫衷一是。笔者就先从敦煌藏经洞存在的问题说起。

一、关于敦煌藏经洞的基本学术问题

敦煌藏经洞的发现过程就是一个故事。这个没边没沿的故事，不同我们现在的考古发掘，有绘图、照相、地层记录等的报告。因而，敦煌藏经洞的封洞原因、时间、藏经数量等基本问题，就没有解决。现存的一些看法，主要有以下几种。

1. 藏宝说——这是伯希和 1908 年在《敦煌石室访书记》提出来的观点。此观点影响大，时间久。日本井上靖的小说和中国拍摄的电影《敦煌》，都是基于这种观点。中国的学者罗振玉等也持此观点。这个观点的基本要素是：（1）敦煌藏经洞中卷子最后的年号是北宋宋真宗咸平五年（1002 年）；（2）全洞无一件西夏字者。故“是洞之封闭，必在 11 世纪之前半期”，即 1036 年西夏占领敦煌之前，为了防止西夏人到来的破坏，将敦煌的宝物藏进了 17 号洞。

2. 垃圾说——方广锠（中国社科院世界宗教研究所）20 年前提出来的观点。这个观点针锋相对于藏宝说，否定了藏宝说，有一定道理。他否定了藏经洞内之物都是宝物的说法，这是其积极的意义。但是此观点也存在致命问题，那就是敦煌藏经洞存有尽管为数不多，可确实有用的典籍。诸如儒家经典著作，这在中国汉代以后奉为经典，不受时间影响；诗歌作品，这是具有艺术性质作品；碑帖拓本，这是学习汉字书法的样本，也没有时间限制。这些东西不是垃圾，是千年以来的可用有用之物。所以这个极端的观点不成为主流。

3. 供养说——荣新江（北京大学）先生的观点。也是现在影响比较大的观点。这个观点的基本内容是，1002 年前后，由于伊斯兰势力的发展，对敦煌佛教构成了威胁，于是敦煌寺庙将供养物封存于藏经洞中，并在洞外绘上了“绘画”掩蔽。

近来又有，苏州有佛教研究院文正义师傅提出的观点，这是僧人提出的供养物观点，类似于佛塔、佛肚子的佛经，这叫装藏。比如，在杭州雷峰塔、山西应县木塔（辽藏）、陕西法门寺塔中都曾经有佛家经卷发现；再如，北京柏林寺的佛肚子就出过一部藏经，上千册之多。这种装经相当于舍利。

这两种供养说最致命的问题是，敦煌藏经洞中儒家著作如何能成为佛家的供养物？更何况里面还有一些俗家小说，甚至是淫秽的读物，这如何能成为佛家供养之物？这显然不通。另外，荣先生的解释洞里码放整齐，与斯坦因的杂乱说法相矛盾。更为重要的是，我们现知的藏经洞口绘画有两层，一层是唐代的绘画，另一层是西夏的绘画，荣先生讲的洞外有掩饰的“绘画”层是不存在的。

4.“文化排异说”，这是10年前我的看法，参见《嘉德通讯》第31期（2001年春），《也说敦煌藏经洞——写在敦煌考察归来之后》。笔者的基本看法是：藏经洞内有西夏人制作的花砖（有人说这可能是后人好事放进去的，但这需要证据），藏经洞外有西夏人斫墙壁的证据，且洞外墙壁上绘有西夏人的绘画，因此，西夏人一定知道这里有一个石洞。封洞的原因是西夏立国之后，创立了自己的文字，为了强制性推行西夏文字的文化，必须废止通行的汉文、吐蕃（藏）等文字，包括寺庙供养物、寺庙及其有关文档、寺庙及民人日常生活读物等，藏经洞内就是这些被排斥和清理的文字文化物品，封洞的时间是在12世纪上半叶。所以，洞中之物，并非宝物，也非垃圾，更非纯粹的供养物，或更高级的“装经”。

二、敦煌藏经的数量问题

敦煌藏经洞中究竟藏有多少经卷及其他物品？这是一个没有解决的问题。原因复杂。有王道士的问题，也有斯坦因等人将掠得之物搞混了的问题。但敦煌藏经洞之物主要有几种估计：

斯坦因说：经卷码放高度10英尺左右。伯希和的说法：他进入洞窟时看到的数量估计15000至20000件。他得到了6000件。现存法国，文书经卷在图书馆，绘画等工艺品在吉美博物馆。

方广锠先生的估计，是根据现存世界馆藏目录整理推测的，全世界现存编号6万件。经卷如以完整计，总数不会超过4万件。

2001年，我根据17号洞的体积计算结果 $2^3=8$ 立方米，笔者是根据藏经洞的大小推测计算的，存有45000至50000件。伯希和看书照片，也没有到顶。

社会流传的基本量问题。笔者认为，在整个世界范围内，在社会中可以流通的敦煌经卷，大约有1000卷。近15年来经过我手的已经有大约150件，见到的不止此数。当然这是包括残卷的，整卷大约为1/10。

三、敦煌经卷的真伪鉴定问题

流通在社会中的敦煌经卷，存在真伪的鉴定问题。在传统的鉴定中，就是依靠目鉴，即个人的经验。

目鉴——我们目鉴的依据是系统的看过图书馆馆藏之后，尤其是依据带有年款的敦煌经卷，由此进行类比推定在社会中看到的敦煌经卷年代。认为现在依据这种经验还是能够鉴别真伪的。这里举一个例证。这就是2004年，一位日本著名的古董商给我们送来一批敦煌经卷，经过我们的目鉴，这些都应该是伪造的赝品。为了证明我们的看法，同时也给出一个没有争议的结论，我们将这些有问题的敦煌经卷和我们认为没有问题敦煌经卷，共计16件，混在一起后送到美国著名的阿利桑那大学碳14同位素测定中心，也是全世界测定碳14同位素的公认权威机构进行科学实验，测定的结果令人满意。碳14同位素测定的结果与笔者目鉴的结果，大约只有加减50年的差异。

同位素碳14测定——我们知道，敦煌经卷必是900年以前之物，如果纸张绝对年代不足800年，那一定不是敦煌经卷洞之物。所做的16件测定中，我们认为有问题的敦煌写经年代测定，纸张绝对年代都只有400年，按照一般原理测定年代越久远越准确，太近则不是很准确。阿利桑那大学测定结果，将我们认为有问题的12件全部都剔除出来了，所以这次实验非常令人满意。

因此，真假还是可以通过目测决定的，误差50年到80年间，这是实验的结果和证明。大家对我们目鉴的阿利桑那大学测定可以放心，没有问题。

四、敦煌经卷（唐人写经）的传统认识问题

一般传统的看法，关于敦煌藏经洞藏经，以及唐人写经的认识和研究，是伯希和从敦煌回来之后，在北京举办了一个小型展览，方引起国人对敦煌藏经、唐人写经的认识。经过多年观察，不尽如此。可以说，中国的学者一直在有限的材料支持下，从清代初年，就开始探讨这个问题，只不过走过了许多弯路。

清末（1900年以前）的一种错误：赵之谦、魏稼孙等将宋人写经，当做唐人写经的问题，其中代表就是朵云轩出版社出版的《唐贤写经遗墨》。此件2003年秋中国嘉德古籍专场LOT1698《唐贤写经遗墨》。很

明显，是将宋人写经，当做了唐人写经。

清末还有一些错误，就是将日本写经，误作了中国唐人写经。比如说，翁同和《日记》里所说的唐人写经，后来我们都看到了实物，经过我们的鉴定，都是日本写经。当然，这些日本写经的年代，是平安、奈良时期，与中国的唐朝及宋代初年同时，如日本公元740年（日本天平十二年五月一日发愿写经）“五一皇后写经”（“光明皇后愿经”圣武天皇之皇后也）。年代够了，但地方搞错了。

清末（1900年以前）的又一种错误：吴荣光等将真正的唐人写经误作为元人写经。代表为1997年春中国嘉德古籍LOT579《唐人写妙法莲华经残本》。这是一件标准的唐人写经，也是标准的敦煌写经。这就给我们提出了一个非常严峻的问题：在王道士发现藏经洞之前，中国的学术界和收藏界是否见到过敦煌写经？也就是说，在王道士之前是否有敦煌唐人写经的发现？最近，笔者有幸去美国普林斯顿大学，见到一位当年与张大千先生一同去敦煌的前辈，她的丈夫就是为大千先生编号佛窟拍照的摄影师罗季梅先生，是著名的记者和摄影家。老人家已经90多岁了，一进她家，墙上就挂有许多敦煌经卷残片。她考试一般的问我，在这些残片中有一张是假的，你能看出来吗？笔者定睛看了看，指着其中的一张说，是这张。那老人家吃惊地看着我，说“今天真的来了行家了”，她说这一张是当年黄苗子先生临摹的。当笔者问及她这些敦煌写经残片来历时，她告诉笔者，那时侯他们到敦煌，在洞窟的沙土里，经常可以见到和捡到这些唐人写经纸片。这就是告诉我们，在敦煌写经洞之外，还有唐人写经存在。根据记载20世纪40年代在敦煌莫高窟藏经洞外还有唐人写经的发现。既然如此，清季一朝，为何没有可能有人发现和见到敦煌唐人写经呢？这件实物就是例证。只不过当时的收藏家不认识，把它当做了元人写经。

清乾隆三十九年王文治等人题跋的一卷唐人写经，此件清初为笪重光、姜二酉收藏，王文治、何绍基、王懿荣、张之洞等乾隆至光绪年间名家题跋。王文治的题跋收入王氏《快雨楼题跋》卷三。1997年，史树青先生曾发表文章介绍，见《收藏家》第23期。笔者在20世纪90年代和最近两次看到过此卷，认为乾隆时期王文治的鉴定是正确的。所以清中期中国的收藏界对于唐人写经是有正确认识的，只可惜存世量太少，不足为整个学术界所认识，仅仅在收藏家手中流传。

1900年王元禄发现藏经洞以后，曾经拿出几件，送给当时的敦煌知县。其中的几件又辗转到了当时甘肃学台叶昌炽手里。他是当时著名的藏书家和碑版专家，在鉴定碑帖、鉴定古籍版本方面是权威人士。他当时就判定为唐代之物，建议收归省城。只可惜由于藩台心痛五六千两银子，无果。同时叶昌炽的观点和看法，也因地方偏僻，没有广泛流传开来，也没有引起国内学界的注意。

总之，国人对于敦煌以及唐人写经的重视和研究，走了许多弯路，而一直在努力追求是显然可见，不容否定的。而敦煌藏经洞的发现，则全面系统地提供了新的研究资料，让世人认识了从北朝（北魏）以来，隋、唐、五代、北宋时期的写经基本面貌。

就像敦煌藏经洞神秘的发现过程一样，它给人们留下了无数的神秘问题。我们上面讲的，都是至今没有一统、没有定论的问题。正因如此，我们对于全世界各馆藏公布于世的敦煌经卷，可以有所掌握。而社会中流传的敦煌经卷，往往是学术界无法掌握的。社会中每每有新的敦煌旧物出现，就会令世人关注，不论是有尾题的、是首尾齐的，或者是残断的，哪怕是巴掌大小写经，它都多少会给我们提供一些新的资料，这都有可能让我们更进一步地靠近已经逝去的敦煌历史的真相。也许，永远不能得到真相了，然而人类的好奇心驱使人们永远要探索这段真相，接近这段真相。这就是我们今天看重每一件敦煌写经及其他物件的意义。

科技与传统结合是中国书画鉴定的必由之路

张忠义

经过改革开放30多年的发展，中国书画的收藏和投资活动已颇具规模，参与人数众多，交易活跃。在具有指标性意义的艺术品拍卖市场中，中国书画的成交数量和份额，始终占据着半壁江山。2010年秋拍中，多件中国书画作品跨上亿元人民币台阶。王羲之《平安帖》3.08亿元，宋佚名《汉宫秋图》1.68亿元，八大山人《竹石鸳鸯图》1.19亿元，陈栝《情韵墨花》1.14亿元。近现代书画作品也有多件过亿，其中徐悲鸿《巴人汲水图》1.71亿元，李可染《长征》(1959年作) 1.08亿元成交。"亿元时代"已成为书画市场中的常用词，它虽然对市场并无实质性意义，但却充分反映出市场对中国书画价值内涵与价格外延的认知，中国买家卓越的眼光与崛起的实力以及中国传统文化持久的魅力。书画艺术品的交易有了新的里程碑，中国成为继美国、英国之后世界第三大艺术品交易中心，中国书画市场的话语权已回归内地。

书画收藏与投资的蓬勃发展以及书画市场的空前活跃并不能掩盖其存在的严重问题，其中最突出的当属赝品泛滥。不论古代、近现代还是当代，不论书法还是绘画，甚至连刚刚热起来的信札手稿，都成了赝品猖獗的重灾区。中国书画作伪有悠久历史，但当今造假的规模、数量、水平，都远超历代。国外绘画艺术品虽然也有伪作，但绝不是像中国这样畅行无阻。由于经济利益的驱使，新的科技作伪手段层出不穷，防不胜防，给上当者在物质与精神上都造成了极大的伤害，也严重打击了人们对艺术品市场的信心。用真品的价格购藏赝品已成为最大的风险。因此对书画真伪进行有效辨别，提供准确可信、高水平的鉴定就成了收藏家、投资人和整个市场最为迫切的需要。

笔者长期从事书画收藏、鉴赏活动，深知中国书画鉴定的现状和存在的问题。无论国家文博机构、拍卖公司、画店还是个人，目前鉴定辨伪采用的都是传统经验鉴定法，即通常说的目鉴加考据。这种方法自古至今，在实践中不断丰富发展，具有相当的科学性与合理性，是行之有效的。但这种方法的掌握和运用，需要很深的文化修养和长期的经验积累，依赖实践的磨炼和技法的纯熟。它的基本原则是"对照比较"。俗话说，"不怕不识货，就怕货比货"，有比较才能鉴别，有鉴别才能分辨真伪。比照的主要依据是已被确认的"标准器"和"参照系"，所谓"标准器"就是最能代表书画家个体典型笔墨特性的图式，它是书画家作品个人风格的高度概括、综合、提炼、升华，是既抽象又形象，既固定又鲜活的一种图像模式。而"参照系"则包括材料、内容、题跋、印鉴、装裱等其他依据和历代典型赝品图例，它更多的是反映作者所处时代的特征和一些书画家作品作伪的情况。鉴定者只有将作品与自己所掌握的"标准器"和"参照系"进行比对分析之后，才能对真伪作出判断，将个人风格和时代特征有机结合才能得出正确结论。鉴定者头脑中标准器和参照系的形成、建立，需要长期实践、学习、积累、修正。如果头脑中既无标准器又无参照系，既不"知真"，又不"知假"，却要成为鉴定者，后果可想而知。

经验鉴定对中国书画辨伪的具体操作过程各人会有所不同，根据笔者体验，大致包括4个方面：一看画风，是解决被鉴作品与我们头脑中标准器图式的个人风格是否相符的比对过程；二看内容，解决作品个人风格与时代特征是否符合的问题；三看材质，主要是关注时代特征；四看装裱，解决年代经历问题，因为不同时代和地域的装裱有不同特征。此外，经验鉴定还常常要依靠大量工具书、资料，对历史、文献、典故、著录、传承等进行考据。

传统鉴定是一门操之可行的高深技能，但受历史和技术发展所限，无法检测大家可以共同见证的标志，随机性、不稳定性、主观性等因素大量存在，经常出现人云亦云、分歧混乱现象。传统经验鉴定的最大问题：一是缺乏公用的严格一致的“标准器”和“参照系”，每个鉴定家和鉴定者由于师承、学识、经历、性格不同，头脑中“标准器”和“参照系”会有很大差异。二是由于传统经验所使用的方法都是眼观手摸，接触的都是作品表面，往往局限于宏观体验，难以微观细查。三是由于传统鉴定方法缺乏规范化和标准化，没有明确的数据和标尺，使第三方对鉴定结论正确或错误的检验缺乏强有力的根据。四是受鉴定家、鉴定者学问素养、观念情感影响很大，无法回避可能出现的鉴定者个人道德风险。

2008 年，“用科技方法鉴定中国书画”国家研究项目立项，“中国书画艺术鉴定研究中心”揭牌成立，使我们长期从事传统经验鉴定的人看到了新的生机。笔者也有幸与几位德高望重的老书画鉴定专家一起，成为中国书画艺术鉴定研究中心的学术委员，多次参加相关活动。特别是和科学家之间的学习、交流，令人眼界大开，获益匪浅。对科技鉴定有了一些初步了解、认识。科技鉴定书画，是在保证书画作品安全无损的前提下运用荧光光谱、激光拉曼、显微红外、各种物理化学方法等现代科技手段，对书画作品中的纸绢、墨色、印泥等进行检测，观察材料内部肌理、结构成分，进行分子生物学、微量元素等相关分析，得出结论。它的最大特点是可以对材料进行定性定量分析，并用数据、曲线、图谱等表示出来，这是任何传统经验鉴定所无法做到的。从理论上讲，如纸张，无论成分还是工艺，都会随时代不同而有所变化。中国唐代以前，大量使用的是麻纸；唐代出现树皮纸，主要是楮树皮；北宋开始有竹纸；檀树皮和竹子混合浆始于元朝；檀皮和稻草混合浆兴于明代；檀皮和麦草混合浆始于清代；而木浆纤维的出现则在 19 世纪三四十年代。通过科技检测纸张的纤维、成分和结构，确定年份并不困难。据说现在已取得重大成果。比人眼判断更可信、更权威。

科技鉴定与传统鉴定有诸多不同，就笔者浅见，列表如下：

传统鉴定与科技鉴定比较

	传统经验鉴定	科技鉴定
方法	用眼观察、五官体验 画面内容部分信息对比	科技检测 从内到外全部信息对比
依据	人脑中的标准器和参照系	仪器检测与数据库
标准	仁者见仁，智者见智	有规范统一的标准
结论方式	用语言文字描述	以图谱、数据论证

与经验鉴定一样，科技鉴定关键点在于建立健全的电脑数据库，即所谓书画真伪标准器和参照系。经验鉴定家头脑中的标准器和参照系，即人脑中数据库的建立与完善过程往往耗其一生而不能穷尽。科技鉴定中电脑数据库的采集与建立同样困难重重，需要不断丰富和修正。

科技鉴定方法虽然先进，但也有很大局限性：第一，仪器的精确度和检测者的准确度存在差异。第二，数据库的建立有相当难度，如“取样”就是一个大问题。第三，即使建成电脑数据库，依然会有许多问题无法解决。仍以纸绢为例，确定了纸绢年代，也并不等于能确定作品年代。因为前人不能使用后代出现的纸、绢，但后人却可以使用前代人遗存的纸、绢、墨、色；遇到与古代原作同时期的仿品，由于材质完全相同，科技设备检测也无法区分。对当代书画要从材质上辨伪几乎不可能。虽然碳 14 在考古中的成功应用及其他科技手段在珠宝、瓷器等鉴定上解决了许多难题，为书画鉴定提供了很好借鉴，但由于书画鉴定不仅要“断代”，还要“断人”，书画家个人笔墨特性是动态的、变化的，采集归纳面临严峻挑战。目前仅凭科技方法完成复杂的书画鉴定全过程还无法做到。中国书画真伪的判断，不仅在物质方面，更重要在精神方面。中国书画被称为“心画”，是用来表达思想感情的，一个艺术家的喜怒哀乐在其作品中可以有不同的表现。科技鉴定材质“只能断后不能断前，只能否定不能肯定”，所以仅凭纸绢笔墨的比对，很难作出全面的判断。中国书画艺术鉴定研究中心提出的以“科技鉴定为辅，传统经验鉴定为主”是有道理的。

当代学界泰斗季羡林先生曾经说过：上下五千年，纵横十万里。以中国为代表的东方文化体系，是整体综合的思维体系，看待事物，就是要把各个部分连在一起，强调事物的普遍联系，放在时间和空间大框架内，放开眼光才能看得清楚。中国书画正是东方文化体系中的奇葩，对它的判别同样离不开整体综合原则，必须遵循矛盾普遍性与特殊性的规律。

2009 年 10 月，笔者受邀参加由首都师范大学和文化部中国艺术科技研究所共同主办的首届艺术品科学鉴定研讨会，在报告会上笔者曾就科技鉴定与传统鉴定的关系打过比方：“过去中国大夫看病，是观察病人体表，通过望、闻、问、切判断病情，后来引入先进的技术，如生化、B 超、X 光、CT 等，使医生得以借助仪器检测，直接观察病人机体内部状况，这无疑会使诊断更加准确、全面。中国书画鉴定科技与传统结合，就像中西医结合治疗疑难杂症，可以由表及里，由浅入深，取长补短，相辅相成，使我们既见树木，又见森林，从而得出全面准确科学合理的结论。”许多与会专家认为这种比喻生动形象且便于理解。虽然科技鉴定书画要真正普遍应用还有相当长的路要走，但与传统经验鉴定二者结合已是必由之路，也是新时期中国书画鉴定的出路所在。石涛曾有“笔墨当随时代”的名句，艺术品创作要跟随时代发展，艺术品鉴定也必须与时俱进。我们衷心希望，从事科学鉴定的科学家和科学工作者，能举重若轻，重点突破，以点带面，不断完善和发展，建立起科学完整的体系，尽快让科技鉴定得到推广、应用，并能与经验鉴定有机结合，共同攻克中国书画鉴定这个既古老又新鲜的难题。

中国书画鉴定的新思路

尹 毅

一、要为中国书画建立新的防伪系统

当代造假技术已使中国书画的传统防伪系统（主指图章、签名与题字）功能与作用大减，甚至失效。这必然会给书画造假者和售假者更多可乘之机，同时也必然迫使人们去探寻新防伪方法。所以，尽快研究发明行之有效的中国书画防伪新方法，并迅速推广应用，是目前中国书画领域中亟待解决的一个大问题。

中国艺术科技研究所科研人员对各类书画防伪新方法做过调研，又对许多书画家的防伪观念、心态和习惯以及为其作品防伪的客观条件也做了调研。通过这两方面的调研，科研人员发现了一个不容忽视的问题：凡是在原作上由别人添加防伪标记（不管是明的还是暗的），都会让原作者难以接受。特别是涉及指纹、DNA的防伪方法，恰恰是在泄露作者隐私，明智的书画家都拒绝此道。因此，科研人员明确了科研方向——研发不在作品上添加任何防伪标记或物质成分的防伪方法。同时也明确了技术路线——从书画作品材质的微观世界中探寻防伪新方法。科研人员利用光学仪器对书画材质进行检测时发现，宣纸类中国书画纸具有像指纹一样独特的纤维状态。每一张宣纸类中国书画纸的任何一处微观纤维状态都是唯一的。墨、色、印迹融合在独一无二的纤维结构上，其微观形态也必然独一无二。在微观视野中，每一幅使用了宣纸类书画纸的原创作品都拥有了独一无二的纸纤维结构状态和独一无二的墨、色、印迹状态。这两个独一无二的状态之结合，形成了该作品无法被仿制的物质形态。不同的纸、墨色、印泥往往都具有不同的物质成分数据与不同的时空烙印，都能成为防伪、辨伪的依据。科研人员经过反复调研和试验，最终选择了光学显微镜和拉曼光谱仪、X射线光谱仪等光学仪器，以其对宣纸类书画作品进行多点检测，再将各检测点的纤维、墨色微观状态图像和物质成分数据存入数据库，用于日后比对，辨别真伪。中国书画作伪者面对采用这种防伪方法的作品，不管使用多么高超的造假手段，也都无法造出可以乱真的赝品了。而且在此防伪备案基础上的辨伪既便捷又无可争议。中国艺术科技研究所的此项发明已于2010年5月12日申请国家专利。此防伪方法在内部验证阶段就受到了一些书画家和收藏机构的采用和称赞。他们一致认为：此方法与世界各类艺术品的各种防伪方法相比，它具有不影响画面并最有效的优点，它可以使中国书画的这种新防伪方法一跃而成为全世界最佳的艺术品防伪方法。

中国书画的历史是由局部地域走向全国，再迈向世界的历史。中国书画已拥有了悠久的历史时空，还将拥有更大更远的未来时空。古往今来的书画作品都缺少记录其诞生流传的历史轨迹。后人只能根据某些遗存的信息去考证，通过分析研究人为地去接近事实原貌。这确实是又耗精力又费时间的事情，其中有些悬案可能永远无法破解，有些争议也可能永远没有结局。好在而今有了书画防伪备案新技术，可以及时地为在世画家的作品防伪备案，这将减少日后辨伪工作的诸多困难。当代人要为后代人着想，不应把现在容易解决的问题留给后人，让问题变得越来越复杂。古代临、摹、仿之作以及赝品流传至今的总存量并不太多，且有些具有一定的文物价值，并不太可怕。令人担忧的是不断提高的现代书画作伪技术与产量以及真伪难辨的混乱局面。因此，我们不仅需要行之有效的防伪方法，而且必须尽快启动为中国书画防伪备案、登记认证、验证工作，为中国书画建立完整、严密的防伪系统。

由于新的防伪系统可以锁定任何宣纸类的书画作品，所以应将其尽快应用于拍卖会、画廊等交易环节。可以提议修改拍卖法中不承担真伪责任的有关条款，禁止赝品进入拍卖会、画廊等交易环节。凡使用此技术备案锁定的书画作品，若在日后查清其赝品身份，就可以用锁定作品的备案数据作证来施行追讨赔偿；为了维护书画古籍等文化资源的安全，文博系统以及各收藏单位和个人均可以采用此技术，防止利用喷墨打印复制品调换原作；司法部门可以采用此防伪备案新技术，先锁定有争议的作品，再逐步审理案件；金融领域可以采用此技术解决书画作品抵押贷款、典当等业务所需的认证、验证问题。所以，科研部门要尽快研发便携式书画防伪检测仪，并尽快转化成商品，生产销售。为书画创造者和收藏者以及经营与监管方面的使用者提供必要的服务。

二、要推广应用识别喷墨打印书画复制品的有效方法

自本世纪初开始，美国、日本的喷墨打印技术与设备、材料有了重大变革，喷墨打印机使用的“染料墨”革新为“颜料墨”。这对喷墨打印中国书画复制品而言，是一次使复制级别空前提高的关键性变革，它使中国书画复制品与原作在色墨质感和画面信息方面都更加相近了。这种能把书画艺术品“克隆”到乱真程度的高科技复制技术的出现，是对依据时代风格、个人风格以及绘画功力分辨真伪鉴定方式的一个严峻挑战。以“颜料墨”喷墨打印复制中国书画的历史，虽然在国内尚不足10年，但是此技术的传播速度极快，目前已遍及全国各省区市。业内人士普遍认为，以“颜料墨”喷墨打印的技术将成为中国书画复制的主流技术，或者说以此技术生产的书画高仿品将在乱真程度和产量方面都大大超过手工高仿品。特别是赝品制造者还可以将喷墨打印书画复制品作为母本，进行第二次喷墨打印制作。甚至在第二次微喷复制中去掉微喷的印迹，换上仿刻印章沾印泥盖制的印迹，或者修掉个别画面内容，再以墨色手工添补画面内容，使其变得更难辨别其真伪。现代科技复制技术生产的书画复制品，无论多么逼真都不可怕，可怕的是无能力鉴别及管理失控。问题的关键是需要有针对喷墨打印技术产品的识别技术。为此，我们利用先进的科研设备，在书画原作与喷墨打印复制品之间的分析比对中，发现这种仿真程度极高的复制品与原作之间有明显差异。例如：原作色墨是手工调和后绘制在画面上的，在显微镜下观看局部色墨，其状态和人眼所见的书画色墨状态基本类似，而喷墨打印的中国书画复制品是将多种不同色相的颜料微喷在画面上，在显微镜下能看到红、黄、青、黑各色的微喷色点。另外，原作与喷墨打印复制品的色墨物质成分、纸面微观状态也有区别。据此，我们终于成功研发了识别中国书画复制品的方法。此项发明已于2010年11月18日申请国家专利。

目前，以新技术复制中国书画的科研活动已在海内外联手展开，这是一个非常强大的科研团队，其技术还在不断提高。书画造假者如广泛利用此技术及产品，将给文化市场制造更大的混乱。所以，要尽快推广应用鉴别科技仿真书画复制品的识别方法，首先服务于拍卖与画廊交易，还要在全国各地普及识别此类复制品的方法，防止此类复制品充当赝品给社会造成更大危害。有关部门应对以科技手段制造高仿真书画复制品的生产单位加强监管，并在制作过程的各个环节都要加强监管力度，建立相关的法规与制度。防止此类复制品被作伪者利用。同时，识别中国书画复制品的科研工作也应该不断推进，必须跟上形势发展，这是一场仿真与识别的科技竞争，各有关部门应给这项科研工作更多的支持和重视。

三、要建立书画真伪科学鉴定系统

中国艺术科技研究所曾从英国、德国、法国、美国、日本等国家引进了拉曼光谱仪和红外吸收光谱仪、荧光光谱仪、正立透反显微镜、金相显微镜、X射线光谱仪等各类科技检测设备，建立了第一个国家级的中国书画真伪鉴定实验室。并以科学的方法对中国书画的各种材料进行了检测研究，成功获取了一些具有时空定位意义的书画鉴定依据。

中国书画纸历史悠久，在造纸工艺、原料成分、品种样式诸方面，因地域不同而存在区别，又随时代变迁而有所变化，有着许多随时空变化而产生的特征与规律。利用现代科技手段检测不同年代不同种类的书画纸，捕捉其规律性特征，是鉴定中国书画作品的一条科研途径。中国书画的色墨品种也十分丰富，各有其时代烙印和规律性特征。特别是中

国书画用色，有矿物质颜料、植物颜料、化学颜料三大类，诸多品种与品牌。研究各类颜料的不同成分、产地、起用时间，也是鉴定中国书画作品的一条科研途径。中国书画用印是一大特色，各类印章和所用印泥品种也十分丰富，不同时代、不同地域有着不同的印泥。印泥盖在书画作品上，其印色将贴附着书画纸纤维渗透和蔓延。研究印泥成分和印迹在纸张上随时间变化的规律特征，又是鉴定中国书画作品的一条科研途径。沿着以上三条科研途径，可以用光学仪器检测到历代书画材料方面的深层信息。不同时空的作品会有不同的材质特征，一方面不同朝代的书画材料不完全一样；另一方面随着时间推移，纸、绢、墨、色、印迹也都会发生变化。通过大量检测历代书画材质的有关信息，可以掌握各时期书画材质的共性与特点。如果在鉴定工作中发现某书画的纸、绢、墨、色、印泥以及胶矾等添加剂的材质特征与作者署名及创作年代信息不相称，就可以判定作品有问题。利用科技手段检测书画作品的纸、墨、色、印泥等，并根据各类书画材质随时代变迁的历史痕迹和特征进行断代分析，可以成为古代书画作品辨伪的重要依据。实践证明：只要检测出书画材质与作者署名、作品年代不符的一项“铁证”，就可以否定该作品的真品归属。这种通过科技检测寻找“铁证”的方法，颇具学术价值和“实战”作用，它往往是不容置疑的一锤定音的最佳方法。但是，科技检测不是万能的，这些科技检测的初步成果更不能解决书画鉴定中的所有问题。特别是遇到与古代原作同时期的赝品以及后人用老纸、老墨等老材料制作的高仿品，以科技检测识别真伪就会倍感困难。我们正在努力寻求各收藏机构及藏家的支持，更广泛地检测历代书画作品。这将是一个文化与科技相融合的巨大工程。目前，科研人员正在构建书画材质的时空坐标，它不是以朝代为单位划分，也不是按照世纪为单位划分，而是汇集纸、墨、色、印迹等数条演变脉络于一线，并根据它们在不同时空所初显的各种变异特征设立间距不等的时空坐标。

四、要注重中国书画鉴定数据库建设和信息化服务

任何人的思考与判断都是以信息为基础的。所有的书画鉴定成功案例，都是在掌握了可靠信息基础上取得成功的。经验积累也是一种信息储备，以往的中国书画鉴定大家之所以能成为大家，都是因为其头脑中储备着大量的书画鉴定经验与知识。但是，任何一个人头脑中的信息储备都是有限的。能把众多人的经验与知识存入一个大容器，能把一人一地的信息仓储与他人他地的信息时空相连接，能把一个人的思维与众多人的智慧联合起来，这就是数据库与信息化的优势。正在建设中的中国书画鉴定数据库，要充分发挥数据库的海量存储优势，把与书画鉴定相关的各种信息归纳整理存储起来。这是一个工作量巨大的文化科技工程，仅靠一个课题组或一群专家是无法承担这项重任的。目前参与该数据库建设的学术力量严重不足，尚需加强。尤其是对古代书画作品数据信息的采集工作，需要文博系统各单位以及收藏界的大力支持。数据库信息采集人员使用光学仪器对作品进行无损伤检测，所获取的作品材质微观图像和物质成分信息，既可以用于数据库建设和相关科研工作，又可以提供给被检测作品拥有者（单位或个人）作为防伪备案资料，这是一举两得的好事。全国各地、世界各地的中国书画鉴定者、典藏机构及私人藏家，可以在中国书画鉴定数据库及相关信息网络的大平台上广泛联手，共同打造出中国书画鉴定的“航空母舰”，共同组织起实力强大的“联合舰队”，在天南地北都撒下中国书画科学鉴定的天罗地网。

五、重组书画鉴定专业研究架构

启动“书画真伪科学鉴定系统”的目的，不是要在传统的经验鉴定系统之外再建一个与其不相干甚至与其相对立的新系统，而是要在充分肯定传统经验鉴定所拥有的生命活力前提下，注入更多的科学观念与科技手段，共同构建中国书画科学鉴定的新系统。既然要共同构建一个新系统，就必须改变保守的书画鉴定观念，重组书画鉴定专业的研究架构，共同建立成熟完善的中国书画鉴定学科。

以往的中国书画鉴定者主要靠经验，所以就有了“经验鉴定系统”的称谓。此“系统”的大家杨仁恺曾说：“鉴定的本质是经验。”[1]但是，大量的事实证明，经验的作用是有限的，有时候仅凭经验办事是会导致失误的。杨仁恺的书画鉴定经验非常丰

富，这方面难得有人可以与他相比。可是，他晚年却在“河南石鲁假画案”中看走了眼，当时看走眼的还有其他几位书画专家和收藏者。这个制售石鲁假画多达千幅的大案，真相大白后产生的影响力，对中国书画经验鉴定系统无疑是一次重创。当然，我们不能因为几位专家的“走麦城”，而否定他们的一生业绩与英明。正是这类靠经验导致失误的教训，使书画鉴定工作者们开始反思。书画鉴定的过程就像司法领域的破案过程一样，要注重证据。取证的成败往往决定了破案或鉴定的成败。所以，“科学取证”应是中国书画鉴定工作的重中之重。

杨仁恺著的《中国书画鉴定学稿》，曾力图将中国书画鉴定专业由经验积累的层面推向更高的学科建设层面，虽然这部书在理论设计方案和学术观念方面都存在不足，但是这部10年前问世的书画鉴定学开山之作，无疑是当时中国书画鉴定专业的巅峰之作。杨仁恺在此书中将书画鉴定的种种方法概括为4个字：“科学论证。”由此可见，他想让中国书画鉴定专业由“经验+直觉”的层面向“科学论证”的层面转换与提升。当然，他的这个美好愿望不但无法在传统鉴定模式中实现，反而会使人们在其转换与提升过程中逐步觉悟——鉴定的本质是科学的态度与方法，而不是经验。在经验的基础上“科学论证”高仿级的赝品是危险的，是难免出错的。“科学论证”的前提或基础是“科学取证”，而书画鉴定的科学取证之“证”，往往来自绘画材料方面的微观物证，而且这种微观物证常常具有无可争议令人信服的特点。所以我们绝不可以轻视从书画材质中取证的重要作用，这是一条非常重要的书画鉴定途径。

任何一件中国书画作品都必须由三部分构成，其一是物质形态部分，包括纸（还有帛、绢、布、陶、瓷、壁等）、墨、色、印泥等；其二是艺术形态部分，包括题材内容、图式形象、笔墨色彩、题款印迹、风格特点等；其三是意识形态部分，包括作者要表达的思想情感、人生观、道德观、美学观以及作品所呈现出的意境与格调、品位等。对书画鉴定专业来说，一分为三的研究架构十分必要。书画作伪者为了以假乱真，就必须在赝品的物质形态和艺术形态两方面上力求与原作最大程度地相似。而书画鉴定者也必然要在书画作品的物质形态和艺术形态两方面寻找疑点，科学取证并论证。由于当代书画高仿技术可以使赝品的艺术形态达到很高的乱真水平，原作与复制品在艺术形态方面的差异，几乎到了被彻底清除的地步。许多赝品从笔墨、印章、落款、质地等方面都很难找到疑点，从个人风格、时代风格以及所呈现的绘画功力等方面比较，也几乎与原作完全相同，甚至让作者本人来分辨都会感到困难。所以，在今后的书画鉴定工作中，我们一定要借助现代光学仪器，使其成为书画鉴定的第三只眼，并将视线投向书画作品物质形态的微观世界。

六、综合治理书画赝品泛滥之灾

书画赝品在当代中国泛滥，既有历史原因，又有现实原因。不只有国内因素，还有国际因素，情况十分复杂。所以，这不仅仅是中国书画鉴定界的问题，也是一个社会问题，需要全社会的关注，需要各有关部门齐心协力、密切配合、综合治理。我们在与书画赝品作斗争的实践中，必须将其与整个社会的文明建设连接在一起，将其与反腐败的斗争连接在一起，将其与打击假药、假食品、假名牌货等伪劣商品以及假学历、假学术论文、假唱、假的政绩工程等造假行为连接在一起。在全社会的共同努力下，击退书画赝品泛滥的大潮。

在综合治理的工作中，有一点特别重要，就是要建立科学、公正、具有司法鉴定资质的书画鉴定机构。有些人认为：中国书画赝品制造者和销售者之所以如此猖狂，赝品泛滥的灾情之所以越来越严重，就是因为我国至今尚无权威的书画鉴定机构。甚至有人把批评的矛头指向文化部门不作为。其实此问题的关键不是有关部门不想作为，而是能否作为或如何作为。在北京乃至全国各地，打着“鉴定中心”招牌的单位并不少见，标有书画鉴定业务的部门、自称书画鉴定家的人也很多。但是，他们鉴定高仿真书画赝品的结论往往很不统一，说真者或说假者都拿不出一锤定音的“铁证”来。凭经验靠直觉推测出的鉴定结果，是不能让人们信服的，更不应具有司法效力。法律面前要重证据。法院岂敢依据推测出来的鉴定结果判案！虽然早就有人呼吁建立权威的、具有司法资质的书画鉴定机构，但是在书画鉴定科学取证的技术条件不成熟时，不过早地、盲目地给书画鉴定机构司法资质是对的。如今，有了上述科研成果做技术支撑，应该尽快建立科学、公正、具有司法鉴定资质的书画鉴定机构。

从人类文明的历史发展观察，无论当前中国书画真伪之间的“战争”如何激烈，如何复杂，邪不压正，人类文明的进程总是不断前进。中国书画鉴定的未来局面一定会越来越好。从中国书画鉴定的历史发展轨迹观察，过去的是一部人文的经验鉴定史，未来的是一部文化与科技融合的科学鉴定史，历史的转折点就在我们的脚下。

注释：

［1］杨仁恺《中国书画鉴定学稿》，第 127 页，辽海出版社，2000 年。

良渚玉琮之我见

王旭平

中华民族是世界上最为崇尚玉器的民族，至今已有8000多年的悠久历史，它是中国传统文化的重要组成部分。良渚文化玉器中的玉琮作为传统礼器的代表，传世稀少，本身又具有原始宗教色彩而备受人关注。本文拟就玉琮进行简略的剖析，以期透过重重迷雾，揭开玉琮功能的神秘的面纱。

一、琮的起源

中国古代文明的进程是由氏族游团发展到部落，及至古国再到帝国这样的历史发展模式。从江、浙、沪环太湖流域，目前考古发掘的良渚文化内涵来看，良渚的文明进程已有了古国的雏形。杭州市余杭区的瓶窑、安溪和良渚所在的38平方公里区域，不仅发现有反山、瑶山、汇观山等显贵者大墓，莫角山还发现有礼仪性大型建筑基址，而在其周边则发现有多达140多处的良渚遗址群落[1]。2007年11月，在莫角山四周又有重大突破，则发现了一座面积达300万平方米的良渚古城[2]。《山海经》中曾有“浮玉之山”的记载，其地就在天目山余脉地带，而在余杭瓶窑吴家埠、莫角山、塘山和德清县雷甸等地，都发现有制玉作坊或玉料，说明该地或其附近定有玉矿资源。蒋卫东院长指出：“良渚时期方国中心址（都城）的选定，离不开有丰富玉矿资源的背景”[3]是完全正确的。现已十分清楚，莫角山这里确是良渚文化中心，也可以说是良渚古国中心，考古学界已经达成共识。在太湖东北的苏州和东部的上海青浦一带即是其二级中心，吴县草鞋山和张陵山，昆山赵陵山、少卿山和上海青浦的福泉山即是其中的标志性重大遗址；太湖西北部的二级中心，则以武进寺墩和江阴高城墩遗址为典型代表。余杭莫角山良渚文化中心，应该就是环太湖流域大小部落首领的政治、经济、文化、宗教和军事中心[4]，从武进寺墩良渚大墓来看，这种政治权利很有可能是世袭的，良渚社会（古国）应是金字塔式的以血缘关系为纽带，以原始宗法制度来维系的[5]。

以前，关于玉琮的起源，瑞典的安特生先生主张是起源于“石环”，陈大年说琮是“方勒之扩大”，石志廉认为是源于母系社会对女性生殖的崇拜，车广锦[6]、刘斌[7]和我国台湾地区的邓淑苹都主张玉琮是起源于图腾柱[8]。而日本考古学家梅原末治和林巳奈夫教授[9]以及林华东都认为起源于玉镯[10]。现在看来，玉镯比玉琮的出现要早得多，至迟在崧泽文化就已有玉镯，所以我认为玉琮起源于玉镯的说法应该是正确的，这在考古学界已经基本得到共识了。

目前考古出土最早的琮形器，见于良渚早期墓葬1977年江苏省吴县张陵山（M4：2）随葬的刻有带獠牙兽面图像的琮式镯，诚如王巍所长指出的那样，即这件器物正是镯向琮演变的过渡形式[11]。众所周知，玉是一种美石，既比石头光滑润泽，而且又是透明或半透明，十分美观，深受原始先民喜爱。同时，据蒋卫东院长研究，良渚之时的“玉料是神圣珍贵的宝物，是实现天人沟通的法物”。史前社会的玉器由于受到玉料及其加工条件的限制，玉琮与玉镯在当时是一种极其珍贵的礼器。部族首领逝世后，除部分随葬之外，当有部分其生前贵重品作为一种权威的信物，有意识的传给继承者，玉镯是人们最为青睐的手上佩饰，因心爱之而留传下来[12]，当在情理之中，从而逐渐失去了佩饰的作用，成为继承者取得权利的象征物。其后，又融入原始宗教意识、王权威仪，并加以创新成为内圆外方的方柱形玉琮，这或许正是玉琮源于玉镯的真谛。

二、琮与墓葬的关系

考古资料表明，有明确出土地点和地层关系的玉琮有200多件，大多只见于良渚大墓，且其数量的多少与墓葬的等级规格成正比。至于随葬在墓中的位置通常有3种：

（1）放在墓室的中段，相当于墓主腰部的位置；

（2）放在头部上方的玉琮，通常形制比较特殊，且制作也较为精良；

（3）沿人骨架环绕式摆放，如武进寺墩M3[13]。

此外，个别的墓葬中还有特殊现象，如在福泉山M40，发现有将一件形体高大的玉琮锯开改制成两件的现象，上部一件有3节，下部一件也有3节，两件玉琮在墓葬中相距2.4米[14]。纵观良渚玉琮随葬在墓中的位置及其高矮与节数的多寡，表明当时琮的入葬不是随意性的，玉琮节数的多少是有特定含义的。尤其是武进寺墩M3，墓中计有32件玉琮围绕在人骨架四周排列，这些琮高矮不一，从1节到15节不等，制作上有的粗糙有的精细，有的分节宽窄不等，此中奥秘令人深思。

从琮的形制变化和出土情况来看，遂使我产生不少疑问：

其一，良渚玉琮为何做成上大下小？因为物体放置通常要求稳定性，而上大下小的设计明显违反力学，是不符合常理的。说明当时这样的设计肯定有其特殊的用意，那其含义又是如何？

其二，为何良渚玉琮多有分节？早期的琮较低矮且节数少，晚期的玉琮较高而且节数又多，分节隐含着什么历史信息？

其三，为何在福泉山、余杭横山、反山良渚墓葬中要将较高大的玉琮锯断成两个较矮的玉琮，这样的玉琮都是人为刻意分割的，先民为何要这么做？是否也有特殊的含义？

其四，良渚墓葬中有时一墓出土数十个玉琮，有的制作精细，而有的则制作十分粗糙，造成这种情况的原因是什么？

由张陵山M4出土的刻有带獠牙兽面纹的琮式镯来看[15]，瑶山和反山均为良渚中期偏早的墓地，在这两个墓地中出土的玉琮有两类：一类是圆筒型的，即如镯式琮；另一类是内圆外方的，为典型的玉琮。瑶山和反山是良渚繁荣期的墓地，也是玉琮纹饰和器型最为成熟的高峰期，已经出现了多节的玉琮。圆筒型琮上的神面纹明显和张陵山M4出土的玉琮有传承关系，不同的是反山、瑶山的玉琮表面浅浮雕的技法更具有强烈的立体感，神面纹饰向复杂精细化（如神徽）发展[16]。而反山[17]、瑶山[18]墓地正处于莫角山遗址的良渚古国中心，这也正是良渚社会宗法思想最鼎盛的时期。

寺墩M3是规格较高的良渚文化晚期墓葬，玉琮既高大而又节数较多，但四角表面的神面纹却明显出现简化，有的仅用两个圆圈代表眼睛，这种现象在良渚文化晚期都普遍存在，此中奥秘何在呢？我认为良渚玉琮上神面纹由先期的繁复到晚期逐渐走向简化的原因，反映出其时靠血缘的维系已难以掌控整个社会，因此，作为二级的部族中心，良渚晚期的宗族观念正在逐渐削弱无疑。

三、神徽的含义

人类最初的宗教观念，影响最深的是“万物有灵”的思想，原始图腾崇拜就是万物有灵的具体体现，原始人起初对世间自然万物的认识能力是极为有限的，因此，原始图腾崇拜通常以单一动物或植物的形式出现。随着认识的提高，人类逐渐意识到自己的存在，发现了自己的力量，这时原始自然崇拜逐渐衰退，与其交叉发展的祖先崇拜开始兴起和盛行[19]。

从反山玉琮王上良渚神徽图像看，神徽的上部是圆眼、宽鼻、阔嘴的神人脸面，头上戴着一顶插满羽毛的皇冠；下部是兽脸的正面形象，嘴角有獠牙，前肢兽爪弯曲匍匐在地上。从整体上看，像是神人驾骑在一只神兽上面，神人明显带有鸟姿，那是原始图腾崇拜留下的典型痕迹。神人和神兽的同时出现，并且人在兽之上，表现出来的是人对兽的驾驭。兽的凶猛反衬出神人的神通广大，法力无边[20]。这种表现形式已超出原始图腾崇拜的范畴，应是良渚社会的统治阶层对祖先掌控自然能力的神化。人们把自己的祖先和天神联系在一起，祖先因之有了天神的万能，具有支配自然和社会的超级法力。由此通过对祖先的无限崇拜，使靠血缘维系的宗教系统凝聚力和向心力加强，从而巩固统治阶层的优势地位和绝对权威。

当时的最高统治权力是建筑在族众对这种超自然法力的信仰上的，部族联合体的运转和维系，很大程度上取决于对这种信仰是否坚实牢固，因此神徽在良渚时期的许多器物上，特别是玉礼器上都有出现，既遍及良渚文化分布区域，而且还波及到外围的周边地区。神徽具有至高无上和无所不在的那种特殊魔力，代表了超越氏族部落的更高权威，成了当时良渚先民的保护神，因之也便成为良渚古国的标志和族徽，神徽的形成，应是良渚先民超越了原始图腾崇拜发展到祖先崇拜的产物。

四、形制变化特点

良渚文化玉琮延续千余年，其形制和高矮、大小变化很大，有的还在凹槽上端细刻有图像或神徽。据不完全统计，目前国内外各博物馆与私人收藏的良渚玉琮数量已达200多件。其中最为高大的玉琮，现珍藏于大英博物馆，通高49.5厘米，为上大下小的方柱体玉琮，计为19节，属晚期形制[21]。而最小的玉琮，高仅1~2厘米，单节，如同项圈上的串珠一样。而从玉琮的射径来看，最大的玉琮要数反山M12随葬的玉琮王（反山M12：98），射径达17.6厘米，重达13斤，可分为4节，而小玉琮的射径则仅为1厘米左右，相差很悬殊。良渚玉琮无论早期或晚期，都具有4个基本特点：

（1）中空内圆，外壁为正方柱体；

（2）一般有大小头，上头大下头小；

（3）两端都有射口；

（4）外壁皆由4个凸面和4个凹槽相间组成。

依其形制特点，一般可分为扁圆筒形和方柱形两大类，但其器身高矮、大小差异较大。前者外壁以减地法突出四块对称的长方形凸面，每一凸面都以阴线琢刻有兽面纹，其琮身低矮而中孔大，外形和功能如同于镯，故又称琮式镯。后者琮身外表呈正方形柱体，上比下稍大，四面正中各琢刻有纵向的凹槽一道，同时又多在纵槽两侧凹面上刻出等距的横向凹横。每节又以四角为中轴，在相邻的两个凸面上对称琢刻出或繁或简的兽面纹（神徽）。就其年代来说，镯式琮出现较早，而后经弧边的短方形琮发展演变成方柱形琮。至良渚晚期此种玉琮的节数增多，器身也越高，而其上所刻的神面纹反而出现了简化的趋势，这是玉琮形制的变化特点，它所蕴涵的历史信息颇值得玩味。

五、古人对琮的认识

"琮"之名，始见于《周礼》等古籍。《周礼·考工记·玉人》称："大琮十有二寸，射四寸，厚寸"；《白虎通·文质篇》曰："圆中牙身玄外曰琮"。郑玄注《周礼》云："琮，八方象地"。南唐徐锴释琮时说："状若八角而中圆"。由于解释的不同，故后人难辨琮的实物，以致南宋时有人则称琮为"镇圭"。及至清代乾隆依东汉许慎的《说文解字》"琮，瑞玉，大八寸，似车釭"的说法为据，以为"琮"为"辋头、杠头笔筒"或"捆头瓶"，嗜古成癖的乾隆并在鉴赏玉琮的诗中注说"辋头，盖古之舁辇饰也，本应素，乃宜舆者肩，刻为文，然亦秦汉以上物"。乾隆认为琮是年代久远的器物，是轿子上抬杠头上的装饰品。乾隆皇帝的看法应是代表着清朝中期人们对玉琮的认识水平，其实，当时连玉琮的名称和上下头都不清楚。直至光绪年间，金石学家吴大征在《古玉图考》中，引述了嘉庆年间文字学家钱坫的说法时，才正确地指出："今世所传古玉杠头，其大者皆琮也"，玉琮的器形和名称才得以确认。

我们知道，以前对古器物的研究大多以古籍记载作为论证依据，商周时期玉琮的重要地位是有明确记载的。《周礼》所记玉琮不仅是古代的礼器，而且是祭祀的六瑞之一，《周礼·大宗伯》就有"以玉作六器，以礼天地四方，以苍璧礼天，以黄琮礼地"；《典瑞》里载有"驵琮圭璧琥璜之渠眉……疏璧琮以敛尸"。《考工记·玉人》也有"驵琮五寸，宗后以为权……驵琮七寸，鼻寸有半寸，天子以为权……大琮十有二寸，射四寸，厚寸，是谓内镇，宗后守之"等记载，由此可知玉琮的名称和高矮尺度及功能均有所区别。清末吴大征《古玉图考》对玉琮的考证也是以《周礼》对玉琮的记载为据的，长期以来，玉琮的年代一直被误认为是商周时期之器物，现在依据考古发掘资料，终于对玉琮的演变历程和内涵有了较为全面的认识。

六、学界对琮的认识

1973年，南京博物馆发掘吴县草鞋山遗址，在一座墓葬中第一次找到了玉琮确凿的地层关系，始知道它是良渚文化遗物[22]。后来，又进一步在考古发掘的良渚文化墓葬中出土了大量的玉琮，把玉琮的起始年代从周汉追溯到公元前3000年前的新石器时代，纠正了长年来的错误。玉琮因造型奇特精巧，寓意神秘而著称于世。尤其在1986年杭州市余杭反山、瑶山大墓中出土的玉琮上发现雕琢精细、令人叹为观止的“神徽”后，更为中外学者所瞩目，激起了人们去揭示其奥秘的热情，玉琮遂成为一项世界性的研究课题。国内外专家学者作了大量的研究，围绕玉琮起源的年代、内涵、用途、纹饰等方面入手，展开了激烈的讨论，较有影响力的专题论文有数十篇[23]。

就目前研究的情况来说，玉琮的功能探索可谓众说纷纭，莫衷一是，归纳起来至少有20多种观点：如女阴的象征说[24]；盛男子性器的函说；祖先崇拜（男女密合器）说[25]；天象观测器说；大地表号说、家庭崇拜说和阴性象征说[26]以及古人疆界观念和“嗣”、“代”的含义[27]；事神致福的祭器[28]；陶轮的轴套；神人或神兽的具象化[29]；束髻之具[30]；神明祖先灵魂降临凭依物的象征；臂饰或腕饰[31]，国家的神化形象[32]；王权、神权的重器；敛尸用的明器和礼器[33]；最神圣的礼器；神只或祖先的象征；中国古典宇宙观的象征[34]；陈设品和财富、权利的象征；祭祀用的礼器；集宗教、礼仪、权利于一身的特殊重器等，可谓众说纷纭[35]。

面对同一个器物——玉琮，大多学者通过对古文献和考古出土实物互相论证，学术分歧很大，结论根本无法统一，让人茫然。尽管专家学者的认识不一，但对解读玉琮悬而未解之谜，却是很有益的。破译玉琮隐含当时的社会形态、宗教思想、文化内涵以及史前玉器制作等问题，成为一大学术焦点。琮是良渚玉器中唯一全部带有或繁或简神面纹的器物，从这个特殊性上看，表明琮在良渚社会中具有重要的地位，因之要解读玉琮，首先要破译神面纹的含义（见上述所论），破译了神面纹的含义就诠释了玉琮的功能，而诠释了玉琮就可揭开良渚古国的秘密。

七、玉琮功能之我见

如此所述，良渚神徽是先民崇祖思想的体现，玉琮既是良渚玉器中刻有或繁或简神徽的贵重礼器，又是贯彻原始宗法礼制的载体。因之，我以为玉琮的分节明显含有“代”的含义。上海青浦福泉山M40墓葬中出土的玉琮，原本是6节的琮却被切断，分为两个3节的玉琮[36]，这说明当时的先民对入葬玉琮的节数是很严格的。这样的玉琮入葬并不是个案，在良渚墓葬中时有发现，此现象是用天圆地方等学说都无法解释的，同时，如是祭祀的重要礼器，是不会刻意切断它的。而从宗法制度上去推断就很好理解。良渚玉琮早期的节数少，晚期的节数高，目前最高的是大英博物馆藏的高达49.5厘米，并被分为19节的玉琮，而良渚文化存续的年代是1000年左右，19节玉琮似乎可以表示拥有者的家族繁衍了19代。玉琮上每节都有神面纹，似乎每节玉琮上的神面纹是代表一代的祖先，随着玉琮节数的增加，其射口的直径越来越大，象征着族系的扩展和子孙的繁衍，这应是玉琮制作成上大下小形制的最初理念。

诚如蒋卫东院长所说的那样，“良渚社会是一个等级森严的社会，而玉器是构筑这一社会上层建筑的基石，从很大程度上讲，良渚社会的等级分层就是用玉的等级划分”。“‘夫玉，亦神物也’，以玉事神是祭祀的本源。良渚时期，由于玉器本身被赋予的通天灵性，进而造成了玉器在社会生活中举足轻重的地位及影响”[37]。由于良渚社会是靠血缘维系的，共同崇拜的先祖成为他们统一的神，某位宗教首领过世，从属这个宗族的家族便送琮陪葬，用以企求得到先祖的保佑，同时，有的家族由于繁衍了四代应送四节的琮，而临时赶制来不及，就用长节的琮截下一段以应急用。这种观点能合理解释福泉山M40墓葬中那件玉琮入葬的现象，同样也能合理解释为何寺墩3号墓中那位20多岁的墓主人，居然能拥有32件玉琮来敛葬，而且琮的大小节数各异、制作精细程度又不一了。这32件琮中有的制作相当粗糙的，有的琮上分节都宽窄不一，可能不是同时制作的，有可能为临时应急制作的。墓主虽然是年仅20多岁的男子，但因他在宗族中地位较高，故在他去世后，从属于这个宗族的三十几个家族按照礼制必须给首领“送琮”。由于每个家族繁衍的代数不同，每个家族送葬玉琮的节数也不一样，如延续了五代的可以送5节琮，而繁衍了七代的必须送7节琮，因此寺墩M3这位墓主的身边摆满了各个家族祭奠献上的高低不一、节数有异且制作精细不一的玉琮。

此外，还有一个值得注意的现象，即一墓出现多件玉琮时，放置在墓主头部的琮通常是制作最精细的。在反山12号墓[38]和寺墩3号墓[39]中放置在墓主头部位置的琮都是制作最精细的琮，且都是1

到4节的矮琮。如放置在反山12号墓头部的，就是大名鼎鼎的刻有完整神徽的那件琮王。这种现象表明其琮含义和另外的不同，很有可能是墓主所在家族专为墓主制作的琮，因此特别精细。

良渚玉琮以它质地坚韧、造型奇特、纹饰神秘而赢得人们的青睐，它在中国史前玉器史上占有举足轻重的独特地位。《周礼·春官》有“以黄琮礼地”记载，史家注云“琮之言宗，八方所宗。故外八方，象地之形。中虚圆，以应无穷，象地之德，故以祭地”。玉琮既是良渚社会宗法制度的完美体现，那么，其功能内涵其实应该就在“琮”字的右半字中；琮者，则宗也。宗，《说文》云：“尊祖庙也。”《白虎通》释：“宗者何，宗有尊也；为先祖主也，宗人之所尊也。”又《周书·禹贡》曰：“江汉朝宗于海”，注家称“言百川以海为宗也”；《史记·孔子世家》有“孔子以布衣传十余世，学者宗之”。知人物所归往亦曰宗，足见“琮之言宗”，确有“八方所宗”之意。而据考古发掘资料显示，凡随葬有玉琮者大多是良渚大墓，其墓主人身份“大抵包括了高级神职人员、军事首领和部族的民事决策者”。[40]由此可知，玉琮的功能应是宗主或“八方所宗”首领人物的物化形态与载体。

有关玉琮的学术探讨性文章很多，观点分歧也很大，有些甚至是完全相反或风马牛不相及的[41]。笔者综合各家观点，觉得从玉琮的起源、形制、功用以及古文字学的延伸意义上剖析，把玉琮的内涵集中到“琮”字的右半字的“宗”上，会更加接近“琮”的原始本义。这也是本人对“玉琮”研究的一点浅见，欢迎方家不吝指教。

注释：

［1］王明达《良渚遗址群概述》，《良渚文化——中国文明的曙光》，日本勉诚社，1991年11月。

费国平《浙江余杭良渚文化遗址群考察报告》，《东南文化》，1995年第2期。

［2］2007年11月29日，浙江省文物局和杭州市人民政府新闻发布会。

［3］［37］［40］蒋卫东《良渚玉器的原料和制琢》，《良渚文化研究》，科学出版社，1999年6月。

［4］王明达、［日］中村慎一主编《良渚文化——中国文明的曙光》，日本勉诚社，1991年11月。

［5］陆建芳《良渚文化墓葬研究》，《东方文明之光》，海南国际新闻出版中心，1996年。

［6］车广锦《良渚文化玉琮纹饰探析》，《东南文化》，1987年第3期。

［7］刘斌《良渚文化玉琮初探》,《文物》，1990年第2期。

［8］邓淑苹《新石器时代玉琮》，台湾《故宫文物月刊》，1986年第34期。

［9］［日］林巳奈夫《中国古代之祭玉、瑞玉》，日本《东方学报》，1969年，第40册。

［10］林华东《论良渚文化玉琮》,《东南文化》，1991年第6期。

［11］王巍《良渚文化玉琮刍议》,《考古》，1979年第2期。

［12］沈晨霞《概说良渚文化玉琮》，《良渚文化论坛》，1999年。

［13］《1982年江苏常州武进寺墩遗址的发掘》，《考古》，1984年第2期。

［14］黄宣佩《上海青浦福泉山良渚文化墓地》，《文物》，1986年第10期。

［15］《江苏吴县张陵山遗址发掘简报》，《文物资料丛刊》文物出版社，1982年，第6辑。

［16］罗晓群《试论良渚文化玉琮的发展及功能演变》，《良渚文化论坛》，2002年。

［17］［38］《浙江余杭反山良渚墓地发掘简报》，《文物》，1988年第1期。

［18］《余杭瑶山良渚文化祭坛遗址发掘简报》，《文物》，1988年第1期。

［19］戴尔俭《从神人族徽，聚落网络和文化关系看文明前夕的良渚酋邦》，《良渚文化研究》，1999年。

［20］［21］［35］［41］林华东《良渚文化研究》，浙江教育出版社，1998年11月。

［22］南京博物馆《江苏吴县草鞋山遗址》，《文物资料丛刊》，第3辑。

［23］［36］黄宣佩《良渚玉器用途之研究》，《良渚文化论坛》，1999年。

［24］周南泉《玉琮源流考》，《故宫博物院院刊》，1990年第1期。

［25］凌纯声《中国古代神主与阴阳性器崇拜》，台湾《中央研究院民族学研究所集刊》，1959年，第

8 册。

[26] 参见邓淑苹《故宫博物院藏新石器时代玉器研究之二——琮与琮类玉器》，台湾《故宫学术季刊》，1988 年第 6 卷第 2 期。

[27] 沈衣食《论良渚文化琮璧》,《东南文化》，1991 年第 6 期。

谷建评《人、鸟、兽与琮》，《东方文明之光》，海南国际新闻出版中心，1996 年。

[28] 沈之瑜《释琮》,《上海博物馆集刊》，1982 年第 2 期。

[29] 杨建芳《玉琮之研究》,《考古与文物》，1990 年第 2 期。

[30] 李文明《对良渚玉琮的探讨》，《东南文化》，1989 年第 6 期。

[31] 张明华《良渚文化的琮形镯》，《文物天地》，1993 年第 4 期。

[32] 严文明《良渚文化：中国文明的又一个重要源头》，《寻根》，1995 年第 6 期。

[33] 汪遵国《良渚文化“玉敛葬”述略》，《文物》，1984 年第 2 期。

[34] 张光直《谈“琮”及其在中国古史上的意义》，《文物与考古论集》，文物出版社，1986 年。

[39] 汪遵国《良渚文化“玉敛葬”述略》，《文物》，1984 年第 2 期。

国势强盛　文化复兴的晴雨表

从艺术品拍卖看中国

刘胜利

一、改革开放的中国催生了艺术品拍卖

中国艺术品拍卖肇始于1992年，至今走过了18个春秋。总结回顾艺术品拍卖，从蹒跚学步到稳健成熟、发展壮大，无一不与国运昌盛、经济繁荣密切相关。

新中国成立30年间，国家恢复国力，实行的是单一的计划经济，国力薄弱，人民贫瘠，加之一系列政治运动如“文化大革命”、“批孔”、“批封、资、修”……导致经济发展迟滞，传统道德文化出现断层。尤其是“文化大革命”，一度使国家陷入了混乱局面。传统的文脉几乎被割断，国人收藏文物艺术品被斥为怀旧、复古、牛鬼蛇神惨遭批判。文物艺术品亦未能幸免，不计其数的文物、古迹、古董遭破坏损毁。没有稳定的政治局面和良好的经济环境，艺术品市场便无从谈起。

1978年，中国共产党十一届三中全会开启了拨乱反正、改革开放、建设有中国社会主义特色道路的新纪元。建设经济强国、构建和谐社会，由单一的计划经济向多元市场经济转化，国民经济得以恢复振兴，出现了社会稳定、国家强盛、人民富庶、文化复兴的大好局面。一个强大的中国巍然屹立在世界的东方。艺术品市场应运而生，沉寂了30多年的艺术品拍卖得以恢复。（旧中国遗留的最后一家拍卖行于1958年在天津关闭）1991年10月3日，深圳动产公司拍卖行“首届当代中国名家字画精品拍卖会”敲响了中国艺术品拍卖第一槌。从1993年起，中国嘉德、北京翰海、上海朵云轩等艺术品拍卖公司相继成立。伴随着艺术品市场的不断成熟发展，“忽如一夜春风来”，全国各地艺术品拍卖公司如雨后春笋，成为艺术品市场一道亮丽的风景线。

中国艺术品市场较之西方虽起步晚，但依托中国强大的经济实力，充满生机活力，呈起步发展、突飞猛进之势。从最初单场拍卖成交几百万元到几十亿元，印证了艺术品拍卖发展历程。1993年至2002年是艺术品拍卖起步成长期，各拍卖公司单场艺术品拍卖成交总额从几百万元、几千万元到几亿元稳步上升。如北京翰海2002年春拍成交额以1.33亿元居年度单场拍卖成交榜首，中国嘉德则以1.24亿元成交额居2002年秋拍榜首。

2003年至2010年是成熟发展期，单场艺术品拍卖成交总额从几亿元、十几亿元跳至几十亿元人民币。如中国嘉德，2009年全年拍卖成交总额猛增至27亿元人民币，保利则以15.8亿元人民币居2009年单场拍卖成交榜首。从下面国民经济发展和艺术品拍卖指标对比，可窥艺术品拍卖与经济发展的依存关系。2000年，我国GDP为99214亿美元，全国艺术品拍卖成交总额为12.5亿人民币；2003年GDP为135822亿美元，全国艺术品拍卖成交总额为22.6亿人民币；2007年GDP为246619亿美元，全国艺术品拍卖总额为223亿人民币；2008年GDP为300670亿美元，全国艺术品拍卖成交总额为191.9亿人民币；2009年GDP为335353亿美元，全国艺术品拍卖成交总额为212.5亿人民币。2008年是特殊的一年，金融风暴席卷全球，我国依托强大的经济实力，积极调整，从容面对，采取了国家财政大力投入，稳定物价，扩大内需，提高就业率等一系列有效措施，取得了抵御金融风暴的胜利。较之西方金融风暴溃堤式蔓延，更加体现了中国特色社会主义优越性。GDP较2007年增加54051亿美元，全国艺术品拍卖

总额较2007年减少了31.1亿元。究其减少原因，不能简单统统归于受金融风暴影响。除了经济影响原因，值得注意的是：虽然宏观经济低迷，但国内民间资本存量巨大，一批有实力、有魄力、有远识的艺术品收藏家逢低购进，热情不减；然而大部分持有高、精端艺术品（高附加值）的卖家，担心受经济大环境的影响，艺术品达不到心理价格预期，持货观望，不肯将艺术品投向市场，导致拍卖公司重量级拍品、精品难以征集，整体拍品质量下降。以最大的艺术品板块中国书画为例，综观2008年拍卖预展，中国内地保利、嘉德、翰海等几大拍卖公司千万元级拍品是重头，均未有亿元级重量拍品亮相拍场。2009年全球经济复苏，人们对艺术品市场信心增强，许多重量级拍品、精品、珍品纷纷亮相拍场，拍卖业绩屡创新高。如北京保利2009秋拍成交总额15.78亿元，较2008年秋拍3.92亿元增加4倍，刷新中国艺术品拍卖历史纪录。中国书画板块，明代吴彬的《十八应真图》1.69亿元，曾巩的《局事帖》1.0864亿元，均创2009年中国古代书画拍卖最高纪录。齐白石的《可惜无声》9520万元，创2009年近现代书画拍卖最高纪录。艺术品既受经济影响制约，又有其相对市场稳定特性。较之其他经济板块受政策调控、经济环境影响较小。艺术品的高端性、稀缺性、观赏性是其价值相对稳定因素。

二、艺术品拍卖导引中国艺术品市场繁荣和文化复兴

艺术品拍卖是国内艺术品市场交流最高平台，从诞生之日起便引领中国艺术品市场，是中国艺术品市场的风向标。相对画廊、艺术博览会、古玩交易市场，艺术品拍卖更具高端性、集中性、信息公开性。一场大型的艺术品拍卖集中了古今中外、门类众多的艺术珍品公开展示拍卖，吸引成百上千海内外艺术品投资收藏精英参与，众多媒体以多种形式宣传报道，对整个艺术品市场影响巨大。从古代书画、近现代书画、当代书画到瓷器、玉器，从古籍善本、信札、雕塑到文房四宝……众多沉寂了多年的艺术品门类被推上拍卖平台，而后在整个艺术品市场风行。随着中国经济的高速增长，艺术品拍卖屡创新高。单场拍卖动辄几亿元、十几亿元、几十亿元的成交总额和单件拍品创几百万元、几千万元、几亿元的天价纪录，成为人们茶余饭后、街谈巷议的热门话题，吸引了众多收藏、投资、爱好者的眼球，激发培养了社会大众对艺术品投资收藏热情。大江南北、长城内外，艺术品投资、收藏可谓热潮涌动。曾有人夸张地讲："在中国有人的地方就有艺术品买卖、收藏。"我国历史上曾有北宋、清代康干盛世、民国初期几次大的艺术品收藏热，而当今艺术品收藏参与者之众、收藏门类之广、投入资金之巨都是史无前例的。

中国艺术品的艺术、商品双重属性由来已久。在市场经济热潮中，艺术品除了供人陶冶欣赏，更强化了其商品功能。10年以前，参与艺术品拍卖的主体大都是收藏爱好者、职业艺术品商和部分富人。而今艺术品投资收藏队伍发生了质的变化，部分亿万富豪、民营资本、投资基金涌入艺术品拍卖市场，成为艺术品价格节节攀升的推手。民营美术馆、博物馆纷纷成立，这是国家稳定、社会和谐、经济强盛、人民富庶、热衷文化艺术的最好体现。

艺术品市场的繁荣带来了两种效应：一是加速了民间资本流转，活跃了金融市场，增加了财政税收，为国民经济发展注入了新生活力；二是有利于文化复兴和构建社会精神文明。艺术品是社会意识形态、精神文化载体。蕴涵着政治理念、历史文化、伦理道德、思想情感、美学等信息。无论投资与收藏，多数艺术品持有人会以不同方式、不同层面对艺术品观赏、考证直至学术研究。艺术品以其特有的形象化美学符号感染召唤观（读）者熔铸美的情操，感悟博大精深的中华文化，追求真、善、美的精神境界，成为精神文明的导向。

三、强劲的中国艺术品市场改变着世界艺术品市场格局

中国经济的快速发展、民间财富的大量积蓄和国民对文化艺术品的激情投入成为中国艺术品市场强势的三大要素。

2010年上半年，随着国家宏观经济的转好，人们对艺术品市场预期信心增强，巨大的民间资本积蓄得以释放，极大地刺激了艺术品拍卖市场。从拍卖成交总额到单件拍品成交业绩可谓井喷式发展。如中国嘉德2010年春拍，成交总额为21.28亿元，较2009年春拍5.41亿元增加近4倍。其中张大千的

《爱痕湖》1.008亿元，创中国近现代书画最高纪录。北京保利2010年6月5日春拍，总成交额超过33亿元，创中国艺术品单场拍卖成交世界纪录。单件拍品成交超千万元艺术品达60多件。其中北宋黄庭坚的《砥柱铭》以4.368亿元成交创中国艺术品拍卖世界纪录。其他如匡时、翰海、西泠等拍卖公司亦业绩不凡，捷报频传。中国高潮迭起的艺术品拍卖，打造出一个个奇迹般的神话。令海内外刮目相看的同时，亦改变了世界艺术品市场格局。20世纪90年代，世界艺术品拍卖市场没有中国艺术品拍卖份额。90年代后，中国在世界艺术品拍卖市场逐步占有一席之地。2009年，中国艺术品拍卖突飞猛进，占全球份额的17.4%，仅次于美国27.9%，英国21.3%，跃居全球第三（据法国“艺术价格网”）。依托中国强大的经济发展态势、社会巨大的财富积累、国民对艺术品投资收藏的激情和古今品类齐全、高精丰富的艺术品存量，中国取代英美成为世界艺术品拍卖交易中心为期不远。上述排名仅依据艺术品拍卖成交指数，若以整个艺术品市场全面考量，中国应是全球最大的艺术品交易国。依据文化部文化市场司官方报告——《2009年中国艺术品市场年度报告》，综合年度艺术品拍卖成交额、画廊、博览会、民间各类艺术品交易，2009年艺术品交易总成交额保守估算应在1200亿元。中国已成为当之无愧、名副其实的世界艺术品交易中心。蓬勃强劲的中国艺术品市场、高额的资金回报率吸引了大批海外艺术品收藏家、投资商，他们的目光渐而转向中国艺术品，掀起了中国艺术品在海内外新一轮追捧热潮。比利时男爵尤伦斯夫妇便是海外投资中国艺术品的重要代表之一。多年来于海内外投巨资购藏中国艺术珍品，而后投向市场，一进一出，赚足了大钱。如宋徽宗的《写生珍禽图》2002年在中国嘉德拍卖以2530万元购得，2009年于北京保利拍出6171万元；宋代曾巩的《局事帖》于1996年在纽约佳士得以50.85万美元购得，2009年在北京保利拍出1.0864亿元。2009年，尤伦斯夫妇投资中国艺术品获利4.5亿多元。海外投资收藏中国艺术品个人、机构多不胜举。

海内外收藏投资中国艺术品热潮使中国艺术品价值节节攀升，百万元、千万元、亿万元级艺术品频频亮相中国拍场，使大量流失海外的中国文物艺术品纷纷回归，国人振奋，中华国威得以弘扬。令亿万国人感慨激动的同时，亦有人惊呼：“艺术品泡沫时代到来!”其实中国艺术品高价位的成交在乎情理之中，仅仅是真正意义上的价值回归，与西方艺术品价值衡量还远未到位。中国历史悠久，文明源远流长，中华民族热情向上，含蓄博爱，创造了辉煌灿烂的文化。古今中国艺术品正是中华文明的缩影。较之西方艺术品，中国艺术品更具历史、文化、人文、美学内涵，其价值含量理应高于西方艺术品。遗憾的是，百年的中国经历了列强入侵、战乱动荡等创伤，经济、文化一度衰退，国人没有能力承接自己的文化遗产，造成文物艺术品没有得到价值体现并大量流失海外。由于西方社会政治稳定，经济实力雄厚，其国人对自己的文化艺术认同，培育了西方成熟的艺术品市场，艺术品价值和我国拉开了距离。以绘画为例，梵高的《鸢尾花》1987年拍出5290万美元，《向日葵》1987年拍出3980万美元；毕加索的《裸体、绿叶和半身像》伦敦佳士得拍出1.064亿美元；莫奈的《睡莲池塘》伦敦佳士得拍出8000万美元。而创中国古代绘画天价的明代吴彬的《十八应真图》(清宫旧藏)仅仅是1.69亿元人民币；和上述西方艺术大师近同期的中国艺术大师齐白石的《可惜无声》（十三开册页），仅仅是9520万元人民币。通过对比得出结论：中国艺术品价值正在和国际接轨，有巨大的升值潜力和市场空间。中国文化、艺术品正以其特有的魅力快步走向世界。

古代书画收藏的价值取向

刘新岗

毋庸讳言，市场拍卖是古代书画收藏的主渠道。从近十几年古代书画市场的拍卖情况来看，市场架构日趋完善，整体格局上已经呈现出11大板块，分别是"宋元"板块、"沈文唐仇明四家及其吴门画派"板块、"以戴进吴伟蓝瑛为领军人物的浙派"板块、"晚明书画"板块、"明代书法"板块、"四王吴恽清初六家及其清代正统派传人"板块、"八大石涛为代表的清初四僧及清初野逸派"板块、"清代宫廷书画（含帝后书画、宫廷专职绘画、词臣书画）"板块、"以金农郑板桥为首的扬州八怪"板块、"晚清书画"板块以及"明清其他绘画"板块，其中有的板块又相互交切。

进入21世纪，各板块均有不俗的市场表现，金融危机之前，2007年中国嘉德秋拍，一张不足3平方尺的仇英《赤壁图》曾以7952元的价格成交，创下了当时中国古代书画在国际、国内拍卖的最高价格，同时传递出古代书画市场将要崛起的信号。2009年下半年，特别是秋季的书画拍卖市场，更是捷报频传，最受瞩目的已不再是近现代书画的巨额成交，而是古代书画不断爆出的天价。

以下是《2010胡润艺术榜》"前10名价格最贵古代书画拍品"：

前10名价格最贵的古代书画拍品

排名	拍品名称	成交价（万元人民币）	创作年代	拍卖行
1	吴彬《十八应真图卷》手卷	16912	明	北京保利
2	徐扬《平定西域献俘礼图》手卷	13440	清（1760年）	中贸圣佳
3	曾巩《局事帖》镜心	10864	宋	北京保利
4	朱熹　张景修等《宋名贤题徐常侍篆书手迹》手卷	10080	宋	中国嘉德
5	仇英《文姬归汉》长卷	8906	明（1540年）	长风拍卖
6	八大山人《仿倪瓒山水》立轴	8400	清	北京匡时
7	宋克《草书杜子美壮游诗》手卷	6832	元末明初	中国嘉德
8	萧云从《青山高隐图》手卷	6720	清（1649年）	中国嘉德
9	八大山人《花鸟》四屏	6608	清（1699年）	北京九歌
10	宋徽宗《写生珍禽图》手卷	6171	宋	北京保利

从表中不难看出，10幅价格最贵的中国古代书画拍品中，有4幅古代书画创造了"亿元"神话，其余6幅均超过6000万元。紧接着2010年的春拍，古代书画又有不俗表现，先是《宋人摹郭忠恕四猎骑图》于中国嘉德春拍以7952万元成交，更有黄庭坚《砥柱铭》北京保利拍卖爆出4.368亿元的天价，紧接着又有王蒙《秋山萧寺图》、钱维城《雁荡图》分别拍出1.3664亿元和1.2992亿元。不少人惊呼："古代书画市场的春天来了"、"古代书画市场真正跨入了亿元时代"等。笔者认为，古代书画收藏市场真正的春天并未真正到来，充其量是向春天靠近了一步，亦可以用"乍暖还寒"来诠释。冷静分析一下高价成交的这些作品，再细细观察分析整个的古代书画市场，不难看出尚有诸多不成熟甚至偏激的

因素：

一是盲目追夺《石渠宝笈》著录的作品，导致群雄抢过独木桥。不难看出，市场成交的这些高价古代作品绝大部分是《石渠宝笈》里著录的，虽然于市场有着一定的“放大效应”和带动作用，但在某种程度上是“旧贵”与“新富”的转手，是一种“高端”的转换，尽管是真迹的将来肯定还会大大增值，但“一枝独秀不是春”，况且《石渠宝笈》著录的不一定都很准确，不一定都很精彩，甚至可以说不一定都是真品。若固执地认为在《石渠宝笈》中有著录就像进过保险箱一样，恐有失明智。

二是普遍存在不同程度的“重名轻艺”现象，这一点尤为突出。凡是“大名家”的作品，无论精品还是一般作品均有人肯出大价。更有甚者因购买者的不正常需要，署“大名家”款的赝品亦能卖出不应有的价格。而“二流名家”的精品力作却得不到应有的价位，甚至出现严重的价物反差。笔者感触颇深的是2010年西泠印社春拍中的一件晚明画家张复（字元春，1546—1631年）的《桐庐山水卷》，此卷起笔于崇祯己巳（1629年）十月，告罄于庚午（1630年）仲冬，历时14个月，以长达12米的巨卷形式描绘桐庐山川美景，笔墨洗练，意境涵远。就是这样一位晚明吴门大家，如此完美的精品力作，令人难以置信的是，从40万元起拍，竟然仅以107.52万元的惊人低价成交，还不及“清六家”中任何一位1平方尺的价格。

应予说明的是，所谓历代的“大名家”，是指“所在时代的出类拔萃者”，在某种程度上可以说是相比较而言，如果“清六家”中任何一位处在明代时期，同明代的名家相比未必再是“大名家”，这给我们的收藏家和美术史学家提出了一个值得关注和研究的课题。

三是与近现代书画市场价格的“宝塔型”结构相比，古代书画市场价格的“灯架型”结构则显得脆弱和欠丰实。一些拍卖行片面追求“大件”、“高端作品”的高价成交，一味强求一时的经济效益最大化，在上拍作品的征集选择上一味格外“照顾”大价作品，高调宣传、超力诠释、大肆美化；一些美术评论家、鉴定家也一味地照着“大件”感慨、发话，生怕言及“二三流书画家”的作品而掉身价；有的收藏家出于攀比、炫耀、“急大功近大利”之心理，而对“二三流书画家”的作品不屑一顾或重视不够，而使这些作品达不到应有的价位，从而出现了“大名头”爆天价、“中名头”不上价、“小名头”没啥价的不正常现象。

四是收藏家的“惧古”心理，对于古代书画的收藏，一般的收藏家都认为真伪不好鉴别而望而却步。其实古代书画的伪赝问题不足为虑，客观地说，当前是书画艺术市场有史以来最繁荣的时期，也是赝品泛滥最为猖獗的时期。书画作伪自古有之，无怪乎“临、摹、仿、造、改、揭、代”，况且古人作伪，因有惧怕事后或逝后遭报应之心理，尚讲究“良心”，会故意留有哪怕是很小的“破绽”，考验着鉴画者的眼力与学识，等待着识者去发现。这些可以从纸、墨、印、裱、时代特征和个人风格及不同时期的书画特点等几个主辅方面去综合鉴别，甚至可以根据材料或风格特征的不同分清楚是哪个地方的仿品。而对于同时代人的作伪，时代特征、纸、墨、印、裱等则几乎失去了参照意义，则要重点以个人风格、笔墨特征作为依据来鉴识。而纯以牟利为目的，肆无忌惮甚至不惜使用高科技手段和现代技术，大张旗鼓地作伪，应属当今，相比较近现代书画的辨伪，古代书画的作伪更容易识别。因为近现代书画作品由于时代较近，在绘画的材料等方面容易摹仿到位，从赝品角度看，收藏近现代名家书画的危险可以说是大于古代书画的。有人畏难古代书画的辨伪，只是缺乏学习、缺乏研究、缺乏实践经验而已。这就需要我们通过不断地学习和研究书画家的个人风格和时代特征，多看一些各大博物馆的真迹展览，多研究权威的出版物，识真才能辨伪，从而掌握辨伪基本技巧，积累经验，提高自己的眼力，进而达到于市场中的游刃有余。

五是现在中国古代书画的鉴定能力与专业研究严重滞后，根本不能满足市场的需求。十几年来，中国古代书画研究在学术界日趋消沉、寂寞，这也与当今物欲横流、普遍浮躁的大环境有关。更有甚者，一些所谓的“专家”、“鉴定家”，根本不是认真踏实、实事求是地研究、发掘、鉴识，更是缺乏“以德为重”的自律意识，要么从玄论到玄论满天胡云，要么为私利胡乱题跋指鹿为马，要么关己者指赝为真愚弄藏家，要么无关者怕跌身价一律说假，这种人虽为极少数，但因他们的招摇过市，特别是利用初涉收藏者的盲目崇拜，给古代书画市场带来了极大的危害。

综上五大因素，言古代书画市场“还寒”，未必为过。因为“一枝独秀不是春”，只有“百花齐放”才“春满园”，待到“绝品绝价”、“极品天价”、“精品高价”、“真品真价”、“次品低价”、“赝品没价”之时，我们才能说中国古代书画市场的春天是真正的到来，好在这一天不会太远了。

笔者凭借多年来于古代书画市场中的历练和观察，借鉴前人及同道经验，特提出如下几点，供大家参考：

第一，古代书画的收藏，对收藏者必备的素质提出了要求，欲获得卓越成就，笔者认为要具备“四力”，亦即眼力、心力、魄力和财力。所谓“眼力”，是指辨真伪、断优劣、别精粗的能力，这得自于深厚而又广博的学识，要靠长时间的学习、认识、观摩和积累，识真才能辨伪，既有经验的总结，又要有教训的启迪；所谓“心力”，则是毅力、耐力、定力和力的综合体现，执著而不顽固，自信而不自大，心态平和而又不失进取，境界升华而又不离世脱俗，是一种学养、境界、睿智的综合反映；所谓“魄力”，是指善于和敢于抓住时机，该出手时便出手；而“财力”则不言而喻，当然是指经济基础，起码是与所欲购藏的藏品价值相匹配的经济能力。纵观历代有成就的收藏家，无不是有一定经济基础而又颇具才学的大学问家，有的还是书画家、思想家、政治家和史学家。此“四力”缺一不可，这是作为一个收藏家必备的素质和基础，“四力”之中尤以“眼力”和“财力”为重。在当今的收藏群体中，集“四力”于一身兼具者少之又少，可谓凤毛麟角，进而出现了“借眼”、“借财”、“借势”、“借力”的优势互补的“组合型”收藏单元，不失为一个临时应急的良好举措，但要想成为一个优秀的收藏大家，必须向着集“四力”于一身而努力。

第二，古代书画的收藏，讲究“真、精、稀、奇”。首先看中的是作品本身，也就是说，要先“重艺”再看“名”，强调精品战略。比如说，在一流画家的一般作品于二流画家的精品之间，宁可选择后者，况且后者的价位比一定会比前者高，物有所值甚至物超所值，岂不美哉！要知道评价一个收藏家的成功与否，不是看他收有多少“大名头”，而是看他收有多少“精品”、“极品”。

第三，古代书画的收藏，藏前要对作品进行认真的价值分析，找出合理的心理价位。尽管目前尚没有统一的价格标准，而且因作品的相异性和市场竞争的不确定性，也不可能制定出精确统一的价格标准，不妨借鉴苏富比拍卖行的专家对绘画作品曾提出“画家的名气占50%，画作质量占30%，其他因素占20%”的定价估价原则。而对于收藏者而言，笔者则认为:“画作质量（包括绘画水平、画作品相）应占50%，画家名气（包括画史地位）应占30%，其他因素（如受画人、鉴藏人、传承人、出版著录等）占20%。”当然，还要视具体作品，具体分析对待。

第四，古代书画的收藏，应当循序渐进，一般来说，为避免大的风险，应先从进经入典的小名家开始实践，通过对画理、画风、画艺的一步步加深理解体会，不断积经累验，厚积底蕴，进而上窥中名头、再到大名家，而不能本末倒置，上手就直奔大名头，一味地“玩心跳”，因为与之俱来的是巨大风险。收藏古代书画是学习知识、提高艺术修养、陶冶高尚情操的有益活动，只要坚持不懈，日久天长定会有所收获。特别是，古代著名书画家的重要作品在几百年的社会流传中，总会被各个历史时代的史学家、艺术评论家、文物鉴赏家、著名收藏家著录。这些流传有序的记录，是我们鉴别真伪的重要依据，这一点已经成为众多收藏家的共识。

第五，古代书画的收藏，要注重避开锋芒，选择适合自己的突破口和路径。比如在收藏目标上，依据自身条件，充分考虑选择前述的“11 大板块”中的某一两个“板块”，甚至更具体地选择某几位书画家，集中精力研究，聚集财力选择，反而更容易成功。因为人的精力终归是有限的，况且如不是豪富，财力亦应是有限的，与其大面积撒网，不如小范围捉鱼。

第六，古代书画的收藏，要注重发掘和发现“生冷”名头的作品，特别是能填补“画史”空白的作品。当然，这对收藏家“平时的刻苦钻研”和“战时的独具慧眼”提出了更高的要求。比如在2010年中国嘉德春拍中，有一件元代缪佚的《云山烟霭图》，有迹可循，显系自海外回流而来，却不想竟被一有识之士仅以33.6万元的底价竞得，联及宋元书画存世不逾三千，且绝大多数秘藏于国内外各大博物馆，能露于市面者实属罕见。相信随着对缪佚研究的不断深入，倘若日后此作再现拍场，10倍乃至数十倍甚至上百倍翻番亦不无可能。

第七，古代书画的收藏，要注重“佚名”作品的甄别与收藏。佚名作品现于拍场的不少，大部分海外回流，究其佚名原因，一是宋元人的画作多有不署款者；二是有些明清画家因自赏未署款或其他原因来不及署款的；三是失群的屏条；四是谋利者将小名头的精品故意割去款识冒充前代人或大名家的作品。这要重点从画作艺术水平和年代上认真分析、区别对待，不能忽视。佚名《子母猴图》当应是2010年拍场最大的“漏儿”，此作现身于中国嘉德四季23期拍场。鉴于《子母猴图》意趣古雅，气息高古，所用画底为典型的宋代黄麻纸，特别是曾经元文宗鉴藏，且递传有序，所以此《子母猴图》当出自宋人之手。如此神品绝不会因无作者名款而贬其价值。

第八，古代书画的收藏，要注重进经入典的“小名头”精品。2010年山东天承秋季拍卖会上，一件蔡琇的《饮仙雅集图》八开册页，引起了多位藏家的追逐，最后以112万元成交。尽管于华夏美术的历史长河中，蔡琇既算不上扛鼎级人物，又算不上大名家，然其倾心集艺而成的《饮仙雅集图》册，不仅对研究蔡琇其人其艺提供了确切的实物依据，更不失为我中华美术苑圃中的一朵美丽的小花！所以，依名头而论，价格不菲，但视其作品，可谓物有所值，甚至物超所值。

以上，谨就古代书画收藏的价值取向谈了一些粗浅的观点和看法，以期抛砖引玉，如其中一二于观者有益，则是笔者之莫大幸焉！

汉画艺术

——中国式艺术思维的集中体现

刘轶丹

大汉民族不仅有文字将其载入史册，而且还有一个图像呈现的世界让世人惊叹。汉画艺术是中国固有的文化，充分表现了汉民族审美的意识形态，具有鲜明的时代性和内容的特殊性。类似于图腾崇拜，它往往带有中国“根”文化特征，中国式的艺术思维赋予其很强的表现力，时代虽久远，却历久弥香。

“上下五千年，纵横八万里”，汉画艺术可谓源远流长、博大精深。画像石和画像砖是汉画艺术的主要表现形式之一，是汉代遗留下来的重要的美术品，是一种混合多元型的造型艺术，依托于建筑，附丽于砖石，假雕刻的手段，表现出气象万千的画面。不仅存世数量多，而且内容涵盖宽、分布范围广，涉及图像学、比较艺术学、考古学、金石学、干嘉考据学等领域，对汉画艺术的研究时常要跨学科、跨地区、跨民族、跨文化，穿越时空，古今对话。画像石和画像砖通过一系列故事表现内容，把繁杂的生活场景升华为艺术形象，犹如一部气势恢弘的史诗和一本百科全书式的图像史书，不但反映了汉代社会政治、经济的发展情况，而且带我们走进了一个想象奇异的神话世界，为这一艺术形式打上时代烙印的同时也表现出中华文明几千年不断线，民族文化脉络难以割断的伟大历程。

汉代画像石和画像砖是雕刻在祠堂、墓室、汉阙上的石刻艺术精品、我国最早的浮雕艺术，它是汉代人“以石为纸，以刀代笔”的典型范式。为什么在汉代会出现“镌刻在石头上的艺术”？想来这是古代劳动人民发挥想象力和聪明才智的完美体现：既实用又美观、既构筑又绘画、既创造又装饰、既载史又言说。汉代这种大规模地在石质建筑上以壁画的形式表述历史和表达愿望的方式前所未有。这样大规模的石刻艺术是在当时的社会背景下应运而生的。

画像石和画像砖的内容，大致可分为三大部分：其一，社会生活。包括谒见、宴享、庖厨、车马出行、乐舞百戏、历史故事、生产劳动、战争狩猎等题材。其二，自然景象，包括花鸟鱼虫、草木山石、日月天象等题材。其三，神话传说，包括伏羲女娲、西王母、东王公等神仙、祥禽瑞兽等题材。内容丰富多彩，造型古拙朴厚。想象力的发挥在汉画艺术的创作中是不可或缺的，作品中各种形象的出现往往具有象征意义，易带给人直观的感受。人物表情、动作刻画地传神逼真；车马出行等大场面的把握注重整体感观效果，气势恢弘，场面壮观；历史故事擅于捕捉主要场景，从画面布局往往即可辨认人物关系及地位尊卑；自然景象的描绘立体生动，飞禽走兽往往形象夸张给人以震慑，欲起到辟邪镇宅的作用；古人对日月星辰等自然气象感到神秘莫测，对“天”的敬畏超过对人的本身，认为“生死在天”，画像石中日月形象的出现，表达了古人对“天”的崇拜和祈求风调雨顺的美好祝愿。在画像石和画像砖中，各种神怪的形象也很多，大都是传说和想象带来的灵感。这些神话故事带有历史的影子，但不是真实的历史。通过神化和虚化，表现出人同自然力的斗争和对理想的追求。

画像石和画像砖丰富多彩的题材内容诉说展示着中国传统的艺术思维模式，“重仁孝”是中国式艺术思维的基本特点。“天人合一”是中国思维形式的缘起。重人伦的思想意识在华夏民族大脑中带有神秘色彩且真实而独特地反映出来，并集中体现在汉画艺术的经典创作中。

随着秦朝的灭亡，历史又翻开了新的一页。生产力的发展、经济的繁荣、政治的稳定，带来大汉民族国势的日益强盛。“罢黜百家，独尊儒术”，在统一思想的同时，也随即拉开了厚葬之风的序幕。中国古代历来重视丧葬礼仪，“以厚葬为德，薄终为鄙”。“视死如生”的信条影响了汉族人民的行为模式和处事方式。“天人合一”的理念深入人心，而由于当时社会生产力水平低，对自然现象和社会生活的理解、认识带有局限性，人们只能借助想象和幻想，把自然力拟人化，来解释一些现象和变化。于是就出现了伏羲女娲、西王母和东王公等各路神仙的形象，人们将其作为精神寄托，赋予人文内涵，并对其顶礼膜拜。期待“福寿安康”、“长生不老”，生前身后都能享受荣华富贵。一些汉代富绅弃俭入奢，借着“仁孝”风潮，开山凿洞、雕石造砖，厚葬之风悄然兴起。两汉时期厚葬的规模和程度超越了其他任何时代，甚至到了为造冢茔而变卖家产的地步。画像石和画像砖艺术就是在这种风气的催化下诞生的，因其不易损坏，能使墓室“永固”，便作为装饰和纪念伴随着墓室、祠堂流传下来，成为了不起的汉画艺术。

中国式的艺术思维最显著的特点在于辩证思维。反映在汉画艺术中就是在塑造各种形象时蕴涵的或儒或道的哲学思想。这种辩证特性突出表现在它的整体思维。认为天地万物是一个整体，整体包含的各部分之间有密切的联系。“天人合一”即是这种整体思维的根本特点。老百姓总是愿意相信“天”能主宰一切，能拯救人类，天意暗示着人意，天、地、人处在完全统一的整体结构中，浑然一体。正因为创作中蕴涵的辩证思维，一些形象和现象才变得不难理解。汉画像石和画像砖艺术已不仅仅是简单的绘画或雕塑，它的艺术涵盖范畴广大而精深，是一门综合性艺术。绘画的形式、雕塑的手法，带有语言符号性、纹样装饰性、民族艺术性，到后来出现画像石和画像砖的拓片，则成为中国版画的滥觞。多样的艺术表现形式，既有独特的个性，又能巧妙地融合在总体的艺术共性之中，容五湖纳四海，体现出了中华文明的承载力和中华文化的包容性。汉画艺术使得诸多艺术可以和谐共生，相对独立而又完整统一。最早出现汉画像石的西汉时期，是诸侯割据混战到国家统一、和谐稳定的大同时期。画像石和画像砖作为应时而生的艺术，总会在某种程度上对社会发展趋势有所反映。无论何种表现方式、何种艺术手法皆从不同侧面烘托出汉画艺术返璞归真的独特的艺术魅力。此外，由于艺术的包容性，画像石和画像砖艺术对今天的影响是与时俱进的，绘画、书法、雕塑、音乐等创作，都有对汉画艺术的借鉴和发展，会将这独特的艺术思维发扬光大，传承下去。

汉画艺术，作为中国式艺术思维的集中体现，作为汉代社会的典型性文物遗存，在当下具有重要的现实意义和价值。首先，汉画艺术具有历史文献价值。它记录并再现了历史，考古学家发现和发掘了古代墓葬，考察了墓葬的形式和画像石的布置，以及具体的历史年代，由此判断墓主人的生前身后事。历史学家以此为个案，与其他资料进行对比、综合、分析，进而获得有关的史料，可以说是认识历史的一个过程。在此基础上，既可以做丧葬文化的研究、建筑艺术的研究、雕刻艺术的研究、宗教艺术的研究，也为其他各种学术研究，为补史料之不足提供了宝贵的经验和实物参考，对于研究汉代文化及中华远古文明都具有极高价值。其次，汉画艺术具有审美价值。汉画艺术标志着我国绘画艺术的成熟，是中国美术发展史上一个重要的里程碑。凝结了汉族先人辛劳与智慧的画像石和画像砖艺术，主体意识在创作中起着举足轻重的作用，总是比一般思维发挥着更为自由，也更加灵活的审美作用。不仅将中国式的艺术思维完美呈现，更重要的是作为距今有两千多年历史的艺术奇葩，带给我们视觉上的冲击和艺术上的享受。汉代画像石和画像砖在美术史上被誉为“敦煌前的敦煌”，时间上领先于敦煌艺术，甚至在艺术价值上也比敦煌艺术更胜一筹。著名画家、美术教育家林风眠赞叹道：“汉画像石是中国绘画之大宗也。汉朝的画像石应该是中国艺术的主流。”评价甚高。画像石和画像砖艺术那奇特的想象、巧妙的结构、严谨的造型，是原始美和原始野性的释放，是民族集体意识力量的体现。最后，汉画艺术还具有经济价值。提到汉画艺术的经济价值，就不难想到它的收藏价值，二者密不可分。无论是画像石、画像砖，还是画像石、砖的拓片，任其以何种艺术表现形式出现，收藏价值都是不容小觑的，这源于它的价值内涵。近年来，随着考古工作的推进，学术研究的深入，媒体宣传力度的加强，汉画艺术的自身价值越发显现，越来越多的人对这一神秘世界产生了浓厚的兴趣，加入到收藏、研究的队伍中来。对出于喜爱，他们几十年如一日，执著而坚定，使得对画像石和画像砖的收藏颇具规模。实现自我爱好的同时还获取了经济效益，一举两得。

伟大的时代造就伟大的艺术。大汉民族崇尚文化，与前朝相比，相对宽松的政治统治、民族文化的大融合、对优秀文化的借鉴和发展、上行下效的风气等因素都促使汉代的艺术创作日趋繁盛。正因如此，才形成了汉代文化争奇斗艳、繁花似锦的局面。汉画与汉赋、汉隶等这些让我们引以为豪的大汉民族文化精华一起载入史册，千百年来仍令人回味无穷。汉画艺术是汉代社会生活的一面镜子，是古代劳动人民智慧的结晶，是中国式艺术思维的集中体现。历史学家翦伯赞曾说：“在中国历史上，再也没有一个时代比汉代更好在石板上刻出当时现实生活的形式和流行的故事来。”汉画艺术是大汉民族最为精华的一种物质和精神产品，是我国艺术宝库中的珍贵遗产，不仅反映了中华民族的思维特点和风格，形成了独特的民族文化，而且对整个世界历史文化的演变和发展都具有积极的推动作用。相信它的能量和价值在未来将会得到更大绽放。

对文物鉴定的一点思考

钱 冶

随着文化遗产保护理念深入人心、文物艺术品市场的蓬勃发展，文物艺术品收藏活动已日益成为大众文化生活中的重要内容，社会对文物鉴定的需求正在不断扩大，要求也在不断提高，这就使得很长一段时间以来，文物鉴定中存在的问题愈发突出了。这些问题的表现不外乎两个方面，一是道德方面的，二是学识方面的。为此，笔者对这一问题的表现、根源、解决途径做了以下几点思考。

一、失范行为的几种表现

从道德方面说，文物鉴定、文物研究上的失范行为极为突出，是不容忽视的。从以下3个具体事例就可窥其一斑：一是2004年9月11日，在央视《鉴宝》节目中，以专家身份对一方“清代寿山橘皮田黄冻印石”进行鉴定并给出180万元估价者，被曝自炒自卖后，而引出数起“真假田黄石案”，如此“借机炒作”，该事件堪称典型。二是2006年6月28日，《中国文物报·收藏鉴赏周刊》刊出的《文物研究一定要遵从学术道德——兼答读者来信》引述说：“6月14日文物报《收藏鉴赏》版上《山东青州博物馆征集到一件汉代铜钻镂器》一文，发现其中除了描述征集过程的文字外，器物考证部分全部抄自《汉代物质文化资料图说》，但却只字未提该书，仿佛是他们自己的研究成果，未免太不尊重科研规范。”更有甚者，他们在抄录《汉代物质文化资料图说》时不少地方还给抄错了。这种“贪功窃取”的行为已成为学术腐败的普遍现象。三是2007年年初，在央视《艺术品投资》的“2007民间寻宝记——走进丹阳”节目中，一面曾经专家鉴定、声称被陈逸飞等人出价100万美元的战国青铜镜，在礼仪小姐展示时不慎当场摔碎。事后有关媒体报道，事故发生后，节目组人员立刻重新组织现场专家对铜镜进行了鉴定，并将实际价值跟藏者进行了沟通，最终以“意味深长”的“他不追究，我们也不向媒体透露铜镜的实际价值”达成默契为结局。整个事件一开始就让人觉得是沆瀣一气，又因意外而有了翻云覆雨之感，一经披露，这表面的阴差阳错实则揭露出本质的“皮里春秋”。

其实，在文物鉴定中，道德失范行为还有许多，如指鹿为马、瞒天过海、见风使舵等情况，不一而足。深究其产生的原因，无外乎是各种名利的诱惑、驱动与管理的缺位、失控。

二、理论脱离实际

在文物鉴定中，除了道德因素外，还存在学识不足的问题。如2010年有两则报道，一是说一位搞美术考古的副教授在赴台交流期间，将台北圆山饭店男厕所内的一幅印制的扇面当成了明代王宠真迹，成了两岸学术交流中的笑话。这位副教授连最起码的印刷品和手绘品都没能区分出来，可见他的鉴定水平了。二是说2009年6月26日，某电视台“寻宝”栏目在广西南宁市举行了一场名为“寻宝——走进河池”的活动。活动中，广西河池市东兰县一位藏家收藏的一面几年前才制造的铜鼓被鉴定为“河池民间国宝”，并被“寻宝”专家定名为“清代冷水冲型双面铜鼓”。其实，这面“铜鼓”是河池民间一些好事之徒用河池市环江毛南族自治县民间工匠铸造的两面仿麻江型铜鼓相焊接而制成的，是一件臆造品。而制造该鼓的民间工匠就在现场，他得意地对人说:“我们做的东西成国宝了!”这令人啼笑皆非。

再有，2007年11月，北京某拍卖公司拟拍卖4件所谓“国宝级文物”。但临开拍前被北京市文物局下令撤拍。这4件拍品不能上拍，是因为有关部门最终对这4件“国宝级文物”的鉴定结果为赝品。此事一出，人们对一些为拍卖公司掌眼的专家产生了质疑，多认为这些“半吊子”，有鱼目混珠、滥竽充数之嫌。因为国家在审核拍卖公司资质时，有一条规定，拍卖公司必须要有5名具有高级职称的文物鉴定人员。对此有些拍卖公司只好硬凑人头，结果往往在鉴定上拍文物时就暴露出了问题。

据说经营古玩的人都明白：要是让一个眼光好的专家来鉴定，那么他们一分钱也赚不到。“越是眼光好的专家，越没有人找；越是眼光差的专家，天天门庭若市。”由此可见，混乱的市场是“滥竽充数”者的温床，市场对从这些“吹竽”者手中搞到“度牒”是乐此不疲的。其问题就在于，这些“吹竽”者的手中全持有“齐宣王”的“玉牒”！

所以，我们还不能说这些鉴定专业人员都是浪得虚名，至少他们对专业理论的把握得到了某种程度的认可。之所以在具体问题上出了差错，多半原因在于脱离实际、缺乏实践经验，也就是说，其在学术上的综合素质不够，亦即所谓的“眼光差”。

三、学术素养的先天不足

从学术层面上讲，学术素养的先天不足也是突出问题，具体表现为滥竽充数和纸上谈兵。

笔者在某刊物上看过一篇题为《〈明君良臣肖像册〉目鉴与考证》的文章，作者是天津某大学美术史的教授。且不说他将绘有明代帝王、名将、贤相、宿儒的这册画像集定名为“明君良臣肖像”有失允当，也不说其在文章中将西汉、东汉和唐代的功臣画像史实混为一谈的可笑，就将之定为“波臣画派”的推论过程中的牵强附会、杂乱无章，就让人不忍卒读。如此问题，不仅仅是行文草率、学术不严谨，而完全是不学无术、滥竽充数的真实表现。

再有一例：某国际学术研讨会论文集，其中收录有两篇论文，都讲到了“耶律羽之墓中，出土了一只形制较大的白釉瓷碗”。但在对其断代、工艺和窑口上却有着完全不同的看法。一文认为：“其生产年代应为五代时期。芒口、釉微呈牙黄色、底部刻有‘盈’字款。这是一件很值得研究的瓷器。一般认为：只有邢窑瓷器才刻‘盈’字款，而芒口白瓷器则出现于北宋中期以后，这类工艺是定窑首先使用的。现在这只白瓷碗的出土留给人们一系列的研究问题：如果说它是邢窑产品，其釉色白度不够，且在五代时期就已使用芒口工艺用覆烧法生产瓷器，这是令人吃惊的；如果说它是定窑瓷器，则定窑瓷器上刻‘盈’字款同样是破天荒的发现。并且在五代时期就使用覆烧工艺，也将这一工艺技术的发明时间大大提前。”

另一文则认为“其中的白釉碗，口径23.6厘米，底径10.8厘米，高8.4厘米。敞口，沿边微撇，浅弧壁，饼状足。通体至足边施白釉，外口下釉薄层垂流。釉色洁白，釉面细腻致密、光润，碗底不施釉，底心刻‘盈’字，独具唐邢窑白釉特征。‘盈’字当是唐代皇室庋藏宝物‘大盈库’订烧瓷品的标记，即皇家用瓷之意。从此碗口缘釉磨伤脱，碗内心釉面满布划痕分析，此碗当为墓主人生前日用之器，尽管釉伤颇重仍做心爱之物陪葬身旁。”

很显然，两文之所以有如此大的分歧，就在于对该碗口缘处无釉现象的认定上。到底是“芒口”还是“磨伤脱”？可以肯定，其中只能有一种说法是对的。而认定该碗口缘处是“芒口”还是“磨伤脱”绝对没那么难，也绝对构不成学术课题。因为稍有一点常识或借助一下仪器就能断定，完全不应该成为学术研究上的绊脚石！出现这些貌似严谨，实则在立论根本上张冠李戴的情况，说明在文物研究中“纸上谈兵”的现象与伪学术已没有质的区别了。如此难堪局面的产生，那些学术素养成色不足的文物研究者是难辞其咎的，遭人诟病与质疑也就不足为怪了。

四、模糊性与不确定性的遗憾

话说到这里，是不是就没有其他问题了呢？也不尽然。

央视曾播出过一档节目，是介绍全国重点文物保护单位宁波保国寺的。该寺大殿是宋代建筑，为中国现存最古老的木结构建筑之一，也是我国江南幸存的最古老最完整的木结构建筑，至今已有近千年的历史。整个大殿木结构，全部采用榫卯技术而不用一枚铁钉，就将建筑物的各个构件牢固地结合在一起，并承托起整个殿堂屋顶50余吨的重量。而最令人惊奇的是保国寺大殿内始终保持一尘不染，墙角无蛛网，鸟雀也不飞进殿内停留或筑巢。为了解开这一神奇现象，节目组特别请来了两位专家解说。

其中一位古建筑专家给出的解释是：保国寺大殿通过错落有致、层层相叠的斗拱结构，形成了一个个的“风道”，外面的空气通过“风道”畅通无阻，由此可能在大殿上产生一种回旋气流——“回旋风”，终年回荡着，加之该地区的地理环境多湿少尘，致使梁上不易积存灰尘，而且还有可能因此形成了一种独特的回旋声波，类似“超声波”，致使飞鸟、昆虫们“不得入内”。

另一位是当地文保部门的负责人，其补充介绍说：他们曾从保国寺住持处获悉，1975 年保国寺大殿在维修时，从换下来的梁柱木料中发现，这种木料有一股刺激性的香味，经专家鉴定，这种木料系黄桧，属柏科，常绿乔木，高可达 20 米，树龄可达数百年。由于黄桧木中含有一种飞鸟、昆虫不喜欢闻的芳香油，所以飞鸟与昆虫都远离保国寺。为了证明这一点，当时曾专门抓了一只大蜘蛛放在大殿的梁上做试验，结果发现蜘蛛停止不动。由此可见，黄桧木质所散发出来的芳香气味，是飞鸟、蜘蛛不敢闯入保国寺栖息的重要因素之一。

应该说这两位专家的解释是有科学依据的、合乎道理的，但仔细一想，却不是十分严谨。第一位专家只是解释了“可能性”，而没有明确说对保国寺大殿做过哪些有针对性的具体的科学检测，也就是说，并没有该地区湿度、降尘量的具体数据，也没有与周围民居作过比较；同时，保国寺大殿是否真有“回旋风”和“超声波”，在节目中我们也没有得到答案。第二位专家的说法就更值得推敲了，一是其有关信息来自于“获悉”，即非一手信息；二是他没有说明保国寺大殿的所有木料是否都是黄桧，以及上千年的黄桧木料到底还有多大范围、多大程度的“驱虫”力；三是节目中没有说明飞鸟和昆虫是否也不在活体的黄桧树上栖息。

当然，两位专家的解说可能是完备的、严谨的，只是在节目的录制、编辑过程中有些内容被无意间遗漏了。但观众大多是不会质疑节目的。所以，当观众听到、看到这样模糊的、不确定的解释，一定会认为对“保国寺大殿内始终保持一尘不染”的神奇现象，专家也在推测，最终并未找到准确答案。当然，观众们的这种反应一定不是专家希望通过节目所要达到的目的。可是因为缺乏许多必要的数据，观众就不可能得到最科学、最准确的解答。

我们有理由相信，这些专家的道德素养是无可挑剔的，尽管这些专家学者是本着科学精神，在有一说一，甚至十分谨慎地有二说一，但在这种类似谨慎的，甚至是谨小慎微状态下所给出的说法却是含糊其辞的，其结果一定是在观众、听众或读者中降低了他们的公信力。所以，在文物鉴定或文物研究中，专家学者在坚守学术道德的同时，还必须旗帜鲜明，更要实事求是、穷源竟委、追根究底，否则会适得其反而留下遗憾。

五、解决问题的出路

笔者想，解决文物鉴定中存在的道德失范问题和学术素养不足问题，其出路不外乎三个方面，一是纯化学术风气与环境，二是健全体制，三是完善法律法规。

文物鉴定是具有科学实证性的活动，所以在学术层面上，文物鉴定或文物研究一定要学术民主，学风严谨，鼓励探索，不迷信已有成说，尊重科学、相信有效的科技手段，提倡、鼓励为社会服务。这是纯化学术风气与环境的要义。

笔者曾看过一份材料，作者介绍了他在大英博物馆学习期间感受：一是大英博物馆的确是世界第一流的博物馆，收藏品的质量非常高，完全免费开放。中小学的很多艺术品课程就在博物馆上。博物馆的专业人士有义务为公民鉴定和解答问题，因为他们的工资和经费是纳税人的钱。二是博物馆人员大都经过严格的专业训练，馆内各种学术讨论会目不暇接，可满足各类人员业务素质的提高。三是他们没有什么大师，也不崇拜什么权威。四是比较理性，崇尚科学试验结果。比如确定一个古代艺术品的年代和价值，就开研讨会，你必须拿出客观而又符合逻辑的证据支持你的结论。开始时，受国内的影响，在讨论时，他有时用绘画风格、神韵、器型来强调他的结论，他们特别不同意，认为，对古代艺术品，主观的东西最不可靠。经验对判断近代的东西有帮助，越古老的东西，经验的价值越低。

为了证明他们的观点是否正确，回来后，他做了个试验，把在大英博物馆拍的从唐到清的陶瓷照片通过系统内部送给一些专家看看是否为真品。结果非常失望，什么“贼光”，什么“青花漂浮”，什么“画法不对”，什么“感觉不好”……反倒是有两个非系统内的文物爱好者对这些东西判断比较到位。

之所以如此，除了鉴定水平问题，主要是观念问题以及对先进科技手段的无知和恐惧。

这个事例说明，从事文物鉴定不可故步自封、自以为是，而要与时俱进，不断提高、修正自己；同时，要最大限度地营造良好的学术氛围和环境。

但文物鉴定毕竟是由人来操作完成的，在这一过程中，如果没有健全的体制、完善的法律法规进行有效监督管理，仅凭鉴定人员的个人学识、只靠自身的道德自律，是不可能达到预期效果的。现实的情况也确实证明了这一点。首先，因为文物鉴定是一种主观认知活动，尽管可借助一些科学仪器作为检测手段，但在很大程度上仍受鉴定人员的认知能力和其他客观条件的制约。再者，由于文物本身的特殊性，对文物还无法制定一套统一的、具体的鉴定定量标准。这就使得在文物鉴定过程中有了很大的人为操作空间，为达到不同目的、获取各种利益，就有可能违背客观、科学的原则而得出不同的鉴定结果。

所以，要真正解决好目前文物鉴定中存在的问题，就必须健全现有的体制、完善法律法规，以使文物鉴定人员及鉴定机构的资格认证、考评体系、鉴定程序得到有效的监督管理，并使鉴定人员的权利和义务、鉴定的性质与效力、鉴定的法律责任得到有效的落实。

中国书画市场探微：隐性特质外热内冷

鲁 婧

随着各大拍卖行秋拍相继落幕，2010 年年末中国书画市场又掀起新一轮热潮。在此之前，中国书画市场经历了 2008 年经济危机的影响，在仅仅低迷了一段时间之后，开始强劲反弹。中国书画市场进入前所未有的黄金时期，尤其是书法作品更是在拍场一雪几年前默默无闻、少人问津的低谷状态，创出上亿元天价纪录。而近现代书画名家作品也是紧紧跟随连连突破亿元大关，一时间仿佛所有热钱都涌入书画市场。2010 嘉德秋拍 41.33 亿元高奏凯歌，北京保利以 52.8 亿元的总成交额创下中国艺术品拍卖单季纪录。据报道，“499 场拍卖会，194.58 亿元成交额，为期 3 个月的北京 2010 拍卖季圆满‘落槌’。”

书画作品在拍场的火暴状况，让不是“圈内人”的“外行”看得云里雾里，摸不清“门道”，很容易将“艺术品”与“人民币”直接画上等号。“圈外人”如果获赠或得到一幅字画便像如获至宝一般，到处询价，以期马上“中彩”。但这样的“期望”一般都会换回“失望”——中国书画市场除非常有名的近现代和当代名家的作品是“硬通货”外，其他艺术家作品都受非常强的地域性局限和艺术家作品实力影响范围的局限。具有中国本土特色的“礼品”市场，也是收藏者只认“名家”作品的一个很大原因。也就是说，中国书画市场在很大程度上是“隐性”存在的，绝大多数艺术家的艺术作品并非全国通行，而只是在特定的区域特定人群内部流通消化。此外，还有相当数量的“名品伪作”充斥市场，所以中国书画市场虽表面繁荣，内部还是暗礁重重，所以一些业界收藏专家经常会呼吁提醒“新进藏家”要“理性入市”。进入书画收藏市场，良好的心态和坚实的业界基础知识都是必须具备的。

近年来，中国书画市场搭着国家大力发展文化产业的顺风车，一路走来风风火火，从 20 世纪 80 年代起步发展到现在，时间并不算长，但是势头迅猛，增长速度快。可以说中国书画市场还是一个较为年轻的市场，在它的成长过程中还存在很多误区，所以它前进的道路是起起伏伏充满曲折的。尤其是作为书画一级市场的画廊和二级市场拍卖行并没有合理分配，中国拍卖行业的过度膨胀与画廊产业的纤弱对比使市场发展在一定程度上受到影响，这应该也是中国书画市场并不完善和不成熟的一种体现。从宏观上看，中国画廊产业其实还处在一个萌芽的阶段，首先，它是高端行业，是在生活比较优越的情况下，开始过渡到属于文化精神领域的消费。一般在经济很繁荣的情况下，才会产生这个行业。中国改革开放 30 多年经济发展的步伐比较快，这个行业被提前催生出来。现在人们有钱了，但是真正欣赏喜爱而去购买艺术品的藏家为数还是不多，大多是作为一种投资或是当作一种高级礼品来收藏的。所以说这个市场还并不能算是真正的市场，其中水分很大。其次，现在好多做画廊业的人还只是停留在一种“拿来主义”的阶段，找一些已成名成家的艺术家作品来转卖，或是干脆就不开画廊，省去租金成本直接做艺术品中间人。这不能不说是对真正热爱艺术，真正想做艺术产业的人的打击，现在很多真正在做艺术产业做画廊的人大部分经营的并不是很理想，压力重重。这也从另一个侧面体现了中国书画市场“外热内冷”的现象，正所谓“外行看热闹，内行看门道”。

那么画廊仅仅就是买卖艺术品的商店吗？远远不是如此，画廊应该是艺术品专业经纪机构，它不仅是艺术家的经纪人，为优秀的艺术家做推广、宣传服务，还要充当收藏者的“艺术顾问”为他们推介有实力或有潜力的艺术家，并不断确认艺术家的创作是否精益求精，是否长期保持稳定上升状态，以此确保收藏者的藏品呈现一个保值或增值的优良品质。这是我国书画市场保持健康有序、良性运转的一个很重要环节，需要重视起来。近年来，我国书画市场拍卖火热，那何为“拍卖”？“拍卖”应该是很多好的艺术家作品在市场上出现供不应求，有很强的群众基础，在供不应求的情况下，拿出拍卖，价高者得。中国的拍卖行有自己独有的“特色”，如“一人饰多角”：为某些艺术家自我炒作的需要，制造拍卖纪录，另外还有赝品泛滥等现象，这些现象都是对真正藏家的一种伤害。画廊与拍卖行的合理配置是优化书画市场很重要的内因，另外还有好多外因方面也不能忽视，比如说“赝品”问题。这个问题比较复杂，书画赝品的产生几乎是和书画与生俱来的，因为大多数书画家都是从临摹开始学习书画艺术的，所以这个概念自古就有，甚至一度被传为佳话，当然“赝品”在这个时候被称作“摹本”。

在当代书画市场，“赝品”随着书画成为商品甚至奢侈品而充斥市场，以次充好、以假乱真的现象较为普遍，这是扰乱书画市场的很大元凶。针对赝品泛滥的问题，需要国家能够出台一个统一而有效的管理办法，如鉴定机构的规范化和行业监督机构的设立都很重要，但这是一个长期的过程，需要在实践中不停地摸索经验。

在中国书画市场中能够起到决定性作用的最终还是艺术家本人。不管什么样的事情，最终都得落到“人”的问题上。不同时代有不同时代的特点，艺术家的创作也会随着时代的变换而印上不同时代的烙印。“笔墨当随时代”是清初石涛的名言，在新时期，更是书画家对自己的新要求。这句话虽然在清初才被提出，但并不代表清之前的书画作品就没有时代的反应。就拿山水画来讲，五代有五代的风范，北宋有北宋的气势……新时期更有新时期的一片纷繁景象。在新时期，科技发展了、经济发达了、人们生活改善了，书画家也史无前例地多了起来，虽然数量庞大，但实力良莠不齐。这对收藏者来讲是非常需要“眼光”的事情，当然，已逝的早已盖棺定论的书画家艺术价值自有公论。如何从当代艺术家中选择“蓝筹股”，提前打造培育市场是一件考验收藏家专业眼光和经验的课题。收藏投资者除了关注那些“大名头”艺术家外，同样应该关注其他作品艺术含量高、有学术价值的艺术家。

挑选艺术家“蓝筹股”是有规律可循的，曾有业内专业人士提到考验艺术家能否成为“大家”的3个标准的概念，有非常中肯的参考价值。这3条标准是：第一，艺术家在艺术上要有新的突破，有自己独特的个人风格，甚至能达到开宗立派的一种程度，开拓了前人没有的新领域。这是艺术家对世界艺术宝库的独特贡献。第二，艺术家的创作技巧是否能够达到一种相当的高度，这体现了艺术家的功力，并且不容易被模仿。这种不可取代性将令艺术品立于艺术史的制高点。第三，需要艺术家甘于寂寞，能够认真潜心创作，这才能体现艺术家的真情实感，使作品真正具有含金量，并经得起时间的考验。这3个标准比较精练地讲出了收藏投资者选择艺术家的标准，很明确也很肯定。但是仔细考察一下符合标准的艺术家到底有哪些，也许真是寥寥。经济越发达，艺术家的思想受外界干扰太多就会受到很大影响。改革开放这30多年中，真正能脱颖而出成为“大家”的艺术家有几个？不过笔者相信，只要认真去寻找，总会找到优秀的艺术家。这是一个必经的过程，等到市场经过沉淀，收藏投资者的眼光提高，肯定会刺破表面的泡沫而达到良性运转。

透过现象看本质，回过头来再看中国传统书画艺术的价值，真是让人叹为观止，信心大增。首先中国书画艺术是几千年文化积累的结晶，这种艺术语言是中国独有的文化精髓，它的客观存在具有很高的历史价值和欣赏价值。在这个基础上，目前中国书画艺术的真正价值并未完全发挥出来，在中国当前大力发展文化事业的背景之下，中国书画市场前途光明。我们回头再看今年书画拍卖的火暴情景：这些都只是一个开始，中国书画市场的黄金时代应该就在不远的将来，中国书画的真正市场还在后面。

通胀，2010年拍卖上空的阳光与阴影

韩涧明

“明年中国面临更为复杂的局面，完全有可能经济滞胀将进一步加剧，2011年，中国或将面临二次探底。”全国人大财经委副主任委员贺铿，12月12日在2010年恩比特（新智库）经济论坛上对经济走势作出如此预测。

这可能是高层国家权力机构有关人员首次明确提出国内经济面临滞胀危险的预测。

按照贺铿的说法，2010年下半年中国经济已经进入滞胀期，具体表现为经济增长受影响，难以提高，物价水平高，失业率高。

回头来看2010年，发现有些数字确实很有意思。

比如说，已经成为庞然大物，规模堪称全球第一的中国（北京）国际珠宝展，在2010年岁末身材再次膨胀了40%。无独有偶，北京保利拍卖的赵旭也在秋拍之前公开表示，北京保利2010年秋拍的上拍数量扩张了40%多。有专家分析认为，由于我国货币超速增发，导致2009年至2010年的潜在通胀率为38%。

目前通胀率到底是多少，是一个说不清楚的数字，原因之一在于计算方法的差异，国家统计局有国家统计局的算法，不同专家有不同专家的算法。按照国家原有的调控目标，2010年通胀率应控制在3%以内，结果国家统计局6月公布CPI增速就达到了2.9%，7月CPI涨幅3.3%，8月涨3.5%，9月涨3.6%，10月涨4.4%，11月破5，涨5.1%。这已经是很让人吃惊的统计局数据了。然而即便是这样的数字，仍然遭遇到专家学者的质疑，就在2010年第二季度大家都在猜测CPI是否破3的时候，经济学家许小年就在自己的博客中用自己的分析方式提出，2010年第二季度的通胀率应在9%以上。实际上，许小年并不是个例。不少学者也都认为，2010年通胀状况应该超过10%。至于38%，这是个能把人吓坏的数字。

但是，不管是怎样的通胀率，2010年拍卖的有关数据，看起来都有跑赢通胀的感觉，至少拍卖公司跑赢了通胀。

例如，中国嘉德公司2010年秋拍41亿元成交额比2010年春拍21亿元上涨了95%，2010年春拍21亿元成交额比2009年秋拍15亿元上涨了40%；北京保利公司2010年秋拍53亿元成交额比2010年春拍33亿元上涨了60%，2010年春拍33亿元成交额比2009年秋拍16亿元上涨了93%。

拍卖数据难以进行更细的解读，因为其间包含拍卖公司的策略等等。但是，与数字有关的一些问题却是可确定的。比如说，2010年引发拍卖行情的两个因素，第一是通胀，第二则是通胀预期。

拍卖领域的通胀，在2009年岁末秋拍中就已经发生了——将艺术品拍卖推入亿元时代，通胀是第一要素。

北京荣宝拍卖总经理刘尚勇，在论及2009年秋拍跨入亿元时代的时候，曾有一段精彩的描述，他认为，中国书画原本就沿着30度到45度的斜线上涨。为了应对金融危机，政府加大货币投放量引发了很多变化——“艺术品有一个特点，就是可以跑赢通货膨胀。2008年标价600万元的一张董其昌的画流拍了，到2009年秋拍却拍出了4000万元。那我们问，怎么这画去年不值钱，今年就值钱了呢？是这张画发生新的文化价值了吗？没有啊，还是这件东西啊，作者是董其昌，是明代的啊，没有新的价值出现啊。那凭什么600万元变4000万元？不是东西值钱了，而是钱不值钱了。随着经济领域几万亿的投入，更多的钱进入市场，尤其是有钱的人获得了更多的钱之后，在很多投资限制的基础上，在股市、楼市之外，需要新的投资渠道，这样就出现了‘替代效应’——多少买点艺术品吧。艺术品拍卖是一个微型行业，哪里经受得了这么大的钱的冲击？

所以马上就把艺术品炒翻了，这并不是说东西一定好到了什么程度。”

2009年春拍的时候，北京荣宝的总成交额还不到8000万元，而到2010年秋拍，则以4.27亿元收槌，这一数字甚至比2010年春拍的2.1亿元又翻了一番。

在2009年秋拍之前，国内最引人注目的现象是从2009年6月以来全国各地“地王”频现。这意味着超发货币首先流到了国企层面，国企转而把资金投入能够产生最大收益的投资领域，也就是房地产领域，在“地王”之后，紧接着秋拍开始。货币流的进入，开启了中国文物艺术品拍卖的亿元新时代。

2010年之后，政府不断严厉打压地产市场，但是，作为对抗通胀的最佳品种之一，地产市场表现出相当的抗跌性。无法流入地产市场的资金则杀入流通领域，表现出来的事件，就是各种农产品流通领域的价格炒作。尽管政府对于农产品非常敏感，但是，从9月以后，通胀已经在流通终端发生，也就是老百姓普遍看到的蔬菜与食品价格集体上涨。

通胀意味着文物艺术品价格的直接上涨，而通胀预期，则表现为吸引更多的人，更多的东西流向艺术品市场，其结果当然也是水涨船高。

2010年艺术品市场一个比较清晰的例子，就是年初山西在矿业整体转型之后，资金流入缅甸公盘，从而带动翡翠价格在源头上涨。至于拍卖，就是拍品规模与参与的人数。

国内投资者一般会抱怨投资渠道太窄，而在今天，国内投资已经和全球整体大环境密不可分。目前，世界各国表现为两种经济状况，一种是以欧美、日本等为代表的发达国家，由于遇到金融系统的问题导致经济危机，呈现出的特点是少花钱，少消费，因此以通缩为主。在通缩的环境之下，购买力衰弱，艺术品难以表现出应有的价值。为了应对通缩，美国决定增发货币来与之对抗。

我们看到，2010年，随着内地拍卖行的崛起以及中国只进不出的文物政策，香港苏富比有了他们的下一步考虑，即逐渐调整自己的方向。秋拍之后，香港苏富比在北京举办了《西方印象派及现代艺术巨匠油画展》，营造中国买世界的氛围。无独有偶，紧随其后的韩国首尔拍卖，也在北京展示西方艺术品。中国文物艺术品市场有着巨大的潜力可挖。

与发达国家经济依托于本国消费不同，新兴国家拉动经济依靠的是投资。以金砖四国，即俄罗斯、印度、巴西、中国为代表的新兴市场经济国家，经济状况均为通胀。为应对通胀，我国政府首先采取的手段是不断上调存款准备金率，收紧资金。

按照国务院中央经济会议的有关精神，2011年，中国将实施“积极稳健、审慎灵活”的经济政策。货币政策强调“稳健”，这一政策与2010年“适度宽松”的货币政策相比，有了回收的趋向，但不是“从紧”或者“紧缩”，国家的政策初衷是既要控通胀，也要保经济，也因此存在一定的政策变数。由于通胀的控制不是很容易，需要过程，因此，未来维持一定的通胀水平是比较正常的。经济学家谢国忠甚至称，中国通胀将保持10年。

可以说，在跨入2011年之后，市场大的方向，不会发生太大的改变，任何可以用来对抗通胀的东西，都依然会成为资金的选择，其中股市是最大的吸收资金的池子，房地产市场也仍然得到资金的支持——没人知道国家对房产税最终的选择，也无法知道房产税到底如何影响地产市场。此外，黄金是比较受到追捧的投资对象，但目前黄金已经处于价格高位，而影响金价的，主要是复杂的国际因素，海外投行巨头对于黄金的看法较为保守，这一贵金属并不像某些人想象的那么稳妥。

最后，剩下的是文物艺术品。中国文物艺术品本来在理论上就存在着很大的上升空间，这一空间并没有封闭，上升渠道正在打开之中，通胀使得市场的示范效应更加明显，因此，未来投资前景看好。

在更远的未来，如果没有大的动荡，最糟糕的形势是像谢国忠与郎咸平等经济学家所担心的，陷入滞胀当中，也就是经济停滞与通胀同时发生。全国人大财经委副主任委员贺铿的表态，更让人多了一丝忧虑。

一旦滞胀发生，就会持续不短的一段时间。对于经济以及百姓生活来说，滞胀是一件很糟糕的事情，但是历史上所有的研究者在分析这一经济现象时，都提到了美国好莱坞的黄金时代，也就是说，滞胀时代会让人们对于生存、命运有更多的思考，会投入到艺术的梦幻与理解之中，这是在经济高速增长时期所无暇顾及的。

这样看来，拍卖公司未来还会有更好的日子，也更有可能打造更富艺术气质的新的拍卖公司形象。

民间收藏，或将步入博物馆时代

云 菲

改革开放以来，民间收藏愈发活跃并持续升温。近年来，海内外拍场上民间收藏者屡屡成为赢家，许多价值千万元甚至过亿元的天价拍品都被他们收入囊中。藏宝于民对于文物保护的意义更加不言而喻，开展回购形式的淘宝活动，通过法律渠道进行追索，民间收藏家积极致力于实现海外中国文物的尽快回归，很多珍贵藏品自海外归来。据统计，目前全国有收藏爱好者约7000万人，关涉到价值无法估量的历代文物艺术品，"民间收藏没有好东西"的误解渐渐被破除。在这支收藏大军中，虽然把书画用塑料膜包裹起来存放、将住所当库房的收藏爱好者还大有人在，但利用好各种藏品，使其发挥应有的社会效益和功能，已经成为民间收藏活动层次提升的具体体现，而创办博物馆更是被看作收藏事业的终极目标。

一、"传家宝"不再秘而不宣

"收藏只是手段，交流和展示才是目的。"这样的观点正是很多民办博物馆馆主"开放"理念的集中表达。当一些收藏爱好者的藏品达到一定数量时，通过展示、交流，努力提高藏品的参与性、观赏性和趣味性，是很多民间收藏家办馆的初衷。1996年，收藏家马未都在北京创办了中国第一家民办博物馆——观复古典艺术博物馆，民办博物馆在中国首次有了合法身份。此后，应运而生的中国民办博物馆便一发不可收，呈现快速发展之势。将藏品视为深藏密室、秘而不宣的"传家宝"的思想早已过时，在条件具备的情况下，收藏家们敢于向社会展宝、亮宝的想法日渐强烈。

正是这些收藏家以专注、执著、灵活的征集办法，凭借长期积累的鉴赏经验，为散落在民间的文物找到了归宿；与此同时，政府部门和社会公众对文化建设的持续关注，给了他们筹办博物馆的机遇与勇气，国家也一直在鼓励企业、个人兴建博物馆，并制定了一系列针对民办博物馆的规范和政策。1998年，国务院发布了《民办非企业法人登记管理暂行办法》，把民办博物馆列入民办非企业法人单位。2002年，新修订的《文物法》中放开对私人企业经营文物限制的相关条款，为自然人资本经营文物提供了法律保障，成为民办博物馆成功"孵化"的助推器。2006年1月1日，文化部公布实施《博物馆管理办法》，第3条明确指出："国家扶持和发展博物馆事业，鼓励个人、法人和其他组织设立博物馆。鼓励优先设立填补博物馆门类空白和体现行业特性、区域特点的专题性博物馆。"2010年1月29日，文化部、财政部、国家文物局等七部门联合下发《关于促进民办博物馆发展的意见》，其中包括规范民办博物馆准入制度、切实帮助解决民办博物馆的馆舍与经费保障问题、加强对民办博物馆的专业指导和扶持等内容。

经历了从自发到自觉，从最初与社会公众分享个人收藏快乐到为民间收藏健康发展寻求合法存在机制，再到参与有广阔发展前景的博物馆文化体系建设，我国的博物馆主体由各级政府的文化文物部门逐渐走向民间，呈现多元化趋势，这一现象在北京等大城市尤为突出——26座民办博物馆以其独到鲜明的收藏视角、不拘传统的运营模式，给博物馆事业带来了颇多创新，成为公立博物馆的重要补充。截至2009年8月，除广西、西藏、新疆外，各地文物部门登记注册的民办博物馆达386个，占全国博物馆总数的13.3%，这些民办博物馆展示了强有力的民间收藏活力，丰富了我国博物馆的体系结构，加快了博物馆事业社会化的进程，同时其创办者的文化追求和公益情怀也得到了充分展现。

二、有数量，并不意味着有质量

应当说，民办博物馆建设热潮的兴起标志着我国收藏群体逐步走向成熟壮大。民办博物馆是民间收藏的高端表现，它们突破了人们脑海中博物馆素有的“博大精深”的印象，以较小的视角、强烈的个性、灵活的方式吸引了大众的眼球。从建设规模、收藏质量、展览面积、运营状况来看，观复古典艺术博物馆、建川博物馆聚落均是运作较为成功的民办博物馆中的佼佼者，它们在成为宣扬传统文化和爱国主义教育生动读本的同时，还带动了特色文化旅游，促进了地方经济发展。

但有数量，并不意味着有质量。目前，我国民办博物馆办馆主力主要包括私人收藏家、民营企业家、民营企业和社会团体等创办的各类博物馆或以“博物馆”来命名的行业展馆。就民间收藏爱好者群体而言，有分析认为，民办博物馆馆主大抵分为3种类型：一类是真正的收藏家，这一群体收藏的初始目的多数是从满足兴趣出发，有很高的欣赏与把玩艺术品的能力，大都专门收藏某一类艺术品，并且对这类艺术品有比较深入的理论研究，逐渐成为本类藏品的行家里手，其中不乏私人企业家，他们把企业发展与收藏事业联系起来，把建设公益性博物馆与扩大企业知名度联系起来；另一类是资金雄厚的收藏爱好者，为了爱好或利益驱动，在很短时间内收藏了大量藏品，继而开办博物馆，再通过这一平台去谋得更大利益；第三类是以赢利为目的的收藏者，受诱导盲目收藏，所办博物馆大都规模小、品味低。

“办馆不是为了炫耀！不是有钱就能建馆！”在民办博物馆掌门人任职资格没有明确认定标准的前提下，这样的评论，从文化保护传承的角度阐释了“收藏”与“买东西”的区别，也对当前民办博物馆“开店容易守店难”的现状表露出些许担忧。很多收藏爱好者高度认识到了建立博物馆这一问题的重要性，但对博物馆该怎样办、如何办还不甚了解，没有经过文化熏陶积淀和文物知识的长期积累，不具备相当的鉴赏能力，也就不可能静下心来仔细研究藏品附着的历史痕迹和收藏意义，而对于博物馆藏品管理、展览设计理念、对外开放等内容以及如何平衡经济效益与社会效益关系的思考也都有待提升。这些收藏者建立的民办博物馆，在以后的经营中难免出现进退两难的尴尬，门庭冷落而又弃之可惜的不在少数。

三、在“免费大餐”中突围

除了收藏职能外，博物馆最重要的是要强调社会教育功用，一个成功的博物馆必须能够坚持长期举办陈列展览，而且必须对社会开放。一座座民办博物馆的迅速成长，使它们不仅仅发挥着为国有博物馆拾遗补阙的作用，而是与国有博物馆一样具有重要的收藏和展示功能，因此民办博物馆存在的意义同样在于开放。

免费，促进了国有博物馆开放效能的提升，但对于全国众多民办博物馆来说，却意味着一定的“冲击”。依靠个人或企业力量维持的民办博物馆，大都没有绚丽的展示手段，没有舒适宽敞的展厅，有的甚至栖身于几十平方米的民居里，在硬件条件上很难与国有博物馆比肩，因此免费之后，很多观众自然就会想到去拥有丰富馆藏和良好观赏条件的国有博物馆参观。另外，国家对免费优惠政策的支持只限于国有博物馆，并未涉及民办博物馆。一座民办博物馆每年正常运转少则需几十万元，多则要几百万元，专业人才、租用场地、陈列布置、藏品保管、日常维护等高额开销，让资金并不雄厚的很多民办博物馆馆主们承受着巨大压力，也困扰和制约了博物馆的发展，有的靠卖藏品度日，有的则休馆、闭馆或转让他人，在生存与死亡之间徘徊，正常开放难有保证；而那些坚守开放的民办博物馆只能采取售票的办法来贴补资金缺口，一些观众便有些犹豫：国有大馆都免费了，为何个人展馆还要花钱参观？

民办博物馆如何得到公众认可，从而做到“藏在深闺人也知”？由企业家樊建川投入4亿多元创建的目前国内建设规模和展览面积最大、收藏内容最丰富的民办博物馆——建川博物馆聚落，被列入国家4A级旅游景区，还将酒店、客栈、茶馆、特色旅游购物等配套设施汇集在一起，形成了一个集藏品展示、教育研究、旅游休闲、会议展览、收藏交流、艺术博览乃至影视拍摄等多项功能为一体的新概念的博物馆群。“要想单靠门票收入赚钱是不可能的，要维持其生存就必须与旅游业挂钩。”其成功经验告诉人们：民办博物馆不只是公共收藏的补充和延伸，还突破了传统意义上的单纯的博物馆概念，将文化事业与文化产业相结合，民办博物馆的文博业态初见端倪。

实现收藏事业与文博旅游业的有机立体、多层次发展，与很多民办博物馆馆主的房地产商、大企业家的身份不无关系，然而拥有此背景的收藏爱好者毕竟是少数。因此，走专业化道路被认为是民办博物馆走出困境和树立品牌的主要方式，而转变经营理念、树立创新意识则是提高民办博物馆社会影响力的一大途径。“硬件”比不过就从“软件”入手，目前我国收藏品种类达到7000多种，大到家具、瓷器、字画，小到服饰、徽章、票证，基于这庞大门类开办的民办博物馆，很多也极具特色，如展示打火机、筷箸、鞋子等。而且这些聚拢在民办博物馆里的藏品，更多地与生活密切相关，是人们触手可及的物件，而其背后蕴涵的大量有趣的故事和与观众相融相通的感性情结更是一些国有博物馆所缺乏的。对于个人展馆来说，展示只是一部分功能，不能走说教式的老路，更好地复原、保护、传承藏品的人文风貌和历史文化信息，并与现代生活结合起来，多举办各类交流活动、讲座，同样是与观众拉近距离的好办法，也才能使民办博物馆具有更强的生命力。一些民办博物馆正在针对服务观众、经营市场、研究藏品和衍生手段上积极开拓，努力探索适合本馆特点的生存和发展模式，如深圳玺宝楼青瓷博物馆开设了自然茶艺馆，内设自然标本室、文物鉴赏厅、文艺表演厅、茶艺茶座等多个服务项目；重庆中国民间医药博物馆形成了展览—科研—成果推广—生产销售—收益的良性循环；观复古典艺术馆则强调运作机制的完善，其日常运营经费主要来自赞助资金（包括门票、赞助、基金收益）、服务收费（包括场地、讲座）和品牌输出。这些适合自身特点的经营管理模式的尝试，为我国民办博物馆事业的生存和发展注入了新的活力。

总体而言，民办博物馆门类丰富多彩、特色鲜明，是我国博物馆体系的重要组成部分，也是保护历史文化遗产的重要力量，在我国博物馆事业的建设中发挥着重要作用。但由于产生历史较短，民办博物馆还缺乏应有的社会影响力，准入制度不完善、扶持政策不健全、管理运行不规范、社会作用不明显已严重制约其健康发展。目前，“重建设、轻功能”的民办博物馆仍处于一种自主生存、自我完善的状态中，让人不禁有“散兵游勇”之感。其实，与国有博物馆有资金保障、专业人员充足、管理水平高，将高新科技手段应用于文物安全、修复和展示，以及面向社会免费等优势相比，民办博物馆这一“弱势群体”显然困难更多、危机更大。不过，民办博物馆现已成为北京等博物馆发达地区新建博物馆的骨干力量，探索一套适合我国民办博物馆发展的办法无疑是当务之急。这一方面需要国家加快相关法律制度建设，进一步鼓励和扶持，营造有利的社会环境，促进公众的认同和支持；另一方面也需要民办博物馆制定长远科学的发展规划，找准定位，提高设施和展陈水平，增强服务意识，从而在即将步入“十二五”的新时期，迎来我国民办博物馆事业的新高潮与新机遇。

2010年香港拍卖市场概览及趋势预测

李红娟

2010年度香港的拍卖市场，借着亚洲经济的复苏，一扫金融危机的阴霾，强势回归，两大拍卖公司苏富比及佳士得分别以50.9亿港元和55.2亿港元的历史最高纪录完美收官。香港拍卖市场一直引领着国内拍卖行业的发展，对香港市场发展趋势的分析显得尤为必要。

一、2010年香港拍卖强势收官，内地买家占到50%

从2009年秋拍开始，香港拍卖市场逐步摆脱金融危机的影响，这种趋势在2010年被完全验证，如下图所示，在2010年春拍时，佳士得已经接近了历史最好成绩，而苏富比则创造了历史最高纪录，而在2010年秋拍时，两家公司又同时创造了最新纪录。佳士得亚洲区总裁高逸龙（Francois Curiel）在拍卖之后表示："亚洲艺术市场比以加健康，香港拍场上的活力是我从未感受过的，来自中国大陆、香港及亚洲其他地区的买家对于顶级珍罕的精品竞投激烈。尽管全球其他地区的经济还处于复苏期，但亚洲艺术市场上却似乎看不到丝毫经济低迷的踪影。"在2010年香港拍卖市场上，出现最多的是中国面孔，苏富比香港区CEO程寿康表示："2006年苏富比向内地买家出售的拍卖品占其亚洲全部销售额的15%，目前这一比例已升至50%。"

香港苏富比2010年秋拍成交额为26.93亿元人民币，距香港佳士得秋拍27.24亿元人民币的成交额仅相差0.3亿元，与以往拍卖季2亿元至3亿元的差距相比，几乎可以忽略。可以看出两家公司的差距在逐步缩小，香港拍卖市场的竞争将会更加激烈。

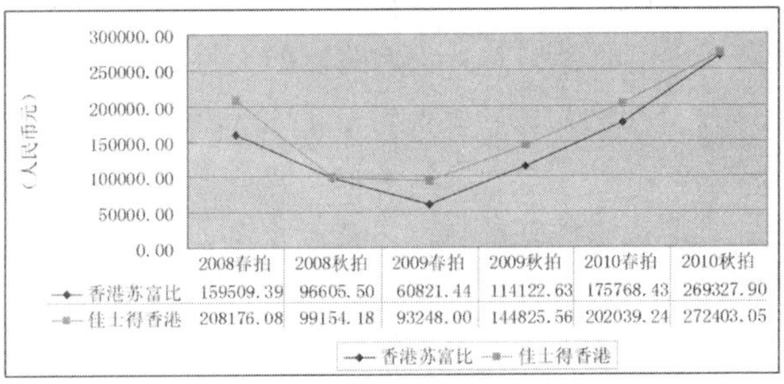

香港佳士得、香港苏富比近三年拍卖成交额

从拍卖价格来看，两大拍卖巨头在2010年度超过1亿元人民币的拍品达到6件，"亿元时代"已经全面来临，值得一提的是，在这6件亿元拍品中，5件是中国瓷器杂项，其中由香港苏富比拍卖的清乾隆浅黄地洋彩锦上添花"万寿连延"图长颈葫芦瓶以2.2亿元独占鳌头，从这点看来，中国瓷器杂项的定价权仍然牢牢地控制在香港两大巨头手中。另外1件为14.23克拉方形浓彩粉红色VVS2钻石戒指，由香港佳士得拍出。

2010年度香港拍品成交TOP10

排名	拍品名称	拍卖公司	成交价（RMB）
1	清乾隆浅黄地洋彩锦上添花"万寿连延"图长颈葫芦瓶	HK苏富比	220572180.00
2	完美粉红14.23克拉方形浓彩粉红色VVS2钻石戒指	HK佳士得	154679600.00
3	清乾隆御制珐琅彩"祥云瑞蝠"开光式"四季花卉"图纸槌瓶	HK苏富比	122796180.00
4	御制掐丝珐琅双鹤香炉（一对）	HK佳士得	111335600.00
5	清乾隆青花胭脂红料双凤戏珠纹龙耳扁壶	HK佳士得	106519600.00
6	清乾隆乾隆帝御宝交龙钮白玉玺	HK苏富比	106174260.00

续表

排名	拍品名称	拍卖公司	成交价（RMB）
7	粉红地“锦上添花”粉彩通景“山水庭廓”图双耳撇口瓶（一对）	HK 苏富比	86619060.00
8	乾隆帝御宝题诗白玉圆玺	HK 苏富比	84356800.00
9	张照“张照草书韩愈石鼓歌”卷手卷设墨纸本	HK 苏富比	78796980.00
10	黄地粉彩福寿万年云口瓶	HK 佳士得	77623600.00

二、三大门类相得益彰，结构优于国内同行

香港拍卖公司在拍卖门类方面较为完善，笔者将其分为中国传统艺术品、当代艺术及奢侈品三类，其中中国传统艺术品包括中国古代书画、中国近现代书画、中国瓷器、其他杂项等，当代艺术包括20世纪中国艺术、当代亚洲艺术及东南亚艺术等，奢侈品包括名酒、名表及珠宝首饰等。

从近3年的拍卖成绩来看，在中国传统艺术方面，除2009年之外，香港苏富比一直略优于香港佳士得，这种优势在2010年秋拍中更加明显，已经超出香港佳士得14个百分点。而在当代艺术方面，除了2008年秋拍，香港佳士得一直占据优势，尤其在2010年春拍时，几乎超过香港苏富比的1倍，但是到了2010年秋拍，这种优势却缩至19%。在奢侈品方面，佳士得香港一直占据绝对优势，一度超过香港苏富比的75%，在2010年秋拍，仍超过香港苏富比34%，但差距已经明显缩小。

香港佳士得、香港苏富比近三年拍卖成交额

	中国传统艺术		当代艺术		奢侈品	
	苏富比	佳士得	苏富比	佳士得	苏富比	佳士得
2008 春拍	81388.27	79262.06	44848.70	78822.60	33272.45	50091.43
2008 秋拍	50574.54	42582.08	28199.05	25594.10	17831.90	30978.03
2009 春拍	27110.51	36472.11	16506.44	26692.17	17204.48	30083.72
2009 秋拍	58916.39	63437.19	24245.19	37251.03	30961.04	44137.32
2010 春拍	102898.23	97854.57	27804.22	49862.14	45065.99	54322.54
2010 秋拍	177064.96	154990.68	41122.68	48942.66	51140.26	68469.71

从拍品构成来看，在香港苏富比的历次拍卖会中，除2009年春拍外，中国传统艺术的比例一直都在50%以上，而2010年秋拍更是达到了66%，当代艺术的比例一度达到29%，但是随着中国传统艺术的回归，在2010年秋拍时已经下降到15%，奢侈品的拍卖一直比较稳定，在整体拍卖比较繁荣的时候，奢侈品的拍卖比例维持在20%左右，而在整体拍卖比较惨淡的时候，奢侈品拍卖的份额则上升至28%。

同香港苏富比相比，香港佳士得的拍品构成更加合理，在香港佳士得的历次拍卖会中，除2010年秋拍，中国传统艺术的比例一直都在50%以下，但这种情况正随着中国传统艺术的回归在改变，2010年秋拍快速上升至57%。与中国传统艺术的强势回归相比，当代艺术的比例也从最高时候的38%下降

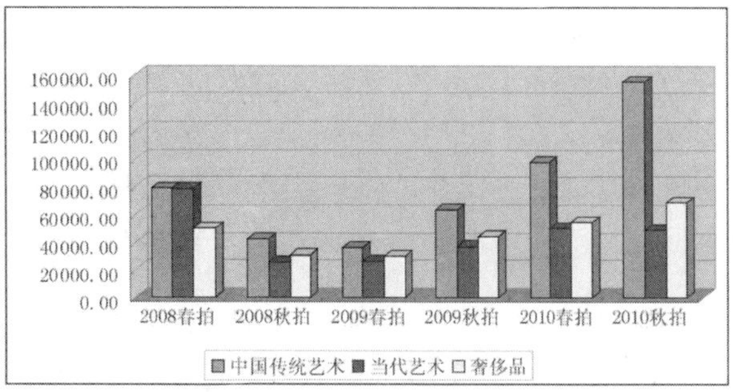

香港苏富比拍品构成

至2010年秋拍时的18%，而奢侈品的比例则一直平稳发展，维持在24%至32%之间。

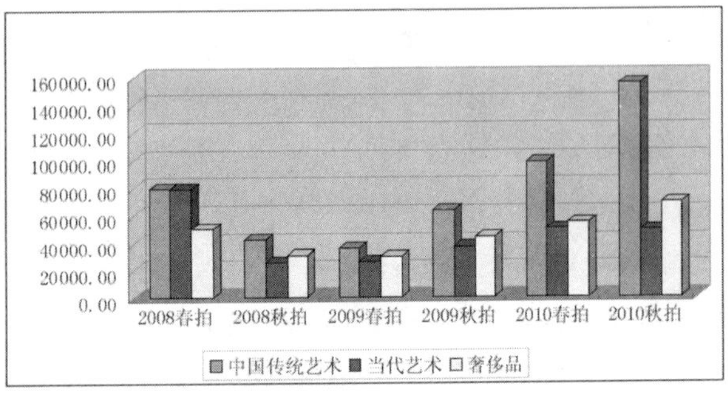

香港佳士得拍品构成

与国内同行相比，香港拍卖行的拍品门类构成更加合理，在正常拍卖年度，传统艺术、当代艺术、奢侈品三大门类相互补充，如果一个门类出现调整，不会对整个拍卖行的经营产生重大影响。而对于大多数国内同行来说，中国传统艺术的占比达到了80%以上，假设中国传统艺术出现调整，国内的拍卖行将无以为继，整个国内拍卖行业将面临灭顶之灾。

三、推陈出新开拓新门类，香港佳士得技高一筹

在新门类的推广方面，香港佳士得总是技高一筹，引领着拍卖市场的潮流，如2006年秋拍时首次在香港推出的“精致名表及皇室珍藏”总成交6636.42万元，推出的“瑰丽珠宝及翡翠首饰”总成交31475.25万元，首次将奢侈品拍卖引入亚洲市场，而且取得了非常好的成绩。在半年之后的2007年香港苏富比春拍上，苏富比也相继推出了“重要腕表”专场及“瑰丽珠宝与翡翠首饰”专场，分别以2300.04万元及24322.00万元成功收场。到了2010年秋拍，中国嘉德推出了“名表拍卖”专场，成交1871.21万元，北京保利推出了“天工开物　真艺载时——名贵腕表、古董钟表专场”，成交4283.78万元。至今，国内同行尚且没有推出专门的珠宝专场。

但是在名酒拍卖上，国内同行的动作更快一些，在2008年秋拍，香港佳士得首先推出了“顶极珍贵名酒及拉图堡酒庄陈年佳酿”名酒专场，成交2775.33万元，在随后的2009年春拍上，国内拍卖行与香港苏富比同时推出了名酒专场，香港苏富比推出了“尊酩芳醇——重要美国藏家珍稀佳酿”名酒专场，而国内的北京保利则推出了“珍藏佳酿法国名庄红酒撷英”系列，此后国内拍卖公司相继推出了红酒、国酒茅台的专场拍卖。

在拍卖专场被国内同行快速复制的同时，香港拍卖公司又开始携新品种在国内试水。2010年10月下旬，苏富比在北京推出约由20幅精品构成的“印象派及现代艺术巨匠油画展”，其中包括雷诺瓦、莫奈、德加、毕加索、夏加尔等欧洲艺坛巨匠作品。这是苏富比首次在大陆推出如此规模的西方印象派及当代艺术作品展览活动，表明苏富比打开国内西方印象派市场的决心。苏富比印象派及现代艺术部国际联主席David Norman就谈道：“自古至今，艺术收藏家的热情都是推动艺术及艺术市场发展的主要元素。现今在中国以及亚洲各地的艺术收藏尤见蓬勃，需求大增，故我们特意直接把此等大师级油画带给亚洲藏家，并精心挑选多位重要印象派及现代艺术巨匠的代表作，并借此次展览更了解客户的收藏兴趣与方向，以作为策划未来展览的指标。”

中国藏家主导全球瓷器收藏潮流

——上等品相清瓷价格扶摇直上

阮富春

岁末年终，回顾、总结是各行各业从业者必做的功课。通过总结分析，我们可以准确把握到学术研究、重要公私收藏展览、拍卖市场等领域的最新动向，以便在新年开始之初，做出适合于自身发展的合理调整。

2010年里，中国陶瓷无论是在学术研究、展览，还是在拍卖市场上，均制造了不少正面的、积极的新闻效应，而且这种效应早已不局限于中国本土了。以拍卖为例，即便是海外市场，地域已经由常规的纽约、伦敦、巴黎等主要城市延伸到普通小城——11月11日，中国内地买家以5160万英镑（约5.5亿元人民币）拍得的清乾隆粉彩镂空瓷瓶，其拍卖所在地仅是伦敦郊区一个米尔德塞克斯小镇，拍卖行班布里奇（Bainbridge）是名不见经传的公司，拍卖会的规模也并不大。这样的例子这几年时有发生，现今，只要有中国瓷器精品出现，无论是在哪里，路途多么遥远，价格多高，已经阻挡不了国人的寻宝热情了！

2010年，艺术市场上表现最突出的现象是资本强势进入。市场的游戏规则随之也开始发生了深刻的变化——曾经以行家为主力的市场，现在由资本说了算。

这种变化虽说是市场化的必然结果，但细究其因，也不能仅仅局限于经济层面。2010年，中国艺术品市场的空前繁荣，除去房地产业、股市等投资领域风向转变的因素外，更重要的在于内因：中国古代艺术品（包括中国书法、绘画、古董、近现代书画等）是中国传统文化的精粹，是最主要的物质形式的承载者之一，历代学者对其价值的研究、探索不绝，它们记录着中国几千年的文明史。同时，它们也是艺术市场的主要支撑板块，长期稳健的行情，已经形成了一套基本适合于市场发展的价值、价格评估规则；社会的稳定发展，促进了各类学术研究的全面展开，学者的新成果对艺术品的评鉴提供了文化基础；经济快速发展，使收入宽裕的收藏者有了坚实的后盾。

因此，分析过去一年中国瓷器收藏、拍卖的行情走势，绝对不能孤立地去分析拍卖或者收藏市场上的新现象，更需要结合学术研究的进展状态、各类重要展览的影响等各个方面。

一、学术研究影响瓷器价值的评判

并非每一件具有学术研究价值的瓷器都具有较高的经济价值，但是没有学术研究成果做参照，仅从市场供需的角度，很难对一件瓷器作出公允的价值、价格方面的评估。在当前的市场背景下，重新重视学术，有着举足轻重的作用。

流通于全球拍卖市场上的中国陶瓷，涵盖历代制品，海外市场长期侧重以中国宋元以前的高古陶瓷拍卖，这与海外收藏者的审美趣味关系至密，兴起较晚的中国市场则以明清瓷器为交易主体。由于传世的高古瓷器数量有限，学术研究资料依赖于考古出土实物，如早期青瓷、白瓷、唐三彩陶、宋代名窑瓷器、元代青花、洪武瓷器、“空白期”瓷器等，如果没有考古出土资料与传世品相结合的对比研究，很难对这些历史时期的陶瓷作出准确的价值判断。

2010年，有关陶瓷的学术研究更进一步，比如定窑联合考古队对河北定窑遗址的再次发掘，故宫博物院主办的“宋代官窑及官窑制度国际学术研讨会”，中国古陶瓷学会参与主办的“中国古陶瓷学会2010年会暨磁州窑学术研讨会”、“首届国际磁州窑论坛（2010磁县）”、“2010年南京明洪武瓷国际学术研讨会”等学术会议，代表了当前对相关陶瓷研究的最新成果，毫无疑问，这些成果将对以后的研究和市场产生积极影响。笔者有幸受邀参加了数次会议，在这里简略介绍一下相关动态。

9月27日至28日，故宫博物院古陶瓷研究中心主办的“宋代官窑及官窑制度国际学术研讨会”在北京召开。海内外60余位学者、专家出席，提交的43篇论文中，学者们针对宋代官窑的定义、何为北宋官窑、北宋朝廷是否在汴京设置过官窑、北宋官窑是否就是汝窑、在河南省汝州市发现的张公巷窑是否就是北宋官窑、南宋修内司官窑的称谓是否准确、南宋官窑是否只有杭州郊坛下官窑一处、杭州老虎洞窑是否就是修内司官窑等以及其他问题，从考古出土实物、传世收藏品、历史文献、美术学、科学检测等方面展开讨论，对于宋代官窑瓷器相关问题的研究起到了积极的推动作用。

10月20日至24日，“中国古陶瓷学会2010年会暨磁州窑学术研讨会”在邯郸举行。海内外200名专家、学者出席，34位学者发言。学者们从磁州窑的制烧年代、窑业性质、生产方式、制作技术、装饰工艺、艺术风格、在中国陶瓷史上的地位与其他名窑的相对影响等方面，对磁州窑作了多方位、多视觉的审视和探讨，取得了一些共识和新的研究成果。成果主要表现在三个方面：新的考古资料的介绍和发表，扩大了人们对磁州窑内涵的了解；对磁州窑相关问题的探讨，深化了人们对磁州窑文化的认识；磁州窑类型瓷器分布广泛，其影响曾波及近邻国家。

10月25日至26日，以“磁州窑面向国际”为主题的“首届国际磁州窑论坛（2010磁县）”在河北磁县举办。近百名学者、专家参加，收到研究论文40余篇，13篇论文提交了论坛交流。论坛着眼于“国际”，把磁州窑和韩国、泰国、伊斯兰等国家、地区的陶瓷文化进行了比较性研究，并对磁州窑瓷器的外运情况进行了专题研究。同时，也把磁州窑对国内相关窑口的影响作了比较性研究，突出了“比较性研究”这个亮点。

11月14日至16日，“2010年南京明洪武瓷国际学术研讨会”在南京艺术学院举行。50余位学者、专家出席，12位学者、专家作了主题发言。来自考古一线的专家介绍了明洪武瓷的发掘情况；博物馆领域的专家对海内外各地博物馆收藏的洪武瓷进行了系统梳理；技术领域的专家报告了专门为此次会议对所作的洪武瓷成分构成测试的研究结果；海外的专家学者们介绍了国外研究洪武瓷的新成果。学者们对各地出土瓷器进行了对比研究，对明洪武瓷的胎、釉、造型、纹饰和工艺等各方面做了梳理，对传世洪武瓷的研究也更加系统化，基本呈现出了明初洪武时期瓷器烧制面貌、风格特点。学者们一致认为洪武瓷是陶瓷从元代古拙风格向明清精美风格的转折点；明代官窑建于洪武二年，由宫廷所派的中官管理。会议标志着洪武瓷的研究进入了一个新阶段，对研究、收藏人士鉴赏洪武瓷器起到了重要的指引作用。

二、公私展览校正收藏的定位与选择

考古出土实物以及各类公私收藏展览一直是瓷器研究、收藏的重要依据，2010年各地的瓷器收藏展层出不穷，其中不乏具有重要价值的展览，对于收藏者来说，观摩这些展览是一个很好的学习过程。

过去这一年，仅中国区域就有不少与瓷器相关的专题展览不可不提：

如2009年9月至2010年3月间举办的“精彩中国——公元12～13世纪彩瓷的辉煌”，2月至5月首都博物馆的“中国清代外销瓷展”，6月台北故宫博物院的“绵绣自玲珑——院藏贸易瓷特展”，7月台北历史博物馆的“庄建军绪陶瓷器文物捐赠展”，9月首都博物馆的“首届世界华人典藏大展”（瓷器80件），9月22日北京故宫博物院的“宋代官窑瓷器展”，9月26日的“永乐宣德文物手展”，9月25日香港艺术馆的“博古存珍——敏求精舍金禧纪念展”（陶瓷106件），10月南京市博物馆的“瓷珍雅集——馆藏元明清瓷器展”、“玉堂佳器——馆藏精品展”，10月台北故宫博物院的“文艺绍兴——南宋艺术与文化特展”、“抟泥幻化——中国历代陶瓷展”，10月浙江杭州南宋官窑博物馆“清·雅——南宋瓷器精品大展”，11月中国磁州窑博物馆的“磁州窑特展”，12月苏州博物馆“妙彩繁花——苏州博物馆藏明清瓷器特展”等。无论是展览的数量还是质量，均远远超过了2009年度，基本上每一场展览都展出了不少平常难得一见的传世名品。其中博物馆收藏展方面尤其以两岸故宫、杭州南宋官窑博物馆、南京市博物馆的展览引人入胜；私人收藏展则首推香港艺术馆的“博古存珍——敏求精舍金禧纪念展”，以及首都博物馆的“首届世界华人典藏大展”。

宋代官窑传世瓷器数量稀少，一直是收藏者梦寐以求、可望而不可即的珍品，两岸三场宋代官窑瓷器的专题展览，为宋代官窑瓷器的学术研究提供了充实的实物资料，也让收藏者对宋代官窑瓷器的风格特点和美学风尚有了全新的认识。

两岸先后举办的两场外销瓷器展，再次掀起了外销瓷的研究、收藏热潮，随着艺术市场国际化的进一步加深，蕴涵着深厚中西文化交融的外销瓷将会是未来一个新的热点。

而两场私人收藏展以及《庄绍绥瓷器收藏集》的出版，则展现了当前中国区域私人收藏瓷器的水平与面貌，这些收藏者珍藏的瓷器，大部分来源于海内外的拍卖会、知名古玩店以及古董展会，不少是市场上流通的名品，其交易价格清晰可查，从它们历次交易的记录和收藏者转手的情况，可以清楚地看到几十年来中国瓷器在全球拍卖市场上的行情演变，而收藏者不同的审美取向，对于新进的收藏者来说，无疑将起到实际的参照作用。

三、拍卖结果左右瓷器行情的发展

继2005年元代“鬼谷出山”图青花罐在伦敦拍出1568.8万英镑（约2.3亿元人民币）之后，中国瓷器2010年里再创新高，前述5160万英镑拍出的清乾隆粉彩镂空瓷瓶，仅仅是2010年中国瓷器在全球市场上高价成交的冰山之一角——2010年成交价超过亿元的瓷器已达4件，明清官窑瓷器精品的价格动辄以数千万元成交，全年价格超千万元的瓷器已达数十件之多。2010年的拍卖改写了中国瓷器的拍卖历史：历年中国瓷器成交前10名中，5件出自这一年。

而一个更值得关注的现象是：拍卖场近10年来屡创高价成交的官窑瓷器，绝大部分都出自清代官窑，明代官窑瓷器无论是上拍的数量还是成交的价格都远不及清代制品。这与早期收藏家追捧宋代、明代官窑瓷器形成了鲜明的对比，尽管在2006年、2007年间明代官窑瓷器也曾经出现过数件创高价的精品，但市场上稀少的流通数量制约了其市场盘面的规模。拍场上成交价超过亿元的瓷器清一色是清代官窑瓷器，准确地说主要是雍干瓷器。

（一）宋元名瓷市场流通量有限

宋瓷板块流通量有限，2010年高质量拍品很少，中国市场成交价在百万元以上的仅5件。春拍香港佳士得拍出2件：菲格斯爵士（Sir John Figgess）旧藏、2005年7月伦敦佳士得拍出的北宋定窑刻鸳鸯纹碗以218万港元成交；原为琉球末代国王尚泰收藏的南宋官窑葵口碗以1141.2万港元拍出，成为年度最贵的一件宋瓷。中国嘉德春拍，原为龚心钊瞻麓斋旧藏的宋代建窑兔毫盏以112万元拍出。北京保利秋拍成交过2件：著名收藏家徐展堂“在望山庄”旧藏的宋—元钧窑天蓝釉鼓钉式三足洗以548.8万元成交，海外藏家旧藏的南宋—元哥窑八方贯耳壶470.4万元拍出。海外市场2009年宋瓷的成交量也仅在个位数，5月12日伦敦苏富比春拍，12.5厘米宽的哥窑洗在著录中被确定系元代制品，估18万至22万英镑，最终以99.325万英镑拍出（约合1011.33万元人民币）。

宋代名瓷数量稀少，民间收藏品多数都已沉淀在大藏家手里，再次出现的概率不大，而且流通的周期也随着流通量的递减而加长，可谓进入了可遇不可求的阶段。

当五大名窑器也成了稀缺品，青睐高古瓷器的藏家已经将目光转向了龙泉、磁州、耀州窑制品，相信未来这三大窑系的制品会迎来一个不错的交易期。2010年中国市场龙泉窑、磁州窑瓷器行情不错。中国嘉德春拍，金代磁州窑黑釉褐彩玉壶春瓶以31.36万元拍出。香港佳士得春拍，日本三菱集团创办人之一近藤廉平男爵旧藏的南宋/元代龙泉釉贴缠枝牡丹花香炉以86万港元拍出。西泠印社7月春拍，高22.6厘米的南宋龙泉窑三足花盆也以86万元拍出。秋拍中，高22.9厘米的北宋/金磁州窑白地褐花小口瓶（矮腹梅瓶）在香港佳士得拍出了86万港元。

辽、金时期瓷器拍场鲜见高价品，2010年中国嘉德秋拍以89.6万元拍出的辽代白瓷凤首瓶极为少见，高51厘米，器型硕大，制作规整，素雅沉穆，白陶为胎，外挂白粉，所施白釉较厚，光泽内蕴含蓄，花式杯口与长颈间贴塑的凤鸟栩栩如生，风格独特，这也是能拍出这一高价的原因所在。

元代青花瓷一直是市场上的热门品，收藏热致使内地市场相当混乱，在拍卖高价的诱惑下，赝品横行，真赝难辨。因此，是否传承有绪、是否有过硬的著录出版，成了制约元青花瓷价格的重要依据。“鬼谷出山”图罐创高价后，曾出现过一轮元青花精品的换手高潮。近年来市场上很少出现成交价数千万元的精品，但价超百万元的高档品还是时有所见。据粗略统计，2010 年交易价格在百万元以上的有 9 件，其中 2 件在千万元以上，它们的共同点是：收藏传承清晰。4 月 7 日香港富得以 1130 万港元拍出一件高 38 厘米的缠枝牡丹纹铺首耳罐，是元青花的典型器型，与上海博物馆所藏元青花缠枝牡丹纹大罐器型相似，2008 年伦敦苏富比春拍曾出现过一件类似品；中国嘉德春拍以 470.4 万元拍出一件高 42.2 厘米的缠枝牡丹兽耳罐（有残），天津艺术博物馆、美国波士顿美术馆藏有类似造型、纹饰的双耳罐；香港佳士得春拍 650 万港元拍出一件徐展堂静观堂收藏缠枝牡丹纹罐，高 28.6 厘米，1992 年及 1997 年曾在新加坡和香港大学展出过，1997 年 3 月由纽约佳士得静观堂专拍释出；北京保利春拍 336 万元拍出一件 1945 年法国藏家的缠枝牡丹罐，高 22.5 厘米；北京荣宝秋拍，曾由伦敦苏富比 1998 年 11 月拍出的龙纹玉壶春瓶再以 336 万元易手；北京永乐秋拍，曾经徐展堂、纽约蓝理捷（J. J. Lally）收藏的缠枝牡丹孔雀纹梅瓶以 560 万元拍出，此瓶曾多次展出、著录；香港佳士得秋拍，高 35.8 厘米的花卉纹八方执壶以 506 万港元拍出；北京保利秋拍拍出 2 件——一件是徐展堂“在望山庄”旧藏的孔雀牡丹带盖梅瓶拍出了 1568 万元，曾出版于《海内外徐展堂中国艺术馆藏品选粹》，是 2010 年最贵的一件元青花瓷；另一件是 20 世纪 40 年代日本关西近卫家族旧藏的孔雀牡丹纹大梅瓶也拍出了 1288 万元。

除元代的青花瓷之外，著名的枢府卵白釉瓷、青白釉瓷，以及龙泉、钧窑产品近年价格也有走高的迹象。中国嘉德春拍，曾经龚心钊瞻麓斋旧藏的一对元代枢府窑缠枝莲双凤纹印花碗估价 28 万元至 38 万元，被追到了 112 万元的高价。此对碗直径 16.9 厘米，高 7.8 厘米，胎骨细腻，釉色莹润，是市场上少见的枢府窑瓷器精品。纽约佳士得秋拍，直径 24.1 厘米、估价 30 万～50 万美元的钧窑花瓣洗拍到了 72.8 万美元，此洗被定为元末明初，底刻“一”字，是威廉姆·科宾（Dr. and Mrs. William L. Corbin）的旧藏品。

（二）明代瓷器行情涨幅稳健

十余年来，明代瓷器的成交价格始终赶不上清瓷。拍场上，洪武釉里红、永宣青花、成化斗彩、嘉万五彩和斗彩一直是高价的创造者，然而除青花外，明代其他釉彩品种流通量有限。2010 年拍场上仍然是上述几朝的制品成交价格较高。

洪武釉里红传世品数量有限，有研究人士粗略估计，公私收藏机构公布的完整器不过百件而已，大部分收藏于博物馆机构，私人收藏能够流通的量更小，目前精品成交价最高纪录的保持者是一件缠枝牡丹纹玉壶春瓶，7852 万港元，也是明瓷的最高纪录。2010 年，中国拍场上值得一提的洪武瓷仅 4 件，釉里红 2 件，蓝釉、龙泉瓷各 1 件。北京翰海春拍，品质普通的釉里红缠枝花卉执壶以 184.8 万元成交。10 月初香港苏富比秋拍，釉里红缠枝花卉纹梅瓶拍出了 1466 万港元，是年度价格最高的一件洪武瓷器。这一时期的釉里红梅瓶存世的完整器数量相当有限，拍场仅出现过二三例，当时御窑厂尚处在初步草创期，烧制技术尚不能准确把握釉里红的发色，成品的红色多数发黑，红色偏灰暗，苏富比拍出的此件红色即发黑；传世的洪武蓝釉瓷器完整器博物馆中不多见，南京等地出土过残器，笔者曾在南京见过 1 件内外蓝釉模印、刻画相结合的云龙纹碗残件，与南京明故宫遗址出土的蓝釉瓷片风格一致。2009 年及 2010 年，内地拍场上先后出现了 2 件洪武蓝釉瓷器，2009 年云南典藏春拍出现的是一件直径 19.5 厘米的外酱釉内蓝釉暗刻云龙纹盘，2010 年北京诚轩拍出一件直径 20.5 厘米的外酱釉内蓝釉印花云龙纹大碗，这类蓝釉器目前尚没有可靠的学术研究分析，认知者不多，这也是市场价仅保持在五六百万元的原因。

在收藏者热捧洪武景德镇釉里红、青花、颜色釉瓷的同时，应该关注到明初的龙泉窑瓷器，龙泉窑明初仍然大量烧制，数百年来积累下来的青瓷烧制工艺为龙泉窑的烧制提供了技术支持，明初制瓷水平甚至远超同时期的景德镇窑，浙江地区考古出土的实物即可证实这一点。但是，明初龙泉窑瓷器的拍卖价格一直低于其他品种，2010 年中国市场有四五件明初龙泉窑瓷器成交价超百万元，徐展堂旧藏的一件明代龙泉窑青釉梅瓶在香港佳士得秋拍中以698万港元易手。

永宣青花是明青花的主要成就，是明代瓷器的风向标，在中国青花瓷器收藏中举足轻重。2010年中国市场拍卖价超600万元的永乐青花瓷大约7件，器型有执壶、盖罐、投壶、碗、盘。香港苏富比春拍，明永乐青花缠枝花卉纹如意开光式莲纹执壶拍出了1858万港元。在内地市场，北京保利秋拍时，徐展堂旧藏的明永乐青花披肩花缠枝莲花盖罐以1400万元成交。价超700万元的宣德青花瓷也有7件，器型有葵口盘、大碗、葫芦扁瓶、十棱洗、大罐、钵、盘等。香港苏富比秋拍，法国藏家1986年入藏的明宣德青花轮花绶带葫芦扁瓶以2642万港元易手。北京保利秋拍，1996年由北京翰海春拍释出的明宣德青花云龙纹十棱洗，又以2688万元拍出。

宣德红釉举世闻名，俗称繁多，传世极罕，2010年香港佳士得以722万港元拍出过一件直径20.2厘米、双圈双行“大明宣德年制”六字楷书款的红釉盘，是拍场上少见的品种。

成化斗彩私人收藏品屈指可数，难见其踪，2005年以来反倒是成化青花价格飙升。2010年10月初香港苏富比秋拍，高26.5厘米的明成化青花缠枝卷草纹梅瓶拍到了4322万港元，创下成化青花的最高成交纪录。北京翰海秋拍，高10.3厘米的明成化青花荷塘罐虽然有伤，仍然拍出了1904万元的高价。

正德、嘉靖、万历瓷器拍场上常见，多见青花、五彩，这几年的价格回升迹象明显。2010年北京翰海秋拍以2352万元拍出的明嘉靖青花五彩鱼藻纹盖罐最具代表性，大罐高40厘米，“大明嘉靖年制”楷书款，是拍场上的一件传世名品，早期曾是暂得楼主人、香港著名收藏家胡惠春旧藏品，1992年由香港佳士得秋拍释出，2009年11月在首都博物馆举办的“盛世气象——海峡两岸重要藏家文物收藏展”露面时，已经引起轰动。北京保利秋拍，一件明代“天启年米石隐制”款的青花洞石花卉出戟觚，拍出了1232万元的高价，创明末瓷器的最高纪录。此瓶原是徐展堂的旧藏，高32厘米，曾在1990年展出于香港艺术馆“敏求精舍三十周年纪念展”。

2010年拍场上创高价的明代瓷器，无一不是收藏传承清晰，甚至著录翔实的名品，特别是曾经收藏大家手泽的精品，是收藏者、投资者极力追捧的对象，可见这一点将成为未来评价重要瓷器价值的标准。

（三）清瓷价格全面飙升，乾隆瓷炙手可热

清代景德镇御窑厂达到了历史生产的巅峰，督窑官制度的实施使官窑瓷器的烧制技术突飞猛进，特别是康、雍、乾三朝，其制品可谓前无古人、后无来者，历来受收藏者器重。内地民间收藏起步较晚，但涉足瓷器收藏的人群基数较大，多数选择由易得、好看的清代瓷器、民国瓷器入手，特别是清康熙、乾隆朝以后几朝的瓷器较受青睐，雍、乾以及明代瓷器则是有实力收藏家才敢下手的高价品。清瓷行情大涨始于20世纪80年代后期的港台市场，随着港、台老一辈瓷器收藏家藏品的散出，新一代收藏家、投资群体入市，相对于宋瓷、明瓷，存世数量较大的漂亮清瓷成了首选品，官窑制品价格扶摇直上。2000年，单件制品价格突破千万元后，清瓷正式迈入了高价时代——同年香港拍场上成交价过千万元的清瓷达4件之多，1件清乾隆粉彩花蝶纹如意耳尊的成交价高达3304.5万港元。

2010年，不仅中国书画创纪录，中国瓷器拍卖也是最辉煌的一年，全年成交价超千万元的清瓷有63件，其中乾隆瓷占主流，有52件，雍正瓷9件，2件嘉庆瓷器。

首先，从总数上看，近10年来成交价超千万元的清瓷一共不足170件，而2010年一年就占了63件，可见清瓷的火暴非同一般。其次，单件清瓷的成交价格屡被刷新，14066万港元，25266万港元，5160万英镑，价格最终超过了元青花“鬼谷出山”图罐创造的纪录。

清瓷价格全面上涨，不仅仅局限于某一朝代或者某一个釉色品种——据笔者统计，除顺治、康熙、咸丰三朝制品外，雍正、乾隆、嘉庆、道光、同治、光绪、宣统7朝的单件官窑瓷器2010年悉数拍出了历史最高纪录，这是拍卖史上前所未有的现象。

清代景德镇虽然在顺治八年即开始烧制官窑器，但是官窑瓷的面貌并不突出（帝号年款瓷极少），从不多的传世品来看，当时的瓷器延续了明末的风格，而且产量有限，拍场上精品的价格多在五六十万元。咸丰、宣统款瓷器的传世品数量甚至远低于顺治瓷，关注的藏家不多。

自康熙十九年景德镇实施督窑官制度后，开启了清代官窑瓷器进入盛世的大幕，康熙一朝各种釉色、器型品种兼备，广受收藏者推崇，收藏者手里的康熙官、民窑制品数量不少，其中以青花、釉色釉、五彩瓷最多，每季拍卖会上常见，青花瓷的拍卖价格最高。2010 年秋拍，1 对清康熙外胭脂红内粉彩果实纹马蹄杯在香港拍出 926 万港元，是全年价格最贵的康熙瓷，对碗底书六字楷款，1988 年后归葛沃得珍藏。

雍正瓷秀雅精巧，价格上涨的幅度最大，主因是量少，2010 年有 9 件雍正瓷器成交价超千万元，器型有八方扁壶、仿汉壶尊、长颈撇口胆瓶、三孔扁瓶、撇口碗、长颈瓶、水盂、盘、碗等。它们所具有的共同点是：出身收藏名门，著录、传承有绪，如香港佳士得秋拍 7906 万港元拍出的清雍正青花花鸟图八方扁壶，1900 年间流传至今，原为英国私人旧藏，由英国著名酒商山迪文家族流出。其他几件也都出身不凡，如来自上海世家旧藏、美国藏家杜克（Doris Duke）收藏、美国藏家哈顿（Barbara Hutton）收藏、赵从衍收藏、日本收藏家中野忠太郎等。

乾隆瓷 2010 年大放异彩，年度成交的高价品八成出自乾隆朝，秋拍屡破纪录的 4 件超亿元名品皆为乾隆瓷。戴润斋旧藏的御制珐琅彩祥云瑞蝠开光式四季花卉图纸槌瓶 14066 万港元、浅黄地洋彩锦上添花万寿连延图长颈葫芦瓶 25266 万港元，后者被张永珍竞得。英国伦敦一家族 20 世纪 30 年代入手的粉彩镂空吉庆有余转心瓶以 5160 万英镑拍出，据说被中国内地买家王耀辉竞得。1987 年，香港苏富比秋拍释出的舒思深伉俪旧藏青花胭脂红料双凤戏珠纹龙耳扁壶，以 1.2386 亿港元易主。至此，历年成交价超过亿元的 7 件中国瓷器中，除元青花“鬼谷出山”图罐外，6 件为乾隆瓷。

52 件超千万元拍出的乾隆瓷器，釉彩、器型品种繁多，具有代表性的釉彩有白地粉彩，色地粉彩，浅黄地洋彩，白地珐琅彩，色地珐琅彩，青花、青花加彩，炉钧釉地金酱彩，釉里红、色地金彩，洋彩厂官釉，茶叶末釉，孔雀绿地洋彩加胭脂料彩，仿汝釉，白釉凸花，孔雀绿釉，松石绿描金，青花粉彩，斗彩等，以各类粉彩、青花瓷量较大。器型以琢器为主，圆器较少，各式瓶、壶、尊品种繁多：如瓶就有镂空转心瓶、葫芦瓶、纸槌瓶、撇口瓶、仿古铜式双耳瓶、双如意耳瓶、梅瓶、抱月瓶、长颈瓶、蒜头瓶、胆式瓶、莲蓬口瓶、观音瓶、贯耳瓶、天球瓶等多种；贲巴瓶、贲巴壶，龙耳扁壶、双螭耳扁壶、背壶、牺耳尊、花觚、佛像等。圆器则仅见有盖盒、瓷板、盘等，可见乾隆瓷可供选择的余地相当大，收藏家对器型的关注度还是比较高的。

这也给喜爱乾隆瓷器的收藏者一个启示：在大件器价格几成天价的当下，若想低价拥有乾隆瓷，不妨在小件器、具有典型性的圆器上或者是特殊釉彩品种上下工夫。

嘉庆瓷是清代制瓷业由盛而衰的一个转折点，此后朝廷就不再指派专司制瓷的督窑官，除前期尚能生产少量具有较高水准的瓷器外，嘉庆后期景德镇制瓷业日暮西山。其后几朝的瓷器，历来在拍场上少有高价品。但随着清三代瓷器量越来越少，价高不下，清代中、晚期的瓷器精品价格也开始飙高——2007 年 8 月中贸圣佳推出“嘉庆宫廷艺术品专场”时，曾经英国苏格兰阿伯丁郡英韦卡特城堡（Invercauld Castle，Aberdeenshire），弗格阿瑞森（Captain Farguharson's）收藏过的清嘉庆粉彩进宝图螭耳瓶，就拍出了 1019.2 万元。2010 年，嘉庆瓷器再创新高，2 件成交价超千万元：19 世纪英国富豪阿尔弗雷特·莫里森（Alfred Morrison）家族放山居（Fonthill House）收藏的清嘉庆黄地粉彩福寿万年云口瓶，在香港拍到了 9026 万港元；日本藏家收藏、2008 年香港苏富比春拍释出的清嘉庆青花海水九龙葫芦瓶，北京保利秋拍也拍到了 1344 万元。事实上，这些能拍出高价的嘉庆瓷工艺、纹饰风格与乾隆瓷毫无差异，可能是乾隆当太上皇时期的作品，与嘉庆后期瓷器风格明显不同。

香港苏富比、佳士得 2010 年秋拍的两场私人收藏专拍中，分别有 2 件道光瓷器成交价创道光瓷之最：戴润斋旧藏的 1 对清道光粉彩仿剔红雕漆锦地万福图盖罐，以 782 万港元拍出；放山居收藏的 1 对清道光黄地粉彩花卉五福宫碗以 662 万港元易主。鸦片战争的爆发，将中国历史拉入了近代，生产力下降，道光一朝瓷器远不如前，已经很难见到工艺水平能达到嘉庆朝的作品了。中国市场上道光瓷器直到 2001 年价格才过百万元，10 年间，价超百万元的不足 60 件。

同治、光绪时期景德镇制瓷粗劣，历来为研究者、收藏者人士诟病，行情长期波澜不惊，近两年才有些微变化，以2010年最具代表性。北京翰海秋拍，清同治青花缠枝花卉赏瓶估18万元至28万元，拍到了78.4万元，这也是中国市场上最贵的一件同治瓷器。目前同治瓷器精品的稳定价格大约在50万元，一般品价格只是一二十万元。光绪瓷器的行情一直好于同治瓷，历年成交价超过百万元的光绪瓷有10余件，2010年北京地区拍出3件，器型都较大。北京保利秋拍的1对清光绪御制黄地粉彩百鸟朝凤大瓶以246.4万元居历年之首，这对瓶高140厘米，原是民国时期上海巨贾叶澄衷之子叶贻铨旧藏品，后归上海友谊商店，该店徐国熹先生认为："此对大瓶原应为清宫陈设器，民国初年由北京皇族带入南方居所，后进入叶贻铨府邸，直至解放初年仍保存在叶府旧宅。'文革'期间，上海文物系统老领导为保护这对大瓶，特别安排徐国熹先生将其运至仓库妥善保管。1978年为组建上海市友谊古玩商店，上级部门特别将这对大瓶征调而来，定价人民币外汇券120万元，为当年全国文物经营系统最昂贵的商品之一，成为上海友谊古玩商店的镇店之器。"北京保利春拍还曾以109.76万元拍出一组美国藏家旧藏的六扇屏清光绪仿珐琅彩二十四孝瓷板。北京翰海秋拍，底书"储秀宫制"篆书款的清光绪黄地彩云龙大盘以112万元拍出。近年来，较好的光绪瓷器价格大多在六七十万元。

仅历3年的宣统朝，官窑瓷器产量有限，且制品已经有近代瓷的特点，玻璃化特征明显，拍场上精品不多。2010年，香港佳士得拍出2件，曾经新加坡养志堂以及景艺堂珍藏的清宣统粉彩麻姑献寿瓶122万港元拍出，六字楷书款的清宣统青花胭脂红八仙过海纹碗92万港元拍出；北京保利秋拍，海外藏家收藏的"大清宣统三年湖南瓷业公司"款釉下粉彩花鸟瓶以64.96万元拍出。

综合清瓷板块的行情可以看出，雍正、乾隆瓷器的价格已经到了相当的高度，随着嘉庆瓷器价格的飙升，康熙、清中期、清晚期瓷器的行情也全线飘红，未来这一板块将会更加引人注目。

另外，明、清以及近现代紫砂这几年风头正健，2010年中国嘉德上拍的近代顾景舟制、吴湖帆书画的壶，成交价已达1232万元，全面拉升了紫砂器的市场地位，相信未来还会有更多的精品入市。但是，紫砂器的鉴定难度远高于瓷器，这也是藏家应该重视的问题。

2011年，将迎来辛亥革命100周年，有相当存世量，且在中国陶瓷史上有着重要地位的民国瓷器，将会成为各方人士关注的焦点。

附表：中国瓷器历年拍卖成交前10名

序号	拍品名称成交价	拍卖公司	拍卖日期
1	清乾隆　粉彩镂空瓶　5160万英镑（约5.5亿元人民币）	英国伦敦班布里奇拍卖行（Bainbridge）	2010-11-11
2	清乾隆　浅黄地洋彩锦上添花万寿连延图长颈葫芦瓶　25266万港元	香港苏富比	2010-10-07
3	元青花　"鬼谷出山"图罐　1568.8万英镑（约2.3亿元人民币）	伦敦佳士得春拍	2005-07-12
4	清乾隆　御制珐琅彩杏林春燕图碗　15132万港元	香港佳士得	2006-11-28
5	清乾隆　御制珐琅彩祥云瑞福开光式四季花卉图纸槌瓶　14066万港元	香港苏富比	2010-10-07
6	清乾隆　珐琅彩锦鸡图题诗双耳瓶　11548万港元	香港苏富比	2005-10-23
7	清乾隆　青花胭脂红料双凤戏珠纹龙耳扁壶　12386万港元	香港佳士得	2010-12-16
8	清乾隆　青花海水红彩龙纹如意耳葫芦瓶　8344万元	北京翰海	2009-11-11
9	清乾隆　粉红地锦上添花粉彩通景山水庭廊图双耳撇口瓶（1对）　9922万港元	香港苏富比	2010-10-07
10	明洪武　釉里红缠枝牡丹纹玉壶春瓶　7852万港元	香港佳士得	2006-05-30

海外文物回流现状

毕武英

2010年11月11日，一件清乾隆粉彩镂空转心瓶在英国伦敦以约合人民币5.5亿元的天价成交，经媒体证实，买家为北京的某企业家。英国人一边欣喜若狂地数着钞票，一边抛出“瓷器爱国主义”舆论，仿佛激励着下一个中国人，将流失在海外的文物以更高的价格买回国门。相较2009年3月初，一对圆明园兽首在法国拍卖所掀起的舆论风波，此次对转心瓶的购藏，业界显然给予了更多的认可。一些声音认为，5.5亿元的价格虽然不菲，但就转心瓶本身而言，蕴涵的历史以及文物价值远远高于这个价格。还有一些声音则将这位北京企业家看做具有“民族担当”的人物，称“如果中国人自己都不爱自己的艺术品，中国艺术品的世界地位怎么可能继续提高？”

而就在一年前的铜兔、鼠事件中，由于两件拍品系八国联军攻战北京时的掠夺物，所以在拍卖之初就受到了种种非议，很多业内人士几乎一致地呼吁，号召中国买家不要花费巨资将其买回。因为在他们看来，拍品本身的艺术性远远不及它们所承载的历史性，如果在海外拍场一味受到中国买家的追捧，一方面会推动该类拍品的价格走向，另一方面本来希冀通过外交手段解决的被掠夺文物回归问题，可能由于另一种途径的出现而被暂缓。而这两件铜兽首，最终在众人的关注中，由于买家蔡铭超竞拍后拒付拍卖款，被带入了一个更具争议，也更具戏剧性和围观性的结局。

两个具有典型意义的海外流失文物事件，虽然结局不同，但都将视点拉向了文物回流这一越来越受到关注的主题中。

一、中国有多少文物流失在外

中国流失在海外的文物至今没有一个准确数据，而根据联合国教科文组织的统计，在全球47个国家的200多座博物馆中，收藏着上百万件中国文物。有媒体曾报道说，中国文物流失严重的程度，可以在瑞典一座仅有2万人口的小城中窥得一斑。在这座北欧地图上找不到的城市中，却有一家远近闻名的博物馆，它所收藏的中国一级文物，就有几百件。特别是中国汉、隋、唐时代的金银器皿，这些完整、精美的金银大碗在国内尚且很难见到，在这个小城的博物馆里却随处可见。

1996年，中国政府签署《国际统一私法协会关于被盗或者非法出口文物的公约》（以下简称《公约》），按照《公约》规定，任何因战争原因被抢夺或丢失的文物都应该归还。但自签署以来，中国依照《公约》从海外追讨回的文物寥寥无几。直至2009年，沸沸扬扬的法国佳士得拍卖铜兔、鼠首事件中，中国律师团试图以该《公约》为依据将佳士得告上法庭，但最终因为法国巴黎法庭认为该诉讼的委托方——欧洲保护中华艺术联合会没有直接请求权而驳回了中国律师团的请求。依据《公约》追回文物的希望就这样在亿万中国人的关注下再次破灭。于是，有怀疑者认为，所谓的《公约》不过是一纸空文。

而败诉的中国律师团认为，《公约》是关于文物追索和保护方面最好的一个依据，它充分体现了文物流出国的意志。比如它解决了文物追索方面的时效难题。大多数国家的国内法律要限定诉讼时效，我国一般是2年，最长不超过20年。如果按照时效，由于历史原因，中国文物从丢失到起诉往往早已超过了最长时效。因此，《公约》规定“任何缔约国可以声明一项请求应受75年的时效限制，或者受到该国法律所规定的更长时效的限制”。他们认为，正是由于“或者受到该国法律所规定的更长时效的限制”，使得借助我国法律中的某些条款，就能将诉讼时效延长到最大。“我们国家民法通则有一条，未曾确定给公民法人管理的国家财产受到侵害，不受时效限制。另外，特殊情况下人民法院院长可以执行延长时效，且并没有规定延长多少。”

既然《公约》充分体现了文物流出国的意志，为什么还是鲜有文物能够通过《公约》回到原有国？重要的一个原因在于，目前拥有中国流失文物最多的几个西方国家，至今未在《公约》上签字。因此，《公约》对这些国家是没有法律效力的。此外，最利于文物流出国的“没有时效限制”到目前为止还没有“条文化”。比如，《公约》需经签署国批准、接受或者核准，但并没有明确指出需要签署国的哪个部门核准，这就使得在法国，其实该国外交部已经签署了《公约》但其议会并没有通过，因此前者签署的《公约》是否体现了签署国的意志就值得商榷。“这样，在遇到类似铜兽首的纠纷时，法国完全可以称议会没有通过，而否认自己是《公约》的缔约国，从而不受约束。”

二、民间捐赠困难重重

由于通过《公约》一时难以促成大量海外文物的回归，因此来自民间的捐赠成为文物回流的一种通道。但从海外购买或者通过其他途径收藏中国文物后想捐赠给中国国有博物馆的民间人士很多，成功捐赠的却寥寥无几，除非该物品是在佳士得、苏富比等重要拍场中竞得，否则，往往被国有博物馆打上“赝品”的标签。究其原因，文物鉴定的问题始终没有解决。“我国目前没有独立的鉴定体制，鉴定方法主要依靠科学测试和眼学鉴定。”

2010年，曾因撰写《谁在拍卖中国》和《谁在收藏中国》而声名鹊起的吴树，为了撰写第三本著作而调查了中国科学院、国家博物馆、上海硅酸盐研究所三个对文物进行科学测试的主要机构。“结论是：虽然他们都做了很多试验，统计了大量数据，但信息库不能通用，各自为战，存在着力量分散、资金不足等问题，缺乏公信力。”而对于眼学鉴定，吴树更是无奈地认为：“现在对于专家鉴定，只要随便翻翻报纸，遍地都是官司，专家失去了权威性。”

除了对捐赠藏品的真伪难以鉴定，一些捐赠者的目的不纯，甚至与博物馆内部人员内外勾结，使得回流文物捐赠变得并不那么高尚。有一些回流文物捐赠者，以捐赠换政策，比如曾有一位海外藏家将一套四条屏捐赠给某博物馆，声势造得很浩大。政府关注后。就在房地产等方面给予了优惠待遇，其由此所获得的经济利益，远远高于那套四条屏。不过，这类捐赠者虽然目的不纯，但并没有太多危害。倒是另一种情况值得引起关注。“通常博物馆都会对捐赠者给予一定的经济奖励，奖励的具体数额由专家对捐赠品的估值而定，但目前这种政策被滥用得非常严重，明明值10万元的东西，他可以估上百万元。比如，国内一家知名博物馆投入大量财力接受某位藏家的一批青铜器捐赠，但这些藏品在历史上并没有重要意义，甚至连该博物馆原有的馆藏品都比不上。受捐后，博物馆就将它们丢在库房中。”

对捐赠藏家的质疑，博物馆方面认为，有些收藏家花了很多钱，买了些不可靠的藏品，他们又想将这些不可靠的东西捐赠给博物馆，换取一些名誉，对此，博物馆自然应该把好这道门。

而另一方面，众多藏家则对这些质疑之声表示愤慨，他们中的一些人甚至认为，正是由于专家的学术不专以及国家相关文物部门的不作为，不仅使得文物回归困难重重，而且导致现有文物的大批外流。

三、拍卖行海外征集遭遇征集难题

2010年8月，海关总署宣布公告，提高免税物品门槛。这项原本旨在打击非法代购行为的举措，却使得拍卖行受到误伤。先前，拍卖行在海外征集到拍品后，虽有征收关税一说，但海关的执行力度并不十分严格，因此，很多拍卖行通过“灰色通道”均能进行多多少少的减税或者避税。而此项提高免税物品门槛的举措实施后，海关征收门槛提高，拍卖行很难按照先前的方法进行避税。因此，2010年，某拍卖公司在海外征集的上千件拍品被海关扣押，最后该公司不得不派出大量工作人员，以私人物品的方式，将这些拍品携带回国。有拍卖公司负责人称，与国外发达国家相比，现行的海关政策由于征收额度较高，可能会影响到整个拍卖行业的发展。

而有人认为，拍卖行没有必要一定要在海外征集拍品，拍卖行经过10多年的发展，海外文物精品很多都已经回国，因此，近些年征集的拍品品质不如从前。与其在海外寻宝，不如保住现有的文物不致流失。

目前“文物私生子”，即盗墓、盗捞和盗窃出来的文物不被市场承认，导致这些文物流失严重。1998年英国警方截获的两批中国走私文物共3494件成功追回；美国海关向中国驻美国大使馆归还了47件被查获的中国文物。2000年至2003年，从香港佳士得拍卖行依法索回了40多件被盗文物；2002年，从美国索回了共计14吨重的珍贵古生物化石等。“根据统计记载，近十几年来，中国流失国外的文物超过800万件。近几年流向海外的文物，以工艺品名义用集装箱运，仅2007年11月1日，杭州、大连、天津、深圳联合抽查一天，只检5%货物，就查出走私文物15500件。”

有分析人士认为，现在通过拍卖高价购买回流的文物没有多少意义，因为中国民间拥有的藏品很多都优于它们。如果通过高价购买，反而使得外国人控制了海外中国文物市场。“钱全流到了他们口袋中。与其购买，不如做好对自己藏品的保护。”

四、文物回归需要政府的积极态度

在兽首事件中，率团赴法追讨的律师刘洋一直从事研究“海外流失文物的法律追讨”课题。为此，他多次请求相关文物部门给予协助，比如查询一些不对外公布的资料等。此外，他还试图和这些部门的相关人士建立良好的私人关系，以期研究工作得以顺利进行。但令刘洋没有想到的是，这些部门对他的请求有的敷衍了事，有的则置若罔闻，甚至冷嘲热讽。

由于铜兽首事件在国内引起了很大反响，刘洋一度成为“民间英雄”。但政府对他的态度却并未得到改善。铜兽首案件败诉后，刘洋在当地华人的建议下，联络了99名海外各国律师，组成公益性质的律师团，以便再次发生此类案件时，彼此协作。为了律师团的正常工作，刘洋希望政府能够为其提供一个办公场所，作为交换，他将为选址地提供法律援助。但他跑遍了北京所有的古玩城，得到的回答都是否定的。

其实民间有很多像刘洋这样有热情的文物工作者，但目前的情况是，相关文物部门还没有意识到对他们进行扶持的重要性。另外，在政府方面，以国家出面的文物追讨显得比较被动。“意大利到目前为止从海外成功追讨回几万件文物，该国政府采取的措施是见到文物流入国首脑就不厌其烦地讨要。埃及近年也一次成功追索回2.5万件文物，同样也是采取这样的策略。”

相信，在政府的积极态度下，国宝回归之路会顺畅许多。

民间收藏演绎盛世中国

张 娟

人头攒动的古玩市场，如痴如醉的收藏爱好者，火暴的艺术品拍卖场面，争先恐后推出的鉴宝类节目……如今，这些我们早已见怪不怪的现象都共同昭示了一个主题：艺术品收藏热在当今中国正在持续升温。而随着我国经济发展、社会进步，民间收藏已成为一项重要的大众文化生活，同时也成为当今社会一道亮丽的风景线。可以说，今天的民间收藏热已成为太平盛世的一个重要标志。

一、社会经济进步铸就民间收藏基石

世界银行于2010年6月发布的《2010年全球经济展望》报告认为，2010年中国的经济增长率将达到9.5%，中国经济增长势头强劲。伴随着中国经济增长曲线的上升，越来越多的人加入民间收藏的大军中来，而民间收藏的热火朝天更是客观地反映出在国民经济繁荣和社会稳定的环境下，人们不断增长的精神文化需求。

如果回顾新中国成立以来民间收藏的发展轨迹，可以清晰地看出民间收藏的发展始终与社会和经济发展同步，可以说社会经济的进步铸就了民间收藏的基石。

新中国成立初期，虽然我们党和国家领导人对中华民族的文化遗存给予了相当的重视，但限于当时的社会形势、经济条件，党和政府对国家文物收藏不可能投入重大资源，民间收藏活动也基本与解放前的格局一脉相承——收藏群体以极少数的收藏家为主，收藏范围仍是古代文物。应当说，新中国初期的收藏事业同其他各行各业一样，只是刚刚起步。

遗憾的是，从20世纪50年代末开始，接连不断的政治运动席卷全国，国民经济由萎缩而濒临崩溃，文物收藏先是被视为“玩物丧志”加以批判，继而更被定性为“封资修”的产物，从一些重要的文物到许多家庭传世的藏品均没有逃脱被毁坏的厄运，不少博物馆被迫关闭，文物市场一派凋敝，刚刚起步的民间收藏一步步走向低谷，几近灭绝。

改革开放以后，随着国民经济的逐步好转，人们经济生活水平也逐渐提高，对精神文化生活的追求也日益彰显，沉寂多年的民间收藏活动开始复苏。1980年，我国第一枚生肖邮票——庚申猴票发行给当时已热火朝天的集邮活动注入了强大的活力。集邮开始成为当时的一种时尚，国家干部、厂矿工人、中小学生……各个层次、各个年龄阶段的人都热情洋溢地投入到集邮活动中，许多人都以拥有一本厚厚的集邮册为荣，集邮者之间的交流交换活动也成为当时的一道风景线。从20世纪80年代中期到90年代初，邮市几乎是中国唯一可以公开交易的民间收藏领域，集邮活动风靡全国，在掀起了一个又一个收藏高潮的同时，也为此后中国民间收藏大军的形成奠定了基础。

原有的古玩字画收藏开始在北京、上海、南京等大城市复苏，在民间硕果仅存的一些传统藏品再度上市流通。古玩市场的建设也随之启动，如在20世纪90年代初，北京已建造起规模宏大的北京古玩城，立足于民间收藏的报国寺收藏市场和潘家园旧货市场也逐渐形成规模，全国各地纷纷效仿，至90年代末，我国已有收藏市场100余家，每年举办各种藏品交易会、展览会近百次。

而随着古玩市场、收藏市场的出现与活跃，越来越多的个人，甚至企业都开始参与到民间收藏中来，据统计，至20世纪90年代末，我国收藏者总人数已经达到4000万人。民间收藏组织也开始在80年代出现，至20世纪末，综合性、专业性的收藏组织已经遍及全国。同时，收藏的范围也从邮票、古玩开始迅速扩张，门券、票证、烟标、车模、油画等门类的收藏队伍都初具规模。私立博物馆、家庭收藏馆成为民间收藏一道亮丽的风景线。可以说，“收藏”已经开始走进千家万户，演绎出一幅“盛世兴收藏”的图景。

二、量的增长与质的飞跃

2000年，新千年开启，中国经济走出了持续7年的下降通道而进入了一个新的经济增长点，全年经济增长达到8%，全国人均GDP近800美元，居民存款高达6万亿元，流通现金达1万亿元。政通人和、经济腾飞、文化艺术空前繁荣，这一切给人们的生活带来了日新月异的变化。时代的大发展给收藏领域不断注入了新鲜血液，人们对物质文化的热情和追求空前高涨，收藏市场在短时间内以几何级的速度爆发性扩张。

在2002年修订的《文物保护法》首次以法律形式明确了民间收藏文物的合法权利后，“藏宝于民”更是成了社会各界的广泛共识，民间收藏进入了更为迅速的发展时期。中国民间收藏的热度和中国的国民经济一样，绘就着节节增长的曲线。尤其是2007年，中国的经济增长速度史无前例地达到了1.4%，是过去14年来的最大增幅，也就是在这一年，中国的收藏爱好者也突破了1亿人，就当时全国13亿人口来讲，有8%的人从事着与收藏相关的活动。可以说任何一个行业和领域也没有如此之多的人数。更为可喜的是，从2000年到2010年这11年间，民间收藏相较过去发生了质的飞跃。

首先，收藏者的队伍不断壮大，从7000万人到9000万人再到1亿人，收藏从小众走向了大众，并且逐渐走下神坛，不再只是文人雅士、富商巨贾的专属，“旧时王谢堂前燕，飞入寻常百姓家”。尤其值得注意的是，在似乎只属于中老年人的收藏领域，越来越多的年轻面孔（包括“80后”、“90后”）频频出现，收藏在他们眼中成了一项颇为时尚的业余活动。

其次，收藏品类、收藏题材不断拓宽，已经不再局限于传统的书画、瓷器，藏品可以小到钥匙扣，也可以大到汽车。而且每一次重大历史事件，如奥运、新中国成立60周年等都会带来新的收藏题材。据不完全统计，目前收藏品的门类不下200种，可以说五花八门，包罗万象。甚至一些国外的藏品也开始进入收藏者的视野，小到外国钱币，大到印象派画作，可以说，中国民间收藏的触角已经延伸到世界范围。从中我们不难发现，收藏对于更多人来说不仅仅意味着投资增值，而是一种对文化的感悟、对生活的体味。

最后，古玩市场、拍卖公司、画廊、博览会，如雨后春笋般不断涌现，它们构成的收藏市场格局早已为人们所熟识。尤其是2002年到2007年，拍卖公司引领收藏市场一路高歌，收藏家、经营者、爱好者纷纷涌进拍卖会，竞相举牌，热血沸腾，成交价和成交额也不断攀高。

值得注意的是，进入21世纪，随着网络技术的应用，网络已经深深地影响着民间收藏，并且成为新兴的收藏交易方式。一大批收藏交流、交易类网站如雨后春笋般蔚然兴起。据不完全统计，目前定位于艺术和收藏主题的网站有700余家。此外，各大门户网站也纷纷开设了收藏频道。在“网上淘宝”对于不少收藏者来讲已成为最便捷的交易方式。通过网络，收藏已不再只是一个传统的、封闭型行业，而是成了经济全球化的一个重要组成部分。虽然目前收藏与网络的结合还有许多不完善的地方，但不能否认的是，它必将成为民间收藏的一个发展方向。

三、收藏群体的变化与升华

2001年和2010年，笔者所在的《中国收藏》杂志两次在北京组织了有关民间收藏的千人问卷调查活动。同样内容的一份调查问卷，当把两次数据作一个对比时，不难发现数据的变与不变之间，呈现出来的是民间收藏群体的变化轨迹。

比如，在“您认为什么样的东西才是收藏品”的回答中，“自己认为值”的比例2010年为40.5%，比10年前上升了8.7%。这说明当前的收藏群体更加独立和自信。在“什么样的人才适合搞收藏”的问题设置中，2001年11.3%的人选择了“中老年”，而2010年，没有人再认为收藏仅是中老年人的专利，这显示出收藏群体呈现年轻化趋势。在有关对新兴藏品的认可回答中，选择“可以”的比例高达75.7%，这表明当前的收藏者视野更加开阔，并且越来越关注当下的文明产物。而在“您认为什么样的东西才是藏品”的回答中，选择“艺术价值”的比例2010年的调查比10年前上升了6.1%，这说明收藏者的文化水平、鉴赏水平较10年前有所提高。

特别值得一提的是，收藏者的文化、鉴赏水平在最近几年里的提高颇为明显。

民间收藏萌芽之初，限于资料匮乏和交流群体狭窄，人们对一件藏品很难有足够深入的认知。再加上社会上还没有对收藏给予足够的重视，专业研究人员紧缺，致使当时的不少藏品都定性模糊，存在争议。而随着收藏热的逐年兴起，不管是学院派还是实战派，鉴定专家纷纷浮出水面，研究逐渐深入，专业著述越来越多，大量资料不断被整理出来。再加上专业媒体的广泛宣传，可以说，每个收藏者的鉴赏能力都上了一个台阶。

对收藏的深入研究还不仅仅限于藏品、收藏者，关注研究收藏市场的人也在逐渐增多。近年来，各地纷纷通过举办论坛为收藏市场的发展出谋划策，专业报刊上也经常出现有关收藏市场的理论文章。

在收藏水平不断提高、收藏研究不断深入的同时，收藏理念也在逐步成熟。过去，在大部分收藏者的认识里，收藏就是“攒东西”，重量不重质。这样的想法在今天看来就显得很幼稚了。在现在的收藏者看来，数量多少无所谓，关键是藏品的质量和品位。这一切都推动着民间收藏逐步走向规范化，从浅显走向深入。

如果再进一步深入挖掘，收藏理念的成熟与收藏水平的提高和收藏群体构成的变化有关。据相关调查显示，2001年至2005年左右，参与收藏的人群大多为工人、农民、干部、学生，其中还有一部分是下岗人员，他们中的绝大部分是手头并不宽裕的普通百姓。他们中有相当一部分人玩的是彩票、粮票、连环画、像章、火花这类价格不高、易于收集的大众化藏品。而在2005年之后，随着艺术品市场的飞速发展，一批学者型的收藏家开始脱颖而出，这个群体拥有较高的社会地位和相当的经济实力以及广泛的社会公共关系，他们更注重发掘藏品背后的文化内涵和艺术价值，具有现代化、国际化、网络化、研究型等特点。对于他们来讲，收藏已成为一种文化和精神诉求。

在这类较高端的收藏群体中，有一个阵团不容忽视，他们就是民营企业家。这个群体不仅是中国市场经济的弄潮儿，也站到了民间收藏的风口浪尖，他们在拍场上出手阔绰，他们在世界范围内豪购中国艺术品，他们将众多珍精稀的高端艺术品收入囊中，他们将中国艺术品的价格逐步推高，演绎着一个又一个的财富神话。应该说，民营企业收藏家是中国民营经济快速发展与中国艺术品的投资高回报相互作用的必然结果。

此外，说到收藏群体，收藏组织也不得不提。1986年，上海收藏欣赏学会（即如今的上海市收藏协会）在上海正式成立。作为中国第一家省市级收藏组织，上海市收藏协会由成立之初的50名会员发展到如今的5000余名，目前已拥有13个专业委员会以及多个专题收藏沙龙。与此同时，上海市区级、县级民间收藏协会也纷纷成立，共同活跃着上海地区的民间收藏文化。

上海市收藏协会的发展轨迹只是我国民间收藏组织发展脉络中具有代表性的一个缩影。随着收藏文化的发展，民间收藏组织可谓星罗棋布，不仅各省、自治区、直辖市先后成立了民间收藏协会，而且区级、县级的民间收藏组织同样异常活跃，部分地区甚至成立了社区以及村级收藏组织。据粗略统计，目前全国各级收藏组织已有近2000家。这些收藏组织不仅为本地藏家与市民、本地藏家与外地藏家，甚至为藏家与买家之间建立起了沟通交流的平台，同时为拓展收藏门类、普及收藏文化起到了积极的作用。

四、收藏热中的不理性与反省

笔者前面提到的两次时隔10年的相同问卷调查，除一些令人欣喜的数据外，也有一些数据值得玩味。这两次问卷调查的对象包括企业高管、都市白领、机关公务员、事业单位职员、企业职工、在校大学生、城郊农民等社会各个阶层，其中有一半以上的人承认家中有藏品，而这些有藏品的人中，“为赢利、升值”的比例2010年较2001年上升了22.1%。这表明收藏者的经济意识在增强的同时，也意味着收藏的投资功能被逐渐放大。

进入21世纪以来，社会财富迅速膨胀，收入差距、贫富差距被不断拉大，不少人“急于求富”的心态更加强烈，收藏的投资味儿也变得越来越浓。再加上太多一夜暴富的“神话”被媒体宣传、放大，使得不少人一进入收藏领域就抱着投资或投机的心理，甚至梦想着一夜之间就腰缠万贯。因此，曾经以“陶冶情操”为首要宗旨的民间收藏，逐渐演变为不少收藏者实现“发财梦”的工具。

当金钱至上、价格至上主导了收藏者的价值观，逐利就成为收藏首要的甚至是唯一的目的。在这种“扭曲”心态的作用下，民间收藏领域出现了许多怪现象：一些收藏者宣称自己一天就能淘一件“官窑”，这样算起来，一个月就能成“千万富翁”；一些人不择手段地包装作品，将藏品当做股票、期货那样炒作；一些人为了显示才学或为了博名，专门寻求一些偏门、冷门的东西……其中，跟风和炒作现象最为常见。比如，有的收藏者花了几百万元搞收藏，但不愿意花时间学习研究，而是急于今天买了明天就能卖了赚钱，明清官窑热了，他就收藏瓷器，和田玉热了，他又去买玉器。这种跟风似的收藏的结果是，几百万元砸进去了，却只买了几样一般的藏品，甚至还有赝品，却花了高价。炒作的危害更甚，书画、邮票、钱币以及曾经在上海地区炒得火热的磁卡等，都难逃一炒，而当代艺术更是近年来舆论关注的焦点。一时之间，天价频出，一浪高过一浪，然而金融危机一来，高价泡沫立刻让不少收藏者叫苦不迭。

梦想捡漏儿、急功近利、盲目跟风、疯狂炒作、哗众取宠……可以说，近几年的民间收藏领域出现了许多不理性的现象。当然，这些不正常现象是民间收藏、是艺术品市场发展的必然。毕竟民间收藏是改革开放以后才出现的新兴的活动，而我国的艺术品市场历史更是只有短短的10余年，还存在诸多不完善、不规范的地方。

未来民间收藏要赢得进一步发展需要相关部门对有关的法律、法规、政策进行修订，鼓励民间收藏；适当放宽藏品的流通范围和流通方式；肃清鉴定领域的不正常现象。最为重要的是，民间收藏需要正确的价值引导，毕竟收藏的真谛是价值发现，而所谓价值首先是文化价值，其次才是经济价值。笔者相信民间收藏将会越来越规范、越来越理性，未来也将更加繁荣。

亚洲当代艺术拍卖市场整合迈入新里程

高 敬

2010年的艺术拍卖活动已经大致结束，从春拍到秋拍，整个拍卖市场到底透露出了什么讯息？如果我们仅以中国内地拍卖公司所呈现出的成交额数据作出结论，未免落入区域性市场的局限性所导致的制约，而无法正确体现出正在国际上崛起的华人收藏圈的走向。从宏观的角度来看，历经金融海啸之后的亚洲艺术拍卖市场迅速触底反弹，证明了亚洲拍卖市场已经从区域性迈向国际性市场。目前的亚洲艺术市场明显地出现两个大方向，一是新旧藏家交替，二是市场面正在扩大。在亚洲艺术市场里，收藏之席位还是由华人圈独大。

一、何谓华人收藏圈

“华人艺术”这个名词其实早在20世纪90年代就被台湾画廊、拍卖公司喊得雷震响天。由于政治意识的缘故，弃“中国”采“华人”，只要是以华人文化为基础的艺术家所创作出的艺术品都称为“华人艺术”。而谈到华人收藏便是指向华人艺术市场，中国台湾、新加坡、中国香港和内地，甚至东南亚的华人，因属相同人种、语言及文化传承，通过信息的交流，已经形成一个具备国际规模的华人圈。华人藏家圈里的代表性人物包括中国台湾的林百里、马维建、施俊兆，中国内地这几年有王薇、陈东升，香港有“大刘”刘峦雄，东南亚有华人代表余德耀。这几位近年买遍各大拍场的藏家目前都属于只进不出的终极藏家，收藏资历较短的王薇及余德耀更公开表示是以建立私人美术馆为理想在收作品。

二、亚洲当代艺术市场整合

除了购买力强大的华人圈，论到亚洲艺术市场，必须也将日本及韩国纳入。不过与强悍购买力的华人相比，日韩几乎只能排入边缘。早在2003年，香港佳士得张丁元首先提出“亚洲艺术市场整合”的概念。随后在2004年秋拍中，香港佳士得第一次推出以亚洲当代艺术为概念的拍卖专场，当时是纳入“20世纪中国艺术及亚洲当代艺术”专场。到了2006年春拍，亚洲当代艺术独立构成专场拍卖。2008年春拍，“20世纪中国艺术和亚洲当代艺术”又首开夜场拍卖。在拍品的构成上，张丁元列出以中国当代艺术为主，日韩、印度、中国台湾当代艺术为辅的名单，建构出一个完整的亚洲当代艺术版图。

直到2010年拍卖结束后，不管是从专场类别或是从拍卖公司经营策略来讨论，都可以得出一个结果：亚洲艺术市场整合正式进入高峰期。张丁元就认为，整个亚洲艺术市场明显地出现两个趋势，一是新旧藏家交替，二是市场面在扩大。这是两个不同角度的动向，但也互相影响拉扯着。举个例子来说，朱铭本次秋拍即使有作品流标却还是有高价成交纪录，朱铭的市场一直处在十分成熟的区块，作品量多质优，市场盘面很坚实。这次的表现会出现波动，是由于亚洲市场正进入“接替”阶段。说2010年是亚洲艺术拍卖市场的“转折点”一点也不为过。从相同角度来看2010年的日韩当代艺术板块，这几年其实不是只有台湾人专门买日韩当代艺术品，东南亚、日韩甚至大陆客人都在买，只是近几年这份名单有点被消费过头，导致波动性干扰出现；基于上述的两个动向来解释，这都属于正常情况。

2008年之后的亚洲拍卖市场开始迈入成熟阶段，进入关卡之前难免会有波动的阵痛期。如果在这个时期，我们单单以艺术家来做个别分析，难免不客观。同时，我们可以发现，凡是具备“流通性高”、“对的题材”这两项要素的作品一定可以拍到好价钱。最好的例子就是常玉，他在整个亚洲市场接受度非常高，2010年佳士得秋拍《青花盆与菊》便拍出5330万港元的常玉个人世界拍卖纪录，由刘峦雄拿下；在此之前，此作的最高拍卖价格一直停留在2006年的2576万港元。

中国大陆的市场越来越庞大，这是不可磨灭的事实。实际上，中国市场仍属于区域性市场，一个强大的区域市场。不过内地与香港的买家不同，国际化稍微逊色，拍卖行也不及百年拍卖公司（佳士得及苏富比）的经营架构及海外网络缜密。与台湾相比，藏家密度及质量也稍弱势。拍卖公司区域性的整合其实端看国际品位与区域品位的差异。拿台湾老前辈油画为例，如何将他们放到香港这个国际平台，并且让国际藏家有兴趣购买收藏，这便是成功突破区域市场的局限性。香港有国际化的优势，是中西融合的汇集点；台湾拥有全亚洲密度最高的高端藏家，他们对所有类别艺术的包容性极强；大陆内需实力不容小觑，加上日韩及东南亚的个体藏家，亚洲艺术市场的整体规模将在数年内赶上欧美并与之抗衡。

如何能够在既有的基础上，面对全球透明信息的爆炸性开展，有效的推动文化价值，而非追逐流行，是全亚洲拍卖公司都要面对的课题。

三、2010年亚洲当代艺术市场透露出的讯息

（一）当代艺术秋拍板块延续春拍态势，开始走向理性的通道

市场不会再回到2007年那时的夸张火暴。从第一场香港苏富比秋拍开始，就可以观察到经过金融危机的洗礼后，藏家变得越来越理性。藏家们开始注重作品本身的价值胜过艺术家的名头。同样一位艺术家的作品，其题材不同就能产生天差地远的两个价格。例如，香港苏富比秋拍的那幅张晓刚《创世篇：一个共和国的诞生二号》就被余德耀以5218万港元成交，并创下张晓刚拍卖市场上的最高纪录；同场的张晓刚《1997年血缘系列》，成交价就只有170万港元。《创世篇》那幅作品的学术、历史性不言而喻，造成场上买家争夺，并冲上中国当代艺术市场历史高价。至于“后89”的板块，只要是经典作品都有不错的价格，像余友涵、丁乙、方力钧。2010年秋刘小东比较特别，他20世纪90年代重要的作品像《违章》、《白胖子》都集中出现了，毕竟是经典，一出场就被美术馆拿下，以他的稀缺性及学术价值，这都还算是正常价格，没有太夸张的表现。

（二）“后89”当代艺术资金逐渐向“70后”移动

“70后”的当代艺术板块，其作品价格逐渐地追上目前活跃在当代艺术市场上的一线艺术家，“70后”这次的价格飙高后，确认了所谓一线艺术家名单，这是市场普遍对他们的认可。名单基本价格一定超过百万，人数不会超过10人。当代的“70后”，尹朝阳表现很不错，他在匡时的《赵棒之二》就卖了537万元人民币，他这次出现的作品量不少，但是都能成交。翰海春拍就上拍了3张尹朝阳，全部都成交。这次其他的“70后”也表现得非常好，香港佳士得的陈可、李松松，匡时的韦嘉，还有李晖、仇晓飞、宋琨、熊宇、高瑀。韦嘉的市价一直在20万至30万元人民币，这次在翰海的《刺菁 II》以185万人民币拍出实属特例，因为这张是他创作中非常重要的作品。

另外，在2010年拍卖市场上还透露出一个讯息：中国老油画价格不再被低估。

关良的《灵岩山》在匡时以360万元人民币高价落槌，创下关良油画拍卖最高纪录。所谓的老油画，主要是指1949年前的中国油画史中那些第一代油画大师们的作品。以关良例子作分析，为什么他的作品可以创下新高？除了作品稀缺外，主要原因有二：一个原因是收藏家希望有一个完整性的收藏名单。这是基于历史完整性的一份名单。民国初年油画史曾经被严重斩断，又被历史完全遗忘，这样的情况无疑造成中国美术史后来的缺失。收藏最讲究完整性，这里讲的完整性就是一部美术史的概念。同样的道理，刘小东、张晓刚那个年代的作品在市场上都买得到，但是关良的有钱还不一定买得到。另一个原因是“比价效益的影响”。与关良名列中国早期十大油画家的常玉，价格为什么能够高过关良？其实常玉是一个很特殊的例子，当时他在巴黎创作的作品被犹太人整批收购，随后出现在各个拍卖和画廊中，目前大部分的常玉作品已经转入台湾藏家手中，价格屡创新纪录。试想如果当初常玉留在中国境内并经历“文革”，作品数量绝对不会是现在的数字。常玉是第一代油画家中，唯一有出版过油画全集的，著录清楚，所以能卖那么贵是有道理的。他所有作品都在市场中流通过，这样的筹码表示交易量大，好画也都能在市场上找到。常玉的市场已经打下快30年的基础，藏家谈及作品来源都有清楚

的脉络；相比之下关良等中国老画家尚未有足够的群体支持。

藏家目前收藏这个时期的作品面临很大的困难。一是那个特定时代的大背景使得作品真伪鉴定有难度；二是作品及出版相关文献非常混乱，这都是阻扰藏家对收藏这类作品的障碍。目前也是中国早期油画收藏的一个好时机，有实力的大藏家目前也转移至此板块。老油画是中国美术史绕不过去的一段，学术价值很高，以目前藏家积极的态度，也体现出中国藏家开始正视中国美术史的完整性。

四、通胀，2010 年拍卖上空的阳光与阴影

“2011 年中国面临更为复杂的局面，完全有可能经济滞胀将进一步加剧，2011 年，中国或将面临二次探底。”全国人大财经委副主任委员贺铿，12 月 12 日在 2010 年恩比特（新智库）经济论坛上对经济走势作出如此预测。

这可能是高层国家权力机构有关人员首次明确提出国内经济面临滞胀危险的预测。

按照贺铿的说法，2010 年下半年中国经济已经进入滞胀期，具体表现为经济增长受影响，难以提高，物价水平高，失业率高。

回头来看 2010 年，发现有些数字确实很有意思。

比如说，已经成为庞然大物，规模堪称全球第一的中国（北京）国际珠宝展，在 2010 年岁末身材再次膨胀了 40%，无独有偶，保利拍卖的赵旭也在秋拍之前公开表示，保利秋拍的上拍数量扩张了 40% 多。这让人想起了有专家分析认为，由于我国货币超速增发，导致 2009 年至 2010 年的潜在通胀数字为 38%。

目前通胀率到底是多少，是一个说不清楚的数字，原因之一在于计算方法的差异，国家统计局有国家统计局的算法，不同专家有不同专家的算法。按照国家原有的调控目标，2010 年通胀率应控制在 3% 以内，结果国家统计局 6 月公布的 CPI 增速就达到了 2.9%，7 月 CPI 涨幅 3.3%，8 月涨 3.5%，9 月涨 3.6%，10 月涨 4.4%，11 月破五，涨 5.1%。这已经是很让人吃惊的统计局数据了。然而即便是这样的数字，仍然遭到专家学者的质疑，就在 2010 年二季度大家都在猜测 CPI 是否破三的时候，经济学家许小年就在自己的博客中用自己的分析方式提出，2010 年二季度的通胀率应在 9% 以上。实际上，许小年并不是个例。不少学者也都认为，2010 年通胀状况应该超过 10%。至于 38%，这是个能把人吓坏的数字。

但是，不管是怎样的通胀率，2010 年拍卖的有关数据，看起来都有跑赢通胀的感觉，至少拍卖公司跑赢了通胀。

例如，嘉德公司 2010 年秋拍 41 亿元成交额比 2010 年春拍 21 亿元上涨了 95%，2010 年春拍 21 亿元成交额比 2009 年秋拍 15 亿元上涨了 40%；保利公司 2010 年秋拍 53 亿元成交额比 2010 年春拍 33 亿元上涨了 60%，2010 年春拍 33 亿元成交额比 2009 年秋拍 16 亿元上涨了 93%。

拍卖数据难以进行更细的解读，因为其间包含拍卖公司的策略等。但是，与数字有关的一些问题却是可见确定的。比如说，2010 年引发拍卖行情的两个因素，第一是通胀，第二则是通胀预期。

拍卖领域的通胀，在 2009 年岁末秋拍中就已经发生了——将艺术品拍卖推入亿元时代，通胀是第一要素。

北京荣宝拍卖总经理刘尚勇在论及 2009 年秋拍跨入亿元时代的时候，曾有一段精彩的描述，他认为，中国书画原本就沿着 30 度到 45 度的斜线上涨。为了应对金融危机，政府加大货币投放量引发了很多变化。

“艺术品有一个特点，就是可以跑赢通货膨胀。2008 年标价 600 万元的一张董其昌的画流拍了，到了 2009 年秋拍却拍出了 4000 万元。那我们问，怎么这画 2008 年不值钱，2009 年就值钱了呢？是这张画发生新的文化价值了吗？没有啊，还是这件东西啊，作者是董其昌，是明代的啊，没有新的价值出现啊。那凭什么 600 万元变 4000 万元？不是东西值钱了，而是钱不值钱了。随着经济领域几万亿元的投入，更多的钱进入市场，尤其是有钱的人获得了更多的钱之后，在很多投资限制的基础上，在股市、楼市之外，需要新的投资渠道，这样就出现了‘替代效应’——多少买点艺术品吧。艺术品拍卖是一个微型行业，哪里经受得了这么大的钱的冲击？所以马上就把艺术品炒翻了，这并不是说东西一定好到了什么程度。”

2009 年春拍的时候，荣宝的总成交额还不到

8000万元，而到了2010年秋拍，北京荣宝以4.27亿元收槌，这一数字甚至比2010年春拍的2.1亿元又翻了一番。

拍卖的节奏与整个中国经济环境拥有高度的一致性。

在2009年秋拍之前，国内最引人注目的现象是从2009年6月以来全国各地“地王”频现。这意味着超发货币首先流到了国企层面，国企转而把资金投入到能够最大收益的投资领域，也就是房地产，在“地王”之后，紧接着秋拍开始。货币流的进入，开启了中国文物艺术品拍卖的亿元新时代。

2010年之后，政府不断严厉打压地产市场，但是，作为对抗通胀的最佳品种之一，地产市场表现出相当的抗跌性。无法流入地产市场的资金则杀入到流通领域，表现出来的事件，就是各种农产品流通领域的价格炒作。尽管政府对于农产品非常敏感，但是，从9月以后，通胀已经在流通终端发生，也就是老百姓普遍看到的蔬菜与食品价格集体上涨。

通胀意味着文物艺术品价格的直接上涨，而通胀预期，则表现为吸引更多的人，更多的东西流向艺术品市场，其结果当然也是水涨船高。

2010年，艺术品市场一个比较清晰的例子，就是年初山西在矿业整体转型之后，资金流入缅甸公盘，从而带动翡翠价格在源头上涨。至于拍卖，就是拍品规模与参与的人数。

国内投资者一般会抱怨投资渠道太窄，而在今天，国内投资已经和全球整体大环境密不可分。目前，世界各国表现为两种经济状况，一种是以欧美、日本等为代表的发达国家，由于遇到金融系统的问题导致经济危机，呈现出的特点是少花钱，少消费，因此以通缩为主。在通缩的环境之下，购买力衰弱，艺术品难以表现出应有的价值。为了应对通缩，美国决定增发货币来与之对抗。

我们看到，2010年，随着内地拍卖行的崛起以及中国只进不出的文物政策，香港苏富比有了他们的下一步考虑，即逐渐调整自己的方向。秋拍之后，香港苏富比在北京举办了“西方印象派及现代艺术巨匠油画展”，营造中国买世界的氛围。无独有偶，紧随其后的韩国首尔拍卖，也在北京展示西方艺术品。中国文物艺术品市场有着巨大的可能性。

与发达国家经济依托于本国消费不同，新兴国家拉动经济依靠的是投资。以金砖四国，即俄罗斯、印度、巴西、中国为代表的新兴市场国家，经济状况均为通胀。为应对通胀，我国政府首先采取的手段是不断上调存款准备金率，收紧资金。

按照国务院中央经济会议的有关精神，2011年，中国将实施“积极稳健、审慎灵活”的经济政策。货币政策强调“稳健”，这一政策与2010年“适度宽松”的货币政策相比，有了回收的趋向，但不是“从紧”或者“紧缩”，国家的政策初衷是既要控通胀，也要保经济，也因此存在一定的政策变数。由于通胀的控制不是很容易，需要过程，因此，未来维持一定的通胀水平是比较正常的。经济学家谢国忠甚至称，中国通胀将保持10年。

可以说，在跨入2011年之后，市场大的方向，不会发生太大的改变，任何可以用来对抗通胀的东西都依然会成为资金的选择，其中股市是最大的吸收资金的池子，房地产市场也仍然得到资金的支持——没人知道国家对房产税最终的选择，也无法知道房产税到底如何影响地产市场。此外，黄金是比较受到追捧的投资对象，但目前黄金已经处于价格高位，而影响金价的，主要是复杂的国际因素，海外投行巨头对于黄金的看法较为保守，这一贵金属并不像某些人想象得那么稳妥。

最后，剩下的是文物艺术品。中国文物艺术品本来在理论上就存在很大的上升空间，这一空间并没有封闭，上升渠道正在打开之中，通胀使得市场的示范效应更加明显，因此，未来投资前景值得看好。

在更远的未来，如果没有大的动荡，最糟糕的形势是像谢国忠与郎咸平等经济学家所担心的，陷入滞胀当中，也就是经济停滞与通胀同时发生。全国人大财经委副主任委员贺铿的表态，更让人多了一丝忧虑。

一旦滞胀发生，就会持续不短的一段时间。对于经济以及百姓生活来说，滞胀是一件很糟糕的事情，但是历史上所有的研究者在分析这一经济现象时，都提到了美国好莱坞的黄金时代，也就是说，滞胀时代会让人们对于生存、命运有更多的思考，会投入到艺术的梦幻与理解之中，这是在经济高速增长时期所无暇顾及的。

这样看来，拍卖公司未来还会有更好的日子，也更有可能打造更富艺术气质的新的拍卖公司形象。

笔贯中西　历久弥新
——20 世纪华人艺术行情持续攀升

杜　卡

20 世纪抽象油画的坚实收藏家群原本大都集中在港台、新加坡等地，经济波动对这类收藏家没有明显的影响。同时，越来越多的内地一线买家也对这个板块的精品力作心仪万分，投资方向转而锁定于此，为之注入了新鲜动力。

穿梭古今、接轨中西的 20 世纪华人意象以及抽象油画，在 2010 年的拍场上仍然势头强劲。香港佳士得 11 月末的夜场中，常玉的《青花盆与菊》以 5330 万港元创下画家个人世界拍卖纪录，彰显经典风范。这张大尺幅精品（123.5 厘米 × 93.6 厘米）选用了中国文人画的静物主题，同时注重形式美感。菊花枝丫交错，是从书法笔势的勾勒顿挫转换而来，再演化为线条的抽象美感，也有隐喻菊花不畏秋霜的傲骨。画面空间极度精纯净化，高明度的纯红和米黄色彩，对比强烈，映衬出一种情景和气氛。自 2004 年以来，此作已经 4 次现身拍场，每次均高价易手。而香港苏富比在 2010 年 10 月的秋拍中，推出了常玉粉红时期的力作《碎花毯上的粉红裸女》，以 1410 万港元成为亮点。常玉用他简洁的笔法与精练的色彩，描画了带着金黄头发的粉红裸女悠然自得地躺在地毯上，温文尔雅地表达了一种愉悦自在之感。地毯上的花朵颇具东方情调，缓缓流露出她对家乡的怀念。

而赵无极横跨将近半个世纪的精品力作也得到买家的激烈竞标，比如春拍中的《02 - 01 - 65》和《14 - 03 - 59》等早期作品都有 2082 万港元的不错成交。而秋拍中也不乏可圈可点之作，譬如《18 - 10 - 60》（1410 万港元）、《教堂风景》(1858 万港元)、《08 - 02 - 72》（1578 万港元）等。

一、吾心向往之　留学法兰西

当然，常玉和赵无极只是 20 世纪众多卓越的华人艺术家中的两位代表。这一大批艺术名家融合了西方现代的抽象审美与技法，同时亦蕴涵中国传统水墨及文化情调，以此奠定了中国油画发展的坚实基础。其风貌的明显转变，始于 20 世纪前半期。当时，新文化运动背景下的中国出现了十分活跃的文化交流浪潮。1912 年，蔡元培等发起勤工俭学运动，众多经严格评选的学人分批出国留学。而象征着“自由”、“平等”、“博爱”的法兰西，成为许多人向往的文明国家。其中包括第一代留学法国，然后又回国办学，奠定百年艺术根基的林风眠、吴大羽等。林氏、吴氏开办了“杭州艺专”（现在的中国美术学院），倡导意象自由创新的现代主义，只设绘画系，不分油画与国画，要学生二者兼备，确立了一种横贯中西、延续和革新中国传统艺术的创作方向，并在他们的学生，如赵无极、朱德群、吴冠中、赵春翔、席德进等人的作品中得到进一步发扬。还有一些出国后留居海外的前辈画家，如常玉、朱沅芷、潘玉良等，其艺术作品虽然在他们去世后沉寂多时，但近年来也随着其作品价值的重新发掘而再次受到热烈追捧。曾留学日本的陈澄波、廖继春和稍晚时候在本土成长起来的朱铭等，则接连代表了我国台湾地区艺术的显著成就。

这样重简约、写意、韵外之致的风格，和徐悲鸿所推崇的写实主义风格一起被称作中国艺术现代改革中焕发光彩的两大脉络，共同成为拍场上稳定而强壮的中坚力量。在经济动荡之时，此板块可迸发出力挽狂澜的巨大能量；在经济走好之时，此板块则保持稳中有升的从容魅力。

二、台湾画廊对早期油画的深耕

中国早期油画的当今行情之缔造，离不开台湾地区画廊业的长期深耕。20 世纪 90 年代中期，台湾画廊以其敏锐的商业嗅觉相继推出华人前辈的抽象画展。因此，在内地尚未意识到早期油画的历史与商业价值之时，精明的台湾画商以其财力与经验在海外和内地悄悄吃进，掌控了本来就幸存不多的作品。经过出版和展览的学术整理之后，他们再以高于进价10倍或数十倍的价格售给台湾本土藏家，获取了极其可观的利润。很多画廊也借此完成了从经营台湾本土画家向主营中国内地以及海外华人艺术家的转变，同时也从客观上发掘和梳理了中国近现代美术史，以商业手段保留下不少珍贵的文化资产。

譬如，现在拍卖价格屡创新高的常玉和朱沅芷，其最早的华人市场就是台北的大未来画廊做起来的。二位创始人林天民与耿桂英回忆说："1990年左右，一位法国朋友带我们去巴黎看一个收藏常玉作品的小画廊。常玉去世后，遗产全部拍卖以作殡葬之资。巴黎的一个古董商从中收藏了三大箱常玉的画，并且为此开了这家小画廊。20年没有卖掉一张画，但这个画商就是坚持不放。我们从他手中把常玉的东西带了回来，价钱基本300万台币（大约100万人民币）一张。1992年苏富比第一次在台湾拍卖的时候，我们把作品送进了拍场，后来又举办个展联展，常玉才慢慢有名了。"

而另一位几乎被遗忘的大师朱沅芷（1906—1963年）也是大未来画廊力推的重点。朱沅芷曾与莫迪里阿尼（Modigliani）等巴黎画派的艺术家一起参加了法国秋季沙龙，作品订价高达25万法郎，很受法国王储穆哈特（Murat）夫妇的喜爱。林氏、耿氏讲道："朱沅芷生前怕和画商打交道。他把自己的画留给女儿，说这是唯一能留给她的财富。1989年，他的女儿朱礼银在台湾的美术馆办朱沅芷展览。1993年，我们为常玉和朱沅芷合办了'思乡曲·游子情'联展。1995年，又做了朱沅芷在台湾的首次私人画廊的个展，较为完整地呈现了他各个创作阶段的面貌。"2006年秋季拍卖中，朱沅芷的人物肖像《穆哈特王妃》以572万港元惊艳四方。而他罕见的宗教故事画《最后的晚餐》在2009年春季拍卖中以602万港元再次夺目。

内地老油画家的发掘工作，大未来画廊是在1993年开始扎实推进。"我俩翻山越岭找老艺术家的家属。吴大羽是第一个，我们做了他的师生展。之后还有关良、庞薰琴、杨秋人、邱提、关紫兰等。杭州艺专70周年校庆就取用了我们很多材料。"

萧富元的索卡画廊1992年成立于台南。他1991年开始系统经营老油画，逐渐发掘了周碧初、孙云台、戴秉心、黄显之、李超士等曾经有名气，但市场没有完全启动的艺术家。除了从家属手中收购，20世纪90年代初萧富元还在上海、北京的古董店淘画。当时这些作品在上海又多又便宜，100元就可能买到一张丁衍庸的作品。而如今的价格恐怕要在后面加好几个零了。

敦煌画廊1983年就在台湾开业，主要推出关良、沙耆、李青萍等艺术家。1993年年底，敦煌画廊在内地的顾问、上海画商徐龙森找到已半疯颠的沙耆（1914—2005年），以3000元一张的价格买了70多张，之后又陆续搜寻到200多张。徐龙森把其中一部分转给卡门画廊，另一部分给敦煌画廊。随后，两家画廊各自花费几百万元为沙耆组织学术研讨会和展览，沙耆逐渐被台湾市场接受。

这里选取在20世纪华人美术史上不可跳过的5位代表性艺术家略作介绍。他们在前辈画家的基础上融会贯通，开创出充满东方神韵的现代之路，得到全球华人收藏家广泛而有力的长久支持，在市场上格外炙手可热。

三、常玉：简约虚静的孤独者

常玉（1901—1966年）生于四川，1919年赴日本研习，1920年留学巴黎，1921年与徐悲鸿、张道藩等留法学生组织"天狗会"。常玉是中国早期旅法画家流亡在域外的一个典型的悲剧人物，是中国式的莫迪里阿尼，同时他又是一个为自己艺术信仰而自由创作、成就斐然的绘画大家。常玉对好友达昂自述他的艺术探索是一种"化简、又化简"的漫长沉淀，最后把最精纯洗练的元素留在画面上，以最简约来表现最丰富的精神涵蕴。

可能是由于常玉（1901—1966年）在1920年留法之后没有回国发展，他的名字是近10年在港台市场中才不断引起大家注意的，许多分散于欧美的作品也纷纷回到华人藏家手上，其画作价格一再创下纪录。2005年，常玉作品标志性的成交是香港佳士得秋季1636万港元成交的《四裸女》。目前他超过3000万港元的拍卖作品还有2009年春拍中的《猫与雀》（4210万港元），其次是在2009年秋拍中成交的

《荷花与金鱼》(3650万港元)。

四、吴冠中：西洋油彩下的乡土风景

吴冠中，1919年出生于江苏宜兴。1942年毕业于杭州艺专，1947年到巴黎国立高级美术学校，1950年秋回国。先后任教于中央美术学院、清华大学建筑系、北京艺术学院、中央工艺美术学院。

他选定“风景画”作为整个美学探索的重点。自20世纪50年代，他开始遍游中国各地写生，以不同的自然风貌来丰富他的创作层面，甚至如他自述“长期采用在一幅画中根据构思到几个不同地点写生的方式组织画面”。吴冠中糅合了中国笔墨的细腻和西洋油画之色彩，追求“鳞次栉比和参差错落”的美感体验。内地买家对于他的作品绽放出来的乡土情怀，有着自然的亲切。所以这样的特质极易唤起买家的文化认同。在2010年北京保利的拍场上，吴冠中的《墙上秋色》以1232万元成交，惊艳四座。此画融合了抽象、表现性的色彩线条，但同时仍保有一份具象叙事元素，以及具象风景隐含的几何、色彩美感。作品也因此由“模拟—真像”跃升到“创造—真美”的艺术层次。

吴冠中是一位高产的艺术家。据雅昌艺术网的数据库显示，目前其公开拍卖的作品中，已成交超过1700件，缔造了24亿元的庞大金额。其高价作品，大都在北京拍出。而且，吴冠中的作品行情呈现较为规律的盘旋上升曲线，总体态势持续乐观。

五、赵无极：承前启后的完美范例

赵无极，1921年出生于北京一个古老的世家，族谱可上溯至宋朝皇族，祖父是名士秀才，父亲是银行家、收藏家。据说，赵家每年祭奠先祖冥诞之日，都会摆出传家宝——赵孟頫和米芾的两幅画。赵无极得天独厚的出身背景，可见一斑。他6岁开始学习书法，14岁就决定选择绘画作为自己的职业。他的母亲一度希望他到父亲的银行工作，从而有一个安定的未来，但父亲却支持他当画家的愿望，认为他若去管理银行，银行必定倒闭。父亲还亲自陪同赵无极顺利考入杭州艺专学习绘画。当时的杭州艺专人才济济，赵无极的老师是吴大羽和潘天寿。朱德群比他低一班，吴冠中比他低两班。1941年，赵无极于该校毕业后留校任助教，1948年抵法国巴黎进修，很快结识了许多欧美艺术家及画商。1949年他便应邀在巴黎克勒兹画廊举办了旅法首展。

纵观中国艺术的整个发展脉络，赵无极有着承前启后的重要地位。他传承了宋元山水画的美学精粹，并结合西方艺术中表现色彩、光影的优点，演化出一种崭新的抽象表达方式，气象万千，情韵生动。这一方面使中国山水写意画有了历史性的新发展；另一方面他在中西美学融合的探索进程上，堪称完美范例，实现了从林风眠等以来整整两代艺术家的追求，成就了中国艺术的现代复兴。

在2008年以来的全球性艺术品市场寒潮里，赵无极作品凸显为中国油画市场的中坚。2008年秋拍，他的《HOMMAGEATOU - FOU》在香港佳士得以4546万港元成交，成为目前其个人作品最高价格纪录。2009年，他的《Nous Deux》在香港佳士得以3538万港元易手。接着，在同年的罗芙奥拍卖会上，他的《17.4.64》以3817万港元卖出。赵无极也因为这一连串的显赫成交而跃升为中国油画市场的指标性人物，无论学术评价还是市场表现都已企及20世纪在世的华人艺术家之巅峰。

六、朱德群：极精微、致广大的诗情画意

常常与赵无极同时被提到的另一位画家就是也在法国定居的朱德群。他的绘画充满诗意气质，兼备东方的细腻与西方的浓厚，极具中国山水画与书法的意趣。在2010年3月中国美术馆隆重举办的“朱德群回顾展”上，策展人、法国国立集美亚洲艺术博物馆馆长戴浩石（Jean Paul Desroches）透露说，近距离地观察朱德群的工作，大大出乎他的意料。“我原以为他会很快，就像赵无极的用笔那样。但是朱德群完全没有速度。他或许一开始会很迅速地甩出三四个点，但这个过程可能5分钟就结束了。接下来，他会退后几步，再往前几步，沉默地加上一笔……一件作品常常耗时长达数周。”让戴浩石印象最深的还是朱德群的安静，“他工作起来就像一个和尚，非常安静，非常慢，好比针灸找穴位”。虽然他作品传递出大开大合、烂漫自由的气息，但戴浩石则点出其背后老僧入定一般的创作过程，“其实是很不自由的，就像他的书法，都不是狂草”。诚然，这样“极精微”的创作才会产生“致广大”的作品。

比如朱德群捐赠给中国美术馆的三联作《绿色活力》，气势恢弘但又有着非常恰到好处的谨慎笔触。

朱德群的精品价格近5年来呈现翻倍式上升。在2006年秋拍中，他的作品最高价从不足千万元一次跃升至2000万元大关，《红雨村、白云舍》（2588万港元）成为香港佳士得20周年庆典上的明星。而2009年秋季，他的著名画作《雪霏霏》，除了巨幅尺寸（200厘米×400厘米）的稀有性外，朱德群更是倾注了1990—1999年10年心血完成此件作品，最终创出4546万港元的艺术家本人最高价纪录，乃是实至名归。

七、朱铭：草根雕塑家的现代性升华

相对于身处艺术之都巴黎的赵无极和朱德群，台湾土生土长的草根雕塑家朱铭同样跨越了地域文化的樊篱，所取得的成就是罕见的。众所周知，中国雕塑由最初的工艺品渐渐提升为一种创造美感的艺术形式，走过了很长的路途。而最能阐述这种发展路程、呈现中国雕塑艺术价值的，首推朱铭。

他在1953年至1957年间向李金川学习木刻。1968年至1976年，师从杨英风学习现代雕塑。未曾出国留学，也没有很高学历的朱铭，在由工匠蜕变为艺术家的过程中，逐渐发展出一种以“速度”代替“定性思维”、以“忘我”取代“计划”的创作方式：“动刀之后，改变就开始了，随着第一刀，第二刀马上跟进，思考正要介入，第三刀眼疾手快，抢进了当中的缝隙，再一刀……就这样，一直下刀，一直变化，熟极而流。就算念头一直紧随，也有刀法一路冲锋，这时已经不是用脑子的事了，理智终究要放弃，什么杂念都插不进来，只剩下一个很深的自我在前进，凭着平时修炼的智慧、直觉，不断让作品成形。”朱铭的雕塑就这样在漫长的自我修行中日渐练达。及至20世纪90年代后，朱铭推出“太极拱门”系列。“现在，我让双手连接起来，一连接，气的流动、肌肉的牵动，就相互贯通、活络，合为一体。”至此，朱铭已排除了重现拳术身法的企图，摆脱了题材的具象束缚，在造型的掌握上“无法为有法”，进入一种纯粹形式的精神性求索。

虽然雕塑作品在华人艺术市场向来只是零星点缀，居于非主流地位，然而2000年过后，朱铭的雕塑持续出现于拍场，打破了不成文的框限。他的拍卖佳绩甚至成为雕塑板块的顶梁柱，价格并不让于同辈的油画家和国画家。

八、学术与商业双丰收

这些艺术家的作品虽然面貌迥异，但却有着深层共通：他们的当代艺术语言都来源于自身的文化传统。既是中国的，又是世界的。不仅具有“独与天地精神往来”的磅礴与宁谧，也透着“万物静观皆自得”的怡然和空灵。“天人合一”的圆满气韵怎能不让人心生赞叹。

可见，20世纪经典华人艺术经过漫长岁月的沉淀，其学术价值更加清晰，毋庸置疑地成为美术史上的关键篇章。况且，早期海外的中国艺术家生活动荡决定了作品存世稀少、分散，大陆艺术家又经历了太多战争和运动，剩下的作品也不多。这些十分有限的尚在民间流通的作品经过画商之手，现已大多流入台湾和香港地区的收藏家手中。还有一些海外华人花大钱收藏，购买力十分稳定。港台和海外的这些买家大多是真正的收藏家而不是投资投机者，10年、20年持续地购进这些老油画。甚至他们的第二代也在根据自己的品位积累和收藏。这批人在短期之内是不会轻易将作品放出的，因为他们知道如果将来开美术馆必须要有这些佳作。近年来，新加坡、印度尼西亚，特别是中国内地的收藏家也对此兴趣日益浓厚。于是，就市场而言，可以说买盘比较稳定，以真的收藏家为主，炒作较少。

简言之，学术价值已载入史册，作品数量又相当有限，再加上真实收藏群落的稳步扩充，都让20世纪华人艺术精品成为长久坚挺、持续升值的重量级板块，相信以后会得到更多收藏家的鼎力支持。

第三部分 专访

ZHUANFANG

耿宝昌：陶瓷鉴定要多接触、多学习

马继东

耿宝昌，著名文物鉴定专家，擅长古陶瓷研究鉴定。1922年生于北京，祖籍河北束鹿（今辛集市，归石家庄市管辖）。

1936年在北京"敦华斋"做学徒，1946年自己开了一家"振华斋"古玩铺。1956年应聘到故宫博物院工作，历任修整组技工、副研究员、研究员。1960年毕业于文化部六联干部学校。1966年始，先后应邀到文化部文物局、南京博物院、国家文物局扬州与泰安培训中心任教；任辽宁大学、吉林大学、河北师范学院历史系兼职教授；受聘为北京大学考古学系硕士学位研究生导师、台北中国文化大学史学系博士生导师和马来西亚中央艺术学院客座教授。

1973年始，多次出国，赴法国、加拿大、美国、英国、日本、荷兰、葡萄牙、比利时、马来西亚、新加坡、巴基斯坦、阿曼、阿拉伯联合酋长国等国及中国香港、台湾地区，进行考察、鉴定和学术交流。专著《明清瓷器鉴定》上、下两册，主编《中国鼻烟壶珍赏》、《中国文物精华·陶瓷卷》、《中国美术大全·元明清陶瓷》、《中国陶瓷图典》、《故宫博物院藏明初青花瓷》、《故宫博物院藏珍·青花釉里红三卷本及紫砂卷》、《孙瀛洲的陶瓷世界》，发表中外陶瓷文章60余篇。1986年，将瓷器、铜器等文物22件捐献故宫博物院。

长期从事中国古陶瓷及其他古代工艺品的研究，重点研究历代陶瓷。撰写的《明清瓷器鉴定》为国内首部古陶瓷研究鉴定学论著。现为故宫博物院研究员、故宫博物院学术委员会委员、国家文物鉴定委员会副主任委员、国家文物局咨议委员会委员、中国古陶瓷学会名誉会长、中国历史博物馆顾问、首都博物馆顾问、炎黄艺术馆鉴定委员会会长，1991年享受政府特殊津贴。

中国收藏拍卖年鉴：耿老，您的著作《明清瓷器鉴定》与冯先铭先生的《中国陶瓷史》一直是中国陶瓷收藏爱好者的最重要的学习参考书籍之一。

耿宝昌：时代不同了，今天出土了那么多的新资料，这本书已经不是了。

中国收藏拍卖年鉴：可学习陶瓷基础知识还是需要入门参考资料的。

耿宝昌：情况不同了，实践派、博物馆派两个情况不太一样。

中国收藏拍卖年鉴：毕竟还是博物馆的标准器多。

耿宝昌：社会上的人走的面还是更广，博物馆里面的人其实都在门里头。说到门外，单位门外、市门外、省门外、国家门外，内容太广泛了。不论到哪个国家，中国人都是排着队去搜宝。

中国收藏拍卖年鉴：您说的是收藏家到海外购买陶瓷古董吧，其实今天博物馆的专家也出国，去各大博物馆搜宝。之前国家组织过几次，比如2010年的美国大都会博物馆，我也注意了一些美国的报道，一群中国的专家去寻找是否有中国流失出去的文物。

耿宝昌：你脑子里没有东西，不明白历史，你能肯定哪个是吗？得准了，不准了不知道怎么回事，乱点鸳鸯谱也不行。要知根知底，说话要让对方没有反驳余地，得认识东西，这个东西无疑是某某地点的，某某年月的，某某历史经过，都得知道。否则这对回归没有帮助，只会有害。凡事得按国际法办事，要有确凿的证据，让对方没有反驳的语言。当然，不认识真假就更麻烦了。

中国收藏拍卖年鉴：即便是博物馆也有假的。

耿宝昌：所以是盲目的，太乱了，市场乱，这个领域真是乱，乱得是一塌糊涂。

中国收藏拍卖年鉴：我觉得您是对的，专注自己的研究，这么多年一直很低调。基本上我没有看到过媒体里面有您接受采访和鉴宝的消息。

耿宝昌：从来没有。

中国收藏拍卖年鉴：记得以前我写过您说洪武陶瓷、解放初的故事，发表前还给您打过电话确认。

耿宝昌：对。但很多媒体上、电视上谈陶瓷，都会出现我的名字，其实我都不知道，所以我看见后，我说根本没有我鉴定的事，我没去过一次。

中国收藏拍卖年鉴：很敬佩您这么多年，退休后还一直坚持每天上午去故宫研究。

耿宝昌：我只能做好自己的事情，社会鉴宝你也不知道东西从哪儿来的，谁和谁的关系，不能介入，介入只能惹麻烦。

中国收藏拍卖年鉴：我想知道一个问题，在今天，如果作为一个喜欢陶瓷的普通爱好者，却没有机会接触到那些实战派可以接触到的实物，该怎么办？

耿宝昌：现在不是有好多学校吗？到处都在讲陶瓷鉴定。

中国收藏拍卖年鉴：如果不去培训班，就是一名爱好者，还是得买书。时代再怎么变，那些基础知识还是不变的，比如您的《明清瓷器鉴定》。

耿宝昌：现在市面上这类书很多了，你去看书架上面满满登登的书，我想出版社也不会做赔本的买卖。当然，这些书各有所长，都有自己的特点。其实，每个人都是长短不齐的。

中国收藏拍卖年鉴：作为陶瓷收藏爱好者，除了读书学习之外，也得到博物馆看看吧？

耿宝昌：反正（鉴定）这种东西不是一天成功的。自己喜欢，就要多走走，多看看，到正面的地方，别去歪的地方。这也是两种方式，对于仿品、假的东西，你如果能认清楚，反过来，真的也就认识了。要把它弄清楚，就是要多接触、多学习。

中国收藏拍卖年鉴：冰冻三尺非一日之寒。

耿宝昌：对。而且今天出现的东西太多了。有些具有特殊面貌的，有些人没见过就认为是假的，这也很难说，真东西也可能是从来没发现过的。

中国收藏拍卖年鉴：您写完《明清瓷器鉴定》之后，这些年不断有新的考古发现，您也去全国各地考古所看，对于您来说，这本书您还需要补充些什么？

耿宝昌：明、清这部分其实很明了，时间比较短，大部分脉络都清清楚楚。考古发现更多的是高古的，不断有的新发现。

中国收藏拍卖年鉴：中国的陶瓷收藏爱好者群体是很庞大的，他们需要更多新的资料学习。

耿宝昌：我记得 8 年前，正月初二还是初三，下着雪，在翠亨居（音）的楼上，（中国收藏家协会）阎会长说中国的收藏家有 7500 万人，那个时候就已经 7500 万了，今天估计更不止了，全国总动员收藏文物。

中国收藏拍卖年鉴：您说的应该还有爱好者吧。

耿宝昌：不知道是收藏还是爱好，不清楚（笑）。

中国收藏拍卖年鉴：现在您去故宫，除了补编您的《明清瓷器鉴定》，还有什么其他事务？

耿宝昌：天天杂乱事不少，没有闲着的工夫，回头一看，没有也没干，这就年底了，成的事都没有。

中国收藏拍卖年鉴：您太谦虚了。那这本书（注：指《明清瓷器鉴定》，下同）的修订再版进度如何？

耿宝昌：老完不成，很多事把时间都占了。

中国收藏拍卖年鉴：我记得您跟我说过这本书大的框架不变，但会补充一些新的图片资料。

耿宝昌：会加一些文字，把黑白的变成彩色的。

中国收藏拍卖年鉴：我们也期待新版早日面世。

篇外：二十世纪初期的洪武瓷与国人

——耿宝昌先生的回忆片段

马继东

“街头小摊，卖果干儿的，卖凉粉的，都有洪武瓷！”

某日下午，对笔者说这句话的，是中国陶瓷鉴定泰斗耿宝昌老先生，描述的时代背景是 20 世纪初期至解放前夕。

起因很简单，最近几个月，北京四中再度出土了大量洪武残器，其中很多已经流入古玩市场。于是，我分别给耿老和陈华莎去了电话，询问一些有关北京四中洪武陶瓷出土前后的事情。我想，对于洪武陶瓷的研究与认知，在国内，这两位专家应该是很有发言权的；而国外的陶瓷专家中，佳士得的苏玫瑰、苏富比的朱汤生等人，相信也都有独到的见解。

想必每一位喜欢中国古陶瓷的朋友，都应该清楚1984年夏天北京四中基建工地上出土的数千片青花和釉里红残片，对于元末明初的陶瓷断代划分意味着什么。北京四中坐落于紫禁城西北角，在元代即为兴盛宫的后苑，明清两代均为宫廷库房。明代，这里曾分布着10座储存皇家物资的仓库，即司钥库和甲、乙、丙、丁、戊、承运、广盈、广惠、广积等库；至清代则为甲、乙、西什等库。西什库俗称“北堂”，始于清代康熙年间。据记载，康熙染了疟疾病，治疗不见好转，外国传教士张诚等人用奎宁（金鸡纳霜）把皇帝的病治好了。康熙为了表示感谢，将皇城内蚕池口一片的院落赐给传教士，清康熙四十二年（1703年）建成教堂，康熙赐名“救世堂”。

似乎有些跑题，回过头来，再说说1984年北京四中的那次重大发现。库房最初营建于洪武十七年，乃燕王朱棣镇守北京时营建。当众多洪武官窑残瓷被集中发现于这个库房区遗址，于当时的学术界、收藏圈，轰动程度都是难以预料的。而到今天，当元末明初青花釉里红瓷器被众星捧月之际，北京四中再度发现的这批洪武残瓷，面对市场的逐利行为，恐怕想要平静也难。

据耿老回忆，20世纪初的北京街头，洪武时期的大石榴尊、大盘都很常见，不仅仅是古玩店铺，甚至街头的小摊，卖水果的，卖果干的，卖凉粉的，都有可能见到。当然，数量尽管很多，残破的也不少，这些洪武瓷器要么锔了锔子，要么破了口，鲜有完整之物。位于北京四中的明清库房遗址被发现之前，市面上的洪武瓷器，由于没有款识，无一例外地被当成了元代瓷器，包括故宫博物院的藏品。值得一提的是，一位在北京待了很多年的英国绅士，外交官艾惕思，解放初期曾任英国驻华代办处参赞，当国人都认定那些无款的洪武青花釉里红为“元瓷”时，正是他，第一个站出来质疑，并推断其时代应为明初洪武。这样的声音，在当时或许微弱，但很可贵，不随波逐流，令人钦佩。

无论如何，我们都应该感激20多年前北京四中的那次发现，至少解决了一个困扰很多人很多年的陶瓷断代难题。至于洪武之后的官窑瓷器断代，便要明晰许多，从永乐朝开始便有纪年款识出现，如景德镇御器厂故址出土的永乐釉里红残器口沿，用釉里红书横式“永乐元年”或“永乐四年”（上海博物馆、亚洲艺术博物馆也收藏有类似器物，但无款识）。再之后，自宣德朝始，除了明“空白期”及明末清初一段，基本上，每个朝代的官窑瓷也就名正言顺了。

耿老很困惑，当年那么多的洪武瓷器，为何现在都销声匿迹？或许是那些小摊散了，该卖的摆设零什也都跟着贱卖了吧。他告诉我，解放前后，洪武瓷器的价格并不高，他自己也曾有过一个大盘，1950年左右，90元便卖了。对于今天市场元青花、洪武青花釉里红动辄成千万上亿的惊人天价，耿老有些生气，在他看来，正是由于炒作，假货才得以泛滥，既扰乱了社会，也坏了收藏的风气。

杨伯达：玉器鉴定是一个漫长的过程

马继东

杨伯达，男，汉族，1927年生于辽宁旅顺，祖籍山东蓬莱。研究员。

1948年华北大学美术系毕业。曾任故宫博物院副院长、中国博物馆学会副理事长、北京市人民政府专家顾问团顾问、北京大学考古系玉器硕士研究生导师。

早年师从黎冰鸿、王式廓、罗工柳、彦涵习画，后从事中西美术史和博物馆学研究。1956年调入故宫博物院负责陈列工作，1984年10月至1987年6月任故宫博物院副院长。1997年离休。

40余年来专攻艺术文物及美术史。研究领域较宽，侧重玉器、金银器、玻璃器、珐琅器、清代院画等专项研究。在雕刻、清代院画、玉器、玻璃器、金银器、珐琅器及鼻烟壶等诸多方面都有著述。

曾主持、参与金玉珠宝大佛、不空羂索观音、翡翠《蓬莱仙境》以及珍贵宝玉石的鉴定评估。1980年之后，曾赴苏联、保加利亚、罗马尼亚、古巴、美国、加拿大、英国、法国、德国、澳大利亚、日本、新加坡、中国香港以及台湾地区访问考察或出席国际会议及国际学术讨论会。近几年根据需要将研究重点转至古代玉器、玉文化方面，取得了重要进展，发表论文数十篇，出版了文集《古玉考》，主编《中国美术全集·玉器》及《中国玉器全集》。

现仍从事科学研究工作，近期课题为《清代工艺美术史》、《中国玉文化史》（与美国屈志仁先生合作），并主编《中国金银器、玻璃器、珐琅器全集》（共6册）、《中国玉器全集补遗》（共6册）。

现任中国博物馆学会副理事长、北京市人民政府专家顾问团顾问、北京大学考古系玉器硕士研究生导师、国家文物鉴定委员会委员、中国文物学会副会长、玉器研究会会长、中国宝玉石协会顾问、香港中文大学文物馆荣誉顾问、香港徐氏艺术馆顾问、新加坡收藏家学会海外高级顾问、新加坡国立大学李光前中华文物馆客卿顾问、国际博物馆协会（ICOM）会员、玻璃委员会会员。

中国收藏拍卖年鉴：杨老师，如果民众想要了解玉器这个专业，想要入门的话，需要哪些步骤，或者说要注意什么，请根据您的经验谈谈。

杨伯达：如果说对玉器爱好，还想要收藏，那就是长期行为，就是要获得打开玉器宝库的钥匙。怎么样打开这个宝库呢？

现在的收藏家，一般说起来有一个共同的缺点：不读书，喜欢三五成群，各说各的，也不知道谁说服谁，相互影响。这个小群体不打破，不读书，那么收藏家永远不能拿到这把金钥匙。这把金钥匙在哪里，其实就在书里面。

比如说，我们出版的《中国玉器全集》，现在出了三版，为什么有这么多的读者，就是因为这本书的权威性，以全国各地提供的出土玉器为主，还有一部分是博物馆收藏的，这部分玉器也都是经过博物馆几十年研究确认的。不看书是第一个问题，第二个问题是不去博物馆，不看博物馆展出的，各个考古所发掘的、各个博物馆收藏的玉器。为什么我一再要讲发掘出土玉器，因为这里面有很多鉴定标准器，也就是在鉴定上，有关键的特征。比如说玉是什么样的，从什么地方来的玉。出土的器物一般没有造假的，而且墓里面埋藏了若干年，几千年以后，玉器表面发生了变化，这些特征在出土玉器里面，都有表示。我们要从中学习、观察、了解、记住，要有所分析，这个是真的吗？

掌握了鉴定标准器以后，才能够真正认识是什么玉，你看到的玉器是真的还是假的。比如说，我们自己都有朋友，比较熟悉的朋友，不要说进来见到，就是一听脚步声就知道是谁了，是一个道理，这个必须要积累经验的。标准器得反复看。为什么要看书，因为书里面讲明白了，博物馆也好，展览也好，说明都很简单。

现在社会的一个毛病是文字太简单。30年前，我是博物馆学会的副秘书长，我们那个时代，文字比现在要充实得多，有些东西你不熟，看见它不能理解它。文物有它自己的语言和信息隐藏在现状里面，不是谁看就能看懂的，不是那么简单的。如果是那么简单，我们为什么要做一辈子，学一辈子，所以要掌握鉴定标准器，用这个标准器来衡量你自己收藏的玉器。我觉得现在要提收藏家，就要提倡读书。不读书，不看博物馆，那么你这个收藏家就不好办了，因为收藏家的经验，远的不说了，就明清两代的藏品来讲，都有时代痕迹，尤其是动手，用眼睛观察，都有这样那样的一些痕迹。所以，如果不看这些东西就不了解假的跟真的之间真正的区别。

中国收藏拍卖年鉴：所以，在您看来，多看标准器对玉器鉴定来说，是非常重要的学习步骤。

杨伯达：你要了解玉器，学习玉器，就是要从发掘出土的玉器入手，不要从收藏家之间，他们讲收藏家的经验。我看中国古代收藏家的经验，就玉器来说，真正把握到精髓的并不是很多的，很容易以讹传讹。因为我们现在懂了，鉴定要掌握鉴定标准器，当时没有这个观念，而且也不知道哪一个是标准器，看不了太多的，仅仅是收藏家之间的联络，有交情给你看几件，互相交流，古时收藏家多数是这样的。古人为什么没有留下类似青铜器、书画这样的玉器遗产，可供鉴定的遗产，为什么呢？就是因为玉器上没有文字，这给玉器鉴定带来了极大的困惑。

中国所有的文物里面，包括书、画、铜、瓷、玉这五大类文物，只有玉在20世纪以前，我们的先人没有这样的文字。其他门类，比如说书画，明代来讲我们还有吴门四家，清代来讲还有扬州八怪嘛，认识是很清晰的。当然，现在人们对古人的认识不可能全对，百分之百绝对不可能，但相对来讲是清楚的，古人整理的我们推不翻，今天吴门四家还是吴门四家，扬州八怪还是扬州八怪。再如青铜器，铭文的解释，也是有据可考的。

说到青铜器铭文，记得我到故宫的时候，唐兰是主任，我是副主任，主要是帮助他处理日常事物，让他有时间考虑自己的研究工作，实际我是帮他打杂。其实我是非常同情唐兰先生的处境，他做过大学教授，代理过北大文学院的院长，很有名，到了故宫就变成二级教授了，我们也为他鸣不平，但是也没有办法。唐兰先生的年纪比我大很多，我很希望他能够抽个时间，钻研自己的业务，他是专门研究文字的，我想给他创造一个很好的空间。对唐兰先生来讲，他可以一下通知，广东的、吉林的、北京的专家全都来了，你看那是什么阵容。玉器就不行，为什么中国的金石学专家拿玉器毫无办法，玉器从来就是烂摊子，从来没有弄清楚过，谁也没有办法，就好像一块硬骨头，谁也啃不动。你要是有文字，事情就好办了，可以抓住文字做文章，可惜文字几乎没有。今天出土的玉器是有文字的，但是极少。所以我讲，玉器的研究是滞后的。

最可笑的，是传国玺的鉴定。宋哲宗时期出现的玉玺，由蔡京上奏的参验结果，认为是秦玺，从玉色、螭钮、文字都很符合。结果到了宋徽宗，他不大相信这就是秦始皇传下来的玉玺，于是他“取其文”，另外照样刻一件玉玺。

这就是玉器的特殊性，你不懂得总的宏观背景，收藏家这个圈子你说这个他说那个，谁也说服不了谁，结果都不准确。为什么我搞了这么多年，我还是不敢写玉器史就是这个原因。有人写了，但是他不会写准确的。

中国收藏拍卖年鉴：您会考虑出一本吗？

杨伯达：玉器研究在旧社会来讲，玉器鉴定，什么样的标准器都没有。现在我会考虑，因为时机成熟了。我以前资料看不知道多少遍了，出土文物也就那么多，若干年内也很少再出了，即使出现也都是边边角角的，没有什么大意思，一些标准器都出来了。现在有条件可以写。

中国收藏拍卖年鉴：随着考古发掘资料的不断整理，今天有很多玉器的标准器出现了，很多出版物可能会有比较清晰的图谱，随之而来的新问题就是，民间的作伪也会参照这些出版物，大量的赝品也随之出现，这可能会给很多刚刚入门或者准备入门的收藏爱好者造成困惑，因为他们学习的时候，可能按图索骥，对照自己的藏品判断真伪。在您看来，这些人应该注意避免哪些陷阱？

杨伯达：说来说去，还是要看标准器，那是一定要看的。现在和过去不一样了，现在博物馆都比较活跃，经常举办一些专题展览，比如说首都博物馆。当然，只看博物馆展览的东西是有局限性的，又不能上手，但看了比不看要好得多。

从作伪历史来讲，中国人大概从宋代就开始了，比如说传国玺，你说胆量得多大，造伪都造到皇帝头上了，有名有姓，还有故事，这情形跟今天是一样的。作伪一般通过几种途径达到目的，一种是玉料，另一种是造型，还有一种是装饰，最后一种就是文字。一般来讲，就是玉料、器型，还有表面的损伤，我们叫沁。古人看玉，我看明清的笔记里面他们讲的，大概都是从沁的感觉去判断，真沁还是假沁，用这个标准来衡量。我觉得今天伪古的人还是走这条路，照样染色，我要告诉大家，碰到染色的情况一定要警惕，这是由来已久的。再一个就是造型，跟出土的玉器有相像而不相同。一种是在出土玉器上添加了很多，造一批，个头由小变大，造型由单纯变得繁缛；另一种是专门造最简单的，找岫岩玉（蛇纹石），专门刻比较简约的。所以，你不能说繁的就是假的，简的就是真的，收藏玉器的人一定要警惕。

需要注意的是，造假也是针对不同对象的。对于大部分收藏爱好者来讲，那些退休的工薪阶层，他们就去造简工玉，而针对有钱的收藏家而言，则是造名贵的器物，这部分数量很少。现在来讲，赝品都是利用化学药品造出来的效果，首先玉料就没有埋在地下几千年、几百年的经历，感觉是不一样的。比如用岫岩玉做良渚玉器，我看不一样，或许他看一样，为什么，因为他没有经验嘛，这个没什么诀窍，就是自己去多看，你不看，永远都学不会。先看真的后看假的，注意顺序，不要反过来，反过来就惨了，反过来就永远跳不出来了。

另外，收藏家要明白的就是不要急于求成，不要觉得三五年就成才，玉器鉴定是一个很漫长的过程，是需要积累经验的。所以，很多收藏家，面对那些打着鉴定家名义的人，应该先看看他的经历，一般来讲，真正从博物馆系统出来的人基本会鉴定。你是学考古的，你们西北大学的考古有博物馆学课程，北京大学的考古就没有鉴定的概念。

中国收藏拍卖年鉴：如何评价如火如荼的民间文物作伪？对于中国的文物市场您又是怎么看的？

杨伯达：总之，收藏爱好者要多看多学，先学习，不要急于求成，有把握了再来收，这样就不至于上当。这一点很多人就做不到，所以他们等于拿出自己的钱养活了一批造假的，造假的生产出来就专门骗他们，这么一个循环关系。这种情况你大声疾呼也没有用，这就像林则徐禁烟一样，那些人已经吸了大烟，之后你再禁就很难了。现在我们很多的收藏家就是这么一个状态，买了以后你再说就不好办了。不少收藏家买了玉器，请你看一看，你这个时候说了真话，他就会记恨你一辈子。

所以我觉得现在的收藏家群体跟过去不一样了，现在收藏已经走向投资与收藏。古代中国的收藏，发展到今天，一定在变。变在哪里？收藏群体整体文化程度很低，大部分是腰包并不鼓，鼓得很少，不论鼓与不鼓，大多数都将经济目的放在第一位，这跟过去的收藏家是不一样的。过去的收藏家也会变卖，但是目的不一样，他是出于欣赏、爱好。今天，已经走到另外一步，变成投资了，这个文物市场会变成什么局面，真是很难想象。我觉得中国文物市场是很麻烦的，我们今天的艺术品市场发展水平，比英美还要“前瞻”。比如说佳士得、苏富比这些英国老牌公司，他们还是比较保守的，是以收藏家为主要客户的。尽管日本人、韩国人也投资过艺术品，都是在经济发展最快的时期，但人家老牌的资本主义国家还在稳当地走鉴赏、收藏这条路，我们中国现代的收藏根本没有达到鉴赏的程度，直接就奔着投资的目的。

杜廼松：学习青铜器鉴定需要触类旁通

马继东

杜廼松，北京市人，1937年6月2日生。考古学者和文物鉴定专家。

杜廼松自幼受父母熏陶，酷爱文史。20世纪50年代中期考入北京大学历史系考古专业。1962年，大学毕业，分配到故宫博物院从事青铜器和古文字研究工作。其间，系统地阅读了先秦诸子、十三经、《史记》、《汉书》，以及宋代以来的有关金石学著作和大量的考古、文物资料。熟悉故宫博物院的大量青铜器藏品。他对故宫青铜器藏品进行整理和鉴定，并与王人聪先生（现任香港中文大学教授）对杂乱无章的5000件历代青铜镜进行科学排比梳理。

杜廼松在青铜器鉴定上有很高的造诣。1981年，他应邀赴美国，为著名的华盛顿弗利尔美术馆鉴定青铜器，受到美国朋友的赞赏。1992年，他为香港中文大学博物馆鉴定了长期悬而未决的兮甲盘的真伪问题。近年参加国家文物鉴定系统工程，并负责青铜器与金文的鉴定，奔赴全国各地，做了大量工作。1992年，获国家级有突出贡献的专家称号。

1993年，他受文化部、国家文物局的委派赴法国，对旅法华人吕霞光先生生前收藏并无偿捐献给祖国的各类中国文物进行鉴定和挑选，圆满完成了任务。20世纪90年代，他参加了中央组织的三峡工程考察活动，发表了《对三峡工程中文物保护的若干建议》、《目前文物保护中若干建议》等论述，在社会上反响很大。

杜廼松曾赴美国、法国、日本、韩国等国家和中国香港等地进行文化和学术交流，多次参加或主持国际或国内的学术会议。每次都提交论文，受到与会者的重视与好评。

几十年来，杜廼松做了大量的教学和科研工作，著书立说，在国内外刊物上发表了200多篇学术论文和文章。独著与合著达20部，专著有：《中国古代青铜器简说》、《步入青铜器艺术宫殿》、《中国青铜器鉴定》、《中国青铜器发展史》、《中国古代青铜器小辞典》、《齐鲁燕中山铜器》、《青铜器讲义》等。合著有：《中国收藏与鉴赏》、《中国美术辞典》、《中国文物定级图典》、《故宫名物辞典》、《青铜器》、《'92中国文物精华》、《全国出土文物珍品选》等，受到国内外广泛重视。同时，他为北京大学、南开大学等多所高校的大学生、研究生、硕士生、博士生和全国文物考古培训班、外国驻华使馆人员及留学生授课，桃李满天下。培养文物鉴定人才，因材施教，受到好评。

他还任故宫博物院研究员，国家文物局高级职称评审委员，北京大学考古系研究生导师，中国民族大学研究生班客座教授，北京同颐传统艺术学院教授，中国收藏家协会、中国收藏网、保利艺术博物馆顾问，中国文物学会文物鉴定委员会专家委员，以及中国科技考古学会、中国青铜文化和古代铜鼓研究会理事、常务理事等职。1998年9月8日杜廼松被聘任为中央文史研究馆馆员。

中国收藏拍卖年鉴：杜老师，对那些想要涉足青铜器收藏的普通爱好者而言，应该注意哪些事项，如何迈过这个门槛，您对他们有什么建议，请根据您这么多年研究的经验随便谈谈。

杜廼松：这个问题提得很好，类似的问题一些同志也都问过我，包括有些搞专业的。我觉得现在随着国家综合实力的提高，经济的长足发展，很多人对古代的文化艺术、古代的文物，都有一种学习，有一种追求，而且现在一些年轻人，学习文博专业的人越来越多。现在据我了解，全国有公、私博物馆——主要是公博物馆，就有2000多家，从业人员也达到了8万多，与“文革”之前、改革开放之前相比，数字是巨大的，现在发展很迅速。

要说学习青铜器，我觉得也难也不难。简单说说我的看法：首先，学习入门知识，要打好基础。你有一定的知识，一定的文化，多读多看这方面的专业材料。比如说读书，可以走稍微快一点的捷径，可以把近、现代人写的书首先看一看，然后再往前推，把清朝、明朝、宋元时期都看一遍，因为现在的书文字内容比较结合眼下的实际，通俗易懂。所以一定不能浮躁，要打好基础。其次，不但要学习理论，而且要大量的实践，只读书是不行的。从我个人的切身体会，要多看博物馆，因为博物馆大部分的藏品都是正面的东西，源自出土的，如果有条件，还要参观考古发掘工地，现在有很多考古遗址公园。通过大量的实践，才能理论联系实际。最后，一定要触类旁通，要想把这方面学好，许多内容你都要很好地去了解。比如说考古学的基本知识、文字学的基本知识、艺术学的基本知识，甚至包括陶瓷器、玉器、书画等门类的知识。不是说你要成为各个方面的专家，而是要了解它们的脉络、基本的状况，不然专门地学习某一方面的知识，恐怕很难深入，也就是一般的学习还可以，你想深入一些，那就是要触类旁通一些。最后我想，有些人，年轻同志也好，年岁大的想学习也好，在学习的过程中，你要找到合适的书本，不是说出版的书都可以拿起来随便看，有些书写得不合适，没有理论的精神融会在里面，没有鉴定的实践经验，有时候还容易误导，所以要选取最精品的书来读。学习的话也要找大家比较公认的老师、先生来进行讨教，谦虚学习。总之，如果只要求掌握一般知识，我觉得还是比较容易实现的，但要想深入一些，就需要下一定的工夫。依我个人体会，几十年如一日，自小受家庭的熏陶，父母都搞文史教育，以后我又在这一领域学习，到了工作岗位以后，也符合我自己的意愿，我觉得这是一个很好的机遇，在几十年大量的工作中不断进行学习和研究。

中国收藏拍卖年鉴：总结刚才您讲的，要想入门，一要书本知识，二要实践，三要选取对的书籍。这几年艺术品市场，是一个比较热门的话题，也是全民关注艺术品收藏的时代，在这种情况下，根据您的观察，目前来讲，青铜器的市场状况是什么样的？

杜廼松：现在的时代情况不一样了，时代的氛围也不一样了，信息很多，由于时间精力有限，很多信息恐怕也不能完全注意到。杂志报纸也太多，还需要互相之间的交流。您刚才问的这个问题我觉得也非常好。我们国家各类文物，各种文化遗产，物质的、非物质的文化遗产，都非常丰富。改革开放以后，收藏人数就越来越多，据各种报刊上刊登的内容了解，可能都达到了1亿人以上。当然，也就是说搞收藏的、收藏爱好者，成为“家”的就不容易了。要成为收藏家，起码藏品数量要多，质量要精，而且自己要完全爱好才可以。

中国收藏拍卖年鉴：那青铜器呢？

杜廼松：青铜器这方面，我觉得，我们国家是一个青铜器的大国，中国的商代社会是一个奴隶制的社会，青铜的发明，促进了文化的发展，也推进了人类从野蛮社会到文明社会前进的发展，所以青铜文化是非常璀璨的。但当时由于贵族社会是分等级的，青铜器正好能反映制度，等级不一样，用法不一样。一般平民百姓是不可染指的。从天子、诸侯、卿大夫，大大小小的贵族他们使用，所以在当时来说，制造上也受到一定的限制。古代，国之大事在于祭祀和战争，所以祭祀的青铜器使用者都是贵族，战争用的兵器相对来说比较多。平民百姓主要还是用陶的东西，骨的、木的和其他材料，真正做铜器还是很少，可以说跟后期的陶器，到宋以后的陶瓷还是有一定区别的，所以数量不是很多。今天我们所看到的青铜器，大部分还是在考古所和博物馆，民间这方面的收藏很少，而且由于青铜器比较重要，时代早，数量不多，所以国家在这方面有很大的限制。这个限制可能您也是了解的，就是说拍卖公司不允许进行这类文物的拍卖，只能陶瓷器、书画、玉器，铜器这几年也有开放，开放到什么程度，就是说晚清的、明清的佛像，再就是汉以后的铜镜，小东西，可以公开拍卖。一般的大件，这方面见得很少，尤其商周的更少，但是也有个别例外。比如说在国内，上海的某家公司曾拍卖过，也有国内拍卖公司到海外拍卖的，到中国香港、澳门地区拍卖，他们有这一类的拍品。比如，上海那家公司就拍过一件周的传世品，就是私家的藏品，卖了300多万元，价格也不低了。总之，这方面的市场还没有开放，但是到古玩城，有些古董店摆的东西也是真的，标价几十万元。

喜欢铜器的人肯定还是很多，但是也有很多人觉得这个东西国家有限制，不好接近。不好接近体现在什么地方？一方面是数量少，找不到；另一方面可能价格也比较高。现在据我了解，收藏铜镜的人比较多，小件的比较多，大件的恐怕比较少，零零散散的，比如说在北京故宫我的办公室，曾经有同事拿来一张照片，说这是某人家里收藏的东西，你来看一看，类似这样的事情时有发生。民间收藏，大件青铜器的零零散散会有，成批的恐怕收集起来也很不容易。

中国收藏拍卖年鉴：您刚才提到，像大的器件，主要在博物馆和考古所里面。其实民间的交易，还是因为国家不鼓励，政策不允许，所以说可能导致民间的交易表面上看不是很活跃。

杜廼松：可能在民间，推测在民间互相交流是会有的。

中国收藏拍卖年鉴：您刚才提到，路过古玩城您会看到也有一些不错的青铜器，这个渠道就是属于民间渠道。

杜廼松：古董店的展品是他们从什么地方获取，谁保存在他那儿，是别人委托还是古董店自己收购的就不好说了。

中国收藏拍卖年鉴：今天的很多田野考古发掘是属于配合工地建设的抢救性质，还有很多是被盗的古墓。私下流通的那些青铜器，您觉得可能会是哪些渠道、来源呢？

杜廼松：民间的流通渠道，咱们现在也不敢否认，虽然经过那些年的动乱，也毁了不少珍贵文物。20世纪90年代，我到敦煌研究所鉴定文物，他们就保存了很多藏传佛教的佛、菩萨雕塑，数量很多，而且都是一级品。我说你们敦煌研究所，怎么有这么多青铜佛像，他们说就是“文革”期间，他们看到有人一车一车地推，要去烧，要毁掉，让他们知道以后把它截下来，最后就留在敦煌研究所了。你看，当时要是毁掉了就太可惜了。改革开放初期，也就是20年前，那时的北京市文物工作队，专门去捡选，有时候从破铜烂铁里面就能找到很好的文物，很多家庭就扔了，也不认识，也不敢保存。有一位老先生，是古董行当出身的，就是从炼钢厂里面发现了一件文物，很多碎块，最后捡出来，拿到故宫修复了一下，最后修复完整了。100多块碎片近200个字，价值很高，现在这件文物应该是保存在首都博物馆。

青铜文物虽然在当年受到了很大摧残，但是也不能够否认在民间肯定还有。中国人口这么多，一代传一代，也有个别的能够留下来。刚才我说上海那家拍卖公司的拍品就是私人收藏。再有就是像您刚才问的情况，乱盗的，西北地区像青海整个大的墓地都被盗了，陕西的凤翔雍城，秦始皇祖宗的墓地，我们出差的时候从那经过，听当地的领导讲，整个墓地也被盗掘一空了。我们给陕西省博物馆鉴定文物的时候，据博物馆领导讲，有很多青铜器都是他们没收的，我一看，整体都是秦代的风格特点，有很多都碎了，即便这样它们也是宝贝，历史、艺术价值都是很高的。再比如说2003年“非典”时期，公安部和安徽省公安厅邀请国家文物局专家，他们没收了盗墓分子500多件青铜器，都是在安徽地区被盗的，他们要对这些犯罪分子进行刑罚，请专家看看这些东西是什么时候的，价值多少，如果都是好东西，一级品，对盗墓贼的判处（量刑）是很严重的。国家文物局鉴定委员会委派我去，那会儿飞机上都没有人了。到安徽后我看了这500多件文物，很多价值都很高。犯罪分子乱挖乱盗，他们挖了以后，有的文物被破坏了，他们采取移花接木的方法，把汉代的东西，没有花纹的不太好的，锯下一块，然后补在重要的商周青铜器的窟窿上。没收的500多件，仅仅是一部分，在这之前，他们所做的事，卖给了谁，我们都看不到了。

中国收藏拍卖年鉴：也就是说，您当时看到的是500多件，经过这种破坏性的修补，其实原来数量应该更多。

杜廼松：过去也是这样。比如说在北京的音乐研究所，前些年，保存了很多古今中外的乐器，有一次让我去鉴定一件铜鼓，当时王世襄的老伴儿在那儿。这是一件商代的铜鼓，外面的铜片、铜纸都对，造型也是商代铜鼓的造型，但你要仔细分析，它就是刚才我说的碎片补接情况，用春秋时代的青铜碎片胡乱拼凑的，是新中国成立前有人得到这些碎片并拼凑而成的。所以说，盗墓的事是很多的。

再比如说我印象比较深的，前些年，公安部请国家文物局，要派专家去山东枣庄的薛国墓地，说整个墓地都被盗了——春秋时候的小诸侯国太多了。看了实物以后，公安局局长说，杜老师，我们再带您到被盗的墓地现场去看看吧，我说好，我就愿意看这些，搞考古出身的，去看看他们盗成什么样了。我一看，发现墓地被糟蹋得不成样子了，但有的还没有盗完，里面好像还有东西，盗墓者可能比较匆忙，我就跟公安局局长说，你们赶快通知有关考古部门，请他们清理干净，不然你们这里没有值班人在这看守，晚上什么时候没人了，他们又会把剩下的都盗走了，公安局长保证他们会做到的。所以说这些年，盗墓现象很严重。陕西、河南的盗墓就更多了。甚至，有些地方还出现公安机关和盗墓分子互相勾结的情况。很多墓地两千多年来都保存完好，盗墓贼几天就把它们盗空了。很多被盗的文物都被卖到海外，有的流向中国台湾地区和香港地区，这确实是很可惜的事情。

对于收藏家而言，如果知道是出土的器物，最好就不要买，否则容易出事。前些年，国家文物鉴定委员会派我去贵州，一批汉墓，不少大的铜镜，我一看，很多都是一级品，都是公安机关没收的。他们不但逮捕了盗墓分子，而且调查谁买了，这些藏家最后也要被处罚。在中国买出土文物是不被允许的，尤其是买明知是盗掘出来的。商周青铜器，如果追问到根的话，谁买了都是件麻烦的事。

中国收藏拍卖年鉴：您建议民间收藏应该收藏传世品，不要碰那些没有把握的、不知道来源的青铜器。刚才您也说到，往往民间出现的青铜器，很有可能是盗墓贼利用碎片拼凑起来的，这些收藏未必是完整器，同时还有可能会触碰到法律禁令。最后一个问题，您认为青铜鉴定应该坚守的精神是什么？

杜廼松：不管什么情况，我觉得为国家鉴定也好，看私人藏品也好，鉴定人是鉴定专家也好，学者也好，一定要实事求是，不能把真的说成假的，也不能把假的说成真的。所以我有一个主旨思想，就是鉴定文物，你就是要为历史负责。必须坚持这一点，不能被其他的思维、想法所左右。20 世纪 90 年代，我在湖北省一个博物馆鉴定，馆长拿出一件文物说是镇馆之宝，我一看是明仿的，他有些不高兴了。我就跟他说，根据哪些特征，为什么说它是假的，后来他才心悦诚服了。我们到全国各地鉴定文物，很多博物馆的领导都希望专家给他多鉴定几件国宝，这样他们也容易开展工作。但是我们要实事求是，成为国宝级的器物不是一般的文物所能达到的，要具备很多条件，造型精致，物以稀为贵，得多方面条件融合到一起。总之，我们必须本着为国家负责的精神。

戴志强：收藏钱币需要明确目标

马继东

戴志强，别名戴续，阿祥。祖籍浙江绍兴。1944年出生于上海。中国人民银行参事，中国钱币博物馆研究员。

1966年毕业于复旦大学历史系，1981年任河南安阳博物馆副馆长，1983年任河南安阳市文化局副局长，1984年调京任中国印钞造币总公司副处长、处长，1991年任中国人民银行货币发行司副司长，1994年任中国钱币博物馆馆长，2004年受聘为中国人民银行参事，现任中国钱币博物馆馆长，兼任国家文物鉴定委员，国家流通文物专家组成员，国际博物馆委员会委员，国际钱币银行博物馆委员会理事、亚洲地区主席，国际钱币学委员会委员，中国钱币学会常务理事、秘书长、学术委员会副主任，《中国钱币》杂志主编，中国金融学会常务理事，并在中国人民银行研究生部等高校讲授中国钱币学、货币史。

他从事钱币学、货币史研究30余年，在中国钱币学学科建设及其理论体系的研究方面有突出贡献，不仅继承和发扬了传统的钱币学研究方法，还积极领导并实践了钱币学研究的科学方法，把科学考古、文献分析和现代科学手段运用到钱币学的研究，通过典型器物剖析，把握历代钱币不同的时代特征、区域特征及个性特征，在中国早期实物货币，金属称量货币以及历代金属铸币等学术领域，取得丰硕成果。出版专著11部，发表论文百余篇，获得多项中国钱币最高学术成果奖金泉奖，其中第一届获学术著作奖1项，科普著作奖1项，优秀论文奖2项，第二届获科普作品奖1项，优秀论文奖2项。

主要著作有《戴志强钱币学文集》（中华书局2006年1月出版，《钱币学与冶铸史论丛》（与周卫荣合作，中华书局2002年版），《中国古钱谱》（与刘巨成合作，文物出版社1989年版），主编《中国钱币论文集》第1～4辑（中国金融出版社出版），主编《中国钱币》丛书（中华书局出版），主编《中国钱币》杂志（1991—2004年），《中国钱币大辞典》副总编（中华书局出版）。

中国收藏拍卖年鉴：您是钱币学的资深专家，对中国艺术品收藏的现状您是怎么看的？

戴志强：最近这几年收藏热，原因是多方面的。一方面是国泰民安，大家搞收藏。造成这样的形势也不仅是这样一个简单的原因，还有其他的原因。不管怎么说，这几年市场确实非常热，包括各类文物，包括艺术品甚至工艺品，当然也包括钱币，市场价涨得非常厉害。钱币原来的基数比较低，所以从涨幅看非常大。两三年前我跟他们聊起钱币的涨幅，我说这10年不是翻番，而是加零。现在看来，这两三年又是加零。当然，不同的门类涨幅不太一样，但是可见收藏确实非常热，而且价格飞涨，圈子里的人都认为不可理解。对于收藏来说，这也许是一个好事，要一分为二地看，尽管有的地方有些虚涨。

我知道钱币的收藏好多是暴发户，煤矿老板。最近这几年，有好几场钱币拍卖成交率是百分之百，这个在国际的拍卖行当中，这样的事情不是很多见。百分之百里面，据我了解，有几场，就是一两个老板，只要是报价就举牌，只要有人争就举牌，有的这一场拍卖会下来，半场都是他收走了，甚至还不止半场。其实他并不是懂钱币的人，所以我觉得这里面也不是完全正常的。所以真正搞市场的，恐怕还是要谨慎。从眼前的情况来看，一时半会儿热度还不会下来，如果是真正的收藏家就无所谓，什么时候都是只进不出，只要我喜欢的，我认为就是合算的。但是，其中有好多买家并不是以收藏为目的，而是作为一种投资，甚至想要保值、升值，那恐怕这里面就有风险了。

所以，收藏的事情，我想应该包括两方面的内容，最基本的是你要鉴定它的真伪，这是基本知识，如果搞收藏的人，不会鉴定，不管是哪个门类，那是非常危险的。现在的文物，包括钱币，假得太厉害了，几乎每一种钱币，不论铜币、银币还是纸币都有假的，而且每一个门类里面，每一种钱只要好一点的，都有假的。

中国收藏拍卖年鉴：比如呢？

戴志强：一般的市场，我去得不多，但是我看到的，除了假的就是普通品，真正好的恐怕是微乎其微。所以我想搞收藏第一个基本的东西你要知道它的真假，这就需要你有一定的经验；第二要确定它的价值，不管是真是假，有些真的普通品，价值也不高。价值包括文物价值和经济价值。当然里面要包括艺术价值、历史价值、科学价值等，最后落实到经济价值。一般要问值多少钱，这在以前是回避的，不好意思说的，现在我看也没有什么回避的，就是公开的。文物价值也好，历史价值也好，最终落实到经济价值上。所以我想，你要收藏钱币就一定要会鉴定，要鉴定就要包括这两方面的内容。恐怕价值的鉴定，从某种程度上，比真伪难度还要大一些。因为整个脑子里面要有一个数据库，对你所要收藏的东西要非常的清楚，它究竟是在哪个位置上。

从钱币来看，我的想法是跟其他的文物不一样。其他的文物一般地讲，以前讲搞考古的人是不下三代，下了周以后就不古了，就没有意思了。当然，现在这个观点已经过时了，甚至到唐宋元明清，但是一般地讲都是清以前，民国时期的当然也有。而从钱币的角度说，恐怕应该是从古到今。从有货币开始到现在是3000多年，一直延续到当代人民币，从古到今，古往今来，恐怕这跟其他文物不太一样。其他文物，如陶瓷，要不就是古陶瓷，要不就是当代陶瓷，书画当然也有这个问题。

中国收藏拍卖年鉴：能否谈谈钱币的大致分类？

戴志强：原来钱币是四大门类，古钱是一个门类，金银机制币是一个门类（就是近代机制币，清代和民国年间的），铜板是一个门类，其实铜板和机制币应该算是一个门类，就是主币和辅币的区别，纸币是一个门类，过去一般讲是这四大门类。现在已经增加了，古代的金银，除了机制币以外，还有金银货币，包括早期的称量货币一直到唐宋元明清的金银锭，以前收藏的人对这一块是不太重视的，现在已经形成一个门类了，如果按照原来的四大门类来看是不包括这个的。再加上当代的机制币，当代的纸币。现在收藏人民币也非常热，人民币的价格，现在不仅是第一套人民币价格非常高，就是第三套、第四套甚至第五套人民币都是可以收藏的，而且价格在飞速上涨。

所以钱币和其他的门类比，国家文物局在讨论的时候，给文物作基本解释的时候，或者说是对出口文物的时间界限怎么划分，有三条杠，制定相关文物法规的时候，我曾经说过，钱币恐怕是古往今来，不仅是古代，不能划哪一条线，比如乾隆啊，1911年辛亥革命啊，不能这么划。普通的宋钱多的是，也不值钱，以前几毛钱，现在也就几块钱、十来块钱差不多，但是当代的钱币有些价格非常高。所以我觉得钱币有它自身的特性。

钱币，你要鉴定它，确定它的价值，我想首先要知道什么是钱币，这个概念要弄清楚。以前在老的收藏家那里，钱币就是古钱，所以钱币学也叫古钱学，那就是方孔圆钱，清末民国初以前的东西，当然后来概念又扩展了。其实，古钱里面也是包括两部分的，一个是正式流通的货币，另一个是货币文化的衍生物。所谓货币就是国家正式发行的流通货币，在某一历史时期，某一个地区，它是作为物物交换的媒介。除了货币之外，还有的就是货币文化的衍生物。现在收藏厌胜钱、收藏花钱的人很多，花钱这个名字我是不太同意的，花钱应该是厌胜钱的一个子门类，所谓厌胜钱实际是有了货币以后，货币文化和民俗文化相结合的东西。所以，在古钱中，正式的流通货币，古钱学界就称为正用品，而衍生物就叫做非正用品（实际上就是厌胜钱），应该是包括这两大部分的。就到当代还是这样，除了正式流通货币外，还有金银纪念币，也是人民银行发行的，也有面值，尽管面值和实际价值是完全脱钩的，面值无非就是一个标志，不像流通币5块就是5块，10块就是10块，1块就是1块。纪念币上面标了50块，恐怕500块也买不来。而且这个纪念币，名义上的确是人民币，也是正式发行的货币，但是不参与流通，发行的目的主要是收藏投资用的。标的10块面值，10块面值拿到市场上，没有人去拿着花的。所以实际上跟货币已经脱钩了。再有就是纪念章，各种各样的纪念章，岁末年初，人民银行金币公司会发行，比如兔年就发兔年的纪念章。需要注意的是，纪念币和纪念章是两个概念，纪念币是有面值的，纪念章是没有面值的，但是它跟纪念币之间是孪生兄弟，也可能是一个娘胎，是不能流通的，并非货币。各式各样的纪念章，各种性质的都有，可以是国家造币厂生产的，也可以民间自己生产的。实际上中国当代的纪念章，纪念章这个名词是舶来品，是外来语，当代的纪念章实际上就是古代厌胜钱的继续。

所以我觉得要搞钱币，首先要弄清楚什么是钱币，也就是前面提到的两个部分，一个是货币，另一个是货币的衍生物，它们之间的定位，你给了一个正确的定位，就可以确定文物价值，就可以确定艺术价值，可以最后确定它的经济价值。如果定位都定不准，如何去确定它的价值。我想对于钱币来说，不能笼统地讲钱币，有的时候说钱币就是货币，那就错了，货币是经济领域的一个专用名词，钱币是文化领域的一个专用名词，货币咱们有一个货币学，是研究货币理论的，货币是怎么流通，怎么使用，货币的理论是什么等。钱币主要是研究钱（本身）的，怎么生产出来的，基本特征是什么，有什么不同的版面，最后来确定历史价值，不是为了流通。所以我想钱币和货币是两个概念，你对钱币的鉴定和收藏，就要了解钱币的基本性质。

中国收藏拍卖年鉴：钱币的鉴定又有哪些自身的特性？

戴志强：根据我自己的经验，我想要做好钱币的鉴定，最基本的一条，当然跟其他的文物门类一样，就是要接触实物。文物的鉴定包括钱币的鉴定在内，只看书本是没有用的。现在有很多的钱币鉴定书，包括其他文物的鉴定书，我也写过这方面的书，实际上只能是把你领进门，告诉你钱币有哪些，无非就是这样而已。真正的鉴定那就要靠实践，就是要大量地接触钱币，才能对它有所了解，有所感悟，这是书本中找不到的。我的书也好，包括其他的鉴定书也说了怎么鉴定，也讲了真伪之间的区别，但这些都是理论上的，等你去做是两回事。而且书上的照片，真的和假的对比要反差非常大，否则看不出来，你说这个是真的，那个是假的，区别在哪里，为了好看，好理解，往往选一个最像假钱的，但是真正拿到你手里用它区别真伪，那是需要实际经验的。你不接触大量的实物，去做鉴定都是空话。现在有好多人，书上背得滚瓜烂熟，拿了钱，说这个钱我在图谱上找到的，其实完全是两回事，实际上是有区别的。

钱币的区别和其他的文物门类瓷器、青铜器不一样，是在细微之中。我以前讲过很多次，宋代的淳化元宝，是最普通的钱之一，当然其中也有比较珍贵的。最好理解的叫“缩水淳化”，“淳”字的三点水比普通的三点水稍微收紧一点，咱们给它一个学名叫缩水，那就比较少，文物定级至少三级以上，也可能定二级。那么，你如果是不了解的人，一看都是淳化，没有太大的区别。所以我说必须要实践，没有实践是不能搞鉴定的，抱一本书搞鉴定是不行的。

除了这个之外，钱币的鉴定还有一些个性，比如我刚才提到的细微之处，所谓版币的区分，青铜一件就是一件，再来一件一看就是不一样的，钱币恐怕有好多是细微处的变化，这跟其他文物是不一样的。另外钱币的鉴定，还要掌握其他的知识。对钱币的历史，每一个时代有每一个时代共性的东西，我们叫它时代特征，每一个地区有每一个地区的特征，我们叫它区域特征，像这些东西是共性的。比如说先秦货币，当时古文字还没有隶书，更没有楷书，都是篆书，大篆小篆，如果在那个时期里面，出现了隶书，出现了其他的文字，那看都不要看，那就是假的，这是时代的东西。中央地区的钱币，西藏地区的钱币，那是不一样的，有明显的区别，这是区域特征。像这些共性的东西必须要掌握，此外，也要掌握个性的东西。比如说唐朝的钱是什么风格，宋钱是什么风格，都是方孔圆钱，正面都是四个字，背面都是光背，什么字也没有，但是有经验的人不用看正面，只要看背面，就知道这是宋钱，这是明钱，这是清钱，分得很清楚的，绝对不可能把一个清钱当做唐钱去看。这好比今天我看你正面熟了，明天你在前面走，我看你背影就知道是你了，就是这个道理。所以这恐怕是一个基本的东西。

另外搞钱币的人，不仅是要了解古代的钱币，还要了解当代的钱币。当代的钱币是怎么造出来的，是怎么一个过程。开始有样稿，有样币，再开模子，有了样票之后才制版，然后再印刷，像这些基本的东西需要了解。我们也看历史文献，看资料当然可以，各个时期都不一样，但是你也要知道当代的东西，你就可以推想历史上是怎么生产的。拿我自己的体会，我在文物部门待过，我后来到了银行，我管过发行，也在印钞厂待过，世界各国的一些主要造币厂也都看过，看了这些以后，对你研究古钱，历史上的货币，完全有另一种感觉。所以什么是主钱，什么是母钱，什么是流通货币，你就好理解了。今天搞瓷器也一样，先恢复窑口，然后再去仿制，在这个实践过程中，去思考当时瓷器是怎么出来的，这与研究钱币是一个道理。

另外一点，钱币的涉及面很宽，特别是厌胜钱，跟中国的民俗文化、民族文化有很大关系，里面包含各种各样的文化。厌胜钱中我认为使用时候最长，一直到现在还在的最多是冥钱。厌胜钱中“厌”的繁体字是上面压迫的“压”，底下一个“鬼”，要把魔鬼镇压住，这就是厌胜钱，辟邪的。最初是商代，商代的流通货币是海贝，今天出土的海贝，都埋到地下已经不是流通货币，就是冥钱。而且海贝埋下去有不同的用途，有的可能是作为财产埋下去的，有的是出土的时候就在死者的手脖子上套着一圈，那就是实物，是当实物埋进去的。有的小墓里面，死者腰底下有一个海贝，这个海贝是做什么的，咱们看大墓，墓主人底下有一个腰坑，这个坑里面有时候有一个人，有时是一条狗，这是做什么用的，就是保佑死者在冥途上通达，是保护他的，大墓属于奴隶主才有这个权力，小墓没有，就拿一个海贝，当时的货币，压在腰底下，作用跟狗和殉人是一个道理，这就是最早的冥币。

中国收藏拍卖年鉴：也就是说，最早的冥币在死者生前使用的时候是流通货币，死后随葬就是冥币？

戴志强：是的。实物货币跟后来的货币不一样，实物货币本身具有两重性，在使用的时候，可能是流通货币，也可能是装饰品。海贝为什么作为最早的实物货币，当然有很多原因，一个是很漂亮，大家都喜欢，可以作为一个装饰品；另一个它是一件神器，这个器形跟妇女的阴部是一样的，所以妇女生产的时候要捏着一个海贝保佑她顺利生产。因为有这个功能，所以家家户户都要它。你如果只是装饰品，富人家有，穷人家可以没有，之所以穷人也要用它，是它有特殊的功能。你说这是迷信也好，但在那个时代就是谁都要，也只有这样才能做货币。物物交换的时候，你拿一个锄头换米，你换米的时候，买米的这个人不要锄头，就换不成，海贝就大家都可以要，所以这个就是最早的冥币，实际就是最早的厌胜钱，并一直延续下来，有了厌胜钱，有了各种各样的钱。到了今天，开小车的，前面会挂一个方孔圆钱，保佑出入平安，不就是厌胜钱嘛，有的甚至挂一个毛主席像，也是为了出入平安，毛主席像在这个地方就是厌胜钱。

鉴定恐怕不只是对货币本身了解，了解货币的文化，了解货币的理论，了解货币为什么会有不同的版币出来，为什么多的就便宜，为什么少的就值钱，这就是货币。你还要了解这些厌胜钱，历朝历代的厌胜钱怎么去利用它。恐怕只有货币文化是不行的，还要有民族文化、民俗文化。当然，你还要有一些包括美学史、美术史的知识，钱币看着很简单，若没有一点美术史和审美观点，没有点书法知识，甚至是绘画知识，没有这些知识恐怕是不行的，因为厌胜钱里面很多没有文字，都是画。包括古钱，虽然只有4个字，实际上中国钱币的艺术性就集中在这4个字上，一般都出自书法家之手，都是那个时期最有名的书法家来书写的。现在有的古钱我们就知道了是某某人写的，有的不知道是谁，但也是书法家写的，无非你现在不知道。所以做假的人，恐怕不太容易做成，你如果有一定书法能力，有一定书法的艺术能力，要辨别就很容易。所以我说，咱们看钱的时候，它自己是会说话、会开口的。

中国收藏拍卖年鉴：从这点来讲，传统文化这些门类是共通的，涉及几门艺术之间的交流。

戴志强：实际上，各个门类之间，都有共同的地方。两宋时期是书画的高峰时期，宋词也是高峰时期，钱币也是高峰时期，都是共通的。当然反过来说，隔行如隔山，现在有些搞鉴定的，特别是电视台节目里我看什么都会，但是往往说不到点子上，圈子里面的人听就不行了，那你就不是专家，那你就是杂家。杂家和专家的分量是绝对不一样的。我觉得钱币的鉴定就是面要宽，一般地讲，除了实践，大量的接触事物之外，跟你的文化素养、文化修养，有很大的关系。现在钱币的爱好者很多，包括小学生、中学生，包括普通群众当中都有爱好者，但是要真正成为收藏的大家，真正成为专家，那恐怕要有相应的文化素养。这个文化素养我觉得不一定就是说你非要是什么学历，非要是大学毕业，今天自学成才的人多得是。

另外，鉴定还是要有一点灵气，有一定悟性，不是说有了学历，鉴定就一定行。有时候就是要有灵性、第六感觉。同样一枚钱，这个人看了是一个结果，换个人看就不一样了，感觉就不一样了。所以有些东西是咱们说得清楚的，有些东西是说不清楚的，要靠个人去领悟，要有悟性，所以圈子里有人说，只可意会，不可言传。有时候，有些东西已经讲得很清楚了，但是你听不懂。一个中学生和一个小学生，你拿中学生的知识跟小学生讲他能听得懂吗？如果你已经讲得很明白了，他还是不懂，那你没有办法了。

中国收藏拍卖年鉴：您刚才讲，要成为真正的钱币收藏家，可能有非常漫长的路要走，要通过实践，要有综合的知识，对各个时代的特征、对各门类有一个了解，在这个领域钻研和不断琢磨。按照这个标准，根据您平日所接触的情况，您认为中国真正的钱币收藏群体大概是什么样的规模？

戴志强：跟其他文物相比，钱币收藏爱好者的队伍应该是人数最多的，这是广泛的，因为门槛比较低。刚才说了小学生也可以，普通的市民也可以，身上有几块钱就可以买。但是反过来说，真正要投身进去以后，那就是汪洋大海。我可以负责任地说，钱币圈子里面，每一个门类都通的，到目前为止没有一个人，包括我自己在内。有人说，古钱、纪念币、纸币等我都能看，对不起，那是不可能的，你只能给外行说这个话。说实在的，从外面来看，这个圈子很小，是一个小门类，进去以后却深不可测。

所以，真正要成为“家”的，我觉得首先你要确定你自己的目标，开始时候你可以反反复复地接触，可以喜欢纸币，可以喜欢金银币，喜欢古钱，可以先大概接触；但是到了一定阶段，你就要明确一个主题，你不可能面面俱到，纸币跟银币之间的文化含量距离是很大的。此时你可以根据你的优势来确定，是古钱、金银币还是纸币，明确了方向以后，可以再实践一段时间。再经过若干年后，你应该再明确一个目标，比如说古钱，我是以先秦货币为主，还是以唐宋货币为主，还是以明清货币为主；纸币当中是以古钞为主，还是以当代币为主，是以中央银行的纸币为主，还是以商业银行的纸币为主——只有这样你才能够逐步深入、继续探究下去，比如我确定了前秦货币，前秦货币到了一定的时候还要再分，我是以三江地区为主，还是以燕赵地区为主，只有这样逐步地走下去，才能成“家”，否则是永远成不了家的。一个人要是说自己什么都懂，那你本身就不懂。道理都是一样的，瓷器、青铜也是这样的，你要想方方面面谈，谁都能谈，但不能解决实际问题，该上当还是要上当，该买假的还是买假。

中国收藏拍卖年鉴：今天我们庞大的爱好者群体中间，能够称为钱币收藏家的人数大概是多少？

戴志强：我也说不清楚，但肯定是少数。任何事情的规律都是这样，中间的群体会大一点，但是再往上、再要拔尖，那是非常少的。

第四部分 业界动态

YEJIEDONGTAI

【“麦积山石窟壁画临摹展”在陕西成功举办】

2010年1月1日，由甘肃省天水市人民政府主办，陕西历史博物馆、麦积山石窟艺术研究所承办的“麦积山石窟壁画临摹展”在陕西历史博物馆东展厅隆重开幕。

麦积山石窟不仅以雕塑著称，而且现存壁画如第127窟的经变画和本生故事画在北朝石窟艺术中具有非常重要的地位。尤其是《西方净土变》、《涅槃经变》、《维摩诘经变》等壁画是北朝石窟中现存时代最早、最为成熟的经变画，对研究经变画的发展和演变提供了非常重要的实物图像资料。近年来，麦积山石窟艺术研究所为存储壁画信息资料，组织临摹人员完成了第127窟约100平方米的壁画的临摹任务，这些重要壁画以纸质临摹品的形式保存下来，为以后的石窟建档、保护以及宣传与展示起到了积极的作用。

【浙江省文物鉴定委员会专家赴长兴县为被盗古墓做司法鉴定】

2010年1月2日，浙江省文物鉴定委员会专家柴眩华、周永良、胡继根一行在浙江省长兴县文化广电新闻出版局副局长刘月琴等的陪同下，赴长兴县吴山乡独山村山南自然村进行被盗文物司法鉴定。

2009年12月31日夜，长兴县吴山乡独山村山南自然村一座古墓葬被盗，当地5位村民抓获6名盗墓嫌疑人。为依法打击盗掘古墓葬犯罪分子，长兴县公安局向省文物鉴定委员会发出要求司法鉴定聘请。鉴于该案例比较特殊，省文物鉴定委员会专家们决定放弃节日休息，赶赴该村进行被盗文物司法鉴定。

经过现场勘探，浙江省文物鉴定委员会向当地公安部门出具了司法鉴定书，确认山南被盗墓葬为清代古墓葬，属盗掘古墓葬案件。

【江苏省常州博物馆近年来考古发掘成果展揭幕】

2010年元旦伊始，“尘封的往事——常州博物馆近年来考古发掘成果展”在江苏省常州博物馆隆重揭幕。百余件精品文物与广大观众见面。

本次展览由常州博物馆主办，旨在展示近10年来常武地区文物考古的主要成果。10年来常州文物考古遵循“抢救第一，保护为主”的工作方针，以配合城市基本建设的抢救性发掘为主，辅以有学术目的的主动性发掘，自2000年至今，常州博物馆参与发掘的各类考古工作已逾百起，发掘地点涵盖常州（含武进、金坛、溧阳）全区，出土各类文物数千件，自新石器时代至明清时期，均有所获。其中新岗新石器时代遗址、广成路明墓、恽家墩汉墓等在全国范围内都具有较大的学术影响。

【浙江省温州历史文化遗产丛书之一《双塔遗珍》出版筹备正式启动】

2010年1月6日，作为温州大型历史文化遗产丛书之一的《双塔遗珍》（暂名）的出版筹备工作正式启动。来自浙江省博物馆的文物专业摄影师开始进场工作。为了配合拍摄，保证珍贵文物的安全，温州博物馆工艺馆（白象塔馆）近期闭馆，其他展馆照常开放。

此书将以图文并茂的形式，详细介绍温州历史上最为著名的两座古塔，再现当时发掘现场及塔内出土文物的场面。

【“雍正——清世宗文物大展”闭展，70万人次参观】

北京故宫博物院和台北故宫博物院60年来首度合办的展览“雍正——清世宗文物大展”于1月10日闭展。本次展览自2009年10月7日在台北故宫博物院开展，吸引参观者近70万人次。据介绍，参展的246件文物，包括档案、史籍、地图、肖像、绘画、书法、瓷器、琉璃、玛瑙等，其中雍正肖像等37件文物来自北京故宫博物馆。

【重庆市全面启动“三线建设”博物馆重大文化设施项目】

自2010年1月以来，重庆市政府召开全市“三线建设”文物及展品征集工作会。标志着被列为重庆文化新地标的重庆文化设施项目——重庆三线建设博物馆正式进入全面启动实施阶段，按计划，该馆在2010年5月1日建成开馆。

2009年6月，中共重庆市委三届五次全委会通过《关于推动文化大发展大繁荣的决定》，重庆三线建设博物馆、重庆工业遗产博物馆作为2010年前规划实施的重大文化项目被纳入其中。这不仅提供了重庆三线建设企业展示不平凡发展历程的平台，也为重庆打造特色文化旅游品牌，在全国形成有影响力的“三线建设”遗址集群提供了契机，同时也表明重庆政府和人民对历史的尊重，对文化遗产的尊重。

【河北省郭守敬纪念馆修缮完工重新开放】

截至2010年1月，河北省郭守敬纪念馆第三次修缮工程历时两个多月的时间，对郭守敬纪念馆展区的大门、迎宾轩、文苑斋、第一展厅、第二展厅和廊柱等部位进行维修彩绘，展区内的监控设备已全部安装完毕。

郭守敬纪念馆始建于1984年，是河北省邢台市唯一一个集科普教育、爱国教育、旅游景点等功能的综合性场所。修整一新的郭守敬纪念馆重新对外开放。

【“国家文物局60年展”在北京新文化运动纪念馆开幕】

2010年1月8日，国家文物局在北京新文化运动纪念馆举办“春华秋实——国家文物局60年展”。局长单霁翔、副局长张柏、董保华、童明康及老领导、专家一起出席了简短的开幕仪式。

1949年11月，文化部文物局成立，如今已走过60多个年头，全国的文博工作者为文物事业发展奠定了坚实的基础；经历了改革开放和现代化建设新形势下文物保护任务日趋繁重的严峻考验，坚决贯彻执行《文物保护法》和文物工作方针，开创了文化遗产事业发展的新局面。“春华秋实——国家文物局60年展”以国家文物局不懈探索、开拓进取的奋斗历程为主线，展现了文物事业昂扬奋进、不断发展壮大的历史画卷，铭记了文物事业开拓者、守望者的不朽功绩和杰出贡献。

【试行管理办法国家为考古遗址公园穿“护身衣”】

2010年1月8日，为促进考古遗址的保护、展示与利用，规范考古遗址公园的建设和管理，国家文物局制定并发布了《国家考古遗址公园管理办法（试行）》，对考古遗址公园的概念和责任主体、评定程序和实施细则、管理运营和退出机制等作出了明文规定，鼓励、支持各地依法建设国家考古遗址公园。

大遗址保护是近5年我国文化遗产保护中最重要的工作之一。据介绍，对已公布为全国重点文物保护单位、保护规划已由省级人民政府公布实施、考古工作计划已获批准并启动实施、具备符合保护规划的公园可提出国家考古遗址公园立项申请。

对于那些已初具规模的考古遗址公园，只要对遗址的破坏行为已得到控制或纠正、所有建设项目均符合遗址公园规划、已向公众开放，或已具备开放条件、无重大安全隐患的，可由遗址所在地的县级以上政府提出评定申请，经省级文物行政部门初审同意后，报国家文物局。评定合格者，授予“国家考古遗址公园”称号。

国家文物局《国家考古遗址公园评定细则（试行）》同时公布。

【河北省《赤城县历代碑刻集录》编纂工作正在进行】

河北省赤城县历史悠久、文化底蕴深厚。碑刻又是历朝历代历史文化的重要载体，是证史、补史的重要佐证，是弘扬民族文化、借鉴历史经验、为社会发展服务的珍贵实物资料。为继承和发扬优秀的文化传统，不仅要把碑刻存藏好、保护好，还要整理好、利用好。为此，2010年1月，赤城县对现存历代碑刻集录出版，为历史留下珍贵的资料。

《赤城县历代碑刻集录》的编纂工作已于2010年1月开始。编纂工作坚持“全”的原则，集资料性、知识性、科学性、实用性于一体，做到著录、标点、简介等规范准确。本集录收录范围包括凡镌刻有文字的历代各类碑碣、造像碑、摩崖题刻、名人题记、幢柱、墓志铭、画像及其他石刻，包括现存和散失的。

【河北省涿州博物馆新馆奠基】

2010年1月9日上午，占地近15000平方米，投资过亿元，总建筑面积1万余平方米的涿州博物馆新馆奠基仪式隆重举行。国家文物局副局长、中国博物馆学会理事长张柏、河北省文物局副局长李恩佳等领导出席仪式。

2007年6月，涿州市建成了第一座展示地方历史特色的小型博物馆——涿州文化遗产陈列馆，并在传承历史文化、展示文物精品、开展爱国主义教育等方面发挥了重要作用。近年来，涿州馆藏文物大量增加，文物藏品近1.8万件，其中精品达2000余件，涿州文化遗产陈列馆在规模和功能方面已不能满足要求。为此，涿州市委、市政府把博物馆建设项目作为2009年涿州市大事要事之一，经过多次研究，反复论证，最终确定了设计建设方案，并开工建设。

【“日本偶人展”在重庆中国三峡博物馆举行】

2010年1月11日至2月18日，由日本国驻重庆总领事馆、重庆市对外友协、中国对外文化集团公司、日本国际交流基金会共同举办，重庆中国三峡博物馆协办的“日本偶人展”在重庆中国三峡博物馆三楼南展厅展出。

本次展出的展品全部为日本偶人精品，共计14组，70个。这些偶人工艺精良，用料考究，题材多样，包括女孩节的玩偶、男孩节的玩偶、能剧偶、纸绸武士偶等传统偶人和现代工艺家最新创作的偶人。

偶人是日本独特的民间艺术，已有几个世纪的历史。它作为节日里的供奉品、赠送友人的礼品及室内装饰品，现在已成为日本人民生活中的一部分。它以独特的形式，反映着日本的社会风俗和人民的愿望。

【中央美院素描60年研讨会举行】

2010年1月15日，中央美院素描60年研讨会在中央美院美术馆咖啡厅举行。中央美院副院长徐冰教授、造型学院院长苏新平教授分别主持。

展览指导委员会委员靳尚谊、詹建俊、钟涵、邵大箴、潘公凯、杨力先生，策展委员会马刚、王中等部分委员及中青年教师、部分媒体嘉宾出席会议。

本次研讨会围绕“素描与我们　过去与现在　现在与未来”的主题展开发言和讨论。通过各位先生口述历史，我们更加清晰地看到中央美院是如何走过这60年，中国将西方的视觉文化的营养纳入本民族美术教育体系之中，经过几代传承，使之成为自己传统的一部分，并与当代艺术的发展无缝对接。与此同时，中国的传统美术教育（国画、书法）并行发展，演绎出独特的中国现代美术教育之路。

【河北省博物馆举办“张飙歌颂祖国诗歌书法展”】

2010年1月16日，由中国书法家协会、河北省书法家协会主办，中国书法家协会中直分会、石家庄市观画阁承办的“献给祖国母亲的歌——张飙歌颂祖国诗歌书法展”，在河北省博物馆展出，展期两天。

张飙先生是中国书法家协会顾问，曾任中国书法家协会分党组书记、驻会副主席，《中国青年报》副总编辑、《科技日报》总编辑、中国艺术报社长。

此次展览展出书法作品120件，内容都是张飙自作诗词，分为8个部分：祖国万岁、精彩奥运、征途脚步、征天英雄、中华人物、华夏雄风、大好河山、长城之歌，作品以满腔热情歌颂着祖国翻天覆地的巨大变化和中华民族勇敢奋进的精神风貌。

【湖北省屈原祠建设工程圆满竣工】

2010年1月16日，占地两万多平方米，总建筑面积5806平方米的三峡湖北库区最大的文物保护项目屈原祠建设工程竣工典礼在秭归凤凰山隆重举行。它的落成标志着三峡湖北库区文物保护规划任务全面完成。

由罗哲文先生为组长，清华大学、中国文物信息咨询中心、浙江省古建筑设计研究院、华中科技大学、湖北省文管会及湖北省文化厅古建筑保护中心有关专家组成的验收组经实地检查建设现场，审阅各种资料，一致认为，该工程整体布局凸显了老屈原祠的建筑特色，在建筑形制、结构类型、材料特性上均做了精心处理，尤其是前殿与大殿等五栋建筑采用纯木结构，完全使用传统材料、运用传统工艺进行施工，保留、传承了古代建筑施工技艺，提高了文物保护工程质量，提升了工程水平，成为三峡文物保护的一个亮点工程。

【“甘肃重大文物考古发现展”沉睡千年文物再次“复活”】

2010年1月，为期一年的“甘肃重大文物考古发现展”从1月起在甘肃省博物馆对外开放。此次展出的300余件珍宝，以时间为线索，涉及新石器、夏商周、春秋战国、秦汉魏晋十六国、隋唐五代及宋西夏金元等时期。内容涉及被评为20世纪百项考古大发现的大地湾和居延汉代遗址，以及先后被评为全国十大考古新发现的敦煌悬泉置汉代遗址、张家川马家塬战国墓地、临潭陈旗磨沟齐家文化墓地等，时间跨度长、类型多样，在国内外影响深远。

除展现新石器时期的文物外，夏商周时期的人形彩陶罐，春秋战国时期的青铜簋，大批秦汉简帛文书也在这个展览中出现，数量之多，内容丰富，令人拍手叫绝。

【“江苏省第三次全国文物普查十大新发现”揭晓仪式暨《江苏省第三次全国文物普查——新发现》首发式在南京举办】

2010年1月18日，“江苏省第三次全国文物普查十大新发现”揭晓仪式暨《江苏省第三次全国文物普查——新发现》首发式在宁举行。

江苏省第三次全国文物普查新发现不可移动文物占调查总数63%。为充分展示全省文物普查的重要成果，推动文化遗产保护工作，省普查办于2009年下半年分别开展了“江苏省第三次全国文物普查十大新发现”评选活动和《江苏省第三次全国文物普查——新发现》（下称《新发现》）汇编工作。十大新发现评选活动分别进行了申报、初评、入围公示和终评，最终南京国民政府中央广播电台发射台旧址等10处文物点入选。《新发现》遴选了南京大报恩寺遗址等全省300处重要新发现不可移动文物点进行汇编。这些入围、入选和入编的文物点既涵盖传统文物各大类型，又兼顾新型文化遗产诸多品类，在调查登录的全省文物资源中具有显著特色和代表性。

【圆明园美国寻宝完成目标，一批流失图片首度亮相】

2010年1月18日，寻找圆明园流失海外文物美国之行成果发布会在成都举行，一批流失海外圆明园文物的图片首度亮相。

据介绍，圆明园赴美寻找流失海外文物资料工作组于2009年11月29日出发，历时18天的行程共考察了华盛顿、纽约、波士顿等9家博物馆，查阅了大量与圆明园历史和文物有关的图书、照片和实物资料，并与当地博物馆负责人及研究人员进行了交流和探讨。

圆明园流失海外的文物回归工作一直备受关注，其途径主要为外交手段、善意持有人回赠、拍卖和走法律程序4种。寻找圆明园流失海外文物活动的主要目的在于完善圆明园文物资料数据库，这次取得的成果将对圆明园研究起到非常重要的参考作用，为圆明园遗址的保护和展示起到重要的借鉴作用。

【山东省文物考古所举办“山东地区汉代墓葬研讨会”】

2010年1月，由山东省考古学会、山东省文物考古研究所举办的“山东地区汉代墓葬研讨会”在济南召开。来自北京、湖南、河南及省内高校、研究单位的60余位专家学者共聚一堂，就山东地区汉代墓葬及汉代文化表现形态进行广泛的研讨。

“山东地区汉代墓葬研讨会”的召开，是继2004年“汉代考古与汉文化国际学术研讨会”及2007年“齐都临淄与汉代铜镜铸造业国际学术研讨会”之后，该省举办的又一次重要的汉代考古学术研讨会，这必将进一步推动山东省汉代考古研究工作的深入开展。

【唐大明宫国家遗址公园中央博物馆建设奠基】

2010年1月20日，唐大明宫国家遗址公园中央博物馆建设奠基仪式在陕西西安举行。陕西省文物局局长赵荣，西安市副市长段先念，西安市文物局局长郑育林，中国工程院院士张锦秋、著名考古学家石兴邦，大韩民国驻西安总领事全泰东和社会各界人士参加了奠基仪式。

大明宫中央博物馆建设立足于传承中华文明基因、弘扬中华民族精神，对以大明宫宫廷文化为代表的唐代文明进行集中整理和展示。该馆于2010年10月建成后将改变西安城北无大型博物馆的历史。大明宫中央博物馆将成为具有示范性的唐代历史文化展示工程，也是西安市建设“博物馆之城”的里程碑工程。

【123件追缴文物入住宝鸡市青铜器博物馆】

2010年1月22日上午，陕西省宝鸡市青铜器博物馆隆重举行涉案文物移交暨保安中队换装仪式。由宝鸡市公安部门在近年来各类文物犯罪案件中，缴获的123件西周及汉唐时期的铜器、瓷器、陶器等珍贵文物，正式移交给青铜器博物馆。

宝鸡是誉满中外的“青铜器之乡”，自汉武帝神爵四年，扶风美阳出土青铜器以来，至今出土青铜器已达数万件。近年来，宝鸡市各级公安机关始终将打击文物犯罪作为严打整治的工作重点，严厉打击盗掘古墓葬、馆藏文物及走私贩卖文物等犯罪活动，侦破了一批文物案件，打掉了一批文物犯罪团伙，追缴了一批失盗文物，有效遏制了文物犯罪发展蔓延势头。

【水下考古宁波基地（庆安会馆）防雷工程通过验收】

2010年1月23日上午，中国国家博物馆水下考古宁波基地（庆安会馆）防雷工程竣工仪式在庆安会馆隆重举行。

国家博物馆水下考古宁波基地（庆安会馆）防雷工程由国家博物馆全额出资，宁波华盾雷电防护技术有限公司设计安装。防雷装置设施共由5支高达22.5米的提前放电避雷针组成，采取防护跨步电源及绝缘措施，其接地装置对接地体的冲击接地电阻小于10欧姆，经宁波市防雷中心现场检测，工程符合国家现行技术规范，可以投入使用。这一装置的使用，对全国重点文物保护单位庆安会馆5000多平方米古建筑群的防雷保护起到极大作用。

【苏州市将建中国蚕桑丝绸博物馆】

2010年1月24日，江苏苏州浒墅关开发区与苏州大学携手共建中国蚕桑丝绸文化科技园（中国蚕桑丝绸博物馆）正式签约。此举标志着大运河明清观光带首个文化合作项目正式启动，浒墅关开发区将加快转型升级，重点发展文化旅游产业。

浒墅关开发区依托丰富的蚕桑丝绸历史人文基础、较强的经济实力，用现代化手段展示蚕桑丝绸历史人文资源，弘扬蚕桑丝绸文化，打造国内最具权威，集蚕桑丝绸文物展览收藏研究、科研成果展示、丝绸文化挖掘弘扬、产品展销于一体的国家级综合性博物展示馆和科普教育基地。

中国蚕桑丝绸文化科技园（中国蚕桑丝绸博物馆）的建设，对于更好地传承丝绸之路，弘扬蚕桑丝绸文化，普及蚕桑知识，带动大运河明清观光带建设具有十分重要的意义。

【清华大学成立张仃艺术研究中心】

2010年1月25日，清华大学张仃艺术研究中心成立大会在清华大学主楼三层隆重召开。会议宣布，张仃先生的夫人理召先生担任中心名誉主任，清华大学美术学院袁运甫教授受聘担任中心主任。清华大学党委书记胡和平，教育部副部长陈希，文化部副部长王文章，中国文联副主席、清华大学美术学院名誉院长冯远，故宫博物院副院长李文儒等嘉宾出席了成立大会。

中共中央政治局委员、书记处书记、中宣部部长刘云山为张仃艺术研究中心的成立发来贺电。中宣部文艺局副局长汤恒出席大会并宣读贺信。贺信中说：“清华大学成立张仃艺术研究中心，着力研究张仃先生的艺术实践和艺术思想，对于推动中国美术史研究、促进美术教育事业发展，无疑是一件很有意义的事情。”

【乌克兰绘画摄影展在石家庄市博物馆举办】

为促进中乌两国文化交流，推动双方文化合作，“乌克兰绘画及摄影作品展”于2010年1月在石家庄市博物馆举办。此次展出艺术作品75幅，包括乌克兰著名画家的画品，留乌中国画家关于乌克兰题材的画作，以及乌克兰儿童绘画优秀作品等，全方位、多角度地展示了乌克兰当代绘画艺术多元化的艺术格局。

作品展在石家庄市博物馆二楼举办了开幕仪式，并在市图书馆学术报告厅举行了中乌文化交流与作品研讨活动。乌克兰驻中国大使馆文化参赞韦利奇克博士作了题为《中乌两国文化交流的现状与未来》的演讲，乌克兰著名画家阿列娜·亚列梅加女士和中国留乌画家孙文久先生共同进行学术讲座并现场作画。

【苏州市明琴缘地质博物馆开馆】

江苏省苏州市明琴缘地质博物馆于2010年1月开馆。馆内收藏着大量珍稀古石与古生物化石，以及实物模拟演示岩石与古生物的演变，成为市民增加科普知识的好去处。

明琴缘地质博物馆总占地面积100多亩，展厅面积2000平方米，集奇石展览、地质科普、旅游休闲于一体。馆内按布展区域分为矿物岩石厅、古生物厅、地质地貌厅、国土资源厅、宝石厅5个厅，分别展示了来自世界各地的数千块珍稀奇石、矿石晶体、古生物化石及各类宝石。馆内还以独特的石类展览和地质科普为载体，从地球的地质构造、地貌概况出发，演绎了岩石进化各阶段、各层次的发展过程，全方位、多角度地揭示地球的内涵奥秘和大自然的神奇态势，以实物模拟方式演示史前时代古生物的演变过程。

【浙江“丝绸之路——中国丝绸艺术展”在哈萨克斯坦独立宫隆重开幕】

2010年2月3日，“丝绸之路——中国丝绸艺术展”在哈萨克斯坦独立宫隆重开幕。开幕式由哈萨克斯坦独立宫总经理科西科伯拜耶夫主持，哈萨克斯坦文化信息部副部长布勒伯耶夫和中国代表团团长、中国国家档案局副局长李和平分别致开幕词，并与中国驻哈萨克斯坦阿斯塔那大使馆代办肖清华共同为展览剪彩。

展览共分4个部分。第一部分，蚕桑丝织技术：以养蚕场景、织机模型和大花楼织机展示。第二部分，历代丝绸和服饰：介绍各个历史时期的丝绸和服饰艺术。第三部分，中哈交流：展示中国第一历史档案馆保存的清朝中国与哈萨克斯坦两地之间丝绸贸易的档案。第四部分，展示精美的当代织锦、刺绣作品以及著名设计师设计制作的丝绸服饰。

【河北省博物馆举办“聚焦中国文化遗产暨第三次全国文物普查摄影展”】

2010年2月4日，由国家文物局主办，中国文物报社承办，河北省博物馆协办的“聚焦中国文化遗产暨第三次全国文物普查摄影展”在河北省博物馆开展。

丰富的文化遗产是中华民族5000年辉煌历史的见证。据不完全统计，我国拥有40多万处不可移动文物，38处世界遗产。随着第三次全国文物普查的深入进行，更多新的发现源源不断地充实着中国文化遗产资源宝库。为此，国家文物局主办了“聚焦中国文化遗产暨第三次全国文物普查摄影展”，展品作者来自社会各个方面，包括专业摄影家、文物工作者、一线的普查队员、文化遗产保护爱好者等，通过这些摄影作品，可以了解新中国60多年文化遗产的保护成就，让更多的人关注文化遗产，积极参与到保护文化遗产的伟大事业中来。

【“南澳Ⅰ号”被列水下文化遗产保护中心一号工程】

备受各界关注的“南澳Ⅰ号”被国家水下文化遗产保护中心列入2010年“一号工程”，沉船所有船载文物的发掘工作力争在2010年上半年完成，随后国家、省、区、市文物部门计划用两年左右的时间完成船体打捞出水工作。

据介绍，由于“南澳Ⅰ号”科研学术价值不菲，发掘工作被列为国家水下文化遗产保护中心2010年“一号工程”，沉船所有船载文物的发掘工作将力争在2010年上半年完成，然后在夏季台风季节期间作船体挖掘方案论证，如果天气、海况理想的话，将在秋季进行船体探摸工作，然后，争取用1年的时间将船体打捞出水。因为古沉船船体发掘工作量大，难度更是未知数，但国家水下文化遗产保护中心有信心挑战这项工作。

【草原古韵文物精品展在浙江省东阳博物馆展出】

2010年2月9日，“草原古韵——蒙藏地区唐卡、岩画、文物精品展”在东阳市博物馆展出。近百件蕴涵着蒙藏文化独特魅力的文物对外展出。展厅被划分为两个区域，一侧是岩画和出土文物展区，另一侧是唐卡展区，共有96件（组）。

17块珍贵岩画文物，是春秋战国时期至唐代以前的作品。这些作品拥有粗犷、凝练的风格和独特的文化内涵。46幅清代的唐卡中，最长的是《乃琼事业王法器》。据了解，长幅唐卡比较少见，这幅唐卡长342厘米，高18.3厘米，是国家二级保护文物。笔画精细，色彩亮丽，画像庄严，具有很高的艺术和收藏价值。还有反映神秘西部大草原千年历史的珍贵文物，包括春秋绿松石项饰、北魏铜佛像、西夏铜印、汉代“单于和亲”瓦当、汉代彩绘陶奁等。

【国家文物局39万余件文物划拨国博馆藏过100万件】

2010年2月11日，国家文物局在国家博物馆举行仪式，将其管理的39万余件珍贵文物整体划拨中国国家博物馆收藏，从而使该馆文物藏品数量突破100万件。

国家博物馆自1912年建馆以来，有过3次较大规模的接收入藏文物。第一次是在1912年7月，经民国政府教育部批准，接收国学旧有的礼器、书版、石刻等重要文物近6万件。第二次是在1958年8月，中共中央北戴河会议决定在天安门广场东侧筹建新馆，中宣部向全国发出调用文物的电报，先后调用和借用文物3万余件。此次39万余件文物入藏国家博物馆是第三次，也是规模最大的一次。

划拨文物主要由两部分组成，一是来自北京、天津、上海、广州等外贸口岸移交文物部门玉器、书画、金铜佛造像和杂项等文物，约24万件；二是从天津外贸工艺品进出口公司接收的其他文物近15万件。

【周口店遗址实行“三强化”】

2010年2月，周口店遗址开始实行“三强化”制度：一是强化考核制度，实行日量化考核。结合各岗位职责，制订工作流程，职工每日填写日量化考核表，记录工作内容、存在不足、改进措施及工作体会。通过日量化考核，加大了工作的监督检查力度，有效地提高了工作效率和质量。二是强化标准。按照ISO9001和ISO14001质量环境管理体系和国家一级博物馆及5A级景区标准，不断完善服务设施，提升服务质量。三是强化素质教育。为进一步提高干部职工的素质，树立爱岗敬业、以单位为家的意识，围绕“创新管理团队、保护研究团队、奉献服务团队”三支团队建设，深入开展理论知识、遗址保护、专业技能、职业道德、职业礼仪以及外语知识的培训。

【“古代中国与兵马俑”展在智利特大地震中有惊无险】

2010年2月27日，智利发生8.8级特大地震后，文化部、国家文物局对驻智利使馆人员安全和我国正在智利圣地亚哥举办的“古代中国与兵马俑”展览给予了高度关注，通过多种渠道，不断与外交部、驻智利使馆、陕西省文物局等机构保持密切联系。

智利特大地震发生后，智利总统府文化中心立即对兵马俑和其他文物进行了悉心的检查，组织人员在余震中对被震移兵马俑进行复位、加固和防震测试，确保我文物的安全。

“古代中国与兵马俑”展是为了庆祝智利独立200周年和纪念中智建交40周年而举办的文物展览，共展出中国文物80件，其中一级品13件（套）。在智利展出后，影响广泛。

【周口店遗址4项措施提升景区服务质量】

2010年3月，周口店北京人遗址管理处按照AAAAA级旅游景区标准，采取4项措施加强旅游资源保护、规范管理、完善设施、优化环境、提升服务质量，营造安全、和谐的旅游氛围。一是加强领导，明确职责。成立环境氛围营造组、投诉受理处置组、参观导览组、安全保障组、市场营销组、遗产保护组，明确职责分工。二是确定方针、目标。景区环境质量方针：保护为主，确保安全，遵章守纪，夯实基础，提高素质，持续改进。景区环境质量目标：认真贯彻执行相关的法律法规，落实遗址保护的总体规划，建设大遗址公园。三是加强游客监督，注重持续改进。四是加强网站建设，开设电子商城，增加中、英、日文网页，以方便国内外游客更加深入地了解周口店遗址。

【陕西省第二批43家博物馆纪念馆将免费开放】

2010年3月2日，陕西省文物局公布第二批免费开放博物馆纪念馆名单共43家，范围涵盖全省9个区市。其中西安市有西安博物院等7家、宝鸡市有宝鸡青铜器博物馆等3家、咸阳市有咸阳博物馆等6家、渭南市有渭华起义纪念馆等4家、铜川市有耀州窑博物馆等2家、榆林市有民俗博物馆等5家、延安市有抗日军政大学纪念馆等8家、汉中市有汉中博物馆等4家、安康市有历史博物馆等4家。截至目前，陕西共有48家博物馆、纪念馆对外免费开放。

陕西省文物局要求各级文物行政部门要协调指导有关免费开放单位按照“贴近实际、贴近生活、贴近群众”要求，切实做好展示、教育和社会服务工作，充分发挥博物馆、纪念馆服务社会的公共文化职能。

【浙江省良渚博物院多方位融入上海世博会】

2010年3月，良博院正式与上海博物馆签署了借展协议书，院藏两件良渚文化精品玉器将在世博会“城市足迹馆”中展出。在“城市起源”展厅中，设立有“良渚的曙光”展示单元。2009年以来，上海博物馆多次前来介绍世博会的相关准备、展览场地的设施及安保情况，并对良博院藏文物进行深入的了解。经协商，良博院将向上海博物馆借出院藏良渚文化玉器精品“良渚文化简化神人兽面纹玉琮”和“刻符玉璧”，准备在世博会“城市足迹馆”中展出。

同时，良博院上报的“博物馆与环境”主题，获得国际博协认可，将在国际博协设立在世博会的展馆中展出。

【国家遗产地孔府及孔庙和孔林保护项目和曲阜鲁国故城保护项目正式开工】

2010年3月，国家遗产地孔府、孔庙和孔林、曲阜鲁国故城保护项目于2010年3月正式开工。

曲阜孔府、孔庙和孔林、鲁国故城1961年被国务院公布为第一批全国重点文物保护单位。为加强对三孔和鲁国故城的保护和利用工作，市文物局紧紧抓住国家扩大内需的有利时机，积极向国家和中央申请了保护资金。建设内容包括“三孔”管理基础设施工程、环境整治工程、展览及信息咨询设施工程。鲁国故城保护项目建设内容包括新建看护管理用房、设立城墙遗迹防护围栏、修筑石质堤坝、建设濒危遗址保护棚、安装相关安防设施。

两大项目的开工建设为保护好、管理好、使用好和传承好全市文化遗产，在传承优秀历史文化、提升城市文化品位与底蕴，推动经济社会科学发展、跨越发展中具有重要的作用。

【“见证辉煌——河北考古60周年”座谈会在石家庄召开】

2010年3月16日，为纪念河北考古工作60周年，回顾河北考古事业60年来的光辉历程，由省文物考古学会、省泥河湾文化研究会主办，省文物研究所承办的“见证辉煌——河北考古60周年”座谈会在石家庄隆重召开。

省人大、省政协、省发改委、石家庄、保定、廊坊等省市领导专家，以及在河北考古事业发展过程中作出过突出贡献，现仍对考古工作进行支持、指导的老专家们出席了座谈会。省文化厅厅长冯韶慧为省文物研究所编著的《河北考古重要发现(1949~2009)》一书发行揭牌，并对省文研所对河北考古事业发展作出的贡献给予了肯定。

与会领导及专家学者回顾总结了河北考古工作60年来的工作概况，对推进河北考古事业科学发展提出了宝贵的意见和建议。

【济南市文物局为35处文物保护单位挂牌保护】

2010年3月，山东省济南市文物局为35处国家级、省级、市级文物保护单位统一悬挂了保护标志。

本次首批挂牌的35处文物保护单位多数位于济南市市区内，是目前已被各级政府公布保护的古建筑、近现代代表性建筑类不可移动文物。这次悬挂的均为“牌匾式”保护标志，标志正面刻有该处文物保护单位的名称、保护级别、公布机关、公布日期、挂牌单位等。整个标志设计美观、庄重大方，人们可以清楚地了解受保护文物的名称、内容、价值，积极参与和支持文物保护工作，也可以更加直观地展示济南市现存的、已得到政府保护的文化资源。

据悉，此次挂牌活动是济南市文物局落实《文物保护法》相关规定、积极开展“四有”基础工作的开始。今后将有更多的不可移动文物被挂牌保护。

【“鸳鸯湖棹歌书画印展”在浙江省嘉兴博物馆开展】

2010年3月，由浙江省嘉兴博物馆主办的“禾风嘉韵——鸳鸯湖棹歌书画印展”在嘉兴博物馆开展。此次展览展出了当代艺术家用自己的方式唱和朱彝尊《鸳鸯湖棹歌》的书、画、印作品各100件，让观众直观地欣赏到朱彝尊时代嘉兴的风土人情。

朱彝尊，浙江嘉兴人。博通经史，造诣宏深，著作宏富。工诗词，词风格清新疏宕，字琢句炼，尤以小令为佳。清康熙十三年（1674年）冬，朱彝尊客居潞河（今北京郊区），爰忆土风而成《鸳鸯湖棹歌》100首，融地名、人物、出产、典故于一体，可称作一部有韵的嘉兴地方志。

棹歌者，船歌也。宋以前的棹歌多言舟楫之事，而直到朱彝尊《鸳鸯湖棹歌》形式、内容上与竹枝、浪淘沙之调趋同，至此七言绝句、咏土风成了棹歌典型特点，也奠定了棹歌体的发展方向。

【河北省满城汉墓出土“错金银博山炉”参展世博会】

2010年5月1日至10月31日，应上海世博会邀请，经国家文物局、河北省文物局批准，省一级文物汉“错金银博山炉”，在上海世博会中国国家馆展出。

“错金银博山炉”为满城汉墓代表性器物之一，高26厘米，现收藏于河北省文物保护中心。器型似豆形，盖肖博山，通体错金。座把呈透雕三龙出水状，龙首顶托炉盘。炉盘装饰以错金流云纹。盘上部铸出峻峭起伏的山峦，山间神兽出没、虎豹奔走，小猴蹲踞在高层峰峦或骑在兽身上，猎人巡猎于山石间。二三株小树点缀其间，刻画出了一幅秀丽山景和生动的狩猎场面。在细部又加错金勾勒渲染，使塑造的景色更加生机盎然，是一件难得的旷世奇珍。

【西安市所属7家博物馆纪念馆免费开放】

2010年3月26日，陕西省西安市人民政府新闻办举行新闻发布会，宣布西安市所属的西安博物院、临潼区博物馆等7家博物馆纪念馆从3月31日起对外免费开放。

西安市这次免费开放的博物馆纪念馆是根据陕西省文物局《关于陕西省第二批免费开放博物馆名单的通知》精神，统一组织实施的对社会公众免费开放。免费开放的文博单位包括西安博物院、长安区博物馆、长安区杜公祠纪念馆、临潼区博物馆、临潼区扁鹊纪念馆、蓝田县蔡文姬纪念馆、蓝田县葛牌镇苏维埃纪念馆。

【“南京博物院藏清代宫廷珍宝展”在浙江省湖州博物馆隆重展出】

2010年3月30日至5月4日，由南京博物院和湖州市文化广电新闻出版局（文物局）联合主办，湖州博物馆承办的“王朝的背影：南京博物院藏清代宫廷珍宝展”在湖州盛大展出。本次展览展出的108件（组）清宫珍宝均出自南京博物院院藏，是该院院藏清代宫廷文物中的精华，主要包括“龙椅”、“珍宝”、“钟表”、“服饰”以及慈禧太后“大雅斋”的御用瓷器等。展览分“九五至尊”、“钟鼎玉食”、“巧夺天工”、“普愿法界”4个单元，从衣、食、住、行、用等方面为大家真实展现皇室帝后们的奢华生活、艺术志趣以及宗教信仰。

30日上午，主办方还举行了隆重的开展仪式。

【浙江省余杭博物馆举办“陕西宝鸡出土先秦玉器精品展”】

2010年4月2日上午，“圣都美石——陕西宝鸡出土先秦玉器精品展”开幕仪式在浙江省余杭博物馆举行。展览特地从陕西宝鸡市考古研究所、宝鸡青铜器博物馆、宝鸡市周原博物馆、扶风县博物馆、岐山周原博物馆引入先秦玉器精品145件（组），其形式多样，年代久远，造型别致，制作精绝，是一次难得的先秦玉器盛会。

陕西宝鸡古称陈仓，是中华民族生息、繁衍和华夏文明诞生、发展的重要地区之一，曾经创造了光耀史册的姜炎文化，孕育出了强大的西周王朝和号令天下的大秦帝国，这里不仅是闻名中外的“青铜器之乡”，也是早期玉器的重要出土地，以数量之丰、种类之全、精品之多而享誉学界。

【“大唐遗宝——何家村窖藏出土文物展”隆重开幕】

2010年4月6日，“大唐遗宝——何家村窖藏出土文物展”于陕西历史博物馆西展厅隆重开幕。此次展览是陕西历史博物馆继基本陈列“陕西古代文明”之后，推出的又一重要的常设专题展览。

何家村窖藏出土文物自出土以来，虽然一直是唐代主题展览的亮点，但如此大规模集中展示尚属首次。此次展览无疑将为更多观众提供一个全面观赏这批珍贵文物的机会。本次专题展览会聚我馆收藏的何家村窖藏出土珍贵文物300余件（组），力求从惊世发现入手，以简洁的形式，突出文物在展览中的核心地位，以“图示为主，文字为辅”的辅助展板，为观众展现更多的观赏细节，同时也为观众直观了解展品功能、文化内涵提供有效的途径。

【全国首家遗址类民办大唐西市博物馆将开馆】

2010年4月7日，全国首家遗址类民办博物馆——大唐西市博物馆正式开馆。

大唐西市博物馆是国内唯一在唐长安西市原址上重建的以盛唐、丝绸之路文化为主题的国际大型商旅文化产业项目，是西安“唐皇城复兴计划”的重要组成部分。博物馆占地面积1万多平方米、建筑面积3.2万平方米、展览区面积8000平方米，其中遗址保护面积2500平方米。

大唐西市博物馆馆藏文物20000余件，以西市遗址出土文物和博物馆创办人20年来精藏文物为主，上起商周，下讫明清。精美神秘的青铜器，绚丽多彩的陶瓷器，千姿百态的陶俑，精美绝伦的丝绸，巧夺天工的玉器，还有大量的货币、墓志、宗教、建筑类文物充盈库藏，为精彩纷呈的陈列展览奠定了坚实基础。

【“西部非物质文化遗产项目展演系列活动”在陕西西安开幕】

2010年4月7日，“西部非物质文化遗产项目展演系列活动”开幕式在西安举行。

本次活动由文化部、陕西省政府主办，西安市政府、省文化厅、省文物局、省工商业联合会、省国际贸易促进委员会协办，西安市文化广电新闻出版局、市文物局、西安市莲湖区人民政府、省民间博物馆协会、大唐西市博物馆和大唐西市文化产业投资有限公司承办。活动包括西部非物质文化遗产项目展演、首届全国民办博物馆藏品博览会、大唐西市博物馆开馆三大主要活动和民办博物馆发展高峰论坛、民间文物精品展评、海外文物回流展、大唐西市艺术馆开馆四大配套活动。省政府将本次活动纳入第14届中国东西部合作与投资贸易洽谈会整体安排中。

【浙江省江山博物馆新馆建成并对外开放】

2010年4月，浙江省江山博物馆新馆建成并对外开放。新馆坐落在江山鹿溪北路西侧，占地面积约10亩，建筑面积约5000平方米。一层主要是序厅和自然厅，二层是历史厅，三层为库房和临时展厅。

江山博物馆新馆展览由序厅、自然厅、历史厅3部分组成。自然厅分江山地质地貌、恐龙复原大场景和与恐龙赛跑游戏区、古生物化石和矿产标本展示区、山地、湿地大场景、自然动植物标本展览和蜜蜂采蜜多媒体演出区、知识性抢答厅6个展区，展示了4个大场景和500多件标本及近300件（幅）模型和图片，还有5组多媒体视频。历史厅注重的是人文历史的展示，分江山溯源、设县须江、黄巢伐道、浙闽商途、丝路文化、烽火雄关、窑火千年等9个部分。

【第二届“中国历史文化名街”评选推荐活动新闻发布会在京举行】

2010年4月9日，第二届“中国历史文化名街”评选推荐活动新闻发布会在京举行。发布会介绍了本届评选活动的有关情况，并发布了经专家委员会初评入围的历史文化街区名单。它们是：江苏省苏州市山塘街、天津市和平区五大道、福建省泉州市中山路、江苏省无锡市清名桥历史文化街区、上海市虹口区多伦路文化名人街、江苏省扬州市东关街、河南省洛阳市涧西工业遗产街区、福建省漳州市历史文化街区、重庆市沙坪坝瓷器口古镇传统历史文化街区、江苏省镇江市西津渡历史文化街区、北京市烟袋斜街、浙江省杭州市清河坊、黑龙江省齐齐哈尔市昂昂溪罗西亚大街、安徽省黄山市歙县徽城镇渔梁街、陕西省榆林市米脂窑洞古城一条街。

【2010年中国文化遗产保护无锡论坛聚焦文化景观遗产保护】

截至2009年，我国已有59处具有突出价值的文化景观遗产被列入《世界遗产名录》。2010年4月10日，以文化景观遗产保护为主题的2010年中国文化遗产保护无锡论坛开幕。

论坛为期2天，来自中国、日本、韩国等国的专家学者围绕文化景观遗产保护的理念与实践进行了广泛而深入的探讨。专家们表示，作为一种新型的文化遗产类型，文化景观遗产无论是在性质判断和概念阐述上，还是在保护理论和实践方法上，都存在理解上的混淆，缺乏清晰的界定。尤其是当前，文化景观遗产不同程度地面临着被破坏甚至消失的危险，保护刻不容缓。论坛将通过《关于文化景观遗产保护的无锡倡议》，呼吁各级政府和全社会关注、支持和加强对文化景观遗产的保护。

【北京市2010年第一季度文物艺术品拍卖实现成交额6.36亿元】

2010年4月，在社会各界人士的关注下，2010年北京市文物艺术品春季拍卖活动火热拉开帷幕。据统计，第一季度北京共有21家拍卖企业举行了26场拍卖会，拍品总数量为33155件（套），实现总成交额6.36亿元人民币。其中，嘉德四季2010年第一场四季拍卖会总成交额为2.62亿元人民币，保利2010年第10期拍卖会总成交额为1.13亿元人民币。与2009年相比，拍卖场次和拍品数量分别上升18.44%和96.99%，总成交额则下降8.49%。据分析，总成交额下降主要原因在于一些大型拍卖会因筹备时间较长而尚未展开。藏家们普遍表示，对2010年北京市文物艺术品拍卖市场的发展走势充满信心。

【国家文物局表示将通过一切必要途径、方式追索被盗和非法出口文物】

2010年4月15日，国家文物局有关负责人表示：将继续依照相关国际公约的原则精神和中国法律规定，通过一切必要途径和方式，追索被盗和非法出口的中国文物。

文化遗产保护及追索国际合作会议在埃及开罗举行，中国、希腊、印度等22个国家的与会代表共同探讨如何展开国际合作，追索在历史上被掠夺、盗运或非法出口的文物。

国家文物局政策法规司法制处处长张建华参加了这次会议。他表示，联合国教科文组织制定的相关国际公约构建了文化财产保护的国际法律制度，成为文物原属国开展文物追索工作依据的重要法律武器，对各国保护文化遗产、打击文化财产非法贩运、追索流失文物等方面发挥了积极的作用。

【海南省博物馆举办“热血铸丰碑”艺术展】

2010年4月16日，为庆祝海南岛解放60周年，为缅怀琼崖人民光荣的革命历史，弘扬琼崖人民孤岛奋战“二十三年红旗不倒”的革命精神，由中共海南省委党史研究室、海南省旅游发展委员会、海南省文化广电出版体育厅、海南省文学艺术界联合会在海南省博物馆共同举办“热血铸丰碑”艺术展。

参展的作品在艺术创作过程中注重发掘事迹的历史价值、塑造人物的精神内涵，以独到的眼力和智慧，用现实主义的手法，通过雕塑、中国画、版画等多种形式，形象生动地再现了琼崖人民孤岛作战、浴血奋斗的斗争历史，满腔热情地讴歌了革命先烈、英雄人物的崇高精神和光辉业绩。

【“2010 年绍台两岸书画作品展”在浙江省绍兴鲁迅纪念馆开幕】

4 月 16 日，由绍兴市人民政府台湾办公室、中国国民党革命委员会绍兴市委员会主办，绍兴市海峡两岸经济文化交流会、绍兴中山书画院、台湾中华亚细亚艺文协会和绍兴鲁迅纪念馆联合承办的“2010 年绍台两岸书画作品展”在绍兴鲁迅纪念馆隆重开幕。

本次展览共展出 108 件书画作品，其中包括中国国民党荣誉主席连战、吴伯雄的书法作品，以及郑成功、冯玉祥的珍贵遗作。另外，还有甘稼泥、郭子美、沈定庵、蔡旺林、王德亮、黄启龙等绍台两岸知名书画家之最新力作。出展的书法作品诸体皆备，行草流畅，篆隶高古，笔法遒劲，各具风姿；画作则山水、花鸟、人物齐全，自然率真，艳丽多彩，富含神韵。

【世界上唯一一个反映世博会历史的博物馆落成亮相】

2010 年 4 月，作为世博会历史上唯一一个反映世博会 150 年历史的博物馆，上海世博会博物馆正式完成布展。5000 多平方米的展示区呈现百余件海内外文物真品，其中包括 1849 年的蒸汽机模型、爱迪生发明的电灯泡以及 1915 年中国在巴拿马世博会上获奖纪念章原件、1851 年英国画家绘制的《海德公园内伦敦世博会开幕式》等，都显示了中国与世博会的不解之缘。

上海世博会博物馆分历程、发现、运筹 3 个展厅，将梳理出世博会成为“人类创意、创造和创新摇篮”的历史脉络，诠释出世博会从展示物品、展示技艺，到演绎主题、启迪智慧的过程，是由表及里的“博物—博览—博智”的发展过程。

【江苏省苏州市第三次全国文物普查“十大新发现”评选开始】

2010 年 6 月 12 日是我国的第五个文化遗产日，国家文物局将于当天在苏州市举办文化遗产日主场城市活动。活动的主题是：文化遗产在我身边。为迎接这个文化遗产保护的盛事，由苏州市文物局和姑苏晚报共同主办的苏州市第三次全国文物普查“十大新发现”评选活动正式启动。

经市文物局专家初步筛选，共挑选出包括古遗址、古建筑、石窟寺及石刻、近现代重要史迹及代表性建筑 30 处，“十大新发现”将从中产生。评选活动分两步进行，首先由晚报按文物点编号进行集中报道；与此同时市文物局将邀请各方专家进行专家评选。在综合专家评选和市民评选的基础上，评出“十大新发现”。

【“两岸书画艺术展”在海南省博物馆开幕】

2010 年 4 月 22 日上午，“两岸书画艺术展”在海南省博物馆 3 号厅开展，为期 4 天。展览集合了台湾现代画派及山东、海南等书画家的代表作，展示了两岸同样的文化传承在不同地域、人文环境下各自发展所体现出来的创作理念、审美追求和艺术形式上的异同。

举办本次展览活动旨在增进琼台文化交流，促进不同艺术画派的交流，推动艺术创新和发展。“两岸书画艺术展”是琼台文化交流活动的重要内容之一，为加深两岸文化交流，还将组织海南及内地书画艺术团赴台进行书画展览和文化交流。

【“故宫珍宝——清皇家御用金银器特展”在浙江省温州博物馆布展】

2010 年 4 月 24 日，100 件来自北京故宫博物院的金银器安全抵达温州博物馆。来自温州各大媒体的记者出席了布展现场的开箱仪式。

本次特展由 3 个部分组成：礼仪用器、宴飨用器、宫妆用品，展品共计 100 件，其中包括 80 件金器和 20 件银器。这些精选出的极具代表性的器物，包含了从清乾隆到宣统时期的作品，都是具有极高历史价值和艺术价值的瑰宝。近距离地观赏这些展品，可窥见宫廷皇室的奢华生活，了解古代工匠们巧夺天工的精湛技艺，领悟中华民族源远流长的传统文化。

此次展览是温州历史上首次展出北京故宫的展品。

【"纪念海南解放60周年大型图片展"在海南省博物馆开展】

2010年4月26日上午，海南解放60周年系列纪念活动之一——纪念海南解放60周年大型图片展在海南省博物馆正式开展。

图片展以"解放·开放"为主题，布展总面积达7000多平方米，展出580多幅珍贵照片，并辅以实物、幻灯、视频、音频等手段，图文并茂，视听相融，生动地再现了当年大军渡海作战解放海南的壮举和英勇事迹，集中反映了60年来海南开发建设曲折而辉煌的发展历程，充分展示了海南人民建设国际旅游岛的豪迈气概和宏伟蓝图。

【"雷峰塔及唐宋佛教遗珍特展"在浙江省博物馆开幕】

2010年4月28日，作为浙藏佛教文物精品盛会的"地涌天宝——雷峰塔及唐宋佛教遗珍特展"在浙江省博物馆武林馆区隆重开幕。

本次展览聚集了杭州雷峰塔、金华万佛塔等浙江唐宋时期佛塔考古成果，以佛教造像、经卷、阿育王塔等精品文物全面展示了独具时代和地域特色的浙江佛教文化。

展出文物以其"新"、"精"、"全"为特色。既有2006年平阳宝胜寺东西二塔出土的八座五代吴越·陶质佛坐像、唐·墨书《黄仕强传·普贤菩萨说证明经》等首次新陈列的佛教文物精品，又有人们熟知的馆藏一级文物五代吴越·钱镠、钱俶二王批牍合卷、唐五代鎏金铜释迦牟尼佛说法像。展览在学术性、通俗性和特色方面得到了较为完美的展示，其中一级文物约有30多件。

【洛阳博物馆举办"中日韩书画邀请展"】

2010年4月28日至5月1日，"中日韩书画邀请展"在河南省洛阳博物馆举办。该活动由洛阳市文物局和市文化艺术联合会主办，有中国画、书法、篆刻、油画近100个作品参展，以"传播中国书画艺术，吸收世界艺术文明"为主题，期间将安排书画名家学术交流活动、洛阳观光旅游活动。

【四川博物院"张大千临摹敦煌壁画作品展"在上海展出】

2010年4月29日上午，"绚丽佛韵——张大千临摹敦煌壁画作品展"在上海刘海粟美术馆隆重开幕。此次展览由刘海粟美术馆和四川博物院共同举办。

此次画展共展出张大千作品45幅，所摹对象的时代最早可追溯到北魏，最晚为元代，时代跨越千年。内容包括佛、菩萨、罗汉、比丘、龙女、夜叉、高僧、供养人、伎乐众、天女等故事，还有东王公、西王母的神仙传说。其中，《北魏·三世佛横披》、《北周·萨埵王子舍身饲虎卷》、《隋·东王公、西王母横披》、《五代·地藏菩萨轴》等，都是难觅的杰作。尤其是《北周·萨埵王子舍身饲虎卷》，长达1213.62厘米，宽74.1厘米，鸿篇巨制，令人钦佩。展览通过张大千先生作品、生平、年谱、影像资料播放，为广大民众深入了解张大千先生及其艺术价值提供了机会。

【"重庆中国三峡博物馆馆藏花鸟画精品展"在湖北开展】

2010年4月，由湖北省博物馆和重庆中国三峡博物馆主办的"自然的吟唱——重庆中国三峡博物馆馆藏花鸟画精品展"在湖北省博物馆开展。陈淳的《辛夷花图》、张大千的《荷花图》等国宝级作品均在此次"精品展"上展出。

明清是我国花鸟画较为繁盛的时期，在这一时期，我国的花鸟画获得长足发展，并诞生了一批杰出的画家，如陈淳、孙克弘、高凤翰、张大千、徐悲鸿等。本次展出的80件优秀作品，是重庆中国三峡博物馆从其馆藏的1万多件书画作品中精心挑选出来的，展现了明清以来花鸟画的嬗变与演进。

【"张大千、孙云生粉本暨画作展"开幕式在四川博物院隆重举行】

2010年4月30日，由四川博物院、成都博物院、上海唯印文化传播有限公司共同主办的"大千世界 云生胜境——张大千、孙云生粉本暨画作展"在四川博物院隆重举行。本次展览共展出张大千的粉本、泼墨泼彩作品近百幅，绘画作品6幅；孙云生绘画作品

49幅。其中大部分作品属首次在大陆亮相。

此次展出的张大千旷世佳作，取形得势精深博大、坚挺干练、意蕴隽永。据悉，这些珍品系张大千的“大风堂”继承人孙云生先生的儿子孙凯所持有。孙凯受父亲临终托付将这些珍贵遗稿整理、诠释并公布于世，旨在缅怀大千先生风范，追忆大千先生精神，传承和弘扬大千文化。

【中意两国文物专家研讨唐墓壁画保护修复技术】

2010年4月28日至29日，陕西历史博物馆与意大利驻中国大使馆合作发展司联合举办的“唐墓壁画保护修复探索与认知研讨会”在西安举行。

会议期间，中意两国文物专家以“艺术品遗产与高科技的结合”、“唐墓壁画表面诊断与壁画绘制技术研究”、“修复方法论”、“壁画生物病害处理”等为题进行了多方研讨。专家们在自由讨论中还以已揭取壁画保护中颜料层加固、支撑体修复、外观问题等为题进行讨论。

陕西历史博物馆“唐墓壁画珍品馆”是意大利政府援建中国的项目之一，中意两国文物保护专家已经开展了大量卓有成效的保护工作。随着该馆即将建成开放，围绕这批珍品的保护研究工作正有条不紊地进行，此次会议通过学术交流对许多尚待研究的技术难点进行了有益探索。

【“华君武世纪漫画展”在浙江省良渚博物院开幕】

2010年4月30日上午，良渚论坛·“笑忘书——华君武世纪漫画展”在杭州良渚博物院隆重举办，为期4天。

此次漫画展将首次呈现华君武从未面世的珍贵作品、配合装置艺术等，展出关于“笑”的艺术作品。并精选华君武先生成长过程中的代表作，以向华老致敬对抗时间之“忘”。此外，还将展出华老亲笔书信、草稿、影视资料等珍贵文献，以“书”为主题，让现代动漫产业能在传统新闻漫画中找寻本源，实现传统漫画与时尚动漫的完美融合与对接。

漫画展吸引了众多嘉宾齐聚杭州良渚，嘉宾们针对此次漫画展，以“传统漫画的现代化转型”为主题，进行研讨，并以这种方式，深度解读华君武作品的内涵和对现代动漫的意义。

【海南省博物馆承办纪念海南解放60周年巡展到西沙】

2010年5月1日下午，由海南省文体厅、西南中沙群岛工委主办，海南省博物馆、中国军事博物馆承办的“纪念海南解放60周年——五千年金戈铁马军事科普暨琼崖丰碑巡展”在西沙举行首展仪式。

本次巡展以回顾海南革命历史，重塑23年红旗不倒的琼崖丰碑，宣传爱国主义教育为主旨。巡展的形式以移动式宣传展板为主体，并辅以由省博物馆公共服务部讲解员们自编自导自演的文艺表演；展览内容包括“二十三年琼崖革命史展”、“五千年金戈铁马与四次军事变革军事科普”两部分。

【河北省民俗博物馆举办“河北珍宝亮相世博”展】

2010年5月1日，为庆祝上海世博会隆重开幕，进一步弘扬中国优秀的传统文化，展现河北经济、文化的蓬勃发展，切实落实“贴近实际、贴近生活、贴近群众”的要求，河北省民俗博物馆积极策划，精心组织，5月1日推出了“河北珍宝　亮相世博”图片展。该展览共精选了60余幅精美图片，满城汉墓出土的西汉错金银博山炉、长信宫灯、燕下都出土的战国立凤蟠龙纹兽面铜铺首，这3件器物都为国宝级文物，另外还有唐山皮影、武强年画、曲阳石雕、衡水内画等省内优秀的非物质文化遗产，展览中还贯穿着世博会的知识介绍，图文并茂、通俗易懂。

【“意大利乌菲齐博物馆珍藏展”6月在湖北省博物馆盛大展出】

为纪念中意建交40周年，加强中意文化交流，为上海世博会增光添彩，经中意两国文化部共同协商，决定于2010年3月至2011年6月在上海、武汉、沈阳、北京、长沙等中国主要城市举办“意大利乌菲齐博物馆珍藏展”巡回展。该展已于2010年3月3日在上海博物馆开展。湖北省武汉市是该展览巡展的第二站，定于6月17日在湖北省博物馆开展。

本次展览集中展示了乌菲齐博物馆馆藏15至20世纪82幅西方绘画艺术精品，分为风景画、静物画和肖像画三大部分，包括文艺复兴早期佛罗伦萨画派大师波提切利、文艺复兴盛期威尼斯画派大师丁托列托和提香的画作，以及众多16至20世纪中叶意大利画家的重要作品等。展品完整地反映了乌菲齐博物馆跨越5个多世纪不同时期艺术家的杰作。

【西安碑林博物馆向台湾赠送1273种碑石拓本】

2010年5月5日，陕西省西安碑林博物馆向台湾中台禅寺赠送碑石拓本仪式在西安举行。陕西省文物局局长赵荣向中台禅寺赠送了碑石拓本。

西安碑林始建于北宋元祐二年（1087年），距今已有900多年的历史，收藏有汉代至今的碑石、墓志4000余方，藏品时代序列完整，时间跨度长达2000余年，在中国乃至世界独一无二。这次向中台禅寺赠送碑石拓本528种、墓志拓本745种，拓本数量之大、品类之全在该馆历史上属首次，囊括了馆藏历代著名碑刻，涉及历史、经济、文化、宗教、军事、艺术、地理等领域，内容丰富，品级珍贵。这些拓本蕴涵着丰富的中华传统文化精髓，具有深厚的历史文化内涵和卓越的书法艺术价值。

【江苏省文物局举行“2010年全省馆藏文物精品系列巡回展”启动仪式】

2010年5月15日，南京博物院举行“2010年全省馆藏文物精品系列巡回展”启动仪式，迎接“5·18国际博物馆日”的到来。

“2010年全省馆藏文物精品系列巡回展”有7个展览内容，分别是：“盛世虎——2010虎年虎展”；“金与玉——明代贵族首饰展”；“宣炉吉金——苏州博物馆馆藏宣德炉特展”；“皇家风范——清代光绪官窑瓷器展”；“云想霓裳——南京云锦艺术展”；“大汉王朝——徐州汉画像石艺术展”；“锦心神针——苏绣与仿真绣艺术展”。展览首先在展览承办单位展出，此后将陆续到全省各市、县（区）进行巡回展览，为基层单位和社会大众服务，使之逐步打造成为江苏省文化品牌。

【2010年北京“5·18国际博物馆日”启动仪式在首都博物馆举行】

2010年5月18日，北京市“5·18国际博物馆日”宣传活动在首都博物馆启动。北京市博物馆日活动主题为“博物馆：促人文建设创世界城市”。“5·18博物馆寻宝游”、“手拉手博物馆里做朋友”、“北京地区博物馆采风”巡展、“人文精神与文化名人”巡展等丰富多彩的系列活动将陆续在首都博物馆等40多家北京地区免费开放的博物馆开展。

北京地区到目前为止共有注册登记博物馆152家，内容包括政治、军事、文化、经济、社会和大众生活等各个方面，初步形成了具有北京特色的博物馆发展体系。

【2010年国际博物馆日主会场活动暨广东省博物馆新馆开馆仪式在广州举行】

2010年5月18日，2010年国际博物馆日主会场活动暨广东省博物馆新馆开馆仪式在广东省博物馆新馆大厅举行。

广东省博物馆新馆位于广州新城市中轴线——珠江新城中心区南部的文化艺术广场，于2004年12月12日奠基。新馆建筑结构新颖，设计独特，运用“宝盒”的设计理念，内部展馆分为历史馆、自然馆、艺术馆和临展馆四大部分。新馆陈列展览以广东历史文化、艺术、自然为三大主要陈列方向，充分展现了岭南文化的独特个性和广东省博物馆的馆藏水平。

【北京市周口店遗址博物馆新馆奠基仪式举行】

2010年5月19日上午，北京市周口店遗址博物馆新馆奠基仪式举行。奠基仪式包括“探索篇、发掘篇、呵护篇、传承篇”四大主题。

周口店遗址博物馆新馆位于周口店遗址建设控制地带内，新馆创意源于“北京人”50万年前制作和使用的劳动工具——石器。建筑线条简约、粗犷、刚毅，多折面的面与面之间形成锋利的石器“刃口”结构。新馆占地38000多平方米，建筑面积8093平方米，限高9米。总投资约1.8亿元人民币。新博物馆集陈列展览、科普教育、藏品保管、科学研究和管理办公为一体。通过运用现代化科技手段和高新技术，在展览形式、展陈内容、服务标准、管理功能上具有国际水准、充分体现遗址文化内涵。新馆计划于2011年周口店遗址发掘90周年之际建成，并向公众开放。

【“走近ICOM 2010年大会·广州国际博物馆高峰论坛”举行】

2010年5月18日至19日，“走近ICOM 2010年大会——广州国际博物馆高峰论坛”在广东省博物馆新馆多功能报告厅举行。论坛由中国国家博物馆副馆长董琦主持，广东省文化厅厅长方健宏致辞。国际博协总干事代表桑德拉，国家文物局副局长宋新潮，局直属文博机构以及中国、韩国、日本博物馆机构领导分别作了发言报告。

广州博物馆高峰论坛，是2010年国际博物馆日的主场活动之一，也是为2010年的国际博协大会提供的一次重要预演。

【“鲁迅博物馆馆藏文物精品展”在浙江省湖州博物馆展出】

2010年5月，由北京鲁迅博物馆和湖州市文化广电新闻出版局联合主办，湖州博物馆承办的“鲁迅的艺术世界：鲁迅博物馆馆藏文物精品展”在湖州正式亮相。

展览共计展出了鲁迅先生手迹、生前所藏等各类文物236件（组），分“美术家鲁迅、鲁迅倡导的新兴版画运动、鲁迅收藏的金石拓片、书法家鲁迅及鲁迅与湖州”五部分，全面展现鲁迅的艺术世界，从而为大家还原一个更完整、丰满的鲁迅。展览角度新颖、主题突出、规模较大、制作精良。湖州首展后，计划在浙、皖、闽等地组织巡展，是国内博物馆馆际合作的新尝试。

【西安兵马俑考古项目获阿斯图利亚斯王子奖】

2010年5月19日上午，西班牙阿斯图利亚斯王子奖社会科学奖评选结果在阿斯图利亚斯大区首府奥维多揭晓。中国西安兵马俑考古项目以其独特的历史文化价值在20多个被提名项目中脱颖而出，获得了“2010年度阿斯图利亚斯王子奖社会科学奖”。该奖授予在人类学、经济、地理、历史、心理学、社会学和其他社科领域为人类福祉创造性地工作并作出特殊贡献的个人或团体。

该奖项评委会在评奖决议中指出：“西安秦始皇兵马俑考古队开展了一项跨领域研究，对2000多年前中国王朝的重要阶段予以了研究，获得了对该时代社会诸领域分析的巨大成果……开辟了一条探索跨领域知识的丰富多彩之路。”评委会由17名专家学者和社会名流组成。

阿斯图利亚斯王子奖于1981年由阿斯图利亚斯王子基金会创立，面向世界各国，旨在鼓励在科学、技术、文化、社会等领域作出杰出贡献的个人或团体。该奖共设8个奖项，包括通讯交流与人文学奖、艺术奖、文学奖、社会学奖、科学技术奖、国际关系奖、体育奖与和平奖。西班牙王储菲利佩是该基金会主席。

阿斯图利亚斯王子奖在欧美享有盛誉，俗称西语世界的“诺贝尔奖”。各奖项的获奖者大多为世界各国的重要政治家、思想家、文学家、艺术家、社会学家和科学家等。每年一度的颁奖盛况吸引了世界各地千余名记者及各国电视台、电台和报社的争相报道。

西班牙《世界报》、《国家报》、《阿贝塞》等主流报纸，埃菲社、西方国家电台及其他各大主流媒体第一时间报道了秦兵马俑考古队获奖的消息，并高度评价该项目在历史、文化、社会学和考古等跨领域研究方面的丰硕成果。

【陕西123家博物馆纪念馆列入全国名录】

2010年5月，国家文物局对全国各省、自治区、直辖市文物行政部门根据《博物馆管理办法》要求，据2009年报送的博物馆、纪念馆年度检查备案名单编制而成《全国博物馆名录》首次向社会发布，陕西共有123家博物馆、纪念馆列入其中。

在陕西123家列入国家文物局《全国博物馆名录》公布的博物馆、纪念馆中，文物类89家、行业类25家、民办类9家，数量在全国位居第四。陕西是博物馆、纪念馆大省，综合类、遗址类、专题类、民俗类等博物馆门类齐全。目前，全省有中央地方共建重点博物馆1座，国家一级博物馆6座、二级博物馆10座、三级博物馆13座，已有48座博物馆纪念馆对观众免费开放。

【中国农业历史博物馆在陕西杨凌建成开馆】

2010年5月26日，由西北农林科技大学创建的中国农业历史博物馆在陕西杨凌农林博览园正式开馆。

中国农业历史博物馆全馆展览面积4000平方米，为目前国内展示内容最为系统的农业历史博物馆。农史馆分为上下两层，按照历史顺序布展，分为“原始农业厅”、“三代农业厅”、“汉唐农业厅”、“宋元农业厅”、“明清农业厅”和“近现代农业厅”六部分，系统、全面地展现了中国农业历史发展的基本脉络与辉煌成就。该馆展示脉络清晰，特点鲜明，手段形象，知识性强。综合运用了文字、图片、实物、雕塑、光电以及场景再现等多种手段，其中历代农业工具、种子、生活用品等农史实物达2000余件，包含历代珍贵农史文物500余件。

【国家文物局举行2010年中国文化遗产日新闻发布会】

2010年5月27日，国家文物局在京召开2010年中国文化遗产日暨主场城市活动新闻发布会。

2010年的文化遗产日主题是“文化遗产在我身边”，围绕着这个主题，全国各级文博机构均精心策划了一批专题活动，邀请社会公众走近、了解自己身边的文化遗产。

本届文化遗产日的三大亮点：一是突出“吴文化”特色，构建群众广泛参与的遗产普及宣传平台。二是深度对接世博，构建遗产保护工作的创新促进平台。三是举办国际性的历史城市结盟活动，构建遗产保护工作的开放交流平台。

本次新闻发布会，旨在通过新闻媒体向社会广泛宣传本年度文化遗产日的各项活动，营造文化遗产日浓厚的舆论氛围，并使相关主题和理念深入人心。

【浙江省桐庐博物馆举办县首届民间收藏品展及十大收藏品评选】

2010年5月29日，由浙江省桐庐博物馆主办的桐庐县首届民间收藏品展开展。此次展览共展出各类收藏品80件，展品由浙江省收藏协会桐庐分会和桐庐县部分收藏爱好者提供，包括玉器、瓷器、书画、象牙等，这些展品具有较高的历史价值、艺术价值和观赏价值。

据了解，展览从5月29日开始至6月15日结束。此次展览将评选出桐庐县首届十大收藏精品，由桐庐博物馆邀请部分文物鉴定专家结合观众现场投票评选产生，并将于6月15日举行颁奖典礼，为入选的十大民间收藏品收藏者颁发收藏证书，同时现场抽选参与投票的10位幸运观众。

【河北省举办“河北省文物普查成果展”】

2010年5月29日，由河北省文物局主办、河北省博物馆协办的“河北省文物普查成果展”在河北省博物馆展出。

我国曾于1956年、1981年两次进行过全国性文物普查活动。2007年4月，国务院下发了《关于开展第三次全国文物普查的通知》，同年10月，河北省第三次全国文物普查工作正式启动，至2009年12月结束野外调查。期间，761名普查队员走遍了全省172个县（市、区）的5万多个行政村，普查范围18.8万平方公里。

为了宣传文物普查的成果、提高全社会对文物工作的认识，河北省文物局主办了“河北省文物普查成果展”，展览选用照片187幅，分为“组织工作”、“普查掠影”、“成果丰硕”三部分，展览选取文物普查中新发现的代表性文物遗址58处，展现了文物普查的重大成果。

【“馆藏清代名家篆隶书法作品展”在浙江省博物馆武林馆区开展】

2010年6月1日，“篆分意度——馆藏清代名家篆隶书法作品展”在省博物馆武林馆区开展。本次展览精选了浙江省博物馆藏清代50多位篆隶名家的作品60余件，数量虽然不多，但皆为清代篆隶书法作品之精华，其中不乏郑簠、金农集、桂馥、黄易、陈鸿寿、何绍基、赵之谦、邓石如、杨沂孙等名家的精彩之作，集中体现了清代篆隶书法的造诣和成就。

此次“篆分意度——馆藏清代名家篆隶书法作

品展”，省博物馆研究人员将馆藏的清代篆隶作品进行了系统归类和研究整理，并将研究成果集中展现给大家尤其是广大篆隶书法爱好者。通过这个展览已足窥清代篆隶书法演进与发展之一斑。

【汉唐专家考察河北省唐宋祖陵】

2010年6月，原陕西考古研究院院长、中国考古学会常务理事、西汉帝陵考古专家焦南峰研究员，唐陵考古专家、陕西省考古研究院副院长张建林研究员对隆尧唐祖陵和清苑宋祖陵进行考察。专家们对隆尧唐祖陵的有关保护、合理利用提出了切实可行的意见和建议，认为唐祖陵当时是按祖陵构建，陵前可能还有建筑遗迹，地面调查和考古钻探要相辅进行，可以对唐祖陵进行勘探和发掘，钻探要细心，结合大地原点图（坐标），范围要大一点。同时，特别强调，改墓为陵是有依据的，应有神道存在。

唐陵石刻具有非常高的艺术价值，特别是石蹲狮堪与陕西干陵、顺陵、桥陵石狮并称唐代帝陵的一流作品。

【2010年度南海水下考古新闻发布会在海南省博物馆举行】

2010年6月1日上午，2010年度南海水下考古新闻发布会在海南省博物馆举行。参与打捞的西沙水下考古队员公布了打捞过程及相关信息和成果。

西沙水下考古队负责人表示，通过本次考古调查，已经初步完成了对本岛沿海、西沙群岛、中沙群岛和南沙群岛等发现的水下文化遗存登录，据统计迄今已发现南海古代文化遗存和水下文化遗存83处。但同时也表示通过调查发现西沙海域水下文化遗存的盗掘情况依然严重，一些岛礁盗坑密布，水下文化遗产保护依然面临盗掘者的严酷威胁。呼吁加强各沿海口岸的监管和审查制度建立，加强规范海上作业者的行为准则，建立相关机构的联动机制和法规建设，运用科技手段实现海上大遗址的远程监测。

【河南省新野县汉画像砖博物馆建成开馆】

2010年6月7日，河南省新野县汉画像砖博物馆建成并对社会公众免费开放。

新野县历史悠久，系河南省文物大县，汉代遗迹较多，特别是所出土的汉画像砖具有极高的历史、艺术、科学价值。但由于没有博物馆，致使其馆藏文物一直未能得到有效展示和利用。近年来，河南省政府高度重视文物保护工作，加强汉画像砖的挖掘整理和研究保护，建成了一座现代化博物馆。

新野县汉画像砖博物馆展览面积近千平方米，展出文物近300件，其中汉代画像砖50余件，是河南省目前唯一一家汉画像砖专题博物馆。该馆的建成，标志着新野县的文博事业发展提高到了一个新的水平。

【海南省“中国文化遗产日”系列活动新闻发布会在海南省博物馆举办】

2010年6月8日上午，海南省“中国文化遗产日”系列活动新闻发布会在海南省博物馆举办。

文化遗产承载着海南的历史和海南人民的情感，是海南的重要特征和情感纽带，是文化基础和凝聚力，是宝贵资源和软实力。海南正在建设国际旅游岛，文化是国际旅游岛的灵魂，保护文化遗产就是保护海南国际旅游岛的价值内涵、精神力量和持续发展力，要构建一个有文化内涵的国际旅游岛。

“中国文化遗产日”期间，海南省文体厅举办系列活动。海南省各市县也将根据本地情况开展形式多样的宣传活动。

【2009年度全国十大考古新发现终评会召开】

2010年6月9日下午，由国家文物局主办、中国考古学会协办、中国文物报社承办的2009年度全国十大考古新发现终评会在京开幕。来自24个参评项目的代表、22位终评评委以及在京各大科研院所、高校的学生近200人出席了会议。

1987年，国务院下发的《关于进一步加强文物工作的通知》提出：“考古发掘工作必须严格履行报批手续。对不妨碍基建的重要古墓葬、古遗址，在当前出土文物保护技术还没有完全过关的情况下，一般不进行发掘。”国务院于1997年下发的《关于加强和改善文物工作的通知》再次重申“由于文物保护方面的科学技术、手段等条件尚不具备，对大型帝王陵寝暂不进行主动发掘”。

2010年4月初，由国家文物局考古专家组成员、中国考古学会104位理事和63家全国考古发掘资质单位共同投票，从60项考古发现候选项目中按得票数产生出最终入围的24个项目。在两天的时间中，24个项目的发掘领队将分别向最终的评委展示自己的考古成果，并回答相关的质疑。

【四川省广安市第三次全国文物普查十大新发现文物评选结果揭晓】

2010年6月11日，在四川省广安市电视台演播大厅举办的“广安市纪念第五个‘中国文化遗产日’宣传活动”中，中国移动G3杯广安市第三次全国文物普查十大新发现文物评选结果揭晓。

此次评选出来的十大新发现文物分别是：华蓥市代家嘴遗址、邻水县李舒锦墓、武胜县陈家寨大院、邻水县汤巴丘民居群、广安区大石坝摩崖造像、武胜县裕丰集体农庄、华蓥市国营华光仪器厂旧址、广安区真理宝鼎、广安区代市钟鼓楼、广安区独愚子墓。

【2010年中国文化遗产日主场活动开幕式举行】

2010年6月11日，2010年中国文化遗产日主场活动开幕式在苏州胥门广场举行。

开幕式由苏州市副市长王鸿声主持，苏州市市长阎立致欢迎词。单霁翔局长宣读了文化遗产日开幕词。他说，文化遗产保护是一项系统的社会工程，离不开各级党委、政府的重视和关心，离不开文物工作者的艰苦努力，更离不开广大民众的广泛参与。苏州作为文化底蕴丰厚的主场城市，在文化遗产日期间丰富多彩的活动得到了国内外媒体朋友的广泛关注，也将会吸引更多的人加入到文化遗产保护的行列中来。随后，国家文物局向苏州市政府授主场城市荣誉称号牌。“2009年度全国十大考古新发现”名单同时宣布。

【北京市文物局发布首批“北京文物声音标签”】

2010年6月12日，我国第五个“文化遗产日”当天，北京市文物局正式发布了长城、故宫等六大世界文化遗产的“声音标签”，使公众不用佩戴语音导游设备，只需通过各种网络、手机等方式下载和视听，即可领略到六大文化遗产令人神往而又别具特色的文化魅力。

作为音频格式的北京文物指南，“北京文物声音标签”融合实景录入、脚本制作、大师作曲、名家献声等多种新颖方式，采用无线数字语音平台运行等高科技手段，展示北京文物的前世今生和精彩画面，使用者即使不到文物景点，亦可获得身临其境般的感觉和体验，从而极大地创新了文化遗产宣传、保护和服务方式的手段。

六大世界文化遗产的“声音标签”是“北京文物声音标签工程”的首批成果，今后市文物局还将陆续推出北京市其他重点文物的“声音标签”。

【苏州博物馆举办“择厥吉金·自作御器——吴国王室青铜器特展”】

2010年6月12日至22日，为配合2010年中国文化遗产日苏州主场城市活动，苏州博物馆将举办“择厥吉金·自作御器——吴国王室青铜器特展”。

此次特展所展出的吴国王室青铜器主要为礼器、乐器和兵器3个大类9套17件，包括上海博物馆藏的吴王夫差盉、吴王夫差鉴和者减钟，南京博物院藏臧孙编钟，安徽省博物馆藏吴太子姑发剑、吴王光剑和吴王光鉴，湖北省博物馆藏吴王夫差矛，盱眙博物馆藏季札铜匜。每一件青铜器不但制作精美，而且蕴涵着丰富的人文内涵。

特展首次在苏州地区将此前“从未谋面”的多件吴国王室青铜器集中展示，把吴国极其灿烂的文化遗存呈现在广大观众面前，为中国文化遗产日苏州主场城市活动提供了一道精美的文物大餐。

【四川博物院藏张大千书画精品亮相“2010年中国内江·大千龙舟文化经贸节”】

2010年6月14日，由四川省内江市人民政府主办，四川省博物院、内江市文化局承办，内江市张大千纪念馆、内江市书画院协办的“张大千作品展”在内江市飘香园开幕。

作为“2010年中国内江·大千龙舟文化经贸节”的重头戏之一，本次“张大千作品展”受到了各方的高度关注。四川博物院精心挑选了30幅张大千先生的书画精品进行了现场展出。题材以大千先生敦煌临摹作品为主，另有10余件山水及人物精品，充分再现了大千先生上追古人的不懈精神、弘扬传统艺术的丰硕成果。

本次展览是四川博物院院藏张大千书画精品第一次大规模集中回其故乡展出。

【“良渚文化特展”在台湾开幕】

2010年6月16日，“璀璨——良渚文化特展”在台北县十三行博物馆开幕。这是浙江省迄今规模最大、规格最高、精品最多的良渚文化出境展。

此次“璀璨——良渚文化特展”是2010年浙台经贸与文化合作交流活动中的重要文化项目之一，精选118件璀璨神秘的良渚文化瑰宝赴台展出，其中包括玉琮、玉钺、斜边玉璧、玉梳背、玉镯等10多件精美绝伦的国家一级文物，台湾民众可以亲眼目睹源远流长、博大精深的中华文化。

被誉为“中华文明之光”的良渚文化是长江下游环太湖流域在新石器时代晚期的代表文化，距今4300年至5300年，其核心分布于余杭良渚文化遗址群。良渚文化以玉礼器、大型祭坛、城市3种物质形态和神权、王权、古礼3项非物质形态，呈现独特的文明发展之路，对整个中华文明发展史影响深远。

【浙江省长兴县24通明清儒学碑刻回归孔庙原址】

2010年6月，浙江省长兴县政府一直十分重视文化遗产的保护，在旧城改造中，充分听取文物部门的意见和建议，投资近50万元，使流散在外的24通明清儒学碑刻回归孔庙原址。

长兴县明清儒学碑刻是长兴孔庙儒学文化的重要组成部分。由于“破四旧”、“文革”及城市改造等诸多历史原因，长兴孔庙儒学碑刻或遭搬迁、或丢弃、或深埋地下。

2010年年初，为确实加强这批弥足珍贵的历史文化遗产的保护，长兴县政府根据文物部门的意见，决定在旧城改造中，将长兴孔庙儒学文化遗产保护列入中心广场建设范畴。经过半年的努力，截至6月份，所有碑刻安置工作已全面完成。

【延安革命纪念馆建馆60周年纪念大会隆重举行】

2010年6月29日上午，延安革命纪念馆建馆60周年纪念大会隆重举行。

延安革命纪念馆成立于1950年7月1日，是全国解放后成立最早的革命纪念馆之一。经过60年的发展，延安革命纪念馆已经成为全国著名的大型革命纪念馆。特别是2010年8月份，延安革命纪念馆新馆建成开放后，从展馆主体建设、陈列展示以及功能体系等方面都有了全面提升，被评为“新中国成立60年百项经典暨精品工程”，成为革命圣地的标志性建筑之一。

【宁波博物馆“中国国家博物馆典藏珍宝展”结束】

2010年6月30日，宁波博物馆举办的“国家宝藏——中国国家博物馆典藏珍宝展”结束，展出的所有国宝将回到中国国家博物馆。

此次国宝展是2007年至2010年中国国家博物馆因改扩建工程而闭馆期间组织的大型巡回展览，已先后在韩国、日本以及湖南、天津、深圳等国内10个省市进行了展出，均在各地引起强烈的社会反响。宁波博物馆举办的“国家宝藏——中国国家博物馆典藏珍宝展”共展出来自全国17个省市的82件（套）共119件考古出土的青铜器、陶瓷器、金银器、玉石器和甲骨器等艺术精品，均是中国国家博物馆从62万余件文物藏品中遴选出的最具代表性的文物珍品。

国宝展让国宝更加贴近群众、贴近社会，让市民在活动中接受着中国传统文化的熏陶。

【“长江·三峡古文化研究基地”落户重庆中国三峡博物馆】

2010年7月，在召开的“长江·三峡古文化学术研讨会暨中国先秦史学会第九届年会”开幕式上，清华大学文科高等研究中心主任、国际欧亚科学院院士、中国先秦史学会理事长李学勤和重庆市副市长谢小军为重庆中国三峡博物馆馆长黎小龙颁发了“长江·三峡古文化研究基地”匾牌，这标志着“长江·三峡古文化研究基地”正式落户重庆中国三峡博物馆。

本次研讨会上，来自中国社会科学院、北京大学、清华大学等50多家大专院校、科研机构、文博考古单位的近200名专家学者分别就长江、三峡历史文化和考古、先秦史等相关领域的问题进行了广泛的学术交流，一致认为“长江·三峡古文化研究基地”的建立是对重庆学术界在长江文明和三峡古文化研究中所取得成绩的充分肯定，它的建立必将更进一步地促进这一领域研究工作的深入与广泛开展。

【“河南文物珍宝展”在日本隆重开幕】

2010年7月5日，由河南省文物局主办的“华夏文明之源——河南文物珍宝展”在日本东京国立博物馆隆重开幕。该展览荟萃了全省181件（组）文物精品，是迄今为止河南省在国际上举办的规模最大的文物展览。

该展览由河南省文物局与日本东京、九州、奈良三大国立博物馆及读卖新闻东京本社、大广株式会社5家单位合作举办，历经3年筹备，展品涵盖瓷器、青铜礼器、玉器、金银器、琉璃器、彩绘画像砖、佛教文物等多个类别，代表了河南文物的精华。展览分为王朝的诞生、技术的诞生和美的诞生三部分，从政治、经济、文化、军事等方面阐释了河南是中华民族的摇篮、华夏文明的源头，并为华夏文明的形成和多元化发展作出了重要贡献。

【“法国卢浮宫馆藏铜版画展”在四川博物院隆重开幕】

2010年7月14日，曾在中国港、澳、台等地巡回展出并广受好评的“刻画天地——法国卢浮宫馆藏铜版画展”在四川博物院隆重开幕。本次展览将回顾17世纪以来的法国版画艺术史，突出表现中法两国文化交流的源远流长。它纵横法国400年历史，历经了皇家雕版、皇家学院、卢浮宫铜版雕刻收藏馆的诞生及当代艺术4个世纪的跨越。它的展出对于促进多元文化艺术的相互吸收和影响，以及促进东西方审美价值观念的交融起到了积极的推动作用。

展览展出作品138幅，均系卢浮宫收藏中精选出来的最珍贵非凡的铜雕版。展品内容涉及“柯洛内里球仪”、“蒙娜丽莎”、“领导人民的自由女神”和“瓦平松浴女”等。

【宁波博物馆推出“清代康雍时期外销青花瓷精品展”】

2010年7月16日，宁波博物馆推出“芙蓉出水——清代康雍时期外销青花瓷精品展”。此展106件展品都是从杭州南宋官窑博物馆引进的。

本次展出的外销瓷，都是清康熙—雍正时期的作品，能品相完整地保留至今，十分难得。它们主要由瓷都景德镇生产，也有部分是福建一带的产品。仔细观赏不难发现，除了我国传统特色的品种之外，还有许多是根据国外消费者的需要定制的，以符合当地生活习俗和审美情趣。有的瓷器在中国元素的基础上，也会加入一些外国风格，向我们展示了不同文化之间的交流和影响。

【我国首个水下文化遗产保护基地在宁波挂牌成立】

2010年7月29日，国家水下文化遗产保护宁波基地暨宁波中国港口博物馆建设工程奠基仪式在浙江省宁波市北仑港隆重举行。

据介绍，国家水下文化遗产保护宁波基地是与宁波港口博物馆合并建立的。博物馆总建筑面积近4万平方米，其中供宁波基地独立使用的有1.1万平方米，工程整体预计2013年年底完工。该基地建成后，将为我国水下文化遗产保护、展示、交流、合作提供基础场所。依托该基地，在国家文物局和浙江省文物局的统筹领导下，以中国文化遗产研究院国家水下文化遗产保护中心为主导，以宁波市文物考古研究所专业力量为中坚，将积极协调、调集全国水下文化遗产保护专业人员，开展面向东海海域的水下考古发掘、出水文物保护、专业人员培训、“海上丝绸之路”和中外海交史重大课题研究等项工作。

【登封“天地之中”历史建筑群申遗成功】

当地时间2010年7月31日20时45分，在巴西首都巴西利亚召开的第34届世界遗产委员会会议经过积极审慎地讨论，同意将我国登封“天地之中”

历史建筑群列入《世界遗产名录》。

登封“天地之中”历史建筑群位于河南省郑州市境内，包括公元2世纪以来的观星台、少林寺等8项11处历史建筑。这些建筑集中体现了中国之中、天地之中的中国古代宇宙观，将中国传统天文概念与至高无上的皇权概念有效地结合在一起，对我国古代建筑、艺术、宗教和科学领域产生了较大影响。国际专业咨询机构对该项目予以了高度评价。第34届世界遗产委员会一致同意国际专业咨询机构的推荐意见，充分肯定了登封“天地之中”历史建筑群具有世界遗产的突出普遍价值，符合世界遗产第三条标准和第六条标准，将该项目列入《世界遗产名录》。

【“赵蕴玉先生诞辰95周年精品展”开幕式在四川博物院隆重举行】

2010年8月13日，适逢赵蕴玉先生诞辰95周年之际，“赵蕴玉先生诞辰95周年精品展”开幕式在四川博物院隆重举行。此次展览共展出赵蕴玉先生作品130余件。作品中所浸润的艺术感染力、思想感召力对于我们更好地构建“向真、向善、向美、向上”的和谐社会，更好地秉持传统文化，传播先进思想，陶冶民族情操，弘扬厚重而博大的人文精神、民族精神有着深远意义。

赵蕴玉先生被誉为“蜀中四老”之一，自幼受传统诗文熏陶，复得大千先生指授，后入川博，得窥古今书法名画，终其坚持而浸淫成家。山水、人物、花鸟、书法、鉴赏皆能。

【“海峡两岸中国抗战大后方历史文化学术研讨会”在重庆开幕】

2010年8月14日至16日，由西南大学、重庆中国三峡博物馆、中正文教基金会共同主办的“海峡两岸中国抗战大后方历史文化学术研讨会”在重庆市北碚区召开。

本次会议是两岸学术界共同发起的第一次高层次的学术研讨会，也是重庆实施抗战大后方历史文化研究工程以来，两岸学术界举行的首次抗战大后方历史文化交流活动。8月15日上午，“重庆岁月——海峡两岸抗战大后方历史文物展”在三峡博物馆开幕，以海峡两岸大批珍贵的抗战档案、文献、文物等，再现了那段艰难的光荣岁月。8月15日下午，与会专家在重庆图书馆参加“抗战漫画展”开幕式，并参观抗战文献陈列室、抗战文献库。

【“丝绸之路——大西北遗珍”展在陕西开幕】

2010年8月16日，首次由西北五省区文博单位共同举办的“丝绸之路——大西北遗珍”大型联合展览在陕西历史博物馆开幕。

“丝绸之路——大西北遗珍”展出西北五省区22家文博单位多年来出土的丝绸之路文物精品241件（组）。展览内容分丝路萌芽（春秋战国时期）、丝路开启（两汉时期）、丝路畅通（魏晋南北朝时期）、丝路繁荣（隋唐时期）和丝路佛道五部分。这次展览展示了丝路兴衰的全貌，突出了丝路上的杰出人物，塑造了丝路英雄群体像，反映了西北五省区丝路文物资源的互补性，体现了历史厚重感与时代感、现场感与整体感的有机结合。各部分展览既独立成章又相互联系，较全面地反映了我国西北地区自春秋战国时期至宋元时期丝绸之路的发展脉络和丝路文化。

【“纪念中国人民抗日战争暨世界反法西斯战争胜利65周年书画展”在海南省博物馆开展】

2010年8月17日上午，由中国博物馆学会、武警海南总队联合主办的“人民的胜利——纪念中国人民抗日战争暨世界反法西斯战争胜利65周年书画展”，在海南省博物馆举行开幕仪式。

本次展览共展出作品106幅，一改过去单纯书画展的老面孔，以书画带历史，把抗战历史贯穿于书画之中。通过具有特殊形式和美感的艺术语言，讲述了中华儿女爱国御侮、勇往直前的壮志豪情，时刻激励我们“勿忘国耻、振兴中华”！

【《长沙铜官窑遗址保护条例（草案）》通过 将分层次保护遗址】

作为世界多彩陶瓷的发源地，长沙铜官窑遗址的保护一直备受关注。2010年8月19日，在长沙市第十三届人民政府第34次常务会议上，《长沙铜官窑遗址保护条例（草案）》原则审议通过，提请长沙市人大常委会审议。

这意味着，该条例有望成为我国首部关于窑址保护的条例，并为申报世界文化遗产创造条件。草案中提出建立铜官窑传统制瓷工艺传承人制度，对濒临失传的传统工艺采取抢救措施。

草案中提出，长沙铜官窑遗址应当按照划定的保护范围和建设控制地带实行分层次保护。建立长沙铜官窑传统制瓷工艺传承人制度，对濒临失传的传统工艺采取抢救措施，加强知识产权保护。同时，鼓励和扶持社会力量对长沙铜官窑传统制瓷工艺进行挖掘、整理，支持教育、研究机构培养相关专业人才以及名老艺人传徒授艺。

【国家水下文化遗产保护青岛基地在青岛举行揭牌仪式】

2010 年 8 月 25 日下午，国家水下文化遗产保护青岛基地揭牌仪式在青岛奥帆基地媒体中心新闻发布厅隆重举行。

国家水下文化遗产保护青岛基地是国家水下文化遗产保护“十二五”规划统一部署的 3 个区域性保护中心之一。基地主要职能是协助国家水下文化遗产保护中心制定黄、渤海水下文化遗产保护发展战略、规划和工作方案；协助国家水下文化遗产保护中心做好黄、渤海水下文化遗产调查、发掘、保护工作；积极参与全国性的重大水下考古调查与发掘项目；加强与青岛海洋科研单位、高等院校的合作，发挥优势互补作用，开展课题研究；协助国家水下文化遗产保护中心组织开展出水文物保护、展示、相关科研工作；协助国家水下文化遗产保护中心管理相关海域水下文化遗产工作经费及器材设备的使用；承担国家水下文化遗产保护中心交办的其他工作。

【中国博物馆学会变协会】

2010 年 8 月 31 日，中国博物馆协会在京召开特别会员代表大会，来自全国不同地区不同门类的博物馆的代表共同见证了中国博物馆学会更名为中国博物馆协会。

理事长张柏说，虽然是一字之易，却意义重大。首先是在称谓上与国际博物馆协会接轨，有利于对接与交流，特别是 2010 年中国承办了国际博协的第二十二届大会，更名可以省去诸多不便，使沟通更畅。其次，进入新世纪中国博物馆有了极大的发展，需要有一个协会一样的行业组织在产业发展政策制定、行业准入以及行业维权方面进行规范化管理。

【“纪念中国人民抗日战争暨世界反法西斯战争胜利 65 周年书画展”在浙江省博物馆开幕】

2010 年 9 月 1 日，“人民的胜利——纪念中国人民抗日战争暨世界反法西斯战争胜利 65 周年书画展”在浙江省博物馆隆重开幕。此次展览共展出书画作品 107 件。

2010 年是中国人民抗日战争暨世界反法西斯战争胜利 65 周年。这是一场伟大的人民战争，取得了自鸦片战争以来中国人民反侵略战争的第一次完全胜利，从此，中华民族在中国共产党领导下走向复兴。

此次展出作品主题突出，内容丰富，充分展示了各位参展书画家的主题创作思想和高超的书画技艺。这些思想性和艺术性有机统一的书画作品，不仅给人们以强烈的爱国主义教育，而且使人们从这些油画、国画、版画和书法作品中获得美的艺术享受。

【“文物调查及数据库管理系统建设项目”取得阶段性成果】

据国家文物局数据中心统计，截至 2010 年 8 月 31 日 24 时，全国 31 个省、自治区、直辖市均已完成馆藏一级文物数据的采集与报送工作；除个别确有特殊情况的省份外，绝大部分省份也已顺利完成了二、三级馆藏珍贵文物数据的备案工作。这标志着“文物调查及数据库管理系统建设项目”自 2001 年至今已经取得了重要的阶段性成果，基本实现了国家文物局确定的“2010 年 8 月 31 日前全面完成数据采集及报送工作”的目标，全面进入了以数据整理和应用工作为核心的新阶段。

下一阶段，项目工作机构将按照国家文物局的统一部署，加快完成文物数据的审核、整理工作，认真做好项目综合评估和总结、表彰等各方面工作，让文化遗产保护成果“最大限度地惠及全体人民”。

【“中原夏商周文物展”在浙江省博物馆开幕】

2010 年 9 月 10 日，来自河南博物院的“青铜时代——中原夏商周文物展”在浙江省博物馆武林馆区隆重开幕。

河南地处中原，历史悠久，文物丰富，是中华文明重要的发源地之一。河南特殊的地理位置和历史地位，使之成为夏商周时期考古的中心。1928年殷墟发掘，标志着中国近代考古学的诞生。此后河南夏商周重要发现层出不穷，偃师二里头夏代遗址、偃师商城遗址、郑州商城遗址、三门峡虢国墓地、新郑郑韩故城、淅川楚国贵族墓地等数不尽的物证折射出文明的辉煌。这里遗留的大量文物，一定程度上代表了我国青铜时代的文化特征。

此次展览，汇集多年来河南所出土的夏商周时期文物精品111件（组），其中一级品文物有20多件（组），重点反映了三代的礼制与文化，展示了在这个重要历史时期的政治生活和社会面貌。

【北京日坛修缮工程正式启动】

2010年9月9日，北京市政府2010年为民办实事项目之一的日坛修缮工程正式启动。此次修缮工程由北京市、朝阳区两级政府共投资1500余万元人民币，计划2011年7月全部竣工。这是日坛自新中国成立以来经费投入最多、修缮规模最大的一次古建筑保护工程。

修缮内容包括祭坛坛墙、神台、祭器库、具服殿大门及院墙、西天门、北天门、七间殿、宰牲亭、神库大门及院墙等古建筑。修缮后的日坛将恢复历史原貌，重现皇家祭坛的气派和风格，并通过文化方面的展览展示和举办群众文化活动等形式对社会开放。

【河北省冉庄地道战纪念馆新馆落成迎客】

2010年9月，河北省纪念抗日战争胜利65周年暨冉庄地道战纪念馆新馆启新仪式，在保定冉庄地道战纪念馆新馆举行。新馆增添了互动设施，还运用墙体电影、模拟动画等多媒体综合表现手法向游客立体式再现冀中平原人民对敌斗争的场景。

清苑县冉庄地道战纪念馆1959年建馆并对游人开放，2008年开工建设新馆。据了解，新馆占地24亩，展厅面积1800多平方米，总投资1780万元。与旧馆相比，新馆不仅增加了时间隧道、墙体电影，还增加了很多互动项目，如透过墙上的方孔看到的模拟动画，敌人端着刺刀进村扫荡，参观者戴上耳机，只要在敌人靠近时按动身边的按钮，就立刻引爆炸弹，把敌人消灭。另外，展示厅墙壁上还利用三维模拟动画，真实且详细地演示了军民利用地道与敌人斗争的方法。

【“弘一大师墨迹精品展”在浙江省温州博物馆开幕】

2010年9月16日，为了纪念弘一大师诞辰130周年，“弘一大师墨迹精品展”在温州博物馆隆重开幕。

本次展览，由三部分组成：第一部分为弘一大师手书的条幅、对联等；第二部分为弘一大师的手札、书信；第三部分以老照片为主，反映弘一大师与温州30多位文化名人的深厚情谊及温州的不解情缘。

【“侯马陶范艺术展”在北京大钟寺古钟博物馆开幕】

2010年9月16日，“范正锡美，巧夺天工——侯马陶范艺术展”在北京大钟寺古钟博物馆隆重开幕。展览本着“突出博物馆特色、展示陶范艺术、传承民族文化”的宗旨，选取规模最为庞大的古代冶铸遗址之一——山西侯马晋国冶铸遗址出土的精美陶范进行集中展示，展品类型包括乐钟范、礼器范、兵器范、车马器范、生活用具范、空首布范等，共计106件（套）。

山西侯马陶范在中国铸造史上影响深远，它不仅构建了中国当时的青铜文明，对晋国青铜文化的研究具有重要意义，更是对整个中国青铜文化的研究具有特殊的价值。此次展览配以大量的实物、图片与文字解说，使观众能够从多角度理解侯马铸铜技艺，感悟侯马陶范的艺术成就和多元文化特点。

【首届“赵孟頫杯”中国画名家邀请展在浙江省湖州博物馆开展】

2010年9月17日下午，首届“赵孟頫杯”中国画名家邀请展在湖州博物馆隆重开展。该展共展出在当代中国画画坛有较高知名度和影响力的75位画家的132件作品，较全面地反映了各位名家在艺术上，包括题材、技法、风格等方面的探索与成果。

本次邀请展作品题材丰富、风格多样，很好地体现了当代中国画画界各位名家的深厚艺术功底和创作智慧。丰富和繁荣了地方文化的发展，也将有效推动中国书画的创作与交流，对中国传统文化，尤其是书画艺术的传承与创新具有十分重要的意义。

【杨靖宇纪念馆新馆落成】

2010年9月18日，吉林省纪念抗日战争胜利65周年暨靖宇县杨靖宇将军纪念馆新馆揭牌仪式，在杨靖宇将军殉国地举行，来自社会各界上万人参加了仪式。

据了解，新馆建筑面积2766平方米，是一个斧头的抽象造型，象征着杨靖宇率领的抗日队伍是由中国工农红军组建，是中国共产党领导下的抗日武装，是人民的军队。整个建筑用灰色的大理石挂面，寓意着银灰色的大斧是钢铁铸成的，象征着抗日将士钢铁般的意志。

9月18日下午，靖宇县还举行了杨靖宇精神研究会成立大会暨杨靖宇精神理论研讨会，来自省内外的7位专家和学者对杨靖宇精神做了深入的探讨和交流。

【“首届中国千年古县文化遗产精品图片展”隆重开幕】

2010年9月21日，由中国文物保护基金会联合故宫博物院、中国地名研究所共同举办的“首届中国千年古县文化遗产精品图片展”在故宫博物院隆重开幕。

“千年古县”地域内的文化遗产是五千年中华文明传承的缩影。在这些千年古县里，到处可见古代的物质文化遗产和现代的创造，时时触手可及；丰富的非物质文化遗产千百年来始终流传、更新在人们的日常生活中。这是中华民族自尊自强、生生不息的活生生的证明。

这次展览精选16个“千年古县”，以“文化遗产”为主题，将遗产保护和千年古县文化宣传结合起来，力求通过展览，提升、宣传千年古县的历史和现实价值，进一步增强全社会对千年古县文化遗产的认知，促进县域文化遗产的保护工作，为加强文化建设、弘扬中华传统文化作出贡献。

【“丰子恺晚年漫画精品展”在浙江省东阳市博物馆展出】

2010年9月22日，“敝帚自珍——丰子恺晚年漫画精品展”在东阳市博物馆展出。此次共展出了丰子恺漫画作品100幅。

丰子恺是我国现代著名画家、文学家、美术和音乐教育家、翻译家。解放后曾任中国美术家协会常务理事、美协上海分会主席、上海中国画院院长、上海对外文化协会副会长等职。被国际友人誉为“现代中国最像艺术家的艺术家”。

丰子恺多才艺，一生有文学、音乐、书法、艺术理论等方面的著作150余种传世，而影响最大的是他的绘画作品。他于1924年开始发表漫画，因风格独特、内涵深刻受到人们的喜爱。从1925年第一本漫画集《子恺漫画》出版，他一生出版漫画集约50本。此次展出的101幅作品多出自《敝帚自珍》画集，也是他的最后一本画集，由其子丰新枚1985年捐赠给浙江省博物馆。

【“巨象文晖·南京博物院藏‘虚斋名画’特展”在浙江省湖州博物馆启幕】

2010年9月28日，“巨象文晖·南京博物院藏‘虚斋名画’特展”正式在湖州博物馆启幕。

该展是湖州博物馆继2007年推出“归去来兮：赵孟頫珍品书画回家展”后连续第四年制作策划举办的又一书画展览。展览用“儒商”、“世博”、“名画”、“手迹”等元素，共53组100余件展品，为大家展现收藏家庞莱臣的志趣胸襟，同时也给大家展示自宋至清中国书画大体的发展轨迹，是谓“巨象风华·名画盛宴”的艺术雅会。

【“西夏文物精品展”在山西博物院开幕】

2010年9月28日，由山西博物院与宁夏博物馆共同举办的“大夏遗珍——西夏文物精品展”在山西博物院开展。这是山西博物院引进的第一个中国边疆地区的古代文化展览，也是宁夏地区的文物首次来山西展出。

此次展览分为蕃书解密、工艺撷英、佛国梵音、建筑琳琅4个部分，展厅面积为900平方米，共展出

130余件精品文物，其中一级文物38件，从文字、工艺、佛教、建筑4个方面反映了西夏独特的历史文化面貌，为观众再现了一个贺兰山下盛极一时的神秘王国。展览中宁夏博物馆藏的长1.2米、重达188公斤的国宝级文物鎏金铜牛更是展览的亮点。此外展览还设计了西夏文的百家姓，观众可以通过展厅展板或电脑触摸屏查询自己姓氏的西夏文写法。

【“大三国志展”收官之作——蜀汉巡礼完美绽放四川博物院】

2010年9月29日下午，“大三国志展——蜀汉巡礼”在四川博物院广场盛大开幕。

此次展览共展出130多件（组）文物，其中国家一级文物超过50件（组）。展览分为三国时期的政治军事、经济生活、文化科技、文学艺术与中外文化交流4个部分。展品种类丰富，包含了青铜器、画像砖、书画、印章、陶瓷、漆器、金器、铜器、木雕等。上溯至东汉，近至民国，年代横跨了近2000年之久。展览以正史、演义与现代为三大方向，期望从不同层面又具宏观的角度来铺陈当时的军事、科技、经济、生活、艺术、宗教等方面，以及历史对后世的启发与影响。

【“渭水之滨　秦陇一脉·关中——天水先秦文化巡礼”展览开幕】

2010年9月30日，由陕西省文物局、甘肃省文物局主办，秦始皇兵马俑博物馆承办的“渭水之滨　秦陇一脉·关中——天水先秦文化巡礼”展览在秦俑博物馆文物陈列厅隆重开幕。

展览共集18家文博单位的224件（组）文物，类别涵盖陶器、青铜器、金器、玉器，时代上起新石器时期，下至秦朝，展品种类之全、等级之高、跨越时期之长、反映内容之广为近年少有。

此次展览是为了深入宣传关中——天水经济区建设，发挥文化事业对经济与社会发展的促进作用而特意筹办的，也是陕西、甘肃两地文博界发挥文物资源优势，提升地区文化形象，激发经济区建设豪情的着力之作。

【四川省文物考古研究院组团赴美参加“中国考古新发现”研讨会】

2010年9月22日至29日，四川省文物考古研究院应美国布莱恩特大学邀请，前往参加其“中国考古新发现”研讨会。

研讨会为布莱恩特大学中美中心每年举行的中秋庆典的一项重要内容。研讨会由中美双方学者分别介绍各自进行的中国考古相关项目。大家就中国考古的新发现以及新的科技考古手段在考古调查、发掘、研究中的应用进行了深入的讨论和交流。包括遥感技术、古植物技术、生物分子和同位素研究在考古领域的应用。

通过在美参观和交流，学术访问代表团既向美国学者展示了四川考古的魅力，又了解了美国更多新的技术和老的文物。同时，还与布莱恩特大学达成了进一步交流合作的良好意向。

【“河南文物珍宝展”在日本九州国立博物馆隆重开幕】

2010年10月4日，荟萃了河南全省181件(组)文物精品的“华夏文明之源——河南文物珍宝展”在日本九州国立博物馆隆重开幕。

展出文物纵跨夏商周至北宋3000多年历史，多件文物系首次在海外出展。从河南21家文博单位精选的181件（组）文物精品，涵盖瓷器、青铜礼器、玉器、金银器、琉璃器、彩绘画像砖、佛教文物等多个类别，代表了河南文物的精华。展览在日本被阐释为“王朝的诞生”、“技术的诞生”和“美的诞生”三部分，从政治、经济、文化、军事等方面阐释了河南是中华民族的摇篮、华夏文明的源头，并为华夏文明的形成和多元化发展作出了重要贡献。

此次展览将进一步扩大中原文化在日本的影响力和知名度，促进河南省与日本的文化交流与合作。

【“南宋历史文化陈列”专题展喜迎国庆】

2010年10月初，“走近南宋——南宋历史文化陈列”专题展举办。这是献礼国庆的文化盛宴中浓墨重彩的一笔，旨在传承南宋遗韵、展示古都文明，这是中国第一个全方位、多视角系统展示南宋内涵的专题展览。

展览分为“都城纪胜”、“富庶民生”、“绚烂星空”和“凤凰涅槃”4个单元。展览内容丰富，展示形式新颖独特。搭建起一座贯通古今的桥梁，展示了杭州作为八大古都之一的内涵与魅力，体现了文化薪火的传承和延续，凝聚了历博上下为弘扬杭州历史文化精益求精、奋发有为、精心打造展览品质的奉献精神，同时也是抛砖引玉，为南宋博物院的展陈筹建提供借鉴。

【国家考古遗址公园评审专家组考察城村汉城遗址】

2010年10月，国家考古遗址公园项目评审专家组赴武夷山市考察评估城村汉城遗址，专家组对城村汉城遗址的重要价值和保护现状给予了较高的评价。

专家组在实地考察了城村汉城遗址和福建闽越王城博物馆的陈列展览，查阅了遗址保护规划及武夷山景区、武夷区保护规划和相关档案资料，了解城村汉城遗址保护管理和运行机制情况，听取了福建省文物局、福建闽越王城博物馆的汇报后，一致认为城村汉城遗址是我国南方一处重要的大型汉代城址，其规模之大、保存之完整，令人震撼。

目前，城村汉城遗址正处于武夷新区规划建设的范围内，文物保护与新区建设的协调发展，成为一项紧迫的课题。在新区建设的规划阶段，启动国家考古遗址公园建设，有利于文化遗产的保护和发展。

【“梅香翠雅——四川遂宁宋代窖藏瓷器展”在京举办】

2010年10月，四川宋瓷博物馆与文化部恭王府管理中心共同举办的“梅香翠雅——四川遂宁宋代窖藏瓷器展”在北京恭王府开幕。

此次展览共展出博物馆馆藏瓷器97件，其中一级文物达23件，展品中尤以青瓷龙耳簋式炉、青白釉缠枝牡丹纹梅瓶等精品最为珍贵。

展出的文物是1991年在遂宁市南强镇金鱼村发现的出土窖藏瓷器，以龙泉窑和景德镇窑为主，兼有少数定窑、耀州窑及四川地方瓷窑的产品，比较全面地反映了“宋瓷”的艺术风格。

【浙江省湖州博物馆25件馆藏文物首次赴台参展】

2010年10月8日，台北故宫博物院与浙江省博物馆、上海博物馆等联合推出“文艺绍兴——南宋艺术与文化特展”在台北故宫隆重开展。

这次展出结合了中国大陆、日本等17个博物馆藏品410件，有浙江省、福建省等9家博物馆馆藏的南宋金器、玉器，及上海市博物馆、辽宁省博物馆馆藏的南宋书画等。此次借展浙江文物共62件，其中湖州市博物馆25件。湖州市博物馆出借的这批文物多为湖州本地出土文物，主要是南浔莫蓉儒林村窖藏青铜器和三天门公安汽校训练基地南宋墓出土的一组金首饰，等等。这些展品也充分体现了当时湖州人崇尚以文载道，追求闲逸自然的情趣，特别是风雅之士喜好文物鉴藏，讲究生活品位，创造出独特而有高度艺术性的作品，对后世艺术发展产生了深远的影响。

【宁波市鄞州区公布第九批区级文物保护单位103处】

2010年10月13日，宁波市鄞州区公布了第九批区级文物保护单位。从2007年开始，经过3年多的普查，鄞州区普查队新发现了1981处不可移动文物。为切实加强对文物的保护工作，区文管办对普查中新发现的不可移动文物进行了分析、筛选，将其中具有较高文物价值的103处（包括与现有文物保护点合并项目1处），由区文广局向区政府提出申请，并于9月29日经区政府常务会讨论通过，正式发文公布第九批区级文物保护单位103处。

此次公布的区级文物保护单位包括古遗址14处，古墓葬2处，古建筑33处，石窟寺及石刻9处，近现代重要史迹及代表性建筑43处，其他2处，类型非常丰富，时间跨度从新石器时期直至近现代，且都极富文物价值。

【广东省潮州市第三次全国文物普查新发现成果展隆重揭幕】

2010年10月14日，“潮州市第三次全国文物普查新发现成果展暨市博物馆馆藏专题展”在潮州市博物馆新馆举行隆重的揭幕仪式。

潮州作为一个独立的区域民系，有着自己独特的历史年轮。潮州市第三次全国文物普查新发现成果展，分为祠堂建筑、府第建筑、潮州土楼、近现代重要史迹及代表性建筑和综合类5个部分，共展出130多处新发现文物点的图片300多幅。从不同的类型、不同的视角反映此次普查新发现的成果，也展示了潮州历史年轮积淀深厚的生动场面。

【北京博物馆学会保管专业第十届学术研讨会在四川博物院顺利召开】

2010年10月14日上午，由北京博物馆学会与四川博物院共同举办的北京博物馆学会保管专业第十届学术研讨会在四川博物院多功能学术报告厅召开。参加此次研讨会的有来自全国各地20余家省、市博物馆的代表170余名。

此次研讨会以“重视保护文化遗产，合理使用文化遗产”为主题，围绕对文物保护16字方针的理解和贯彻执行；文物展示、运输、观摩等利用中的保护；传统分类、编目与计算机的运用；库房管理工作程序、制度建设；文物保养、修复与科技保护和新老人员交替时期的队伍建设6个方面为中心议题。研讨会期间将以专家授课、重点发言和专家对话为主要形式对博物馆藏品保管和保护领域的相关问题进行较为深入的讨论。

【良渚论坛大遗址考古和大遗址保护学术研讨会在杭州召开】

2010年10月15日，良渚论坛·2010大遗址考古和大遗址保护学术研讨会在良渚开幕。会议的主题是探讨国家考古遗址公园建设和大遗址保护前提下考古工作的基本原则、基本规律和具体途径，科学地开展大遗址保护和大遗址考古工作，妥善处理大遗址保护和大遗址考古之间的关系。

良渚遗址作为中国新石器时代晚期著名的考古大遗址，是实证中华5000年文明史最具规模和水平的地区之一，其地位价值早已得到国内外学术界的一致公认。2009年6月，“全国大遗址保护良渚论坛”顺利举行，探讨国家考古遗址公园的建设标准和管理规范，交流大遗址保护方面的经验，形成了“关于建设国家考古遗址公园的良渚共识”，翻开了我国遗址保护的历史新篇章。2010年10月，良渚遗址公园正式入选首批国家考古遗址公园。

【苏州碑刻博物馆为东山雕花楼复制明代状元诗碑】

2010年10月，苏州碑刻博物馆为东山雕花楼复制的一块明代状元诗碑落成。

东山雕花楼原名春在楼，为全国重点文物保护单位，其附属建筑状元府第是明代开科以来苏州府第一位状元施槃故居。2010年上半年，为恢复状元府第景观，吴中区文管办委托苏州碑刻博物馆复制一方有关明代状元施槃的诗碑。原碑于明正统四年（1439年）为庆贺施槃高中状元而刻制，现藏于苏州碑刻博物馆，具有极高的文化历史价值。

此次复制工作时间紧，难度大，要求高，刻碑专家采用新型多媒体数字影像技术，对碑刻文字进行精确定位勾勒，尽最大可能表现出碑刻原有风貌。此次碑刻复制是对近年来苏州碑刻技艺传承的一次完美展示，得到了吴中区文化同行的高度认可。

目前，落成后的状元诗碑及状元府第已经正式开放。

【苏州博物馆举办“苏绣工艺大师艺术精品展”】

2010年10月19日，“针夺天工——苏绣工艺大师艺术精品展”在苏州博物馆隆重开幕。

展览共展出苏绣工艺大师及其传承人的46件作品，包括任嘒闲、李娥英、余福臻、张玉英、顾文霞、徐绍青、殷濂君、蒋雪英（以姓氏笔画为序）8位苏绣大师和缂丝大师王金山的精美作品35件。诸位国家级工艺大师均是20世纪五六十年代著名的苏绣技艺代表性人物。任嘒闲大师以人物绣像为主要创作题材，在传统的技法上不断创新，运用虚实乱针绣法将肖像刺绣工艺提高到新的境界。李娥英大师擅长双面绣技法，通过对刺绣底料的改革解决了双面绣技法提升的关键问题。顾文霞大师擅长刺绣小猫、金鱼、花鸟，她以针代笔把小猫绣得活灵活现，其代表作品双面绣《花猫戏蚱蜢》被中国工艺美术珍宝馆收藏。

【宁波市第三次全国文物普查“百大新发现”评选揭晓】

2010年10月21日，宁波市第三次全国文物普查“百大新发现”评选结果揭晓。这是继2008年、2009年宁波市第三次全国文物普查“十大新发现”评选活动后，对普查成果进行的一次更大规模，更震撼人心的评选活动。共计43处近现代重要史迹及代表性建筑、30处古建筑、20处古遗址、4处古墓葬、3处石窟寺及石刻榜上有名。

鉴于“百大新发现”具有非常突出的历史、艺术、科学价值，且已得到广大民众的认可，除已被推荐为全国重点文物保护单位的七里屿灯塔、宁海石碾子群、象山浙江沿海烽火台遗址、金氏家族墓葬群、金字山石牌坊遗址和已被推荐上报为浙江省文物保护单位的郑氏宗祠、徐芝萱、梅山盐场等共计8处不可移动文物外，其余均将被公布为市县级文物保护单位或文物保护点，以使其受到该市文化遗产法律法规的有效保护。

【兵马俑考古欧洲获奖的“坐标”意义】

2010年10月22日，中国秦兵马俑考古项目登上西班牙阿斯图利亚斯王子奖颁奖台。这是中国考古项目及考古专家首次获得这一国际奖项。评委会表示，希望通过授奖突出中华文化在世界上的重要地位和影响。

此次获奖，是对中国考古学家专业成就的肯定，是对中华文明重要地位的认可，更是一次推动中欧文化交流的契机。中欧在文化交流中不断丰富着自己的文明，在广泛的文明对话和交融中探寻应对未来挑战的答案，文化交流正以其厚积薄发的持续力，不断推动着中欧合作与共同发展。此次中国考古项目及考古专家获得西班牙阿斯图利亚斯王子奖，将成为中欧不断拓展的文化交流地图中的新“坐标”。

【四川省青川县灾后馆藏文物修复项目顺利通过验收】

2010年10月22日，四川省文物管理局会同青川县发改局、财政局、文化局、文管所等单位，组织专家对“青川县灾后馆藏文物修复项目”进行了验收。

“青川县灾后馆藏文物修复项目”是“5·12”地震灾后可移动文物保护修复的重要项目之一，该项目含青川县文管所地震受损馆藏文物120件。其中青铜器7件、银器1件、玉石器1件、瓷器11件、陶器100件。四川省文物考古研究院作为承接单位，圆满完成了所有文物的保护修复工作。

验收专家对该项目的修复质量给予了高度评价，认为该项目在实施过程中，充分考虑了地震受损文物病害情况的特殊性，技术路线科学、合理，有效结合了科技分析检测手段与传统修复工艺，文物修复记录完备，管理水平高，项目依法合规，一致同意通过验收。

【青岛市完成博物馆馆藏珍贵文物调查及数据库管理系统建设项目】

自2009年5月起，青岛市文博系统启动了“文物调查及数据库管理系统建设项目”。截止到2010年9月底，共计全面完成三级以上珍贵藏品照片拍摄63909张，完成11737件（套）三级以上藏品的形态特征描述、28项信息项目内容合成录入系统工作，完成数量位居全省17地市首位，按期圆满、高质量地完成了此项任务。

“文物调查及数据库管理系统建设项目”是一项以摸清馆藏文物家底情况、提高馆藏文物管理水平为基本目标，以调查馆藏珍贵文物资源、采集馆藏珍贵文物信息为基本形式，以数字化的影像采集技术、数据存储技术和网络技术为基本手段的文化遗产领域的数字化基础工程。文物调查数据库的建立，将使青岛市文物信息管理“档案模式”转化为“数字化模式”，对推动文物管理工作的规范化和科学化发展，提高我市文物保护水平，提升博物馆社会服务功能起着积极作用。

【首届国际磁州窑论坛在河北省召开】

2010年10月25日至26日，首届国际磁州窑论坛（2010·磁县）在邯郸磁县召开。来自韩国、日本、法国、意大利、中国台湾、中国香港等多个国家和地区以及国内的知名专家、学者近100人应邀参加论坛。

本届论坛的主题是“磁州窑面向国际”，共收到研究论文数十篇，其中提交论坛交流的论文13篇。在主题演讲中，专家就韩国陶瓷对磁州窑的影响、金代磁州窑的繁荣及发展原因、磁州窑彩绘的发展等方面系统地论述了磁州窑的发展、演变以及对世界的影响和贡献；突出“比较性研究”这个亮点，对磁州窑和韩国、泰国、伊斯兰等国家、地区的陶瓷文化进行了比较性研究，并对磁州窑器物外运情况进行了专题研究，论坛取得了丰硕的学术成果。

【陕西考古院成为考古发掘现场文物保护重点科研基地】

2010年10月28日，国家文物局批准了陕西省考古研究院建立“考古发掘现场文物保护国家文物局重点科研基地”。

该基地将以文物出土这一特殊时间段为对象，围绕保护体系建立、相关基础研究、建立规范程序、引用关联技术等重点研究方向，以尽可能保留出土文物及相关信息的完整性，实现由考古现场到实验室的安全平稳过渡。该基地将把科研定位和基础建设、科研基地的运行和管理、考古现场文物保护关键技术研究、保护基础理论研究、科研基地的团队建设与人才培养、制定科研基地的预期目标和现场文物保护标准化、信息化、技术适应性研究等方面作为今后的研究方向和工作内容。

【“法门寺地宫与唐代文物大展”在台隆重开幕】

2010年10月28日下午，备受我国台湾地区各界关注和民众期待的“法门寺地宫与唐代文物大展”开幕仪式在台北历史博物馆隆重举行。

展览共展出文物120件（组），其中61件（组）是唐代皇帝曾供奉佛指舍利的法门寺地宫文物，其余从陕西历史博物馆、陕西省考古研究院、西安碑林博物馆、西安博物院等单位的藏品中特别挑选了59件（组）金银器、青铜器、佛教造像、唐墓壁画等其他文物，力求全方位、多角度地展现辉煌灿烂的唐代文化。参展的一级文物66件（组），占参展文物总数的55%。

法门寺地宫出土文物是大唐宫廷文物目前唯一的集群性留存，具有极高的历史、文化、宗教、艺术等方面的价值。

【“沙孟海特展”在浙江省博物馆隆重开幕】

2010年是我国当代著名学者、书法泰斗沙孟海先生诞辰110周年。10月28日上午，人们络绎不绝地来到浙江省博物馆西湖美术馆参加一场艺术盛宴——“沙孟海特展”开幕式。

沙孟海一生致力于学术研究、书法实践，为社会留下了大量的书法篆刻、诗文、讲义、札记、注疏、书信、日记等学术、艺术成果。此次“沙孟海特展”所展示的110件沙孟海的墨迹妙品，包含了他的书法、篆刻、文稿、师友信札等内容，是从浙江省博物馆、鄞县沙孟海书学院、宁波天一阁博物馆等单位书法藏品之珍中遴选而出，给广大公众和书法爱好者提供了一次难得的鉴赏和学习的机会。

【湖北省博物馆协会在武汉召开成立大会】

2010年10月30日，湖北省博物馆协会成立大会暨第一届会员代表大会在武汉隆重召开。

国家文物局在贺信中向湖北省博物馆协会的成立表示热烈祝贺。贺信中指出，湖北是楚文化的发祥地，自然资源丰富，历史文化璀璨。近年来，全省博物馆事业蓬勃发展，社会影响力不断增强，公共服务能力显著提高，为丰富人们群众精神文化生活，提高全民思想道德素质，促进社会全面可持续发展发挥了重要作用。协会的成立，是紧密契合当前湖北博物馆事业发展的新形势、新特点，立足湖北博物馆事业的新起点、新要求，贯彻落实党的十七大关于推动社会主义文化大发展大繁荣的精神，促进博物馆行业发展的具体举措。

第一届会员代表大会审议通过了《湖北省博物馆协会章程》（草案），选举产生了协会第一届理事会及领导班子。

【中欧博物馆论坛在西安召开】

2010年11月1日，由陕西省文物局、陕西省博物馆学会、国际博协欧洲分会主办的“中欧博物馆西安论坛”在陕西历史博物馆举办。

本次论坛是11月7日在上海举行的国际博物馆协会第22届大会的系列活动之一。论坛的主题为“为了我们共同的未来重视文化遗产”。论坛上，省文物局副局长详细介绍了陕西的博物馆近几年来的发展状况。国际博协欧洲分会主席Udo Goesswald博士等5位欧洲各博物馆的专家作了精彩的报告。Udo Goesswald博士在题为“欧洲博物馆新面孔”的报告中介绍了近几年欧洲各博物馆20多个展览和相关活动，其观点主张将博物馆的关注点上升到社会学领域，引导更多的人关注社会问题，体现了欧洲博物馆尊重个人、关注社会的特征。

考察期间，陕西省文物局局长与 Udo Goesswald 博士就陕西与欧洲博物馆界的交流与合作进行了广泛的商讨。

【“长春·乌鲁木齐书法作品交流展”在吉林省博物院开幕】

2010 年 11 月，“长春·乌鲁木齐书法作品交流展”在吉林省博物院开幕。此次共展出两地书法家作品近 200 件，全面反映两地书法创作的地域特点和艺术风格。

乌鲁木齐文化发展呈现出多元特质，特点是开放、热情、豪爽和奋进，是中亚地区最具活力的城市。其书法资源也是丰富和厚重的。改革开放以来，乌市的书法艺术创作和人才培养都呈现了十分喜人的局面。

长春浓郁的关东风情和开放包容的文化心态，使这里的书法家们对传统文化保持了虔诚的尊重，在继承与创新方面都作出了扎实的努力，也取得了不凡的业绩。

“长春·乌鲁木齐书法作品交流展”是两地间书法艺术家切磋艺理、增进交流的一个有效载体，对于繁荣书法艺术创作，构建和谐文化具有重要的积极意义。

【河北省博物馆举办“上海世博会经典记忆”展】

2010 年 11 月 1 日，“上海世博会经典记忆”展览在河北省博物馆展出。

为了让更多观众分享上海世博会的精彩，特别挑选 260 余张经典照片组成此展览。展览内容由“开幕式盛况”、“国家领导人身影”、“中国国家馆馆日”、“场馆风采”、“经典展示”、“精彩表演”、“热情的观众”、“五彩缤纷河北馆”8 个部分组成。

所有照片均为新华社记者所拍，忠实记录了世博会一个个精彩的瞬间，在世博与中国、中国与世界之间搭起了一座“传播之桥”。

【河北省博物馆举办“‘2010 全国摄影艺术展’河北省获奖作品展”】

2010 年 11 月 1 日，“‘2010 全国摄影艺术展’河北省获奖作品展”在河北省博物馆展出。

全国摄影艺术展是我国文化界和摄影界极具影响的文化盛事，自 1957 年首展以来，已经成功举办了 23 届。2010 年 9 月，第 23 届全国摄影艺术展作品评选结果揭晓，河北省共有 36 幅（组）作品获奖，是该省摄影事业的又一重大收获。其中，刘瑞新的《牧马迎晖》获艺术类金奖，王珑的《采掘光明的人》获艺术类银奖，温彦博的《幸福雨》和杨越峦的《聆听》获艺术类铜奖，孙建华的《险》获评委推荐奖，另有 31 幅作品获得优秀奖。这些作品关注国情民风，关注社会发展，既有重大事件的珍贵瞬间，也有细致捕捉、耐人回味的生活记忆和生活细节。

【“首届宁夏博物馆典藏书画作品展”在宁夏博物馆开展】

2010 年 11 月 2 日，由宁夏博物馆主办的“典藏之韵——首届宁夏博物馆典藏书画作品展”在宁夏博物馆隆重开幕。

宁夏博物馆担负着“传承民族优秀文化”的神圣使命。首届展出的自治区 15 位著名书画家的作品是当代宁夏书画艺术的代表。有细腻工致的花鸟作品，有苍茫粗犷的山水作品，有淡雅凝练的书法佳作，更有劲健豪放的翰墨华章。书画家们将凝结着他们深情厚谊的书画作品捐赠给宁夏博物馆永久收藏。

【浙江省丽水市博物馆新馆开工奠基仪式隆重举行】

2010 年 11 月 4 日，丽水市博物馆新馆开工奠基仪式隆重举行。

丽水市博物馆自 1984 年设立，截至 2009 年年底有馆藏文物标本总数计 11201 件，其中有丽水浙江龙化石、恐龙蛋化石、南宋龙泉窑象纽盖罐、太平天国门牌、中华自由党证书徽章等十分珍贵的文物和标本及农耕民俗文物。

丽水市博物馆，占地面积为 8149.55 平方米，总建筑面积为 13825 平方米，新馆展厅面积达 8000 余平方米，有大面积的展厅 8 个。新馆陈列展览将分：丽水历史文化基本陈列、丽水绿谷生态陈列、畲族历史文化陈列、古代处州廊桥建筑艺术展、摩崖流芳（摩崖题刻艺术展）等内容。新馆建成后，将全面发挥博物馆收藏保管、教育展示、研究利用的三大功能，成为丽水市人民的精神文化中心和城市名片。

【“中欧博物馆论坛”在河南博物院举办】

2010年11月5日上午，由国际博协欧洲委员会、河南博物院、河南省博物馆学会主办，以“沟通与交流”为主题的“中欧博物馆论坛”在河南博物院成功举办。

本次论坛以“沟通与交流”为主题，旨在探讨国际形势下不同国家、区域，不同文化背景下的博物馆如何进行深层次的沟通与交流，同时，博物馆如何更好地实现与公众的沟通与交流。

国际博协欧洲委员会专家们就博物馆的运营、陈展模式等与两地的博物馆工作人员进行了交流。他们认为洛汴博物馆的运营理念有独到之处，陈列展览的布置能展示当地的文化面貌。

【国际博物馆协会第22届大会新闻发布会在沪举行】

2010年11月6日下午，国际博物馆协会第22届大会新闻发布会暨第25届全体会议新闻发布会在上海世博园新闻中心举行。国际博物馆协会主席亚历山大德拉·库敏思，国际博物馆协会总干事朱利安·安弗伦斯，大会筹委会副主任委员、国际博物馆协会中国国家委员会主席、中国博物馆学会理事长张柏，大会筹委会办公室主任、上海市文化广播影视管理局党委书记、上海博物馆馆长陈燮君出席新闻发布会，分别介绍了国际博协与中国的关系，以及本届大会组织领导、学术准备等各项筹备情况。

据介绍，本届大会吸引了来自全球五大洲122个国家、地区和国际组织的3200余名博物馆界专业人士会聚申城。两个开放式论坛将针对从博物馆经济到志愿者文化的相关话题展开讨论，此外，在博物馆展览会上，人们将了解到博物馆行业的新动向。国际博协下属的国际专业委员会将就博物馆与博物馆从业人员等领域的学术问题展开专业讨论。

【“走近大师”系列再续新篇　青岛市博物馆展徐悲鸿近百真迹】

2010年11月7日，青岛市博物馆的品牌系列展览“走近大师——20世纪中国美术大师经典作品系列展”迎来第20位重量级大师——中国现代美术的奠基者徐悲鸿。

本展展出了包括国画、书法、素描等近百幅来自云南省博物馆和贵州省博物馆馆藏的大师真迹。展现了抗战时期徐悲鸿辗转西南各地的行旅笔触。画中大量的奔马、雄鸡题材，充满了爱国救亡的时代烙印。

据介绍，这批画作绝大多数为20世纪三四十年代的作品。是时，徐悲鸿正值艺术创作巅峰，却不得不颠沛流离，奔波西南各地。但他积极投身抗日救亡，创作了一批以唤醒民族自信、振奋民族精神为题材的美术作品，既有小品，也有巨制；既有国画，也有西画；既有山水花鸟，也有人物走兽，把徐悲鸿的心路历程和创作脉络清晰地展现在世人面前。

【“2010年古桥研究与保护国际学术研讨会”在南京市召开】

2010年11月6日上午，2010年古桥研究与保护国际学术研讨会在南京隆重开幕。来自国内外古桥保护方面的专家学者共100余人参加了会议。

“中国古桥研究与保护国际学术研讨会”是在茅以升科技教育基金会的倡导下举行的，旨在推动中国古桥的保护与研究，交流中国古桥的保护技术和适度利用，探讨中国古桥的申遗可行性及策略的国际会议，已举办了3届。开幕式后有关专家学者就中外古桥保护进行了学术交流，11月7日对南京市部分古桥进行了实地考察。

【国际博协大会博物馆展览会在上海开展】

2010年11月8日下午，国际博物馆协会第22届大会的重要组成部分——博物馆展览会，在上海世博中心开幕。海内外100多家博物馆、纪念馆、名人故居、文物保护机构等参展。

展览会集中展示了与博物馆的建设和运转密不可分的建筑规划、展示设计、展览工程、环境艺术工程，软件开发、网络多媒体，文物保护、传播、修复、安保、照明、温湿控制、标本制作等技术和设备，以及出版、纪念品、教育产业等，旨在促进交流与合作，是集展示、交流、合作于一体的大型综合性行业盛会。

【博物馆管理委员会学术会议在上海世博中心召开】

2010年11月9日，国际博物馆协会第22届大会专业委员会之一——博物馆管理委员会学术会议（INTERCOM）在上海世博中心召开。国家文物局局长单霁翔出席会议，并作了《博物馆功能和职能的加强与完善》的主题发言，以大量照片、图表展示了中国博物馆从“数量增长”走向“质量提升”，从“馆舍天地”走向“大千世界”的转变。

中国已经逐渐跻身博物馆大国行列，但是从博物馆功能的发挥和博物馆职能的履行上看，中国博物馆与国际先进水平还有不小的差距，必须积极吸收国际先进经验，转变发展模式，探索全面发展、兼容并蓄、动态开放的博物馆理论。他提出了4点要求：(1）博物馆应是城市文化进步的积极力量；(2）博物馆应是加强社会教育的积极力量；(3）博物馆应是改善民众生活的积极力量；(4）博物馆应是促进社会发展的积极力量。

【第二届国际宫廷遗址博物馆论坛在吉林长春举行】

2010年11月，由中国紫禁城学会主办、长春伪满皇宫博物院承办的第二届国际宫廷遗址博物馆论坛在长春伪满皇宫博物院举行。

本届论坛为期4天，主题为“宫廷博物馆陈列展示的特殊性”。举办此次论坛的目的，是进一步促进国内宫廷遗址类博物馆的健康快速发展，加强与促进国际间宫廷遗址类博物馆在相关领域的交流与合作，可通过联合办展、交流办展等形式，在业内展开多层次、有针对性的学术研讨和文化交流活动，以达到资源共享、优势互补和强强联合的目的。同时也是提高长春市的对外影响力以及长春伪满皇宫博物院在国际宫廷遗址类博物馆中学术地位和知名度、宣传和促进伪满皇宫博物院乃至长春市文化事业大发展的有效途径。

【“上海市历史博物馆馆藏欧洲瓷器展”在杭州历史博物馆举行】

2010年11月10日上午，“东风西渐——上海市历史博物馆馆藏欧洲瓷器展”在杭州历史博物馆拉开帷幕。

展览亮点纷呈。一是大量借鉴和运用中国元素，体现中国瓷器在欧洲瓷器史上举足轻重的地位。二是网罗代表性的皇家名瓷，立体呈现天马行空创造力之下欧洲瓷工业百花齐放的绚烂版图。三是题材不拘一格，实用性和装饰性并重，俨然欧洲风潮流徙与浮世百态的群像缩影。

【贵州省第三次全国文物普查实地文物调查阶段工作通过国家三普办整体验收】

2008年11月8日至11日，国家三普办组织专家对贵州省第三次全国文物普查实地文物调查阶段工作进行了整体验收。

验收组选取了安顺市平坝县、西秀区；贵阳市花溪区、乌当区进行现场抽查、复核。专家们还使用“第三次全国文物普查数据汇总管理系统”软件，对贵州省的文物登记数量、各县域普查基本单元普查数据、电子地图等进行了查验。

验收专家组一致认为：全省实地文物调查工作全面细致，史前遗址、历史街区、民族村寨、工业遗产等新发现成果较为突出；文物认定、计量把握基本准确，数据质量能够满足第三次全国文物普查标准规范的要求，贵州省第三次全国文物普查实地文物调查阶段工作通过整体验收。

【中国传统建筑文化传承与创新高峰论坛在京举行】

2010年11月12日至14日，由中国文物保护基金会、中国建筑文化研究会主办的中国传统建筑文化传承与创新高峰论坛在北京召开。论坛期间还将对获得国家传统建筑文化保护示范工程、功勋人物获奖的项目和个人进行表彰。

此次论坛主题为：城市更新与传统建筑文化保护，议题设有8个，分别是：（1）城市发展与传统建筑文化遗产保护的关系。（2）传统建筑文化遗产的精神价值和文化内涵。（3）传统建筑修复准则、技术规范和法律法规。（4）非政府组织在传统建筑文化保护方面的作用。（5）名人故里（故居）文化遗址开发利用如何监管。（6）如何积极发挥传统建筑文化遗产，提高地方知名度。（7）旅游开发中的传统建筑文化遗产保护与合理开发。(8)中华传统建筑文化在传承发展中如何赋予新的时代内涵。

【江西省全面完成文物调查及数据库管理系统建设项目】

文物调查及数据库管理系统建设项目是我国首次开展的馆藏文物普查工作，是一项利用信息化高科技手段，摸清文物家底，建立动态运行的文物数据库管理系统，实现文物保护与管理手段跨越式发展的信息化系统工程。在国家文物局、中国文物信息咨询中心的指导下，江西省文物局在国家规定时间内，组织文化系统内107家国有文物收藏单位完成珍贵文物数据采集任务。

截至2010年9月30日，江西省共采集文物文字数据42000条（即馆藏文物传统计量件套），数码照片210993张，数据总量915.97GB。采集的文物信息全部进入省级文物数据中心机房。通过实施文物调查及数据库管理系统建设项目，江西省首次摸清了文化系统国有文物收藏单位馆藏文物家底，初步实现了文物信息的动态管理。

【浙江省博物馆举办中国古琴国际学术研讨会】

2010年11月18日上午，“2010中国古琴国际学术研讨会”在武林馆区报告厅隆重举行。

本次研讨会围绕“中国古琴文化研究”、“古琴的保护与利用”和“杨宗稷与近代琴学”3个主题展开深入的探讨与研究。宗旨在于传承和弘扬中国的传统古琴文化，促进琴学研究的深入；研究和探讨博物馆馆藏古琴的保护与利用，积极探索如何更好地发挥其价值；鉴赏和研究馆藏杨宗稷藏琴，推进杨宗稷琴学理论研究的继续发展。此次研讨会的举办也是一个集思广益的过程，通过大家的探讨，为全国博物馆的古琴保护与利用提供合理化的参考意见。

中国古琴于2003年被列入“世界口头与非物质文化遗产代表作”名录，它正越来越受到社会的关注。

【中国“汉三颂”学术研讨会议召开】

2010年11月18日，中国“汉三颂”学术研讨会在汉中召开。

《石门颂》、《郙阁颂》和《西狭颂》三块汉代摩崖石刻，世称“汉三颂”，历来在中国书法史享有盛誉，而且是研究中国古代交通史的重要文物。学者们从古文字学、文献学方面对现存的石刻进行进一步的考释，对书法艺术风格进行论证，同时对古褒斜栈道进行研究探讨。“汉三颂”学术研讨会的召开，将会使相关研究工作更上一个新台阶。

【“全国民办博物馆发展成都论坛”成功举办】

2010年11月18日至19日，由国家文物局组织召开的“全国民办博物馆发展成都论坛”在蓉举行。

论坛围绕“提高民办博物馆的专业化水平”的主题，结合国内外民办博物馆发展历史和实践经验，从完善法人治理结构、制定章程和发展规划、强化藏品保护、研究、展示、教育和社会服务等业务工作、遵守博物馆职业道德等方面进行了广泛而深入的研讨。

据介绍，改革开放以来，特别是近几年，随着民间资本的壮大，我国民办博物馆逐步进入了快速发展时期。根据2009年的统计，经各地政府主管部门登记注册的民办博物馆为328个，分布于除广西壮族自治区、西藏自治区、新疆维吾尔自治区外的28个省份，占全国博物馆总数的10.86%（全国博物馆3020个）。

【“全国首届大封面·大插图作品展”在吉林省博物院开幕】

2010年11月20日，“全国首届大封面·大插图作品展”在吉林省博物院开幕。

中国当代的书籍装帧艺术，随着经济的高速发展，发生着巨大的变化，为我国出版事业的繁荣，为满足不断增长的人民文化需求，作出了重要贡献。书籍装帧艺术与其他艺术门类一样，可以通过内容与形式创意，体现时代美感与民族精神。社会的进步，不断改变着固有的设计模式与设计方法；人民物质生活与文化生活水平的提高，进而使审美需求不断提升。这一切，既给我国书籍装帧工作者提出了新使命，也为中国书籍装帧的发展创造了宝贵的条件。这次展览就是对近年来书籍装帧艺术创作成果的展示。“打造中国气派的美术精品”和“熔铸中国气派、塑造国家形象”成为本次展览的宗旨。

【山西省考古研究所面向公众举办“我与考古·山西考古文化周”】

2010年11月，由山西省考古研究所联合山西大学历史文化学院、山西大学文物爱好者协会面向社会公众举办“我与考古·山西考古文化周”活动。

作为一次公众考古实践，举办山西考古文化周的目的在于科普与传播考古学知识，了解公众对考古的认知和需求，向公众展示山西乃至中国近几十年来的考古与地下文化遗产成果，激发公众尊重及爱护文化遗产的热情，也为实现考古学和学者的社会价值提供了有益的探索。

【浙江民间紫砂精品特展在浙江省博物馆隆重开幕】

2010年11月24日上午，“浙江民间收藏精品走进博物馆系列特展之四：紫砂印象——浙江民间紫砂精品特展”在浙江省博物馆孤山馆区聚珍馆隆重开幕。

本次展览共展出各类老紫砂器226件（套），除紫砂茶壶外，还包括了笔筒、笔洗、砚台、水滴、印盒等紫砂文房用品，以及大小不一的花盆、造型各异的摆件、丰富多彩的实用器皿等。展品中既有粗犷的明代初创期的紫砂壶、茶叶罐，也有紫砂历史中的巅峰之作，如邵大亨、周永福、黄玉麟、顾景舟等著名紫砂艺人的作品。当日下午，浙江省博物馆还举办了“紫砂印象——浙江民间紫砂学术论坛”，来自社会各界的紫砂收藏爱好者就民间紫砂的保护和利用进行了讨论。

【“非物质文化遗产专题展”在河北丰宁满族博物馆举办】

2010年11月，为继承祖国优秀的民间文化传统，促进民间艺术事业的发展，“非物质文化遗产专题展”在河北丰宁满族博物馆举办。

展览主要以剪纸、彩棉画、刻瓷作品、桦皮画、沙画以及玉米秸秆画等为内容，共展出作品100余幅。民间剪纸艺人魏文娥、王秀莲、王德、王福田等的作品各具特色。

民间艺人作品展的举办，在满足人们精神生活需要的同时，负载着宝贵的人文精神，给人以传统的审美教育。

【“中国古代海上丝绸之路沿途非物质文化遗产展”开展】

2010年12月4日，在第十届宁波“海上丝绸之路”文化节期间，浙海关旧址博物馆特于博物馆开馆两周年纪念日举办“中国古代海上丝绸之路沿途非物质文化遗产展”。通过全面展示古代海上丝绸之路历经的我国东南沿海各省市的非物质文化遗产，溯源各地非物质文化遗产的发展脉络，重温海上丝绸之路的文化之旅，以此加深社会对海上丝绸之路重要文化价值的认识，提高对我国非物质文化遗产的保护意识。

本次展览选取了中国古代海上丝绸之路南海航线沿途历经的江苏、上海、浙江、福建、广东、广西、海南7个省区市，分别详细介绍了它们各自独具民间特色的非物质文化遗产，从中不难发现各地之间、我国与海外诸国之间的文化传统有着千丝万缕的联系，足见海上丝绸之路在文化传播中的重要作用。

【《陕西文物年鉴·2009》正式出版】

2010年12月，由陕西省文物局主编、陕西省文物信息咨询中心承担编辑的《陕西文物年鉴·2009》正式出版。

该书全面系统地介绍了陕西文物系统2009年度的基本情况和工作成就，客观反映了陕西省文物事业一年来的发展与进步。该书记录了本年度的重要事件：省文物局成为陕西省政府直属行政管理机构；陕西第三次全国文物普查结束；探索建立陕甘“关中—天水经济区”文化遗产保护机制；杨官寨遗址和周公庙遗址考古项目荣获2008年度“全国十大考古新发现”，并获省政府通报表彰；陕西历史博物馆基本陈列“陕西古代文明”获第八届“全国博物馆十大陈列展览精品”等。该书还收录了本年度文物工作方面的重要文献资料和图片。

【纪念郑州商代遗址发现60周年座谈会举行】

2010年12月10日，由河南省文物考古研究所和郑州市文物局联合举办的“纪念郑州商代遗址发现60周年座谈会”在郑州举行。

近年来，郑州商代遗址的学术研究、保护和利用得到郑州市委市政府的高度重视和社会各界的大力支持与帮助，取得显著成绩。商城遗址的保护和利用进入了“整体保护、整体利用”的崭新阶段。

座谈会上，郑州市文物考古研究院还汇报了郑州商城外廓城走向最新考古发现。经过2006年至2010年的调查与勘探，在目前大家熟悉的郑州商城城墙之外，还存在着一条更大的城墙，说明郑州商城有外廓城。目前已基本探明外廓城的形制、走向，外廓城大致呈圆形，内方外圆，推测可能与古人“天圆地方”的理念有关。

【“中国秦汉文明”学术讲座在瑞典东方博物馆成功举行】

2010年12月11日，“中国秦汉文明”学术讲座在瑞典首都斯德哥尔摩东方博物馆如期举行。此次学术讲座是为配合“中国的兵马俑”展览而举办的国际文化交流活动，目的是通过举办深层次的学术讲座，促进瑞典各界对中国传统文化更深入的了解。

在为期一整天的讲座中，陕西省文物局派出的王保平、尹夏清和党士学3位秦汉史专家，分别以《再现湮没的盛世辉煌——汉景帝阳陵的考古发现与保护展示研究》、《近年来中国秦汉考古新发现和新收获》和《秦始皇陵及兵马俑的考古发现与研究》为题，先后作了精彩和深入浅出的讲演，并回答了瑞典学者提出的问题。

【“百工千慧——中国文物保护科学和技术成果展”在首博开幕】

2010年12月14日，“百工千慧——中国文物保护科学和技术成果展”在首都博物馆开幕。

本次展览以倡导科技理念，提升保护意识，引导社会参与为宗旨，通过大量实物和图片，以及丰富多彩的数字展示技术，生动展现了“十一五”期间我国文化遗产保护科技领域取得的丰硕成果，既是对“十一五”期间文物保护科技成果的一次重要总结，也是对文物保护科学技术知识的一次全民普及。

为了便于观众的理解，整个展览从国家政策和文化遗产保护发展全局切入，按照可移动文物、不可移动文物、考古学的逻辑，结合在文化保护事业方面进行的国际合作，对传统文化遗产进行传播展示。不同于以往讲述文物的精美和悠久，此次展览的重点在于科学技术在文化遗产保护中的具体应用。

【浙江省文物事业发展“十二五”规划专家论证会召开】

2010年12月17日，浙江省文物局在杭州召开《浙江省文物事业发展“十二五”规划》(征求意见稿)［下称《规划》(征求意见稿)］专家论证会，省文物监察总队和省直各文博单位领导和有关专家出席了会议。

会上，专家们首先对《规划》(征求意见稿) 给予了充分肯定，认为思路清晰、重点突出，发展目标明确，主要任务切实可行。同时，专家们畅所欲言，各抒己见，就不可移动文物保护、大遗址保护与管理、世界文化遗产申报工作、博物馆管理与建设、文物保护科技工作、强化文物事业的保障力度等方面的建设目标、具体举措以及其中的一些表述方式提出了各自的意见和建议。这对于进一步修改和完善《规划》，提高《规划》的编制质量起到了积极的作用。

【“英国制造——英国文化协会当代艺术展1980—2010”全国巡展首展在四川省博物院开幕】

2010年12月17日，由四川省博物院与英国总领事馆文化教育处共同启动的“英国制造——英国文化协会当代艺术展1980—2010”开幕式在四川省博物院揭幕。

此次展出的艺术作品全部是由英国文化协会从最近20多年收藏的顶级当代艺术作品中精选出来的，包括了50位英国艺术家的100多件作品，希望能与更多的中国大众分享英国的当代艺术。英国文化协会的艺术收藏在世界范围内都一直被看做是现代及当代英国艺术品收藏的集大成者，收藏了超过

1650名英国艺术家的8500余件绘画、雕塑、素描、水彩、版画、摄影、装置以及摄像作品，反映了20世纪初至今英国艺术的成就和发展。

【全国第十届民间收藏文化高层论坛在长沙举行】

全国第十届民间收藏文化高层（长沙）论坛于2010年12月18日至20日在湖南省长沙市举行。本届高层论坛由中国收藏家协会、湖南省文化厅、湖南省文史馆、湖南省文物局联合主办，湖南省收藏协会和湖南五千年文化经营有限公司承办，中国收藏家协会和全国各省、市、自治区的35个收藏组织负责人、国家和湖南文博专家学者、收藏文化媒体记者、收藏家、企业家共约150人出席论坛大会，可谓盛况空前，得到各位代表的肯定与称赞。

【国家科研项目——“书画真伪科学鉴定系统”在京成功验收】

2010年12月21日，文化部文化科技司组织专家，在北京召开了国家科研项目——“书画真伪科学鉴定系统”验收会。验收专家委员会认为由中国艺术科技研究所组织实施的“书画真伪科学鉴定系统”项目能够按照项目的总体目标，准确地抓住科研重点，对书画鉴定学科理论建设提出了独创性的观点，在技术手段方面取得突破，达到了项目预定的目标，同意通过验收。同时，专家委员会还建议相关部门继续予以后续政策支持和经费投入，项目实施单位继续完善验证数据库的建设，推动项目成果尽快推广、普及，规范艺术品市场，建立良好的市场秩序。

【2010年全国文物局局长会议在北京召开】

2010年12月21日至22日，2010年全国文物局长会议在北京召开。这是全国文物系统深入学习贯彻党的十七届五中全会和中央经济工作会议精神，积极落实中央领导同志重要讲话和重要文章精神，全面总结“十一五”时期文物工作取得的成果、在新的起点上开创“十二五”时期文化遗产事业新局面的一次重要会议。

单霁翔在工作报告中首先回顾了“十一五”期间文化遗产事业的发展成就和基本经验。阐述了“十二五”时期文化遗产事业发展思路。

中央国家机关有关部门负责同志，国家文物局各部门、各直属单位负责人以及特邀代表，各省、自治区、直辖市、计划单列市文物行政部门的主要负责人参加会议。与会代表结合本地区、本单位工作实际，就“十一五”期间文化遗产事业的发展成就和经验，以及如何做好明年和“十二五”时期的工作进行了分组讨论。

【“中国画高仿真复制品识别与监管研讨会”在北京召开】

2010年12月23日，为聚合多方面的力量共同关注中国画高仿真复制品识别与监管问题，中国艺术科技研究所、中国艺术研究院中国画研究院在北京举办了“中国画高仿真复制品识别与监管研讨会”。来自文化部文化市场司、中国艺术科技研究所、中国艺术研究院、故宫博物院、文化艺术出版社、台湾师范大学、山东画院等单位的专家学者及多家新闻媒体记者，针对中国书画高仿真复制品生产、销售流程中的问题进行了热烈研讨。同时对如何推动中国书画复制品健康发展，如何对其加强识别与监管等问题进行了分析和建言。会议对极具乱真效果的喷墨打印复制品进行了现场科技检测，展示了当前书画高科技仿真技术和高科技辨伪技术竞相发展的新动态。

【文物事业定下“十二五”硬指标，五年五个百分百】

在2010年12月22日召开的全国文物局长会议上，提交讨论的《国家文物事业发展“十二五”规划》(建议稿)提出，要在未来5年完成5个“100%”。

第一个“100%”是：世界文化遗产和150处重要大遗址的保护规划编制启动率达到100%，其中90处重要大遗址要完成保护规划编制。

第二个“100%”是：第一至第六批全国重点文物保护单位的重大文物险情排除率达到100%。

第三个“100%”是：每个地市级以上中心城市拥有1个功能健全的博物馆；每个少数民族的文化遗产和民族文化都能通过博物馆的形式得到全面保护、展示和研究。

另外两个“100%”分别是：国有博物馆一级文物的建账建档率达到100%、一级风险单位中的国有文物收藏单位防火防盗设施达标率达到100%。

【《国家文物事业发展“十二五”规划》（建议稿）编制完成】

2010年12月，在国家文物局党组直接领导下研究制定的《国家文物事业发展“十二五”规划》（建议稿）［下称《规划》（建议稿）］编制完成。

《规划》（建议稿）在编制过程中坚持基础优先、惠及民众、改革创新、科技引领和队伍优化的原则。

据悉，《规划》（建议稿）将进一步听取意见和建议；国家文物局政策法规司和中国文化遗产研究院负责会同国家文物局各司（室）对有关意见和建议进行研究，做好与即将颁布的《国民经济和社会发展第十二个五年规划纲要》、《国家“十二五”时期文化体制改革和发展规划纲要》的衔接，进一步修改完善规划文本，于2011年“两会”后，由国家文物局正式颁布实施。

【我国首个蒙元历史专题博物馆——元中都博物馆开馆】

2010年12月，位于河北省张北县的元中都博物馆正式开馆。这是我国第一个蒙元历史专题性博物馆，也是全国第一个以单一朝代为主题的博物馆。当日，蒙元文化、蒙汉文化、草原文化研究中心也在该博物馆挂牌。该博物馆的建成，对蒙元发展史研究具有重要意义。

元中都博物馆位于张北县城，与南山公园隔路相望。该馆建筑面积9202平方米，其中展厅面积3700平方米。整个博物馆的结构设计仿照元中都建制，以“墟之记忆”为主基调，突出了宏伟、残缺、认知的特点，展现了元朝的兴盛与衰败历程。

围绕“一座中都城，半部元朝史”这一主题，设计人员把失落的古城恢复到合理感知的形态，将元中都博物馆的内容放到一个大的背景、大的历史长河框架和高度来感知，展出了元中都中心大殿等主要建筑复原模型。此外，还对蒙元王朝历史沿革、文化艺术等进行了系统展示与介绍。

【吉林省推荐完成第三次全国文物普查百大新发现名单】

2010年12月，为宣传吉林省第三次全国文物普查重大新发现，全面展示吉林省第三次全国文物普查成果，根据中国文物报社《关于开展第三次全国文物普查百大新发现评选工作的通知》，吉林省制订了“百大新发现”评选工作方案，经研究评审，吉林省推荐长春第一汽车制造厂厂址、春捺钵遗址群、中东铁路南满支线四平段机车修理库、辽源二战高级盟军战俘营旧址、锦江木屋、五台子山城、后太平墓群、纸坊沟城址、夹皮沟金矿、伪满洲国国民勤劳部旧址为吉林省推荐项目。已于2010年12月完成推荐评选和报送工作。

2010年度中国艺术品界十大事件

一、"中国书法"列入非遗名录影响深远

2010年10月25日至29日，为纪念中国书法篆刻艺术列入世界非物质文化遗产名录，"汉字之美——中国书法展"在联合国教科文组织巴黎总部举行。中国书法被列入《人类非物质文化遗产代表作名录》，进一步推动了书法界的团结、推动中国书法的保护和传承，促进书法艺术和世界各民族文化的交流与合作。

入选理由：

"无言的诗，无行的舞；无图的画，无声的乐。"这是世人对中国书法这门独特表现艺术的最高赞誉。作为中国的国粹之一，中国书法近年来已经与京剧一同成为海外人士辨识中国的重要文化符号，中国书法背后的中国文化精神也正在发挥越来越大的影响。

2010年，是中国书法成功列入"世界非遗名录"之后的第一年，中国书法家协会和中国艺术研究院中国书法院等有关机构在实施中国书法保护工程、书法艺术的提高和普及以及国际交流方面，不断做出新的成绩。与此同时，这门充分体现中国传统文化精髓的珍贵历史财富，也一扫以往在艺术品拍卖市场上的整体低迷态势，不断涌现出成交额数千万元甚至过亿元的"天价"作品，令越来越多的民众认识到中国书法的非凡价值与魅力。

二、温家宝总理期待两岸《富春山居图》团圆

"画是如此，人何以堪。"3月15日，温家宝总理在答记者问时，动情地讲起了元代画家黄公望《富春山居图》分居海峡两地的故事，并期望这幅传世名作的前后半段，能早日共同展出实现"团圆"。此事令《富春山居图》在两岸民众和媒体当中的关注度急速飙升，温总理的讲话将被列入浙江省博物馆馆藏《富春山居图》的新版解说词中。

入选理由：

"《富春山居图》的命运，也是两岸同胞骨肉分离历史的折射。一张600多年传世名画，一段承载着太多悲欢离合的传奇故事的国宝，如果哪一天能够跨越海峡实现圆合，那将是何等的盛事!"这是从20世纪90年代开始牵头力推两岸《富春山居图》合璧的浙江省文化厅厅长杨建新的肺腑之言。

一脉相承、同根同源的中华文化，是联结海峡两岸民众最牢固的纽带。2010年，两岸的文化交流呈现出日益频繁、紧密的喜人局面：文化部部长蔡武率团访台、"两岸汉字艺术节"精彩举办、"两岸文化创意产业展"跨海合作、《图兰朵》赴台商演……随着两岸民众的了解、友谊与亲情的不断增进，中华文化的复兴也指日可待。

三、文化部将加快推进文化产业立法进程

12月9日，文化部部长蔡武在天津举行的第四批国家文化产业示范基地命名授牌大会上表示，"十二五"期间，文化部将积极协调有关部门进一步完善支持文化产业发展的财政、税收、技术创新、土地等方面的政策，同时，抓紧起草《文化产业促进法》，加快文化产业立法进程，争取把行之有效的文化产业政策上升为国家法律制度，为文化产业发展提供法制保障。

入选理由：

改革开放32年来，中国文化市场在"一手抓繁荣，一手抓管理"的方针指引下，基本形成了由娱乐市场、演出市场、音像市场、电影市场、网络文化市场、艺术品市场等组成的统一、开放、竞争、

有序的文化市场体系。

"十一五"期间，文化产业即被作为调整经济结构的重要举措，从中央到地方出台了一系列鼓励文化产业发展的政策措施；而"十二五"期间，文化部加快文化产业立法进程的一系列举措，势必促进以综合行政执法、社会监督、行业自律、技术监控为主要内容的文化市场监管体系的建立与完善。

四、商务部发布首部中国拍卖行业标准

7月1日，商务部发布的《文物艺术品拍卖规程》（SB/T10538—2009）行业标准正式实施。该标准是我国拍卖行业恢复发展20多年来第一部行业标准，它确定了文物艺术品拍卖的基本原则，规定了文物艺术品拍卖的主要流程和基本要求。

入选理由：

自1997年《拍卖法》颁布实施以来，中国拍卖业开始步入法制化、规范化的发展轨道，拍卖市场实现了从无到有、从小到大的快速发展。但是，文物艺术品拍卖在发展中也存在一些问题，比如拍卖企业规模化发展程度不高，行业自律规范不健全，拍卖活动中不诚信经营、不正当竞争现象时有发生。

商务部此次出台的中国艺术品拍卖行业标准，旨在规范文物艺术品拍卖行为，维护良好的拍卖交易秩序。该标准最重要的内容，是结合文物艺术品拍卖实践，对拍卖标的征集、鉴定、拍卖结算、争议解决途径等主要环节作出详细规定，便于拍卖各当事方积极参与拍卖并维护自身的合法权益。

五、联合国邮政首次全球发行中国十二生肖邮品

为纪念中国第一轮生肖邮票发行30周年，由联合国邮政、国际政府间集邮组织和中国收藏家协会三大机构共同发行了《生肖邮宝》世界生肖邮票，并于1月10日在北京举行大中华区首发仪式。这是联合国会徽邮票第一次与其他邮票连体发行，同时也是联合国邮政第一次向世界公开发行生肖纪念封、纪念戳。

入选理由：

"邮票是一个国家的名片"，是传播文化的重要载体，其价值是随着邮票所在国家的世界地位涨跌而不断变化的。联合国是世界上唯一既不是国家又没有领土而可以发行邮票的组织，其发行的邮票就是"世界文化名片"。《生肖邮宝》的发行，14个国家、地区及组织的联合参与，充分印证了中国生肖文化在世界上的影响力。

截至2010年，中国生肖已经成为全球80多个国家发行邮票的主题，生肖邮票也成为世界上连续发行时间最长、题材内容统一的集邮专题。每年春节，世界各地都会举行不同形式的游行、庆典活动，庆祝以生肖命名的"中国年"，这个蕴涵着丰富中国文化符号的节日，吸引了世界上越来越多的人参与其中。

六、"钓鱼岛归属铁证"1325万元成交

12月20日，被称为钓鱼岛归属铁证的清代文学家沈复自传体作品《浮生六记》佚文《海国记》钱泳抄本原件，在北京以1325万元被拍卖。买家称自己是受人委托，不想该文物流出国境。而此次拍卖也规定，外国人不得参与竞拍。

入选理由：

《海国记》的成交不仅仅意味着一件清代文物现身拍卖市场。

《海国记》章节《册封琉球国记略》手稿原件中，清晰勾勒出文稿成形时期中国国界的钓鱼岛段真实样貌。两岸文史专家在鉴定中一致认为，文中对钓鱼岛附近海域的描写，内容真实可信，可作为我国自古即拥有钓鱼岛主权的又一铁证。

基于《海国记》的重要历史意义，全国政协委员、港澳台侨委员会委员林嘉騄已致函国家领导人，建议将《海国记》一文编入教科书。同为中华儿女，台湾中华保钓协会目前已将钱泳手迹《册封琉球国记略》确认为保钓宣传材料之一。《海国记》让全世界人民都知道，钓鱼岛及其附属岛屿是中国的固有领土，这是铁定的事实。

七、中国古代书画频创拍卖天价

6月3日，《砥柱铭》在北京保利5周年春拍夜场创下4.368亿元人民币的天价。《砥柱铭》长期流传于中国民间，20世纪上半叶从广东流往日本，为日本有邻馆收藏，直到数年前，为台湾藏家购得，这是首次出现在拍卖场中。11月20日，中国嘉德秋季拍卖会"清代宫廷艺术集萃"夜场拍卖中，书圣

王羲之作品草书《平安帖》经过20多轮竞价最终以2.75亿元人民币落槌，成交价高达3.08亿元人民币。

入选理由：

《砥柱铭》和《平安帖》先后以天价成交，一方面显示了中国内地新晋买家对古书画的追捧，另一方面也说明了中国艺术品拍卖市场在大量资金介入后持续升温。仅2010年一年，拍卖成交单价过亿元的中国艺术品即多达10余件，轻松超越历年拍卖亿元成交标的总和，中国艺术品市场“亿元时代”已经实至名归。

目前的中国天价艺术品阵营主要由中国古代书画与清宫御制精品两大门类构成。作为中国传统文化的重要遗产，中国古代书画因其丰富的文化内涵、独特的历史价值和精湛的艺术造诣，成为今日艺术品收藏与投资的热门品种，其成交行情也直观反映了中国艺术品拍卖市场的整体走势。

八、画坛3位杰出艺术家相继辞世

2月21日上午，著名艺术家、教育家、清华大学教授、原中央工艺美术学院院长张仃先生走完了他充实而光辉的一生，享年94岁。6月25日晚，著名画家吴冠中先生在北京医院逝世，享年90岁。12月13日清晨，书画界泰斗级人物娄师白先生因病在北京逝世，享年92岁。

入选理由：

2010年，中国画坛三颗璀璨巨星的相继陨落，引发人们无限哀思：

张仃先生被称为20世纪中国的“大美术家”和20世纪中国美术的“立交桥”，他在新中国成立以后承担多项重要美术设计工作：1949年设计全国政协会徽，负责和参与开国大典、全国人民代表大会美术设计工作，设计天安门广场大会会场和新中国第一批纪念邮票，等等。

吴冠中先生是20世纪现代中国绘画的代表画家之一，他终生致力于油画民族化及中国画现代化之探索，坚韧不拔地实践着“油画民族化”、“中国画现代化”的创作理念，形成了鲜明的艺术特色。

娄师白先生是国画大师齐白石的入室弟子，被齐白石称为“我最好的学生”。他全面继承齐白石艺术技法特色，并有所创新。作品被人民大会堂、国宾馆、国家驻英美使馆及各博物馆收藏。

3位艺术家先后辞世，美术界举办了多次展览，以此纪念成就卓越、德艺双馨的艺术前辈。

九、文化产权交易的创新——艺术品证券化

7月3日，中国第一个基于权益拆分模式的艺术品资产包——深圳文化产权交易所1号艺术品资产包正式推出。11月22日，天津文化艺术品交易所正式成立，成为国内首家艺术品证券化交易平台。12月12日，“艺术品产权组合1号——黄钢艺术品”在上海文化产权交易所和上海版权交易中心挂牌。

入选理由：

2010年，中国艺术品市场上诞生了一种全新的投资模式，对于普通民众而言，艺术品不再遥不可及，它可以像股票、房产一样走进寻常百姓的生活。这一切得益于文化产权交易所的一项创新——艺术品证券化。

市场体系中的艺术品除了具备美术价值、美术史属性，同时也具备商品的属性，可以流通、等价交换与投资，但它又不是普通商品，因而围绕艺术品作为艺术商品来进行经营就形成一个新的领域。深圳、天津、上海三座金融重镇文化产权交易所的举措，也正式拉开了中国文化产业新型探索的序幕。艺术品证券化概念的推广与实施，有助于突破金融与文化对接“瓶颈”，解决文化艺术品、艺术家个体与机构融资难问题。

十、徐悲鸿《巴人汲水图》1.7亿元创中国绘画拍卖纪录

在12月10日举行的翰海2010年秋季拍卖会“庆云堂近现代书画专场”拍卖中，徐悲鸿作品《巴人汲水图》以1.7136亿元成交，不仅再次打破中国近现代书画作品的拍卖纪录，同时也刷新中国绘画作品的世界拍卖纪录。

入选理由：

作为中国现代美术事业的奠基者、杰出的画家和美术教育家，徐悲鸿的作品在艺术品拍卖市场上一直备受关注。截至2010年年底，徐悲鸿作品在过去的艺术品拍卖会中总成交额达36.5亿元，单价超

过1000万元的作品达46件。而《巴人汲水图》破亿天价则充分表明，中国现代绘画史上大师经典作品的艺术价值正逐渐被人们认识与重视。

林风眠、齐白石、张大千、徐悲鸿、傅抱石、李可染、石鲁……处于重大历史变革期的中国现代画坛，诞生过数位星光熠熠的艺术大师，他们领悟中国传统文化精髓，掌握中国古代绘画笔墨技法，在中西方文化的交流与冲撞下，孜孜不倦地探求新的艺术表现形式。这些艺术大师的经典作品也自然成为今天艺术品市场上的热门收藏对象。

第五部分 考古发现

【桐城发现2座古墓至今约1800年挖出汉代五铢钱】

2010年1月3日，桐城市金大地工业园区发现了2座古墓，发掘清理工作全部结束。2座古墓中的张庄墓墓制较为罕见，据推测为东汉至六朝时期的古墓，至今约有1800年。

据考古专家介绍，这两座古墓遭耕作机械破坏的情况比较严重，墓地所剩的遗迹不是很多。因此，抢救性发掘的任务不是很大。张庄墓据推测处于东汉至六朝时期，至今约有1800年。它有别于同时期墓葬的普遍特点，因为墓室的底部呈拱背形，比较罕见。经过发掘，考古人员在墓中发现了汉代五铢钱等珍贵物品。

【宋代北京——河北大名府宫城位置已基本确定】

2010年1月，经过文物人员的努力，在《宋史》中语焉不详的宋代北京——河北大名府的宫城位置已基本确定，为考古工作再次拉直了一个问号。

大名府故城始建于前燕建熙元年（公元360年），隋唐时期为“河北重镇”，北宋时期作为陪都，是当时四京之一的“北京”。宫城遗址于2006年被国务院公布为第六批全国重点文物保护单位。

宫城遗址位于河北省大名县大街乡双台村。大名府城历史上曾多次遭遇水患，以往人们对宫城的认识基本上停留在《宋史》卷85《地理志一》的有关记载：“北京。庆历二年，建大名府为北京。宫城周三里一百九十八步，即真宗驻跸行宫……”经过探查发现，宫城城垣为夯土版筑，形状呈不太规则的长方形，东垣和西垣略长，南垣和北垣略短，周长约1920米。城垣的残存高度多在1米左右，从其平面连贯性较好这个方面来看，城垣的保存状况尚可。城的方向约为北偏东13°。城垣上探出城门或疑似城门遗址共6处，其中南垣3处，东、西、北垣各1处。

这次考古勘探和调查工作搞清楚了大名府宫城遗址准确的地理位置和分布范围，初步掌握了城门的坐落及建筑遗迹在城内的大致分布，比较详细地了解了城内的地层和文化层堆积情况。

【杭州南宋遗址考古已正式启动出土不少南宋文物】

2009年12月14日，南宋皇城遗址考古已悄然启动，截至2010年1月，已出土一批南宋文物。

此次考古的目的是寻找和局部揭示南宋皇城遗址大型夯土台基及其台壁。从2009年12月14日开始，市园林文物局对南宋皇城遗址范围内的一块绿化带空地布设小型探沟实施勘探，目前已发现两处夯土台基，并出土一批文字砖、莲花纹瓦当等建筑构件和越窑、龙泉窑等窑口瓷片。

根据勘探情况可知，一是已发现的两处夯土台基土质、土色相近，质硬，结构致密，营建较为考究；二是出土瓷器的时代以南宋至元初为主；三是出土的莲花纹瓦当、砖瓦等构件是南宋官式建筑的常见建筑构件，与三省六部、太庙、临安府遗址等处发现同类相当，规格高，种类多，为一般遗址所少见。

【贵州清水江流域发现多处史前文化遗存】

2009年9月至2010年1月，贵州省文物考古研究所与四川大学考古学系合作，对贵州天柱县白市电站淹没区进行大规模考古发掘，取得重要成果。

本次发掘先后在远口镇坡脚村、六池村、中团村的坡脚遗址和瓦罐滩窑址等8个地点展开，出土石制品9500余件，完整或可复原瓷器3600多件。

此次发掘是新中国成立以来考古工作者在贵州黔东南地区展开的首次大规模田野考古发掘，而瓦罐滩窑址是贵州经科学考古发掘的第一座瓷窑，出土瓷器标本丰富，在贵州境内首屈一指。

发现元代窑址

从这次考古发现的一个元代窑址看，与湖南衡山窑等渊源很深。所发现的两个战国时期墓葬，从形制、布局等情况看，反映的丧葬文化特点也明显受到楚文化的直接影响。甚至更早新石器时代的种类打制和磨制石器、陶片，其制作工艺、纹饰等和湖南高庙文化非常相似。进一步说明了这条文化线发生的历史远比以前认识的还要早。这也许只是元末明初，伴随王朝力量的进入，使得这个文化冲突与交融进程加大、加快。这次考古发现，为更深层次解读“清水江文化线”提供了更广阔的文化视角和极具想象力的空间。

解读“发现”

坡脚遗址：出土石制品8100多件。新石器时代遗存是坡脚遗址的主体堆积，包含物多为石制品，少数为陶片。陶片少而碎，主要为夹砂陶，泥质陶极少。陶色有红、红褐、灰黑、褐、黄褐等多种。器表多有纹饰，以绳纹最常见，还有弦纹、划纹、兽面纹。石制品多采用锐棱砸击法打片，刮削器数量最多，砍砸器和盘状器次之，尖状器较零星。石料多源于河滩砾石，器形大，多以大石片为砍砸器。

战国遗存墓葬2座，均为长方形竖穴土坑墓，墓底涂抹有一层青黄膏泥，枕木痕清晰可辨。葬具均为木棺，人骨已完全腐烂，随葬品仅有滑石璧一件。从葬制、葬俗和随葬器物看，较多受到楚文化的影响。

学堂背遗址：出土打制石器近1300件，石器的特征与坡脚遗址相近。出土陶器不多，以夹砂陶为主，泥质陶很少。陶色以褐陶最多，红褐陶和灰黑陶次之，还有青灰、红、黄褐、黄白、灰褐和灰白等。

月山背遗址：因历年烧砖取土、水土改田，遗址遭到严重破坏。出土和采集打制石器70多件，打制技术与坡脚遗址、学堂背遗址极为相似。

瓦罐滩窑址：出土大量窑具，完整或可复原瓷器3600多件。窑址年代为元代，以烧制青瓷为主，另有一定数量的酱釉瓷器和黑瓷。器物胎体较薄，矮圈足、足墙较宽，足脊平，以碗、盘、茶盏数量最多。装饰手法有彩绘、模印、划花、堆塑、堆粉等。部分碗底有圆形拇指或工具压印痕迹，为该窑址出土瓷器的显著特点。窑具种类不多，主要有地柱、托珠、垫圈、垫饼、垫条等。从釉色、器形和装饰手法看，所出土瓷器受到了来自钧窑、衡山窑、建窑的影响。

【河北省保定市完成文物普查新发现不可移动文物1864处】

2010年1月，河北省保定市圆满完成第三次全国文物普查工作，新发现不可移动文物1864处，其中古遗址1138处，古墓葬167处，古建筑179处，石窟寺及石刻28处，近现代重要史迹及代表性建筑334处，其他文物18处。

红色文物成为本次普查的一大亮点。如在阜平发现了1947年刘少奇、朱德准备全国土改会议的旧居，具有较高的历史价值及爱国主义教育意义；在阜平发现晋察冀边区政府及晋察冀边区印刷局旧址，对研究我国抗日战争时期的经济史、银行史、货币史均有较高的史料价值；在高碑店普查登录了1902年詹天佑为我国自己建造的第一条铁路——高易铁路的详细资料，该铁路当时为慈禧太后赴清西陵祭祀所用；在涞水发现辽金时期釜山道公禅师灵塔，对研究唐代灵泉寺历史状况和辽金时期本地建筑艺术风格具有重要的历史、艺术、科学价值。

【江苏张家港市东山村发掘新石器时代遗址】

遗址位于张家港市金港镇南沙街道办事处东山村内。2008年8月至11月和2009年3月至11月，南京博物院等单位对其进行了两次抢救性考古发掘。发掘总面积2000多平方米，主要揭露出一处崧泽文化时期的聚落，包括房址和墓地。此外，还清理了10座马家浜文化时期的墓葬。

据目前的发掘，崧泽文化时期，遗址的东部主要埋葬小型墓，中部为建筑区，发现多座房址，遗址的西部主要埋葬大型墓。房址共5座，以F1和F2保存较好。F1为地面建筑，有大面积的红烧土倒塌堆积。平面呈长方形，南北长14.7米、东西宽5.75米，面积约85平方米。房址四周有圆形柱洞。经初步清理，房址内出有崧泽文化早期的陶豆、罐、釜和玉玦、石斧等器物。

崧泽文化的墓葬可分为东、西两区。东区均埋葬小型墓，目前共清理27座。墓葬长约2.2米、宽约0.8米。随葬器物数量不等，多在10件左右。西区主要埋葬大型墓，已清理5座崧泽文化早中期高等级显贵墓。其中M90、M91是迄今发现的崧泽文化墓葬中规模最大的两座。M90墓口长3.05米、宽1.7米至1.8米、深0.4米；M91墓口长3.15米、宽1.76米、深0.5米。M90出土随葬品50多件，包括5件大型石钺、2件大型石锛、19件玉器以及26件陶器，是迄今发现的崧泽文化墓葬中随葬品最多的一座。M90所出的一件石锥（质地为含铁量较高的矿石）、一件砺石、一堆石英砂等，可能是一套制玉工具，表明墓主人生前握有生产玉器的大权，其身份和地位非常显赫。该套制玉工具为深入了解和研究当时的制玉生产及工艺流程提供了宝贵的实物资料。M92是迄今发现的崧泽文化墓葬中长度最长的一座，墓口长3.3米、宽1.26米。墓内随葬有崧泽文化玉器中最长的玉璜，最大径16.7厘米、外围弧度长21.5厘米，器身上钻有5个系孔。

东山村遗址崧泽文化早中期高等级显贵墓群的发现，以及与小型墓埋葬区域的严格分离，将改变学术界以往对崧泽文化时期尤其是崧泽文化早中期社会文明化进程的认识。众多大型墓葬的揭露和玉器的出土，奠定了东山村遗址在长江下游尤其是环太湖流域经济和文化的中心地位，对研究沿江地区的文化内涵、太湖区和宁镇地区史前文化的交流提供了非常重要的考古资料。

【海南文物普查新发现峨蔓盐田等2412处文物点】

2010年1月21日，第三次全国文物普查海南省普查工作已完成实地文物调查阶段，基本摸清全省不可移动文物的数量、分布和保存的基本状况，其中新发现峨蔓盐田等2412处文物点。

据了解，此次普查范围涵盖全省地上、地下、水下（包括海域）不可移动文物，同时对以往文物普查登记的不可移动文物进行复查，包括具有历史、艺术、科学价值的古文化遗址、古墓葬、古建筑、石窟寺、石刻、壁画和优秀近现代建筑等；与重大历史事件、革命运动或者著名人物有关的以及具有重要纪念意义、教育意义或者史料价值的建筑物、遗址、纪念物；具有科学价值的古脊椎动物化石和古人类化石；与历史文化有关的古树名木以及乡土建筑、工业遗产、文化景观、文化线路、文化空间、老字号等文化遗产类型。

【浙江省金华市婺城区发现两处新石器早期遗址】

2010年1月，浙江省金华市婺城区山下周、青阳山两处新石器早期遗址被发现，标志着金华市婺城区第三次全国文物普查工作取得了突破性成果。这两处遗址的发现，对于研究浙中地区和钱塘江上游新石器时代文明有着极其重要的意义。

山下周遗址位于金华市婺城区罗埠镇山下周新村北面，由于近年来山下周村实行整体搬迁，经过土地平整及住宅建设后，在一块约1000平方米的狭长的地块上，还保留着约150平方米的小土坡未被推平。在1.4米深的探坑中有四个文化层，相继出土了不同时期的器物。在第二层发现了相当于良渚文化阶段的遗存。在第四层中出土了平底盘、圆圜罐、双耳罐、大口盆、穿孔器、石磨棒等新石器早期的东西。其中平底盘接近上山晚期，而器形有所区别；穿孔器在其他遗址中曾有发现，但是像这样微型的的确是首次发现；大口盆完全有别于上山遗址的器形，在其他遗址中未曾出土过。山下周遗址出土的陶片、石器与上山遗址、小黄山遗址有很大的共同点，年代相当于上山文化晚期，距今9000年左右。

青阳山遗址位于婺城区汤溪镇下伊村北面约1公里处，山下周遗址西侧约1公里处的台地上，其北面为瀔江（衢江下游）冲击平原及浙赣铁路、西面为厚大溪（古称姑蔑溪、越溪），现为柑橘地。经过试掘，在1.2米的文化层中，上层有商周时期的硬纹陶；中层出土了大鱼鳍形足鼎、扁侧足鼎等残片，以钱山漾后良渚文化面貌为主要特征，约为4000年；在底层还发现了与山下周第四层类似的夹炭黑陶片。在青阳山西北侧及中部还发现了商周时期陶片，也有汉代墓葬。该遗址内容丰富，保存完整，面积约有400多亩。

山下周遗址、青阳山遗址，是浙中地区继上山遗址、小黄山遗址等遗址发现后的重要遗址，也是浙中地区迄今为止发现的最西面的新石器早期时代遗址，这些遗址的发现，说明浙中地区是浙江新石器时代的发祥地，也是稻作农业文明的重要发祥地。

【吉林发现4处辽代皇帝行宫“春捺钵”遗址群】

2010年1月，吉林省考古工作者在该省西部发现了4处辽代行宫“春捺钵”遗址群，在其附近还采集到大量的古钱币和陶、瓷片等物品，均为辽代、北宋年间制造，这在我国尚属首次。

辽（907—1125年）是中国历史上五代十国两宋时期以契丹族为主体建立、统治中国北部的封建王朝，为中国北部的社会发展和民族融合作出了贡献。辽代虽有首都“上京临潢府”（位于今内蒙古自治区巴林左旗林东镇），但其政治中心在“捺钵”。“捺钵”既是辽代富有民族特色的政治制度，又是处理政务的行政中心。

“捺钵”系契丹语，汉译为“行营”、“行宫”。辽代契丹族皇帝与中原汉族皇帝不同，不是常年居住在京城，而是随季节、气候和水草的变化，四时迁徙，进行“春水”、“夏凉”、“秋山”、“坐冬”等活动。因此，形成了“春捺钵”、“夏捺钵”、“秋捺钵”、“冬捺钵”的制度。

新发现的4处辽代“春捺钵”遗址分别位于吉林省干安县赞字乡科铁公路线北的“花敖泡”南侧、让字镇藏字村北侧和正东位置以及地字村附近。干安县文物管理所在遗址群发现了上千个土台基，最多一处发现土台基500余个，延续范围近4公里之长。土台基中有圆形、长方形，其中最大的圆形土台基直径长达30米、高约1.5米。考古工作者还在遗址群附近采集到大量的古钱币和陶、瓷片等物品，均为辽代文物。

据史载，辽代的“四时捺钵”中的“春捺钵”位于现在的吉林省境内，其他三时“捺钵”均分布在内蒙古自治区东部地区。根据这些依据，考古学家初步认定在干安县发现的这些遗址为辽代皇帝“春捺钵”遗址群。

【江西发现新石器晚期祭祀广场和63座古墓】

3年前，江西靖安县发掘出2500多年前东周古墓，而获2007年“中国十大考古新发现”震惊考古界。2010年1月，该县又发掘出距今4500年前的祭祀广场古遗址。

该祭祀广场古遗址位于靖安县高湖镇中港村邓家自然村东侧水稻田中，是一处新石器时代晚期宗教祭祀广场，其现存面积3000余平方米。目前，发掘面积达600平方米。

此次发掘出土新石器时代晚期石器、陶器数千件。石器包括双肩石斧、大石斧、有段石锛等，以打制为主，刃部磨制。陶器主要为泥质灰陶、夹砂灰陶和黑皮磨光陶。器物表面主要为素面磨光，少量装饰蓝纹、绳纹、弦纹，流行穿孔装饰。

在祭祀广场考古人员还发现63座古墓和1处大型的红烧土建筑遗迹。考古人员称，63座古墓均为土坑烤壁墓。墓长80至110厘米，宽约40厘米，深20至25厘米，墓穴内有火烧过的骨渣以及残破的陶器，陶器的种类主要有鼎、豆、壶、器盖等，墓葬中还出土了鬶、觚等。

大型的红烧土建筑遗迹，建筑大致呈长方形分布，每间长宽约5.7米，考古专家分析，可能是祭祀广场上的一处功能建筑。

【江苏省张家港市东山村遗址考古取得重大收获】

2010年1月，江苏省张家港市东山村遗址考古取得重大收获。

位于张家港市东山村的新石器时代遗址墓葬群，为我国首次在长江下游地区发现的崧泽文化早中期高等级大墓。这项考古成就填补了崧泽文化时期没有高等级大墓的空白，出土文物是目前我国研究古代社会分化出现的最早实例，对中华文明起源的研究具有极其重要的意义。目前，该遗址在中国社科院公布的“2009年中国考古六大新发现”中位居首位。

东山村遗址位于张家港市金港镇南沙街道办事处东山村内，东距张家港市区18公里，北离长江约2公里。遗址西边为香山，遗址坐落在香山东脊向东延伸的坡地上。

通过对遗址现状的仔细勘察和钻探，遗址的整体平面近圆形，南北长约500米，东西宽约500米，总面积约20万平方米。遗址的中心区域位于遗址的中部偏北，现存面积约2.5万平方米。

在累计发掘的2000多平方米遗址中，出土了陶器、石器、玉器等文物数百件，主要发现了马家浜时期与崧泽时期的墓葬、房址。从发掘情况看，在崧泽文化时期，遗址的东部主要是小型墓葬；遗址中部为建筑区，发现崧泽文化时期的房址5座；遗址的西部主要是大型墓葬。如此明确地出现墓葬按等级分区的礼仪规制，证明在5800年前后，当地已出现明显的社会分化，这为研究长江下游社会文明化进程提供了新的考古学资料，对中华文明起源的研究具有重要意义。

大型墓葬出土文物数量之多、等级之高是此次考古给人们的一个巨大惊喜。编号为M90的大型墓葬的随葬品是迄今国内发现的崧泽文化墓葬中最多的一座，共有56件器物，包括5件大型石钺、2件大型石锛、19件玉器。而其他每座大墓内的玉器数量都在10件以上，随葬玉器种类非常丰富：有璜、瑗、钺、镯、玦、环、管、珠、坠、凿等，另外还出现了一些国内首次发现的新造型玉器，如M92墓中的锥形玉饰、M93墓中的钥匙状玉饰和“G”形玉饰、M96墓中的鱼形玉饰等。

【怀化发掘战国至汉代古墓群出土青铜圆壶】

中方县新城抢救性考古发掘出土一批精美文物，共抢救发掘汉代古墓葬100余座，战国古墓群3座，出土玉器、铜器、铁器、陶器、滑石器等各类质地的文物1000多件。其中汉代陶器——无耳异型鼎为全国首次发现。

据了解，2010年1月上旬发掘出土的第105号墓为此次抢救性考古发掘中规格最高、出土文物保存最好的一座汉代古墓葬。该墓葬为长方形竖穴土坑墓，墓长5.1米，宽3.3米，深4.9米，出土青铜器、陶器等精美文物36件。特别是两件青铜圆壶，其纹饰之精美、保存之完整均为罕见。

【湖北荆门严仓战国古墓首次出土楚国指挥战车】

2010年1月，湖北荆门严仓战国古墓抢救性挖掘结束。此次挖掘发现，该古墓至少曾被盗了3次，首次出土的楚国指挥战车对研究战国中晚期的兵器和军制等具有重要意义，也为揭示墓主人的身份提供了进一步佐证。

距今2000多年的严仓古墓群位于湖北沙洋县后港镇松林村，共有13座古墓。因南水北调工程刚好经过严仓古墓群所在地，这次历时3个月的考古发掘工作除发掘出大量的竹简外，最大的发现就是一辆战国时的指挥战车，战车内还有戟、戈、旗杆、军乐器等均是首次在楚国车马坑中发现。

此次发掘的是严仓古墓群中的獾子冢及其车马坑。獾子冢墓室分为5室，分别为棺室、东室、南室、西室、北室，墓主人的棺材就放在正中间的棺室内。车马坑内发掘的一块青铜器上铭文清晰地记载年代为魏惠王二十六年，也就是公元前344年，专家据此推断该墓所处年代为战国中晚期。

在发掘过程中，考古人员在棺材盖板上发现了3个盗洞，其中2个是古代留下的，1个是现代留下的，这说明古墓至少被盗了3次。发掘发现墓室内所有的重大文物全部被盗墓者劫取，墓主人的尸骨也没能完好地保存下来，其身份目前可确认为与军事有关的高等级贵族，但具体身份仍需进一步考证。

【河北省南水北调赞皇段发现北朝大型贵族墓群】

2010年1月，中国社会科学院考古研究所、北京大学考古文博学院组成联合考古队，对南水北调工程赞皇西高墓群进行抢救性考古发掘，发掘工作有了重要发现。根据出土的墓志，此处是北朝赵郡李氏家族墓地，该墓群规模大、排列有序，是目前我国已发现的少有的北朝大型家族墓地，具有重要的学术价值和历史意义，出土的随葬品丰富、组合清晰、纪年明确，是北朝墓葬研究的标尺。

西高墓群位于太行山东麓、赞皇县西高村南岗坡地上，南水北调渠线计划斜穿该墓群。考古人员在工程渠线范围内共发现古墓葬9座，目前已抢救性考古发掘了5座，其中1座未被盗掘。墓葬由斜坡墓道、甬道和墓室三部分组成，已清理出土随葬品150余件，包括陶俑、青瓷器、陶器、铜器和墓志等，其中不乏精品。一件陶镇墓按盾武士俑，形体高大，造型威武，高约30厘米；另一件青瓷覆莲座烛台，釉色青翠，造型精致，是难得的青瓷精品。

【广东丹霞山发现一批颇具价值岩画岩棺摩崖石刻】

在第三次中国文物普查中，在丹霞山又发现一批秘藏于山中的摩崖石刻、千年岩画和岩棺等极具研究价值的文物。2010年1月，有关专家开始对摩崖石刻进行了拓片并将结集出版。

此次文物普查，共发现锦江千年岩画、木平寨岩棺葬、石窟寺、摩崖石刻等珍贵文物41处。其中普查以锦石岩摩崖石刻数量最多，年代自北宋景祐年间至民国年间，题字最大的为南宋淳祐六（1246年）年赵汝耒所书“锦岩”二字，每字高1.8米、宽1.4米。加上早前发现的，丹霞山约有摩崖石刻200余处，真草隶篆，各呈异彩。

面积最大的则是锦江线刻岩画，亦属粤北首次发现。这两处岩画位于丹霞景区瑶山村以南2公里的锦江两侧，精雕细琢于万仞赤壁丹崖之上，形状狭长，延绵约27米、高1米。其中较完整的有莲生贵子图、双鱼窜洞图。岩画上亦有题字题词，刻有“宝祐六年（一二五八）”字样，据推断为宋代作品。

而最神秘的，莫过于藏于大山深处一座高约百米的悬崖腰部缝隙中的3具满布灰尘的巨大岩棺。据丹霞山景区负责人介绍，岩棺葬是一种古代南方少数民族处理死者尸骨的特殊方式，尸骨通常安葬在常人难以到达的悬崖峭壁之上，在广东甚为罕见。

【西安发现张安世家族墓地系唯一完整汉列侯墓】

2010年1月，陕西考古研究院对位于西安南郊长安区的一处大型家族墓地进行考古发掘，确定为西汉宣帝时重臣、被封富平侯的大司马卫将军张安世的家族墓地，这也是目前唯一经过完整发掘的汉代“列侯”级别的家族墓。

张安世是西汉宣帝时期重臣，为汉武帝时期著名酷吏张汤之子，汉昭帝时封富平侯。昭帝死后，他与大将军霍光谋立宣帝有功，拜为大司马。张安世家族延续很长时间，曾“相国两百年”。

该墓地位于西安市长安区韦曲镇东原，属于凤栖原范围，墓地核心区域是一个形状近长方形的墓园，墓园以四面的壕沟为界，中部有一“甲”字形大墓，东西部分布有从葬坑，东部有祠堂建筑基址，之外有十数座规模不一的附葬墓。出土各种文物近两千件，其中包括一些高等级的车马器、量器和金玉铜铁瓷陶漆等各种质地的生活用器和装饰品、数百件着衣彩绘陶俑等。其中最主要的是一个4厘米×7厘米的“张”字铜印、多枚“卫将长史”封泥、整套铜权（衡器）等。

凤栖原墓地是具有典型意义的汉代官宦世家大族家族墓地。祠堂建筑基址、大量彩绘陶俑和一批标准器意义的金玉铜铁瓷陶重器及丝麻织物痕迹，尤其是高等级御赐彩绘车辆等重要文物的出土，有重大学术意义。

从墓葬形制、规模以及出土文物分析，该墓地年代大致为西汉中晚期，规模较大、规格较高，属于“列侯”级别。而从它葬坑中出土的实用驷马一车两驾及明器车多驾等完整军旅用品在考古发掘中还是比较少见的，有可能在军事史上是划时代的发现。特别是发现了大墓建造过程中的一些重要迹象，为研究古代高级别大型墓葬的建造过程、礼制形式和葬俗发展演变等，提供了珍贵的实物资料。

该墓园许多指标具有唯一性，对认识西汉中兴时代面貌，尤其是中国古代礼仪传统演变有极高历史价值。

【配合南水北调河北邢台发现104座战汉时期古墓】

2010年1月，为配合南水北调工程建设，邢台市文物管理处考古队于2010年1月在邢台市内丘县张夺2号遗址区进行了考古发掘，发现汉代窑址及战国至汉代时期的古墓葬104座，其中29座为战国晚期墓葬，其余为汉代早期。

考古队发现的29座战国墓葬形制为竖穴土坑直壁和斗形两种，墓葬器物较为丰富，出土有铜带钩、铜璜形器、铁带钩、玉环、陶鼎、陶壶、陶坊、盒、陶俑等。并在编号为M3的墓葬内出土了十二干支骨质筹码11件，此类骨质筹码为邢台地区首次发现，对于研究当地风俗文化有重要参考价值。

在汉代窑址区发现了两座保存较为完整的烧制陶瓦的窑址，均由窑室、烟道、烟囱、窑前工作面组成，窑室、烟道、烟囱、窑前工作面均在生土上一次挖成，烟囱与烟道用单砖垒砌分隔，窑室呈鹅卵形，并在该窑址上发现了大量变形或残断的陶瓦以及有使用痕迹的盆、釜等器物残片。文物专家由此推断该遗址应以烧制陶瓦为主。

文物专家认为，汉代陶窑遗址的发现，为研究汉代建筑构件提供了翔实的资料。战国时期与汉代时期墓葬器物组合不同，这为研究内丘及邢台一带丧葬习俗及其演变提供了依据。

【绵阳发现川内最大的崖墓群　东汉至六朝墓150座】

桐子梁崖墓群位于绵阳市涪城区新皂镇石梯子村二组桐子梁山山腰两侧，2009年4月因配合成绵乐城际铁路建设勘探铁路沿线环境时被有关部门人士发现。该崖墓群是东汉至六朝时期的家族崖墓群，也是迄今为止四川发现的规模最大、墓葬数量最多的崖墓群。该崖墓群海拔480至500米，墓地东西长约500米，南北宽约80米，面积约4万平方米。崖墓沿山两侧依次排开，目前已经和正在发掘的有70余座，位于山南侧，保守估计整个崖墓群有墓葬150余座。

该墓群为家族墓，墓葬形制涵盖所有四川崖墓常见的种类，最大特点在于，主墓室与甬道、墓门、墓道呈一条直线，形制规整对称，主体结构非常完整。

截至2010年1月，已出土完整及可复原的文物达150余件，发掘出的文物碎片更是不计其数。随葬器物以陶器为主，还有铜器、瓷器等，另有大量陶俑。已发掘的文物已被运至省文物考古研究院三星堆工作站保存。

在距离桐子梁崖墓群仅500米远处，考古人员还发现了沙坪山崖墓群。该崖墓群有墓葬50余座，占地面积500多平方米，已发掘10多座，均为东汉晚期的家族墓。已发掘墓葬中以单室墓为主，有两个双室墓因未曾被盗，出土文物较多，有陶器、陶俑和少量铜钱共200余件。

【第三次全国文物普查汕头新发现文物线索560处】

在广东汕头市开展第三次全国文物普查田野调查中，古人留下来的一件件“宝贝”让普查人员连连赞叹。至2009年年底，该市已圆满完成田野调查登记任务，全市共登记不可移动文物815处，其中复查255处、新发现线索560处。

在560处新发现不可移动文物线索中，古建筑所占比例较大，其次是近现代重要史迹及代表性建筑、古墓葬、古遗址和摩崖石刻，以及乡土建筑、文化景观、20世纪文化遗产等。

在本次文物普查工作中，高科技手段的“助力”成为新亮点。本次工作引进GPS卫星定位仪以及测距仪，用于文物点的卫星坐标定位，以确保数据的准确性。另外，本次全国文物普查工作全部采用电子文本录入数据，使不可移动文物档案记录得更加清晰。

【邯郸渚河流域发现古人类遗址】

2010年2月，河北省文物局消息，邯郸渚河流域发现古人类遗址，当地部门已对渚河两岸探明的于二庄、小隐豹两处古遗址进行抢救发掘，遗址最早可追溯至4000～5000年前的原始社会末期。

于二庄遗址位于邯郸县于二庄村北100米处的渚河源头西岸，属丘陵岗坡地貌。遗址分布范围较大，主要为零散灰坑等局部堆积，可能遭受过雨水冲刷或平整土地破坏。根据勘探情况，本次发掘面积600多平方米，清理发现大小灰坑18个。包含物以陶器为多，另有少量的石器、骨器、蚌器等。据初步分析，这些器物均具有典型的时代特征，分别为龙山、先商及商代早期等不同时期，距今年代在4500～3500年前后。

小隐豹遗址位于邯郸市西南郊小隐豹村东北，西侧濒临渚河，北临南环路。遗址文化层堆积较厚，遗存比较丰富，在发掘的200多平方米的范围内，清理出大小灰坑51个、房址1座、井1眼、墓葬4座，并出土大量器物残片。据出土遗物分析，本遗址延续时间较长，所属遗存最早可上溯至5000年之前，分属仰韶时期大司空文化类型、商代及春秋等时期。

据了解，渚河是一条流域范围较小的河流，主要盘迂在邯郸县及市区西南部一带，属邯郸市区附近滏阳河三条支流之一。

【西安发掘唯一完整汉代“列侯”级家族墓】

2010年2月，经过一年多的时间，西汉赫赫有名的大司马卫将军张安世的家族墓地考古发掘工作结束。

南郊发现2座“甲”字大墓

2008年7月，陕西省考古研究院在考古勘探时，大型“甲”字墓的出现引起了考古专家的特别关注。而随着墓葬的发掘，一系列的惊喜更是扑面而来。

这一西汉墓地规模大、规格高，其中最引人注目的是墓园中部的大型“甲”字大墓，专家为其编号M8。M8大墓总长有60多米，而其中的墓室部分长35米，宽24.5米，距离地面有15米。只有王侯级别的人员才可能具有如此“甲”字大墓。

而在墓室东、南、西3个壁面，均有“之”字状的台阶，考古专家推测可能为修复时往上运土的道路。在M8的周围则分布着6座大小不一的陪葬坑，最长的有38米，最短的有6米。而在距离M8不远处，又现一座“甲”字大墓，但与M8相比，明显小了很多，专家推测为墓主夫人墓。

“驷马一车”疑为皇帝所赐

大墓内的发掘更让人惊喜。在墓道中部的前箱，两千年过去了，黑色的木炭、周围的粘网依然保存完好，而底部则铺设着整齐的方砖。出土了实用的“驷马一车”两驾，极其珍贵。此外，还有很多冥车马。“驷马一车”是当时真的车马陪葬，两千年后，马匹只剩下白骨，车早已腐朽，幸运的是车马遗迹十分完整，依然可以看出当年的华丽。车的豪华装饰、漆皮、华盖、青铜构件等物件，都具有帝王身份特点。考古专家推测，该“驷马一车”应该为皇帝御赐。

陪葬坑发现“千军战俑”

在M8的周围，考古专家先后发现6座大小不一的陪葬坑。揭开一座座陪葬坑，惊现“千军战俑”，有陶俑、木俑。正在发掘的K6号坑内，数以万计的陶俑虽倒在坑内，却个个精神抖擞，面部清晰，红红的嘴唇，浓黑的眉毛，还有着各种发式，有的神情凝重，有的面容祥和。

虽然出土的陶俑都是赤身裸体，没有胳膊，但在胳膊处都留有孔，而在坑内专家们还发现了盔甲的残片，可见这些陶俑原先都穿有各种各样的衣服。而在坑内，出土了大量的兵器铜镞、刀、箭等，还有十分少见的6金6铜的青铜钟，还有做饭用的陶釜。

“长乐未央”瓦当现身祠堂

此次墓园祠堂的发现也显得十分珍贵，在祠堂还发现了“长乐未央”的瓦当，这种皇家才用的瓦当，可见墓主人尊贵的身份，可能为御赐之物。

缘何认定大墓主人是张安世

史书对张安世墓葬记载得十分详细，“安世赐茔杜东，将作穿复土，起冢祠堂”。此次发掘地刚好与此验证。同时，在陪葬坑内发现了多枚军队的印章，上面刻有“卫将长史”、“军侯之印”等，而更为重要的一枚特殊的大型铜印，上面仅刻着一个字“张”，盖印章为4厘米×7厘米，如此大的印章十分少见。另外，从墓葬的形制、规模及出土的文物分析，该墓葬应该属于“列侯”级别。种种资料验证，为大司马卫将军张安世的家族墓。

据史书记载，张安世是西汉重臣。字子儒。杜陵（今陕西西安东南）人。张汤之子。性谨慎，以父荫任为郎。汉武帝时，因其记忆力强，擢为尚书令，迁光禄大夫。汉昭帝即位，拜右将军，以辅佐有功，封富平侯。昭帝死后，他与大将军霍光谋立宣帝有功，拜为大司马。

【石家庄南水北调南段考古发掘进入尾声】

2010年2月，石家庄南水北调南段考古发掘进入尾声。南水北调石家庄段的考古发掘全长约120公里，经由高邑县、赞皇县等7个县（市），据初步勘探，共发现古代文化遗存61处，其中遗址34处，墓葬23处，具有遗址和墓地双重性质的文化遗存4处。截至2010年1月，此次南水北调南段的文物勘探总面积超过10万平方米，考古发掘面积约为36000平方米，发掘工地共有19处，进一步丰富了石家庄的历史文化内容。

【浙江省安吉上马山发掘一座西周时期大型土墩墓】

2009年12月至2010年1月，浙江省文物考古研究所和安吉县博物馆在安吉县良朋工业园区上马山墓葬的发掘中抢救性清理了一座西周早期的土墩墓，出土西周及春秋时期的陶瓷器近100件。

该墓系一座平地堆土掩埋的土墩墓，发掘前墓上有高大的封土堆，封土平面呈长圆形，东西长33.5米，南北宽23米，高4米，墓葬位于封土堆的底部中心位置，墓底平面经过人为的精细加工，根据随葬品的分布及外围低于墓底的排水沟判断，墓底平面呈东西向长方形，随葬器物共48件，以原始瓷和印纹硬陶为主，还出土了10件陶纺轮。

该墓的重要之处还在于在土墩的外围发现了多组相对独立的器物组，除一组器物的时代面貌与墓葬相近外，其余各组时代基本都属于春秋早期，从器物组的分布形态初步判断，这些器物可能是后人祭祀墓主时放置的。

上马山墓葬群至今已发掘墓葬300多座，大多数为汉墓，商周时期的土墩墓数量很少，该墓是规模最大的一座，墓葬本体的外围多组祭祀器物组的发现，为研究土墩墓的埋葬及祭祀习俗提供了极为重要的资料。

【增城发现广州最大先秦古墓群　估计有古墓千座】

2010年2月，增城发现广州最大先秦古墓群，估计有古墓千座，已发掘350座出土文物千余件。

在已经出土的1000多件文物中，涵盖了石、陶、铁、青铜、玉等多种器具。它们做工精细、花纹考究、造型多样。单单是此次发现的箭镞，最少就有四种款式。不仅如此，连当年包箭镞的草席都保留了下来，不得不说是一个奇迹。

山冈墓地几千年

浮扶岭是一个小山冈，呈“凹”字形，它的四周都是农田，清澈的增江在不远处静静流过。从考古发掘的情况看，先秦时期文化遗存分布于浮扶岭南坡，估计有1000座墓葬，面积近10万平方米，是广州地区发掘面积最大的先秦遗址。

从2009年8月到现在，已经在浮扶岭清理出商时期至明清古墓葬350多座，跨度达几千年，出土可复原文物1000多件（套），其中以墓葬随葬品为主，质地有陶、原始瓷、石、玉和青铜器等。

浮扶岭的墓葬数量以西周中晚期至春秋早中期居多，其次是战国晚期到南越国时期，商周之际的墓葬数量最少，以夹砂陶豆和曲折纹圈足罐为代表。由于没有发现房址、窖藏、路面、广场等与生活居住有关的遗迹，考古人员初步认为，这里只是专用墓地。

墓坑密集隔1米

多呈长方形，宽约1米多，长3至5米，有的墓坑深近2米，有的仅一脚浅。从山坡到两侧山脚，遍布这样的墓坑，密集处，两墓相距仅有1米左右。

墓群分布

商周墓葬（发掘区西部山顶）

多见夹砂陶和泥质软陶，泥质陶纹饰以曲折纹为主。

目前初步被认定属于商晚期或西周早期的墓葬相对集中地分布于浮扶岭西部靠山顶位置，墓葬规模普遍偏小，埋藏深度距现地表也较浅，随葬品中陶器多见夹砂陶和泥质软陶，泥质陶纹饰以曲折纹为主。墓葬填土和周边文化层中石器的出土数量较多，以锛、斧、砺石居多。

西周至春秋墓葬（遍布发掘区）

占此次发掘墓葬总数90%，以夔纹陶阶段的瓮、罐、豆等为主。

这个阶段墓葬的分布范围较广，几乎遍布整个发掘区，墓葬数量也占到此次发掘墓葬总数的90%左右。其中在山凹脊部分布最为密集。除了部分埋藏较浅直接开口于耕土层下，或被晚期遗迹叠压打破之外，绝大多数墓葬开口于红黏土层下，质地疏密不一，堆积厚度越往坡脚越厚，包含物以夔纹陶阶段的瓮、罐、豆等为主，还有少量的石锛、砺石等。器表腹部施夔纹、可复原的大瓮多出于该文化层。

战国晚至南越国墓葬（分布零散）

以“米”字纹、方格纹罐为特征，保存比较完整。

这个时期的墓葬在本次发掘区分布比较零散，两丘陵山凹脊部和西部山冈顶、西南坡脚都有分布，墓葬形制多见墓地铺石子，随葬器物以“米”字纹、方格纹罐以及弧腹豆为特征，保存比较完整，墓上有封土，竖穴土坑带墓道，有板灰痕，但不足以判断是否有椁。

【岭南古都肇庆新发现文物2000余处将申报级别保护】

2010年2月，广东肇庆结束第三次全国文物普查，共调查登记不可移动文物2673处，其中新发现2115处，复查558处，调查登记不可移动文物总量位于广东省第三位。

在第三次全国文物普查中，该市对地上、地下及水下的不可移动文物进行普查和挖掘，包括古遗址、古墓葬、古建筑、石窟寺及石刻、近现代重要史迹及代表性建筑和其他六大类文物，落实普查经费达179万元人民币。

文物种类涉及了文化、金融、交通、军事、医疗等，其中古遗址类200处、古墓群类93处、古建筑类1781处、石窟寺及石刻类64处、近现代重要史迹及代表性建筑527处。

【山东高青县陈庄村西周遗址发掘简况】

遗址位于淄博市高青县花沟镇陈庄村东南，分为东、西两部分，总面积约8万至9万平方米。2008年10月至2009年11月，山东省文物考古研究所对其进行了勘探和发掘。目前已发掘6500平方米，发现一座西周城址，并清理灰坑、窖穴近千座，另有夯土台基、房基、道路和陶窑、水井及墓葬等遗迹。出土大量的陶器、石器、骨器、蚌器，以及较多的铜器、玉器等遗物。

西周城址的发现是此次发掘的重要收获之一。城址近方形，南北长200米、东西宽约190多米，面积近4万平方米。据勘探，东、北城墙保存较好，残高约0.5至1.2米；西墙仅存中段，残高约0.4米；南墙局部仅存墙体底部。四周壕沟皆存，沟口距地表深约2至2.5米、宽约20至25米、沟深2至3米。墙体顶部残宽5米、底部宽约9至10米、残高1至1.25米。皆用花土分层夯筑，可见圜底的小棍夯窝。南墙中部有一城门，城内有宽约20至25米的道路通往南墙中部。经揭露，城门已被完全破坏。其余三面城墙不见缺口。城址的时代为西周早中期，是目前鲁北地区发现的第一座西周城址。

此次发掘的另一重要收获是发现了夯土台基。台基中心部位呈圆台形，直径5米、残高约0.7至0.8米，面积近20平方米。台基从内向外依次为圆圈、方形、长方形及圆圈相套叠的夯筑花土堆积。根据台基形制和所处位置初步判断，此类台基似与祭祀有关。台基中心部位的东北部和北部还发现两座长方形竖穴马坑，坑内仅有马骨架，无马具或马饰件。其中XK1坑内放置6匹马，马头向西南面西，分前、后两排摆放。XK2坑内埋2匹马，头向北。

此外，在城内东南部发现了西周时期的墓地，已清理7座。墓圹长多为3.5至5米、宽2.5至3.5米、深5至8米。多一棺一椁，有头箱。M27是规模最大的一座，墓圹长6米、宽3.7米、深8.2米。棺椁保存较好，头向东北。陶、铜器置于头箱内。出有铜鼎、簋、觚、爵、甗、尊、卣、盉、盘等，陶鬲、罐，以及少量玉器和海贝串饰。M18出土铜器多为残片，器形有簋、觥、甗、卣、觚、戈等。其中铜鼎、簋、觥、甗、卣上有“丰般作文祖甲齐公尊彝”等内容的铭文。“齐公”铭文为山东第一次发现，对研究齐国早期历史具有重要价值。该遗址还出有一件残存刻辞的周代卜甲残片，这是目前山东地区首次发现西周刻辞卜甲。

陈庄遗址从已取得的阶段性发掘成果看，已在许多方面填补了山东地区周代考古的空白，使研究早期齐文化取得突破性的进展。

【河北曲阳发现4处商代遗址距今3500多年历史】

2010年2月，河北曲阳县新发现北马古庄、沙道、塔头村、元坦4处商代人类遗址，经河北省文物工作者考证，遗址距今已有3500多年历史，其所出土的文物遗存，将为研究曲阳历史提供重要依据。

在第三次全国文物普查中，该县新发现不可移动文物86处，其中北马古庄、沙道、塔头村、元坦4处人类遗址被确定为商代遗址，距今已有3500多年。其中，北马古庄遗址位于恒州镇北马古庄村东南700米，处在一条东西向河沟的北岸，呈长方形，南北长200米，东西宽100米，面积达20000多平方米。在台地西侧断面发现文化层及遗物堆积，文化层厚1米，距地表0.5米，文化层土质呈黑褐色，遗物主要为呈黑褐色砂质红褐陶、素面磨光的泥质黑褐陶陶器残片，有豆柄、罐底、罐口沿等残片。

沙道遗址位于文德乡沙道村南偏西，东西长150米、南北宽80米，面积达12000平方米。地表暴露灰土遗迹1处，遗物有泥质灰陶、夹云母红褐陶、褐陶鬲口沿残片、鬲足、网坠、纺轮、罐残片、残石斧等，陶器器表饰绳纹、粗绳纹、弦断绳纹。文化层距现地表下0.85米，灰色沙质土，可见厚0.65米，遗物与文化层相同。

塔头村遗址位于东旺乡塔头村东北约450米，为自西向东、自南向北渐高的台地，东西150米、南北110米，面积达16500平方米。距断壁地表下0.35米处为文化层，黄褐色胶性土，厚1.5米，包含泥质红陶盆口沿残片、泥质灰陶、夹砂褐陶器、夹砂灰陶物残片等遗物，器表饰绳纹。台地顶部及第二阶台面地表暴露泥质灰陶器物残片、残豆柄、夹砂褐陶片、夹砂灰陶器物口沿及碎片，器表饰绳纹、弦断绳纹。

元坦遗址位于羊平镇元坦村北偏西，东西长1300米，南北宽100米，面积130000平方米。遗址地表暴露遗物有泥质灰陶、夹云母黑灰陶、夹砂褐陶、夹砂红褐陶、泥质黑皮陶器物口沿等残片，器表饰绳纹、弦断绳纹、粗绳纹。器形有罐等，文化层不完整，为含沙石的黄色胶土。

据悉，该次曲阳县文物普查中还发现有价值的1处战国时期遗址及6处明、清时期的古墓葬、古建筑和石刻，这些发现对研究当地历史、文化及建筑都具有重要价值。

【甘肃玉门市发现一处春秋战国时期古城址】

2010年2月，在全国第三次文物普查中，甘肃省玉门市文物普查工作队在该市柳湖乡小康村普查到一处青铜器时期至战国时期的古冶炼遗址和春秋战国时期的古城遗址，据初步考证，这座古城是河西地区目前发现的最远古的一处古城址。

玉门市区向西南50多公里处，曾经是玉门市花海镇辖区，后因河东移民迁移至此而设立柳湖乡。柳湖乡小康村处于一片红柳丛生、沙砾交织的戈壁边缘，这里因散见古董碎片而被当地人称为古董滩。当地老人讲，四五十年前，在古董滩捡拾或挖掘到古董的村民不少，可惜大都被毁坏了。时至今日，漫步于古董滩，时不时仍然可以看到古代陶器碎片。

古董滩渐渐在当地百姓的眼中失去了价值，可对于文物考古工作者来说，这里仍然不失为一片富矿。

早在2007年，甘肃省文物考古研究所在研究有关“冶炼技术从西方传到东方”的课题时就盯上了古董滩。借助全国第三次文物普查工作，中国科技大学的教授和甘肃省文物考古研究所的专家们多次实地勘察考古，最终确定玉门古董滩为古冶炼遗址，初步推断该遗址的形成为距今3700多年的青铜器时期至春秋战国时期，与金塔县境内的北山铜矿遗址的形成时间相近。

玉门古董滩古冶炼遗址面积约3.6万平方米，有多处文化堆积层，地表散落着大量的残陶片及少量的铜渣。

更让专家们惊喜的是，就在他们三番五次对古董滩冶炼遗址进行研究期间，一座春秋战国时期的古城址在此地被发现。

玉门古董滩所在的戈壁上红柳浓密，杂草遍野，偶有寸草不生的地段流沙堆积，其中散见的一部分夯土建筑引起了玉门市文物普查工作队的注意。

接到报告，甘肃省文物考古研究所的专家们多次考察研究，发现这些夯土竟是一座古城址的城墙。经测量，现残存的一段城墙长达84米，高约2米，大部分被流沙掩埋，其余城墙已经不甚清晰。专家初步分析认为，这是春秋战国时期的城址，也是河西地区目前发现的最远古的一处古城遗址。

【香港屯门扫管笏遗址发掘获重要成果】

2008年11月至2009年7月，为配合香港屯门扫管笏遗址兴建学校工程，香港古物古迹办事处邀请中国社会科学院考古研究所组成联合考古队，对扫管笏遗址进行了大型抢救性考古发掘。截至2010年2月，发掘总面积计4007.6平方米，取得了重要的学术成果。

扫管笏遗址位于香港特别行政区新界屯门南部扫管笏村西南的古沙堤上。该遗址三面环山，背靠潟湖，面对大致呈东北—西南走向的河谷口，海湾两端各有一岬角，形成天然屏障。扫管笏附近的山冈上小溪密布，水源丰沛，溪流汇集后在两侧绕过古沙堤，汇入大海。

20世纪50年代前，沙堤的北部尚保存完好，沙堤后面曾有大面积的农田；沙堤前，除浅滩浅海外，也有一定面积的农田，而遗址中心所处的位置，即一片较为平坦的开阔地。由于香港经济的高速发展，如今遗址及其周围建筑崛起，公路如织，原沙堤的大部分被一军营球场所覆盖，早期的河谷口也被逐年填海而成为“黄金海岸”住房区和酒店。

自20世纪20年代以来，中外学者曾对该遗址进行了多次的田野调查和试掘、发掘工作，取得了一定的学术成果。2008~2009年度的发掘则进一步深化了对该遗址文化内涵的认识。

发掘及初步研究表明，除了近、现代堆积外，扫管笏遗址主要包含了相当于商周时期、东周时期、汉代以及明（清）4个时期的文化遗存。

商周时期的文化遗存，主要是发现了保存相当完好的活动面。活动面上发现了灶址、房址、墓葬和灰坑等遗迹现象以及分布密集的陶片、石制品等文化遗物和人类有意采集而来但未经过加工或使用的天然石块等。

活动面主要分布在Ⅰ区，面积约600平方米。活动面上发现的文化遗物，主要包括分布密集的陶片和石制品两类。陶器以夹砂陶为主，可以辨别的器类主要包括釜、罐、钵等；石制品包括玦，以及大量制作玦所产生的石料、半成品（玦坯）、废品、玦芯、石核、石片、碎屑和制作玦的工作台、石锤、石砧、砺石等。玦坯和半成品有成堆分布的现象。另有少量石斧、石锛。石质以石英为主，另有一定比例的凝灰岩。上述现象说明，在商周时期，扫管笏遗址存在着一定规模的手工业作坊，其主要内容是制作耳饰玦。

发现商周时期墓葬6座。主要分布在手工业作坊的四周。均为长方形竖穴土坑墓，未发现葬具和人骨遗骸。随葬品包括陶釜（罐）、陶钵、器盖以及玉环和玉玦等。

发现10余处用2～4件不规则石块组成的灶址，呈东南—西北向一字排开。灶址周围地层均呈灰色或灰黑色。

房址主要位于发掘区西北部，大部分残缺不整，仅F3保存较好。从柱洞和居住面的情况来看，这些房址基本为近圆形地面建筑，以窝棚式的简易建筑为特点。房址内有天然石块组合成的灶，灶周围散布炭屑。

值得注意的是，目前发现的房址和墓葬，均有一定的分布规律，如房址主要发现在商周遗存分布范围的西侧；墓葬则分布在商周遗存范围的东、南和西侧。房址和墓葬中，除F4和M42距商周活动范围略远外，其余均位于商周文化堆积范围的边缘地带。种种迹象表明，商周时期，人们的生活起居、生产活动以及墓葬，都有各自相对固定的区域。

东周时期的文化遗存主要为活动面，其分布范围更大，遍及Ⅰ区和Ⅱ区，但仅Ⅱ区保存较好，Ⅰ区因地势较高，后期破坏严重，东周时期地层仅断断续续分布。

文化遗物主要包括陶器、石制品和少量青铜工具等。陶制品以夹砂陶为主，出现了数量较多的泥质硬陶，如夔纹陶、方格纹陶等，并发现部分原始瓷器。可以辨别的器类包括釜、罐、豆、钵等。石制品包括玦，大量制作玦所产生的石料、半成品（玦坯）、玦芯、废品、石核、石片、碎屑，以及制作玦的工作台、石锤、石砧、砺石等。玦坯有时成堆出土。另有少量石斧、石锛和石镞。石质以石英为主，另有较多的水晶玦、水晶碎屑和占有一定比例的凝灰岩。范有成品、半成品和残器等，主要用来浇铸青铜斧和镞等。青铜制品数量较少，且以青铜武器和工具为主，包括镞、鱼钩和篾刀等。该阶段新出现的水晶玦及水晶原料、碎屑和夔纹陶，在Ⅰ区的地层中未发现，显示了广东地区东周时期较明显的文化特征。

从出土文化遗存分析，东周时期的活动面仍以加工玦类器为主。但其作坊规模更大，玦的品类增加，出现了水晶质的玦。同时，从遗址中发现的较多的石范的半成品、成品和残器来看，当时也加工冶铸青铜武器和工具的石范。虽然没有发现明确的与青铜冶炼有关的遗迹现象，但进一步研究其冶金铸造工艺，将可为探讨岭南地区青铜铸造技术的扩散与社会发展等问题提供一组有明确层位及共存物的研究资料。

汉代的文化层只在少数探方中有小面积的分布，但最重要的是发现了一座墓葬（M6）。该墓上部被破坏，为长方形竖穴土坑状，未见葬具和人骨。墓内填土为灰褐色沙土。随葬品包括铁斧、青铜盘、青铜耳杯各1件，玉玦2件。玉玦分置两边，相距约30厘米。两件玉玦均制作精美，从出土位置看应属于配套的一对耳饰。扫管笏汉墓是继1955年李郑屋汉墓发现以来，香港地区汉代考古的又一次较重要发现，对于扫管笏遗址和香港汉代文化的研究，对香港和内地古代文化关系的研究都具有特别重要的意义。

明（清）代文化遗存，除地层外主要是墓葬。墓葬主要分布于Ⅰ区南部和Ⅱ区中、南部。均为长方形竖穴土坑墓。墓向以西南—东北向为主，东南—西北向次之。多数人骨架保存极差，仅个别铺垫石灰的墓，骨架保存稍好。普遍以木棺作葬具。

随葬品包括陶瓷器、铜钱、铜簪、戒指、铁刀、铁镰、铁剪等。陶瓷器随葬品，均放置于脚下。最常见的是在两个瓷罐之上扣两个瓷碗组成两套4件组合，多数在一件罐内放置稻米，另一件不见遗存。

香港古代遗址的发掘与研究，在华南地区考古学研究上占有重要地位。该次扫管笏遗址历史上最大规模的抢救性考古发掘，发现了不同时期、内容丰富、形式多样的古代人类文化遗存，反映出扫管笏遗址文化内涵的丰厚及长久的延续性，为我们深入解读不同时期香港地区古代居民的生产、生活状况提供了重要线索，更为我们认识香港与华南大陆间的文化关系及其在华南考古学上的重要地位提供了极为重要的实物资料。

【湖南洪江黔城发现西汉古墓群出土一批古代陶器】

2010年3月，正在建设中的湖南省怀通高速公路发现了一批古代陶器。经湖南省考古研究所发掘，这批古代陶器出自一批西汉古墓群，目前已清理出了55座古墓葬，出土玉器、青铜器、陶器等各类器物200多件。

发现古墓群的地点在怀通高速公路洪江市黔城镇小江路段。得知消息后，湖南省文物部门组织专业人员迅速赶往现场，对古墓进行抢救性清理发掘工作。经过湖南省考古研究所组成的考古专家对墓穴的细致清理，在一号古墓穴里，发掘出了滑石璧、陶鼎、钫壶、陶盒、陶壶、陶罐等30余件陶器组合。

据考古专家初步勘察，“一号古墓”是一座西汉中后期墓葬，距今有2000多年的历史。洪江市文化局负责人介绍，这次在西汉古墓群发掘出土的主要是玉器、陶器和青铜器。湖南省文物部门从3月上旬开始对这些文物进行修复，修复工作将持续两个月。这次西汉古墓群的发掘对研究中国西南地区在西汉时期的历史文化、风俗习惯等具有十分重要的价值。

【龙岩新发现多处古遗址最远可追溯到旧石器时期】

2010年3月，福建博物院考古所与龙岩市文化出版局共同对赣龙铁路、双永高速铁路、古武高速公路工程沿线进行文物考古调查，在赣龙铁路沿线共发现商周时期遗址3处，双永高速公路沿线发现古遗址6处，年代从旧石器时期至民国时期。此次调查发现的古遗址文化内涵丰富，年代跨度大，为闽西的历史文化研究提供了丰富的第一手资料。

赣龙铁路设计为高速铁路，在龙岩境内90%以上为隧道和桥梁，此次发现的遗址均位于长汀县河田镇境内。其中一处是山塘坑遗址。

在遗址周围的山坡和山顶上，均可采集到夹砂灰硬陶、夹砂细灰陶片等，陶片上的纹饰以菱形为主，能够辨别出的器物为尊、盆、罐等，年代为商周时期。

在双永高速公路沿线发现的遗址，从旧石器到民国均有，分别是位于新罗区的苏坑仑遗址，考古人员采集到新石器时代晚期陶片数百片以及石器、红烧土等，文化遗物十分丰富。

而位于新罗区平洋村西侧的山丘上，一处清代到民国时期的南山窑址被发现，窑址原生废品堆积中遗有大量晚清至民国时期该窑产品，采集到“壬子录春志”刻铭瓷拍、“洪”子刻铭瓷刀、擂钵、瓮、罐、花盆、支座、匣钵等。永定县则发现一处相当于中原商代晚期至西周早期的东山遗址。位于漳平钟秀村的一处红寨山遗址，工作人员采集到旧石器时代的砍砸器、石核等石制品。

【浙江余杭茅山良渚遗址发掘】

茅山为一座海拔48.8米、东西狭长的自然低山，遗址分布在茅山的南坡，遗址面积近3万平方米。发掘表明，茅山遗址主要为一处新石器时代遗址，遗址的堆积部分可分为坡上的居住生活区和坡下的稻田遗迹区2大块。坡上居住生活区的文化层堆积由早到晚分别为马家浜文化晚期—崧泽文化早期、良渚文化中晚期和广富林文化时期3个阶段。坡下的稻田遗迹区农耕层可分3层，其中已经发掘的农耕第Ⅰ、Ⅱ层分别与居住生活区的后2个阶段堆积对应。

马家浜文化晚期到崧泽文化早期的堆积目前仅局部进行了发掘，清理的遗迹主要有灰坑等。在编号G4的遗迹单位中出土了数量较多可修复的陶器和骨木器等，陶器器类有双耳圜底腰沿釜、双目饰圆锥足鼎、侧把盉、喇叭圈足豆、罐、盆等。出土的1件朱漆黑彩木雕动物合体像，由底座和上下骑座的2

只动物组成，动物造型抽象却不失生动，为了解距今6000年前后太湖地区先民的精神世界提供了重要的物证。

截至2010年3月，茅山遗址发掘最大的收获是揭露了一处聚落布局和结构比较清晰完整的良渚文化中晚期坡地型遗址的聚落形态。茅山遗址良渚文化中晚期聚落，以一条基本呈蜿蜒的东西向河沟（G2）为界，分为坡上的居住生活区和坡下的稻田遗迹区。由于遗址范围和部分重要遗迹个体都比较大，第一期发掘采取了探方平面揭露和南北向探沟分段局部揭露的方法。发掘表明良渚文化中晚期水稻田已有明确的道路系统和灌溉系统，良渚先民对水稻田已有了比较先进而细致的规划。目前针对水稻田遗迹及遗址环境的多学科研究正在进行中。

茅山遗址良渚文化时期水稻田遗址发掘规模大、遗迹种类丰富、性状比较清晰，并与布局和结构比较清晰完整的良渚文化聚落紧密有机地联系在一起，在良渚文化中属首次发现，在国内同类遗址中也甚为罕见。对于研究良渚文化时期的聚落形态、稻作生产方式，进而深入理解良渚文化在中华文明起源中的作用等意义重大。同时，茅山遗址稻田农耕遗迹三叠层的发现，对于全面系统地研究新石器时代中国东南地区稻作农业的起源及发展过程提供了非常珍贵的资料。

【贵州贞丰孔明坟石器制造场遗址发掘】

2010年3月，贵州贞丰孔明坟石器制造场遗址发掘告一段落。

遗址位于贵州省贞丰县鲁容乡孔明村，小地名叫孔明坟。处在孔明河与北盘江汇合处的北盘江东岸一级阶地之上，与小河口遗址、天生桥遗址隔河相望，总面积近万平方米。以孔明河河沟（现已变为一季节性的小河）为界，分为沟南、沟北两个发掘区，沟南区是此次发掘的重点区域。

截至2010年3月，此次发掘发现的属于新石器时代的遗迹有房址1座（还有一些零散的柱洞），石铺道路1段，墓葬9座，灰坑4座，堆积残碎石制品及原料的坑（暂称之为废料坑）3座，石器加工点和石堆30余个。此次发掘取得了贵州省新石器时代考古的多项重要突破。

第一，该遗址出土材料数量丰富、分布密集，特别是打制石器占出土物的百分比最高，是目前贵州省新石器时代遗址中，以打制石器占主导地位的一处重要文化遗存。

第二，从遗址的时代上讲，处于新石器时代中期，是目前贵州省北盘江流域河流阶地上新石器时代遗址中时代最早的一处，可能是同一文化时代一种新文化在贵州的出现，对于了解北盘江流域古文化的特征、渊源和构建这一地区的古文化发展谱系有着重要的意义。贵州省的新石器时代遗址，以往多发现于洞穴之中，处于河流阶地上的新石器时代遗址在近年来才有了较多的发现，而经过正式的大规模系统发掘的遗址更是少之又少，加之孔明坟遗址时代较早，因而该遗址的发现和发掘更是意义非常。

第三，发现了一批独特的新石器时代墓葬，是目前贵州省发现的时代最早的一批新石器时代墓葬之一。从葬俗上看，流行二次葬，并且许多墓葬之上都有大块砾石直接压在人骨之上，这一点更是值得特别关注。

第四，该遗址是目前贵州省境内发现的规模最大的一处石器制造场，获得大量石制品，从全国的范围来看，也是较为少见。以往的石器制造场往往遗迹现象不甚丰富，而孔明坟遗址遗迹遗物丰富，并且具有明确的初级制造区、精细加工区，还有可能的墓葬区，这一现象尤其引人注目，在我国西南地区尚属首次发现。

【安徽固镇垓下大汶口文化城址发掘】

2010年3月，安徽固镇垓下大汶口文化城址发掘进入尾声。

垓下遗址相传为秦末楚汉战争的垓下之战所在地，位于安徽省固镇县濠城镇垓下居委会境内，北与灵璧县交界，西距固镇县城约24公里。遗址主体地貌为一台地，沱河经由遗址西侧绕至北侧向东流去，四周有土垣，平面呈不甚规则的圆角长方形，轮廓清晰，高出外侧地面2～3米，城墙内圈面积约15万平方米。长久以来，该遗址一直被当做秦汉城址，为了明确遗址的年代和内涵，编制遗址保护规划，经国家文物局批准，由安徽省文物考古研究所主持、固镇县文物管理所配合，自2007年开始对遗址进行了钻探和第一次发掘，其后又于2008年和2009年连续对遗址进行了两次发掘工作。

经钻探发现城墙外有壕沟，城内有台形基址、成片红烧土堆积、窑址、水井、沟槽等。3次发掘共揭露面积1000余平方米，证实遗址年代主要是大汶口文化晚期和汉代两个时期，发现了保存较好的始筑于大汶口文化晚期、汉代增筑的城墙，还发现大汶口文化晚期至龙山文化初期排房一组、台形基址一座，陶窑一座、墓葬11座；大汶口文化晚期至龙山文化初期及秦汉时期的灰坑74个，沟12条；汉代开凿大型水槽1处、水井3口；宋代墓葬2座等。出土各时期文化遗物共计约400件。其中大汶口文化晚期城址的发现是最重要的收获，而建于北城墙顶部的大汶口文化晚期多间排房、东城墙上的史前地震迹象、汉代的沟槽和其上的车辙等为发掘增添了许多待解之谜。

发掘证明，遗址内的文化层堆积主要为两个大的时期，下层属于大汶口文化时期，厚1.3～1.5米，堆积由红烧土颗粒层、黄黏土和灰土等不同土质构成。上层属秦汉时期，厚约0.6米，堆积以深灰色黏土为主。西周、战国和宋明时期的遗迹有零星发现，局部区域存在宋明以来的文化层堆积。

城墙与壕沟

经过东城墙的2条探沟和北城墙的1条探沟解剖得知，城墙结构基本一致。东城墙墙基宽约24.7米，残存高度最高达3.8米，系堆筑而成，主体为大汶口文化晚期筑造，汉代可能有所增筑或补筑。大汶口文化晚期城墙为平地起建，先使用比较纯净、黏性较好的棕色土间杂沙性白土块和由黄、褐、浅灰色沙性土等各种土混杂而成的特征明显的花土平堆成上窄下宽的山坡形，再以其为核心，在上面顺坡逐层堆筑，使墙体加宽增高，根据堆积结构和遗迹的打破关系，可以分辨出至少3次堆筑过程。在大汶口文化晚期城墙的内侧，发现一组用黄花土筑成的堆积，对史前城墙进行了简单的加宽增高，与史前城墙之间有一层均匀细腻的灰白色土截然隔开，在堆积内发现了零星汉代陶片，因此疑为汉代对史前城墙进行的增筑或补筑。

北城墙相比东城墙保存略差，解剖所见城墙墙基宽约22.5米，残高约2米。同样采用堆筑法建造，平地起建，先用灰白色纯净细沙土掺和少量的焦黄色黏土堆成墙芯，再于其两侧逐层堆积进行加宽增高，形成墙体。从堆积结构上也可以分辨出3次堆筑过程，但没有发现疑似汉代增筑部分。

城墙堆积内出土的遗物以残碎陶片为主。陶质多夹细砂，泥质较少。陶色以红、褐色陶为主，其中外红内黑陶最多，有一定数量的灰陶。器表多饰有纹饰，流行横、斜篮纹，极少量饰有绳纹或方格纹。可辨器型有鼎、罐、鬶、觚形杯、高柄杯等，器物形态具有皖北地区大汶口文化晚期较为典型的特征。如鼎足主要为侧装凿形足和足面略宽、饰1～2道竖槽的凿形足，另有少量足面饰3～4道凹槽的横装宽扁足。高柄杯多是厚胎，圆柱状柄。

由于在2007年、2008年解剖东城墙时未能发现直接叠压在城墙上的早期文化层或足够明确断代的遗迹，因此保守起见将城墙的建造年代初步推定为不晚于龙山文化早中期。至2009年发掘北城墙时，在城墙内侧发现了叠压城墙的丰富的大汶口文化晚期堆积，并在城墙顶部发现一组应属于大汶口文化末期的排房，因此确定了城墙的始建年代应为大汶口文化晚期。

城墙外侧发现有壕沟。经解剖得知壕沟紧挨城墙外侧，有新石器时代和汉代之别。东城墙外的壕沟只解剖了近墙体的局部，详情未知。从北城墙的发掘看，新石器时代的壕沟被汉代壕沟打破外缘部分，根据沟底的走势宽度在15米左右，深约5.5米，沟内淤积以灰褐色土为主，含有少量烧土块和大汶口文化陶片。汉代壕沟在新石器时代壕沟的基础上进行了拓宽，其外侧已被沱河冲刷，可能宽达25米以上，深约5米，沟内淤积主要是深灰色土，包含较多汉代陶、瓦片。

排房与台基

在北城墙偏西的城墙顶部，发现了一组东西向排房，系顺城墙走向建造。建房前可能用了质地较细的淡黄色土对城墙顶部铺平，再于其顶部下挖形成浅穴式房屋。排房由5间连间房屋和1间独立的附属性房屋组成，各间房屋均为长方形，五连间房屋共长约16米，每间房屋面阔2.3～3.3米不等，进深约4.45米，房屋间设有隔墙，隔墙宽度约16～32厘米。仅有3间房屋残存有墙壁，高度20～45厘米。房屋地面受到不同程度破坏，残留的地面及墙壁皆抹有白灰面，地面与墙壁交界处皆绘有红色线条，可能是一种装饰。排房南端残缺较多，北端也仅 F1、F2 残存边壁，皆发现北向门道，门道很窄，仅容一人经过。其中 F2 的门道有改造迹象，显示出多次修整门道的过程。

位于最东的一间房屋，因与5连间房屋存在宽约0.5米的间隔，所以形成独立的一间，但与5连间在同一条直线上分布，宽度较窄，仅1.6米，长约4.2米。地面呈由西向东略凹，抹有白灰面但非常粗糙，室内残留陶器较多，有鼎、器座、瓶、石支架等，鉴于上述特征判断，此房间应非居住所，更可能是附属性的建筑。

在城址西北角，城内靠近城墙处发现一座台形基址，西北—东南走向，推测可能是一座毁弃的建筑基址。台基东西未发掘到边缘，已揭露部分宽约7.5米，长超过14.5米（根据走势和钻探情况，台基长度在15~18米左右），高约1米。台基平面形状近长方形，四缘呈漫坡状，其北侧使用较纯净的黄黏土平整铺垫在台基与城墙之间。台基上发现有几条残存的基槽状遗迹，在台基顶部和漫坡周边发现数座瓮棺葬。经对台基解剖发现，台基存在两次堆筑过程，每次堆筑后在其北侧坡脚皆用黄黏土铺平，可能作为活动场所。台基北侧坡脚叠压在北城墙第一次堆筑的城墙坡脚上。从台基表面到北城墙南侧第一次堆筑的墙体表面存在一层相连的含炭灰层，推测可能是当时人们活动留下的，代表了一定的共时性。从打破台基的瓮棺葬内出土的遗物推断，台基至少不晚于大汶口文化晚期。

墓葬

共发现墓葬15座。能判断属于大汶口文化晚期至龙山文化初期的有4座土坑墓、7座瓮棺葬。土坑墓都为单人葬，墓向基本一致，皆朝东略偏南，仅一座有随葬品。瓮棺葬以将一件器物打碎上下铺盖为主，也有两器扣合和陶器倒置的形制，用来随葬的陶器有瓮、罐、鼎、甗等。另有宋墓2座，皆为小型砖石混合垒砌的北宋平民墓，出土一件黄釉瓷碗与一枚“咸平元宝”铜钱。其余2座墓年代不明。

其他

除上述重要遗迹外，还发现有大汶口文化晚期至龙山文化初期的灰坑，平面形状主要有椭圆形、长方形和不规则形等，以红烧土碎块作为坑内堆积的灰坑占有相当比重。

在北城墙现有的缺口处，发现一条汉代挖成的大型沟槽，长40余米，宽约5.8米，深约3.7米，从城内延伸至城外，直通沱河，或可能在汉代时作为水门使用。沟槽内淤层较厚，多数土质较硬，土色暗褐或发青，并有少量黄沙薄层。沟槽东西两壁除因长期积水或流水冲击致使局部坍塌外均较陡直，走向明确，明显为人工挖成。沟废之后，可能曾作为陆门使用，在汉代淤层板硬平整的表面上发现两道清晰的车辙印，车辙与沟槽方向一致，间距1.3米。其后，在汉代淤层表面又被较厚的一层陶片、瓦砾所覆盖，可能是水流冲积和人们有意铺垫共同形成的出城道路。从其中出土的瓷片可以看出，陶片、瓦砾层可能形成于宋代。而介于瓦砾层与汉代淤层之间的车辙印究竟是汉代还是宋代产生的却难以判断。

秦汉时期的其他遗迹以灰坑、水井为主。灰坑有圆形、椭圆形、方形和不规则形等，多数较大的坑内皆包含大量筒瓦、板瓦等建筑垃圾，还有残碎的陶瓮等生活用具。如H35为圆形坑，直径4米，深度达到2米以上，坑内出土大量的筒瓦、板瓦残片，并成层地见有残碎的陶瓮等，还出土了几件铜镞和较多的铁器。水井皆为圆形，深度在2米以上。

出土的秦汉时期遗物中陶器以泥质灰陶占绝大部分，也有少量的黄陶，器表多饰有绳纹、瓦楞纹、弦纹和交错绳纹等，器型以筒瓦、板瓦最多，其次有瓮、盆、罐等陶质生活器具。其他遗物有铜箭镞、铁质兵器和生活用器等。

西周、战国以及宋明遗存有零星发现。如瘪裆鬲、蚁鼻钱等。

地震迹象

在探沟解剖东城墙的发掘中发现了一处奇怪的现象，探沟西段的大汶口文化晚期城墙墙体堆积出现明显的断裂错位，经安徽省地震局专家多次现场考察并取样分析，认为可能是一次发生于大汶口文化晚期的强烈地震活动留下的迹象。

城墙堆积断裂错位现象发现于2008年5月12日，当时城墙发掘至一层灰黑色灰烬层，发现灰烬层出现断裂错位现象。根据这一线索对这一片的土层又仔细刮光辨认，确定了堆积断裂错位的范围。

根据土质土色的变化，以及地震局专家对错位位置的取样切片分析，从第二次堆筑的墙体开始向下包括生土层都发生了断裂错位。错位处在平剖面上均可见宽约4毫米的裂痕，其两侧土层厚度对称，完全相合。位错高差较为平均，裂痕以西比裂痕以东高出约3.8厘米。

垓下遗址是淮河流域一处重要的遗址，地处淮河流域中游，其遗存受到周边文化的强烈影响。从出土的新石器时代遗物看，它具备大汶口文化的普遍特征。但遗址中发现的白灰面排房、台基等都是大汶口文化中极为罕见的，具有自身特点，与同区域蒙城尉迟寺遗址中的发现有较多类似之处，可能属于大汶口文化的同一个类型。垓下城址作为淮河流域第一次发现的大汶口文化城址，虽然面积不大，但却是目前整个大汶口文化中最无疑义的一个城址，对于探索中华文明的形成具有重要的意义，它出现在远离大汶口文化中心区的南部边缘更是带来诸多学术上的问题。建于城墙顶部门向朝北、内部装饰讲究的大汶口文化末期排房是一种临时性建筑，还是一种特殊的居住形式？长条形台基与城墙和瓮棺葬有怎样的联系？地震迹象是否与城的兴衰有一定关联？发掘解决了一系列的问题，又带来一系列的新问题。

【河南淅川龙山岗（黄楝树）遗址发掘】

龙山岗遗址，又称黄楝树遗址。位于河南省淅川县滔河乡黄楝树村西，是南水北调中线工程丹江口水库淹没区文物保护项目之一。遗址坐落在闹峪河（又称肖河）东岸的台地上，北约1公里为水田营遗址，东约12公里为著名的下王冈遗址。2008年5月至2009年10月，受河南省文物管理局南水北调文物保护管理办公室委托，并报请国家文物局批准，河南省文物考古研究所对该遗址进行了考古勘探和发掘，该遗址现存面积约20万平方米，文化堆积厚1~4.5米。

截至2010年3月，揭露面积为5000平方米，从工作情况来看，遗址文化堆积较为丰富，发现有明清、宋元、汉代、西周、王湾三期文化、石家河文化、屈家岭文化和仰韶时代晚期遗存，其中以新石器时代遗存为主，尤以仰韶时代晚期遗存最为丰富。

仰韶时代晚期遗存遍布整个发掘区，发现有房址、灰坑、祭祀坑、沟等遗迹。房址是本次发掘最为重要的发现，均为地面式建筑，有圆形和长方形之分，长方形的房子有单间、双间、多（套）间之分。房址一般保存较差，多数仅剩基槽。大型多间房屋共发现3座，为F4、F10、F16，每座房屋的建筑面积均在100平方米以上，其中F16建筑面积达200余平方米。这3座房屋基址均位于遗址的西部，相距不远，F10居南，F4在F10西北约3.5米，F16在F10东北约5米。其中F10保存稍好，由四间组成，平面布局略呈“田”字形，每间大小不等。东南间最大，室内面积达30多平方米（以基槽内侧计算）；西北间保存有高约0.3米的墙体，墙体厚约0.25米，是取用当地的一种灰白色生土堆筑而成，内外两侧均抹有一层厚约1厘米的细泥，并经火烘烤成红色，墙下有深1米多的宽大基槽。F8是一座双间式房屋，虽然墙体已无存，但室内垫土范围清楚，可以看出整座房屋分为南北两间。南间铺垫有料礓碎块，中部稍偏西北处为火塘，火塘面抹有特殊的建筑材料，较为坚硬，四周有规整的围埂。北间没有铺垫料礓碎块，房间的中部也有一火塘，结构和南间的相同，只是在其西南侧有一夹砂陶罐，下半部埋入地面下，可能是用来储存水或火种。在房外西面，发现有大面积红烧土垫土，和F8室内垫土基本平齐，我们初步推测，F8门向可能朝西，红烧土垫土是F8的室外活动场所。灰坑有圆形、椭圆形和不规则形。值得注意的是在发掘区的西部发现有埋藏猪下颌骨的坑6个（H121、H160、H165、H204、H205、H208），每个坑内埋藏的下颌骨数量不等，应与祭祀活动有关，但是其祭祀对象等情况目前还不清楚。

这一时期的遗物主要有陶器、石器、骨角器等。陶器以泥质红陶（包括橙黄陶）和夹砂（蚌）灰陶为主，黑陶极少；以素面陶器为主，其他纹饰有弦纹、细绳纹、篮纹、附加堆纹等，罕见彩陶；器类主要有鼎、钵、罐、盆、缸、器盖等。器物形制和湖北均县朱家台遗址及郧县青龙泉遗址出土的仰韶文化晚期遗物。

龙山岗遗址地处黄河中游和长江中游两大史前文化系统的交汇地带，新石器时代文化堆积厚，遗存丰富，延续时间长。发掘表明，南北两大文化系统在这里此消彼长、相互交流与融合，留下了深刻的印记。尤其重要的是发现了仰韶时代晚期的房址群，特别是3座大型分间式房屋，面积大、规格高，在汉水中游同时期文化遗址中非常罕见，是这一地区的又一重大考古发现。因此，龙山岗遗址的发掘，不仅对研究汉水中游地区新石器时代文化发展序列，探讨该地域新石器时代各发展阶段聚落形态变迁及其演变规律，而且对我们认识南北文化中介地带的文化面貌和性质，以及南北文化的关系有着极其重要的学术价值。

【黑龙江穆棱新发现3处距今约3000年的青铜时代古遗址】

黑龙江穆棱市文物管理所在开展“三普”调查时，新发现3处距今约3000年的青铜时代（商周时期）遗址，总面积达13万平方米。散落在遗址地表的大量器物中，有回纹陶片以及十分罕见的打制石器等。

3处遗址分别为围山转遗址、沟里大地西南遗址和头道沟遗址。围山转遗址面积约为3万平方米，地表暴露有大量的陶片残片及打制石器（年代早于磨制石器）。根据出土器物分析，该遗址应为青铜时代和铁器时代的文化遗存。沟里大地西南遗址面积约为6万平方米，地表暴露的器物较多，有打制石器、划纹陶片、回纹陶片等。据出土器物分析，该遗址应为两期文化遗存，早期为青铜时代遗存，晚期为铁器时代遗存。回纹陶片明显具有中原青铜器纹饰的风格，表明该类文化遗存是中原青铜文化的传承。头道沟遗址面积约为4万平方米，地表暴露有大量带有明显特征的陶片。根据出土器物分析，该遗址应为青铜时代文化遗存。

此次新发现的3处遗址规模之大、出土器物之丰富实属罕见，为牡丹江地区研究青铜时代文化提供了新的实物证据。自开展第三次全国文物普查以来，截至2010年3月，穆棱市仅新发现的古代文物遗址就有58处，已采集和征集文物标本600余件。

【江西永丰发现一座占地约55万平方米宋代古城遗址】

江西上饶市永丰县发现一座始建于宋代的古城。记者2010年3月14日从江西省第三次全国文物普查办公室获悉，这座古城的遗址占地约55万平方米，具有重要的历史研究价值，目前已经被列为江西省文物普查重要新发现。

古城遗址位于永丰县恩江镇老城区，呈东北—西南走向的葫芦形状，规模宏大。经测量，古城遗址总占地面积约55万平方米。现存城墙总长2500余米，高在1至4米之间，地基宽约5米。墙体两边砖抱砌，中间夯土，城墙整体形制和走势保存基本完整。

考古人员研究发现，古城始建于宋绍兴七年（1137年），距今已有近900年历史，当时仅有南北两座城门，并在元代遭受较为严重的破坏。古城到明弘治初年（1488年）和嘉靖三年（公元1524年）得到大规模扩建，城门增至8座。又经清朝乾隆、道光、咸丰年间多次维修才具现存规模。

目前，在城墙上的许多墙砖仍然可见刻有“嘉靖三年官造”的铭文，部分墙砖上刻有“乾隆拾壹年官修”和“道光二年官修”的铭文。

文物专家考证认为，永丰古城是目前江西省发现建成时间较早，保存较完整的古迹；古城遗址面积达50多万平方米，在中国南方地区较为少见，对研究当地的商贾贸易、历史文化具有极高的价值。

【陕西三大考古发现震惊世人大量陶乐俑出土】

2010年3月，考古人员在对西安咸阳国际机场二期工程工地进行考古发掘清理时，发现了大量罕见文物。

在机场二期工程新修跑道西端北部，发掘了一座斜坡墓道多级台阶带天井的双室土洞墓。在该墓中出土随葬品123件（组），其中位于墓前室东壁的两组陶乐俑最为引人注目。这组乐俑出土时即按照演奏时的场景分成两组排列着，共有19个乐俑，估计每组乐队应该有9~10个俑。所有乐手都为女性，应该为少数民族，绾着发髻、身穿红色衣跽坐（即两膝着地、臀部坐在小腿肚上的坐姿）着。每组俑手中的乐器不同，有弹奏琵琶、古筝的，有吹箫的，还有演奏笙、鼓等乐器的。刘呆运说，以前曾出土过单个的乐俑，像此墓葬中成组的乐俑出土较为少见。

汉墓出土精美铁剑

唐大明宫遗址范围内历代的遗产、遗物也非常多。目前，正在进行基建清理工作的考古人员就发现了10座汉墓，初步发掘发现墓葬保存较好，一柄汉代铁剑更是精美。

据介绍，在4座墓葬中，3座墓出土器物大多完整，大多为绿釉陶器，其中一件陶器盖子还雕刻着“青龙、白虎、朱雀、玄武”四神像；另一座墓葬墓室内已空无一物，却没有被盗痕迹，具体原因无法断定。考古专家李春林说，墓葬中出土的一把汉代铁剑十分珍贵，剑长1.1米左右，剑与剑鞘虽有断裂，但是古玉饰物十分完整，表明墓主人具有一定的社会地位。

因墓葬中没有发现任何文字性的东西，专家根据墓葬及出土文物推断，这些墓葬均为西汉晚期到东汉早期，属于汉长安城的东郊之地，在唐朝为大明宫所用。

汉代最大的实心砖长1.6米

考古人员最近在秦始皇陵园勘探时，在汉代墓室中发现1.6米长的条形砖，这是迄今为止中国考古界发现的汉代最大的实心砖。

这两座汉墓位于陵园内外城之间，毗邻而居，各占地10余平方米，由斜坡道、前室、后室、耳室组成。令考古专家吃惊的是，整个墓葬的后室全部由青砖砌成，墓室两侧及后壁用长条砖错缝平铺，顶部用长条砖平铺，封门用长条砖错缝横向平铺，极为严密。这些砖显得很特别，都是长1.6米、宽0.23米、厚0.11米，这在近年来的考古发掘中十分罕见。这也是迄今为止考古界发现的最大汉代实心砖，为研究秦始皇陵园后期变迁提供了资料基础。

【南水北调河北田野考古结束现数百遗址遗存】

2010年3月，省内外40多家考古单位500多名考古工作者历时3年，取得500多处遗址、遗存的重要发掘发现！堪称“河北有史以来最大的文保工程”的南水北调河北段田野考古于2010年3月基本结束。随着磁县南城遗址、赞皇西高墓地等诸多新发现的陆续出土，河北考古发现“大家族”又增加了不少“新成员”。

磁县南城遗址

河北省文研所发掘的南城遗址被专家誉为“南水北调河北段考古的重要发现之一”。该遗址位于磁县古涧河主河道南岸台地，考古工作者2007年至2008年在此发掘出陶器、铜器等各类文物。

先商墓地的发现是这次发掘的又一收获，初步看它是河北近年来考古工作中发现墓葬数量最多、保存最为完整的一处先商墓地，是研究先商时期埋葬习俗、方式、制度等方面的重要资料。同时这一带的汉代沟渠也是难得的发现之一，初步推断可能是汉代一处水利设施。

唐县北放水遗址

2005年至2006年，河北省文研所等发掘的唐县北放水遗址是南水北调工程河北段6个控制性文物保护项目之一。

北放水是近年来保定地区夏商周考古的重要收获，其发现与发掘使先商人活动的范围向北扩展几百公里，对于研究商人古部族的分布及文化属性、商族和商文化的渊源，及夏商时期北方与中原青铜文化的交流和碰撞等有重要意义。

邢台后留村北商代晚期遗址

中科院考古研究所2007年在邢台后留村北商代晚期遗址完成发掘4000多平方米，出土大量陶片和陶、石、骨等质地的小件器物，出土的文化遗存都是商代晚期。

大型祭祀牛坑、夯土基址、石磬、陶文和卜骨、卜甲等的出土，说明这个遗址存在贵族阶层，因此遗址的级别比较高，应该引起学术界的重视。

徐水东黑山遗址

2006年至2007年，河北省文研所对东黑山遗址进行发掘，重要收获是战国小城和汉代房子的发现。其中汉代房子大多有炕，炕和灶相连，烟道有2条或3条，2条烟道的时代较早，为西汉中晚期，三条烟道的为东汉早期。

有专家评价说，遗址西北部战国小城的发现对研究战国时期的政治军事有着重要意义。汉代房子特别是炕的发现为研究当时的经济和生活形式提供了实物资料。目前我国发现的炕的遗迹多分布在东北地区，且时代最早的为东汉晚期，东黑山遗址西汉时期炕的发现无疑填补了汉代建筑史的研究空白。

磁县北朝墓群

2005年至2007年中科院考古研究所和河北省文研所共同对磁县北朝墓群进行抢救性发掘，其间在磁县县城南发掘的东魏皇族元祜墓，出土组合完整的随葬品陶俑、陶瓷器、墓志等。

元祜是北魏皇帝拓跋焘的重孙，他的墓志明确了磁县北朝墓群中东魏皇宗陵的地域所在，是磁县北朝墓群布局研究的一个突破；该墓年代明确，其墓葬形制和出土遗物成为北朝墓葬研究的标尺；另外元祜墓墓室壁画是迄今难得一见的东魏王朝画迹。该墓葬入选2007年度“全国十大考古新发现”。

同时，考古工作者在磁县讲武城镇刘庄村西发现了北齐皇族高孝绪墓，出土彩绘陶俑等珍贵文物，其中最值得一提的是壁画，其中一幅为位于长约15米的斜坡式墓道东西两壁的人物仪仗出行图，业内评价很高。另外高孝绪墓出土的墓志盖，廓清了北齐皇宗陵域的大致范围，为北朝墓群制订科学保护方案提供了重要参考。

赞皇西高墓地

中科院考古研究所河北工作队与北京大学文博学院考古队发掘的赞皇西高墓地，目前田野发掘已结束。发掘古墓葬9座，共清理出随葬品500余件，包括陶俑、青瓷器、陶器、铜器和墓志等，譬如在东南一座墓葬中就出土两块墓志，墓志写明墓主人为北魏尚书左丞、镇远将军、光州刺史李仲胤及其夫人，永熙三年（534年）合葬于此。据此认定西高北朝墓地属北朝赫赫有名的赵郡李氏家族，该墓地是目前已发现的少有的北朝大型家族墓地。西高北朝墓地出土随葬品较丰富、组合清晰、纪年明确，可以成为北朝考古研究的标尺。

【陕西富县出土300余件北朝至宋代佛教造像石刻】

2010年3月，考古人员在陕西省富县境内一处寺院遗址发现北朝至宋代的300多件石刻残块，包括大型石刻佛教造像、小雕像和造像碑，还有一些筒瓦、板瓦、瓦当、琉璃构件、鸱吻等建筑材料，以及一批清代、民国的古钱币。这也是目前已知陕西地区考古发掘出土造像最多的一次。

在这次发掘过程中，共发现石刻残块300多件，包括大型石刻佛教造像、小雕像和造像碑，还有一些筒瓦、板瓦、瓦当、琉璃构件、鸱吻等建筑材料，以及一批清代、民国的古钱币。除一件小型造像为石灰岩（青石）外，其余均为砂岩，故保存状况较差。在发现的造像以及造像碑上，发现了一些明确的纪年文字，目前见到的有“大魏大统十五年（549年）”、“天和六年（571年）”、“建德□年（572—578年）”、“开皇三年（583年）”等。大型造像残高约1.45米，加上已经残缺的头部和底座，原高当在2米左右，最小的雕像高20厘米左右。从纪年铭文看，共有西魏、北周、隋代的造像碑及造像，同时从其他造像的风格分析看，还有北魏、宋代的造像碑及造像。

根据学者的研究，从甘肃庆阳到山西大同一线，是佛教传播的重要通道。黄陵的香坊石窟、富县的石泓寺、安塞的云岩寺、大佛寺、黄龙的普隆寺等石窟，都是北魏至西魏时期所开凿。这次发掘的广家寨寺院遗址以及黄龙县隋唐时期的普隆寺遗址，都位于这条重要的通道上，同时，这次出土的大量文物，特别是造像和造像碑数量巨大，风格多样，延续时间长，是目前已知陕西地区考古发掘出土造像最多的一次，对于研究陕北地区的佛教传播、宗教信仰等都有重要的意义，也为陕西地区的佛教考古和美术考古研究提供了新资料。

【雅安发现4000年前特大城市】

2010年，雅安汉源麦坪遗址抢救性考古于2010年3月获重大发现。11324平方米范围内发掘出182处史前房屋遗址、167座墓葬、725个灰坑及陶、石、铜、玉石器上万件，初步考古结果显示，麦坪或许是4500年前大渡河流域的中心城市。

麦坪遗址位于雅安市汉源县大树镇麦坪村四、五组，遗址区处于大渡河中游南岸，总面积约10万平方米。该遗址于20世纪70年代末被发现，2001年开始试发掘。由于大渡河上的瀑布沟电站建成并开始蓄水，麦坪遗址即将沉入水库水平面以下。四川省文物考古研究院于2006年开始，对该处遗址进行抢救性考古发掘。

走过新建的大树大桥，朝大树旧集镇前行，有着大量的史前遗址——狮子山遗址、龙王庙遗址、大地头遗址、麦坪遗址、金钟山遗址、摆鱼遗址、姜家屋基遗址……这些遗址贯穿时间长，最早可以追溯到4000年至4500年以前的新石器时代。位于汉源县大树镇的遗址呈连续分布状，相互均有联系，出土文物有一致性，其中麦坪遗址规模最大。可以推测，4000多年以前，这里应该是一个以麦坪为中心的较大人群聚落地。用现在的话来说，就是一个“特大型中心城市”。

【四川在古南丝绸之路发现大型史前聚落遗址】

2010年3月，一处位于雅安市汉源县大渡河边的大型史前聚落遗址——麦坪遗址被确认，这里曾是古南丝绸之路的必经之地。截至目前，共发现商周墓葬及新石器墓葬173座，发现房址182座、灰坑725个、灰沟54条，另有窑、灶、墙等大量遗迹发现，同时发现有陶、石、铜、玉石器上万件。

【陕西省出土宋代壁画墓】

2010年3月，陕西省考古研究院在韩城市盘乐村发掘了一座保存完整的宋代壁画墓，发现了极其罕见的宋代木榻实物，首次发现了表现中医中药的绘画作品和目前最完整的宋代戏剧场面。

陕西省考古研究院于2009年1月至6月在配合韩城矿务局建设所征用的土地——盘乐村东部进行考古发掘，共清理汉、宋和清代墓葬47座，大多数墓葬被盗严重，只有M218宋代壁画墓保存完好，是此次发掘的重要成果。由于墓室未遭受淤土侵扰和人为盗掘，墓内壁画以及木榻等遗物保存完好，为国内宋代考古的重大发现，已于2009年4月11日整体搬迁至省考古研究院。

此次发现的这座壁画墓为砖券墓室，长2.45米、宽1.80米、高2.25米，墓深7.4米。墓室中砖砌榻座及木榻保存基本完好。木榻长2.05米、宽0.94米，造型挺秀、装饰简洁，只取局部菊花装饰，为古代家具研究增添了珍贵的实物资料。墓内东、北、西壁面上遍布壁画。北面上部绘制巨石牡丹，其间穿插仙鹤、蝴蝶等图案，下部正中为草书屏风，屏风前男墓主端坐于木椅上。画面左侧有一方桌，桌后两男子在研究中医，一人双手分别托有大黄和白术两袋中药，另一男子手捧宋代著名医书《太平圣惠方》。画像右侧为炮制中药的劳动场面，屏风两侧有侍者端水送药，反映出墓主生前至少有从医的经历。

墓室东侧绘制佛祖涅槃图像，佛祖面朝西卧于一张床榻上而涅槃，周围人士以各种悲哀的姿势站立床边，多人做蒙面拭泪、号啕大哭状。西侧绘制由17人组成的宋代杂剧演出实景，煞是壮观。中央四人当为丑角，动作各异，表演生动，乐队使用的乐器有鼓、笙、板等。这是目前见到的宋代最完整的戏剧场面，是研究宋代戏剧的绝好资料。

【四川茂县城关粮站战国—东汉石棺葬墓群发掘】

2009年7月，为配合灾后重建重点项目——茂县城关粮站住宅楼，四川省文物考古研究院、阿坝州文物管理所、茂县羌族博物馆联合对茂县城关石棺葬墓群进行了清理，共清理墓葬54座，出土各类文物300余件。发掘取得重要收获。

墓葬营造方式上取得重大突破

本次考古发掘首次完整地揭露了茂县城关粮站墓葬的营造方式，即先在沙石土上挖一长方形竖穴，深约80厘米。其长、宽均较所建的石棺大出10~30厘米。底部铺一层黄土，厚约3~5厘米。然后按照墓葬的大小，打制长方形石板，高约50~80厘米，厚约2~5厘米。再围绕坑底镶嵌头段大、足段小的石棺。棺上盖以石板，其数目按照石棺的大小而定。一般2~8块。盖板一般从足端逐层向头端叠压。为使顶板与侧板紧密结合，在侧板上打出一级一级凹口，做出台阶状。同时在侧板外侧还平铺黄土一层。最后在盖板上堆筑黄土，不加夯筑，厚约5~15厘米。部分墓葬上部可能立有墓石。

墓葬形制及其随葬品

本次发掘的54座墓葬，墓葬形制均为长方形石棺墓。41座墓葬可看出墓主人葬式，其中37座墓主人为仰身直肢葬，1座仰身交肢葬，1座火葬，2座二次葬。共出土各类器物380件。其中陶器194件，主要包括双耳罐、鼓腹罐、杯、豆、碗、簋、尖底盏等。铜器137件，主要包括剑、矛、铜泡、箭镞、带钩、手镯等。同时还有大量的海贝、玛瑙珠等。从出土器物来看，本地文化因素较多，如双耳罐、鼓腹罐、钵、山字格剑、铜泡等，同时还有少量的巴蜀文化因素，如矛、尖底盏、豆、铁釜、铜鍪等。多种文化因素的共存，说明岷江上游地区处于重要的民族走廊上。

墓地布局、时代发展演变清晰

城关粮站墓地可分为6排，排与排之间相隔较近，墓地的总体演变是从东向西发展，其中东部最早，其年代在战国中晚期，西部最晚年代在东汉。从墓地的布局安排上来看，成人墓葬和儿童墓地相对集中，在处理尸体和随葬品上又趋于一致。意识形态上表明，当时人们对待死者具有同等待遇。

动植物标本丰富

本次考古发掘发现，在墓主人头骨上部往往随葬有动物，主要是鸡、猪的骨骼（而与其他地区石棺葬随葬的马和羊有很大的不同），而所有出土的陶器中，绝大部分器内装有动、植物标本。从统计的结果来看，绝大多数双耳罐内装有动物骨骼，而绝大多数豆、碗、杯、钵、尖底盏内装有粮食（大部分为粟）。这些标本的发现对研究当地居民的食物结构、生产形态有着重要的作用。同时发掘中还出土了少量的丝织品和桦树皮。

城关石棺葬墓群是目前岷江上游地区发掘的最大的石棺葬墓群，清理的墓葬数量约200余座。为岷江上游地区石棺葬文化分期夯实了基础，相信对城关墓地内部结构的分析研究，将对岷江上游地区的石棺葬文化研究有突破性进展。

【江苏省宿迁市区考古工地发现汉代完整彩绘陶俑】

2010年4月，由江苏省宿迁市文物局组织，南京大学历史系文化与自然研究所、宿迁市博物馆、宿城区博物馆组成的联合考古队，对市区苏豪银座建设工地墓葬群进行抢救性考古发掘，在编号为M42的墓葬中发现汉代完整的彩绘陶俑。

此墓位于该建设地块最西侧，为长方形竖穴土坑墓，长2.95米、宽1.92米，墓底距地表约4米，内填五花土，方向100°，棺木已腐朽，仅存痕迹，人骨架保存一般，仰身直肢，头向朝东，墓室两侧均留二层台，随葬器物有彩绘陶俑、鼎、壶等10余件，均放在棺外南侧。从人骨架、墓葬规格和陪葬器物推测，墓主人应为男性，生前身份显赫。根据墓葬形制和随葬器物特点、组合来看，该墓时代应为汉代。值得一提的是，出土的4件彩绘陶俑，高39厘米左右，均为女性，古朴厚重、雍容大度、端庄典雅的造型方式，使人充分领略到汉代文化特有的力量内涵，洋溢着那个时代特有的美。近年来，在该地区发现数量如此之多，保存如此之好的彩绘陶俑尚属首次，它真实地负载了古代社会的各种信息，对研究古代的舆服制度、审美观点和丧葬习俗等具有重要意义。

【陕西西汉帝陵考古调查及发掘】

西汉帝陵考古工作是陕西省考古研究院根据国家文物局《关于〈西汉帝陵考古工作方案〉的批复》（文物保函〔2006〕1087号）于2006年9月开始实施的大遗址考古项目。

截至2010年4月，已先后完成汉武帝茂陵、“周王陵”、汉平帝康陵、汉元帝渭陵的考古调查与勘探，以及茂陵2号建筑遗址的（部分）发掘工作。汉惠帝安陵、汉哀帝义陵的考古调查与勘探进入尾声，茂陵帝陵南侧外藏坑的发掘工作正在进行。

汉武帝茂陵

茂陵是西汉第五代皇帝汉武帝的陵园，位于今陕西省兴平市南位镇策村南。2006年9月至2007年12月对其展开了考古调查与勘探工作。调查面积50平方公里，勘探面积达15平方公里，探明了茂陵陵园、茂陵邑遗址、陪葬墓、修陵人墓地等。

“周王陵”

“周王陵”的位置在今陕西省咸阳市渭城区周陵镇北。长期以来，由于史料的讹传，关于“周王陵”的时代究竟为周还是秦，一直未有定论。近年来，甚至有学者提出，“周王陵”有可能是附近的西汉帝陵陪葬墓的观点。为了彻底搞清楚“周王陵”的时代及其与西汉帝陵的关系，于2007年3月至6月对其进行了考古调查和勘探。工作区域约0.62平方公里，探明了“周王陵”的内、外陵园，墓葬形制，并发现了6处建筑遗址、27座外藏坑、161座陪葬墓。

汉平帝康陵

康陵是西汉末代皇帝汉平帝与王皇后的合葬陵园，位于陕西省咸阳市渭城区周陵镇大寨村东。2008年3月至11月，对汉平帝康陵进行了全面调查和勘探工作。本次调查、勘探面积约5平方公里，确定了汉平帝和王皇后陵的墓葬形制，探明了康陵陵园、汉平帝陵园、王皇后陵的两重陵园，还发现了18处建筑遗址，7座外藏坑。

汉元帝渭陵

渭陵是汉元帝与王皇后的合葬陵园，位于咸阳市渭城区周陵镇新庄村附近。2008 年 12 月至 2009 年 10 月，对其进行了全面调查与勘探，调查面积约 4 平方公里，勘探面积 70 余万平方米。探明陵园 4 座，建筑遗址 6 处，外藏坑 26 座，陪葬墓 80 余座。

汉惠帝安陵与汉哀帝义陵

汉惠帝安陵的考古工作于 2009 年 6 月底开始，截至目前，调查勘探面积近百万平方米，确定了安陵陵园的夯墙及东门遗址，探明建筑遗址 18 处，外藏坑 90 座。安陵陵园东西长 967.6 米，南北宽 883.5 米，园墙为夯筑，墙宽 3.5～6.5 米。东门遗址位于陵园东墙中部偏北位置，门址平面为以门道为中心对称分布的 2 组 4 座“凸”字形夯土台基，门道宽约 2.7 米。安陵的建筑遗址发现 18 处，均位于安陵封土正北方向，平面多呈长方形，长 4.6～72.7 米，宽 1.3～8.2 米，其中有夯土、散水、砖铺地等遗迹。外藏坑发现 90 座，竖穴土圹结构，平面为长方形、“甲”字形等，长 71～5.1 米，宽 3～10 米，深约 6.3～14 米，坑底有骨屑、朽木、陶器残块等。

西汉帝陵田野考古工作的新成果，为西汉帝陵乃至中国古代帝王陵墓制度的深入研究奠定了基础。

【罗布泊发现彩陶表明罗布泊未缺席彩陶文化】

2010 年 4 月，考古人员第一次在罗布泊发现了距今 3000 多年的彩陶，这说明罗布泊在距今三四千年的彩陶文化时代并未缺席。此番彩陶的发现，为研究罗布泊的早期人类活动提供了重要线索。

罗布泊地区是西域最早有人类居住的区域之一，也是西域远古文明的摇篮。2009 年 11 月到 12 月，由自治区文物局、国家博物馆、中国科学院遥感应用研究所、自治区文物考古研究所、巴州文物局等部门组成的联合文物普查队首次对罗布泊地区的古代文化遗存展开了全面调查，基本摸清了这一地区的文物遗存现状。2010 年，罗布泊共有不可移动文物 200 多处，其中新发现 100 多处，主要为古墓葬、古遗址和木构建筑等。在一处新发现的青铜器时代遗址地面上，考古人员首次发现少量彩陶片和压印纹陶罐残片。年代主要集中在距今 3000 年至 4000 年的青铜器时代和汉晋时代。

黄河流域彩陶文化西进是时下方兴未艾的早期东西文化交流研究中的一条重要线索。新疆彩陶是很早就已开始的中国境内彩陶文化不断西进的结果。考古学家们还勾勒出它西进的详细线路和具体时间表：至少在距今 8000 年前，黄河流域彩陶文化逐渐开始向四周扩张，距今 7000 年以降，进入到六盘山东西两侧；距今 5500 至 5000 年，扩展到青海东部；距今 5000 年以降，西进至酒泉境内的祁连山北麓；距今 4000 年前后，现身于新疆哈密地区。不过，这支东来的彩陶文化并没有在哈密绿洲驻足，至少在距今 3000 年以前，向西进入了吐鲁番盆地。

在近年来的考古活动中，人们先后在罗布泊北部的吐鲁番盆地、西部的焉耆盆地和东部的哈密盆地相继发现了彩陶，说明新疆在公元前 2000 年左右至西汉时期，都经历过一个发达的彩陶文化阶段，唯独罗布泊是个例外。在此地区已发掘的小河墓地、古墓沟墓地只有草编篓，未见彩陶踪影。这次彩陶的发现，说明罗布泊在彩陶文化时代并未缺席，此前的各种猜测终于尘埃落定。

由这些陶片可推测，它的器物形制似筒形器物，花纹风格和哈密盆地发现的一类彩陶有相似之处。专家认为，之所以此次发现的彩陶片较少应该有两个原因，其一为环境原因，罗布泊风沙极大，古代彩陶可能被风沙掩埋。其二是因为这一地区地域辽阔，20 多天的普查不可能走遍每一个角落。这些彩陶的出现为进一步研究罗布泊的文化面貌提供了宝贵线索。

【河北磁县北齐皇族高孝绪墓发掘】

2009 年 2 月至 8 月，受河北省文物局南水北调文物保护办公室的委托，河北省文物研究所会同磁县文物保护管理所组成考古队，对南水北调中线干线工程穿越的北朝墓群 M39 进行抢救性考古发掘。

M39 位于全国重点文物保护单位——磁县北朝墓群中部偏西，是墓群内既有编号墓葬之一，地处磁县中部丘陵向平原过渡的岗坡地带，地势由西向东倾斜。M39 位于磁县讲武城镇刘庄村西 350 米处，西北距磁县县城 4.5 公里，东距京广铁路、兰陵王墓 1.4 公里，西南距天子冢（北朝墓群 M35，传为东魏孝静帝之墓）2公里，东北距湾漳大墓（北朝墓群M106，推测为北齐文宣帝高洋墓）3公里。经考古发掘清理得知，M39为北齐皇族修城王高孝绪墓葬，该墓地表现存较大的封土，墓葬遭到盗掘，墓室破坏严重，但墓道东西两壁的人物仪仗出行壁画保存较为完整。

M39封土底缘平面呈长圆形，南北41.5米，东西30米，现存高度近6米。根据对封土解剖清理得知，其建造方法是：由早到晚分5个堆积先后堆筑。墓室置于封土中部偏北，以出露墓室顶部为中心，先堆筑第Ⅴ堆积对其包裹，呈圆锥形，土质为红褐色砂土与灰白色黏土；在第Ⅴ堆积外围堆筑第Ⅳ堆积，呈覆钵形，同时墓道上堆筑此类堆积，为长条形，土质与第Ⅴ堆积基本一致，夹杂小砾石，在其堆积表层皆为大块河卵石铺砌，推测第Ⅳ堆积应为防盗而设；后在封土外缘堆筑环形第Ⅲ堆积，初步形成封土大致轮廓，层层叠夯，土质为黄褐色砂质黏土与浅灰褐色黏土；依封土外轮廓，由南向北逐次倾土堆筑第Ⅱ堆积至封土北侧边缘，顶部略经夯打，土质为灰褐色砂质土与黄色砂质土。第Ⅰ堆积位于第Ⅱ堆积顶部，为层层夯筑收缩成顶层平台，土质为深灰褐色胶质土。

M39地下部分由斜坡墓道、甬道、墓室三部分组成，墓葬坐北朝南，总长25.7米。斜坡墓道长15.8米，方向194°，入口处深0.3米，墓道与甬道衔接处深5.8米，南侧宽2.5米，北侧宽2米，内填土为红褐色砂土与灰白色黏土，夹杂小砾石，未夯打。甬道全长3.6米，高3.4米，宽2.8米，为直壁券顶砖筑结构，砖壁厚0.36米，券顶为两券两伏，两侧砖壁为两顺一丁砌筑；甬道南端券顶之上有砖砌门墙，高2.4米，宽3.4米，中部被盗洞破坏；甬道与墓道衔接处现存封墙一重，有封砖两层，厚0.72米，上部被盗洞破坏，现存高度1.2米；甬道底部为顺砖对缝铺砌，多处已缺失。墓室平面为弧方形，墓圹平面呈圆角长方形，下收缩成长方形，南北7.6米，东西7.5米；墓室南北5.2米，东西5.6米，面积约30平方米；墓室为四角攒尖式结构，从墓底距北朝地面6米，复原墓室高度为7.4米；墓室四壁高约3.7米，砖壁由两层砖砌成，砌筑方法为两顺一丁，厚0.72米。封土中部偏西有一直径7米盗坑直达墓室内，对墓室西部、北部造成破坏，墓室内棺床、铺地砖荡然无存，葬具、葬式不详。

M39现存彩绘壁画近40平方米，墓道两壁、甬道门墙及砖壁上涂抹厚0.4～0.5厘米白灰层，在其上绘制壁画。墓道两壁绘制手执仪仗人物基本对称，现各壁保存13人，人物最高者1.4米，最矮者1.27米；以西壁为例：前4人为第一组单元，在队伍前列，人物头戴平巾帻，上身着红色右衽褶服，下红色小口裤，脚穿黑色鞋，手执红色鼓吹；紧随其后4人为第二组单元，人物头戴平巾帻，上身着浅蓝色右衽褶服，下浅蓝色小口裤，脚穿红色鞋，手执一棍棒状物，棒端加囊套，尾部稍弯曲；随后2人为第三组单元，头戴软巾风帽，长条幅巾向下飘垂，身着红色对襟窄袖长袍，腰系带，带上装有缀饰，脚蹬黑色鞠靴，手持黑色旗杆，上飘彩色三旒旗；其后3人漫漶不清，从仅存人物黑色鞠靴及旌旗顶端仗矛，推测应与第三单元人物服饰、手执仪仗一致。甬道门墙及门券绘制云气纹、莲花纹、缠枝忍冬纹，外轮廓用墨线勾勒，内涂橘红色。甬道东西两壁残存莲花柱、侍卫图案，以东壁为例：靠近甬道南端绘制束莲火焰纹宝珠棱柱，通高1.64米，柱体下端为覆莲瓣纹柱础，棱柱3个棱面分别涂红色、黑色、橘红色，中部以束莲瓣纹衔接，柱体上端饰覆、仰莲瓣纹，上托火焰纹宝珠，在其后残存人物橘红色褶服袖口，下着白色大口裤，手执黑色长杆。墓室四壁下端仅存人物靴子图案，其内容不详。墓道北部盗洞内发现两件石门扇，青石质，高1.7米，宽0.7米，上阴线刻绘“青龙、白虎”图案。墓室南部发现一件石门额，青石质，半圆形，残长1.3米，高0.7米，中心刻绘兽面，下绘制“青龙、白虎、玄武”等图案。

墓葬遭受盗扰严重，只残存少量遗物，出土可复原标本80余件，出土物有陶盘、陶仓、青瓷罐、彩绘陶俑、步摇冠金饰片、拜占庭金币等。彩绘陶俑有按盾武士俑、甲骑具装俑、仪仗仪卫立俑、女仆俑等；陶俑制作采用模制成型，局部雕塑修饰，烧制后通体彩绘。这批陶俑制作精良，人物面目表情、服饰表现逼真，风格写实。

在墓室东南角发现墓志盖1件，青石质，边长0.8米，盝顶形，上篆书“大齐故修城王墓志铭”9个字，四角各残留铁环穿凿痕迹，四周刻绘“青龙、白虎、玄武、神兽”图案。《北齐书·卷十四》载：“阳州公永乐，神武从祖兄子也……永乐卒于州……谥号‘武昭’，无子，从兄思宗以第二子孝绪为后，袭爵，天保初，改封修城郡王。”从而证实了M39墓主人为北齐皇族修城王高孝绪。

磁县北朝墓群北齐皇族高孝绪墓葬的发掘具有较高的学术价值。（1）高孝绪墓出土墓志盖，是认识高孝绪墓周围北朝墓葬性质的科学依据，廓清了北齐皇宗陵域的大致范围，对磁县北朝墓群，东魏、北齐陵墓兆域研究工作具有重要意义，为北朝墓群制定科学保护方案提供了重要资料。（2）墓葬壁画是此次考古发掘最重要的收获，墓道绘制人物仪仗出行图，人物绘制圆润饱满，线条流畅简练，是古代疏体绘画的真实体现，同时为研究北朝时期的仪卫等级制度提供了实物资料；甬道内绘制的束莲花柱，为近年来北朝墓葬中首次发现，此柱形制在邯郸峰峰南北响堂山石窟中所见，揭示了墓主人与佛教有着密切的关系。（3）墓葬封土建造技法较为独特，为近年来考古发掘所少见，为北朝时期墓葬封土构建方法的研究提供了新材料。

【盐津发掘出大批东汉文物1800年前陶俑栩栩如生】

从2008年以来，盐津县开展了大规模的文物普查工作，加大了对境内文物的发掘、整理、科研和开发工作，不断取得令人兴奋的成果，总共新发现不可移动文物111处，其中新发现崖墓群2处。而柿子乡三河村崖墓群，一开始就引来惊鸿一片，经过当地文物管理部门的及时上报和上级审批，经考古专家进行大规模的发掘、清理，共发现残存文物29件，古钱币68枚。

据省考古研究所的多位专家初步鉴定，三河村崖墓群为距今1800多年的东汉时期崖墓，包含的7个崖墓一字排开，长约3米、宽约1米、高约2米，每个崖墓中藏有一具尸骨，尸骨旁边有陶罐、陶俑、青铜器、古钱币等陪葬品。而且，“从墓群建造规模和陪葬品数量来看，崖墓群的主人很有可能是一个在当时很有权势的显赫家族”。

据了解，除了东汉崖墓群，此前，盐津境内还发掘、出土过“僰人悬棺”、“西汉墓群”、“宋阿约王墓”等古遗迹，专家评价，这些都充分体现了盐津的历史文化渊源和悠久厚重的文化底蕴。

【西藏昌都地区芒康、察雅吐蕃石刻遗存发掘】

2009年6月16日至7月20日，陕西省考古研究院、西藏自治区文物保护研究所、西北大学考古专业联合组成考古队，在昌都地区的芒康、察雅两县进行了吐蕃石刻及盐井盐田考古调查。在对芒康县纳西乡盐井盐田做了短期补充调查之后，考古队主要对芒康、察雅两县已知的5处吐蕃石刻遗存做了全面的考古调查，并新发现2处吐蕃石刻遗存，取得了重大收获。

查果西摩崖造像位于芒康县纳西乡下盐井村查果西沟内的小拉康（佛堂）内。6月25日考古队对该地点的7尊造像进行了完整的考古调查和记录。造像雕凿在一块面南的大岩石和紧邻的一块小岩石上，现存有高浮雕大日如来、二菩萨、一供养人，二阴线刻坐佛和一高浮雕残像。其中，大日如来、二胁侍菩萨和供养人4尊造像均为高浮雕，着三角翻领阔袖袍服。除供养人头部系后期新修以外，其余3尊造像头部均可见残存的三叶冠和筒状缠巾残痕。大石东端高浮雕残像身披帛带，新塑头部下层可见原头部残痕，造型与大日如来和胁侍菩萨头部相似，时代可能相近。另外2尊阴线刻的坐佛时代稍晚。

6处佛教造像和1处古藏文石刻中，达琼摩崖造像和然堆玛尼石刻造像2处为新发现点，然堆古藏文石刻、次曲康造像2处目前尚无任何正式发表的资料，查果西摩崖造像和朗巴朗增拉康造像、仁达拉康丹玛札摩崖造像3处目前也未发表过完整的考古调查资料。因此，此次调查无疑是迄今为止对藏东地区吐蕃石刻遗存所做的首次全面考古调查和记录，成果丰硕。为研究吐蕃时期佛教史、佛教艺术史、唐蕃关系史提供了十分珍贵的资料。

【石家庄市惊现数万枚清代钱币】

2010年4月20日，在石家庄市“三年大变样”旧城改造项目——谈固村整体拆迁过程中，出土了数万枚清代钱币。这是石家庄市近年来数量较大、保存较为完好、钱币数量较多的一次文物新发现，为研究清代钱币提供了实物资料。

经初步考证，此次出土的钱币有数万枚，分别属乾隆、嘉庆、道光、咸丰时期，以及少量的“宽永通宝”日本钱币。其中，乾隆、嘉庆、道光时期最多，钱币直径大都为24毫米至26.5毫米，厚度在1.2毫米至1.5毫米之间。钱币铸造局有宝泉、宝源、宝川等10余个。

这批钱币均为窖藏钱币，由于是采用大型机械施工，使盛钱币的大瓮均有不同程度损坏，部分钱币散落。钱币被发现后，村干部马上抽调人员进行清理、装袋、入库，派专人看管，并及时通知谈固派出所。这些钱币的发现，使长期以来众说不一的“谈固有大财主的说法”得到了印证，也为谈固村正在编写的村史提供了新的证据。

【“南澳Ⅰ号”出水文物逾800件】

2010年5月，“南澳Ⅰ号”水下考古队在沉船表面及外围采集到散落的完整或可复原文物共800余件，出水文物包括青花瓷大盘、碗、钵、杯、罐、瓶等，此外还有釉陶瓷、铁锅、铜钱及铜板等。

据水下考古队工作人员介绍，打捞上来的青花瓷碗最大的直径为40至50厘米，这在当时的中国日常生活中并不常用，有可能是专为出口市场制造的。

在打捞上来的文物中，还有成批量的铜饼、铜片和铜钱等。打捞过程中发现了疑似大炮的东西，但还不能确认，也不能确定就是“南澳Ⅰ号”船上的装备。

由于有关部门采取了雷达站监视与边防快艇巡逻相结合的保护措施，“南澳Ⅰ号”基本可以排除不法分子破坏的现象。目前通过考古勘探已知沉船位于水下约27米，船体保存较好，大部被泥沙覆盖。根据暴露出来的隔舱板和船体上部凝结物的状态判断，方向接近正南北向，沉船长度不小于25米，宽度不小于7米。

【内蒙古杭锦后旗发现较大规模汉代古墓群遗址】

2010年5月，内蒙古巴彦淖尔市全市第三次文物普查中，在杭锦后旗头道桥镇挪二村六组村东的盐碱地发现了一处较大规模汉代古墓群遗址。

该古墓群遗址占地面积约为15万平方米。挖掘中出土了一批砖、陶罐、陶灯等物品。在古墓群的东南位置还找到了一处古砖窑遗址。

据专家介绍，这处古墓群遗址可分东西2个部分，分属于2个不同的时代，墓葬的规模大约有两三百座。从墓砖和陶器等物品的文化特征和形态特征显示，遗址可以确认是一个汉代较大规模的墓葬区，年代大致在西汉中、后期到东汉初期这一时间段。古墓群遗址隶属于古代朔方郡或其下属县，后因黄河改道或地壳运动等原因埋入地下。至今大约有2000年的历史。

杭锦后旗头道桥镇挪二村汉代古墓群是在杭锦后旗境内首次发现的古代实物文化遗址，将对杭锦后旗以及河套地区汉朝时期的历史文化研究起到非常重要的作用。

【石家庄发现大规模先商遗址】

石家庄市文物局透露，素有“商人故地”之称的河北省省会石家庄首次发现大规模先商遗址。2010年5月5日，已发掘的部分灰坑和出土陶片揭开面纱。

遗址发掘地位于该省石家庄市郊县鹿泉市李村镇北胡庄村，称北胡庄遗址。此处原属河北省不可移动文物登记点，由于陕京输气管道工程将从此处“穿膛”而过，促使文物部门抓紧进行抢救性发掘。

考古发掘开始后，文物专家从地层年代以及出土器物特征判断，北胡庄遗址为距今4000到3600年的先商遗址。初步判定此处先商遗址范围大约为15万平方米，存留5万~6万平方米。目前已发掘600平方米，预计发掘面积将达到2000平方米。已出土大量陶片，以及石铲、骨锥等生产生活工具和一副完整的鹿角。

先商文化主要分布在河南、山西和河北，在石家庄曾有零星发现，此次大规模发掘尚属首次。“契”是先商的第一位先公，考古学家根据史料记载把契和其子昭明的居住地定位于河北省平山县东南20公里左右，但苦于一直没有实物，此次遗址发掘位置与此吻合，印证了此地为先商文化的发祥地。

【贵州省新发现6793处文物点】

2010年5月7日，从贵州省第三次文物普查办公室获悉，历时2年余的实地文物调查阶段基本结束，全省初步调查登记共发现新文物6793处，远超原有文物登记在册数量。

据该办提供的数据显示，第三次文物普查共调查登记文物11618处，其中新发现文物6793处，复查文物4825处。

据了解，这次文物普查是继1956年和1981年以来的第三次全国文物普查，也是我国历史上最大规模的一次文物普查，以县域为单元开展普查，普查覆盖每一个行政村。与此同时，由于文化遗产保护新观念的引入，一些有影响的、与人们生产生活相关的、新近的地标性建筑成了文化遗产。

【大运河历史文化遗产的重大考古发现】

镇江双井路考古发现了宋、元仓储遗迹和元代石拱桥。2009年镇江市政府启动了“双井路片区旧城改造”项目，该建设项目占地20公顷，位于古运河入江口的东岸地带，是古代江、河交汇的地方，也是镇江历史文化遗产埋藏丰富的地区。为抢救和保护珍贵的历史文化遗产，2009年8月至2010年1月，镇江博物馆考古人员配合对该区域进行了考古勘探和发掘工作。先后发现了宋、元仓储遗迹、元代石拱桥。

元代石拱桥遗迹

为单拱石桥，大致呈南北向，桥体全长38米，宽8～9米，桥拱跨径8.7米。桥拱早年坍塌，桥体仅存南北两侧桥墩以及残缺的桥拱石。现存桥墩高6米，桥面与桥墩结合处窄、两端桥头宽，由长0.5～1.6米、宽0.25～0.5米、厚0.25～0.3米不等的块石平砌而成。桥墩底部有成排的木桩，直径10～12厘米，用以支撑桥墩墙体；桥墩内侧下层铺块石作为基础，其上用碎砖和黄土加以夯实，桥拱亦用块石砌造，尺寸约为1.5～2.2米、宽0.3米、厚0.3米。上下之间的拱石榫卯相接，横向之间的拱石用铁铸蝶形锁扣相连以加固。桥面中间铺东西向条石，桥面边缘条石为南北向。部分桥面条石上有方形孔槽及车辙痕迹。

元《至顺镇江志》载：“拖板桥，在今大军仓前，旧名浮桥。天历二年（1329年）废。至顺二年（1331年）重建。”明代以后又经多次重修，至清代后期已经几乎成了“旱桥”，“桥下土积如丘阜矣”。后被尘土掩埋，徒有“拖板桥”而已。此次考古发现的元代石拱桥遗迹，始筑于元末明初，历明、清两代，至近代废弃，与文献记载基本相吻合，应为文献记载中的拖板桥。

宋、元仓储遗迹

宋、元仓储遗迹的考古发掘工作自2009年11月14日至2010年1月8日。发掘探沟16条、探方2个，发掘面积约600平方米，发现宋、元仓储遗迹13（其中12、13号仓，在2006年考古勘探时发现夯土台基和砖墙，当时认为是房屋，本次考古发现粮仓以后，确认为粮仓）座、道路1条。

仓储遗迹位于拖板桥以北，南北总长约200米，东西宽也不少于200米，占地面积约4万平方米。仓储遗迹分北宋、南宋和元代3个时期，布置十分规整。北宋粮仓两座，即1、2号仓房，在元代石拱桥的北侧。南北向排列。其建筑方法是先堆积土台进行夯打，形成仓房地面，四周砌筑砖墙，形成仓房，内部以木柱隔开形成不同的仓间（即敖）。南宋粮仓10座，即3～7、9～13号仓房，分布在北宋粮仓的北面，中间被一条南北向、长约200米的宋元时期的道路隔开，以宋元道路为中轴线对称分布，南北向依次排列。其建筑方法和北宋相同，不同的是粮仓内的地面发现有青砖铺地，地面发现有大量的柱础石，和北宋粮仓一样，也是分隔成不同的仓间，在有些仓间还发现有用青砖砌筑的用以方便进出仓间的坡道。元代粮仓一座，即8号仓，叠压在北宋2号仓的北部，其建筑方法和北宋相同。在粮仓的东面还发现有南北向青砖建筑的围墙（回廊）遗迹，推测当时的粮仓应该是四周封闭的。

宋元道路遗迹

道路遗迹在TG2及TG8中有所发现，大致呈南北向，东西宽约5米，南北长约200米，其方向与考古发现的元代拖板桥大致相对，由黄土夯打而成。道路南端近拖板桥处已被晚期地层打破。路基夯土与南宋仓基夯土相一致。路的南段打破北宋时期的1、2号粮仓，中、北段为南宋粮仓的中轴线，将南宋粮仓分为东、西两部分。路的东侧为3至7号仓，西侧为9至11号仓。

运河

现运河在拖板桥以西约100米处折向东南，考古初步勘探发现，元代运河从现运河转弯处一直向东，经过拖板桥逶迤东去，河道宽度约10米，而宋代运河在元代运河的南面约五六米处，宋元运河河道有部分重叠。

镇江双井路片区考古发现的宋、元仓储遗迹和元代石拱桥，前临宋元时期的运河，后枕长江，规模宏大，布局规整。运河、石桥、仓储、长江，四者有机一体，共同构成大运河文化遗产的重要组成部分，是大运河文化遗产的重大发现。

【“西汉宰相”张安世夫人墓出土大量珍贵文物】

在陕西省考古研究院在对位于长安凤栖原上的西汉宰相张安世家族墓园的考古发掘过程中，在张安世墓东南侧30米处，发现一座规模相对较小的墓葬，经过进一步发掘，该墓葬被确认为张安世夫人墓葬。

2010年5月20日，考古人员从该墓耳室内清理出近百件陶器、铁器、车马明器，并从墓室中清理出级别十分高的珍贵玉器。这些发现，为该墓园内墓葬时代的推定研究提供了直接的实物材料，尤其对下一步修建凤栖原西汉家族墓园博物馆奠定了坚实的基础。

所有的从葬坑内共有彩绘陶甲士俑、木甲士俑近千件，还有大量鎏金银器、错金银器、铁戟、铁刀、弩机、箭镞、青铜印章、青铜钟、青铜钺等金属兵器以及小型车马等其他用器。

从该墓室中发掘出来一件直径约12厘米的玉璧，一件玉衣残片、两件玉塞、两件玉石眼罩，虽然这个墓室被盗严重，但是这几件玉器的品质和规格非常高，算得上对西汉时期墓葬发掘过程中见到的玉器文物珍品。

墓群中央有一座呈“甲”字形的大型古墓，是西汉宰相张安世的墓，墓园东、西、北三面以外分布着附葬及其后世墓葬共12座，形成了一个非常少见、保存相对完整的家族墓园。

这个墓园主从分明，脉络清晰，且延续长久，现已发掘附葬墓10座，根据墓葬形制和出土钱币器物，确认该墓地从西汉中期一直延续到王莽新朝。各座墓室都严重被盗，所幸墓葬形制还都完整，耳室内幸存有重要器物。截至目前，共出土各种鎏金银、错金银、玉、铜、铁、原始瓷、陶、骨、封泥等质地的精美文物2000多件，另有许多宝贵的彩绘漆饰、皮革竹木残留等。在历次发掘的西汉诸侯、将相墓中，这次收获丰硕。“甲”字形主墓正东约80米处有一个祠堂建筑基址，其主体部分是一个边长为19米的方形堂室，考古人员目前已经清理出较为完整的台基、柱础、门道、回廊、踏步、散水等建筑遗迹，出土有完整的方砖、条砖、板瓦、瓦当等。

在对“甲”字形的大型古墓发掘过程中，从4号葬坑中发现大型篆书“张”字铜印一枚，印面长7厘米，宽4厘米，有印戳。这表明该从葬坑为“张”氏所属，该大型“甲”字形墓葬的主人应为“张”姓，该墓园即为张氏墓园。耳室内出土20多枚“卫将长史”封泥，表明墓主可能职掌“卫将军”。通过这些“硬件”证据，查阅史料发现，西汉时期曾经担任过卫将军的张姓人物只有张安世一人，而文献记载张安世的葬地也正好在这一带。

发掘现场如此高规格的墓园、大型高等级漆绘车辆、高等级从葬甲士俑、高规格祠堂建筑和许多高规格的随葬重器等实物证据，都与“软件”的文献记载张安世死后御赐茔地，御送“轻车甲士”，“将作”营建，“起冢祠堂”相合，文献与发掘资料双重印证了该墓园即属汉宣帝赐予的墓园，墓主应即张安世。考古发掘揭示的墓园及附葬墓所反映的家族墓地的基本情况，与张安世及其家族的消长和所处时代的变化完全符合，凤栖原家族墓地也应该是张安世家族墓地。

【河北内丘发现93座战汉时期墓葬】

2010年5月，继发现汉代窑址2座及战国至汉代时期的古墓葬104座后，张夺村南墓地又发现战汉时期墓葬93座。

为配合南水北调工程建设，邢台市文物管理处南水北调考古队于2009年在内丘张夺2号遗址区进行考古发掘，发现了汉代窑址2座及战国至汉代时期的古墓葬104座。

张夺村南墓地由张夺村南1号墓地和张夺村南2号墓地组成，共发现战汉时期墓葬93座。其中张夺村南1号墓地42座，张夺村南2号墓地51座。出土器物有布币、铜带钩、铜铃、陶鼎、陶坊、陶罐、陶壶、陶钵、陶碗等260余件（枚）。

战国时期墓葬形制一般呈斗形，竖穴土坑墓较少。葬式以秦人丧葬的特有风俗曲肢葬为主。随葬器物较少，个别墓葬出土有陶鼎、壶、豆、盘等。西汉时期墓葬形制可分为竖穴土坑、砖椁墓两种。葬具基本沿用战国时期方式，但逐渐有了新的变化，如用生土台或四周用单砖垒砌，其上封盖木板来代替木椁。随葬器物也较战国时期丰富，生土台的墓葬，其随葬器物以陶罐为主，间有陶钵、陶壶等器物出土，多放置在墓主头前。砖砌墓葬的随葬器物基本组合为陶鼎、陶壶、陶盒、陶罐，个别墓葬内增加有陶俑、陶盆等器物。

考古队在内丘张夺村发掘出如此众多的战国至西汉时期墓葬，在邢台区域尚属首次，且在邢台地区初次发现秦人活动迹象。这为研究战汉时期考古学文化提供了新线索，也为探索邢台地区周边民俗与社会生活提供了新的材料与视角。此次发掘将为邢台地区战国至汉代墓葬分期起到一定的标尺作用。

【陕西尚家岭秦汉建筑遗址考古发掘收获颇丰】

2010 年 3 月至 5 月，为配合陇汉高速公路宝（鸡）平（凉）段建设工程，经国家文物局批准，陕西省考古研究院与宝鸡市考古工作队、千阳县文化馆联合组队，对尚家岭遗址进行田野考古调查、勘探与发掘工作，确认该遗址为始建于战国，沿革至西汉时期，具有离宫与驿站的属性，总分布范围约 22000 平方米，布局结构、内涵及时代沿革清晰，本次考古发掘工作选择对该遗址两处夯土基址（分别编为Ⅰ、Ⅱ区）全部及外围墙局部进行了考古发掘。这是继陇县磨尔塬、凤翔孙家南头、宝鸡魏家崖等处秦汉大型聚落遗址之后，在汧河流域又一次重要发现。

尚家岭遗址规模较为宏大，判断其等级较高。其所处的位置处在古代陇东至关中地区东西通行大道沿线，也正好处在汧河水道与回中道之间。战国时期，这条通道是秦国战西戎、保西陲，逐步走向强盛的最重要交通线路；秦代至西汉时期，两代皇帝西行巡察与郊祀活动也主要是这条线路。按照当时日行的大致里程数，在尚家岭以东的 40 里是凤翔“蕲年宫”，以西 50 里则是陇县的磨尔塬，而这两处早先已被确认为离宫性质，因此推断尚家岭宫殿的用途是上述两处离宫中间的另一处同类性质的建筑。据《史记·秦始皇本纪》记载，始皇在位时，曾在先代基础上大建离宫别苑，“关中计宫三百，关外四百余”；《史记正义》引《庙记》云：“北至九嵕、甘泉，南至长杨、五柞，东至河，西至汧、渭之交，东西八百里，离宫别馆相属望也。木衣绨绣，土被朱紫，宫人不徙。穷年忘归，不能遍也”；《三辅旧事》则曰：“始皇表河以为秦东门，表汧以为秦西门，中外殿观百四十五，后宫列女万余人。”到西汉时期，由于皇帝每年还要到更西的地方举行巡察与郊祀活动，所以尚家岭建筑成为沿途过往中的歇息之地。西汉汉武帝时期，皇帝出行活动大都放在长安近郊举行，此时分布于各地的离宫慢慢失去功效。另外，除离宫的主要用途外，尚家岭建筑可能还有驿站、仓储码头的多重用途。

尚家岭遗址首次发掘出土了大量陶质柱础，其在建筑上基址上的位置摆布及建筑物的本体特征对进一步了解秦汉时期离宫别馆及相关建筑内涵，以及未来“关中天水一体化”中的华夏历史文明展示提供了重要的实物资料。

【秦始皇帝陵园考古勘探取得重要收获】

2009 年度，为配合“秦始皇帝陵国家遗址公园”、“秦陵博物院”工程建设，陕西省考古研究院对秦始皇帝陵园范围内相关区域进行了考古勘探，以期摸清建设区域内地下文物遗迹的分布、范围、埋深、文化内涵等，从而为秦始皇陵考古研究提供全面准确的基础资料，同时也为工程规划建设提供科学依据和参考。

此次秦始皇帝陵园勘探区域主要位于陵园南部内外城垣之间（下称南区）、陵园北部内外城垣之间（下称北区）和西部内外城垣之间（下称西区），全年完成上述区域基础勘探面积约 90 万平方米，取得了重要收获。其中，南区勘探发现 1 座陪葬坑及多座晚期墓葬，西区勘探发现 1 座陪葬坑，北区勘探中发现了大量建筑遗址和较晚时期墓葬及土坑，同时对内城北墙上 2 座门址的勘探也有新的收获，尤为重要的是，勘探发现了陵园外城垣北门遗址，厘清了学术界有关秦陵是否存在北门的争论。

一直以来，秦始皇陵南内外城垣之间区域是最难勘探的区域，该区域内地层坚硬复杂，地表下普遍存在南部骊山山洪多次冲积形成的较厚的砂石层及古今多次形成的扰土堆积，地层分别为耕土层、扰土层、冲积沙土层、黑褐色冲积土层等。此次钻探中在陵园西南角区域发现墓葬23座（其中晚期古墓葬5座，近现代墓葬18座），长方形陪葬坑1座（编号为K0901），都有重要的学术意义。

西内外城垣之间地层堆积为耕土层、扰土层、冲击砂石层、冲积土层、砂石层、冲积土层、黄生土层。勘探发现陪葬坑1座（编号为K0902），位于内城西南角一线向北115米，内城西墙向西35.5米处。该坑南北长34米、东西宽7.6～10米，开口距地表1～2米，底距地表5.4～5.6米。坑内东、西、北三侧筑有夯土二层台，夯土二层台宽0.8米、高2.8米，坑底南北长30.7米，东西宽3.4米。坑内为较多的红烧土、木炭堆积。

北内外城垣之间是历年来勘探工作开展较少的区域，本次勘探面积近20余万平方米，收获颇多。一是在内城垣北墙以北发现较大建筑遗址，面积约2万平方米以上，具体形制及结构等具体情况正在勘探之中；二是在外城垣北墙以南勘探发现较多的取土坑及晚期墓葬；三是在北内外城垣门址勘探上有新发现、新认识。

内城北墙西侧门址，位于内城北墙西北角向东70米处，因多年来生产建设破坏，门址夯土基础破坏较为严重，中部有一夯土台，东西长16米、南北宽6米。夯土台东西两端各有一纵向通道式缺口，西侧缺口宽约4米，东侧墙体破坏严重，形成宽6～10米的缺口。按照勘探情况复原，内城垣西侧门址应为中部有东西长约10米、南北宽约6米的夯土台，夯土台东西两侧为宽约4米的小通道。门址东西总长18米。这种建筑结构与陵园内城垣另外几处门址结构判然有别，为深入研究秦始皇帝陵园制度提供了全新资料。

内城垣北墙东侧门址，位于内城北墙西北角向东275米处，依据勘探数据复原，该门址应为东西长约40米，南北宽13米的夯土台。夯土台南北两侧分别突出墙体5米，南侧突出部分尚完整，北侧因断崖破坏不存，夯土门址中部为南部宽4米、北部宽7.8米的南北向缺口。

秦始皇帝陵园外城北门门址，位于秦始皇帝陵外城北墙上，东距外城东墙455米，西距外城西墙412米，门东西长93米、宽7米，在墙体南部东西两侧各有一凸出于墙体的夯土台基；西侧凸出夯土台基南北长4.4米、东西宽2.6～3.2米，现地表下0.8米见夯土，夯土厚0.4米；东侧凸出夯土台基破坏较为严重，残存部分夯土。门址中部由于破坏严重，夯土断续残存，现地表下0.8～1.5米见夯土，夯土厚0.2～1米。

2009年，对秦始皇帝陵园较大范围勘探以后，秦始皇帝陵园内遗址分布和格局已大体清楚，从这个意义上说，秦始皇帝陵园2009年考古勘探揭示和提供的一批重要信息，对秦始皇帝陵设计规划、布局筑造以及陪葬礼仪制度的研究当具有特殊意义，是近年来有关秦始皇帝陵园考古的重要收获。

【西沙群岛水下考古调查再获丰硕成果】

2010年4月，中国国家博物馆水下考古研究中心与海南省文物局合作，并由国家博物馆牵头，调集福建、上海、山东等地水下考古队员，组成西沙群岛水下考古队，于4月14日至5月19日，对西沙群岛海域永乐群岛诸岛礁进行水下文物普查，并顺利而圆满地完成了各项调查任务。这是继2009年西沙群岛海域宣德群岛之后又一次大规模的水下考古调查。

本次工作主要围绕西沙群岛海域永乐群岛进行，包括华光礁、北礁、盘石屿、银屿、石屿、珊瑚岛等岛礁，还调查了宣德群岛的赵述岛、浪花礁。经过一个多月的远海调查，考古队员克服了种种困难，调查了42处水下文化遗存，新发现遗址32处，取得了丰硕成果。其中，北礁海域调查的27处遗址中，新发现地点达19处，包括了3处沉船遗址和15处水下遗物点。调查工作中，还积极进行了出水文物的整理，规范了各类遗迹、遗物的记录，这既保证了水下考古工作的科学性与规范性，又加深了对所发现遗存的认识。

此次调查发现的42处水下遗存，其时代跨度大，涵盖了北宋至清代各个时期，以北宋晚期至南宋早期、元代、明代中晚期、清代中晚期几个阶段的遗存尤为集中。在这些水下遗址中，发现并出水了一大批瓷器、碇石、石构件、铜钱等各类遗物标本。

（1）出水了大量瓷器标本。时代包括北宋、南宋、元、明、清，序列清晰明确；窑口丰富，特征鲜明，著名的有龙泉窑、景德镇窑、德化窑、漳州窑。此外，还有潮州窑、奇石窑、闽清窑、磁灶窑、安溪窑、华安窑等闽广地区窑场的产品。

尤为重要的是，石屿2号沉船遗址（2010XSSW02）发现的元代青花瓷器，器类多样，有碗、杯、瓶、罐等；青花纹样丰富，有鸳鸯莲池纹、缠枝菊纹、莲瓣纹等，线条流畅，为典型的元青花风格。这是我国水下考古工作中首次发现元青花瓷器，弥足珍贵。

（2）北礁礁盘附近，发现了3处碇石遗物点。每处有3～4块碇石，相距不远。碇石皆作长条形，大小、长短不一，特色鲜明，是我们研究古代航海技术的重要资料。

（3）此次调查发现的几处清代中晚期沉船遗址，均有大量石质建筑构件，大多散落于礁盘外侧的海沟内，分布相对较为集中。石构件的形制多样，类别丰富，有石条、石柱、石板、拱形开孔石板、石雕、石狮子等，部分柱头还雕人物类石刻，极富特色。

（4）发现了3处铜钱遗存地点。铜钱多数锈蚀黏连，采集到“皇宋通宝”、“熙宁元宝”、“熙宁重宝”、“元丰通宝”、“崇宁重宝”、“元祐通宝”、“天圣元宝”、“洪武通宝”、“永乐通宝”等铭文铜钱数枚。

这些重要发现，为探讨宋代以来海上“丝绸之路”兴衰及其航线、古代航海技术、外销商品种类等问题提供了丰富而重要的实物资料，并为进一步的调查工作与深入研究奠定了基础。

【洛阳发现31座西周祭祀坑　列河南五大考古新发现】

2010年6月6日，河南省洛阳市文物局组织专家对河南科技大学林业职业学院西周洛邑祭祀遗址考古发现发布了发掘成果。该大型西周祭祀坑的发现为寻找西周洛邑城址提供了又一线索。

2009年2月，洛阳市文物工作一队开始对位于洛阳市瀍河区的河南科技大学林业职业学院园林实训楼进行基建考古发掘。该遗址西距瀍河约1公里，西北距北窑西周墓地及西周铸铜遗址约4公里，总发掘面积为945平方米。

考古发掘工地共发现西周灰坑59座、流水沟1条、墓葬14座和唐代灰坑42座。

本次发掘的重要收获是发现了31座西周祭祀坑，其中23座内均有较为完整的兽骨，3座内有疑似非正常死亡的人骨，另有5座内有成堆摆放的碎兽骨，出土器物主要为陶鬲、陶簋、陶罐、陶甑等陶器碎片；另外出土卜甲碎片1片。此遗址被确定为西周时期的大型祭祀遗址。

该遗址与安阳县西高穴曹操高陵等被评选为2009年度河南省五大考古新发现。

【发现注宾城古遗址　建筑规模仅次楼兰遗址】

2010年6月，古城的发现者吕厚远等人经过1年多的研究，在国内权威科学杂志《科学通报》发表了这一重要的研究成果。

古城也是中科院新疆生地所研究员夏训诚率领的罗布泊综合科考队，在2008年11月至12月获得三大考古新发现的其中之一，当时被定名为汉晋四号遗址。考察队到现场证实了大型古建筑遗址建筑规模是罗布泊地区目前仅次于楼兰遗址的新遗址。

在研究过程中，考察队采用碳测年的手段，再次确定了罗布泊地区的楼兰、方城、且尔乞都克古城、米兰古戍堡、土垠遗址的具体年代。5个遗址的年代分别为：楼兰佛塔（约100～230年）、方城城墙（约230～300年）、且尔乞都克城墙（约200年）、土垠（约100年）；米兰遗址古戍堡内房柱年龄约公元370年，古戍堡西门北侧墙基年龄最为年轻（约770年），属于唐朝时期。

研究人员通过对新发现古城遗址以及楼兰、方城、且尔乞都克古城、米兰古戍堡、土垠等遗址18个古建筑物样品的碳14年龄分析，结果表明：小河墓地西北新发现的古城城墙年代在公元440～500年左右，形成于北魏时期，相对于其他5个遗址的建筑时间年轻约100～300年。

根据墙体年代和初步发现的文物类型及地理位置，新发现的古城遗址有可能是北魏文献中记载的“注宾城”。因此，研究人员已将遗址暂定名为“注宾河古城遗址”。

虽然“注宾河古城遗址”的隶属、职能，还有待详细的考古发掘工作。但研究人员表示，由于遗址临近丝绸之路古驿站阿拉干，处于丝绸之路东西和南北交通要道的十字路口上，因此，“无论该遗址最终是否是‘注宾城’，它在丝绸之路上的重要位置，都是毋庸置疑的”。

该项目研究首次系统地对罗布泊地区的重要遗址进行了科学的年代测定，样品采集广泛，证据较为充分。通过对不同古城遗址的年代学分析，为深入研究罗布泊地区古代遗址的时空分布、西域文化的演化过程、人类活动与环境变化关系等提供了新证据。

【河南省两个项目荣膺2009年度“全国十大考古新发现”】

2010年6月11日下午，由国家文物局指导，中国文物报社、中国考古学会主办的2009年度“全国十大考古新发现”终评结果在京揭晓。由北京大学考古文博学院、郑州市文物考古研究院主持的新密李家沟旧石器—新石器过渡阶段遗址和河南省文物考古研究所主持的安阳西高穴曹操高陵2个考古发掘项目，从25个初评项目中脱颖而出。至此，河南省历年获此殊荣的项目总数已达36项，居全国第一位。

李家沟遗址位于新密市岳村镇李家沟村西，2009年秋季，北京大学考古文博学院与郑州市文物考古研究院合作对其进行了考古发掘。该遗址发现了距今10500年至8600年左右连续的史前文化堆积。堆积下部出土有属旧石器时代末期的细石核、细石叶等典型细石器文化遗存，上部则出土粗夹砂陶、石磨盘等新石器时代文化遗存。这一新发现清楚地展示了中原地区从旧石器时代末向新石器时代发展的历史进程，填补了我省旧石器时代晚期文化与新石器时代早期裴李岗文化之间的缺环，同时也是目前全国已发现的少数几个新石器时代早期遗址之一，为认识中原地区乃至整个中国旧石器—新石器时代过渡等学术课题提供了十分重要的考古学证据。

安阳西高穴曹操高陵位于安阳县安丰乡西高穴村。从2006年至2008年，此墓葬多次被盗，为避免该墓葬遭受进一步破坏，经报请国家文物局批准，2008年12月上旬，河南省文物考古研究所开始对该墓葬进行抢救性发掘。截至2009年年底，考古发掘工作取得阶段性成果。曹操高陵的发现具有极其重要的意义。第一，印证了文献中对高陵的位置、曹操的谥号、他所倡导的薄葬制度等有关记载是确凿可靠的信史。千百年来，对这些问题异说种种，疑雾重重，并由此产生了对曹操的许多怀疑和曲解。高陵的确认，解决了诸多历史悬案。第二，高陵蕴涵丰富的历史信息，将为曹操及汉魏历史研究开启新的篇章。第三，发掘成果为汉魏考古树立了具有准确年代的标尺，相关领域的研究必将获得重大突破。第四，曹操是著名的政治家、军事家、文学家，对高陵的研究保护和宣传展示，将具有广泛而深远的社会影响。

【长沙铜官窑遗址考古工作】

2010年3月16日，长沙铜官窑国家考古遗址公园考古工作正式启动后，湖南省文物考古研究所协同湘潭市博物馆、衡阳市文物处、衡山县文物管理所、衡东县文物局、怀化市文物处、中方县文物管理所、南京大学历史系等单位的专业人员组建了长沙铜官窑遗址考古工作队。

为全面掌握长沙铜官窑遗址的现状与文物资源，3月中旬至4月中旬考古工作者们在长沙铜官窑遗址窑区范围内进行了一次普查，在石渚湖南北两岸约2公里范围内确查窑址68处，其中石渚湖北岸窑区60处，南岸窑区8处。经此次调查表明，石渚湖南岸一带的低矮山丘也是长沙铜官窑的窑区范围，该区产品与石渚湖北岸窑区部分产品的特征相同，但以烧制青瓷器和粗陶胎质的大型盛器为主。石渚湖南北两岸的窑址有密不可分的联系，对研究长沙铜官窑渊源有十分重要的价值。

【苏州发现春秋晚期具有都邑性质的大型城址】

2009年秋天，由中国社会科学院考古研究所和苏州市考古研究所组成的联合考古队，在苏城西南郊区开始了吴国王陵的考古工作。通过一系列考古调查和发掘，一座面积大、遗存丰富、等级高的大城已经渐渐浮现。

2009年11月至12月，考古队对西南部山间盆地进行区域考古调查，在这块盆地的南北两端发现了城墙遗址，且南北两道城墙相距6728米；至于东西向的城墙因为自然地貌以及历代人工建设的改变，有待下一阶段考古工作确认。

仅是城墙间距就足以说明该城址为东周时期南方地区最大的城址。东周、春秋战国时期，各诸侯国的城址迄今为止发现规模最大的是河北燕国的都城，城墙东西间距8000米，南北间距4000米。战国时期，邯郸赵国都城城墙间距4800米，楚国4450米，其余就都是4000米以下的了。所以，这座春秋晚期的城址极有可能是一座大型都邑。

在此次考古中还确定了5处古代遗址，即马巷上石器作坊遗址、南野竹制陶遗址、廖里村遗址、横泾郎遗迹、上堰头遗迹。最令考古专家欣喜的是，发现了东周时期吴越地区重要的建筑材料——瓦，这是首次在东南地区发现的高等级建材。这一发现也说明古城址内有高等级建筑的存在。

另外，在古代大型城市的周边均有高等级的墓葬群。根据已往的调查资料和考古发掘成果，苏州西部山区地带存在大量东周时期的高等级墓葬，附近还有严山玉器窖藏，出土了一批吴国王室级别玉器达400多件，这表示本区域内应该有一处高等级的大型中心聚落，应该是当地的政治中心。

而此次发现的城址具有都邑性质的城址，规模大，内涵丰富。此外，流传至今的地名与口碑资料也表明，在今天的苏州西南部山间盆地内有多处地名与吴国都城有关，如木渎、馆娃宫、胥山、胥口、越城等。

通过对此次考古调查和发掘发现的城墙、城门、护城河、手工业作坊遗址、一般居址、墓葬、窖藏等各类遗存的年代、等级和性质的研究及对由各类遗存所构成的聚落群的综合分析，目前可初步认定苏州木渎、胥口一带山间盆地内存在一处超大型遗址，其性质应是一座春秋晚期具有都邑性质的城址。

【山东潍坊发现大型东周盐业遗址群】

2009年秋冬，由潍坊市文化局、潍坊市滨海经济开发区宣传文化中心、山东师范大学齐鲁文化研究中心组成的文物普查队，在潍坊市滨海开发区央子办事处一带进行第三次全国文物普查，发现4处古代盐业遗址群，上百处龙山、商代、西周和东周、金元时期制盐遗址。其中，东周时期盐业遗址数量达86处，为首次重大发现。

央子一带北临莱州湾，以往的考古工作只发现了数个遗址点。古遗址多被现代盐田和工场、民居占压。文物普查队对现在村落周围农田和盐田区域进行了系统（拉网全覆盖式）调查。目前，仅在东西长16公里、南北宽3公里的范围内，就发现了韩家庙子、固堤场、烽台和西利渔4处大型盐业遗址群。这些遗址群间距在2～4公里。韩家庙子、固堤场、烽台遗址群保存较好。韩家庙子遗址群面积近4平方公里，已发现龙山文化盐业遗址1处、商代盐业遗址4处、东周时期盐业遗址27处、宋元时期盐业遗址6处；固堤场盐业遗址群面积达2平方公里以上，已发现西周早期盐业遗址7处、东周盐业遗址19处、宋元时期3处；烽台盐业遗址群面积超过5平方公里，共发现西周早期盐业遗址2处，东周时期盐业遗址35处。东周时期盐业遗址分布最为集中、规模最大、遗址数量也最多。

龙山时期的遗址仅一处，面积在1万平方米左右，所见陶器有黑陶罐、杯、盆等。没有发现专门的制盐用具，但考虑到这些遗址面积不大，堆积薄，延续时间短，与内陆地区同时代遗址相比，差异较大，遗址又分布在靠海不远的盐碱滩地上，因而这些遗址可能属于当时的制盐遗存。

商代至西周早期盐业遗址已发现14处，每处遗址面积四五千平方米，发现的遗物主要是煮盐工具盔形器，还见陶鬲、甗、盆、罐等生活器皿。在固堤场编号01遗址内的断崖上还发现了坑池等堆积。这些与寿光、广饶一带发现的同时期盐业遗址完全一致。

东周时期的盐业遗址，多以群的形式出现，每处遗址群大约由30处遗址组成，每个遗址规模都在2万平方米，似乎存在某种规制。文化堆积厚度在0.5米左右。遗址地表和现代排水沟断面上均见成片、成堆的制盐工具——小口圜底厚胎瓮、大口圜底薄胎罐（盆）形器碎片。这两种器物烧制坚硬，形态较大，高50～100厘米，内壁均拍印方格、菱形、圆形等几何纹饰。遗址内还见生活器皿如陶鬲、釜、豆、盂、盆、罐、壶等和生活垃圾如文蛤、青蛤、蚬等。我们在每个盐业遗址群内都发现了盐井、沉淀坑、盐灶等制盐遗存以及盐工的墓地。这些遗迹多位于盐业遗址的边缘。盐井口径4～5米，深3米以上，上部口部较大，下部井周壁和底部暴露出用植物茎叶编制的井圈，保存较好。井圈便于渗透和净化卤水。井内上部为成层的淤土堆积和生产、生活垃圾，下部为黑灰色淤土淤沙。韩家庙子废弃的盐井内还发现了一具牛骨架。过滤坑面积不大，直径在2米以内，有些坑底部铺垫碎陶片和碎贝壳，坑内均为呈层的淤沙和淤泥堆积。

就目前所掌握的资料而言，可复原东周时期的制盐流程：盐工从井里提出浓度较高的卤水稍加净化，储存在小口圜底瓮，利用加热或别的方式提高浓度，并进一步净化卤水，最后把制好的卤水在大口圜底罐（盆）形器内熬煮成盐。而每个盐场所发现居住地、墓地，表明盐工们长期生活在盐场，制盐似乎也并不局限于春季夏初某个季节。这些发现显示，该地区东周时期盐业遗址的分布、规模、堆积方式与商代有异，制盐工艺流程也不太一样。

从东周时期的生活器皿特征来看，其时代主要为战国时期，个别可能早至春秋晚期、晚至西汉早期。

金元时期盐业遗址规模也较大。韩家庙子编号09遗址，碎铁块遍布于面积达3万平方米的范围内，应是煮盐的大铁盘遗存。断面上暴露出成层煤炭渣。说明当时煮盐的燃料为从外地运来的煤炭。固堤场编号017遗址，面积在数十万平方米，规模较大，地表遍布砖瓦碎片，可能是盐仓或管理盐业的机构所在地。

近几年来，渤海南岸地区的考古工作主要集中于渤海南岸地区商代和西周早期的盐业遗址群。以往发现的东周资料只有零散的遗址点，这次系统的考古调查，填补了该地区东周时期盐业考古的空白，使我们对战国时期盐业遗址的规模、分布情况、堆积形态以及当时的制盐方式有了进一步的了解。据文献记载，东周时期，渤海南岸地区是齐国乃至全国的著名盐业基地，齐国还在中国历史上首次实行了“食盐官营”制度：包括食盐的民产、官征收、食盐官府专运专销、按人口卖盐征税等制度。这次调查所发现的规模巨大的战国时期盐业遗址群，为齐国的盐业生产提供了考古依据。结合以往的考古发现和研究成果，必对《管子》等文献所呈现的齐国规模化盐业生产水平、制盐方式、起始时代甚至相关文献的形成年代等问题有更深入的了解。

【山东龙口归城遗址调查获得丰厚成果】

2007年至2009年间，由中国社会科学院考古研究所、美国哥伦比亚大学（Columbia University）东亚语言与文化系、山东省文物考古研究所共同组建的中美联合归城考古队，经国家文物局批准，对山东龙口归城遗址进行了大规模的考古调查工作。

归城遗址位于烟台市龙口黄城东南6公里处，地理坐标为北纬37°35′40″，东经120°34′00″。归城遗址所处地势背山面海。其背倚海拔619米的莱山，坐落在山北侧的山前丘陵地带，北距渤海约17.5公里。归城遗址位于胶东第二大水系的黄水河流域内。黄水河的一条支流——鸦鹊河发源于莱山北侧，由城东部穿城而过，由外城东北角流出城外。

山东龙口归城由内外两重城墙构成。在城址内，历年来不断有重要的遗物出土和遗迹的发现。重要的遗物如1951年出土的黄县器，是伯为女儿所做的媵器，1969年出土的启尊、启卣则记载了昭王南征的史事。此外城内还出土己侯鬲、己侯钟、铜鼎、铜鬲、铜壶等大量青铜礼器。发现的遗迹有西周中期的曹家M1和平村M2，以及春秋时期的车马坑等。出土的大量遗物，丰富了对城址和胶东地区青铜文化的认识。基于这些重要发现，归城遗址于2006年被公布为第六批全国重点文物保护单位，受到有效的保护。

归城遗址是胶东地区同时期规模最大，内涵最为丰富的一处遗址，对这座遗址的系统研究，不仅对遗址本身年代、性质、文化面貌等的认识，更有助于对胶东地区青铜时期的考古文化，中原文明进入胶东地区的历史过程及其与本地文化的互动关系的认识。通过这些研究，进而能够对胶东地区的社会、历史进程有更为深入和全面的了解。归城遗址在整个胶东地区古代文明和国家形成过程的探索中能够起到纲举目张的作用，且有重要的意义。

在调查过程中，采集的大量陶片明显反映出两类考古学文化碰撞、融合的过程。采集的遗物可分为两类：A类陶器多为泥质或夹砂灰陶、灰褐陶，质地较好，且较多装饰绳纹。主要器类有鬲、簋、豆、盆、罐、甗等；B类陶器多为夹砂的红陶、红褐陶，胎体并常夹杂有蚌末，火候较低，烧制往往不均。这类陶器一般均为素面，主要器类有鼎、鬲等。A类陶器具有明显的周文化因素，形制与中原地区的同类器相同或接近。B类陶器遥承胶东半岛本地如珍珠们文化陶器的风格，应属于本地文化系统陶器。

对归城遗址的时代，烟台博物馆在以往的调查报告中初步推定为西周—春秋时期。但城内各部分的时代，如内城城墙、城内建筑、外城城墙，以及内外城之间遗址年代会不尽一致。这些都需在以后的工作中通过建立归城陶器的年代序列，并参考科学测年，并结合在城内各地点的发掘来逐步加以解决。对遗址的性质，归城城址的范围广大，城墙坚厚，其规模和土方量可与曲阜鲁国故城不相上下，应为一处都城遗址。此地相传为莱国故城，因此归城遗址有可能为莱国都城。对城址的年代和性质的确定还需要大量的考古发掘和研究工作加以最终确认。

归城的考古工作将极大地丰富对归城遗址的认识，也在很大程度上推动对胶东地区青铜时期考古学文化的认识，为我们深入认识和理解胶东地区历史进程和文化发展提供了第一手资料。

【衡茶吉铁路茶陵段发掘200余文物首现汉代编钟】

2010年6月，湖南省考古研究所对衡茶吉铁路茶陵段的8处文物点进行抢救性发掘，发掘出一批重要的古代墓葬。经省考古研究所专家初步鉴定，此次发掘的古墓建造于汉代和西晋两个时期，其出土的文物对研究茶陵当时的经济和文化提供了有力的佐证。

此次发掘的8处文物点分布在茶陵县的高陇镇、火田镇、腰陂镇、汪溪镇、马江镇、下东乡等地。目前共出土文物200余件（套），以陶器为主，并首次在茶陵发现汉铜编钟、铜带钩、陶鼎。

考古人员在发掘腰陂镇云盘村炭木岭上的一座古墓时，在墓室内发现一根汉代的铜带钩和一座“袖珍型”的铜编钟。据介绍，该根铜带钩长约15厘米，相当于我们现在的皮带卡，主要用于勾系束腰的革带，古又称“犀比”，多为男性使用，而铜编钟长、宽、高约4厘米。

【秦兵马俑一号坑新出土一件彩绘将军俑　做工精细】

从2009年6月13日开始，秦兵马俑一号坑开始了第三次考古发掘。

有关资料显示，在第三次考古发掘启动之前，秦俑三号坑中没有出土将军俑，将军俑分别出土于一、二号兵马俑坑。截至2010年5月18日，在第三次考古发掘文物层以上堆积发现清理时，G9内陶俑包括铠甲步兵俑6排共28件，2组共6件车兵军吏俑。第一组车后的军吏俑有1件穿着鱼鳞甲，级别最高。G10内约有20排步兵俑，共计80件。

目前正在发掘的9号、10号坑道里的文物主要包括战车、陶马、陶俑的残件。这些残件大小、形状不一，有的可以一眼看出其具体形状和身体部位，有的则是小得不足巴掌大的碎片，而且大多叠压在一起。之前清理完毕的120余件陶俑就是由于叠压在土层的上面而被最早发现的，现在已经转移到文物修复区进行拼接和修复。

此间考古专家称，这件将军俑的出现，对秦始皇兵马俑一号坑整个军阵的了解，将会提供很大帮助。

【长沙五一广场地铁工地发现近万枚东汉简牍】

2010年7月5日，湖南省长沙市政有限责任公司12项目部在地铁2号线“五一广场站”进行地下管道改造施工时，于地表下6米处发现一口埋藏有近万枚简牍的汉代古井。经长沙市文物管理所及芙蓉区文物管理所工作人员实地勘查，确认该古井为东汉前期官方简牍档案埋藏地。

这批文物有竹简，也有木牍，简牍所载纪年文字为“永元十四年”、“永元十五年”等，由此确认该批简牍为东汉和帝时期（88—105年）长沙地方政府的官方档案文书，而古井为东汉前期官方简牍档案埋藏地。

该批简牍的发现是继长沙走马楼吴简之后出土历史文献的又一次重大发现，填补了湖南地区东汉前期简牍发现的空白，也是我国南方地区出土东汉简牍数量最多的一次。出土简牍保存的历史信息丰富，对研究东汉时期长沙地区的政治、经济、文化等提供了极其宝贵的实物资料。

为做好这批汉代简牍的抢救性保护工作，长沙市文物考古部门已协调相关单位落实了保护措施：一是停止了该地段的地下施工，明确了专人守护，落实了保护责任；二是在管道出口处竖立了警示牌，设立了警戒标志；三是对古井暴露部分的简牍实施了现场遮盖保湿处理，对施工造成的散落简牍进行了提取保护。

【北京发现一具金代铁铠甲　在国内尚属首次】

2010年7月7日，北京市文物考古人员在丽泽商务区遗址区域一口金代古井内发现一具金代铠甲。据介绍，这也是国内首次发现金代铠甲，对研究金代军事制度及军事装备情况提供了重要的考古资料，具有重大的科研价值与文物价值。

目前，B6～B7地块土地开发项目的考古发掘已进入收尾阶段。北京市文物局正积极与丽泽商务金融区管委会就文物保护相关事宜磋商，以确保B6－B7土地开发项目按期顺利实施。

【新疆策勒发现唐代佛寺遗址群　现场壁画近10平方米】

2010年7月，随着策勒县托普鲁克墩3号佛寺遗址的发现及发掘工作不断推进，一个大型佛寺遗址群在塔克拉玛干沙漠逐渐显现。截至2010年7月，托普鲁克墩已发现5处大型遗址存在迹象，北部的喀拉墩地带发现8处大型佛寺建筑遗迹。而带庭院的建筑基址在新疆还是首次发现，在一定程度上填补了塔克拉玛干佛教建筑方面的空白。

托普鲁克墩3号佛寺遗址位于策勒县达玛沟乡达玛沟的荒漠沙丘中。巫新华说，从托普鲁克墩遗址往北数，最近的是喀拉敦佛寺遗址，再往后有巴拉瓦斯特、乌尊塔提，还有老达玛沟、丹丹乌里克等七八处大型古代佛寺遗址群。

现场发现的壁画总面积近10平方米。根据壁画人物的衣着风格，初步判断遗址为唐朝。3号佛寺遗址的发现连同周围十几个大小佛寺遗迹，形成了一个较大规模的佛寺遗址群。

达玛沟托普鲁克墩佛寺遗址群1号佛寺是塔克拉玛干地区唯一保存完好的佛堂建筑形式的古代佛寺建筑，与2号、3号佛寺遗址组合成完整寺院，是塔克拉玛干绿洲寺院独有形式。达玛沟托普鲁克墩佛寺遗址建筑形制、壁画与出土文物对研究和了解古代和田地区佛教、民间佛教信仰、佛教塑画技法，以及与河西走廊、中原、西藏等地的佛教传播和发展等方面具有重要意义。众多丰富的文物遗存也表明，公元6世纪以来，这里渐渐成为佛教兴盛的地区之一。

有关方面认为，达玛沟托普鲁克墩佛寺遗址群是完全由我国学术机构独立发现、独立发掘、独立进行各方面研究的整装古代建筑遗址群。与塔克拉玛干地区所有其他沙漠地区古代建筑遗址群相比，具有独立的知识产权和完整的出土文物组合。

达玛沟托普鲁克墩佛寺遗址群的发现，有力地证明了佛教文化在新疆地区存在了1000多年的历史。专家指出，出于文物保护和发挥文化财富社会作用的考虑，应尽快规划达玛沟佛寺遗址群考古主题公园。这将对新疆的社会稳定与文化建设起到巨大作用。

【浙江镇海区发现战国时代遗址距今2500多年】

2010年7月，镇海区九龙湖镇鱼山山脚下，新发现了一处战国时代的遗址，文保专家将该遗址称为“鱼山遗址”，确认距今约2500年。鱼山遗址位于九龙湖镇鱼山和张家山之间的缓坡和平地，保守估计面积至少为1万平方米，属于规模比较大的遗址。初步勘查发现了大量陶器残片，主要为原始瓷、泥质陶和夹砂陶。从遗址中采集的陶片表面的纹路和纹饰手法可以确认，这是一处战国时代的遗址。

在现场，考古专家们还发现了代表商周时期特色的云雷纹陶片、少量唐代陶瓷片以及30～50厘米的文化层。可以推测，从商周时代一直持续到唐代，鱼山附近一直有人群繁衍生息，生产生活发达。鱼山遗址的范围、面积、文化内涵等方面的内容，需要进行进一步的考古工作才能确定。

【甘肃发现古藏文手写苯教文书　保存完好实属罕见】

2010年7月，甘肃省藏文古籍目录课题调研组在陇南藏区考察时，发现了500余部古藏文手写苯教文书。专家称，这是继20世纪初敦煌出土少量苯教文献以来，甘肃又一次发现的珍稀手写苯教文书，其年代之久远，数量之巨大，保存之完整，均属罕见。

据介绍，这批苯教文书采用缩写古藏文抄写而成，以传统的梵箧装保存，文字清晰如初，画像色彩艳丽，页面古朴精美。从文字特征、书写形式、遣词造句、纸张用料等各方面分析，该文献属于9至11世纪手写本苯教文书，内容涉及苯教法师祈祷经文、苯教古代各种祭祀仪式所诵经文、禳灾防暴时的咒文和古代藏族社会生活、民情风俗等，是研究中世纪藏族语言文字、宗教信仰、医药天文、藏族书法艺术等不可多得的珍贵资料。

苯教文化是藏民族历史发展早期所创造的独具本土特色的文化形态，是藏族远古时期的主体文化，以自然崇拜、神灵崇拜、生灵崇拜、图腾崇拜、图符崇拜等为主要内容。

【河北发现汉代画像砖　成研究汉代雕刻新佐证】

2010年7月，河北省磁县文物保管所从一农户家中征集到3块汉代画像砖。据称，这些汉代画像砖在河北非常罕见，为研究当地汉代政治、经济、文化、艺术提供了宝贵的实物资料。

据介绍，新发现的汉代画像砖为长方形灰砖，长1.16米，宽0.41米，厚0.18米，空心，单面图案。图案为阴刻菱形图案，制作为模印，整个画面内容单一规整，简洁明快。其中2块完整，1块稍残。

河北省文物专家表示，画像砖起源于战国时期，盛行于两汉，多在墓室中构成壁画，有的则用在宫室建筑上。汉代画像砖对研究汉代建筑、雕刻、绘画等具有很大的参考价值，作为雕刻艺术形式，“上承先秦青铜艺术之风，下开魏晋南北朝佛教文化先貌”。该县发现的汉代画像砖，为研究汉代雕刻艺术提供了新的佐证。

【成绵高速发现古墓　延续汉唐宋明清2000年历史】

为配合成绵高速公路复线项目建设，成都文物考古研究所、彭州文管所联合组队对该项目经成都境内的19公里路段，进行了考古调查，共发现16个文物点。截至2010年8月4日，已经完成了4个文物点的发掘工作。

彭州市三界镇红家村十四组一小水沟附近，4个大土包由西向东排列，成绵高速公路复线穿过最西面的一个土包，当地村民称为“红豆树土包”。考古人员在对土包进行考古调查时，发现了青灰色的墓砖，经钻探，发现这几个土包里面竟然“包藏”着大量的墓葬。在发掘过程中，考古人员从土包的最上层由浅及深，先后发现了清、明、宋、唐、汉等各个时期的古墓，由于破坏严重，这些古墓给我们留下的宝贝并不多。然而在土包的最下层，发现了3座保存完整的土坑墓，里面有精美的青铜器和陶器。

经过分析，考古人员发现这4个土包实际上是古人修建墓葬时一层层累积而成的。汉代人在最下层，下葬后在墓上夯筑了封土堆；而唐代人又在封土堆上建墓，再建封土堆……这样后人“踩”着前人的肩膀建墓，土包越垒越高，直到明清时期。从剖面上看，土墩从下到上，重重叠叠，盖成了一座“楼”，而历代墓主人俨然住进了“多层古墓公寓”，成了“上下铺”的邻居，而这也是一部延续2000多年、浓缩了的成都平原丧葬文化史。

新都区清流镇界牌村九组的高家院子附近有一个土包，由于早年取土烧砖，土包几乎破坏殆尽。考古人员在农田、果园和竹林中，发现了大量装饰有几何图案和花纹的墓砖。在一块长38厘米、宽19厘米的砖上，考古人员发现了“天监九年”的字样。天监是南朝梁武帝萧衍的第一个年号，可以断定这里是一处南朝墓群，面积在800平方米左右。南朝墓地在成都乃至四川都十分罕见，现在能发现有明确纪年的铭文砖，更是难得。它将为区分汉墓、晋墓、南朝墓提供重要的标尺。

【长沙铜官窑遗址考古工作】

2010年8月，沙河白塔镇白塔村意外出土17000枚完整的唐代“开元通宝”钱币。这些古钱币的出土对研究沙河在唐代时期的政治、经济、文化均有重要意义。

工作人员发现出土钱币地层离地面约3米，盛币陶罐已被挖掘机抓坏，从陶器残片分析，应为2个大陶罐和1个小陶罐。大量古钱币与泥土混合在一起。古钱币应是成串堆放在陶罐内的。

当地文保所对这些古钱币进行简单清理后发现

古钱币的面文全部是“开元通宝”。形制规范，制作精美，字迹清楚，文字秀美，直径大部分为2.4厘米，除面文外，面无记号，背面部分有月纹。既有唐早期的也有唐中期的。完整钱币约17000枚，重约71公斤。据推测，这些钱币应为战时主人在紧急情况下藏匿起来以备不时之需。

开元通宝钱始铸于唐高祖武德四年（621年）。开元通宝钱的铸行在中国货币发展史上标志着五铢钱的结束和通宝钱制的开始。通宝钱的独特之处不在于形制，而在于钱名，也即钱文。钱文内容由“开元”与“通宝”两部分构成，前者昭示开始新纪元，后者表示通行宝货。自此以后，方孔圆钱不再以重量为名称，而改称某某（多为铸币年号或国号）通宝、元宝、重宝等。这种钱文结构模式成为历来各代方孔圆钱的标准，前后流通1300余年，直至民国初期才逐渐消失。

开元通宝钱的铸行，对我国的衡法产生了重大影响。开元钱每10文重一两，每文铜币称为一钱。我国以10进位的一两10钱制自此开始，原来实行的铢、絫等计量单位停止使用。在钱文书体方面，开元通宝钱也有革新。我国古代铸币文字书体，先秦为篆，秦至隋多为小篆，而自开元钱始则以隶、楷为主。

【江苏省宿迁市区鑫地名都考古工地出土汉代琉璃珠等多件文物】

2010年8月，江苏省宿迁市区鑫地名都考古工地出土了汉代琉璃珠等多件重要文物。

在考古人员编号为20号墓葬中出土汉代琉璃珠。此墓葬为南北向的竖穴土坑墓，长2米，宽1.2米，残深约0.9米，棺木无存，人骨亦朽蚀严重。琉璃珠位于墓葬西侧的随葬品堆中，珠体直径约2厘米，圆柱中空，整体呈深蓝色，周身镶嵌宝蓝色琉璃片。其镶嵌部位局部脱落，在嵌槽底部还残留有白色的黏合剂。从外形推断，这件琉璃珠应是墓主随身佩戴的挂件。墓中同出的随葬品还有一组明器青铜编钟，陶壶、鼎、盒、匜各一件。从陶壶、编钟的形制确定墓葬时代为东汉。

琉璃是含氧化铅的水晶通过高温脱蜡的工艺烧制而成，其工序冗长，难度极高，自古被誉为五大名器之首。我国琉璃工艺始于西周，在汉代日臻成熟。此次出土的琉璃珠历经2000年，依然耀眼生辉，殊为难得。且其镶嵌工艺特点鲜明，更是研究琉璃工艺史的重要素材。

另外，考古人员还在对编号为M22的墓葬做清理时发现多件精美文物。此墓位于该建设地块西南处，为长方形竖穴土坑墓，墓坑长190厘米、宽55厘米、残深约40厘米，棺木已朽，保存部分人骨架，头朝东。虽然墓葬规模很小，但随葬器物有玉手镯、玉指环、银玉组合耳坠、铜发饰、银发簪等10余件，且件件精美。从墓葬形制及随葬器物来看，墓葬年代为清代中早期。这些文物的发现对研究当时社会生活及人们的审美观提供了珍贵的实物资料。

【新疆发现6000年前岩画　有水滴穿石印记】

2010年8月，新疆且末县发现了一件精妙绝伦的岩画，该岩画发现点位于戈壁滩上，海拔在2000米至2500米，地点偏远、人迹罕至，故此岩画保存完好。据该县文物部门初步推断，此岩画距今6000~7000年，在距县城120公里左右的戈壁滩上所发现，构图精妙，形象生动逼真，以动物图案为多，还有一些神秘元素，整体大约90幅。虽然线条单一、构思原始，但画面不落俗，形象逼真，生动而又优美。

岩画呈朱红色，也有少量黑、黄色，一侧光亮鲜美，一侧有水滴穿石的印记，顶部略有风化，题材内容多为野生动物如鹿、羚羊、骆驼、野牛等，整体姿势像一头卧着的水牛，重近4吨。

早在20世纪80年代，且末县已有发现岩画的历史，该岩画名为莫勒且河古代岩画，位于且末县城以南约260公里的阿尔金山北麓，岩画主要集中在莫勒切河东西两岸山腰及山丘的岩石上，海拔2600米左右，岩画共有4000幅之多。岩画题材非常广泛，有较集中的野生动物和已被驯化的家畜，有各种狩猎和放牧场面，有日月星辰等天体图案，也有草原上古老的车辆、牧场和杀气腾腾的部落战争，欢快热烈的原始舞蹈，祭祀神灵的牺牲场面以及手持弓箭的游牧骑士形象，标志着游牧人萌芽的原始居所和各种神秘符号。

且末县位于新疆南部，塔里木盆地东南缘，阿尔金山北麓。南与西藏接壤，北部伸入塔克拉玛干大沙漠，县城且末镇距乌鲁木齐市公路里程1200公里。

【商丘一墓群出土60余件文物　距今已2000多年】

2010年8月，文物部门在睢阳区新城办事处十里铺村发现的一处古墓群已发掘完毕，共出土铜器、陶器、石器等各类文物60余件。经专家认定，整个墓群是属于西汉时期的平民墓群，已有2000多年历史，包括21座墓坑。

此次古墓群遗址是文物部门在配合商周高速公路商丘段二期施工主动进行的文物勘探中发现并发掘的，避免了古墓遗址遭施工破坏。

此发现对研究西汉时期的历史文化、平民的埋葬习俗和墓室结构提供了可靠的实物依据。同时，通过对出土的一些陶制品研究，可以了解西汉时期陶的制作工艺流程和陶文化的发展。

【四川省发现第三处旧石器遗址　保存完整实为罕见】

2010年8月27日，四川省文物考古研究院公布，四川第三处，也是30年来最重要的旧石器时代遗址在简阳露面，这对研究距今2万至3万年间四川乃至西南地区人类活动历史具有重大意义。此外，四川首次在该遗址内出土了旧石器时代饰品，对研究人类智力和审美发展具有重要价值。

这个被命名为“龙垭旧石器时代遗址”的发掘现场仅30平方米，目前已经出土两只象牙化石，及上万件动物骨骼碎化石、石器、骨器等，其中包括象、鹿、豪猪、羊及猫科动物。3万年前的人类活动遗迹，能在自然条件下完好保存下来，实为罕见。

值得一提的是，该遗址距1951年发现的“资阳人”遗址仅40公里，同属沱江流域，为研究“资阳人”提供了新的资料。

尤其引起专家注意的是三块经过钻孔的骨质饰品，看上去颇像现在项链的吊坠。专家表示，这样的装饰品在四川还是首次发现，说明当时的人类已经有一定闲暇打制装饰品，或者有了宗教崇拜的初步起源。

此次在简阳的发掘是新中国成立后，四川省继“资阳人”遗址、富林遗址之后，组织的第三处旧石器时代遗址发掘，该处遗址在时间上超过了四川以前的旧石器时代考古发掘，对研究距今2万至3万年间四川乃至西南地区人类活动历史均具有重大意义，发掘成果也极大丰富了资阳人头骨研究的内容，现场出土的大块石器可能对学术界多年来“川东出大器物，川西出小器物”的结论产生影响。

【河北省柏乡县小里村仰韶文化遗址获重要发现】

2010年6月以来，河北省文物工作者对邢台柏乡县小里村仰韶文化遗址进行抢救性考古发掘，获得一批重要发现。小里遗址遗存面积约6万平方米，是一处仰韶时期后岗一期文化遗存，距今5700年至6300年。目前已经发掘1500平方米，已发掘半地穴式屋址5处、窑穴4处，大量的陶器、骨器、石器、蚌器等，并出土一枚完整的细泥红陶指甲纹陶埙，对研究我国6000年前古代音乐、建筑及环境考古均具有重大意义。

【南郑县考古发掘工作结束　出土汉代珍贵文物400余件】

2010年8月31日，焦作市文物工作队参与的南水北调中线工程河南郏县段的一处汉墓群考古发掘工作全部结束，共发掘古墓葬85座，出土各种质地汉代珍贵文物400余件。

2010年4月初，根据河南省文物局统一部署，焦作市文物工作队进驻郏县，对该县安良镇狮王寺村南水北调中线工程主河道内一处西汉中期至东汉中期的古墓群进行抢救性发掘。

在5个月的考古发掘中，考古人员共发掘4400平方米，发掘墓葬85座，出土了陶壶、陶灶、铁釜、钱币等随葬品400余件和一批汉代画像石、空心砖等，出土的文物质地有陶、铜、铁、骨等。

在此次出土的陶器中以铺首衔环壶最具特点，这些陶壶的铺首型制仿青铜器制作，做工精细，形象生动，代表了郏县当地汉墓随葬品的风格。

此次发掘出土的空心砖墓门和画像石墓门较为奇特，多座墓门上雕刻有祥物图案。其中第38号墓的画像石墓门最具代表性，这座画像石墓门包括门楣、门扇、立柱三部分，上面雕刻有精美的祥物图案。其中门楣上的图案为龙虎戏羊图，两扇门上的祥物有朱雀、白虎、铺首，印证了中国古代有关

"青龙白虎守门"的记载。而门两侧的立柱上雕刻的人物图案，可能为中国古代门神"神荼"、"郁垒"的雏形。

据文物专家介绍，这次发掘的汉墓中出现如此多具有显著特点的随葬品和墓门，极为罕见且具有较为重要的考古价值，为研究两汉时期郏县地区墓葬的布局形制、葬风、葬俗、器物组合等提供了新的实物资料。

【宁夏彭阳发现大型隋唐墓葬群】

2010年9月7日，宁夏回族自治区文物考古研究所和彭阳县文物管理所经过一个多月的抢救性发掘，将彭阳县新集乡姚河村海子组一处面积超过10万平方米的大型隋唐墓葬群清理完毕，共清理古墓葬24座，出土随葬器物50余件。墓葬群的发现，为破解隋唐名县"百泉县"遗址悬疑提供了佐证。

据介绍，在隋唐墓葬群发掘中，还发现少数北魏墓葬，其中从一座古墓内发现2枚波斯萨珊卑路斯银币。墓主人为男性，身高超过1.8米，双手各持一枚银币，令人不解的是，墓主人将双手放置在身体的右侧，而不是在身体两侧。2枚波斯银币直径2.7厘米、重3.5克，黑色、外形不规则，正反两面主体图案外围环绕的联珠纹圈框已磨损。银币正面是一个王者头冠像，已很模糊，背面由小圆点组成如梅花的飘带；王冠中间为锥形装饰物，冠顶为一轮新月抱托一个圆球。王冠像左下角的波斯字铭文已模糊不清。背面图案的中央是祭火坛，祭坛底部为三级台阶，祭坛上的火焰似椭圆形小点堆积成三角形。火焰左右各有一个月亮形纹和星形纹。墓主人身份尚待进一步考证。

据自治区文物考古研究所考古人员介绍，银币在北朝至隋唐墓葬群中十分罕见，加上这2枚，目前自治区已发现的波斯银币不足10枚，且多数在固原地区发现。2枚波斯银币的出土，为中西方文化交流和研究古丝绸之路提供了珍贵的史料。

此外，墓葬群的发现，为破解隋唐名县"百泉县"遗址悬疑提供了佐证。唐初，百泉县隶属原州。唐武德五年（622年）将县址迁移至原州东90公里处。史学界只确定百泉县在彭阳境内，但具体地点不明，至今仍是个谜。

海子组的隋唐墓葬群是在彭阳境内首次发现，与已发掘的吴忠市隋唐墓、固原市南塬隋唐墓不同的是，该处墓葬群墓葬形制为长方形竖穴洞室墓，且均为木棺材。墓葬多以两人合葬为主，而另外两地的墓葬却以多人合葬为主，反映出当时该地区人们不同别处的生活习俗。

据悉，考古人员在对该处墓葬群考古发掘中，还在距墓葬群不远的平原地带发现大型古城遗址。该墓葬的发掘不但为研究当地隋唐时期历史文化提供了第一手资料，且为确定"百泉县"位置提供了珍贵资料。

海子组隋唐墓葬群是自治区古墓考古以来，唯一一处保存完整、没有被盗的墓葬群，实为罕见。

【湖南攸县燕子岭宋民窑挖掘结束　出土1700袋瓷器】

2010年8月初，湖南省文物考古研究所在醴茶高速考古区域内例行考古勘查时发现一处古窑遗址，随后进行抢救性的发掘，9月发掘工作已经全部结束。该古窑遗址出土了1700余袋、约26吨瓷器标本。据考古专家介绍，古窑出土的瓷器从器型、釉色、纹饰上看非常具有地方特色，这在之前考古中从未发现过，此窑已确定为宋代窑。

此次共发掘出两座古代龙窑，位于攸县酒埠江镇色江村醴茶高速考古区域内的燕子岭上。整个考古现场大概700平方米，对照当地此前发掘的窑址此次规模比较大，保存比较好。据了解，一座完整的古龙窑，由窑顶、窑壁、窑床构成，而这两座龙窑经历了800多年的岁月变迁，窑顶已经破损，难以看到其全貌，但现场长约25米的窑床仍清晰可见。

这两座古龙窑中出土的大部分瓷器已经破碎，但是总体来说品种繁多，均为生活用品和窑具，其中大型瓷器如盆、瓮等比较少，大部分是体形较小的瓷器，以壶、罐、碗、盏、碟居多，釉色以青釉、酱釉为主。此外，还出土了一批支钉、支环等，主要是当时的烧窑工具。另有两座砚台，是仅有的两件文具瓷器。

考古人员将瓷器从工地发掘出来后，按地层进行分类，然后对其清洗、装袋，两座古窑中共发掘出了1700余袋、约26吨瓷器标本。

从出土器物看，这两座窑均属民窑，主要生产日常生活用品，生产量较大，不仅仅是满足当地百姓的需求，此地毗邻攸水，其产品应该还通过水路外销，这样推测，攸县很可能是当年湖南重要的瓷器产地。

这批文物中带纹陶瓷为数不多，有花草纹壶、水波花草双鱼纹碗等，纹样以花草纹、双鱼纹为主，而较具观赏性的是一件陶制器座，其周身环绕雕刻许多虫茧形花纹。据考古专家介绍，这些陶瓷说明当时此地的陶艺具备了一定的工艺水平。

古窑出土的陶瓷类型在其他地区的考古中尚未发现，但其器型、器类具有宋代的典型特征，如小巧瘦长的壶、罐，斗笠状的碗、盏等。此外，在1号窑内的窑床底部，还发现了一枚带北宋“崇宁重宝”字样的铜钱，考古专家已确定该窑年代为宋代。

目前湖南已发掘瓷器分为湘阴窑和衡山窑两类，考古专家通过对发掘的瓷器进行整理和修复后发现，此次出土的瓷器在釉色和制作方法上与前两类有很大区别，这些瓷器当中大部分是青瓷，酱釉瓷也占相当数量，更让考古专家惊喜的是，还发现了少量的黑釉瓷，专家们推测，这批瓷器将对研究宋代窑演变序列大有帮助。

9月现场发掘工作已经结束，但专家们认为此处不止两座古窑，在其附近至少还有五处古窑址，这里应该是一处古窑群。考古工作者们将在适当的条件下再进行发掘。

【昂昂溪滕家岗遗址　九座古墓出土百余件珍贵文物】

2010年9月，昂昂溪滕家岗遗址考古发掘工作已全部结束，共发掘古墓葬9座，出土100余件珍贵文物。

自2010年7月20日开始，在国家文物局的统一部署下，由中国社科院考古研究所、省文化厅考古所、市文物管理站及昂昂溪区文物管理站的相关考古专家组成联合考古工作队，对昂昂溪区东南一公里处的滕家岗遗址进行了抢救性发掘。

在历时一个半月的考古发掘中，考古工作人员共发掘面积220平方米，清理墓葬9座，灰坑17处，灰沟3条，房址1处；发掘出土石器、骨器、陶器、玉器等100余件珍贵文物；出土兽骨、蚌壳、鱼骨等大量动物骨骼。在后期室内文物整理中复原陶器一件。

据介绍，此次滕家岗遗址出土的大量鱼骨、蚌壳和兽骨进一步证明了当时人类是以渔猎为生存手段。在发掘清理的9座墓葬中，其中一座墓主人只有十几岁，墓葬十分奇特，墓主人头骨左右各有一个成人头骨，是殉葬还是其他原因，有待于今后的进一步研究。此次发掘清理的墓葬，为研究数千年前墓葬的布局形制、葬风、葬俗等提供了新的实物资料。据悉，此次发掘出土的鱼骨将送到科研单位鉴定其种属。

这次对滕家岗遗址科学、规范的发掘，对于推动昂昂溪文化研究的深入，扩大昂昂溪遗址的影响，进一步揭开昂昂溪遗址的神秘面纱具有重要意义。

【浙江省龙游县发现9000年前新石器时代遗址】

2010年8月开始，浙江省文物考古研究所与龙游县博物馆一起，对龙游县境内的渠江、灵山江流域进行新石器时代遗址的考古调查。这次调查是在全国第三次文物普查的大背景下浙江省文物考古研究所实施的“浙中地区以上山文化为核心的新石器时代遗址专题调查”的组成部分。调查工作取得突破性成果，发现了青碓新石器时代早期遗址。

青碓遗址位于龙游县龙洲社区寺后村西面500米处，灵山江西岸，海拔50多米。所在位置原有一个相对高度约1.5米的丘堆。丘堆在数十年中已被取土平整，现已夷为平地，村民陆续捡到石镞等文物，并上交到龙游博物馆。经现场踏勘，考古专业人员又发现了夹炭红陶器、石磨盘、石磨棒等上山文化特征的遗物。2010年8月23日至8月31日，浙江省文物考古研究所和龙游县博物馆采取试掘和探铲勘探的办法对遗址进行正式的调查。试掘面积共12平方米，分为各23米、一南一北两条探沟。

遗址包含两个阶段的文化层堆积，基本文化内涵为陶器和石器。下层陶器以夹炭红衣陶为主，复原或可辨器物有敞口平底盆（部分为多角沿）、乳丁足盆、镂孔圈足盆、平底贴耳盘、贴耳罐、折平沿（无耳）罐、小钵等，并见有折线刻画、戳印等装饰。石器丰富，主要有石磨棒、石磨盘、石锤、石片石器和少量的磨制石凿、石锛，还采集到穿孔石器等。青碓下层的遗物具有浓郁的上山文化晚期特征，年代距今约9000年。上层陶器包括夹炭、夹砂两种陶系，陶色总体偏灰黑，主要器物有凹沿侈口釜、浅腹平底盘、双耳罐、圈足器，装饰以绳纹为主、还有弦纹、米粒纹、镂孔等，石器见有石锛、磨石、石片等。从类型学的比较看，青碓上层遗物与浦江上山遗址中层的文化面貌基本一致、具有明显的跨湖桥文化特征，年代距今约8000年。

青碓遗址是浙中及附近地区继上山遗址后发现的第十处早期新石器时代遗址，也是衢州地区最早的新石器时代遗址。青碓遗址的发现，说明上山文化的分布已经向浙西地区延伸，这充分证明整个钱塘江上游地区不但是浙江新石器时代文明的发祥地，也是中国乃至东亚地区最重要的稻作农业文明的重要发祥地之一。同样重要的是，青碓遗址是继浦江上山遗址、小黄山遗址之后，第三处发现上山文化、跨湖桥文化直接地层叠压关系的遗址，青碓上层的浅腹平底盘、双耳罐等器物，与下层的平底盘、双耳罐又具有明显的相似性，这更有力地证明了跨湖桥文化来源于上山文化的假设，更充分地证明了钱塘江早期文明源远流长的延续发展关系。

【江西奉新县发现大型商周遗址　出土3只罕见陶鸟】

2010年9月初，江西宜春奉新县发现一处大型商周古遗址，总面积约1.5万平方米，出土了大量文物，其中包括3只罕见的陶鸟。

据了解，该遗址名为栒子垴遗址，位于宜春市奉新县罗市镇梧岗村委阴村，南潦河的支流从遗址东南面流过，属于近水山坡类遗址。2010年8月开始，江西省考古人员对该遗址进行抢救性发掘，目前已发掘面积约2000平方米。

目前所揭示的西周时期遗迹有灰坑、灰沟、房基、路面、陶窑（待考究）等；遗物有石器、陶器、铜器等。石器主要有锛、刀、镞、钺、砺石等；陶器主要有甗形器、鼎足、尊、罐、豆、器盖、盂、钵、纺轮、网坠、陶塑等。

这其中最令人感到惊奇的是3只陶鸟，表面上看起来像是鸡，但实际上是鸟，上面的纹饰有篮纹、曲折纹、方格纹等，属于典型江西吴城文化特有纹饰，反映了当时人们对图腾崇拜或族徽的信仰情结，这样的图腾纹饰也曾出现在新干大洋洲出土文物上。

【湖南邵阳发现多处古遗址、古窑址和古墓葬】

湖南省邵阳市文物部门工作人员在正在建设的洞新高速公路沿线发现了多处古遗址、古窑址和古墓葬。

2010年8月25日至9月6日，邵阳市文物局会同省文物考古研究所专家，历时10余天，途经新宁、武冈、洞口、城步等县市，对正在建设的洞新高速沿线路段进行调查勘探。在此过程中，专家发现多处表土层遗留有陶片、石碑和新石器时代的石刀、石斧、磨制石器等文物。据初步统计，共发现新石器遗址5处、汉代至清代古墓葬6处、古窑址8处。随后，专家收集了大量磨制石器、麻布纹陶片等器物和标本，以便对这些出土文物作进一步考证和研究。这些文物种类相当丰富，时代跨度较大，从新石器时期到清代。这对今后了解和研究当地文化发展史、风土人情、历史风貌等，具有一定的史料价值和科考价值。

【河北省隆化县新发现一处元代瓷窑址】

2010年9月，考古工作者在河北省隆化县小汤头沟村新发现一处瓷窑址，此处瓷窑址位于伊逊河谷盆地的山涧中。窑址面积约3000平方米，根据瓷窑的形制及瓷器的特点分析瓷窑烧制年代为元代中后期。

瓷窑址区域内发现残窑一座，地表暴露有残瓷器、窑具堆积等。器物种类有碗、罐、盘、缸等，造型浑厚，制作粗糙，体厚，含杂质，釉色有黑釉、白釉、酱釉，器物多施双面釉，纹饰以花草、几何纹为主。

此处瓷窑址是隆化考古新发现，将为地方陶瓷史研究提供新的实物资料。

【秦兵马俑一号坑第三次考古发掘喜获“重宝”】

2010年10月，在秦始皇帝陵博物院开园之际，一号坑第三次发掘又有一系列重要发现。这些“重宝”包括彩绘漆鼓、完整弩韬的织物遗迹。

漆鼓遗迹在俑坑中虽多有发现，但鼓面却一直

"不识庐山真面目"。本次发掘广泛开展小面积解剖的"精工细作",意外地找到了两处彩绘鼓面遗留。因受淤土叠压,上层鼓面下陷低于鼓壁,又与下层黏结在一起,可谓"只缘身在此山中"。

弩韬形似蚌,曾数次发现,但一般都是和弓弩遗迹混杂,可瞻性稍逊。本次发掘的这件弩韬总长150厘米,完全脱落在陶俑脚下,平畦多纬织物组织结构及表面髹漆情况清楚,甚至边缘地区的白色缝合线迹也历历在目。

陕西地区由于自然环境的关系,脆弱材质的遗存难得一见,一号坑第三次发掘中的新材料,拓宽了兵马俑发掘的课题研究领域,是秦俑坑中的"宝中之宝"。

由于工作场地的限制,新发现的材料都是工作人员持续多日以"跪姿"的状态完成清理、拍照、保护等工作,在展出与发掘同步的一号坑现场,也向数万观众展示了秦俑考古人的敬业精神。

【浙江省中日恐龙专家联合发掘东阳恐龙取得重大成果】

2010年9月23日至10月15日,经过认真组织、精心策划,由中日恐龙专家联合组成的发掘小组,对东阳马宅镇杨岩村和白云街道风车口2处化石遗址进行抢救性考古发掘,取得重大成果。

此次发掘是由东阳市文物办、博物馆发起并会同中国地质科学院地质研究所、浙江省自然博物馆和日本福井县立恐龙博物馆等多家单位,联合对马宅镇杨岩村和白云街道风车口的两处恐龙化石遗址进行同步抢救性发掘。这是该市有史以来规模最大、最为系统、最为规范的一次中外联合恐龙遗址发掘。

杨岩村甲龙化石的发现,意义重大。初步判断现在发现化石有甲龙的肋骨、甲板、筋腱、椎体、肱骨等。尤其是甲板很大、很完整,非常难得。根据这些已有的化石,可以推断甲龙长度为8~10米,是一个庞然大物,而且还很有可能是一个新种类甲龙,就像之前的中国东阳龙一样,极有可能是世界上首次发现的新种类甲龙。在这些化石中,专家们还发现了不同的肋骨化石,这就不排除存在多个个体,有可能是9000万年前一起冲到这个坑里被埋葬的。特别值得一提的是,甲龙主要集中在北方,长江以南除了丽水发现过甲龙化石外,东阳是第二个地方。所以这次发掘不仅丰富了东阳的恐龙资源,而且对研究恐龙的分布、迁徙、衍化都具有非常重大的意义。

与马宅镇杨岩村进行同步抢救发掘的白云街道风车口处的恐龙化石遗址也取得重大成果。目前现场已挖了四五个层位,已发现蜥脚类、兽脚类、鸟类、鸟脚类、翼龙等7种不同种类的脚印化石,90多个脚印。这是东阳首次发现兽脚类恐龙脚印化石,也是浙江省内首次发现如此大规模的恐龙脚印化石,国内第二次、世界第八次发现翼龙脚印化石。此外,风车口恐龙化石遗址还有其他地方无可比拟的优越性,因为每个层位形成都要历经几百、几千年,时间跨度长,这说明在晚白垩世早期,风车口这个地方非常适合恐龙生活,恐龙世世代代在这里繁衍生息。通过一层层的关系,能够反映出恐龙衍化的过程和当时的生活方式。

【塔什库尔干发现1300年前巨大石窟】

2010年10月,一座高10米左右的巨大石窟及半成品造像遗迹,在新疆塔什库尔干塔吉克自治县的一条山谷里被发现。虽说从任何历史文字记录上没有此石窟及石像的只言片语,但专家们还是从历史的残片上找到了它的踪迹。它是佛教传入中国最早的证据之一。

从他们考察的情况看,石窟很大且较为规则,顶部有券顶。虽然两侧壁岩有些斑驳,但也能够看出十分对称。石窟开凿崖壁的岩石,由几层构成,这样对称的壁面由自然形成是极为罕见的。或是在自然形成洞穴基础上再继续开凿成此规则的洞窟。洞窟较高,通过比例换算有10米左右,主室的进深浅,整体看为大像窟的形制。形制和龟兹石窟中部分大像窟十分接近,此洞窟底部漫在水中。

另外,洞窟中的岩石和石像在感觉上很接近。很像石窟造像中的石蕊,石蕊像形式见于著名的巴米扬石窟大佛像。石蕊像形式是先利用洞窟中的自然岩石,雕成塑像的大体形态,然后再用泥质在表层进行塑造。

古代大像窟既建于石窟寺,同时也大多建于交通要道。从这一地区的整体来看,石窟在河道的转弯处,此处河道较宽,石窟对面的河岸有一片开阔的台地适宜耕种。整体看,此处应是古代商旅行进休整、祈祷平安之处。

在石窟遗址中，大像窟周围多有其他类型的洞窟与之相应，此大像窟现只有一个洞窟。结合洞窟两旁的崖壁情况来看，两旁的崖壁顶部为泥石流堆积层，大像窟左侧崖壁和泥石流堆积层结合部露出几个洞口，只是洞口堆积的泥石很多，是开凿的石窟还是自然洞穴？现在未清理的情况之下，难以判定为石窟，有待后期深入地了解。另外，此石窟很可能是一个半成品，历史上这里究竟发生了什么？多年来为什么此处没有任何自然与人文学科记录？还需要更深入的研究。

但有一点却是无疑的。虽说佛教传入新疆的时间，目前有颇多争议，但从这座未完成的佛像看，它必然是佛教传入中国的有力证据之一。

【苏州木渎徐家坟彭家墩考古取得阶段性成果】

彭家墩（D8）位于苏州木渎盆地北部山脚下，是苏州古城址考古项目2010年5个发掘点之一，2010年春季开始进行发掘，上半年已出现初步成果，并发布相关信息。本次发掘新发现良渚至明清时期墓葬7座，其中良渚时期墓葬4座。截至2010年10月共发现墓葬16座，其中良渚时期墓葬10座，出土器物约150件，包括玉器60余件、漆器7件、陶瓷器40余件、铜铁器7件，另外在探方地层中和土墩表面发现了大量石器。

这些墓葬坐落在良渚时期的大型祭坛之上。根据现有情况初步判断，祭坛的数量不少于两个。这种现象是以往良渚文化考古发现中未曾见的，为中国文明起源的研究提供了新的资料。

【中国国宝“华夏第一龙”出土地被专家最终确定】

2010年11月，专家学者苦苦寻找20余年的中国国宝“中华第一龙”出土地，经中国社科院考古研究所内蒙古考古队和翁牛特旗博物馆田野考古工作者历经2年考察被确定。

翁牛特旗博物馆于1987年在民间征集到玦型黄玉龙形器被中国文物部门定为一级文物而加入国宝行列。考古学界普遍认定此件玉龙为“中华第一龙”，并被国内外红山文化研究领域所关注。

由于这件玦型黄玉龙形器是民间征集而无具体出土地点，其文化类型所属在学术圈内引起争议和讨论。部分专家认定这件龙形玉器属距今6500年至5000年的红山文化典型器物，而一些学者则认为玉龙属距今4000余年夏家店下层文化类型。

纷争之中，中国社科院考古研究所内蒙古考古队联合翁牛特旗博物馆于2008年年初立项并入中华文明探源工程调查活动之中，开始田野考察和民间访问，采访相关人士上百人次，在翁牛特旗红山文化遗址群采集实物标本上千件，于2010年10月下旬最终确认此件国宝玦型黄玉龙形器的出土地点为翁牛特旗乌丹镇新地村东拐棒沟红山文化遗址群中。

两年来的细致调查表明，玦型黄玉龙形器选料上乘，雕工精细，神态飘逸，具有明显红山文化玉器型制及工艺特征，应为红山文化玉器精品，堪称国宝。

国宝“中华第一龙”出土地点被确定，证明玦型黄玉龙形器代表红山文化高等级类型器物，是内蒙古自治区第三次文物普查中的重要发现，同时也是中华文明探源工程的重要成果。

【重庆现西汉古墓群出土青铜古剑等文物】

2010年11月，重庆市北碚区东阳街道黄桷老街在建房施工现场发现古墓群，已被专家证实是西汉古墓。考古人员已从墓中挖掘出青铜古剑、陶器等30余文物。

该墓地已发现4个墓葬。其中最大的墓葬宽约2米，长约4.5米，墓葬形制为土坑木棺椁。经发掘发现，该墓葬虽然历经2000余年，木料依然保存完好，同时出土青铜矛一件以及精美漆皮。

墓主人可能是西汉时期的一名武士，陪葬的青铜矛为墓主人生前所用兵器。在该墓中发现的精美漆皮说明墓主人在当时具有一定社会地位。由于年代久远，漆器的木料已经被完全腐蚀掉，但残余的红漆皮色泽鲜艳，花纹绚丽，极其美观。

位于工地东北角的3个墓葬规模、等级都不如前一个墓葬，但分布位置比较密集，据重庆市考古队专家推测，该墓群极有可能是家族墓群。这3个墓中随葬品以泥质陶器为主，还有一把铁剑和一把铜勺。铜勺小巧精致，专家推测其用途和现在做饭用的勺子相似，为厨房用具。

该墓群出土的文物对考证当地西汉时期的葬制、葬俗方面提供了具体的实物材料，更具说服力。同时对当地的历史文化研究、发展状况的研究有一定帮助。

【河北省北朝皇家寺院遗址正式发掘】

2010年11月，中国社会科学院考古研究所邺城考古队对位于河北省临漳县境内的北朝时期皇家寺院塔基遗迹（邺南城东魏北齐佛寺塔基遗迹）开始了进一步深入发掘。本次发掘是继2002年首度发现，2003年、2004年试掘后第一次正式发掘。曾被评为2002年全国十大考古新发现之一的邺南城东魏北齐佛寺塔基遗迹位于临漳县西南13公里的漳河北岸，临漳县习文乡赵彭城村西南约200余米处，南距东魏北齐时期古都邺城南墙1300米，为当时一座佛教寺院中的重要建筑遗址。

遗址是一座方形木塔的基址，遗迹包括塔心实体等地上和佛塔基槽地下部分，两部分均为夯土和砖石构筑。塔基地下基槽为正方形，边长约45米。基槽近底部用卵石层和夯土层交替构筑，卵石层多达10层。土石层之上的夯层坚实、均匀，基槽深约6米。地上部分有夯土塔心实体、南侧斜坡踏道、砖铺散水等。塔心实体夯土上残存有柱础石、承础石、础石坑等遗物、遗痕，可复原塔心实体的柱网结构。

在此前发掘时，曾出土了大量建筑构件如砖瓦、柱础石、石刻构件以及与佛教有关的彩绘佛像、彩绘残件等遗物，在一定程度上反映了木塔的规模和等级。该遗址规模宏大、规格较高，是我国目前发现的东魏北齐时期唯一一座佛寺方形木塔基址，塔基中刹柱础石、塔基砖函等发现填补了汉唐考古学的一项空白；对于探讨北朝佛寺规制等课题具有重要价值；对研究这一时期佛教塔基的特点和佛教考古都具有十分重要的意义。

本次发掘工作主要是对寺院的外围界限、寺院的回廊、壕沟（过壕沟的桥、涵洞或通道）等进行进一步细致探掘。发掘结果将对进一步了解寺院的回廊基础、壕沟等建筑结构有着重要意义。

【新疆挖掘水毁古墓群有望启动小宛国历史研究】

经过连续3天的挖掘清理，新疆且末县被洪水冲出的吾大其古墓群抢救性保护工作告一段落。吾大其墓地的发掘隐射了古西域36国之小宛国的文化，可借此研究小宛国的历史。

由于当地2010年夏季突发洪水后，一个距今2000多年的古墓群也随之展现在人们眼前，而对于这一古墓群的抢救性挖掘和清理工作已于11月6日启动，该地点位于海拔2800米高度。

经过连续的古墓抢救性挖掘和清理工作，考古人员收获颇丰，连续出土了饮水用的黑陶、铜器皮带扣、铁骑、随葬的牲畜和成年女性和婴儿的尸骨等，而这个古墓群由12个古墓组成。

且末是“玉石之路”的发祥地和“丝绸之路”南道重镇，古西域36国的且末国和小宛国就在其境内。且末国位于平原，曾以农业生产为主，有种植葡萄的记载，该县1985年考古发掘的扎滚鲁克古墓群为研究且末国的历史提供了大量珍贵资料。小宛国位于山区，以养畜为主，但《汉书》中有关记载仅为其城址在且末国以南约300里，大约喀喇米兰河流域中心地带，其余没有更深入的研究，资料很缺乏。

吾大其墓地在形质上与扎滚鲁克古墓群有较大区别，扎滚鲁克古墓群全部是土坑墓穴，吾大其墓地是石棺墓，这体现了且末国和小宛国的区别。这次挖掘的吾大其墓地位于昆仑山北麓沙丘地带，地处平原与山区之间，从地理位置上讲，吾大其处于且末国和小宛国的交界。

现在发掘的吾大其墓葬群有两座出土了马头、山羊和绵羊，有的羊头还比较多，说明这儿的人当时是以养畜为主，与小宛国的生产方式相似，但奇怪的是从墓葬中没有发现牛骨。据现在的吾大其居民讲，他们没有喂养牛的习惯，而是养羊、马和驴，原来，这一处的草场比较稀疏，牛吃不饱，自古就没有养牛的条件。

小宛国古西域国名，《汉书·小宛国传》记载，王治圩零城。去长安七千二百一十里。户百五十，口千五十，胜兵二百人。辅国侯，左右都尉各一人。西北至都护治所二千五百五十八里，东与婼羌接，辟南不当道。小宛国在今且末正南，喀喇米兰河北岸一带，由于其南为可可西里山，所以比较偏僻。居民从事农业生产，为古塞种人，属印欧语系伊朗语族之民族。

且末县地处塔里木盆地东南缘，南依昆仑雪山，北临塔克拉玛干沙漠。县境主要是沙漠和绝大部分海拔3000米以上的高山，地广人稀，平均每平方公里还不到半个人。国道315线和塔中沙漠公路横贯境内，距离乌鲁木齐市约1500公里。

【江西玉山发现明代古窑址群面积达5万多平方米】

2010年11月，江西上饶市玉山县怀玉乡境内发现明代古窑址群，经过考古专家一个多月的勘察，发现13座古代窑炉，遗址剖面积为5万多平方米。考古专家认定，这个结构独特的明代窑群，是江西砖瓦窑的首次重大考古发现。

古窑址群位于玉山县怀玉乡马路村一处名为塔山德山坡上，高出周边水田约10米，窑业堆积厚度最深达3米。据悉，遗址出土了罐、陶质的纺铜镜等，还有少量的日用生活用具。这些窑炉均保存完好，包括窑顶、焚口、火膛、火路、烟道等结构均清晰可见。

地表暴露的窑炉痕迹有13处，现在正在清理发掘的有5座，这5座窑的形制都是馒头形的窑炉，形制大体相同，但是每个窑炉的结构都有细微区别，各具特色。

该窑址的发掘为理解、诠释、印证明代学者宋应星编著的《天工开物》陶埏篇关于窑业技术的记载和论述提供了科学的依据，同时还对于研究东亚窑业文化与技术交流史提供了重要的佐证。

【河南许昌人遗址区外发现大规模旧石器新地点】

2010年11月，在中国国家文物局立项的2010年灵井“许昌人”遗址调查与发掘中，河南省文物考古研究所灵井考古队在灵井“许昌人”遗址以西新发现3个旧石器时代新地点。

3处新地点位于灵井“许昌人”遗址以西约1～1.5公里的李井村一带，面积约4万平方米，约是已知灵井“许昌人”遗址面积的3倍，时代和“许昌人”遗址相当。

和灵井“许昌人”遗址所不同的是，动物化石中以烧过的骨头占多数，一些骨头仅在两端发现有烧痕，这应是古人食肉后遗留下的骨头，说明当时的人类是以熟食为主。

近年来的发掘和研究工作证明，灵井“许昌人”遗址的性质是旧石器时代中期古人类制作石、骨器并使用这些工具进行生产的工作营地。新发现的地点与之相比，更符合古人类居住的基本条件，不排除是“许昌人”的居住地的可能性。

李井村在20世纪60年代曾发现过零星动物化石，几十年来，这里一直未进行考古调查和试掘。这次考古调查成果说明，灵井“许昌人”遗址周围存在有较多的古人类活动遗存，它的发现，使灵井“许昌人”遗址成为中国重要的旧石器时代遗址群之一，并为进一步的考古调查、发掘和保护提供可靠的依据。

位于河南省许昌市的灵井遗址是中国首次发掘的以泉水为中心的旧石器时代晚期遗址，已出土大量精美细石器、牙针、赭石染料和中国最早的立体雕刻鸟等文化遗物3万余件。2007年12月和2008年5月，该遗址2次发现距今8万～10万年的人类头盖骨和头骨化石，对研究东亚古代人类进化和中国现代人的起源具有重大科学价值。目前，包括探索中国和东亚现代人类起源等一批重要研究课题正在进行之中。

【贵州发现史前人类洞穴遗址采集烧骨骨片20余件】

2010年11月，中国长昆铁路考古队在贵州关岭自治县永宁镇发现一处史前洞穴遗址，截至2010年11月，共采集陶片8件，其中灰褐色夹砂陶5件，黄褐色夹砂陶3件，采集烧骨和骨片20余件。

洞穴遗址位于贵州关岭自治县永宁镇养马村三组西侧一天然溶洞内，当地人称“养马洞”，传早先曾在此养马，“养马洞”因此而得名。养马洞洞口向东，高出洞前平地近10米。洞口宽12米、高约10米，深度还不知晓，据当地村民称可与村后另一溶洞相通。

洞厅向内渐小，在洞前坡地上共计采集石制品30件，少量有二次加工痕迹，为石器；余为石片、石核和石锤。质地以砾石为主，仅少量燧石。贵州省文物考古研究所的工作小组进行初步探访结合采集遗物，贵州省文物考古研究所的考古学者初步分析，这是贵州关岭境内首次发现的这一时期遗址，具有较高的学术价值。

【吉林省发现东北亚规模最大的旧石器时代晚期人类遗址】

2010年11月，由吉林省文物考古研究所、吉林大学边疆考古研究中心与和龙市博物馆组成的联合考古队在吉林省东部长白山山区发现了超过100万平方米的东北亚地区迄今规模最大的旧石器时代晚期人类活动遗址。该遗址位于图们江上游的吉林省和龙市崇善镇大洞村，距长白山天池约80公里，是一处以产于长白山地区的黑曜石为绝对原料的旧石器时代晚期遗址。考古队在遗址中采集了万余件用黑曜石打制的石核、断块、石片、雕刻器、尖状器、矛头、两面器等石制品。根据其文化特征分析，这些石器产生于1万—2万年前。专家介绍，在大洞村发现的旧石器时代遗址，是东北亚地区环日本海文化圈中一处具有典型意义的遗址。该遗址规模庞大，文化遗物蕴藏丰富，属东北亚之最，是旧石器考古史上的重大发现，为了解这一区域旧石器时代晚期的现代人种的迁徙运动和文化交流传播，提供了重要的物质参考资料。考古发掘表明，1万—2万年前，该地区曾是东北亚人类活动的中心，同时，这里也是现代人类迁徙运动及文化传播的重要节点。

【湖南高砂脊遗址发现战国至明清时期墓葬60余座】

颇受瞩目的湖南高砂脊遗址考古发掘目前已取得阶段性成果。到2010年11月，发掘面积约达3000平方米，已完成该遗址地势较高部分的发掘，主要收获是发现了战国至明清时期的墓葬60多座，出土了陶器、铜器、瓷器、玉器、墓志等一批珍贵文物。

高砂脊遗址位于湖南省望城县高塘岭镇胜利村高砂脊组，湖南两大水系沩水与湘江的交汇处，是一处商周时期的古文化遗址。2010年，长沙市湘江综合枢纽开发有限责任公司开始进行湘江长沙综合枢纽工程的施工，对高砂脊遗址进行抢救性考古发掘。

高砂脊遗址面积较大，加上位于湘江边，发掘难度较高。考虑到湘江长沙综合枢纽工程是一个惠民工程，工期十分紧张，为了有效抢救埋葬在地下的文化遗产，从2010年6月开始，湖南省文物考古研究所展开了发掘工作。

该遗址因20世纪70年代农民取土时出土一件商周时期的铜甗（现藏湖南省博物馆）而被发现。1996年、1999年湖南省文物考古研究所等单位对其进行了两次较大规模的考古发掘，发现了商周时期的古文化堆积和一批出土青铜器的墓葬。高砂脊遗址是目前湖南地区罕见的商周青铜器与古文化堆积有直接层位关系的遗址，对解开湖南商周青铜器之谜具有十分重要的意义。

【甘肃金塔沙漠新发现汉长城24公里】

2010年11月，总长24公里的汉代长城遗址在甘肃省金塔县境内的沙漠里被考古人员发现。这是当地刚刚结束的早期长城田野调查成果之一，加上新发现，金塔县境内的汉长城遗址达到了320公里。

这段汉长城是在位于金塔县靠近玉门市的沙漠里被发现的，从残存的长城遗址看，城墙是用砂石加红柳夯筑而成，2000年后，整体形态和走势依然清晰，其中一半保存较好，墙体最高处约2米，宽约1米。

金塔县位于甘肃省西部的河西走廊中段，2010年3月，当地同甘肃省其他县区一道，启动了早期长城（明代之前长城）调查，目前田野调查工作全部完成，除新发现的24公里汉长城遗址外，还新发现烽火台18座，城障4座。

此次早期长城调查完成后，金塔县境内的长城家底基本摸清，加上第三次全国文物普查成果及之前已经确认的长城遗址，金塔县境内保存的长城遗址总长达到了320公里，且全部为汉代长城。

【山东省济宁市金乡光善寺塔出土22件国家一级文物】

金乡光善寺塔始建于唐贞观四年（630年）。2010年11月，在维修塔体过程中发现了一个券顶式壁龛，内置包括佛塔、舍利棺在内的22件银质文物、舍利一宗。经专家鉴定，此次出土的22件（套）银质文物属唐代，均为国家一级文物，全部藏品装饰图案线条精美，做工精致。这批出土的文物等级高、数量大、保存好，尤其珍贵的是印有大唐贞观年款的《大般涅盘经》在国内外未见有相关报道。它从一个侧面反映了金乡县佛教文化的兴盛，显示了金乡县在唐代已是山东乃至全国佛教文化最为繁荣的地区之一。为研究唐代佛教文化和山东地区佛教的发展史，提供了极为难得的实物资料。

【贵州发现一史前洞穴遗址或将揭示仡佬族先民文化原貌】

2010年12月，贵州省道真仡佬族苗族自治县发现一史前洞穴遗址，或将揭示仡佬族先民文化原貌。

史前洞穴遗址位于道真县忠信镇境内猴子洞。贵州省文物考古部门组成专业队伍，会同道真县文物管理部门，对现场进行了认真细致调查、勘探。截至2010年12月，考古调查报告已经出台，后续发掘尚未开始。

据初步勘探，猴子洞史前洞穴遗址宽8米、深7米、高5.2米，洞底面平坦阳光充足、干燥，从洞顶面早期落下的4块巨石占据大部分洞穴面积。洞顶石也有松动迹象，因此不能长留洞中。

据专家初步分析，该遗址有可能揭示作为大西南最早开发者的仡佬族先民鲜为人知的文化原貌，对仡佬族历史、古夜郎、巴国及其属地文化的研究也提供了新的线索。

【西周早期印纹陶礼器窑址首次在浙江长兴发现】

在第三次全国文物普查中，长兴县发现数处商周时期印纹硬陶窑址，这些窑址的发现填补了西苕溪流域商周时期窑址的空白。2010年11月，浙江省文物考古研究所与长兴县博物馆对普查发现的窑址进行了复查，并对牌坊沟窑址进行了试掘。

发现的窑址均位于林城镇龙山的北坡，合称龙山窑址群，时代自商末西周初开始，历春秋至战国时期。产品主要为印纹硬陶，兼烧少量的原始瓷。牌坊沟窑址位于林城镇石英村牌坊沟自然村，龙山的东北坡。龙山是东西纵长的山脉，也是长兴与安吉的界山。在龙山的东北坡，散落着大量的印纹陶片，并且山坡上有明显的隆起，从雨水冲刷出的水沟剖面来看，隆起部分为大量的陶片与红烧土块等窑址废品堆积，在堆积的上方，陶片明显较少但红烧土块更加密集，推测为窑炉所在。从陶片的散落及隆起的分布来看，窑址面积当在2500平方米以上。窑址堆积最厚处超过100厘米，地层叠压清晰，至少可分成4个大的文化层。

器型纹饰以第二层最为丰富多样，达到了印纹硬陶的鼎盛时期。器型以坛、罐、瓿类器物为主，包括少量的尊、翁、罍等，纹饰粗大清晰，排列整齐，主要有回字纹、云雷纹、叶脉纹、重菱形纹、曲折纹，流行回字纹上间以一道或几道粗大的云雷纹或重菱形纹等纹饰。多数器物体形巨大、造型规整、纹饰繁缛，代表了印纹硬陶制作的最高水平。在这一文化层中还发现了少量的原始瓷残片，器型主要为豆，灰白色胎质细腻坚致，通体施釉，青釉施釉均匀，胎釉结合好，玻璃质感强，是西周早期为数不多的几处烧造原始瓷的窑址之一。结合江南地区土墩墓的分期及本窑址的地层叠压关系，窑址的时代约在商末至西周中晚期，鼎盛时期在西周早期。

这是全国首次发现西周早期的印纹陶窑址，长兴也是目前唯一发现此一时期窑址的地区。西周早期的印纹硬陶在整个商周时期印纹硬陶中奇峰凸起，也是越地印纹硬陶文化的集中代表。而本窑址烧造的正是这一鼎盛时期产品，因此代表印纹陶制作的最高水平。江南地区包括浙江、江苏、安徽等地土墩墓出土的器物无论是器型还是纹饰均与本窑址产品十分接近或完全一致，许多器物可以确定是本窑址的产品。

【浙江省桐庐方家洲遗址考古发掘取得阶段性重要收获】

方家洲遗址位于浙江省桐庐县瑶琳镇潘联村，富春江支流——分水江流经此地，呈U字形的大拐弯，形成一个相当面积的三角洲台地，遗址地处这一临水的台地上。遗址是2010年12月桐庐县第三次全国文物普查工作的新发现，从采集的遗物初步判断是一处新石器时代的石器加工场，遗址文化性质独特，也是我省在开展第三次全国文物普查过程中新石器时代遗址的重要新发现之一，具有极其重要的学术价值。鉴于方家洲遗址遭受了土地平整、果树种植等破坏，经过国家文物局批准，浙江省文物考古研究所和桐庐县博物馆联合组队在调查试掘的基础上对方家洲遗址进行了正式考古发掘。截至2010年12月，发掘取得了阶段性的重要收获，已可确定遗址是一处距今五六千年前的玉石器加工场。

从方家洲遗址目前的遗物出土情况判定，遗址主体年代约当于浙北地区的马家浜文化晚期——崧泽文化阶段，距今5900～5300年，但文化面貌上地域特色明显，如马家浜文化的外红里黑大喇叭圈足豆、柱形足鼎与釜、支座共存，晚期阶段的夹砂鱼鳍足的数量远远高于浙北地区的崧泽文化中晚期阶段。

方家洲遗址是迄今为止长江流域第一处考古发掘的新石器时代玉石器加工场，对于当时的石器生产过程研究，如人类行为特点、技术差别等具有非常重要的学术意义。方家洲遗址所处的年代也正是环太湖流域新石器时代考古学文化繁荣兴旺、为良渚文化进入文明古国的时代，钱塘江流域也是浙江古文化的摇篮，遗址的专业性也势必涉及原始交换、原始贸易等属于古文化交流和传播领域的课题研究，其意义自不待言。

【河北省隆尧唐祖陵勘探获重大发现】

2010年12月，河北省隆尧唐祖陵遗址勘探队经过勘探，取得了重大发现。此次勘探确定隆尧唐祖陵兆域（最外层界限）南北长2030米，东西长2204米，总面积超过4平方公里，比较清楚地勘探出2座大型陵台，基本确定了唐高祖李渊的四代祖宣皇帝李熙和三代祖光皇帝李天赐的陵墓位置，陵墓布局同唐长安城布局相似。

经过勘测，隆尧唐祖陵陵墓外围分为3圈：内垣为正方形，外垣为长方形，最外圈由若干夯土台组成，陵园整个布局与唐代长安城布局相似，陵园规制为帝王规格。

隆尧唐祖陵位于河北隆尧县城正南6公里的魏庄镇王尹村北200米处。在隆尧唐祖陵东500米处，建有唐祖陵附属建筑光业寺，寺内曾建有三大宝殿及钟鼓楼、宝塔、珠台、仙馆、碑林等，现仅存寺中“大唐帝陵光业寺大佛堂之碑”一通，高4.3米，宽1.1米，刻立于唐开元十三年（725年），碑文3000余字，象城县尉杨晋撰文，详细记载了李唐二祖的生平、追封及建陵建寺的史实。2006年5月，隆尧唐祖陵被列为第六批全国重点文物保护单位。

这次勘探成果为研究唐代帝陵的布局提供了实物资料，同时也为确定大唐皇室祖籍在河北隆尧县提供了无可辩驳的证据，同时也为隆尧唐祖陵制定翔实的保护规划奠定了基础。

【甘肃民乐汉墓出土300多件随葬器物】

2010年年底，甘肃省文物考古研究所完成了对民乐县八卦营境内近百座墓葬的抢救性发掘，在已确认的汉代墓葬中，出土了300多件陶器、铜器、漆器等随葬器物。

墓葬中出土的陶器最多，有200多件，其中有汉代的灰陶壶、罐、盆、灶等。另外，墓葬中还出土了铜镜、铜带钩、漆奁盒、铁剑等器物100余件。

现场共抢救性挖掘了98座早期墓葬，根据墓葬形制、出土器物等判断，属汉代墓葬的有56座，出土的器物主要来自这些汉代墓葬，它们为研究这一地区汉族与少数民族的关系等提供了新资料。

让考古人员感到疑惑的是，这些墓葬与一般的汉墓还有所不同，墓葬中既出土了汉代器物，又出土了类似辛店、齐家等类型的无饰花纹陶罐，文化交错现象明显。

【清水江流域托口水电站库区（贵州境）文物考古有重大发现】

2010年9月至12月，受贵州省文物局的委派，贵州省文物考古研究所组织专业人员对托口水电站库区贵州境内的白市盘塘（烂草坪）遗址、白市仙人洞遗址、白市辞兵洲遗址、江东溪口遗址进行考古发掘。截至12月，发掘面积2000平方米。在白市辞兵洲遗址，对该区域进行普通钻探，钻探面积10万平方米，在中部发现古城一座，其南侧尚残存少量城墙，北、东、西侧壕沟保存较好，该处遗址总面积近60000平方米，位于清水江边一级台地上，共发现灰坑10个、灰沟1条、墓葬4座、石器加工厂1处，出土各类文物万余件。白市盘塘（烂草坪）遗址，位于清水江西岸一级阶地上，分布面积10000平方米，其主要堆积为新石器时代文化遗存。江东溪口遗址，位于清水江东岸一、二级阶地，通过与湖南省永顺不二门遗址出土遗物的对比，该遗址主体文化层堆积的年代与不二门遗址的年代相当，处于商周至战国时期，出土的遗迹有房址、灰坑、墓葬、沟和窑址等，是一处功能较为齐备，时间延续较长，文化内涵十分丰富的聚落遗址。

清水江流域托口水电站库区（贵州境）文物考古的重要发现厘清了清水江流域自旧石器时代晚期历新石器时代、商周、战国秦汉至宋明时期的古代文化脉络。

——旧石器时代，以辞兵洲6层（网纹红土层）为代表的旧石器时代晚期的大型石器，是贵州省经科学发掘的一批旧石器时代阶地遗址的重要材料，丰富了贵州旧石器时代文化的内涵。

——新石器时代，以辞兵洲遗址3、4层和盘塘（烂草坪）遗址5、6层为代表的新石器时代文化遗存反映了距今7500—7000年的文化面貌，可确定为高庙文化中、晚期遗存，拓展了高庙文化的空间分布，为探讨高庙文化的源流提供了重要的实物资料，具有重要的学术意义。

——商周时代，以江东溪口遗址7—9层为代表的文化遗存是清水江流域首次发掘的商周时期遗存。出土的三足器等遗物反映了其与沅水中上游同期遗存的相互关系。可能存在商周时期人类逆沅水—清水江向黔中移动的趋势。

——战国秦汉时期，盘塘（烂草坪）M1、M2、M4、M5出土陶豆等遗物可确定为战国时期墓葬；坡脚M1、M2出土滑石壁等遗物可确定为西汉时期墓葬，这些发现与清水江流域河床中所发现的数以百计的战国秦汉时代青铜兵器一起勾勒出这一时期人类活动的轮廓。

——宋明时期，盘塘（烂草坪）M3、辞兵洲M1—M4、江东溪口M1—M3出土了青瓷堆塑魂瓶、青白瓷碗、酱釉瓷罐、宋代钱币等遗物，表明其为宋元时期墓葬。溪口遗址3层出土的上千件瓷器和窑具，经初步鉴定为元代遗存，为研究贵州地区的陶瓷发展史提供了宝贵的材料，具有重要意义。

【新疆鄯善县吐峪沟石窟寺遗址考古发掘项目被评为“2010年中国考古六大新发现”】

2011年1月11日，中国社会科学院考古学论坛正式对外公布了“2010年中国考古六大新发现”，鄯善县吐峪沟石窟寺遗址考古发掘项目被列为六大新发现之一。

吐峪沟石窟位于鄯善县吐峪沟乡吐峪沟麻扎村，是新疆东部最早开凿的佛教石窟遗址群，是研究佛教石窟寺艺术由西域向内地传播的关键节点。为配合丝绸之路（新疆段）申报世界文化遗产以及吐峪沟崖体加固工程的实施，自2010年3月开始，中国社会科学院考古研究所和吐鲁番学研究院联合对吐峪沟东区、西区北部石窟和一处地面佛寺等进行考古发掘。

吐峪沟东区和沟西区石窟均是以中心柱窟（大像窟）或佛殿窟为中心的窟群组合，新发现的沟东、沟西两处中心柱窟壁画的风格均显示出较早的时代特征，壁画题材也是前所未见，与河西、龟兹、于阗等地明显不同，具有较强的地域特色。初步推断洞窟约开凿于公元5世纪。

此次发掘出土了大量的文书残片，包括汉文、粟特文、藏文、回鹘文、婆罗迷文等多种文字。有佛经写本、世俗文书、古书注本等，部分文书保存较完整，带有卷轴及题记。字体风格最早的文书，可早到公元四五世纪。这为研究吐鲁番地区社会生活、宗教信仰、古代语言提供了新的资料。

2010年中国考古六大新发现

已经连续举办10届的中国社会科学院考古学论坛为公众盘点了2010年的中国考古新发现。它们分别是浙江东苕溪中游商代原始瓷窑址群、山西翼城大河口西周墓地、江苏苏州市木渎春秋城址、新疆鄯善县吐峪沟石窟寺遗址、湖南永顺县老司城遗址、广东汕头市"南澳Ⅰ号"明代沉船。

一、浙江东苕溪中游商代原始瓷窑址群

报告人：浙江省文物考古研究所博士郑建明

东苕溪位于浙江北部，是商周原始瓷窑址的重要分布区。2010年年初，浙江省文物考古研究所与当地文物部门对商代原始瓷窑址进行调查，共发现窑址20多处，集中于德清龙胜片区与湖州青山片区。当年3月至12月，对青山片区的南山商代窑址进行抢救性发掘，揭露窑炉遗迹3条、灰坑2个，并出土大量原始瓷器。

点评人：中国社会科学院研究员唐际根

此次发掘表明，南山窑址是目前已发掘的最早的原始瓷窑址，是探索瓷器起源的重要实物资料。此次发现的独立于遗址而存在的商代大规模窑址群，持续时间长，贯穿整个商代，地层叠压关系明确，可基本建立完整的原始瓷编年，也有助于建立本区域内更加详细的商代文化学编年。

二、山西翼城县大河口西周墓地

报告人：山西省考古研究所副所长谢尧亭

大河口墓地面积约4万平方米，有墓葬千余座。2009年至今，对墓地进行的大面积发掘已揭露面积15000余平方米，发现墓葬615座，车马坑22座。墓葬均为长方形土圹竖穴，口小底大。从埋葬习俗来看，大河口墓地与山西绛县的横水墓地相似，车马坑的布局与山西曲沃的天马、曲村墓地相似，大中型墓葬随葬器物多为青铜器，小型墓葬则多为陶器，还有玉器、漆器、锡器和少量的金器。青铜器多有铭文。

点评人：中国社会科学院考古所所长王巍

该墓地是西周封国墓地考古的重要收获。铜器铭文中的"霸伯"是其最高权力拥有者，"霸"是国名但不见于传世的文献记载，但铭文显示它与晋、燕等国都有往来。这个墓地的商、周文化因素均比较明显，自身特色也很鲜明。出土众多的遗物对于研究那时的器用制度具有重要作用。也为研究晋南地区的封国和与晋国的关系以及西周当时的分封制度提供了重要资料。

三、江苏苏州市木渎春秋城址

报告人：中国社会科学院考古研究所研究员徐良高

为解决苏州市木渎盆地及其周边地区古城址的时代、布局等学术问题，中国社会科学院考古研究所与苏州市考古研究所联合对这里的秦遗址进行了综合发掘。在胥口镇新锋村发现了城墙、河道等遗迹，在河道淤积层内发现了东周时期的高等级建筑材料瓦，河道底部淤泥出土物包括印纹陶片、瓦片、铜镞，显示其使用时期为春秋晚期。尤其值得关注的南北两城墙之间的距离达6700多米，说明这是个很大的中心性遗址。

点评人：北京大学考古文博学院教授刘绪

以往在苏州一带发现大量各种等级的石室土墩墓、土墩墓、玉器窖藏、一般遗址等，但并未见与之相对应的中心性遗址，本次考古发现显示，在苏州西南部山区木渎、胥口一带山间盆地内存在大型中心性遗址，其性质应是一座春秋晚期具有都邑性质的城址。有可能是当时的吴国的都城之一。以该中心性城址为核心，各种等级的遗址、墓葬等，构成了较完整的聚落群。这一聚落群对理解苏州地区东周时期的各种遗存现象和重构当时的社会、文化

史提供了重要基点。

四、新疆鄯善县吐峪沟石窟寺遗址

报告人：中国社会科学院考古研究所研究员李裕群

吐峪沟石窟是新疆东部最早开凿的佛教石窟遗址群，是研究佛教石窟寺艺术由西域向内地传播的关键节点。为配合丝绸之路申报世界文化遗产及危岩加固工程，对这一遗址又进行了考古挖掘。新发现的沟东、沟西两区均为以中心柱窟为中心的窟群组合，层楼式的布局，包括礼拜窟、禅窟、僧房窟，而三面壁均有壁画，风格与河西、于阗等地明显不同，显示出较早的时代特征，壁画题材也是前所未见。更为重要的是还出土了大量的文书残片，包括多种文字，有佛经写本、世俗文书和古书注本等。

点评人：北京大学考古文博学院教授林梅村

此次发现的包括17种文字和24种语言的几千卷文书、上千幅的壁画可以让我们从世界文明的角度好好看待西域的文化，足够我们研究个十年八年的。初步推断洞窟开凿于公元5世纪，这对于研究吐峪沟石窟群年代及洞窟开凿的先后次第提供了非常宝贵的线索。大量的文书残片中字体风格最早的文书，可早到公元四五世纪，这为研究吐鲁番地区社会生活、宗教信仰、古代语言等提供了新资料。

五、湖南永顺县老司城遗址

报告人：湖南省文物考古研究所研究员柴焕波

该遗址位于湖南永顺县城以东20公里的灵溪河畔，为历史上永顺土司数百年政治、军事、文化的中心，也是湘鄂渝黔土家族地区规模最大、保存情况最好的土司城址。2010年5月，湖南省文物考古研究所第三次对老司城遗址进行发掘，基本上明确了城址各功能区的分布情况。城址总面积25万平方米，宫殿区与衙署区位于中心，周围分布街道区、宗教区、墓葬区和休闲区。在城址内的河流两端有用于军事卫护的城堡。根据目前的考古，可以将城址分为4个时期。第一期包含明代早期的青花瓷片，而第四期的上限可至清朝雍正六处的改土归流，老司城作为司治从此废弃。

点评人：中国社会科学院学部委员刘庆柱

通过对其核心区域的专题调查，已发现土司时期的烽火台、军事关卡、土司庄园、古墓群、宗教遗址、石刻题铭60多处，对永顺老司城相关遗址的内涵和空间分布有了更全面的认识。遗址内城市分区明确，功能齐全，充分反映了永顺土司的历史图景，是研究中国土司制度、复原土司社会内部结构和中国城市发展史的实物案例。在老司城东南郊发现的明代永顺土司的王室墓地，堪称明代土司陵墓的精品。墓地出土的墓志铭是研究土司社会的珍贵资料。

六、广东汕头市“南澳Ⅰ号”明代沉船

报告人：广东省文物考古研究所水下考古研究中心崔勇

“南澳Ⅰ号”位于广东省南澳县东南三点金海域的岛屿和半潮礁之间。2010年4月，广东省文物考古研究所和国家水下文化遗产保护中心联合组队开始对“南澳Ⅰ号”沉船进行发掘。目前初步完成沉船主体的测量和水下摄像、摄影、绘图工作，根据发掘结果，船体纵向长约27米，最宽的隔舱长7.5米，已确认的货舱达15个。其中多个舱的外舷有堆积较浅的大量文物遗存，说明船体有可能发生过断裂。沉船货物以瓷器为主，考古人员清理出了大量的陶瓷器、金属器，共出水文物万余件。其中比较特别的文物有青花开光五彩花卉纹碗、青花底款刻暗花白瓷碗、金属戒指、锡壶、木秤杆等等。

点评人：中国国家博物馆副馆长张威

中国的水下考古虽然起步较晚，但是进步飞快，目前所达到的水平也非常高。从“南澳Ⅰ号”出水陶瓷器的胎质、釉色、器型、青花图案纹饰风格及烧造工艺等方面判断，其年代为明代晚期嘉靖至万历年间，来源可能是中国东南沿海地区的民窑产品，窑口可能包括江西景德镇民窑、福建漳州窑及粤东梅州大埔和潮州饶平等地民窑。

ZHENGCEFAGUI

第六部分 政策法规

关于禁止和防止非法进出口文化财产和非法转让其所有权的方法的公约

联合国教育、科学及文化组织大会第十六届会议于1970年11月14日在巴黎通过

发文单位：联合国教育、科学及文化组织
发文时间：1970－11－14
生效日期：1970－11－14

联合国教育、科学及文化组织于1970年10月12日至11月14日在巴黎召开第十六届大会，忆及其第十四届大会通过的《国际文化合作原则宣言》所载规定的重要性，考虑到各国间为科学、文化及教育目的而进行的文化财产交流增进了对人类文明的认识、丰富了各国人民的文化生活并激发了各国之间的相互尊重和了解；考虑到文化财产实为构成文明和民族文化的一大基本要素，只有尽可能充分掌握有关其起源、历史和传统背景的知识，才能理解其真正价值。

考虑到各国有责任保护其领土上的文化财产免受偷盗、秘密发掘和非法出口的危险；考虑到为避免这些危险，各国必须日益认识到其尊重本国及其他所有国家的文化遗产的道义责任。

考虑到博物馆、图书馆和档案馆作为文化机构应保证根据普遍公认的道义原则汇集其收藏品；考虑到非法进出口文化财产和非法转让其所有权阻碍了各国之间的谅解，教科文组织的一部分职责就是通过向有关国家推荐这方面的各项国际公约以促进这一谅解；考虑到中有各国在国家和国际范围上进行组织，密切合作，才能有效保护文化遗产；考虑到教科文组织大会在1964年就此通过了一项建议，已收到关于禁止和防止非法进出口文化财产和非法转让其所有权的方法的各项进一步建议，这一问题业已作为第十九项议程项目列入本届会议议程，第十五届会议已决定就这一问题制订一项国际公约，在1970年11月14日通过本公约。

第一条 为了本公约的目的，“文化财产”一词是指每个国家，根据宗教的或世俗的理由，明确指定为具有重要考古、史前史、历史、文学、艺术或科学价值的财产并属于下列各类者：

1. 动物群落、植物群落、矿物和解剖以及具有古生物学意义的物品的稀有收集品和标本；

2. 有关历史，包括科学、技术、军事及社会史、有关国家领袖、思想家、科学家、艺术家之生平以及有关国家重大事件的财产；

3. 考古发掘（包括正常的和秘密的）或考古发现的成果；

4. 业已肢解的艺术或历史古迹或考古遗址之构成部分；

5. 100年以前的古物，如铭文、钱币和印章；

6. 具有人种学意义的文物；

7. 有艺术价值的财产，如：

（1）全部是手工完成的图画、绘画和绘图，不论其装帧框座如何，也不论所用的是何种材料（不包括工业设计图及手工装饰的工业产品）；

（2）用任何材料制成的雕塑艺术和雕刻的原作；

（3）版画、印片和平版画的原件；

（4）用任何材料组集或拼集的艺术品原件；

8. 稀有手稿和古版书籍，有特殊意义的（历史、艺术、科学、文学等）古书、文件和出版物，不论是单本的或整套的；

9. 邮票、印花税票及类似的票证，不论是单张的或成套的；

10. 档案，包括有声、照相和电影档案；

11. 100 年以前的家具物品和古乐器。

第二条

1. 本公约缔约国承认文化财产非法进出口和所有权非法转让是造成这类财产的原主国文化遗产枯竭的主要原因之一，并承认国际合作是保护各国文化财产免遭由此产生的各种危险的最有效方法之一。

2. 为此目的，缔约国承担利用现有手段，特别是通过消除其根源、制止现有做法和帮助给予必要的补偿来反对这种做法。

第三条 本公约缔约国违反本公约所列的规定而造成的文化财产之进出口或所有权转让均属非法。

第四条 本公约缔约国承认，为了本公约的宗旨，凡属以下各类财产均为每个缔约国的文化遗产的一部分：

1. 有关国家的国民的个人或集体天才所创造的文化财产和居住在该国领土境内的外国国民或无国籍人在该国领土内创造的对有关国家具有重要意义的文化财产；

2. 在国家领土内发现的文化财产；

3. 经此类财产原主国主管当局的同意，由考古学、人种学或自然科学团体所获得的文化财产；

4. 经由自由达成协议实行交流的文化财产；

5. 经此类财产原主国主管当局的同意，作为赠送品而接收的或合法购置的文化财产。

第五条 为确保文化财产免于非法进出口和所有权的非法转让，本公约缔约国若尚未设立保护文化遗产的国家机构，可根据本国的情况，在其领土之内建立一个或一个以上的国家机构，配备足够人数的合格工作人员，以有效地先例下述职责：

1. 协助制订旨在切实保护文化遗产特别是防止重要文化财产的非法进出口和非法转让的法律和规章草案；

2. 根据全国受保护财产清册，制订并不断更新一份其出口将造成文化遗产的严重枯竭的重要的公共及私有文化财产的清单；

3. 促进发展或成立为保证文化财产的保存和展出所需之科学及技术机构（博物馆、图书馆、档案馆、实验室、工作室……）；

4. 组织对考古发掘的监督，确保在原地保存某些文化财产，并保护某些地区，供今后考古研究之用；

5. 为有关各方面（博物馆馆长、收藏家、古董商等）的利益，制订符合于本公约所规定道德原则的规章，并采取措施保证遵守这些规章；

6. 采取教育措施，鼓励并提高对各国文化遗产的尊重，并传播关于本公约规定的知识；

7. 注意对任何种类的文化财产的失踪进行适当宣传。

第六条 本公约缔约国承担：

1. 发放适当证件，出口国将在该证件中说明有关文化财产的出口已经过批准。根据规定出口的各种文化财产，均须附有此种证件；

2. 除非附有上述出口证件，禁止文化财产从本国领土出口；

3. 通过适当方法宣传这种禁止，特别要在可能出口或进口文化财产的人们中间进行宣传。

第七条 本公约缔约国承担：

1. 采取与本国立法相一致的必要措施防止本国领土内的博物馆及类似机构获取来源于另一缔约国并于本公约在有关国家生效后非法出口的文化财产。本公约对两国均已生效后，尽可能随时把自两国中的原主缔约国非法运出文化财产的建议通知该原主缔约国。

2.（1）本公约对有关国家生效后，禁止进口从本公约另一缔约国的博物馆或宗教的或世俗的公共纪念馆或类似机构中窃取的文化财产，如果该项财产业已用文件形式列入该机构的财产清册。

（2）本公约对有关两个国家生效后，根据两国中的原主缔约国的要求，采取适当措施收回并归还进口的此类文化财产，但要求国须向不知情的买主或对该财产具有合法权利者给予公平的赔偿。要求收回和归还失物必须通过外交部门进行，提出要求一方应提供使确定其收回或归还失物的要求的必要文件及其他证据，费用自理。各方不得对遵照本条规定而归还的文化财产征收关税或其他费用。归还和运送文化财产过程中所需的一切费用均由提出要求一方负担。

第八条 本公约缔约国承担对触犯上述第六条（2）和第七条（2）所列的禁止规定负有责任者予以

惩处或行政制裁。

第九条 本公约的任一缔约国在其文化遗产由于考古或人种学的材料遭受掠夺而处境危殆时得向蒙受影响的其他缔约国发出呼吁。在此情况下，本公约缔约国承担参与协调一致的国际努力，以确定并实施必要的具体措施，包括对有关的特定物资的进出口及国际贸易实行管制。在尚未达成协议之前，有关各国应在可能范围内采取临时性措施，以便制止对提出要求的国家的文化遗产造成不可弥补的损失。

第十条 本公约缔约国承担：

1. 通过教育、情报和防范手段，限制非法从本公约缔约国运出的文化财产的移动，并视各国情况，责成古董商保持一份记录，载明每项文化财产的来源、提供者的姓名与住址以及每项售出的物品的名称与价格，并须把此类财产可能禁止出口的情况告知该项文化财产的购买人，违者须受刑事或行政制裁。

2. 努力通过教育手段，使公众认识到，并进一步理解文化财产的价值和偷盗、秘密发掘与非法出口对文化财产造成的威胁。

第十一条 一个国家直接或间接地由于被他国占领而被迫出口文化财产或转让其所有权应被视为非法。

第十二条 本公约缔约国应尊重由其负责国际关系的领土内的文化财产，并应采取一切适当措施禁止并防止在这些领土内非法进出口文化财产和非法转让其所有权。

第十三条 本公约缔约国还应在符合其本国法律的情况下承担：

1. 通过一切适当手段防止可能引起文化财产的非法进出口的这一类财产的所有权转让；

2. 保证本国的主管机关进行合作，使非法出口的文化财产尽早归还其合法所有者；

3. 受理合法所有者或其代表提出的关于找回失落的或失窃的文化财产的诉讼；

4. 承认本公约缔约国有不可取消的权利规定并宣布某些文化财产是不能让与的，因而据此也不能出口，若此类财产已经出口务须促使这类财产归还给有关国家。

第十四条 为防止非法出口、履行本公约所规定的义务，本公约各缔约国应在可能范围内为其负责保护文化遗产的国家机关提供足够的预算并在必要时为此目的设立一项基金。

第十五条 在本公约对有关国家生效前，本公约之任何规定不应妨碍缔约国之间自行缔结有关归还从其原主国领土上不论以何种理由搬走之文化财产的特别协定，或制止它们继续执行业已缔结的有关协定。

第十六条 本公约缔约国应在向联合国教育、科学及文化组织大会提交的定期报告中，提供它们已经通过的立法和行政规定和它们为实施本公约所采取的其他行动以及在此领域内取得的详尽经验的资料，报告的日期及方式由大会决定。

第十七条

1. 本公约缔约国可以向联合国教育、科学及文化组织请求给予技术援助，特别是有关：

（1）情报和教育；

（2）咨询和专家建议；

（3）协调和斡旋。

2. 联合国教育、科学及文化组织可以主动进行有关非法转移文化财产问题的研究并出版研究报告。

3. 为此，联合国教育、科学及文化组织可以请求任何非政府的主管组织予以合作。

4. 联合国教育、科学及文化组织可以主动向本公约缔约国提出有关本公约的实施的建议。

5. 经对本公约的实施有争议的两个以上的本公约缔约国的请求，联合国教科文组织得进行斡旋，使它们之间的争端得到解决。

第十八条 本公约以英文、法文、俄文和西班牙文制定，4 种文本具有同等效力。

第十九条

1. 本公约须经联合国教育、科学及文化组织会员国按各国宪法程序批准或接受。

2. 批准书或接受书，应交存联合国教育、科学及文化组织总干事。

第二十条

1. 本公约应开放给非联合国教育、科学及文化组织成员但经本组织执行局邀请加入本公约的所有国家。

2. 加入书交存联合国教育、科学及文化组织总干事后，加入即行生效。

第二十一条 本公约在收到第三份批准书、接受书或加入书后的3个月开始生效，但这只对那些在该日或该日之前业已交存其各自的批准书、接受书或加入书的国有生效。对于任何其他国家，本公约则在其批准书、接受书或加入书交存后3个月开始生效。

第二十二条 本公约缔约国承认，本公约不仅适用于其本国领土，而且也适用于在国际关系上由其负责的一切领土：如有必要，缔约国须在批准、接受或加入之时或以前与这些领土的政府或其他主管当局进行磋商，以便保证本公约在这些领土的适用，并将本公约适用的领土通知联合国教育、科学及文化组织总干事，该通知在收到之日起3个月生效。

第二十三条

1. 本公约之每一缔约国可以代表本国或代表由其负责国际关系的任何领土退出本公约。

2. 退约须以书面文件通知，该退约书交存联合国教育、科学及文化组织总干事处。

3. 退约在收到退约通知书后12个月生效。

第二十四条 联合国教育、科学及文化组织总干事须将第十九条和二十条中规定的有关批准书、接受书和加入书的交存情况以及第二十二条和第二十三条分别规定的通知和退约告知本组织会员国、第二十条所述的非本组织会员的国家以及联合国。

第二十五条

1. 本公约可经联合国教育、科学及文化组织大会予以修正。任何这样的修正只对修正公约的缔约国具有约束力。

2. 如大会通过一项全面或部分地修订本公约的新公约，则除非新公约另有规定，本公约在新的修订公约生效之日起停止一切批准、接受或加入。

第二十六条 经联合国教育、科学及文化组织总干事的要求，本公约应按照《联合国宪章》第一百零二条的规定在联合国秘书处登记。

1970年11月17日订于巴黎。两个正式文本均有大会第十六届会议主席和联合国教育、科学及文化组织总干事的签名，将交存于联合国教育、科学及文化组织的档案库中。验证无误之副本将分送第十九条到第二十条所述之所有国家和联合国。

以上乃1970年11月14日在巴黎召开的联合国教育、科学及文化组织大会是本公约之每一缔约国可以代表本国或代表由其负责国际关系的任何领土退出本公约。十六届会议正式通过之公约的作准文本。

1970年11月17日签字，以昭信守。

保护世界文化和自然遗产公约

联合国教育、科学及文化组织大会第十七届会议于1972年11月16日在巴黎通过

发文单位：联合国教育、科学及文化组织
发文时间：1972－11－16
生效日期：1972－11－16

联合国教育、科学及文化组织大会于1972年10月17日至11月21日在巴黎举行的第十七届会议。

注意到文化遗产和自然遗产越来越受到破坏的威胁，一方面因年久腐变所致，同时变化中的社会和经济条件使情况恶化，造成更加难以对付的损害或破坏现象。

考虑到任何文化或自然遗产的坏变或丢失都有使全世界遗产枯竭的有害影响。

考虑到国家一级保护这类遗产的工作往往不很完善，原因在于这项工作需要大量手段而列为保护对象的财产的所在国却不具备充足的经济、科学和技术力量。

回顾本组织《组织法》规定，本组织将通过保存和维护世界遗产和建议有关国家订立必要的国际公约来维护、增进和传播知识。

考虑到现有关于文化和自然财产的国际公约、建议和决议表明，保护不论属于哪国人民的这类罕见且无法替代的财产，对全世界人民都很重要。

考虑到部分文化或自然遗产具有突出的重要性，因而需作为全人类世界遗产的一部分加以保护。

考虑到鉴于威胁这类遗产的新危险的规模和严重性，整个国际社会有责任通过提供集体性援助来参与保护具有突出的普遍价值的文化和自然遗产；这种援助尽管不能代替有关国家采取的行动，但将成为它的有效补充。

考虑到为此有必要通过采用公约形式的新规定，以便为集体保护具有突出的普遍价值的文化和自然遗产建立一个根据现代科学方法制定的永久性的有效制度。

在大会第十六届会议上，曾决定应就此问题制订一项国际公约。

于1972年11月16日通过本公约。

一、文化和自然遗产的定义

第一条 在本公约中，以下各项为“文化遗产”：

文物：从历史、艺术或科学角度看具有突出的普遍价值的建筑物、碑雕和碑画、具有考古性质成分或结构、铭文、窟洞以及联合体；

建筑群：从历史、艺术或科学角度看，在建筑式样、分布均匀或与环境景色结合方面，具有突出的普遍价值的单立或连接的建筑群；

遗址：从历史、审美、人种学或人类学角度看具有突出的普遍价值的人类工程或自然与人联合工程以及考古地址等地方。

第二条 在本公约中，以下各项为“自然遗产”：

从审美或科学角度看具有突出的普遍价值的由物质和生物结构或这类结构群组成的自然面貌；

从科学或保护角度看具有突出的普遍价值的地质和自然地理结构以及明确划为受威胁的动物和植物生境区；

从科学、保护或自然美角度看具有突出的普遍价值的天然名胜或明确划分的自然区域。

第三条 本公约缔约国均可自行确定和划分上面第一条和第二条中提及的、本国领土内的文化和自然财产。

二、文化和自然遗产的国家保护和国际保护

第四条 本公约缔约国均承认，保证第一条和第二条中提及的、本国领土内的文化和自然遗产的确定、保护、保存、展出和遗传后代，主要是有关国家的责任。该国将为此目的竭尽全力，最大限度地利用本国资源，必要时利用所能获得的国际援助和合作，特别是财政、艺术、科学及技术方面的援助和合作。

第五条 为保证、保护、保存和展出本国领土内的文化和自然遗产采取积极有效的措施，本公约各缔约国应视本国具体情况尽力做到以下几点：

1. 通过一项旨在使文化和自然遗产在社会生活中起一定作用并把遗产保护工作纳入全面规划纲要的总政策；

2. 如本国内尚未建立负责文化和自然遗产的保护、保存和展出的机构，则建立一个或几个此类机构，配备适当的工作人员和为履行其职能所需的手段；

3. 发展科学和技术研究，并制订出能够抵抗威胁本国文化或自然遗产的危险的实际方法；

4. 采取为确定、保护、保存、展出和恢复这类遗产所需的适当的法律、科学、技术、行政和财政措施；

5. 促进建立或发展有关保护、保存和展出文化和自然遗产的国家或地区培训中心，并鼓励这方面的科学研究。

第六条

1. 本公约缔约国，在充分尊重第一条和第二条中提及的文化和自然遗产的所在国的主权，并不使国家立法规定的财产权受到损害的同时，承认这类遗产是世界遗产的一部分，因此，整个国际社会有责任合作予以保护。

2. 缔约国根据本公约的规定，应有关国家的要求，帮助该国确定、保护、保存和展出第十一条第二和第四款中提及的文化和自然遗产。

3. 本公约各缔约国不得故意采取任何可能直接或间接损害本公约其他缔约国领土内的、第一条和第二条中提及的文化和自然遗产的措施。

第七条 在本公约中，世界文化和自然遗产的国际保护应被理解为建立一个旨在支持本公约缔约国保存和确定这类遗产的努力的国际合作和援助系统。

三、保护世界文化和自然遗产政府间委员会

第八条

1. 在联合国教育、科学及文化组织内，现建立一个保护具有突出的普遍价值的文化和自然遗产政府间委员会，称为“世界遗产委员会”。委员会由联合国教育、科学及文化组织大会常会期间召集的本公约缔约国大会选出的15个缔约国组成。委员会成员国的数目将在至少40个缔约国实施本公约之后的大会常会之日起增至21个。

2. 委员会委员的选举须保证均衡地代表世界的不同地区和不同文化。

3. 国际文物保护与修复研究中心（罗马中心）的一名代表、国际古迹遗址理事会的一名代表以及国际自然及自然资源保护联盟的一名代表可以咨询者身份出席委员会的会议，此外，应联合国教育、科学及文化组织大会常会期间举行大会的本公约缔约国提出的要求，其他具有类似目标的政府间或非政府组织的代表亦可以咨询者身份出席委员会的会议。

第九条

1. 世界遗产委员会成员国的任期自当选之应届大会常会结束时起至应届大会后第三次常会闭幕时止。

2. 但是，第一次选举时指定的委员中，有1/3的委员的任期应于当选之应届大会后第一次常会闭幕时截止；同时指定的委员中，另有1/3的委员的任期应于当选之应届大会后第二次常会闭幕时截止。这些委员由联合国教育、科学及文化组织大会主席的第一次选举后抽签决定。

3. 委员会成员国应选派在文化或自然遗产方面有资历的人员担任代表。

第十条

1. 世界遗产委员会应通过其议事规则。

2. 委员会可随时邀请公共或私立组织或个人参

加其会议，以就具体问题进行磋商。

3. 委员会可设立它认为为履行其职能所需的咨询机构。

第十一条

1. 本公约各缔约国应尽力向世界遗产委员会递交一份关于本国领土内适于列入本条第二段所述《世界遗产目录》的、组成文化和自然遗产的财产的清单。这份清单不应当看做是齐全的，它应包括有关财产的所在地及其意义的文献资料。

2. 根据缔约国按照第一段规定递交的清单，委员会应制订、更新和出版一份《世界遗产目录》，其中所列的均为本公约第一条和第二条确定的文化遗产和自然遗产的组成部分，也是委员会按照自己制订的标准认为是具有突出的普遍价值的财产。一份最新目录应至少每两年分发一次。

3. 把一项财产列入《世界遗产目录》需征得有关国家同意。当几个国家对某一领土的主权或管辖权均提出要求时，将该领土内的一项财产列入《目录》不得损害争端各方的权利。

4. 委员会应在必要时制订、更新和出版一份《处于危险的世界遗产目录》，其中所列财产均为载于《世界遗产目录》之中、需要采取重大活动加以保护并为根据本公约要求给予援助的财产。《处于危险的世界遗产目录》应载有这类活动的费用概算，并只可包括文化和自然遗产中受到下述严惩的特殊危险威胁的财产，这些危险是：蜕变加剧、大规模公共或私人工程、城市或旅游业迅速发展计划造成的消失威胁；土地的使用变动或易主造成的破坏；未知原因造成的重大变化；随意摈弃；武装冲突的爆发或威胁；灾害和灾变；严重火灾、地震、山崩；火山爆发；水位变动；洪水和海啸等。委员会在紧急需要时可随时在《处于危险的世界遗产目录》中增列新的条目并立即予以发表。

5. 委员会应确定属于文化或自然遗产的财产可被列入本条第二和第四款中提及的目录所依据的标准。

6. 委员会在拒绝一项要求列入本文第二和第四款中提及的目录之一的申请之前，应与有关文化或自然财产所在缔约国磋商。

7. 委员会经与有关国家商定，应协调和鼓励为拟订本条第二和第四款中提及的目录所需进行的研究。

第十二条　未被列入第十一条第二和第四款提及的两个目录的属于文化或自然遗产的财产，绝非意味着在列入这些目录的目的之外的其他领域不具有突出的普遍价值。

第十三条

1. 世界遗产委员会应接收并研究本公约缔约国就已经列入或可能适于列入第十一条第二和第四款中提及的目录的本国领土内成为文化或自然遗产的财产要求国际援助而递交的申请。这种申请的目的可能是保证这类财产得到保护、保存、展出或恢复。

2. 本条第一条中提及的国际援助申请还可能涉及鉴定哪些财产属于第一和第二条所确定的文化或自然遗产，当初步调查表明此项调查值得进行下去。

3. 委员会应就对这些申请所需采取的行动做出决定，必要时应确定其援助的性质和程度，并授权以它的名义与有关政府做出必要的安排。

4. 委员会应制订其活动的优先顺序并在进行这项工作时应考虑到需予保护的财产对世界文化和自然遗产各具的重要性、对最能代表一种自然环境或世界各国人民的才华和历史的财产给予国际援助的必要性、所需开展工作的迫切性、拥有受到威胁的财产的国家现有的资源、特别是这些国家利用本国资源保护这类财产的能力大小。

5. 委员会应制订、更新和发表已给予国际援助的财产目录。

6. 委员会应就本公约第十五条下设立的基金的资金使用问题做出决定。委员会应设法增加这类资金，并为此目的采取一切有益的措施。

7. 委员会应与拥有与本公约目标相似的目标的国际和国家级政府组织和非政府组织使用。委员会为实施其计划和项目，可约请这类组织，特别是国际文物保护与修复研究中心（罗马中心）、国际古迹遗址理事会和国际自然及自然资源保护联盟并可约请公共和私立机构及个人。

8. 委员会的决定应经出席及参加表决的委员的2/3多数通过。委员会委员的多数构成法定人数。

第十四条

1. 世界遗产委员会应由联合国教育、科学及文化组织总干事任命组成的一个秘书处协助工作。

2. 联合国教育、科学及文化组织总干事应尽可能充分利用国际文物保护与修复研究中心（罗马中心）、国际古迹遗址理事会和国际自然及自然资源保护联盟在各自职权范围内提供的服务，以为委员会准备文件资料，制订委员会会议议程，并负责执行委员会的决定。

四、保护世界文化和自然遗产基金

第十五条

1. 现设立一项保护具有突出的普遍价值的世界文化和自然遗产基金，称为“世界遗产基金”。

2. 根据联合国教育、科学及文化组织《财务条例》的规定，此项基金应构成一项信托基金。

3. 基金的资金来源应包括：

（1）本公约缔约国义务捐款和自愿捐款；

（2）下列方面可能提供的捐款、赠款或遗赠；

（3）基金款项所得利息；

（4）募捐的资金和为本基金组织的活动的所得收入；

（5）世界遗产委员会拟订的基金条例所认可的所有其他资金。

4. 对基金的捐款和向委员会提供的其他形式的援助只能用于委员会限定的目的。委员会可接受仅用于某个计划或项目的捐款，但以委员会业已决定实施该计划或项目为条件。对基金的捐款不得带有政治条件。

第十六条

1. 在不影响任何自愿补充捐款的情况下，本公约缔约国每两年定期向世界遗产基金纳款，本公约缔约国大会应在联合国教育、科学及文化组织大会届会期间开会确定适用于所有缔约国的一个统一的纳款额百分比，缔约国大会关于此问题的决定，需由未做本条第二段中所述声明的、出席及参加表决的缔约国的多数通过。本公约缔约国的义务纳款在任何情况下都不得超过对联合国教育、科学及文化组织正常预算纳款的1%。

2. 然而，本公约第三十一条或第三十二条中提及的国家均可在交存批准书、接受书或加入书时声明不受本条第一段规定的约束。

3. 已作本条第二段中所述声明的本公约缔约国可随时通过通知联合国教育、科学及文化组织总干事收回所做声明。然而，收回声明之举在紧接的一届本公约缔约国大会之日以前不得影响该国的义务纳款。

4. 为使委员会得以有效地规划其活动，已做本条第二段中所述声明的本公约缔约国应至少每两年定期纳款，纳款不得少于它们如受本条第一段规定约束所须交纳的款额。

5. 凡拖延交付当年和前一日历年的义务纳款或自愿捐款的本公约缔约国不能当选为世界遗产委员会成员，但此项规定不适用于第一次选举。属于上述情况但已当选委员会成员的缔约国的任期应在本公约第八条第一段规定的选举之时截止。

第十七条 本公约缔约国应考虑或鼓励设立旨在为保护本公约第一和第二条中所确定的文化和自然遗产募捐的国家、公共及私立基金会或协会。

第十八条 本公约缔约国应对在联合国教育、科学及文化组织赞助下为世界遗产基金所组织的国际募款运动给予援助。它们应为第十五条第三段中提及的机构为此目的所进行的募款活动提供便利。

五、国际援助的条件和安排

第十九条 凡本公约缔约国均可要求对本国领土内组成具有突出的普遍价值的文化或自然遗产之财产给予国际援助。它在递交申请时还应按照第二十一条规定所拥有的有助于委员会做出决定的文件资料。

第二十条 除第十三条第二段、第二十二条（3）分段和第二十三条所述情况外，本公约规定提供的国际援助仅限于世界遗产委员会业已决定或可能决定列入第十一条第二和第四款中所述目录的文化和自然遗产的财产。

第二十一条

1. 世界遗产委员会应制订对向它提交的国际援助申请的审议程序，并应确定申请应包括的内容，即打算开展的活动、必要的工程、工程的预计费用和紧急程度以及申请国的资源不能满足所有开支的原因所在。这类申请须尽可能附有专家报告。

2. 对因遭受灾难或自然灾害而提出的申请，由于可能需要开展紧急工作，委员会应立即给予优先审议，委员会应掌握一笔应急储备金。

3. 委员会在作出决定之前，应进行它认为必要的研究和磋商。

第二十二条 世界遗产委员会提供的援助可采

取下述形式：

1. 研究在保护、保存、展出和恢复本公约第十一条第二和第四款所确定的文化和自然遗产方面所产生的艺术、科学和技术性问题；

2. 提供专家、技术人员和熟练工人，以保证正确地进行已批准的工作；

3. 在各级培训文化和自然遗产的鉴定、保护、保存、展出和恢复方面的工作人员和专家；

4. 提供有关国家不具备或无法获得的设备；

5. 提供可长期偿还的低息或无息贷款；

6. 在例外和特殊情况下提供无偿补助金。

第二十三条 世界遗产委员会还可向培训文化和自然遗产的鉴定、保护、保存、展出和恢复方面的各级工作人员和专家的国家或地区中心提供国际援助。

第二十四条 在提供大规模的国际援助之前，应先进行周密的科学、经济和技术研究。这些研究应考虑采用保护、保存、展出和恢复自然和文化遗产方面最先进的技术，并应与本公约的目标相一致。这些研究还应探讨合理利用有关国家现有资源的手段。

第二十五条 原则上，国际社会只担负必要工程的部分费用。除非本国资源不许可，受益于国际援助的国家承担的费用应构成用于各项计划或项目的奖金的主要份额。

第二十六条 世界遗产委员会和受援国应在他们签订的协定中确定享有根据本公约规定提供的国际援助的计划或项目的实施条件。应由接受这类国际援助的国家负责按照协定制订的条件对如此卫护的财产继续加以保护、保存和展出。

六、教育计划

第二十七条

1. 本公约缔约国应通过一切适当手段，特别是教育和宣传计划，努力增强本国人民对本公约第一和第二条中确定的文化和自然遗产的赞赏和尊重。

2. 缔约国应使公众广泛了解对这类遗产造成威胁的危险和根据本公约进行的活动。

第二十八条 接受根据本公约提供的国际援助的缔约国应采取适当措施，使人们了解接受援助的财产的重要性和国际援助所发挥的作用。

七、报 告

第二十九条

1. 本公约缔约国在按照联合国教育、科学及文化组织大会确定的日期和方式向该组织大会递交的报告中，应提供有关它们为实行本公约所通过的法律和行政规定和采取的其他行动的情况，并详述在这方面获得的经验。

2. 应提请世界遗产委员会注意这些报告。

3. 委员会应在联合国教育、科学及文化组织大会的每届常会上递交一份关于其活动的报告。

八、最后条款

第三十条 本公约以阿拉伯文、英文、法文、俄文和西班牙文拟订，5 种文本同一作准。

第三十一条

1. 本公约应由联合国教育、科学及文化组织会员国根据各自的宪法程序予以批准或接受。

2. 批准书或接受书应交存联合国教育、科学及文化组织总干事。

第三十二条

1. 所有非联合国教育、科学及文化组织会员的国家，经该组织大会邀请均可加入本公约。

2. 向联合国教育、科学及文化组织总干事交存一份加入书后，加入方才有效。

第三十三条 本公约须在第 20 份批准书、接受书或加入书交存之日的 3 个月之后生效，但这仅涉及在该日或之前交存各自批准书、接受书或加入书的国家。就任何其他国家而言，本公约应在这些国家交存其批准书、接受书或加入书的 3 个月之后生效。

第三十四条 下述规定须应用于拥有联邦制或非单一立宪制的本公约缔约国：

1. 关于在联邦或中央立法机构的法律管辖下实施的本公约规定，联邦或中央政府的义务应与非联邦国家的缔约国的义务相同；

2. 关于在无须按照联邦立宪制采取立法措施的联邦各个国家、地区、省或州法律管辖下实施的本公约规定，联邦政府应将这些规定连同其关于予以通过的建议一并通告各个国家、地区、省或州的主管当局。

第三十五条

1. 本公约缔约国均可通告废除本公约。

2. 废约通告应以一份书面文件交存联合国教育、科学及文化组织的总干事。

3. 公约的废除应在接到废约通告书一年后生效，废约在生效日之前不得影响退约国承担的财政义务。

第三十六条 联合国教育、科学及文化组织总干事应将第三十和第三十二条规定交存的所有批准书、接受书或加入书和第三十五条规定的废约等事通告本组织会员国、第三十二条中提及的非本组织会员的国家以及联合国。

第三十七条

1. 本公约可由联合国教育、科学及文化组织的大会修订。但任何修订只对将成为修订的公约缔约国具有约束力。

2. 如大会通过一项全部或部分修订本公约的新公约，除非新公约另有规定，本公约应从新的修订公约生效之日起停止批准、接受或加入。

第三十八条 按照《联合国宪章》第一百零二条，本公约须应联合国教育、科学及文化组织总干事的要求在联合国秘书处登记。

1972 年 11 月 23 日订于巴黎，两个正式文本均有大会第十七届会议主席和联合国教育、科学及文化组织总干事的签字，由联合国教育、科学及文化组织存档，并将验明无误之副本发送第三十一条和第三十二条述之所有国家以及联合国。

前文系联合国教育、科学及文化组织大会在巴黎举行的，于 1972 年 11 月 21 日宣布闭幕的第十七届会议通过的《公约》正式文本。

1972 年 11 月 23 日签字，以昭信守。

中华人民共和国水下文物保护管理条例

1989年10月20日中华人民共和国国务院第42号发布施行

发文单位：中华人民共和国国务院
发文时间：1989－10－20
生效日期：1989－10－20

第一条 为了加强水下文物保护工作的管理，根据《中华人民共和国文物保护法》的有关规定，制定本条例。

第二条 本条例所称水下文物，是指遗存于下列水域的具有历史、艺术和科学价值的人类文化遗产：

（一）遗存于中国内水、领海内的一切起源于中国的、起源国不明的和起源于外国的文物；

（二）遗存于中国领海以外依照中国法律由中国管辖的其他海域内的起源于中国的和起源国不明的文物；

（三）遗存于外国领海以外的其他管辖海域以及公海区域内的起源于中国的文物。

前款规定内容不包括1911年以后的与重大历史事件、革命运动以及著名人物无关的水下遗存。

第三条 本条例第二条第（一）、（二）项所规定的水下文物属于国家所有，国家对其行使管辖权；本条例第二条第（三）项所规定的水下文物，国家享有辨认器物物主的权利。

第四条 国家文物局主管水下文物的登记注册、保护管理以及水下文物的考古勘探和发掘活动的审批工作。

地方各级文物行政管理部门负责本行政区域水下文物的保护工作，会同文物考古研究机构负责水下文物的确认和价值鉴定工作，对于海域内的水下文物，国家文物局可以指定地方文物行政管理部门代为负责保护管理工作。

第五条 根据水下文物的价值，国务院和省、自治区、直辖市人民政府可以根据《中华人民共和国文物保护法》第二章规定的有关程序，确定全国或省级水下文物保护单位、水下文物保护区，并予公布。

在水下文物保护单位和水下文物保护区内，禁止进行危及水下文物安全的捕捞、爆破等活动。

第六条 任何单位或个人以任何方式发现本条例第二条第（一）、（二）项所规定的水下文物，应当及时报告国家文物局或者地方文物行政管理部门；已打捞出水的，应当及时上缴国家文物局或者地方文物行政管理部门处理。

任何单位或者个人以任何方式发现本条例第二条第（三）项所规定的水下文物，应当及时报告国家文物局或者地方文物行政管理部门；已打捞出水的，应当及时提供国家文物局或者地方文物行政管理部门辨认、鉴定。

第七条 水下文物的考古勘探和发掘活动应当以文物保护和科学研究为目的。任何单位或者个人在中国管辖水域进行水下文物的考古勘探或者发掘活动，必须向国家文物局提出申请，并提供有关资料。未经国家文物局批准，任何单位或者个人不得以任何方式私自勘探或发掘。

外国国家、国家组织、外国法人或者自然人在中国管辖水域进行水下文物的考古勘探或者发掘活动，必须采取与中国合作的方式进行，其向国家文物局提出的申请，须由国家文物局报经国务院特别许可。

第八条 任何单位或者个人经批准后实施水下文物考古勘探或者发掘活动，活动范围涉及港务监督部门管辖水域的，必须报请港务监督部门核准，由港务监督部门核准划定安全作业区，发布航行通告。

第九条 任何单位或者个人实施水下文物考古勘探或者发掘活动时，还必须遵守中国其他有关法律、法规，接受有关部门的管理；遵守水下考古、潜水、航行等规程，确保人员和水下文物的安全；防止水体的环境污染，保护水下生物资源和其他自然资源不受损害；保护水面、水下的一切设施；不得妨碍交通运输、渔业生产、军事训练以及其他正常的水面、水下作业活动。

第十条 保护水下文物有突出贡献，符合《中华人民共和国文物保护法》第二十九条各项规定情形的，给予表彰、奖励。

违反本条例第五条、第六条、第七条的规定，破坏水下文物，私自勘探、发掘、打捞水下文物，或者隐匿、私分、贩运、非法出售、非法出口水下文物，具有《中华人民共和国文物保护法》第三十条、第三十一条各项规定情形的，依法给予行政处罚或者追究刑事责任。

违反本条例第八条、第九条的规定，造成严重后果的，由文物行政管理部门会同有关部门责令停止作业限期改进或者给予撤销批准的行政处罚，可以并处一千元至一万元的罚款。

第十一条 本条例由国家文物局负责解释。

第十二条 本条例的实施细则由国家文物局制定。

第十三条 本条例自发布之日起施行。

考古遗产保护与管理宪章

国际古迹遗址理事会全体大会第九届会议于1990年10月在洛桑通过

发文单位：国际古迹遗址理事会
发文时间：1990－10－01
生效日期：1990－10－01

导　言

众所周知，认识和了解人类社会的起源与发展对人类鉴别其文化和社会根源有着极其重要的作用。考古遗产构成记载人类过去活动的基本材料，因此，对其保护和合理的管理能对考古学家和其他学者代表人类当前和今后的利益对其进行研究和解释起到巨大的作用。对这种遗产的保护不能仅仅依靠适用考古学方法，它需要较广泛的专业和科学知识与技能基础。有些考古遗产的构成是建筑结构的组成部分，在这种情况下，就必须根据1966年保护和修复古迹遗址的威尼斯宪章所规定的这类结构的保护标准进行保护，考古遗产的其他构成是当地人民生活习惯的组成部分，对于这类遗址和古迹，当地文化团体参与其保护和保存具有重要意义。由于这些原因以及其他一些原因，考古遗产的保护必须依靠各学科专家的有效合作，它需要政府当局、学术研究人员、公私企业以及一般民众的合作。因此，本宪章规定了有关考古遗产管理不同方面的原则，其中包括公共当局和立法者的责任，有关遗产的勘察、勘测、发掘、档案记录、研究、维护、保护、保存、重建、信息资料、展览以及对外开放与公众利用等的专业操作程序规则以及考古遗产保护所涉及的专家之资格等。本宪章受到了作为学者、专家以及政府的政策与实践思想的源泉与准则的威尼斯宪章的成功之鼓舞。本宪章必须反映具有全球效力的基本原则和准则。鉴于此，宪章不能考虑地区性的和国家的具体问题和可能性。因而，本宪章必须为此需要根据将来的原则与准则，在地区性和国家范围内加以补充。

第一条　定义与介绍

“考古遗产”是根据考古方法提供主要资料实物遗产部分，它包括人类生存的各种遗存，它是由与人类活动各种表现有关的地点、被遗弃的结构、各种各样的遗迹（包括地下和水下的遗址）以及与上述有关的各种可移动的文化资料所组成。

第二条　整体保护政策

考古遗产是一种容易损坏、不能再生的文化资源。因此，土地利用必须加以控制并合理开发，以便把对考古遗产的破坏减小到最低限度。考古遗产的保护政策应该构成有关土地利用、开发和计划以及文化环境和教育政策的整体组成部分。考古遗产的保护政策必须不断予以检查，以便跟上时代的发展，考古保护区的划定亦构成此种政策的一部分。考古遗产的保护必须纳入国际的、国家的、区域的以及地方一级的规划政策。一般民众的积极参与必须构成考古遗产保护政策的组成部分。涉及当地人民遗产时这点显得更加重要。参与必须以得到做出决定所需知识之机会为基础。因此，向一般民众提供信息资料是整体保护的重要组成部分。

第三条　立法和经济

考古遗产的保护应看做是全人类的道德义务，它是民众的一项集体责任。此项义务必须通过相应的立法以及支持遗产有效管理计划的足够资金的规定加以确认。考古遗产为全人类社会所共有，因此，每个国家应有义务保证拨出足够的资金用于考古遗产的保护。立法应该为适合于每个国家和地区的需要、历史和传统的考古遗产提供保护，提供就地保护和研究的法律需要。立法应该以考古遗产是全人类和人类群体的遗产这个概念为基础，而不局限于某一个人或国家。立法应该禁止在没有得到有关考古当局的同意而通过改变考古遗址或古迹或其环境对其进行毁坏、损坏和改变。在批准毁掉考古遗产的情况下，原则上，立法应要求对其进行全面的考古研究和档案记录。立法应要求并规定对考古遗产进行适当的维护、管理和保护。对违反考古遗产法律的行为应制定适当的法律制裁措施。如果立法仅仅只对那些登记在选择法定财产清单中的考古遗产的某些部分提供保护，对没有受到保护或新近发现的古迹和遗址必须制定暂时保护规定，直至对其做出考古评估。开发项目构成对考古遗产的最大威胁之一。开发者有责任保证在开发计划实施之前对考古遗产影响进行研究，因此，该项责任应体现在适当的立法中，并规定此种研究经费应包括在项目经费之中。立法中还应该建立这样的原则，即：开放项目的设计应该将其对考古遗产的影响减小到最低限度。

第四条　勘察

对考古遗产的保护必须以对其范围和性质尽可能地全面了解为基础。因此，对考古资源进行全面的勘察是考古遗产保护与管理的一项基本义务。同时，考古财产清单构成科学研究主要数据库，因此，编制考古财产清单应被认为是一个不断变化的过程。其结果是：考古财产清单应该包括各个重要和可靠阶段的资料，因为即使是表面的知识也能构成保护措施的起点。

第五条　调查研究

考古知识主要基于对考古遗产的科学调查研究。此种调查研究包括广泛的方法，从非破坏性的取样技术到全面发掘。收集考古遗产的资料不应更多地毁坏为保护或科学研究目的所需的考古证据，这是一项最重要的原则。因此，与全面发掘相比，非破坏性技术、空中的地面勘测、取样等方法应在尽可能的范围内加以鼓励。由于发掘总是意味着需要以失去其他资料甚至可能以毁坏整个遗址为代价来选择将要记录和保存的证据，因此只有在经过深思熟虑之后方可做出发掘的决定。发掘应该在遭受发展规划、土地用途改变、掠夺和自然蜕化的威胁的古迹和遗址上进行。作为例外情况，为了阐明研究问题或为了向民众展览而更有效地阐述古迹遗址，也可以对没有遭受威胁的遗址进行发掘。在这种情况下，发掘之前必须首先对遗址的重要性进行全面的科学评估。发掘应该是部分的，留一部分不受干扰，以便今后研究。在发掘工作完成后的一段合理期间内，应该向科学团体提交一份符合既定标准的报告，报告应包括相应的考古财产清单。发掘工作应根据1956年联合国教育、科学及文化组织关于适用于考古发掘的国际原则的建议所规定的原则以及既定的国际国内专业标准予以进行。

第六条　维护与保护

考古遗产管理的总体目标应是就地保存古迹和遗址，包括对一切相关的记录和藏品等进行适当的长期保护与保管。将遗产的任何组成部分转移至新的地点的任何行为即构成违反就地保存遗产的原则。这项原则强调适当维护、保护和管理的需要。它也坚持如果发掘考古遗产的适当维护和管理之规定得不到保障，则不应通过发掘或在发掘后暴露考古遗产的原则。作为促进维护考古遗产的一种方法，应该积极寻求和鼓励当地承担义务及其参与。这一原则在处理当地人民和地方文化团体的遗产时特别重要。在某些情况下，把保护和管理古迹和遗址的责任委托给当地人民也许是适当的。由于所能得到的资源难免有限，积极的维护不得不在有选择的基础上进行。因此，它应该在各种古迹遗址的重要性和代表性的科学评估基础上适用于其中的一个范例，而不应局限于那些比较著名并引人注目的遗址。在考古遗产的维护和保护方面应适用1956年联合国教育、科学及文化组织的建议所规定的相应原则。

第七条　展出、信息资料、重建

向民众展出考古遗产是促进了解现代社会起源和发展的至关重要的方法。同时，它也是促进了解对其进行保护需要的最重要的方法。展出和信息资料应被看作是对当前知识状况的通俗解释，因此，必须经常予以修改。它应考虑到了解过去的其他多种方法。重建起到两方面的作用：试验性的研究和解释。然而，重建应该非常细心谨慎，以免影响任何幸存的考古证据，并且，为了达到真实可靠，应该考虑所有来源的证据。在可能和适当的情况下，重建不应直接建在考古遗址之上，并应能够辨别为重建物。

第八条 专业资格

在各个不同学科拥有至高学术水平对考古遗产的管理极为重要。因此，在相应的专业领域培养足够数量的合格专业人员是每个国家教育政策的重要目标。发展某些高尖端专业领域的技能之需要，要求进行国际合作。必须建立和维持专业培训和专业指导的标准。考古学术培训的目标应该考虑到保护政策从发掘到就地保存的转变。它还应该考虑到这样的事实，即：在保存和了解考古遗产方面，研究当地人民的历史与研究著名的古迹和遗址同样重要。考古遗产的保护是一个不断变化发展的过程。因此，应该使从事这方面工作的专业人员有时间更新他们的知识，应该制订专门侧重于考古遗产保护和管理的研究生培训计划。

第九条 国际合作

考古遗产是全人类共同遗产，因此，国际合作在制定和维持其管理标准方面极为重要。为从事考古遗产管理的专业人员交流信息和经验，急需创建国际机构。它要求组织地区性和全球性的大会、研讨会、专题讨论会等，并建立地区性的研究生研究中心。国际古迹遗址理事会应通过其专业团体，在其中长期计划中促进这方面的工作。作为提高考古遗产管理水平的一种方法，还应该发展专业人员的国际交流。在国际古迹遗址理事会的领导下，应制订出考古遗产管理方面的技术援助计划。

中华人民共和国拍卖法

1996年7月5日第八届全国人民代表大会常务委员会第二十次会议通过 根据2004年8月28日第十届全国人民代表大会常务委员会第十一次会议《关于修改〈中华人民共和国拍卖法〉的决定》修正

发文单位：全国人民代表大会常务委员会
发文时间：1996-07-05
生效日期：1997-01-01

第一章　总　则

第一条　为了规范拍卖行为，维护拍卖秩序，保护拍卖活动各方当事人的合法权益，制定本法。

第二条　本法适用于中华人民共和国境内拍卖企业进行的拍卖活动。

第三条　拍卖是指以公开竞价的形式，将特定物品或者财产权利转让给最高应价者的买卖方式。

第四条　拍卖活动应当遵守有关法律、行政法规，遵循公开、公平、公正、诚实信用的原则。

第五条　国务院负责管理拍卖业的部门对全国拍卖业实施监督管理。

省、自治区、直辖市的人民政府和设区的市的人民政府负责管理拍卖业的部门对本行政区域内的拍卖业实施监督管理。

第二章　拍卖标的

第六条　拍卖标的应当是委托人所有或者依法可以处分的物品或者财产权利。

第七条　法律、行政法规禁止买卖的物品或者财产权利，不得作为拍卖标的。

第八条　依照法律或者按照国务院规定需经审批才能转让的物品或者财产权利，在拍卖前，应当依法办理审批手续。

委托拍卖的文物，在拍卖前，应当经拍卖人住所地的文物行政管理部门依法鉴定、许可。

第九条　国家行政机关依法没收的物品，充抵税款、罚款的物品和其他物品，按照国务院规定应当委托拍卖的，由财产所在地的省、自治区、直辖市的人民政府和设区的市的人民政府指定的拍卖人进行拍卖。

拍卖由人民法院依法没收的物品，充抵罚金、罚款的物品以及无法返还的追回物品，适用前款规定。

第三章　拍卖当事人

第一节　拍卖人

第十条　拍卖人是指依照本法和《中华人民共和国公司法》设立的从事拍卖活动的企业法人。

第十一条　拍卖企业可以在设区的市设立。设立拍卖企业必须经所在地的省、自治区、直辖市人民政府负责管理拍卖业的部门审核许可，并向工商行政管理部门申请登记，领取营业执照。

第十二条　设立拍卖企业，应当具备下列条件：

（一）有一百万元人民币以上的注册资本；

（二）有自己的名称、组织机构、住所和章程；

（三）有与从事拍卖业务相适应的拍卖师和其他工作人员；

（四）有符合本法和其他有关法律规定的拍卖业务规则；

（五）符合国务院有关拍卖业发展的规定；

（六）法律、行政法规规定的其他条件。

第十三条 拍卖企业经营文物拍卖的，应当有一千万元人民币以上的注册资本，有具有文物拍卖专业知识的人员。

第十四条 拍卖活动应当由拍卖师主持。

第十五条 拍卖师应当具备下列条件：

（一）具有高等院校专科以上学历和拍卖专业知识；

（二）在拍卖企业工作两年以上；

（三）品行良好。

被开除公职或者吊销拍卖师资格证书未满五年的，或者因故意犯罪受过刑事处罚的，不得担任拍卖师。

第十六条 拍卖师资格考核，由拍卖行业协会统一组织。经考核合格的，由拍卖行业协会发给拍卖师资格证书。

第十七条 拍卖行业协会是依法成立的社会团体法人，是拍卖业的自律性组织。拍卖行业协会依照本法并根据章程，对拍卖企业和拍卖师进行监督。

第十八条 拍卖人有权要求委托人说明拍卖标的的来源和瑕疵。

拍卖人应当向竞买人说明拍卖标的的瑕疵。

第十九条 拍卖人对委托人交付拍卖的物品负有保管义务。

第二十条 拍卖人接受委托后，未经委托人同意，不得委托其他拍卖人拍卖。

第二十一条 委托人、买受人要求对其身份保密的，拍卖人应当为其保密。

第二十二条 拍卖人及其工作人员不得以竞买人的身份参与自己组织的拍卖活动，并不得委托他人代为竞买。

第二十三条 拍卖人不得在自己组织的拍卖活动中拍卖自己的物品或者财产权利。

第二十四条 拍卖成交后，拍卖人应当按照约定向委托人交付拍卖标的的价款，并按照约定将拍卖标的移交给买受人。

第二节 委托人

第二十五条 委托人是指委托拍卖人拍卖物品或者财产权利的公民、法人或者其他组织。

第二十六条 委托人可以自行办理委托拍卖手续，也可以由其代理人代为办理委托拍卖手续。

第二十七条 委托人应当向拍卖人说明拍卖标的的来源和瑕疵。

第二十八条 委托人有权确定拍卖标的的保留价并要求拍卖人保密。

拍卖国有资产，依照法律或者按照国务院规定需要评估的，应当经依法设立的评估机构评估，并根据评估结果确定拍卖标的的保留价。

第二十九条 委托人在拍卖开始前可以撤回拍卖标的。委托人撤回拍卖标的的，应当向拍卖人支付约定的费用；未作约定的，应当向拍卖人支付为拍卖支出的合理费用。

第三十条 委托人不得参与竞买，也不得委托他人代为竞买。

第三十一条 按照约定由委托人移交拍卖标的的，拍卖成交后，委托人应当将拍卖标的移交给买受人。

第三节 竞买人

第三十二条 竞买人是指参加竞购拍卖标的的公民、法人或者其他组织。

第三十三条 法律、行政法规对拍卖标的的买卖条件有规定的，竞买人应当具备规定的条件。

第三十四条 竞买人可以自行参加竞买，也可以委托其代理人参加竞买。

第三十五条 竞买人有权了解拍卖标的的瑕疵，有权查验拍卖标的和查阅有关拍卖资料。

第三十六条 竞买人一经应价，不得撤回，当其他竞买人有更高应价时，其应价即丧失约束力。

第三十七条 竞买人之间、竞买人与拍卖人之间不得恶意串通，损害他人利益。

第四节 买受人

第三十八条 买受人是指以最高应价购得拍卖标的的竞买人。

第三十九条 买受人应当按照约定支付拍卖标的的价款，未按照约定支付价款的，应当承担违约责任，或者由拍卖人征得委托人的同意，将拍卖标的再行拍卖。

拍卖标的再行拍卖的，原买受人应当支付第一次拍卖中本人及委托人应当支付的佣金。再行拍卖的价款低于原拍卖价款的，原买受人应当补足差额。

第四十条 买受人未能按照约定取得拍卖标的的，有权要求拍卖人或者委托人承担违约责任。

买受人未按照约定受领拍卖标的的，应当支付由此产生的保管费用。

第四章 拍卖程序

第一节 拍卖委托

第四十一条 委托人委托拍卖物品或者财产权利，应当提供身份证明和拍卖人要求提供的拍卖标的的所有权证明或者依法可以处分拍卖标的的证明及其他资料。

第四十二条 拍卖人应当对委托人提供的有关文件、资料进行核实。拍卖人接受委托的，应当与委托人签订书面委托拍卖合同。

第四十三条 拍卖人认为需要对拍卖标的进行鉴定的，可以进行鉴定。

鉴定结论与委托拍卖合同载明的拍卖标的状况不相符的，拍卖人有权要求变更或者解除合同。

第四十四条 委托拍卖合同应当载明以下事项：

（一）委托人、拍卖人的姓名或者名称、住所；

（二）拍卖标的的名称、规格、数量、质量；

（三）委托人提出的保留价；

（四）拍卖的时间、地点；

（五）拍卖标的交付或者转移的时间、方式；

（六）佣金及其支付的方式、期限；

（七）价款的支付方式、期限；

（八）违约责任；

（九）双方约定的其他事项。

第二节 拍卖公告与展示

第四十五条 拍卖人应当于拍卖日七日前发布拍卖公告。

第四十六条 拍卖公告应当载明下列事项：

（一）拍卖的时间、地点；

（二）拍卖标的；

（三）拍卖标的的展示时间、地点；

（四）参与竞买应当办理的手续；

（五）需要公告的其他事项。

第四十七条 拍卖公告应当通过报纸或者其他新闻媒介发布。

第四十八条 拍卖人应当在拍卖前展示拍卖标的，并提供查看拍卖标的的条件及有关资料。

拍卖标的的展示时间不得少于两日。

第三节 拍卖的实施

第四十九条 拍卖师应当于拍卖前宣布拍卖规则和注意事项。

第五十条 拍卖标的无保留价的，拍卖师应当在拍卖前予以说明。

拍卖标的有保留价的，竞买人的最高应价未达到保留价时，该应价不发生效力，拍卖师应当停止拍卖标的的拍卖。

第五十一条 竞买人的最高应价经拍卖师落槌或者以其他公开表示买定的方式确认后，拍卖成交。

第五十二条 拍卖成交后，买受人和拍卖人应当签署成交确认书。

第五十三条 拍卖人进行拍卖时，应当制作拍卖笔录。拍卖笔录应当由拍卖师、记录人签名；拍卖成交的，还应当由买受人签名。

第五十四条 拍卖人应当妥善保管有关业务经营活动的完整账簿、拍卖笔录和其他有关资料。

前款规定的账簿、拍卖笔录和其他有关资料的保管期限，自委托拍卖合同终止之日起计算，不得少于五年。

第五十五条 拍卖标的需要依法办理证照变更、产权过户手续的，委托人、买受人应当持拍卖人出具的成交证明和有关材料，向有关行政管理机关办理手续。

第四节 佣　金

第五十六条 委托人、买受人可以与拍卖人约定佣金的比例。

委托人、买受人与拍卖人对佣金比例未作约定，拍卖成交的，拍卖人可以向委托人、买受人各收取不超过拍卖成交价百分之五的佣金。收取佣金的比例按照同拍卖成交价成反比的原则确定。

拍卖未成交的，拍卖人可以向委托人收取约定的费用；未作约定的，可以向委托人收取为拍卖支出的合理费用。

第五十七条 拍卖本法第九条规定的物品成交的，拍卖人可以向买受人收取不超过拍卖成交价百分之五的佣金。收取佣金的比例按照同拍卖成交价成反比的原则确定。

拍卖未成交的，适用本法第五十六条第三款的规定。

第五章 法律责任

第五十八条 委托人违反本法第六条的规定，委托拍卖其没有所有权或者依法不得处分的物品或者财产权利的，应当依法承担责任。拍卖人明知委托人对拍卖的物品或者财产权利没有所有权或者依法不得处分的，应当承担连带责任。

第五十九条 国家机关违反本法第九条的规定，将应当委托财产所在地的省、自治区、直辖市的人民政府或者设区的市的人民政府指定的拍卖人拍卖的物品擅自处理的，对负有直接责任的主管人员和其他直接责任人员依法给予行政处分，给国家造成损失的，还应当承担赔偿责任。

第六十条 违反本法第十一条的规定，未经许可登记设立拍卖企业的，由工商行政管理部门予以取缔，没收违法所得，并可以处违法所得一倍以上五倍以下的罚款。

第六十一条 拍卖人、委托人违反本法第十八条第二款、第二十七条的规定，未说明拍卖标的的瑕疵，给买受人造成损害的，买受人有权向拍卖人要求赔偿；属于委托人责任的，拍卖人有权向委托人追偿。

拍卖人、委托人在拍卖前声明不能保证拍卖标的的真伪或者品质的，不承担瑕疵担保责任。

因拍卖标的存在瑕疵未声明的，请求赔偿的诉讼时效期间为一年，自当事人知道或者应当知道权利受到损害之日起计算。

因拍卖标的存在缺陷造成人身、财产损害请求赔偿的诉讼时效期间，适用《中华人民共和国产品质量法》和其他法律的有关规定。

第六十二条 拍卖人及其工作人员违反本法第二十二条的规定，参与竞买或者委托他人代为竞买的，由工商行政管理部门对拍卖人给予警告，可以处拍卖佣金一倍以上五倍以下的罚款；情节严重的，吊销营业执照。

第六十三条 违反本法第二十三条的规定，拍卖人在自己组织的拍卖活动中拍卖自己的物品或者财产权利的，由工商行政管理部门没收拍卖所得。

第六十四条 违反本法第三十条的规定，委托人参与竞买或者委托他人代为竞买的，工商行政管理部门可以对委托人处拍卖成交价百分之三十以下的罚款。

第六十五条 违反本法第三十七条的规定，竞买人之间、竞买人与拍卖人之间恶意串通，给他人造成损害的，拍卖无效，应当依法承担赔偿责任。由工商行政管理部门对参与恶意串通的竞买人处最高应价百分之十以上百分之三十以下的罚款；对参与恶意串通的拍卖人处最高应价百分之十以上百分之五十以下的罚款。

第六十六条 违反本法第四章第四节关于佣金比例的规定收取佣金的，拍卖人应当将超收部分返还委托人、买受人。物价管理部门可以对拍卖人处拍卖佣金一倍以上五倍以下的罚款。

第六章 附 则

第六十七条 外国人、外国企业和组织在中华人民共和国境内委托拍卖或者参加竞买的，适用本法。

第六十八条 本法施行前设立的拍卖企业，不具备本法规定的条件的，应当在规定的期限内达到本法规定的条件；逾期未达到本法规定的条件的，由工商行政管理部门注销登记，收缴营业执照。具体实施办法由国务院另行规定。

第六十九条 本法自1997年1月1日起施行。

文物复制暂行管理办法

发文单位：国家文物局
发文时间：1998－06－18
生效日期：1998－08－20

第一条 为加强对文物复制的管理，根据《中华人民共和国文物保护法》的规定，制定本办法。

第二条 本办法适用于国有博物馆、纪念馆、文物保护机构、文物考古研究机构、文物商店等单位收藏或保管的文物的复制。

第三条 文物复制是指依照文物的体量、形制、纹饰、质地等，基本采用原制作工艺复制与原文物相同的制品的活动。

文物复制品应有表明复制的标识。未经鉴定的文物不得复制。

第四条 文物复制单位应具备必要的文物复制生产场地、生产设备、检验设备和专业技术人员。其文物复制资格由省、自治区、直辖市文物行政管理部门认定。

第五条 文物复制应贯彻少而精的原则，保证文物原件的绝对安全，不得损坏、污染文物。

文物复制应履行严格的报批手续，未经批准不得进行文物复制。

文物收藏或保管单位应与文物复制单位签订文物复制合同，明确各自的权利义务。

第六条 文物复制报批文件应包括以下内容：文物原件收藏或保管单位、名称、文物等级、时代、来源或出土地点和时间、照片、复制用途、复制数量、使用材料、复制方法、复制标识、复制单位、复制人员技术水平以及文物复制合同草案等。

第七条 文物复制合同草案应包括以下内容：合作方的名称和地址，复制的品种、数量和质量，复制的时间和地点，文物资料的交接和使用方式，保密条款，有关知识产权的归属，复制品交付的时间和方法、价金及其交付的时间和方法，对文物资料损害的赔偿，合同的变更或解除，违约责任，争端解决办法，合作方约定的其他内容等。文物复制合同经法定部门批准后生效。

第八条 为陈列展览、考古发掘出土文物移交、科学研究等用途复制文物，由文物行政管理部门和文物收藏或保管单位按文物等级分别审批。

一级文物的复制，经省、自治区、直辖市文物行政管理部门审核后，报国家文物局批准。

国家和省级文物收藏或保管单位复制二、三级文物，由文物收藏或保管单位负责人审批，报上级文物行政管理部门备案。

市、县级文物收藏单位复制二、三级文物，报省、自治区、直辖市文物行政管理部门审批。

一般文物的复制，由文物收藏或保管单位负责人审批。

第九条 为陈列展览、科学研究等用途制作的复制品，应登记造册妥善保管，不得挪作他用，严禁销售。

陈列展览和科学研究中使用文物复制品的，应有明确说明。

第十条 为销售等目的复制文物，由国家文物局和省、自治区、直辖市文物行政管理部门统一管理，根据文物等级分级审批。

一级文物的复制，由省、自治区、直辖市文物行政管理部门报国家文物局批准。

二、三级文物的复制，由省、自治区、直辖市文物行政管理部门批准，报国家文物局备案。

一般文物的复制，由省、自治区、直辖市文物行政管理部门批准。

第十一条 为销售等目的需要复制的一级文物，其名称、复制单位和复制数量，由省、自治区、直辖市文物行政管理部门拟定清单报国家文物局核准，定期公布。

供销售的文物复制品应附有复制品说明书。说明书内容应包括名称、时代、出土地点和时间、原文物收藏或保管单位、复制单位、监制单位、制作时间、复制数量和编号。

第十二条 未经批准，国有文物收藏或保管单位及工作人员不得私自向任何单位和部门，以及任何个人提供文物复制样品、模具和技术资料。

任何单位和个人不得利用文物复制品进行再复制。

第十三条 列入清单的一级文物复制品出境，应向海关出具销售发票和文物复制品说明书。

第十四条 文物保护单位的单体或个体文物的复制，参照本办法的规定执行。其他文物收藏单位的文物复制，可参照本办法的规定执行。

第十五条 违反本办法的规定，造成国家权益和文物受损的，根据有关规定追究单位和当事人的责任。

第十六条 本办法由国家文物局负责解释。

第十七条 本办法自发布之日起施行。

考古发掘品移交管理办法（试行）

发文单位：国家文物局
发文时间：1998－07－31
生效日期：1998－07－31

第一条 为加强文物保护工作，健全考古工作管理体系，根据《中华人民共和国文物保护法》、《中华人民共和国文物保护法实施细则》和《国务院关于加强和改善文物工作的通知》，特制定本办法。

第二条 本办法适用于文物考古研究机构、博物馆和其他具备文物收藏条件的单位。

第三条 本办法中的考古发掘品是指在中华人民共和国境内地下、内水和领海所进行的考古调查、勘探、发掘活动中获得的所有实物资料。

考古发掘品属于国家所有。

第四条 本办法中的移交是指考古发掘单位将考古发掘品交至文物收藏单位，其不同于文物的调拨、交换、借用等。

国家文物局负责考古发掘品的移交工作。

第五条 考古发掘单位在考古发掘报告完成后一年内，应提出对考古发掘品的移交方案报告。

第六条 考古发掘品的移交方案报告包括下列内容：

1. 按考古发掘出土单位编制的出土文物登记表及必要的照片、绘图和文字资料；

2. 发掘单位申请留作研究之用的考古发掘品目录；

3. 发掘单位对考古发掘品分配的意见或建议。

第七条 属于下列情况之一的考古发掘品移交方案，须经考古发掘所在地的省、自治区、直辖市文物行政管理部门，报国家文物局批准。

1. 全国重点文物保护单位范围内获得的考古发掘品；

2. 重大考古发现中出土的考古发掘品；

3. 中华人民共和国海域内发现的考古发掘品；

4. 经鉴定属于一级文物的考古发掘品；

5. 国家文物局认为须经审批才能移交的考古发掘品。

第八条 本办法第七条规定范围之外的考古发掘品移交方案，须报考古发掘所在地的省、自治区、直辖市文物行政管理部门批准，报国家文物局备案。

第九条 审批部门在对考古发掘品移交方案报告进行研究后，应及时通知有关文物收藏单位提出申请。

国家文物局可直接指定国家博物馆收藏将被移交的考古发掘品。

第十条 具备文物收藏条件的单位在接到通知后60日内，应根据考古发掘品移交报告提出收藏申请，上报国家文物局或省、自治区、直辖市文物行政管理部门审批。

第十一条 除国家和省、自治区、直辖市所属的博物馆外，其他提出收藏考古发掘品申请的单位，必须经省、自治区、直辖市文物行政管理部门对其资格进行认定。

第十二条 考古发掘品的移交首先要考虑省、自治区、直辖市以上级别博物馆和考古研究、教学单位的需要，同时应照顾到考古发掘所在地的县、市级博物馆。

考古发掘品移交应按文物出土单位进行，不得将同一出土单位的文物分别收藏。

第十三条 发掘单位留作考古学研究、教学标本的考古发掘品，应按博物馆藏品收藏的有关规定妥善保管。

第十四条　考古发掘品移交时，发掘单位应向收藏单位提供文物登帐、编目和建档所必需的原始记录资料副本。

第十五条　考古发掘品移交后，收藏单位应保证原发掘单位的研究、教学之用。

移交后的考古发掘品在展览时应注明原发掘单位。

第十六条　移交后的考古发掘品赴境外展览时，在代表团和随展人员的组成上应根据展览需要充分考虑原发掘单位人员，外方提供的展览费用应按一定比例分配给原发掘单位。移交后的考古发掘品在权益上发生争议时，由原审批部门裁决。

第十七条　博物馆所属的考古部（队）的考古发掘品移交，参照本办法执行。

第十八条　考古发掘单位无故不提交考古发掘品移交报告，或不履行文物行政管理部门批准的移交方案，应追究其有关领导的责任，并给予通报批评。

第十九条　本办法由国家文物局负责解释。

第二十条　本办法自发布之日起施行。

依法没收、追缴文物的移交办法

发文单位：国家文物局、财政部、公安部、海关总署、国家工商行政管理局
发文时间：1999－04－05
生效日期：1999－04－05

一、根据《中华人民共和国文物保护法》及其实施细则第二、三十七、三十八、三十九、四十四条的有关规定，特制定本办法。

二、本办法规定的依法移交的文物，系指各级执法部门在查处违法犯罪活动中依法没收、追缴的除依法返还受害人以外的所有文物，包括珍贵文物和一般文物。依法移交的文物属于国有资产。

三、本办法规定的负责移交文物的执法部门，系指在查处违法犯罪活动中依法没收、追缴文物的各级公安部门、工商行政管理部门和海关等执法部门（以下统称移交部门）。

四、本办法规定的负责接收文物的部门，系指国家和各省、自治区、直辖市（以下简称省级）文物行政管理部门。经国家或省级文物行政管理部门授权，地、市、县的文物行政管理部门或有关国有博物馆可具体承办文物接收事宜（以下统称接收部门）。

五、依法移交文物的移交和接收，在结案后应立即全部无偿移交给接收部门。

六、移交部门应负责移交前的文物安全和保护工作。移交部门如果在结案前不具备保证文物安全无损的安全防范条件、防止自然力损害的保管条件和修复的技术力量，或者自没收、追缴之时起已逾一年未能结案的，应将文物及时移送接收部门指定的国有博物馆暂存。暂存单位应负责文物的安全，并为执法部门对有关文物的取证提供方便。

七、移交部门向接收部门移交文物，接收部门应及时组织国家或省级文物鉴定机构对移交文物进行鉴定，造具文物登记清单并评定级别。移交时由交接双方及承办机构负责确认移交文物登记清单，履行实物查点、交接和签字等完备手续。

八、交接情况每年年终由省级执法部门和接收部门汇总，分别向公安部、海关总署、国家工商行政管理局等有关执法部门和国家文物局报告，并报财政部备案。

九、接收的移交文物由国家文物局或省级文物行政管理部门根据文物保护、研究和利用等需要，指定具备条件的国有博物馆收藏保管，其中，一级文物应由省级文物行政管理部门报国家文物局备案。当地重复品较多的文物，可以由国家文物局组织，在跨省区的国有博物馆之间进行交换、调拨。确实没有收藏价值的一般文物，报经国家文物局批准，根据归口经营，统一管理的原则投入流通，办理文物标的的鉴定许可事宜，由国家文物局或指定省级文物行政管理部门依法委托具有文物拍卖经营资格权的拍卖行进行拍卖，所得收入全部缴拍卖文物所在地的省级财政部门。

十、按照《中华人民共和国文物保护法》及其实施细则关于奖励的规定，除执法部门对办案有功者予以表彰外，对移交文物总体价值较高、保护文物作出突出贡献的执法部门或单位，文物主管部门应当将鉴定结论如实报告其上级主管部门或人民政府，提请予以奖励。

十一、各级财政、公安、工商行政管理、文物行政管理部门和海关要加强对执行本办法的行政监督，违反本办法的依法给予行政处罚，构成犯罪的，追究其刑事责任。

文物藏品定级标准

发文单位：中华人民共和国文化部
发文时间：2001－04－09
生效日期：2001－04－09

根据《中华人民共和国文物保护法》和《中华人民共和国文物保护法实施细则》的有关规定，特制定本标准。

文物藏品分为珍贵文物和一般文物。珍贵文物分为一、二、三级。具有特别重要历史、艺术、科学价值的代表性文物为一级文物；具有重要历史、艺术、科学价值的为二级文物；具有比较重要历史、艺术、科学价值的为三级文物。具有一定历史、艺术、科学价值的为一般文物。

一、一级文物定级标准

（一）反映中国各个历史时期的生产关系及其经济制度、政治制度，以及有关社会历史发展的特别重要的代表性文物；

（二）反映历代生产力的发展、生产技术的进步和科学发明创造的特别重要的代表性文物；

（三）反映各民族社会历史发展和促进民族团结、维护祖国统一的特别重要的代表性文物；

（四）反映历代劳动人民反抗剥削、压迫和著名起义领袖的特别重要的代表性文物；

（五）反映历代中外关系和在政治、经济、军事、科技、教育、文化、艺术、宗教、卫生、体育等方面相互交流的特别重要的代表性文物；

（六）反映中华民族抗御外侮，反抗侵略的历史事件和重要历史人物的特别重要的代表性文物；

（七）反映历代著名的思想家、政治家、军事家、科学家、发明家、教育家、文学家、艺术家等特别重要的代表性文物，著名工匠的特别重要的代表性作品；

（八）反映各民族生活习俗、文化艺术、工艺美术、宗教信仰的具有特别重要价值的代表性文物；

（九）中国古旧图书中具有特别重要价值的代表性的善本；

（十）反映有关国际共产主义运动中的重大事件和杰出领袖人物的革命实践活动，以及对中国革命作出重大贡献的国际主义战士的特点重要的代表性文物；

（十一）与中国近代（1840—1949）历史上的重大事件、重要人物、著名烈士、著名英雄模范有关的特别重要的代表性文物；

（十二）与中华人民共和国成立以来的重大历史事件、重大建设成就、重要领袖人物、著名烈士、著名英雄模范有关的特别重要的代表性文物；

（十三）与中国共产党和近代其他各党派、团体的重大事件，重要人物、爱国侨胞及其他社会知名人士有关的特别重要的代表性文物；

（十四）其他具有特别重要历史、艺术、科学价值的代表性文物。

二、二级文物定级标准

（一）反映中国各个历史时期的生产力和生产关系及其经济制度、政治制度，以及有关社会历史发展的具有重要价值的文物；

（二）反映一个地区、一个民族或某一个时代的具有重要价值的文物；

（三）反映某一个历史人物、历史事件或对研究某一历史问题有重要价值的文物；

（四）反映某种考古学文化类型和文化特征，能说明某一历史问题的成组文物；

（五）历史、艺术、科学价值一般，但材质贵重的文物；

（六）反映各地区、各民族的重要民俗文物；

（七）历代著名艺术家或著名工匠的重要作品；

（八）古旧图书中有具有重要价值的善本；

（九）反映中国近代（1840—1949）历史上的重大事件、重要人物、著名烈士、著名英雄模范的具有重要价值的文物；

（十）反映中华人民共和国成立以来的重大历史事件、重大建设成就、重要领袖人物、著名烈士、著名英雄模范的具有重要价值的文物；

（十一）反映中国共产党和近代其他各党派、团体的重大事件，重要人物、爱国侨胞及其他社会知名人士的具有重要价值的文物；

（十二）其他具有重要历史、艺术、科学价值的文物。

三、三级文物定级标准

（一）反映中国各个历史时期的生产力和生产关系及其经济制度、政治制度，以及有关社会历史发展的比较重要的文物；

（二）反映一个地区、一个民族或某一时代的具有比较重要价值的文物；

（三）反映某一历史事件或人物，对研究某一历史问题有比较重要价值的文物；

（四）反映某种考古学文化类型和文化特征的具有比较重要价值的文物；

（五）具有比较重要价值的民族、民俗文物；

（六）某一历史时期艺术水平和工艺水平较高，但有损伤的作品；

（七）古旧图书中具有比较重要价值的善本；

（八）反映中国近代（1840—1949）历史上的重大事件、重要人物、著名烈士、著名英雄模范的具有比较重要价值的文物；

（九）反映中华人民共和国成立以来的重大历史事件、重大建设成就、重要领袖人物、著名烈士、著名英雄模范的具有比较重要价值的文物；

（十）反映中国共产党和近代其他各党派、团体的重大事件，重要人物、爱国侨胞及其他社会知名人士的具有比较重要价值的文物；

（十一）其他具有比较重要的历史、艺术、科学价值的文物。

四、一般文物定级标准

（一）反映中国各个历史时期的生产力和生产关系及其经济制度、政治制度，以及有关社会历史发展的具有一定价值的文物；

（二）具有一定价值的民族、民俗文物；

（三）反映某一历史事件、历史人物，具有一定价值的文物；

（四）具有一定价值的古旧图书、资料等；

（五）具有一定价值的历代生产、生活用具等；

（六）具有一定价值的历代艺术品、工艺品等；

（七）其他具有一定历史、艺术、科学价值的文物。

五、博物馆、文物单位等有关文物收藏机构，均可用本标准对其文物藏品鉴选和定级。社会上其他散存的文物，需要定级时，可照此执行。

六、本标准由国家文物局负责解释。

附件：

一级文物定级标准举例

一、玉、石器　时代确切，质地优良，在艺术上和工艺上有特色和有特别重要价值的；有确切出土地点，有刻文、铭记、款识或其他重要特征，可作为断代标准的；有明显的地方特点，能代表考古学一种文化类型、一个地区或作坊杰出成就的；能反映某一时代风格和艺术水平的有关民族关系和中外关系的代表作。

二、陶器　代表考古学某一文化类型，其造型和纹饰具有特别重要价值的；有确切出土地点可作为断代标准的；三彩作品中造型优美、色彩艳丽、具有特别重要价值的；紫砂器中，器型完美，出于古代与近代名家之手的代表性作品。

三、瓷器　时代确切，在艺术上或工艺上有特别重要价值的；在纪年或确切出土地点可作为断代标准的；造型、纹饰、釉色等能反映时代风格和浓郁民族色彩的；有文献记载的名瓷、历代官窑及民窑的代表作。

四、铜器　造型、纹饰精美，能代表某个时期工艺铸造技术水平的；有确切出土地点可作为断代标准的；铭文反映重大历史事件、重要历史人物的，或书法艺术水平高的；在工艺发展史上具有特别重要价值的。

五、铁器　在中国冶铸、锻造史上，占有特别重要地位的钢铁制品；有明确出土地点和特别重要价值的铁质文物；有铭文或金银、镶嵌等精湛工艺的古代器具；历代名人所用，或与重大历史事件有直接联系的铁制历史遗物。

六、金银器　工艺水平高超，造型或纹饰十分精美，具有特别重要价值的；年代、地点确切或有名款，可作为断代标准的金银制品。

七、漆器　代表某一历史时期典型工艺品种和特点的；造型、纹饰、雕工工艺水平高超的；著名工匠的代表作。

八、雕塑　造型优美、时代确切，或有题记款识，具有鲜明时代特点和艺术风格的金属、玉、石、木、泥和陶瓷、髹漆、牙骨等各种质地的，具有特别重要价值的雕塑作品。

九、石刻砖瓦　时代较早，有代表性的石刻；刻有年款或物主铭记可作为断代标准的造像碑；能直接反映社会生产、生活，神态生动、造型优美的石雕；技法精巧、内容丰富的画像石；有重大史料价值或艺术价值的碑碣墓志；文字或纹饰精美，历史、艺术价值特别重要的砖瓦。

十、书法绘画　元代以前比较完整的书画；唐以前首尾齐全有年款的写本；宋以前经卷中有作者或纪年且书法水平较高的；宋、元时代有名款或虽无名款而艺术水平较高的；具有特别重要价值的历代名人手迹；明清以来特别重要艺术流派或著名书画家的精品。

十一、古砚　时代确切，质地良好，遗存稀少的；造型与纹饰具有鲜明时代特征，工艺水平很高的端、歙等四大名砚；有确切出土地点，或流传有绪，制作精美，保存完好，可作为断代标准的；历代重要历史人物使用过的或题铭价值很高的；历代著名工匠的代表作。

十二、甲骨　所记内容具有特别重要的史料价值，龟甲、兽骨比较完整的；所刻文字精美或具有特点，能起断代作用的。

十三、玺印符牌　具有特别重要价值的官私玺、印、封泥和符牌；明、清篆刻中主要流派或主要代表人物的代表作。

十四、钱币　在中国钱币发展史上占有特别重要地位、具有特别重要价值的历代钱币、钱范和钞版。

十五、牙骨角器　时代确切，在雕刻艺术史上具有特别重要价值的；反映民族工艺特点和工艺发展史的；各个时期著名工匠或艺术家代表作，以及历史久远的象牙制品。

十六、竹木雕　时代确切，具有特别重要价值，在竹木雕工艺史上有独特风格，可作为断代标准的；制作精巧、工艺水平极高的；著名工匠或艺术家的代表作。

十七、家具　元代以前（含元代）的木质家具及精巧冥器；明清家具中以黄花梨、紫檀、鸡翅木、铁梨、乌木等珍贵木材制作，造型优美、保存完好、工艺精良的；明清时期制作精良的髹饰家具；明清及近现代名人使用的或具有重大历史价值的家具。

十八、珐琅　时代确切，具有鲜明特点，造型、纹饰、釉色、工艺水平很高的珐琅制品。

十九、织绣　时代、产地准确的；能代表一个历史时期工艺水平的具有特别重要价值的不同织绣品种的典型实物；色彩艳丽，纹饰精美，具有典型时代特征的；著名织绣工艺家的代表作。

二十、古籍善本　元代以前的碑帖、写本、印本；明清两代著名学者、藏书家撰写或整理校订的、在某一学科领域有重要价值的稿本、抄本；在图书内容、版刻水平、纸张、印刷、装帧等方面有特色的明清印本（包括刻本、活字本、有精美版画的印本、彩色套印本）、抄本；有明清时期著名学者、藏书家批校题跋，且批校题跋内容具有重要学术资料价值的印本、抄本。

二十一、碑帖拓本　元代以前的碑帖拓本；明代整张拓片和罕见的拓本；初拓精本；原物重要且已散失，拓本流传极少的清代或近代拓本；明清时期精拓套帖；清代及清代以前有历代名家重要题跋的拓本。

二十二、武器　在武器发展史上，能代表一个历史阶段军械水平的；在重要战役或重要事件中使用的；历代著名人物使用的、具有特别重要价值的武器。

二十三、邮品　反映清代、民国、解放区邮政历史，存量稀少的；中华人民共和国成立以来具有特别重要价值的邮票和邮品。

二十四、文件、宣传品　反映重大历史事件，内容重要，具有特别重要意义的正式文件或文件原稿；传单、标语、宣传画、号外、捷报；证章、奖章、纪念章等。

二十五、档案文书　从某一侧面反映社会生产关系、经济制度、政治制度和土地、人口、疆域变迁以及重大历史事件、重要历史人物事迹的历代诏谕、文告、题本、奏折、诰命、舆图、人丁黄册、田亩钱粮簿册、红白契约、文据、书札等官方档案和民间文书中，具有特别重要价值的。

二十六、名人遗物　已故中国共产党著名领袖人物、各民主党派著名领导人、著名爱国侨领、著名社会活动家的具有特别重要价值的手搞、信札、题词、题字等以及具有特别重要意义的用品。

注：二、三级文物定级标准举例可依据一级文物定级标准举例类推。

文物拍摄管理暂行办法

发文单位：国家文物局
发文时间：2001－06－07
生效日期：2001－06－07

第一条 为弘扬中华民族优秀历史文化遗产，加强文物拍摄管理工作，根据《中华人民共和国文物保护法》第八章第三十二条的规定，制定本办法。

第二条 本办法适用于所有因制作出版物、音像制品以及其他各种需要而拍摄文物的活动。

第三条 因制作出版物、音像制品以及其他各种需要而拍摄文物的活动必须履行报批手续。各级政府文物行政管理部门负责审批各级文物保护单位和馆藏文物的拍摄申请。文物收藏、研究单位为研究和保管工作需要所进行的拍摄活动，普通观众在对社会开放的文物单位所进行的纪念拍照活动，不在报批范围内。

第四条 全国重点文物保护单位和馆藏一级文物的拍摄，由国家文物局审批，在审批同意后向拍摄申请单位颁发“文物拍摄许可证”（附件略），许可证仅适用于报请国家文物局审批的项目。省、自治区、直辖市及县、自治县、市级文物保护单位和馆藏二级以下（含二级）文物的拍摄，由文物所在地的省、自治区、直辖市文物行政管理部门审批。

特殊情况下，国家文物局可以直接审批各级文物保护单位和各级馆藏文物的拍摄申请。

第五条 提出拍摄文物申请的单位必须具备以下资格：

1. 具有独立的法人资格；

2. 有足够的能力可以确保拍摄文物的安全；

3. 有足够的能力可以承担由于拍摄活动而造成文物损坏的法律责任。

第六条 具备本办法第五条所列资格的单位需要拍摄文物，要根据所拍摄文物保护单位和文物的等级，至少提前10个工作日向相应的文物行政管理部门提出书面申请，申请内容包括：

1. 拍摄文物的目的、项目及具体内容；

2. 拍摄对象：文物保护单位的名称、级别、所在地及拍摄范围，文物的名称、等级及收藏单位；

3. 故事性、专题性音像片有关文物拍摄部分的分镜头剧本；

4. 上级主管部门的项目批件；

5. 文物行政管理部门所需的其他有关材料。

各级文物行政管理部门应在严格审核的基础上，及时批复拍摄申请。

第七条 境外机构和团体需要拍摄文物，由负责接待的国家机关外事部门在征得拍摄对象所在的省、自治区、直辖市文物部门的同意后向国家文物局提出申请，也可以由拍摄对象所在地的省、自治区、直辖市的文物部门向国家文物局提出申请，由国家文物局审批。

第八条 文物部门与外国机构和团体合作制作音像制品或出版物以文物为主要内容时，除了要向国家文物局报送本办法第六条规定的申请材料外，还须报送有关各方合作意向书文本一式两份，经国家文物局批准后方可进行。

第九条 各级文物保护单位管理机构和文物收藏单位，必须在接到国家文物局或省、自治区、直辖市文物行政管理部门同意拍摄文物的批件或“文物拍摄许可证”后，方可接待拍摄。

第十条 故事性影视片、商业性广告片的拍摄仅限于对公众开放的文物保护单位的外景，一般不得拍摄文物保护单位内景及馆藏文物。

第十一条 确需使用文物保护单位内景拍摄者，须根据文物保护单位的级别报经相应文物行政管理部门批准，并与文物保护单位管理机构签订《拍摄文物保护单位内景保护文物责任书》。

第十二条 经批准拍摄文物保护单位内景或馆藏文物时，不得移动室内陈设物品及各类文物的位置，不得在室内置景，不得利用室内电源，不得使用强光灯，摄制人员不得接触文物。

第十三条 特殊的珍贵文物及书画、壁画、丝织品、漆器等易损易坏文物一般不得拍摄，可由文物收藏单位提供有关资料。特殊情况确需拍摄的，必须报经国家文物局审批。

第十四条 申请拍摄文物的单位应按照文物行政管理部门批准的拍摄项目进行拍摄，严格执行有关协议。拍摄活动必须由文物管理单位的安全保卫人员和文物保管人员在现场指导、监督和操作，确保文物安全。文物管理单位认为有必要时，可以要求拍摄单位商请公安、消防及其他保证文物安全的人员进驻拍摄现场。

第十五条 各级文物行政管理部门应制定专门规定和标准，合理收取因文物拍摄所发生的文物保护利用费、文物管理人员的劳务费、因拍摄文物影响正常开放所造成的门票损失费。各地文物行政管理部门的收费规定和标准须在当地政府有关管理部门审批并报国家文物局备案后生效。经批准收取的文物保护利用费，只能用于文物保护，不得挪作他用。

第十六条 对公众开放的各级文物保护单位和博物馆公开展出的文物，除因文物保护的特殊需要而另有专门规定及说明者外，参观者可以拍照留念。但参观者不得以收集资料为目的对文物进行系统拍摄，如有需要，应参照本办法执行。

第十七条 国内新闻单位以制作时事新闻为目的所进行的摄像、照相采访不需履行报批手续，但应征得被采访的文物部门同意。

第十八条 考古发掘现场原则上不得拍摄。国内新闻单位因新闻采访需要拍摄正在进行工作的考古发掘现场，应得到主持发掘单位的同意。但制作专题类、直播类节目应报请国家文物局审批。境外机构和团体需要拍摄正在进行的考古发掘现场，需征求主持发掘单位的意见，经发掘地所在的省、自治区、直辖市文物管理部门同意，报国家文物局批准后方可进行。

第十九条 对不执行本办法，未经批准擅自拍摄或超范围拍摄各级文物保护单位和馆藏文物的行为，各级文物管理部门可根据情节对拍摄者予以处罚并没收拍摄所得全部文物资料，情节严重者，移送当地公安、司法部门处理。

第二十条 对不执行本办法，擅自接待、越权审批或超范围提供拍摄的文物管理单位，由上级文物行政管理部门给予责任人通报批评或行政处分。

第二十一条 对文物摄制过程中未严格执行本办法或相关操作规程造成文物损坏的，由直接责任者承担相关的法律责任。对造成文物损坏严重甚至损毁的，依据《中华人民共和国刑法》的有关规定，追究当事人的刑事责任。

第二十二条 本办法由国家文物局负责解释。

第二十三条 本办法自发布之日起施行。以前颁布的有关规定凡与本办法不符者，按本办法执行。

文物保护工程管理办法

《文物保护工程管理办法》经2003年3月17日文化部部务会议审议通过，2003年4月1日予以发布，2003年5月1日起施行。中华人民共和国文化部令第26号

发文单位：中华人民共和国文化部

发文时间：2003-04-01

生效日期：2003-05-01

第一章　总　则

第一条　为进一步加强文物保护工程的管理，根据《中华人民共和国文物保护法》和《中华人民共和国建筑法》的有关规定，制定本办法。

第二条　本办法所称文物保护工程，是指对核定为文物保护单位的和其他具有文物价值的古文化遗址、古墓葬、古建筑、石窟寺和石刻、近现代重要史迹及代表性建筑、壁画等不可移动文物进行的保护工程。

第三条　文物保护工程必须遵守不改变文物原状的原则，全面地保存、延续文物的真实历史信息和价值；按照国际、国内公认的准则，保护文物本体及与之相关的历史、人文和自然环境。

第四条　文物保护单位应当制定专项的总体保护规划，文物保护工程应当依据批准的规划进行。

第五条　文物保护工程分为：保养维护工程、抢险加固工程、修缮工程、保护性设施建设工程、迁移工程等。

（一）保养维护工程，系指针对文物的轻微损害所作的日常性、季节性的养护。

（二）抢险加固工程，系指文物突发严重危险时，由于时间、技术、经费等条件的限制，不能进行彻底修缮而对文物采取具有可逆性的临时抢险加固措施的工程。

（三）修缮工程，系指为保护文物本体所必需的结构加固处理和维修，包括结合结构加固而进行的局部复原工程。

（四）保护性设施建设工程，系指为保护文物而附加安全防护设施的工程。

（五）迁移工程，系指因保护工作特别需要，并无其他更为有效的手段时所采取的将文物整体或局部搬迁、异地保护的工程。

第六条　国家文物局负责全国文物保护工程的管理，并组织制定文物保护工程的相关规范、标准和定额。

第七条　具有法人资格的文物管理或使用单位，包括经国家批准，使用文物保护单位的机关、团体、部队、学校、宗教组织和其他企事业单位，为文物保护工程的业主单位。

第八条　承担文物保护工程的勘察、设计、施工、监理单位必须具有国家文物局认定的文物保护工程资质。资质认定办法和分级标准由国家文物局另行制定。

第九条　文物保护工程管理主要指立项、勘察、设计、施工、监理及验收管理。

第二章　立项与勘察设计

第十条　文物保护工程按照文物保护单位级别实行分级管理，并按以下规定履行报批程序：

（一）全国重点文物保护单位保护工程，以省、自治区、直辖市文物行政部门为申报机关，国家文

物局为审批机关。

（二）省、自治区、直辖市级文物保护单位保护工程以文物所在地的市、县级文物行政部门为申报机关，省、自治区、直辖市文物行政部门为审批机关。

市县级文物保护单位及未核定为文物保护单位的不可移动文物的保护工程的申报机关、审批机关由省级文物行政部门确定。

第十一条 保养维护工程由文物使用单位列入每年的工作计划和经费预算，并报省、自治区、直辖市文物行政部门备案。

抢险加固工程、修缮工程、保护性设施建设工程的立项与勘察设计方案按本办法第十条的规定履行报批程序。抢险加固工程中确因情况紧急需要即刻实施的，可在实施的同时补报。

迁移工程按《中华人民共和国文物保护法》第二十条的规定获得批准后，按本办法第十条的规定报批勘察设计方案。

第十二条 因特殊情况需要在原址重建已经全部毁坏的不可移动文物的，按《中华人民共和国文物保护法》第二十二条的规定获得批准后，按本办法第十条的规定报批勘察设计方案。

第十三条 工程项目的立项申报资料包括以下内容：

（一）工程业主单位及上级主管部门名称；

（二）拟立项目名称、地点，文物保护单位级别、时代，保护范围与建设控制地带的划定、公布与执行情况；

（三）保护工程必要性与实施可能性的技术文件与形象资料录像或照片；

（四）经费估算、来源及计划工期安排；

（五）拟聘请的勘察设计单位名称及资信。

第十四条 已立项的文物保护工程应当申报勘察、方案设计和施工技术设计文件。重大工程要在方案获得批准后，再进行技术设计。

第十五条 勘察和方案设计文件包括：

（一）反映文物历史状况、固有特征和损害情况的勘察报告、实测图、照片；

（二）保护工程方案、设计图及相关技术文件；

（三）工程设计概算；

（四）必要时应提供考古勘探发掘资料、材料试验报告书、环境污染情况报告书、工程地质和水文地质资料及勘探报告。

第十六条 施工技术设计文件包括：

（一）施工图；

（二）设计说明书；

（三）施工图预算；

（四）相关材料试验报告及检测鉴定结果。

第三章　施工、监理与验收

第十七条 文物保护工程中的修缮工程、保护性设施建设工程和迁移工程实行招投标和工程监理。

第十八条 重要文物保护工程按本办法第十条规定的程序报批招标文件及拟选用的施工单位。

第十九条 文物保护工程必须遵守国家有关施工的法律、法规和规章、规范，购置的工程材料应当符合文物保护工程质量的要求。施工单位应当严格按照设计文件的要求进行施工，其工作程序为：

（一）依据设计文件，编制施工方案；

（二）施工人员进场前要接受文物保护相关知识的培训；

（三）按文物保护工程的要求作好施工记录和施工统计文件，收集有关文物资料；

（四）进行质量自检，对工程的隐蔽部分必须与业主单位、设计单位、监理单位共同检验并作好记录；

（五）提交竣工资料；

（六）按合同约定负责保修，保修期限自竣工验收之日起计算，除保养维护、抢险加固工程以外，不少于5年。

第二十条 施工过程中如发现新的文物、有关资料或其他影响文物保护的重大问题，要立即记录，保护现场，并经原申报机关向原审批机关报告，请示处理办法。

第二十一条 施工过程中如需变更或补充已批准的技术设计，由工程业主单位、设计单位和施工单位共同现场洽商，并报原申报机关备案；如需变更已批准的工程项目或方案设计中的重要内容，必须经原申报机关报审批机关批准。

第二十二条 文物保护工程应当按工序分阶段验收。重大工程告一段落时，项目的审批机关应当组织或者委托有关单位进行阶段验收。

第二十三条 工程竣工后，由业主单位会同设计单位、施工单位、监理单位对工程质量进行验评，并提交工程总结报告、竣工报告、竣工图纸、财务决算书及说明等资料，经原申报机关初验合格后报审批机关。项目的审批机关视工程项目的实际情况成立验收小组或者委托有关单位，组织竣工验收。

第二十四条 对工程验收中发现的质量问题，由业主单位及时组织整改。

第二十五条 文物保护工程的业主单位、勘察设计单位、施工单位、申报机关和审批机关应当建立有关工程行政、技术和财务文件的档案管理制度。所有工程资料应当立卷存档并归入文物保护单位记录档案。

重要工程应当在验收后三年内发表技术报告。

第四章 奖励与处罚

第二十六条 文物保护工程设立优秀工程奖，具体办法由国家文物局制定。

第二十七条 违反本办法或对文物造成破坏的，按《中华人民共和国文物保护法》及国务院有关规定处罚。

第五章 附 则

第二十八条 非国有不可移动文物的保护维修，参照执行本办法。

第二十九条 以前发布的规章与本办法相抵触的，以本办法的规定为准。

第三十条 本办法自2003年5月1日起施行。

中华人民共和国文物保护法实施条例

《中华人民共和国文物保护法实施条例》经2003年5月18日国务院第8次常务会议通过并予以公布，自2003年7月1日起施行。中华人民共和国国务院令第377号

发文单位：中华人民共和国国务院
发文时间：2003－05－18
生效日期：2003－07－01

第一章 总 则

第一条 根据《中华人民共和国文物保护法》（以下简称文物保护法），制定本实施条例。

第二条 国家重点文物保护专项补助经费和地方文物保护专项经费，由县级以上人民政府文物行政主管部门、投资主管部门、财政部门按照国家有关规定共同实施管理。任何单位或者个人不得侵占、挪用。

第三条 国有的博物馆、纪念馆、文物保护单位等的事业性收入，应当用于下列用途：

（一）文物的保管、陈列、修复、征集；

（二）国有的博物馆、纪念馆、文物保护单位的修缮和建设；

（三）文物的安全防范；

（四）考古调查、勘探、发掘；

（五）文物保护的科学研究、宣传教育。

第四条 文物行政主管部门和教育、科技、新闻出版、广播电视行政主管部门，应当做好文物保护的宣传教育工作。

第五条 国务院文物行政主管部门和省、自治区、直辖市人民政府文物行政主管部门，应当制定文物保护的科学技术研究规划，采取有效措施，促进文物保护科技成果的推广和应用，提高文物保护的科学技术水平。

第六条 有文物保护法第十二条所列事迹之一的单位或者个人，由人民政府及其文物行政主管部门、有关部门给予精神鼓励或者物质奖励。

第二章 不可移动文物

第七条 历史文化名城，由国务院建设行政主管部门会同国务院文物行政主管部门报国务院核定公布。

历史文化街区、村镇，由省、自治区、直辖市人民政府城乡规划行政主管部门会同文物行政主管部门报本级人民政府核定公布。

县级以上地方人民政府组织编制的历史文化名城和历史文化街区、村镇的保护规划，应当符合文物保护的要求。

第八条 全国重点文物保护单位和省级文物保护单位自核定公布之日起1年内，由省、自治区、直辖市人民政府划定必要的保护范围，作出标志说明，建立记录档案，设置专门机构或者指定专人负责管理。

设区的市、自治州级和县级文物保护单位自核定公布之日起1年内，由核定公布该文物保护单位的人民政府划定保护范围，作出标志说明，建立记录档案，设置专门机构或者指定专人负责管理。

第九条 文物保护单位的保护范围，是指对文物保护单位本体及周围一定范围实施重点保护的区域。

文物保护单位的保护范围，应当根据文物保护

单位的类别、规模、内容以及周围环境的历史和现实情况合理划定，并在文物保护单位本体之外保持一定的安全距离，确保文物保护单位的真实性和完整性。

第十条 文物保护单位的标志说明，应当包括文物保护单位的级别、名称、公布机关、公布日期、立标机关、立标日期等内容。民族自治地区的文物保护单位的标志说明，应当同时用规范汉字和当地通用的少数民族文字书写。

第十一条 文物保护单位的记录档案，应当包括文物保护单位本体记录等科学技术资料和有关文献记载、行政管理等内容。

文物保护单位的记录档案，应当充分利用文字、音像制品、图画、拓片、摹本、电子文本等形式，有效表现其所载内容。

第十二条 古文化遗址、古墓葬、石窟寺和属于国家所有的纪念建筑物、古建筑，被核定公布为文物保护单位的，由县级以上地方人民政府设置专门机构或者指定机构负责管理。其他文物保护单位，由县级以上地方人民政府设置专门机构或者指定机构、专人负责管理；指定专人负责管理的，可以采取聘请文物保护员的形式。

文物保护单位有使用单位的，使用单位应当设立群众性文物保护组织；没有使用单位的，文物保护单位所在地的村民委员会或者居民委员会可以设立群众性文物保护组织。文物行政主管部门应当对群众性文物保护组织的活动给予指导和支持。

负责管理文物保护单位的机构，应当建立健全规章制度，采取安全防范措施；其安全保卫人员，可以依法配备防卫器械。

第十三条 文物保护单位的建设控制地带，是指在文物保护单位的保护范围外，为保护文物保护单位的安全、环境、历史风貌对建设项目加以限制的区域。

文物保护单位的建设控制地带，应当根据文物保护单位的类别、规模、内容以及周围环境的历史和现实情况合理划定。

第十四条 全国重点文物保护单位的建设控制地带，经省、自治区、直辖市人民政府批准，由省、自治区、直辖市人民政府的文物行政主管部门会同城乡规划行政主管部门划定并公布。

省级、设区的市、自治州级和县级文物保护单位的建设控制地带，经省、自治区、直辖市人民政府批准，由核定公布该文物保护单位的人民政府的文物行政主管部门会同城乡规划行政主管部门划定并公布。

第十五条 承担文物保护单位的修缮、迁移、重建工程的单位，应当同时取得文物行政主管部门发给的相应等级的文物保护工程资质证书和建设行政主管部门发给的相应等级的资质证书。其中，不涉及建筑活动的文物保护单位的修缮、迁移、重建，应当由取得文物行政主管部门发给的相应等级的文物保护工程资质证书的单位承担。

第十六条 申领文物保护工程资质证书，应当具备下列条件：

（一）有取得文物博物专业技术职务的人员；

（二）有从事文物保护工程所需的技术设备；

（三）法律、行政法规规定的其他条件。

第十七条 申领文物保护工程资质证书，应当向省、自治区、直辖市人民政府文物行政主管部门或者国务院文物行政主管部门提出申请。省、自治区、直辖市人民政府文物行政主管部门或者国务院文物行政主管部门应当自收到申请之日起30个工作日内作出批准或者不批准的决定。决定批准的，发给相应等级的文物保护工程资质证书；决定不批准的，应当书面通知当事人并说明理由。文物保护工程资质等级的分级标准和审批办法，由国务院文物行政主管部门制定。

第十八条 文物行政主管部门在审批文物保护单位的修缮计划和工程设计方案前，应当征求上一级人民政府文物行政主管部门的意见。

第十九条 危害全国重点文物保护单位安全或者破坏其历史风貌的建筑物、构筑物，由省、自治区、直辖市人民政府负责调查处理。

危害省级、设区的市、自治州级、县级文物保护单位安全或者破坏其历史风貌的建筑物、构筑物，由核定公布该文物保护单位的人民政府负责调查处理。

危害尚未核定公布为文物保护单位的不可移动文物安全的建筑物、构筑物，由县级人民政府负责调查处理。

第三章 考古发掘

第二十条 申请从事考古发掘的单位，取得考古发掘资质证书，应当具备下列条件：

（一）有4名以上取得考古发掘领队资格的人员；

（二）有取得文物博物专业技术职务的人员；

（三）有从事文物安全保卫的专业人员；

（四）有从事考古发掘所需的技术设备；

（五）有保障文物安全的设施和场所；

（六）法律、行政法规规定的其他条件。

第二十一条 申领考古发掘资质证书，应当向国务院文物行政主管部门提出申请。国务院文物行政主管部门应当自收到申请之日起30个工作日内作出批准或者不批准的决定。决定批准的，发给考古发掘资质证书；决定不批准的，应当书面通知当事人并说明理由。

第二十二条 考古发掘项目实行领队负责制度。担任领队的人员，应当取得国务院文物行政主管部门按照国家有关规定发给的考古发掘领队资格证书。

第二十三条 配合建设工程进行的考古调查、勘探、发掘，由省、自治区、直辖市人民政府文物行政主管部门组织实施。跨省、自治区、直辖市的建设工程范围内的考古调查、勘探、发掘，由建设工程所在地的有关省、自治区、直辖市人民政府文物行政主管部门联合组织实施；其中，特别重要的建设工程范围内的考古调查、勘探、发掘，由国务院文物行政主管部门组织实施。

建设单位对配合建设工程进行的考古调查、勘探、发掘，应当予以协助，不得妨碍考古调查、勘探、发掘。

第二十四条 国务院文物行政主管部门应当自收到文物保护法第三十条第一款规定的发掘计划之日起30个工作日内作出批准或者不批准决定。决定批准的，发给批准文件；决定不批准的，应当书面通知当事人并说明理由。

文物保护法第三十条第二款规定的抢救性发掘，省、自治区、直辖市人民政府文物行政主管部门应当自开工之日起10个工作日内向国务院文物行政主管部门补办审批手续。

第二十五条 考古调查、勘探、发掘所需经费的范围和标准，按照国家有关规定执行。

第二十六条 从事考古发掘的单位应当在考古发掘完成之日起30个工作日内向省、自治区、直辖市人民政府文物行政主管部门和国务院文物行政主管部门提交结项报告，并于提交结项报告之日起3年内向省、自治区、直辖市人民政府文物行政主管部门和国务院文物行政主管部门提交考古发掘报告。

第二十七条 从事考古发掘的单位提交考古发掘报告后，经省、自治区、直辖市人民政府文物行政主管部门或者国务院文物行政主管部门依据各自职权批准，可以保留少量出土文物作为科研标本，并应当于提交发掘报告之日起6个月内将其他出土文物移交给由省、自治区、直辖市人民政府文物行政主管部门或者国务院文物行政主管部门指定的国有的博物馆、图书馆或者其他国有文物收藏单位收藏。

第四章 馆藏文物

第二十八条 文物收藏单位应当建立馆藏文物的接收、鉴定、登记、编目和档案制度，库房管理制度，出入库、注销和统计制度，保养、修复和复制制度。

第二十九条 县级人民政府文物行政主管部门应当将本行政区域内的馆藏文物档案，按照行政隶属关系报设区的市、自治州级人民政府文物行政主管部门或者省、自治区、直辖市人民政府文物行政主管部门备案；设区的市、自治州级人民政府文物行政主管部门应当将本行政区域内的馆藏文物档案，报省、自治区、直辖市人民政府文物行政主管部门备案；省、自治区、直辖市人民政府文物行政主管部门应当将本行政区域内的一级文物藏品档案，报国务院文物行政主管部门备案。

第三十条 文物收藏单位之间借用馆藏文物，借用人应当对借用的馆藏文物采取必要的保护措施，确保文物的安全。

借用的馆藏文物的灭失、损坏风险，除当事人另有约定外，由借用该馆藏文物的文物收藏单位承担。

第三十一条 国有文物收藏单位未依照文物保护法第三十六条的规定建立馆藏文物档案并将馆藏文物档案报主管的文物行政主管部门备案的，不得交换、借用馆藏文物。

第三十二条 修复、复制、拓印馆藏二级文物和馆藏三级文物的，应当报省、自治区、直辖市人民政府文物行政主管部门批准；修复、复制、拓印馆藏一级文物的，应当经省、自治区、直辖市人民政府文物行政主管部门审核后报国务院文物行政主管部门批准。

第三十三条 从事馆藏文物修复、复制、拓印的单位，应当具备下列条件：

（一）有取得中级以上文物博物专业技术职务的人员；

（二）有从事馆藏文物修复、复制、拓印所需的场所和技术设备；

（三）法律、行政法规规定的其他条件。

第三十四条 从事馆藏文物修复、复制、拓印，应当向省、自治区、直辖市人民政府文物行政主管部门提出申请。省、自治区、直辖市人民政府文物行政主管部门应当自收到申请之日起30个工作日内作出批准或者不批准的决定。决定批准的，发给相应等级的资质证书；决定不批准的，应当书面通知当事人并说明理由。

第三十五条 为制作出版物、音像制品等拍摄馆藏二级文物和馆藏三级文物的，应当报省、自治区、直辖市人民政府文物行政主管部门批准；拍摄馆藏一级文物的，应当经省、自治区、直辖市人民政府文物行政主管部门审核后报国务院文物行政主管部门批准。

第三十六条 馆藏文物被盗、被抢或者丢失的，文物收藏单位应当立即向公安机关报案，并同时向主管的文物行政主管部门报告；主管的文物行政主管部门应当在接到文物收藏单位的报告后24小时内，将有关情况报告国务院文物行政主管部门。

第三十七条 国家机关和国有的企业、事业组织等收藏、保管国有文物的，应当履行下列义务：

（一）建立文物藏品档案制度，并将文物藏品档案报所在地省、自治区、直辖市人民政府文物行政主管部门备案；

（二）建立、健全文物藏品的保养、修复等管理制度，确保文物安全；

（三）文物藏品被盗、被抢或者丢失的，应当立即向公安机关报案，并同时向所在地省、自治区、直辖市人民政府文物行政主管部门报告。

第五章 民间收藏文物

第三十八条 文物收藏单位以外的公民、法人和其他组织，可以依法收藏文物，其依法收藏的文物的所有权受法律保护。

公民、法人和其他组织依法收藏文物的，可以要求文物行政主管部门对其收藏的文物提供鉴定、修复、保管等方面的咨询。

第三十九条 设立文物商店，应当具备下列条件：

（一）有200万元人民币以上的注册资本；

（二）有5名以上取得中级以上文物博物专业技术职务的人员；

（三）有保管文物的场所、设施和技术条件；

（四）法律、行政法规规定的其他条件。

第四十条 设立文物商店，应当依照国务院文物行政主管部门的规定向省、自治区、直辖市以上人民政府文物行政主管部门提出申请。省、自治区、直辖市以上人民政府文物行政主管部门应当自收到申请之日起30个工作日内作出批准或者不批准的决定。决定批准的，发给批准文件；决定不批准的，应当书面通知当事人并说明理由。

第四十一条 依法设立的拍卖企业，从事文物拍卖经营活动的，应当有5名以上取得高级文物博物专业技术职务的文物拍卖专业人员，并取得国务院文物行政主管部门发给的文物拍卖许可证。

第四十二条 依法设立的拍卖企业申领文物拍卖许可证，应当向国务院文物行政主管部门提出申请。国务院文物行政主管部门应当自收到申请之日起30个工作日内作出批准或者不批准的决定。决定批准的，发给文物拍卖许可证；决定不批准的，应当书面通知当事人并说明理由。

第四十三条 文物商店购买、销售文物，经营文物拍卖的拍卖企业拍卖文物，应当记录文物的名称、图录、来源、文物的出卖人、委托人和买受人的姓名或者名称、住所、有效身份证件号码或者有效证照号码以及成交价格，并报核准其销售、拍卖文物的文物行政主管部门备案。接受备案的文物行政主管部门应当依法为其保密，并将该记录保存75年。

文物行政主管部门应当加强对文物商店和经营文物拍卖的拍卖企业的监督检查。

第六章 文物出境进境

第四十四条 国务院文物行政主管部门指定的文物进出境审核机构，应当有5名以上专职文物进出境责任鉴定员。专职文物进出境责任鉴定员应当取得中级以上文物博物专业技术职务并经国务院文物行政主管部门考核合格。

第四十五条 运送、邮寄、携带文物出境，应当在文物出境前依法报文物进出境审核机构审核。文物进出境审核机构应当自收到申请之日起15个工作日内作出是否允许出境的决定。

文物进出境审核机构审核文物，应当有3名以上文物博物专业技术人员参加；其中，应当有2名以上文物进出境责任鉴定员。

文物出境审核意见，由文物进出境责任鉴定员共同签署；对经审核，文物进出境责任鉴定员一致同意允许出境的文物，文物进出境审核机构方可作出允许出境的决定。

文物出境审核标准，由国务院文物行政主管部门制定。

第四十六条 文物进出境审核机构应当对所审核进出境文物的名称、质地、尺寸、级别，当事人的姓名或者名称、住所、有效身份证件号码或者有效证照号码，以及进出境口岸、文物去向和审核日期等内容进行登记。

第四十七条 经审核允许出境的文物，由国务院文物行政主管部门发给文物出境许可证，并由文物进出境审核机构标明文物出境标识。经审核允许出境的文物，应当从国务院文物行政主管部门指定的口岸出境。海关查验文物出境标识后，凭文物出境许可证放行。

经审核不允许出境的文物，由文物进出境审核机构发还当事人。

第四十八条 文物出境展览的承办单位，应当在举办展览前6个月向国务院文物行政主管部门提出申请。国务院文物行政主管部门应当自收到申请之日起30个工作日内作出批准或者不批准的决定。决定批准的，发给批准文件；决定不批准的，应当书面通知当事人并说明理由。

一级文物展品超过120件（套）的，或者一级文物展品超过展品总数的20%的，应当报国务院批准。

第四十九条 一级文物中的孤品和易损品，禁止出境展览。禁止出境展览文物的目录，由国务院文物行政主管部门定期公布。

未曾在国内正式展出的文物，不得出境展览。

第五十条 文物出境展览的期限不得超过1年。因特殊需要，经原审批机关批准可以延期；但是，延期最长不得超过1年。

第五十一条 文物出境展览期间，出现可能危及展览文物安全情形的，原审批机关可以决定中止或者撤销展览。

第五十二条 临时进境的文物，经海关将文物加封后，交由当事人报文物进出境审核机构审核、登记。文物进出境审核机构查验海关封志完好无损后，对每件临时进境文物标明文物临时进境标识，并登记拍照。

临时进境文物复出境时，应当由原审核、登记的文物进出境审核机构核对入境登记拍照记录，查验文物临时进境标识无误后标明文物出境标识，并由国务院文物行政主管部门发给文物出境许可证。

未履行本条第一款规定的手续临时进境的文物复出境的，依照本章关于文物出境的规定办理。

第五十三条 任何单位或者个人不得擅自剥除、更换、挪用或者损毁文物出境标识、文物临时进境标识。

第七章 法律责任

第五十四条 公安机关、工商行政管理、文物、海关、城乡规划、建设等有关部门及其工作人员，违反本条例规定，滥用审批权限、不履行职责或者发现违法行为不予查处的，对负有责任的主管人员和其他直接责任人员依法给予行政处分；构成犯罪的，依法追究刑事责任。

第五十五条 违反本条例规定，未取得相应等级的文物保护工程资质证书，擅自承担文物保护单位的修缮、迁移、重建工程的，由文物行政主管部门责令限期改正；逾期不改正，或者造成严重后果的，处5万元以上50万元以下的罚款；构成犯罪的，依法追究刑事责任。

违反本条例规定，未取得建设行政主管部门发给的相应等级的资质证书，擅自承担含有建筑活动的文物保护单位的修缮、迁移、重建工程的，由建设行政主管部门依照有关法律、行政法规的规定予以处罚。

第五十六条 违反本条例规定，未取得资质证书，擅自从事馆藏文物的修复、复制、拓印活动的，由文物行政主管部门责令停止违法活动；没收违法所得和从事违法活动的专用工具、设备；造成严重后果的，并处1万元以上10万元以下的罚款；构成犯罪的，依法追究刑事责任。

第五十七条 文物保护法第六十六条第二款规定的罚款，数额为200元以下。

第五十八条 违反本条例规定，未经批准擅自修复、复制、拓印、拍摄馆藏珍贵文物的，由文物行政主管部门给予警告；造成严重后果的，处2000元以上2万元以下的罚款；对负有责任的主管人员和其他直接责任人员依法给予行政处分。

第五十九条 考古发掘单位违反本条例规定，未在规定期限内提交结项报告或者考古发掘报告的，由省、自治区、直辖市人民政府文物行政主管部门或者国务院文物行政主管部门责令限期改正；逾期不改正的，对负有责任的主管人员和其他直接责任人员依法给予行政处分。

第六十条 考古发掘单位违反本条例规定，未在规定期限内移交文物的，由省、自治区、直辖市人民政府文物行政主管部门或者国务院文物行政主管部门责令限期改正；逾期不改正，或者造成严重后果的，对负有责任的主管人员和其他直接责任人员依法给予行政处分。

第六十一条 违反本条例规定，文物出境展览超过展览期限的，由国务院文物行政主管部门责令限期改正；对负有责任的主管人员和其他直接责任人员依法给予行政处分。

第六十二条 依照文物保护法第六十六条、第七十三条的规定，单位被处以吊销许可证行政处罚的，应当依法到工商行政管理部门办理变更登记或者注销登记；逾期未办理的，由工商行政管理部门吊销营业执照。

第六十三条 违反本条例规定，改变国有的博物馆、纪念馆、文物保护单位等的事业性收入的用途的，对负有责任的主管人员和其他直接责任人员依法给予行政处分；构成犯罪的，依法追究刑事责任。

第八章 附 则

第六十四条 本条例自2003年7月1日起施行。

文物拍卖管理暂行规定

2003 年 6 月 19 日经国家文物局第 21 次局长办公会议审议通过

发文单位：国家文物局
发文时间：2003－06－19
生效日期：2003－07－14

第一条 为加强对文物拍卖的规范管理，保护祖国历史文化遗产，根据《中华人民共和国文物保护法》、《中华人民共和国拍卖法》和《中华人民共和国文物保护法实施条例》等有关法律法规，制定本规定。

第二条 以下列物品为拍卖标的的拍卖活动，适用本规定：

1. 1949 年以前的各种艺术品、工艺美术品；

2. 1949 年以前的文献资料以及具有历史、艺术、科学价值的手稿和图书资料；

3. 1949 年以前，反映各民族社会制度、社会生产、社会生活的代表性实物；

4. 1949 年以后，与重大历史事件、革命运动或者著名人物有关的，具有重要纪念意义、教育意义或者史料价值的实物；

5. 1949 年以后，国家文物局公布的列入限制出境范围的中国已故著名书画家作品。

第三条 依法设立的拍卖企业从事本规定第二条所列文物拍卖活动的（以下称文物拍卖企业），须经所在地的省、自治区、直辖市文物行政部门审核同意后，向国家文物局申请文物拍卖许可证。

第四条 申请文物拍卖许可证时，应当提供下列材料：

1. 拍卖企业设立时，所在地的省、自治区、直辖市拍卖行业管理部门的审核许可文件和工商行政管理部门颁发的营业执照复印件；

2. 注册资本的验资证明；

3. 5 名以上取得高级文物博物专业技术职务的文物拍卖专业人员的资格证明材料；

4. 所在地的省、自治区、直辖市文物行政部门的审核意见。

第五条 国家文物局应当自收到申请之日起 30 个工作日内作出批准或者不批准的决定。决定批准的，发给文物拍卖许可证；决定不批准的，应当书面通知当事人并说明理由。文物拍卖许可证不得出租、出借或转让。

第六条 从事文物拍卖的专业人员应当符合下列条件并取得文物拍卖专业人员资格：

1. 熟知国家文物保护的法律、法规和规章；

2. 具备一定的文物保护知识和鉴定能力；

3. 具备一定的文物拍卖运作知识和能力。

第七条 文物拍卖专业人员资格由国家文物局认定。经认定合格的，发给文物拍卖专业人员资格证书。

第八条 国家文物局对取得文物拍卖许可证的拍卖企业和取得文物拍卖专业人员资格证书的人员进行年审。

第九条 文物拍卖企业应当在每年 3 月底之前向所在地的省、自治区、直辖市人民政府文物行政部门报送年审表。省、自治区、直辖市人民政府文物行政部门根据企业经营情况和文物拍卖专业人员从业情况提出初审意见后报国家文物局；国家文物局作出合格或者不合格的年审结论，并发布公告。

第十条 文物拍卖企业拍卖的文物，在拍卖前必须经所在地的省、自治区、直辖市人民政府文物行政部门审核。省、自治区、直辖市人民政府文物行政部门审核拍卖标的时应当征求有关文物专业机构或专家意见。不能形成一致意见的，应当报国家文物局审核。文物行政部门不负责对文物拍卖标的出具真伪鉴别证明或价格评估证明。参加文物拍卖标的审核的专家，不得在文物拍卖企业任职。

第十一条 省、自治区、直辖市人民政府文物行政部门应当在拍卖公告发布日15日前将拍卖标的资料及审核意见报国家文物局备案。

第十二条 下列文物不得作为文物拍卖标的：

1. 依照法律应当上交国家的中国境内出土的文物；

2. 依照法律应当移交文物行政部门的文物，包括国家各级执法部门在查处违法犯罪活动中依法没收、追缴的文物；

3. 银行、冶炼厂、造纸厂以及废旧物资回收单位拣选的文物；

4. 国有文物收藏单位以及其他国家机关、部队和国有企业、事业组织等收藏、保管的文物；

5. 国有文物购销经营单位收存的珍贵文物；

6. 非国有馆藏珍贵文物；

7. 物主处分权有争议的文物；

8. 其他依法律法规规定不得流通的文物。

第十三条 文物拍卖企业为使竞买人了解文物拍卖标的是否准许携运出境，可事先征求文物进出境审核机构意见。买受人如将文物携运出境，须依法另行办理文物出境审核手续。

第十四条 文物拍卖企业在境外征集的文物拍卖标的，携运入境时，应向海关申报，经海关将文物加封后，交由当事人报文物进出境审核机构办理临时进境手续。临时进境文物在境内的滞留期一般不得超过12个月，如有特殊需要，应当办理延期手续，延期不得超过6个月。

第十五条 来自境外的文物拍卖标的拍卖成交后需要出境时，符合下列情形之一的，按国家有关私人携带文物出境的规定办理手续：

1. 买受人为境内公民或法人的；

2. 在境内滞留时间超过本办法第十四条规定的期限的。

第十六条 国家对文物拍卖企业拍卖的珍贵文物拥有优先购买权。国家文物局和省、自治区、直辖市文物行政部门可以要求拍卖企业对拍卖标的中具有特别重要历史、科学、艺术价值的文物定向拍卖，竞买人范围限于国有文物收藏单位。

第十七条 文物拍卖企业应当在文物拍卖活动结束后30天内，按照《中华人民共和国文物保护法实施条例》第四十三条第一款规定的内容，将该次文物拍卖记录报所在地的省、自治区、直辖市文物行政部门备案。国家优先购买的文物的拍卖记录，由省、自治区、直辖市文物行政部门报国家文物局备案。

第十八条 文物拍卖企业未经省、自治区、直辖市文物行政部门批准，不得利用互联网举行文物拍卖活动。经批准可以利用互联网举行文物拍卖活动的文物拍卖企业，在开展文物拍卖活动时，应当遵守本规定的规定。

第十九条 文物拍卖企业违反本规定的，由文物行政部门责令改正。情节严重的，由原发证机关吊销许可证书。

第二十条 本规定自发布之日起实施。

近现代文物征集参考范围

发文单位：国家文物局
发文时间：2003－05－13
生效日期：2003－05－13

中华人民共和国成立以来，特别是改革开放以来，近现代文物特别是革命文物征集、保护工作取得了令人瞩目的成绩。各地博物馆、纪念馆运用近现代文物向人民群众和青少年进行爱国主义、革命传统教育，普及科学文化知识，特别是传播近代以来中国人民为民族独立和解放而艰苦拼搏的历史知识，在社会主义政治文明、精神文明和物质文明建设中发挥了重要作用。但从全国总的情况看，反映我国近现代社会发展变化的文物征集面较窄，收藏较少，反映社会主义革命和建设的文物收藏更少。这不仅难以全面反映1840年以来波澜壮阔、艰难曲折的中国近现代历史，也导致许多博物馆、纪念馆的陈列展览缺乏珍贵文物的支撑，吸引力和感染力受到局限。随着现代科学技术和经济建设的快速发展，社会生产、生活和物质条件迅猛改善，近现代历史上各类具有重要价值的实物资料加速消亡，抢救保护工作日趋紧迫，刻不容缓。

为加强近现代文物的征集工作，特提出以下征集范围：

一、反映中国近现代社会历史变革及有关社会历史发展的文物

1. 近代中国（1840年至1919年“五四运动”爆发之前）重大事件、重要人物、著名英烈和爱国志士的有关文物。

2. 现代中国（1919年“五四运动”爆发至1949年9月30日）重大事件、重要人物、著名英烈和爱国志士的有关文物。

3. 当代中国（1949年10月1日中华人民共和国成立以来）重大事件、重要人物、著名英烈和著名英雄模范的有关文物。

重点征集：

——中国共产党成立以来重大历史事件、重要领袖人物、著名革命烈士的有关文物。

——近代以来中国各党派、团体的重大事件、重要人物和著名爱国侨领、社会知名人士的有关文物。

——近代以来中国著名的思想家、政治家、革命家、军事家、科学家、发明家、教育家、文学家、艺术家、企业家等和其他社会名流的有关文物。

——国际共产主义运动中的重大事件、重要人物，以及为中国革命和建设作出重大贡献的国际友人的有关文物。

二、反映中国近现代政治、经济、军事、科技、教育、文化、卫生、体育、宗教等方面发展的文物

1. 有关政权建设、政治制度、政策法令等的文物。

2. 有关经济建设、经济制度、经济政策、生产技术、生产工具、重要产品等的文物。重点征集工业、农业、商业、财税、交通、海关、邮电、能源、金融（货币）等领域的代表性文物。

3. 有关国防建设、军队建制、武器装备等的文物。

4. 有关科技体制、科技设备、科技发明、科技成果等的文物。

5. 有关教育制度、教育发展、重大活动和重要成果等的文物。

6. 有关文化（含艺术、新闻出版等）事业发展、重大活动和重要成果等的文物。

7. 有关卫生、体育事业发展、重大活动和重要成果等的文物。

8. 有关宗教工作、宗教组织、宗教政策等的文物。

三、反映中国近现代各民族的社会发展及民族关系、民族团结、民族自治、维护祖国统一等方面的文物

四、反映中国近现代各民族的生产活动、生活习俗、文化艺术和宗教信仰等方面的文物

1. 各民族有代表性的生产工具、生活用品和有关宗教信仰的典型物品。

2. 各民族有代表性的年画、剪纸、风筝、皮影，雕刻、漆器、壁画、蜡染，服饰、头饰、刺绣、地毯等民间艺术品、工艺品。

五、反映近代以来中国人民反抗剥削压迫的重大事件和重要人物的文物

六、反映近代以来中国人民抵御外侮、反抗侵略的重大事件和重要人物的文物

七、反映近代以来中外关系、友好往来和政治、经济、军事、科技、文化、艺术、卫生、体育、宗教等方面相互交流的文物

1. 中国参与创建联合国和参与联合国活动，以及参与其他国际组织、各种国际会议的有关文物。

2. 中国与世界各国建立外交关系的有关文物。

3. 中国对外交往、与其他国家合作交流的有关文物。

4. 中国参与各类国际竞赛、评比活动并获奖的有关文物。

5. 中国政府、政党及其领导人与外国政府、政党及其领导人友好交往，中国民间团体、知名人士与国际友好团体、友好人士交往的有关文物。

近现代一级文物藏品定级标准（试行）

发文单位：国家文物局
发文时间：2003－05－13
生效日期：2003－05－13

第一条　为加强对近现代文物的保护和管理，深入开展爱国主义和革命传统教育，促进社会主义政治文明、精神文明和物质文明建设，根据《中华人民共和国文物保护法》、《文物藏品定级标准》等，制定本标准。

第二条　近现代文物藏品是指博物馆、纪念馆和其他文物收藏单位收藏的1840年以来的文物，按照历史、艺术、科学价值区分为珍贵文物和一般文物，珍贵文物分为一级文物、二级文物、三级文物。

本标准适用于综合类博物馆、近现代历史类博物馆、纪念馆、名人故居陈列馆（室）的近现代一级文物藏品。其他文物收藏单位、其他级别的近现代文物藏品可比照本标准确定等级。

第三条　一级文物必须是经过科学考证，确为原件、源流具有确凿依据且数量为仅有或稀有的珍贵文物，并应具有以下一项或几项条件：

（一）对反映全国性重大历史事件、人物具有直接见证意义或重要佐证意义的；

（二）对反映地方性重大历史具有直接见证意义或重要佐证意义的；

（三）某一领域中的重大发明、发现，具有开创性、代表性或里程碑意义的；

（四）文物反映的物主明确并拥有很高知名度，且能反映物主主要业绩的；

（五）有确切、生动的形成经过和流传经过的；

（六）载有时代特征或特殊意义的铭文、注记或图案标志的。

第四条　近现代文物种类繁多，依其形式、用途和意义，可分为文献，手稿，书刊传单，勋章徽章证件，旗帜，印信图章，武器装备（含各种军用物品），反映社会发展的文物，反映祖国大陆与港、澳、台关系的文物，反映对外关系的文物，音像制品，名人遗物，艺术品、工艺美术品，货币、邮票等实用艺术类物品，实用器物，杂项等十六类。各类一级文物的定级标准，按不同种类分别确定。

第五条　文献：各种重要会议之决议、决定、宣言，各种机关（党派、政府、军队、团体及其他机构）的文书、布告、电报、报告、指示、通知、总结等原始正式文件，凡数量稀少并具有下列情况之一的，确定为一级文物：

（一）1840年以来全国性党、政、军机构（包括太平天国、同盟会、中华民国临时政府、各民主党派等）成立后第一次印发的文告、宣言；

（二）1949年以前有影响的地方性党、政、军机关（包括各省、市军政府、都督府、苏维埃政府等）成立后第一次印发的文书、文告；

（三）1949年以前全国和省级以上群众团体（工会、农会、青年团等）第一次代表大会印发的重要文件；

（四）具有重大历史意义的会议的重要决议、决定、宣言等；

（五）国家首次颁布并有重要意义的法律、法规等；

（六）反映重大事件且有特殊形成经过和流传经过的文件；

（七）虽非第一次，但有重要内容，并盖有发文机关印信关防和发文者印章的，有张贴和使用痕迹的布告、文件；

（八）确知原件已无存，最早的翻印件并有特殊情节，现存数量为仅有或极其稀少的重要文献；

（九）其他具有重要历史意义或特殊意义的文献。

第六条 手稿：全国性领袖人物、著名军政人物、著名烈士、著名英雄模范人物、著名作家及各界公认的著名人物等亲笔起草的文件、电报、作品、信函、题词等的原件，凡具有下列情况之一的，确定为一级文物：

（一）著名人物为重要会议、重要事件起草的文件、电报、文告原稿；

（二）著名人物为报刊所写的有广泛影响的新闻、社论、评论原稿；

（三）著名人物作有重要批语或重要修改并保留手迹的文稿；

（四）著名人物的日记、笔记或其他记录，有重要史料价值的；

（五）著名人物为重要会议、重要活动、著名英烈人物所写的有重要内容和广泛影响的题词；

（六）著名人物为具有重要历史地位的机构、书刊等题写的名称中有特殊意义的；

（七）著名人物所写具有重要内容或对重大事件有佐证价值的信函；

（八）著名作家的代表性著作的手稿；

（九）其他具有重要历史意义或特殊意义的手稿。

第七条 书刊、传单：书刊包括书籍、报纸、期刊、号外、时事材料、文件汇编等印刷品；传单包括重大事件和历次大规模群众性运动中散发、张贴的传单、标语、漫画，重要战役的捷报，也包括交战双方向敌方散发的宣传品，数量稀少并有下列情况之一的，确定为一级文物：

（一）在全国或某一地区产生过重大影响，年代较早，存世已很稀少的书刊；

（二）具有重要历史意义的原始版本或最早版本、存世稀少的出版物；

（三）领袖或著名人物阅读过并写有重要眉批、评语和心得的书刊；

（四）反映重大历史事件，具有典型性，现存稀少或流传经过有特殊情节的书刊、传单；

（五）因战乱或其他原因，有些报刊已残缺，现存部分极珍贵，对重大史实有佐证作用的；

（六）其他具有重要历史意义或特殊意义的书刊、传单。

第八条 勋章、徽章、证件：各种奖章、勋章、奖状（立功喜报）、纪念章、机关（学校、团体）证章、证件、证书、代表证，以及其他标志符号等，有下列情况之一的，确定为一级文物：

（一）勋章（奖章）等级和受勋人身份很高，留存数量稀少的；

（二）中央级机关颁发给著名英雄模范、先进人物的勋章、奖章、奖状、证书、喜报（1949 年以前颁发机关可放宽至大战略区、大行政区）；

（三）在奥运会和世界性运动会上所得的金质奖章及证书，以及打破世界纪录和全国纪录的奖章及证书；

（四）反映重大历史事件，有特殊情节的勋章、奖章、奖状、纪念章、证章；

（五）著名人物出席重要会议的代表证，编号、发证机关及印章齐全者；

（六）物主不详，但铭文、编号齐全，或设计图案独特新颖，由权威机关制发，对重大事件有佐证作用的纪念章、证章，数量稀少的；

（七）具有重大影响的著名学校、著名人物的毕业证书和学位证书；

（八）其他具有重要历史意义或特殊意义的勋章、徽章、证件。

第九条 旗帜：国旗、军旗、奖旗、舰旗、校旗、队旗、锦旗、贺幛等各种标志性、识别性旗帜，有下列情况之一的，确定为一级文物：

（一）立法机关通过的国旗、军旗设计图案及样品；

（二）在重大场合首次使用的国旗、军旗；

（三）在特殊场合使用过的国旗、军旗及其他旗帜（如地球卫星第一次带上太空的国旗，第一次插上珠穆朗玛峰的国旗等）；

（四）著名英模单位在作战时或执行任务时使用的旗帜（红旗、国旗、军旗、队旗等）；

（五）高级领导机关授予著名英模单位的奖旗、锦旗；

（六）著名学校、军舰使用过的第一面校旗、舰旗等；

（七）其他具有重要历史意义或特殊意义的旗帜、贺幛、挽幛。

第十条 印信图章：国家机关、军队、政党、群众团体等使用过的关防、公章、各种印信，著名人物个人使用过的印章等，有下列情况之一的，确定为一级文物：

（一）中央国家机关（如太平天国、中华民国、北洋军阀政府、中华苏维埃共和国中央执行委员会、中华人民共和国中央人民政府、中央军委等）使用过的玺印、关防、印章；

（二）各省、自治区、直辖市人民政府首次使用的印章；

（三）1949 年以前各地军、政高级领导机关使用过的印章、关防；

（四）著名历史人物使用过的有代表性的个人印章；

（五）其他有特殊意义或流传经过的印信图章。

第十一条 武器装备：各种兵器、弹药和军用车辆、机械、器具、地图、通讯器材、防护器材、观测器材、医疗器材及其他军用物品，有下列情况之一的，确定为一级文物：

（一）高级将领、重大武装起义中的领袖人物或代表人物在重要军事行动中使用过的兵器、望远镜及其他物品；

（二）著名战斗英雄或英雄单位使用过的有特殊标志、特殊功勋或被授予称号的有关兵器、机械、器具、装备及其他物品；

（三）在军事史上具有重大意义的兵器、装备、舰船、航空航天器材及其他物品；

（四）在著名战争、战役、战斗中缴获敌人的有重要意义的兵器、装备及其他物品；

（五）1949 年以前各根据地兵工厂制造的有代表性的兵器及相关物品；

（六）有铭文、有特殊流传经过和特殊意义的兵器、装备及其他物品；

（七）有重要历史佐证意义、可揭露敌方侵略罪行的武器和其他军用物品；

（八）其他具有重要历史意义或特殊意义的武器装备及军用物品。

第十二条 反映社会发展的文物：反映近现代中国社会、经济、文化、科技、民族、宗教信仰及生态等各方面发展变化的重要遗存和见证物，下列具有典型性、代表性的，确定为一级文物：

（一）反映中国近现代社会性质、社会制度变化的重要文物（如签订的不平等条约、设立租界的界碑、反映帝国主义对华经济文化侵略，太平天国、洋务运动、推翻帝制、建立民国，中华人民共和国成立，土地制度、土地改革、农业合作化、公私合营、人民公社、“革委会”、家庭联产承包责任制等社会变革的重要文物）；

（二）反映中国经济发展的重要文物（如反映生产力发展各阶段的代表性生产工具、近代老字号企业、经济特区、国有企业、民营企业、股份制企业、基础设施建设、资源、生态、人民生活水平等的重要文物）；

（三）反映中国科技发展水平的文物（包括有重要意义的各种仪器、科学实验、重大成果、发明专利等）；

（四）反映中国教育、卫生、文化、体育等事业发展的重要文物；

（五）反映中国民族关系、民族自治区建设等方面的重要文物；

（六）反映中国国防建设（军队、民兵、武警、国防设施、国防科技等）的重要文物；

（七）其他具有重要历史意义或特殊意义的反映社会发展的文物。

第十三条 反映祖国大陆与港、澳、台关系的文物，下列具有重大意义的，确定为一级文物：

（一）反映收回台湾主权和促进台湾回归祖国的重要文物；

（二）反映中国与英国、葡萄牙谈判及收回香港、澳门主权的重要文物；

（三）反映祖国大陆与港、澳、台地区经济、文化往来等方面的重要文物。

第十四条 反映对外关系的文物：中外友好往来及政治、经济、军事、科技、文化、艺术、卫生、体育、宗教等方面相互交流的文物，下列具有重大意义的，确定为一级文物：

（一）中国代表参与联合国创建和参与联合国工作的重要文物；

（二）中国代表参与各种国际组织、国际会议活动的重要文物；

（三）反映中国与外国签订条约、发表联合声明，以及中国发布宣言、文告、照会等的重要文物；

（四）反映中国与邻国划定边界的重要文物（如界碑）；

（五）外国国家元首、政府首脑、各方面要员赠送中国领导人的有重大意义的礼品；

（六）中国与外国的城市间结为友好城市的代表性、标志性文物；

（七）与外国友好团体、民间组织交往中有典型意义的文物；

（八）其他具有重要历史意义或特殊意义的反映对外关系的文物。

第十五条 音像制品：照片（含底片）、录音带、录音唱片、纪录片、录像带、光盘等，形成时间较早、存世稀少、能反映重要人物的重要活动、对重大历史事件有佐证意义的原版作品，或流传经过中有特殊情节的原版作品，确定为一级文物。

第十六条 名人遗物：领袖人物、著名烈士、著名英模及社会各界名人的遗存物，凡不能归入以上十类文物的，除名人日常生活的一般用品外，可酌情选取最能体现名人成长过程和生平业绩的，定为一级文物。

第十七条 艺术品、工艺美术品：从两个互相区别又互有联系的角度确定一级文物。一是从近现代历史的角度出发，对享有盛誉的作者创作的表现近现代重大历史题材、堪称代表作的作品，或者有极特殊情节、特殊意义的作品，确定为一级文物；二是从艺术水平和艺术发展史的角度出发，对极少数确已受到公认的、艺术价值极高、具有时代意义的作品，确定为一级文物。

第十八条 货币、邮票等实用艺术类物品：从两个互相区别又互有联系的角度确定一级文物。一是从近现代历史的角度出发，对表现近现代重大历史题材的，或者有极特殊情节、特殊意义的实用艺术类物品，确定为一级文物；二是从艺术水平和艺术发展史的角度出发，对极少数具有时代独创性、首创性和唯一性的，确已受到公认、价值极为突出的实用艺术类物品，确定为一级文物。

第十九条 金器、银器、铜器、玉器、漆器等实用器物：材质、工艺极其珍稀或经济价值特别昂贵的，确定为一级文物。

第二十条 杂项：不能归入以上十五类文物的，列为杂项。其中确有重大历史意义或其他特殊意义的，确定为一级文物。

第二十一条 一级文物集品的确定。集品是指那些由若干部件构成的不可分割的组合式文物藏品，如成套的报纸、期刊，多卷本文集，著名人物的多本日记，名人书信、手稿合订本，成套的军装（含军帽、军上衣、军裤、帽徽、肩章、领章、胸章、臂章、腰带、佩剑）等。凡部件齐全的，作为一个完整集品，按各类一级文物的定级标准定为一级文物（一个编号下含若干分号）；凡部件不全的，作为残缺的集品，对其中确符合一级文物定级标准的，将现有部件按尚不完整的集品定为一级文物，待发现尚缺的部件后再做补充，直至补充完整。

文物行政处罚程序暂行规定

《文物行政处罚程序暂行规定》已经2004年12月16日文化部部务会议审议通过，2005年1月24日予以发布，发布之日起施行。中华人民共和国文化部令第33号

发文单位：中华人民共和国文化部
发文时间：2005－01－24
生效日期：2005－01－24

第一章　总　则

第一条　为规范文物行政部门的行政处罚行为，保护公民、法人和其他组织的合法权益，根据《中华人民共和国行政处罚法》、《中华人民共和国文物保护法》及其他有关法律、行政法规的规定，制定本规定。

第二条　国务院文物行政部门以及县级以上地方各级文物行政部门，对违反文物保护法律、法规的行为实施行政处罚的，适用本规定。法律、法规另有规定的，从其规定。

第三条　文物行政部门实施行政处罚应当遵循以下原则：

（一）以法律、法规、规章为依据；

（二）遵循法定程序；

（三）公正、公平地行使法律赋予的行政职权；

（四）坚持处罚与教育相结合。

第四条　上级文物行政部门对下级文物行政部门实施的文物行政处罚行为进行监督。上级文物行政部门对下级文物行政部门违法作出的行政处罚决定，可责令其限期改正。逾期不改正的，上级文物行政部门有权依法对违法作出的行政处罚决定予以变更或者撤销。

第二章　管　辖

第五条　文物行政处罚由违法行为发生地的县级以上地方文物行政部门管辖。法律、法规另有规定的除外。

第六条　国务院文物行政部门督查并指导地方文物行政部门处理全国范围有重大影响的行政处罚案件。

省级文物行政部门可依据有关规定和本地区实际情况，规定辖区内的级别管辖。

第七条　上级文物行政部门必要时可依法直接管辖下级文物行政部门管辖的行政处罚案件；下级文物行政部门对其管辖的行政处罚案件，认为需要由上级文物行政部门管辖时，可以报请上级文物行政部门决定。

第八条　两个以上地方文物行政部门对同一违法行为均有管辖权时，应当由先立案的文物行政部门管辖。

地方文物行政部门因管辖权发生争议的，由争议双方协商解决；协商不成的，报请共同的上一级文物行政部门指定管辖，其共同的上一级文物行政部门也可以直接指定管辖。

第九条　地方文物行政部门发现案件不属于本单位管辖或者主管的，应当将相关材料移送有管辖权的文物行政部门或者相关的行政部门处理，同时报上一级文物行政部门备案。受移送的文物行政部门应当将案件处理结果及时函告移送案件的文物行政部门。

受移送的文物行政部门如果认为移送不当，应

当报请共同的上一级文物行政部门指定管辖，不得再次移送。

第三章　立　案

第十条　文物行政部门对下列途径发现的违法案件应当及时处理：

（一）在检查中发现的；

（二）公民、法人及其他组织举报的；

（三）上级交办的，下级报请处理的，或者有关部门移送的。

第十一条　文物行政部门适用一般程序处理违法行为的，应当立案。

第十二条　文物行政部门发现违法行为具有下列情形的，应当在5日内立案：

（一）有明确的违法嫌疑人；

（二）有客观的违法事实；

（三）属于文物行政处罚的范围；

（四）属于本部门管辖。

决定立案的，应当填写立案审批表，报本部门主管负责人批准，并确定两名以上文物行政执法人员为案件承办人。

第十三条　文物行政执法人员在执法检查过程中，发现违法行为正在实施，情况紧急的，可以采取下列措施：

（一）对违法行为予以制止或者纠正；

（二）对涉案文物依法先行登记保存；

（三）收集、调取其他有关证据。

文物行政执法人员应当及时将有关情况和材料报告所属文物行政部门，并办理立案手续。

第十四条　有下列情形之一的文物行政执法人员，不能被确定为案件承办人：

（一）是案件当事人或者当事人近亲属的；

（二）与案件有直接利害关系的；

（三）与案件当事人有其他关系，可能影响案件公正处理的。

案件承办人具有上述情形之一的，应当自行申请回避。当事人认为案件承办人符合上述情形之一时，可以向文物行政部门申请回避。案件承办人的回避由本部门主管负责人决定。

第四章　调查取证

第十五条　案件立案后，案件承办人应当及时收集、调取证据。

第十六条　案件承办人调查案件，不得少于两人。案件承办人在调查取证时，应当出示执法证件。

对涉及国家机密、商业秘密和个人隐私的，案件承办人应当保守秘密。

第十七条　案件承办人可以对当事人及证明人进行询问。询问应当单独进行。询问前应当告知其如实陈述事实、提供证据。

询问应当制作笔录，并交被询问人核对；对没有阅读能力的，应当向其宣读。笔录如有差错、遗漏，应当允许其更正或者补充。经核对无误后，由被询问人逐页在笔录上签名或者盖章。案件承办人也应当在笔录上签名。被询问人拒绝签名或者盖章的，案件承办人应当在笔录上注明。

第十八条　案件承办人进行现场检查时，当事人应当在场。案件承办人应当制作现场检查笔录，当事人应当签名并注明对该笔录真实性的意见；当事人拒绝到场或者签名的，应当由案件承办人在现场笔录上注明。

第十九条　案件承办人可以要求当事人及证明人提供相关证明材料，并由材料提供人在有关材料上签名或者盖章。材料提供人拒绝签名或者盖章的，案件承办人应当在材料上注明。

第二十条　案件承办人调取的证据应当是原件、原物。调取原件、原物确有困难的，可由提交证据复制品的单位或者个人在复制品上盖章或者签名，并注明“与原件（物）相同”字样或者文字说明。

第二十一条　在证据可能灭失，或者以后难以取得的情况下，案件承办人应当填写先行登记保存证据审批表，报本部门主管负责人批准。先行登记保存证据时，案件承办人应当向当事人出具先行登记保存证据通知书。

第二十二条　文物行政部门实施先行登记保存证据时，应当有当事人在场。当事人拒绝到场的，案件承办人可以邀请有关人员参加。

对先行登记保存的证据应当开列物品清单，由案件承办人、当事人或者其他有关人员签名或者盖章。

当事人拒绝签名、盖章或者接收物品清单的，应当由案件承办人在清单上签名并注明情况。

第二十三条　对于先行登记保存的证据，应当在7日内作出处理决定：

（一）需要进行技术检验或者鉴定的，送交检验或者鉴定；

（二）依法不需要没收的物品，退还当事人；

（三）依法应当移交有关部门处理的，移交有关部门。

法律另有规定的，从其规定。

第二十四条 文物行政部门在处理案件过程中，需要委托其他文物行政部门调查的，应当出具文物执法调查委托书。受委托的文物行政部门应当积极完成调查工作。

第二十五条 对案件处理过程中需要解决的专业性问题，文物行政部门应当委托专门机构或者聘请专业人员提出意见。

文物的鉴定，应当以办理案件的文物行政部门所在地省级文物鉴定机构的鉴定意见为准。国家文物鉴定机构可以根据办理案件的文物行政部门的申请，对省级文物鉴定机构的鉴定意见进行复核。

第五章 处罚决定

第一节 简易程序

第二十六条 对于违法事实清楚、证据确凿，依法应当作出下列行政处罚的，可以当场作出行政处罚决定：

（一）警告；

（二）对公民处以50元以下罚款；

（三）对法人或者其他组织处以1000元以下罚款。

第二十七条 文物行政执法人员当场作出行政处罚决定的，应当向当事人出示执法证件，并填写加盖文物行政部门公章的当场处罚决定书。

当场处罚决定书应当载明当事人的违法行为，行政处罚依据（适用的法律、法规、规章名称及具体条款），具体处罚的内容、时间、地点，不服行政处罚决定申请行政复议或者提起行政诉讼的途径，以及文物行政部门名称等内容。

当场处罚决定书由文物行政执法人员填写并签名后，当场交付当事人。

第二十八条 文物行政执法人员当场作出的行政处罚决定，应当报所属文物行政部门备案。

第二节 一般程序

第二十九条 违法行为经立案并调查终结后，案件承办人应当制作调查终结报告，报文物行政部门负责人审查。

第三十条 办理案件的文物行政部门负责人对调查结果进行审查，根据不同情况分别作出如下决定：

（一）确有应当受行政处罚的违法行为的，根据情节轻重及具体情况，作出行政处罚决定；

（二）违法行为轻微，依法可以不予行政处罚的，不予行政处罚；

（三）违法事实不能成立的，不得给予行政处罚；

（四）违法行为已构成犯罪的，移送司法机关。

对情节复杂或者重大违法行为给予较重的行政处罚，文物行政部门的负责人应当集体讨论决定。

第三十一条 文物行政部门拟作出行政处罚决定的，应当由本部门负责人签发行政处罚告知书。行政处罚告知书应当载明拟作出行政处罚决定的事实、理由和依据，并告知当事人依法享有的陈述权、申辩权和其他权利。

第三十二条 当事人要求陈述、申辩的，应当在收到行政处罚告知书后3日内，向文物行政部门提出陈述、申辩意见以及相应的事实、理由。当事人在此期间未行使陈述权、申辩权的，视为放弃权利。当事人放弃权利的，由文物行政部门负责人签发行政处罚决定书，并送达当事人。

第三十三条 案件承办人应当充分听取当事人的陈述、申辩意见，对当事人提出的事实、理由进行复核，并向文物行政部门负责人提交复核报告。

案件承办人不得因当事人的申辩加重对当事人的处罚。

第三十四条 文物行政部门负责人根据复核情况作出最终决定，并签发行政处罚决定书。行政处罚决定书应当载明下列事项：

（一）当事人的姓名或者名称、地址；

（二）违反法律、法规或者规章的事实和证据；

（三）行政处罚的种类和依据；

（四）行政处罚的履行方式和期限；

（五）不服行政处罚决定，申请行政复议或者提起行政诉讼的途径和期限；

（六）作出行政处罚决定的文物行政部门名称和作出决定的日期。

行政处罚决定书应当加盖作出行政处罚决定的文物行政部门的印章。

第三节　听证程序

第三十五条　文物行政部门作出责令停产停业、吊销许可证或者执照、较大数额罚款等行政处罚决定之前，应当告知当事人有要求举行听证的权利；当事人要求听证的，文物行政部门应当组织听证。

地方文物行政部门对较大数额罚款的界定，依照当地省级人大常委会或者人民政府的具体规定执行。

第三十六条　文物行政部门对于符合听证程序条件的案件，应当在作出行政处罚决定前，向当事人送达听证通知。

第三十七条　当事人在收到听证通知后3日内提出听证要求的，文物行政部门应当在当事人提出听证要求之日起3日内确定听证人员的组成、听证时间、地点和方式，并在举行听证7日前通知当事人。

第三十八条　除涉及国家秘密、商业秘密或者个人隐私外，听证应当公开举行。

第三十九条　文物行政部门主管负责人应当指定本部门非本案承办人员担任听证主持人和书记员。

当事人认为听证主持人和书记员与本案有利害关系的，有权申请回避。听证主持人和书记员的回避由文物行政部门主管负责人决定。

第四十条　当事人收到听证通知后，应当按时参加听证，也可以委托1至2人代理听证。委托他人代理听证的，应当向听证主持人提交由当事人签名或者盖章的委托书。

当事人无正当理由不按时参加听证的，视为放弃听证要求。

第四十一条　举行听证时，案件承办人应当提出当事人违法的事实、证据和行政处罚建议；当事人可以进行申辩和质证。

第四十二条　举行听证应当制作听证笔录。听证笔录应当载明下列事项：

（一）案由；

（二）听证参加人姓名或者名称、地址；

（三）听证主持人、书记员姓名；

（四）举行听证的时间、地点；

（五）案件承办人提出的事实、证据和行政处罚建议；

（六）当事人陈述、申辩和质证的内容；

（七）听证参加人签名或者盖章。

听证结束后，听证笔录应当交当事人和案件承办人审核无误后签名或者盖章。当事人拒绝签名或者盖章的，应当在听证笔录上注明。

第四十三条　听证结束后，文物行政部门依照本规定第三十条的规定，作出决定。

第六章　送达和执行

第四十四条　行政处罚决定书应当当场交付当事人；当事人不在场的，文物行政部门应当依照民事诉讼法的有关规定在7日内送达当事人。

第四十五条　行政处罚决定书送达后，当事人应当在规定期限内对处罚决定予以履行。

当事人确有经济困难，需要延期或者分期缴纳罚款的，经当事人提出书面申请，报文物行政部门负责人批准。

第四十六条　作出罚款和没收违法所得决定的文物行政部门应当与收缴罚没款的机构分离。除按规定当场收缴的罚款外，文物行政执法人员不得自行收缴罚没款。

第四十七条　当场作出行政处罚决定，有下列情形之一的，文物行政执法人员可以当场收缴罚款：

（一）依法给予20元以下罚款的；

（二）不当场收缴事后难以执行的。

第四十八条　在边远、水上、交通不便地区，文物行政执法人员依照本规定作出罚款决定后，当事人向指定的银行缴纳罚款确有困难，经当事人提出，文物行政执法人员可以当场收缴罚款。

第四十九条　文物行政执法人员当场收缴罚款的，应当向当事人出具省级财政部门统一制发的罚款收据。

文物行政执法人员当场收缴的罚款，应当自收缴罚款之日起2日内交至文物行政部门；文物行政部门应当在2日内将罚款缴付指定的银行。

第五十条 当事人逾期不履行行政处罚决定的，文物行政部门应当申请人民法院强制执行。

第五十一条 行政处罚决定履行或者执行后，案件承办人应当填写结案报告，报文物行政部门负责人批准。

第七章 附 则

第五十二条 行政处罚决定执行完毕后，文物行政部门应当及时将案件材料立卷归档。

第五十三条 本规定自发布之日起施行。

文物出境展览管理规定

发文单位：国家文物局
发文时间：2005－05－27
生效日期：2005－05－27

第一章　总　则

第一条　为加强文物出境展览的管理，根据《中华人民共和国文物保护法》和《中华人民共和国文物保护法实施条例》，制定本规定。

第二条　本规定所称文物出境展览，是指下列机构在境外（包括外国及我国香港、澳门特别行政区和台湾地区）举办的各类文物展览：

（一）国家文物局；

（二）国家文物局指定的从事文物出境展览的单位；

（三）省级文物行政部门；

（四）境内各文物收藏单位。

第三条　出境展览的文物应当经过文物收藏单位的登记和定级，并已在国内公开展出。

第四条　国家文物局负责全国文物出境展览的归口管理，其职责是：

（一）审核文物出境展览计划，制定并公布全国文物出境展览计划；

（二）审批文物出境展览项目；

（三）组织或指定专门机构承办大型文物出境展览；

（四）制定并定期公布禁止和限制出境展览文物的目录；

（五）监督和检查文物出境展览的情况；

（六）查处文物出境展览中的违法、违规行为。

第五条　省级文物行政部门负责本行政区域文物出境展览的归口管理，其职责是：

（一）核报文物出境展览计划；

（二）核报文物出境展览项目；

（三）协调文物出境展览的组织工作；

（四）核报禁止和限制出境展览文物的目录；

（五）核报展览协议书及展览结项有关资料；

（六）监督和检查文物出境展览的情况；

（七）查处文物出境展览中的违法、违规行为。

第六条　文物出境展览应确保文物安全。文物出境展览的承办单位应落实文物安全责任制，并对文物安全负全责。

第七条　举办文物出境展览应适当收取筹展费、文物养护费等有关费用。

第二章　文物出境展览的审批和结项

第八条　文物出境展览，应当报国家文物局批准。其中一级文物展品超过120件（套），或者一级文物展品超过展品总数的20%的，由国家文物局报国务院审批。

第九条　年度计划的报批程序：

（一）国家文物局指定的从事文物出境展览的单位，各省级文物行政部门以及境内文物收藏单位，应在每年的5月底前向国家文物局书面申报下一年度文物出境展览计划。地方各级文物行政部门所辖的文物收藏单位的出境展览计划，应经省级文物行政部门提出意见后报国家文物局。

（二）国家文物局应于每年的6月底前制定并公布下一年度全国文物出境展览计划。

第十条　文物出境展览项目的报批程序：

（一）国家文物局指定的从事文物出境展览的单位，各省级文物行政部门以及境内文物收藏单位，应在展览项目实施的6个月前提出项目的书面申请报国家文物局审批。地方各级文物行政部门所辖的文物收藏单位举办出境展览，应经省级文物行政部门提出意见后报国家文物局审批。

（二）国家文物局应自收到申请之日起30个工作日内作出批准或者不批准的决定。决定批准的，发给批准文件；决定不批准的，应书面通知当事人并说明理由。

第十一条 文物出境展览项目的书面申请应包括下列内容：

（一）合作各方的有关背景资料、资信证明和境外合作方的邀请信。

（二）经过草签的展览协议书草案，内容包括：

1. 举办展览的机构、所在地及国别；

2. 展览的名称、时间、出展场地；

3. 展品的安全、运输、保险及赔偿责任和费用；

4. 展品的点交方式及地点；

5. 展览派出人员的安排及所需费用；

6. 展览有关费用和支付方式；

7. 有关知识产权问题。

（三）展品目录、文物出境展览展品申报表和展品估价。文物出境展览展品申报表应按国家文物局制定的统一格式填写，并附汇总登记表。

上述书面申请应另附电子文本一份。

第十二条 下列文物禁止出境展览：

（一）古尸；

（二）宗教场所的主尊造像；

（三）一级文物中的孤品和易损品；

（四）列入禁止出境文物目录的；

（五）文物保存状况不宜出境展览的。

第十三条 下列文物限制出境展览：

（一）简牍、帛书；

（二）元代以前的书画、缂丝作品；

（三）宋、元时期有代表性的瓷器孤品；

（四）唐写本、宋刻本古籍；

（五）宋代以前的大幅完整丝织品；

（六）大幅壁画和重要壁画；

（七）唐宋以前的陵墓石刻及泥塑造像；

（八）质地为象牙、犀角等被《濒危野生动植物物种国际贸易公约》列为禁止进出口物品种类的文物。

第十四条 未经批准，任何单位和个人不得对外作出文物出境展览的承诺或签订有关的正式协议书。

第十五条 经批准的文物出境展览协议书草案、展品目录、展品估价等，如需更改应重新履行报批程序。

第十六条 文物出境展览的承办单位应于展览协议书签订之日起1个月内将展览协议书报送国家文物局备案。

第十七条 文物出境展览的承办单位应于展览结束之日起2个月内向国家文物局提交文物出境展览结项备案表、结项报告及展览音像资料。

第三章 出境展览文物的出境及复进境

第十八条 出境展览的文物出境，应持国家文物局的批准文件，向文物进出境审核机构申请，由文物进出境审核机构审核、登记，并从国家文物局指定的口岸出境。海关凭国家文物局的批准文件和文物进出境审核机构出具的证书放行。出境展览的文物复进境，应向海关申报，经原文物进出境审核机构审核查验后，凭原文物进出境审核机构出具的证书办理海关结项手续。

第十九条 文物出境展览的期限不得超过1年。因特殊需要，经原审批机关批准可以延期；但是，延期最长不得超过1年。

第四章 文物出境展览的展品安全

第二十条 文物出境展览的承办单位应对出境展览的文物进行严格的安全检查，现状不能保证安全的文物一律不得申报出境展览。

第二十一条 出境展览的文物应当按照经批准的展品估价保险。出境展览文物保险的险种至少应包括财产一切险和运输一切险。

第二十二条 文物出境展览的点交应当在符合文物保管条件和安全条件的场地进行。点交现场应当采取有针对性的安全保卫措施，严格规定点交流程。点交记录应详尽准确。

第二十三条 出境展览文物的包装工作应严格按照技术规范执行。由包装公司承担文物出境展览的包装工作时，包装公司应具备包装中国文物展品的资信和能力，承办单位负责对包装工作进行监督和指导。

第二十四条 文物出境展览的运输工作应由具备承运中国文物展品的资信和能力的运输公司承担。承办单位负责对运输工作进行监督和指导。

第二十五条 文物出境展览的承办单位应确保境外展览的场地、设施和方式符合中国文物陈列的安全要求。

第二十六条 制作展览图录的照片原则上由出境展览的承办单位提供，不得允许外方合作者自行拍摄。重要文物展览的电视和广告宣传需要摄录展品的，由出境展览的承办单位根据《文物拍摄管理暂行办法》的规定执行。

第五章 文物出境展览人员的派出

第二十七条 文物出境应派出代表团参加展览开幕活动，并配备工作组参与展品点交，监督和指导陈列的布置和撤除，监督展览协议书的执行情况。根据展览工作的需要，展览承办单位应派出工作组评估境外展览的场地和设施是否符合中国文物陈列的要求。

第二十八条 文物出境展览工作人员应热爱祖国，维护国家的主权和利益，维护民族尊严，严格遵守外事纪律，熟悉展览及展品情况。工作组应由具有中级以上专业技术职务的人员（或从事文物保管等工作五年以上的人员）参加。大型文物展览工作组组长应由具有高级专业技术职务的人员担任。

第二十九条 出境展览的承办单位应当为文物出境展览工作人员在境外工作期间安排人身安全及紧急医疗保险。

第六章 罚 则

第三十条 违反本规定，有下列行为之一的，由国家文物局根据情节轻重，给予警告、通报批评、暂停文物出境展览等处罚：

（一）未经批准，签订文物出境展览协议书的；

（二）未如实申报文物出境展览项目有关内容的；

（三）工作人员玩忽职守，造成文物灭失、损毁或其他恶劣影响的；

（四）未经批准，延长文物出境展览时间或在境外停留时间的；

（五）未在规定期限内报送文物出境展览协议书、结项备案表和结项报告，或未如实填写文物出境展览展品申报表及结项备案表的。

暂停文物出境展览的时间视情节轻重确定，最短时间为 1 年。

第七章 附 则

第三十一条 文物出境展览合同纠纷的解决适用中国法律。

第三十二条 其他收藏文物的单位举办文物出境展览，参照本规定执行。

第三十三条 国家文物局原发布的有关规定凡有与本规定相抵触的内容，以本规定为准。

第三十四条 本规定由国家文物局负责解释。

第三十五条 本规定自颁布之日起施行。

博物馆管理办法

《博物馆管理办法》已经2005年12月22日文化部部务会议审议通过，即日发布，2006年1月1日起施行。中华人民共和国文化部令第35号

发文单位：中华人民共和国文化部
发文时间：2005－12－22
生效日期：2006－01－01

第一章 总 则

第一条 为贯彻落实科学发展观，规范博物馆管理工作，促进博物馆事业发展，根据《中华人民共和国文物保护法》、《中华人民共和国文物保护法实施条例》、《公共文化体育设施条例》、《事业单位登记管理暂行条例》和《民办非企业单位登记管理暂行条例》等相关法律法规，制定本办法。

第二条 本办法所称博物馆，是指收藏、保护、研究、展示人类活动和自然环境的见证物，经过文物行政部门审核、相关行政部门批准许可取得法人资格，向公众开放的非营利性社会服务机构。

利用或主要利用国有文物、标本、资料等资产设立的博物馆为国有博物馆。

利用或主要利用非国有文物、标本、资料等资产设立的博物馆为非国有博物馆。

第三条 国家扶持和发展博物馆事业，鼓励个人、法人和其他组织设立博物馆。

县级以上人民政府应当将博物馆事业纳入本级国民经济和社会发展规划，事业经费列入本级财政预算。

博物馆的数量、种类、规模以及布局，应当根据本地区国民经济和社会发展水平、文物等资源条件和公众精神文化需求，统筹兼顾，优化配置。鼓励优先设立填补博物馆门类空白和体现行业特性、区域特点的专题性博物馆。

第四条 国家鼓励博物馆发展相关文化产业，多渠道筹措资金，促进自身发展。

博物馆依法享受税收减免优惠，享有通过依法征集、购买、交换、接受捐赠和调拨等方式取得藏品的权利。

第五条 博物馆应当发挥社会教育功能，传播有益于社会进步的思想道德、科学技术和文化知识。

在博物馆参观或开展其他活动，应当爱护博物馆设施、展品和周边环境，遵守公共秩序。

第六条 国务院文物行政部门主管全国博物馆工作。

县级以上地方文物行政部门对本行政区域内的博物馆实施监督和管理。

第七条 县级以上文物行政部门应当促进博物馆行业组织建设，指导行业组织活动，逐步对博物馆实行分级、分类管理。

第八条 县级以上文物行政部门对发展博物馆事业作出突出贡献的机构、团体或个人，应当给予表彰或奖励。

第二章 博物馆设立、年检与终止

第九条 申请设立博物馆，应当具备下列条件：

（一）具有固定的馆址，设置专用的展厅（室）、库房和文物保护技术场所，展厅（室）面积与展览规模相适应，展览环境适宜对公众开放；

（二）具有必要的办馆资金和保障博物馆运行的

经费；

（三）具有与办馆宗旨相符合、一定数量和成系统的藏品及必要的研究资料；

（四）具有与办馆宗旨相符合的专业技术和管理人员；

（五）具有符合国家规定的安全和消防设施；

（六）能够独立承担民事责任。

第十条 省级文物行政部门负责本行政区域内博物馆设立的审核工作。

博物馆名称一般不得冠以“中国”、“中华”、“国家”等字样（下称“中国”等字样）；特殊情况确需冠以“中国”等字样的，应由中央机构编制委员会办公室会同国务院文物行政部门审核同意。

非国有博物馆的名称不得冠以“中国”等字样。

第十一条 申请设立博物馆，应当由馆址所在地市（县）级文物行政部门初审后，向省级文物行政部门提交下列材料：

（一）博物馆设立申请书；

（二）馆舍所有权或使用权证明；

（三）资金来源证明或验资报告；

（四）藏品目录及合法来源说明；

（五）陈列展览大纲；

（六）拟任法定代表人的基本情况及身份证明；

（七）专业技术和管理人员的证明材料。

申请设立非国有博物馆的，应同时提交博物馆章程草案。章程草案应当包括下列主要事项：

（一）办馆宗旨及藏品收藏标准；

（二）博物馆理事会、董事会或其他形式决策机构的产生办法、人员构成、任期、议事规则等；

（三）出资人不要求取得经济回报的约定；

（四）博物馆终止时的藏品处置方式；

（五）章程修改程序。

第十二条 省级文物行政部门应当自收到博物馆设立申请材料之日起30个工作日内出具审核意见。审核同意的，应报国务院文物行政部门备案。审核不同意的，应当书面说明理由。

经审核同意设立博物馆的，申请人应持审核意见及其他申报材料，向相关行政部门申请取得博物馆法人资格。

博物馆应当自取得法人资格之日起6个月内向社会开放。

本办法实施前已批准设立的博物馆，应当在本办法实施之日起6个月内，向省级文物行政部门提交本办法第十一条第一款规定的除（一）项之外的全部材料；非国有博物馆应同时提交博物馆章程。

第十三条 博物馆的建筑设计应当符合国家和行业颁布的有关标准和规范。博物馆建筑应当划分为陈列展览区、藏品库房区、文物保护技术区、公众服务区和办公区等，相对自成系统。

第十四条 国有博物馆建设工程的设计方案，应当报请所在地省级文物行政部门组织论证。

第十五条 博物馆应当于每年3月31日前向所在地市（县）级文物行政部门报送上一年度的工作报告，接受年度检查。工作报告内容应当包括有关法律和其他规定的执行情况，藏品、展览、人员和机构的变动情况以及社会教育、安全、财务管理等情况。

市（县）级文物行政部门应当于每年4月30日前，将上一年度本行政区域内博物馆年度检查的初步意见报送省级文物行政部门。省级文物行政部门应当于每年5月31日前，将上一年度本行政区域内博物馆的年度检查情况进行审核，并汇总报国务院文物行政部门备案。

第十六条 博物馆的名称、馆址、藏品、基本陈列以及非国有博物馆的章程等重要事项发生变更前，应当报省级文物行政部门审核。

博物馆法定代表人发生变更的，应当自变更之日起10日内报省级文物行政部门备案。

第十七条 博物馆终止前，应当向省级文物行政部门提出终止申请及藏品处置方案，接受主管文物行政部门指导，完成博物馆资产清算工作。

省级文物行政部门应当自收到博物馆终止申请和藏品处置方案之日起30个工作日内出具审核意见。藏品处置方案等符合法定要求的，准予终止；藏品处置方案等不符合法定要求的，责令其改正后准予终止。相关行政部门根据省级文物行政部门的审核意见，给予办理博物馆法人资格注销登记手续。

第十八条 国有博物馆终止的，其藏品由所在地省级文物行政部门指定的国有博物馆接收。

非国有博物馆终止的，其藏品属于法律规定可以依法流通的，允许其以法律规定的方式流通；依法不能流通的藏品，应当转让给其他博物馆；接受捐赠的藏品，应当交由其他博物馆收藏，并告知捐赠人。

第三章 藏品管理

第十九条 博物馆藏品的收藏、保护、研究、展示等，应当依法建立、健全相关规章制度，并报所在地市（县）级文物行政部门备案。

博物馆应具有保障藏品安全的设备和设施。馆藏一级文物和其他易损易坏的珍贵文物，应设立专库或专柜并由专人负责保管。

第二十条 博物馆应建立藏品总账、分类账及每件藏品的档案，并依法办理备案手续。

博物馆通过依法征集、购买、交换、接受捐赠和调拨等方式取得的藏品，应在30日内登记入藏品总账。

第二十一条 依法调拨、交换、借用国有博物馆藏品，取得藏品的博物馆可以对提供藏品的博物馆给予实物、技术、培训或资金方面的合理补偿。补偿数额的确定，应当考虑藏品保管、修复、研究、展示等过程中原收藏博物馆发生的实际费用。调拨、交换、借用国有博物馆藏品的申请文件，应当包括合理补偿的方案。

第二十二条 博物馆不够本馆收藏标准，或因腐蚀损毁等原因无法修复并无继续保存价值的藏品，经本馆或受委托的专家委员会评估认定后，可以向省级文物行政部门申请退出馆藏。

退出馆藏申请材料的内容，应当包括拟不再收藏的藏品名称、数量和退出馆藏的原因，并附有关藏品档案复制件。

第二十三条 国有博物馆所在地省级文物行政部门应当在收到退出馆藏申请材料的30个工作日内，组织专家委员会复审。专家委员会复审未通过的，终止该藏品的退出馆藏程序。

专家委员会复审通过的，省级文物行政部门应当将有关材料在国务院文物行政部门和有关省级文物行政部门的官方网站上公示30个工作日。期间如有其他国有文物收藏单位愿意接收有关藏品，则以调拨、交换等方式处理；期间如没有其他国有文物收藏单位愿意接收有关藏品，则由省级文物行政部门统一处置。处置方案报国务院文物行政部门批准后实施，处置所得资金应当用于博物馆事业发展。

国有博物馆应当建立退出馆藏物品专项档案，并报省级文物行政部门备案。专项档案应当保存75年以上。

第二十四条 非国有博物馆申请藏品退出馆藏，申请材料应附理事会、董事会或其他形式决策机构的书面意见。博物馆所在地省级文物行政部门应当在收到申请材料的30个工作日内作出是否允许退出馆藏的决定，并报国务院文物行政部门备案。

第二十五条 博物馆应当以本馆藏品为基础，开展有关专业学科及应用技术的研究，提高业务活动的学术含量，促进专业人才的成长。在确保藏品安全的前提下，博物馆应当为馆外人员研究本馆藏品提供便利。

第四章 展示与服务

第二十六条 博物馆举办陈列展览，应当遵循以下原则：

（一）与本馆性质和任务相适应，突出馆藏品特色、行业特性和区域特点，具有较高的学术和文化含量；

（二）合理运用现代技术、材料、工艺和表现手法，达到形式与内容的和谐统一；

（三）展品应以原件为主，复原陈列应当保持历史原貌，使用复制品、仿制品和辅助展品应予明示；

（四）展厅内具有符合标准的安全技术防范设备和防止展品遭受自然损害的展出设施；

（五）为公众提供文字说明和讲解服务；

（六）陈列展览的对外宣传活动及时、准确，形式新颖。

第二十七条 博物馆应当根据办馆宗旨，结合本馆特点开展形式多样、生动活泼的社会教育和服务活动，积极参与社区文化建设。

鼓励博物馆利用电影、电视、音像制品、出版物和互联网等途径传播藏品知识、陈列展览及研究成果。

第二十八条 博物馆对公众开放，应当遵守以下规定：

（一）公告服务项目和开放时间，变更服务项目和开放时间的，应当提前7日公告；

（二）开放时间应当与公众的工作、学习及休闲时间相协调，法定节假日和学校寒暑假期间，应当适当延长开放时间；

（三）无正当理由，国有博物馆全年开放时间不少于10个月，非国有博物馆全年开放时间不少于8个月。

第二十九条 博物馆应当逐步建立减免费开放制度，并向社会公告。

国有博物馆对未成年人集体参观实行免费制度，对老年人、残疾人、现役军人等特殊社会群体参观实行减免费制度。

第三十条 鼓励博物馆研发相关文化产品，传播科学文化知识，开展专业培训、科技成果转让等形式的有偿服务活动。

第五章 附 则

第三十一条 博物馆违反本办法规定，情节严重的，由所在地省级文物行政部门撤销审核同意意见，由相关行政部门撤销博物馆法人资格。

博物馆违反其他法律、法规规定的，依照有关法律、法规的规定处罚。

第三十二条 本办法自2006年1月1日起施行。

中华人民共和国文物保护法

2007 年 12 月 29 日第十届全国人民代表大会常务委员会第三十一次会议修订，第 84 号主席令公布

发文单位：全国人民代表大会常务委员会
发文时间：2007 - 12 - 29
生效日期：2007 - 12 - 29

第一章　总　则

第一条

为了加强对文物的保护，继承中华民族优秀的历史文化遗产，促进科学研究工作，进行爱国主义和革命传统教育，建设社会主义精神文明和物质文明，根据宪法，制定本法。

第二条

在中华人民共和国境内，下列文物受国家保护：

（一）具有历史、艺术、科学价值的古文化遗址、古墓葬、古建筑、石窟寺和石刻、壁画；

（二）与重大历史事件、革命运动或者著名人物有关的以及具有重要纪念意义、教育意义或者史料价值的近代现代重要史迹、实物、代表性建筑；

（三）历史上各时代珍贵的艺术品、工艺美术品；

（四）历史上各时代重要的文献资料以及具有历史、艺术、科学价值的手稿和图书资料等；

（五）反映历史上各时代、各民族社会制度、社会生产、社会生活的代表性实物。

文物认定的标准和办法由国务院文物行政部门制定，并报国务院批准。

具有科学价值的古脊椎动物化石和古人类化石同文物一样受国家保护。

第三条

古文化遗址、古墓葬、古建筑、石窟寺、石刻、壁画、近代现代重要史迹和代表性建筑等不可移动文物，根据它们的历史、艺术、科学价值，可以分别确定为全国重点文物保护单位，省级文物保护单位，市、县级文物保护单位。

历史上各时代重要实物、艺术品、文献、手稿、图书资料、代表性实物等可移动文物，分为珍贵文物和一般文物；珍贵文物分为一级文物、二级文物、三级文物。

第四条

文物工作贯彻保护为主、抢救第一、合理利用、加强管理的方针。

第五条

中华人民共和国境内地下、内水和领海中遗存的一切文物，属于国家所有。

古文化遗址、古墓葬、石窟寺属于国家所有。国家指定保护的纪念建筑物、古建筑、石刻、壁画、近代现代代表性建筑等不可移动文物，除国家另有规定的以外，属于国家所有。

国有不可移动文物的所有权不因其所依附的土地所有权或者使用权的改变而改变。

下列可移动文物，属于国家所有：

（一）中国境内出土的文物，国家另有规定的除外；

（二）国有文物收藏单位以及其他国家机关、部队和国有企业、事业组织等收藏、保管的文物；

（三）国家征集、购买的文物；

（四）公民、法人和其他组织捐赠给国家的文物；

（五）法律规定属于国家所有的其他文物。

属于国家所有的可移动文物的所有权不因其保管、收藏单位的终止或者变更而改变。

国有文物所有权受法律保护，不容侵犯。

第六条

属于集体所有和私人所有的纪念建筑物、古建筑和祖传文物以及依法取得的其他文物，其所有权受法律保护。文物的所有者必须遵守国家有关文物保护的法律、法规的规定。

第七条

一切机关、组织和个人都有依法保护文物的义务。

第八条

国务院文物行政部门主管全国文物保护工作。

地方各级人民政府负责本行政区域内的文物保护工作。县级以上地方人民政府承担文物保护工作的部门对本行政区域内的文物保护实施监督管理。

县级以上人民政府有关行政部门在各自的职责范围内，负责有关的文物保护工作。

第九条

各级人民政府应当重视文物保护，正确处理经济建设、社会发展与文物保护的关系，确保文物安全。

基本建设、旅游发展必须遵守文物保护工作的方针，其活动不得对文物造成损害。

公安机关、工商行政管理部门、海关、城乡建设规划部门和其他有关国家机关，应当依法认真履行所承担的保护文物的职责，维护文物管理秩序。

第十条

国家发展文物保护事业。县级以上人民政府应当将文物保护事业纳入本级国民经济和社会发展规划，所需经费列入本级财政预算。

国家用于文物保护的财政拨款随着财政收入增长而增加。

国有博物馆、纪念馆、文物保护单位等的事业性收入，专门用于文物保护，任何单位或者个人不得侵占、挪用。

国家鼓励通过捐赠等方式设立文物保护社会基金，专门用于文物保护，任何单位或者个人不得侵占、挪用。

第十一条

文物是不可再生的文化资源。国家加强文物保护的宣传教育，增强全民文物保护的意识，鼓励文物保护的科学研究，提高文物保护的科学技术水平。

第十二条

有下列事迹的单位或者个人，由国家给予精神鼓励或者物质奖励：

（一）认真执行文物保护法律、法规，保护文物成绩显著的；

（二）为保护文物与违法犯罪行为作坚决斗争的；

（三）将个人收藏的重要文物捐献给国家或者为文物保护事业作出捐赠的；

（四）发现文物及时上报或者上交，使文物得到保护的；

（五）在考古发掘工作中作出重大贡献的；

（六）在文物保护科学技术方面有重要发明创造或者其他重要贡献的；

（七）在文物面临破坏危险时，抢救文物有功的；

（八）长期从事文物工作，作出显著成绩的。

第二章　不可移动文物

第十三条

国务院文物行政部门在省级、市、县级文物保护单位中，选择具有重大历史、艺术、科学价值的确定为全国重点文物保护单位，或者直接确定为全国重点文物保护单位，报国务院核定公布。

省级文物保护单位，由省、自治区、直辖市人民政府核定公布，并报国务院备案。

市级和县级文物保护单位，分别由设区的市、自治州和县级人民政府核定公布，并报省、自治区、直辖市人民政府备案。

尚未核定公布为文物保护单位的不可移动文物，由县级人民政府文物行政部门予以登记并公布。

第十四条

保存文物特别丰富并且具有重大历史价值或者革命纪念意义的城市，由国务院核定公布为历史文化名城。

保存文物特别丰富并且具有重大历史价值或者革命纪念意义的城镇、街道、村庄，由省、自治区、直辖市人民政府核定公布为历史文化街区、村镇，并报国务院备案。

历史文化名城和历史文化街区、村镇所在地的县级以上地方人民政府应当组织编制专门的历史文化名城和历史文化街区、村镇保护规划，并纳入城市总体规划。

历史文化名城和历史文化街区、村镇的保护办法，由国务院制定。

第十五条

各级文物保护单位，分别由省、自治区、直辖市人民政府和市、县级人民政府划定必要的保护范围，作出标志说明，建立记录档案，并区别情况分别设置专门机构或者专人负责管理。全国重点文物保护单位的保护范围和记录档案，由省、自治区、直辖市人民政府文物行政部门报国务院文物行政部门备案。

县级以上地方人民政府文物行政部门应当根据不同文物的保护需要，制定文物保护单位和未核定为文物保护单位的不可移动文物的具体保护措施，并公告施行。

第十六条

各级人民政府制定城乡建设规划，应当根据文物保护的需要，事先由城乡建设规划部门会同文物行政部门商定对本行政区域内各级文物保护单位的保护措施，并纳入规划。

第十七条

文物保护单位的保护范围内不得进行其他建设工程或者爆破、钻探、挖掘等作业。但是，因特殊情况需要在文物保护单位的保护范围内进行其他建设工程或者爆破、钻探、挖掘等作业的，必须保证文物保护单位的安全，并经核定公布该文物保护单位的人民政府批准，在批准前应当征得上一级人民政府文物行政部门同意；在全国重点文物保护单位的保护范围内进行其他建设工程或者爆破、钻探、挖掘等作业的，必须经省、自治区、直辖市人民政府批准，在批准前应当征得国务院文物行政部门同意。

第十八条

根据保护文物的实际需要，经省、自治区、直辖市人民政府批准，可以在文物保护单位的周围划出一定的建设控制地带，并予以公布。

在文物保护单位的建设控制地带内进行建设工程，不得破坏文物保护单位的历史风貌；工程设计方案应当根据文物保护单位的级别，经相应的文物行政部门同意后，报城乡建设规划部门批准。

第十九条

在文物保护单位的保护范围和建设控制地带内，不得建设污染文物保护单位及其环境的设施，不得进行可能影响文物保护单位安全及其环境的活动。对已有的污染文物保护单位及其环境的设施，应当限期治理。

第二十条

建设工程选址，应当尽可能避开不可移动文物；因特殊情况不能避开的，对文物保护单位应当尽可能实施原址保护。

实施原址保护的，建设单位应当事先确定保护措施，根据文物保护单位的级别报相应的文物行政部门批准，并将保护措施列入可行性研究报告或者设计任务书。

无法实施原址保护，必须迁移异地保护或者拆除的，应当报省、自治区、直辖市人民政府批准；迁移或者拆除省级文物保护单位的，批准前须征得国务院文物行政部门同意。全国重点文物保护单位不得拆除；需要迁移的，须由省、自治区、直辖市人民政府报国务院批准。

依照前款规定拆除的国有不可移动文物中具有收藏价值的壁画、雕塑、建筑构件等，由文物行政部门指定的文物收藏单位收藏。

本条规定的原址保护、迁移、拆除所需费用，由建设单位列入建设工程预算。

第二十一条

国有不可移动文物由使用人负责修缮、保养；非国有不可移动文物由所有人负责修缮、保养。非国有不可移动文物有损毁危险，所有人不具备修缮能力的，当地人民政府应当给予帮助；所有人具备修缮能力而拒不依法履行修缮义务的，县级以上人民政府可以给予抢救修缮，所需费用由所有人负担。

对文物保护单位进行修缮，应当根据文物保护单位的级别报相应的文物行政部门批准；对未核定为文物保护单位的不可移动文物进行修缮，应当报登记的县级人民政府文物行政部门批准。

文物保护单位的修缮、迁移、重建，由取得文物保护工程资质证书的单位承担。

对不可移动文物进行修缮、保养、迁移，必须遵守不改变文物原状的原则。

第二十二条

不可移动文物已经全部毁坏的，应当实施遗址保护，不得在原址重建。但是，因特殊情况需要在原址重建的，由省、自治区、直辖市人民政府文物行政部门报省、自治区、直辖市人民政府批准；全国重点文物保护单位需要在原址重建的，由省、自治区、直辖市人民政府报国务院批准。

第二十三条

核定为文物保护单位的属于国家所有的纪念建筑物或者古建筑，除可以建立博物馆、保管所或者辟为参观游览场所外，作其他用途的，市、县级文物保护单位应当经核定公布该文物保护单位的人民政府文物行政部门征得上一级文物行政部门同意后，报核定公布该文物保护单位的人民政府批准；省级文物保护单位应当经核定公布该文物保护单位的省级人民政府的文物行政部门审核同意后，报该省级人民政府批准；全国重点文物保护单位作其他用途的，应当由省、自治区、直辖市人民政府报国务院批准。国有未核定为文物保护单位的不可移动文物作其他用途的，应当报告县级人民政府文物行政部门。

第二十四条

国有不可移动文物不得转让、抵押。建立博物馆、保管所或者辟为参观游览场所的国有文物保护单位，不得作为企业资产经营。

第二十五条

非国有不可移动文物不得转让、抵押给外国人。

非国有不可移动文物转让、抵押或者改变用途的，应当根据其级别报相应的文物行政部门备案；由当地人民政府出资帮助修缮的，应当报相应的文物行政部门批准。

第二十六条

使用不可移动文物，必须遵守不改变文物原状的原则，负责保护建筑物及其附属文物的安全，不得损毁、改建、添建或者拆除不可移动文物。

对危害文物保护单位安全、破坏文物保护单位历史风貌的建筑物、构筑物，当地人民政府应当及时调查处理，必要时，对该建筑物、构筑物予以拆迁。

第三章　考古发掘

第二十七条

一切考古发掘工作，必须履行报批手续；从事考古发掘的单位，应当经国务院文物行政部门批准。

地下埋藏的文物，任何单位或者个人都不得私自发掘。

第二十八条

从事考古发掘的单位，为了科学研究进行考古发掘，应当提出发掘计划，报国务院文物行政部门批准；对全国重点文物保护单位的考古发掘计划，应当经国务院文 物行政部门审核后报国务院批准。国务院文物行政部门在批准或者审核前，应当征求社会科学研究机构及其他科研机构和有关专家的意见。

第二十九条

进行大型基本建设工程，建设单位应当事先报请省、自治区、直辖市人民政府文物行政部门组织从事考古发掘的单位在工程范围内有可能埋藏文物的地方进行考古调查、勘探。

考古调查、勘探中发现文物的，由省、自治区、直辖市人民政府文物行政部门根据文物保护的要求会同建设单位共同商定保护措施；遇有重要发现的，由省、自治区、直辖市人民政府文物行政部门及时报国务院文物行政部门处理。

第三十条

需要配合建设工程进行的考古发掘工作，应当由省、自治区、直辖市文物行政部门在勘探工作的基础上提出发掘计划，报国务院文物行政部门批准。国务院文物行政部门在批准前，应当征求社会科学研究机构及其他科研机构和有关专家的意见。

确因建设工期紧迫或者有自然破坏危险，对古文化遗址、古墓葬急需进行抢救发掘的，由省、自治区、直辖市人民政府文物行政部门组织发掘，并同时补办审批手续。

第三十一条

凡因进行基本建设和生产建设需要的考古调查、勘探、发掘，所需费用由建设单位列入建设工程预算。

第三十二条

在进行建设工程或者在农业生产中，任何单位或者个人发现文物，应当保护现场，立即报告当地文物行政部门，文物行政部门接到报告后，如无特殊情况，应当在二十四小时内赶赴现场，并在七日内提出处理意见。文物行政部门可以报请当地人民政府通知公安机关协助保护现场；发现重要文物的，应当立即上报国务院文物行政部门，国务院文物行政部门应当在接到报告后十五日内提出处理意见。

依照前款规定发现的文物属于国家所有，任何单位或者个人不得哄抢、私分、藏匿。

第三十三条

非经国务院文物行政部门报国务院特别许可，任何外国人或者外国团体不得在中华人民共和国境内进行考古调查、勘探、发掘。

第三十四条

考古调查、勘探、发掘的结果，应当报告国务院文物行政部门和省、自治区、直辖市人民政府文物行政部门。

考古发掘的文物，应当登记造册，妥善保管，按照国家有关规定移交给由省、自治区、直辖市人民政 府文物行政部门或者国务院文物行政部门指定的国有博物馆、图书馆或者其他国有收藏文物的单位收藏。经省、自治区、直辖市人民政府文物行政部门或者国务院文 物行政部门批准，从事考古发掘的单位可以保留少量出土文物作为科研标本。

考古发掘的文物，任何单位或者个人不得侵占。

第三十五条

根据保证文物安全、进行科学研究和充分发挥文物作用的需要，省、自治区、直辖市人民政府文物行政部门经本级人民政府批准，可以调用本行政区域内的出土文物；国务院文物行政部门经国务院批准，可以调用全国的重要出土文物。

第四章　馆藏文物

第三十六条

博物馆、图书馆和其他文物收藏单位对收藏的文物，必须区分文物等级，设置藏品档案，建立严格的管理制度，并报主管的文物行政部门备案。

县级以上地方人民政府文物行政部门应当分别建立本行政区域内的馆藏文物档案；国务院文物行政部门应当建立国家一级文物藏品档案和其主管的国有文物收藏单位馆藏文物档案。

第三十七条

文物收藏单位可以通过下列方式取得文物：

（一）购买；

（二）接受捐赠；

（三）依法交换；

（四）法律、行政法规规定的其他方式。

国有文物收藏单位还可以通过文物行政部门指定保管或者调拨方式取得文物。

第三十八条

文物收藏单位应当根据馆藏文物的保护需要，按照国家有关规定建立、健全管理制度，并报主管的文物行政部门备案。未经批准，任何单位或者个人不得调取馆藏文物。

文物收藏单位的法定代表人对馆藏文物的安全负责。国有文物收藏单位的法定代表人离任时，应当按照馆藏文物档案办理馆藏文物移交手续。

第三十九条

国务院文物行政部门可以调拨全国的国有馆藏文物。省、自治区、直辖市人民政府文物行政部门可以调拨本行政区域内其主管的国有文物收藏单位馆藏文物；调拨国有馆藏一级文物，应当报国务院文物行政部门备案。

国有文物收藏单位可以申请调拨国有馆藏文物。

第四十条

文物收藏单位应当充分发挥馆藏文物的作用，通过举办展览、科学研究等活动，加强对中华民族优秀的历史文化和革命传统的宣传教育。

国有文物收藏单位之间因举办展览、科学研究等需借用馆藏文物的，应当报主管的文物行政部门备案；借用馆藏一级文物的，应当经省、自治区、直辖市人民政府文物行政部门批准，并报国务院文物行政部门备案。

非国有文物收藏单位和其他单位举办展览需借用国有馆藏文物的，应当报主管的文物行政部门批准；借用国有馆藏一级文物，应当经国务院文物行政部门批准。

文物收藏单位之间借用文物的最长期限不得超过三年。

第四十一条

已经建立馆藏文物档案的国有文物收藏单位，经省、自治区、直辖市人民政府文物行政部门批准，并报国务院文物行政部门备案，其馆藏文物可以在国有文物收藏单位之间交换；交换馆藏一级文物的，必须经国务院文物行政部门批准。

第四十二条

未建立馆藏文物档案的国有文物收藏单位，不得依照本法第四十条、第四十一条的规定处置其馆藏文物。

第四十三条

依法调拨、交换、借用国有馆藏文物，取得文物的文物收藏单位可以对提供文物的文物收藏单位给予合理补偿，具体管理办法由国务院文物行政部门制定。

国有文物收藏单位调拨、交换、出借文物所得的补偿费用，必须用于改善文物的收藏条件和收集新的文物，不得挪作他用；任何单位或者个人不得侵占。

调拨、交换、借用的文物必须严格保管，不得丢失、损毁。

第四十四条

禁止国有文物收藏单位将馆藏文物赠与、出租或者出售给其他单位、个人。

第四十五条

国有文物收藏单位不再收藏的文物的处置办法，由国务院另行制定。

第四十六条

修复馆藏文物，不得改变馆藏文物的原状；复制、拍摄、拓印馆藏文物，不得对馆藏文物造成损害。具体管理办法由国务院制定。

不可移动文物的单体文物的修复、复制、拍摄、拓印，适用前款规定。

第四十七条

博物馆、图书馆和其他收藏文物的单位应当按照国家有关规定配备防火、防盗、防自然损坏的设施，确保馆藏文物的安全。

第四十八条

馆藏一级文物损毁的，应当报国务院文物行政部门核查处理。其他馆藏文物损毁的，应当报省、自治区、直辖市人民政府文物行政部门核查处理；省、自治区、直辖市人民政府文物行政部门应当将核查处理结果报国务院文物行政部门备案。

馆藏文物被盗、被抢或者丢失的，文物收藏单位应当立即向公安机关报案，并同时向主管的文物行政部门报告。

第四十九条

文物行政部门和国有文物收藏单位的工作人员不得借用国有文物，不得非法侵占国有文物。

第五章　民间收藏文物

第五十条

文物收藏单位以外的公民、法人和其他组织可以收藏通过下列方式取得的文物：

（一）依法继承或者接受赠与；

（二）从文物商店购买；

（三）从经营文物拍卖的拍卖企业购买；

（四）公民个人合法所有的文物相互交换或者依法转让；

（五）国家规定的其他合法方式。

文物收藏单位以外的公民、法人和其他组织收藏的前款文物可以依法流通。

第五十一条

公民、法人和其他组织不得买卖下列文物：

（一）国有文物，但是国家允许的除外；

（二）非国有馆藏珍贵文物；

（三）国有不可移动文物中的壁画、雕塑、建筑构件等，但是依法拆除的国有不可移动文物中的壁画、雕塑、建筑构件等不属于本法第二十条第四款规定的应由文物收藏单位收藏的除外；

（四）来源不符合本法第五十条规定的文物。

第五十二条

国家鼓励文物收藏单位以外的公民、法人和其他组织将其收藏的文物捐赠给国有文物收藏单位或者出借给文物收藏单位展览和研究。

国有文物收藏单位应当尊重并按照捐赠人的意愿，对捐赠的文物妥善收藏、保管和展示。

国家禁止出境的文物，不得转让、出租、质押给外国人。

第五十三条

文物商店应当由国务院文物行政部门或者省、自治区、直辖市人民政府文物行政部门批准设立，依法进行管理。

文物商店不得从事文物拍卖经营活动，不得设立经营文物拍卖的拍卖企业。

第五十四条

依法设立的拍卖企业经营文物拍卖的，应当取得国务院文物行政部门颁发的文物拍卖许可证。

经营文物拍卖的拍卖企业不得从事文物购销经营活动，不得设立文物商店。

第五十五条

文物行政部门的工作人员不得举办或者参与举办文物商店或者经营文物拍卖的拍卖企业。

文物收藏单位不得举办或者参与举办文物商店或者经营文物拍卖的拍卖企业。

禁止设立中外合资、中外合作和外商独资的文物商店或者经营文物拍卖的拍卖企业。

除经批准的文物商店、经营文物拍卖的拍卖企业外，其他单位或者个人不得从事文物的商业经营活动。

第五十六条

文物商店销售的文物，在销售前应当经省、自治区、直辖市人民政府文物行政部门审核；对允许销售的，省、自治区、直辖市人民政府文物行政部门应当作出标识。

拍卖企业拍卖的文物，在拍卖前应当经省、自治区、直辖市人民政府文物行政部门审核，并报国务院文物行政部门备案；省、自治区、直辖市人民政府文物行政部门不能确定是否可以拍卖的，应当报国务院文物行政部门审核。

第五十七条

文物商店购买、销售文物，拍卖企业拍卖文物，应当按照国家有关规定作出记录，并报原审核的文物行政部门备案。

拍卖文物时，委托人、买受人要求对其身份保密的，文物行政部门应当为其保密；但是，法律、行政法规另有规定的除外。

第五十八条

文物行政部门在审核拟拍卖的文物时，可以指定国有文物收藏单位优先购买其中的珍贵文物。购买价格由文物收藏单位的代表与文物的委托人协商确定。

第五十九条

银行、冶炼厂、造纸厂以及废旧物资回收单位，应当与当地文物行政部门共同负责拣选掺杂在金银器和废旧物资中的文物。拣选文物除供银行研究所必需的历史货币可以由人民银行留用外，应当移交当地文物行政部门。移交拣选文物，应当给予合理补偿。

第六章　文物出境进境

第六十条

国有文物、非国有文物中的珍贵文物和国家规定禁止出境的其他文物，不得出境；但是依照本法规定出境展览或者因特殊需要经国务院批准出境的除外。

第六十一条

文物出境，应当经国务院文物行政部门指定的文物进出境审核机构审核。经审核允许出境的文物，由国务院文物行政部门发给文物出境许可证，从国务院文物行政部门指定的口岸出境。

任何单位或者个人运送、邮寄、携带文物出境，应当向海关申报；海关凭文物出境许可证放行。

第六十二条

文物出境展览，应当报国务院文物行政部门批准；一级文物超过国务院规定数量的，应当报国务院批准。

一级文物中的孤品和易损品，禁止出境展览。

出境展览的文物出境，由文物进出境审核机构审核、登记。海关凭国务院文物行政部门或者国务院的批准文件放行。出境展览的文物复进境，由原文物进出境审核机构审核查验。

第六十三条

文物临时进境，应当向海关申报，并报文物进出境审核机构审核、登记。

临时进境的文物复出境，必须经原审核、登记的文物进出境审核机构审核查验；经审核查验无误的，由国务院文物行政部门发给文物出境许可证，海关凭文物出境许可证放行。

第七章　法律责任

第六十四条

违反本法规定，有下列行为之一，构成犯罪的，依法追究刑事责任：

（一）盗掘古文化遗址、古墓葬的；

（二）故意或者过失损毁国家保护的珍贵文物的；

（三）擅自将国有馆藏文物出售或者私自送给非国有单位或者个人的；

（四）将国家禁止出境的珍贵文物私自出售或者送给外国人的；

（五）以牟利为目的倒卖国家禁止经营的文物的；

（六）走私文物的；

（七）盗窃、哄抢、私分或者非法侵占国有文物的；

（八）应当追究刑事责任的其他妨害文物管理行为。

第六十五条

违反本法规定，造成文物灭失、损毁的，依法承担民事责任。

违反本法规定，构成违反治安管理行为的，由公安机关依法给予治安管理处罚。

违反本法规定，构成走私行为，尚不构成犯罪的，由海关依照有关法律、行政法规的规定给予处罚。

第六十六条

有下列行为之一，尚不构成犯罪的，由县级以上人民政府文物主管部门责令改正，造成严重后果的，处五万元以上五十万元以下的罚款；情节严重的，由原发证机关吊销资质证书：

（一）擅自在文物保护单位的保护范围内进行建设工程或者爆破、钻探、挖掘等作业的；

（二）在文物保护单位的建设控制地带内进行建设工程，其工程设计方案未经文物行政部门同意、报城乡建设规划部门批准，对文物保护单位的历史风貌造成破坏的；

（三）擅自迁移、拆除不可移动文物的；

（四）擅自修缮不可移动文物，明显改变文物原状的；

（五）擅自在原址重建已全部毁坏的不可移动文物，造成文物破坏的；

（六）施工单位未取得文物保护工程资质证书，擅自从事文物修缮、迁移、重建的。

刻划、涂污或者损坏文物尚不严重的，或者损毁依照本法第十五条第一款规定设立的文物保护单位标志的，由公安机关或者文物所在单位给予警告，可以并处罚款。

第六十七条

在文物保护单位的保护范围内或者建设控制地带内建设污染文物保护单位及其环境的设施的，或者对已有的污染文物保护单位及其环境的设施未在规定的期限内完成治理的，由环境保护行政部门依照有关法律、法规的规定给予处罚。

第六十八条

有下列行为之一的，由县级以上人民政府文物主管部门责令改正，没收违法所得，违法所得一万元以上的，并处违法所得二倍以上五倍以下的罚款；违法所得不足一万元的，并处五千元以上二万元以下的罚款：

（一）转让或者抵押国有不可移动文物，或者将国有不可移动文物作为企业资产经营的；

（二）将非国有不可移动文物转让或者抵押给外国人的；

（三）擅自改变国有文物保护单位的用途的。

第六十九条

历史文化名城的布局、环境、历史风貌等遭到严重破坏的，由国务院撤销其历史文化名城称号；历史文化城镇、街道、村庄的布局、环境、历史风貌等遭到严重破 坏的，由省、自治区、直辖市人民政府撤销其历史文化街区、村镇称号；对负有责任的主管人员和其他直接责任人员依法给予行政处分。

第七十条

有下列行为之一，尚不构成犯罪的，由县级以上人民政府文物主管部门责令改正，可以并处二万元以下的罚款，有违法所得的，没收违法所得：

（一）文物收藏单位未按照国家有关规定配备防火、防盗、防自然损坏的设施的；

（二）国有文物收藏单位法定代表人离任时未按照馆藏文物档案移交馆藏文物，或者所移交的馆藏文物与馆藏文物档案不符的；

（三）将国有馆藏文物赠与、出租或者出售给其他单位、个人的；

（四）违反本法第四十条、第四十一条、第四十五条规定处置国有馆藏文物的；

（五）违反本法第四十三条规定挪用或者侵占依法调拨、交换、出借文物所得补偿费用的。

第七十一条

买卖国家禁止买卖的文物或者将禁止出境的

文物转让、出租、质押给外国人，尚不构成犯罪的，由县级以上人民政府文物主管部门责令改正，没收违法所得，违法 经营额一万元以上的，并处违法经营额二倍以上五倍以下的罚款；违法经营额不足一万元的，并处五千元以上二万元以下的罚款。

第七十二条

未经许可，擅自设立文物商店、经营文物拍卖的拍卖企业，或者擅自从事文物的商业经营活动，尚不构成犯罪的，由工商行政管理部门依法予以制止，没收违法所 得、非法经营的文物，违法经营额五万元以上的，并处违法经营额二倍以上五倍以下的罚款；违法经营额不足五万元的，并处二万元以上十万元以下的罚款。

第七十三条

有下列情形之一的，由工商行政管理部门没收违法所得、非法经营的文物，违法经营额五万元以上的，并处违法经营额一倍以上三倍以下的罚款；违法经营额不足五万元的，并处五千元以上五万元以下的罚款；情节严重的，由原发证机关吊销许可证书：

（一）文物商店从事文物拍卖经营活动的；

（二）经营文物拍卖的拍卖企业从事文物购销经营活动的；

（三）文物商店销售的文物、拍卖企业拍卖的文物，未经审核的；

（四）文物收藏单位从事文物的商业经营活动的。

第七十四条

有下列行为之一，尚不构成犯罪的，由县级以上人民政府文物主管部门会同公安机关追缴文物；情节严重的，处五千元以上五万元以下的罚款：

（一）发现文物隐匿不报或者拒不上交的；

（二）未按照规定移交拣选文物的。

第七十五条

有下列行为之一的，由县级以上人民政府文物主管部门责令改正：

（一）改变国有未核定为文物保护单位的不可移动文物的用途，未依照本法规定报告的；

（二）转让、抵押非国有不可移动文物或者改变其用途，未依照本法规定备案的；

（三）国有不可移动文物的使用人拒不依法履行修缮义务的；

（四）考古发掘单位未经批准擅自进行考古发掘，或者不如实报告考古发掘结果的；

（五）文物收藏单位未按照国家有关规定建立馆藏文物档案、管理制度，或者未将馆藏文物档案、管理制度备案的；

（六）违反本法第三十八条规定，未经批准擅自调取馆藏文物的；

（七）馆藏文物损毁未报文物行政部门核查处理，或者馆藏文物被盗、被抢或者丢失，文物收藏单位未及时向公安机关或者文物行政部门报告的；

（八）文物商店销售文物或者拍卖企业拍卖文物，未按照国家有关规定作出记录或者未将所作记录报文物行政部门备案的。

第七十六条

文物行政部门、文物收藏单位、文物商店、经营文物拍卖的拍卖企业的工作人员，有下列行为之一的，依法给予行政处分，情节严重的，依法开除公职或者吊销其从业资格；构成犯罪的，依法追究刑事责任：

（一）文物行政部门的工作人员违反本法规定，滥用审批权限、不履行职责或者发现违法行为不予查处，造成严重后果的；

（二）文物行政部门和国有文物收藏单位的工作人员借用或者非法侵占国有文物的；

（三）文物行政部门的工作人员举办或者参与举办文物商店或者经营文物拍卖的拍卖企业的；

（四）因不负责任造成文物保护单位、珍贵文物损毁或者流失的；

（五）贪污、挪用文物保护经费的。

前款被开除公职或者被吊销从业资格的人员，自被开除公职或者被吊销从业资格之日起十年内不得担任文物管理人员或者从事文物经营活动。

第七十七条

有本法第六十六条、第六十八条、第七十条、第七十一条、第七十四条、第七十五条规定所列行为之一的，负有责任的主管人员和其他直接责任人员是国家工作人员的，依法给予行政处分。

第七十八条

公安机关、工商行政管理部门、海关、城乡建设规划部门和其他国家机关，违反本法规定滥用职权、玩忽职守、徇私舞弊，造成国家保护的珍贵文物损毁或者流失的，对负有责任的主管人员和其他直接责任人员依法给予行政处分；构成犯罪的，依法追究刑事责任。

第七十九条

人民法院、人民检察院、公安机关、海关和工商行政管理部门依法没收的文物应当登记造册，妥善保管，结案后无偿移交文物行政部门，由文物行政部门指定的国有文物收藏单位收藏。

第八章　附　则

第八十条

本法自公布之日起施行。

文物出境审核标准

2007 年 4 月 3 日经国家文物局第 4 次局务会议审议通过，自 2007 年 6 月 5 日起施行

发文单位：国家文物局
发文时间：2007－04－03
生效日期：2007－06－05

说　明

一、为加强我国文化遗产保护，防止珍贵文物流失，根据《中华人民共和国文物保护法》、《中华人民共和国文物保护法实施条例》，制定本标准。

二、文物进出境审核机构在开展文物出境审核工作时，执行本标准。

三、本标准以 1949 年为主要标准线。凡在 1949 年以前（含 1949 年）生产、制作的具有一定历史、艺术、科学价值的文物，原则上禁止出境。其中，1911 年以前（含 1911 年）生产、制作的文物一律禁止出境。

四、少数民族文物以 1966 年为主要标准线。凡在 1966 年以前（含 1966 年）生产、制作的有代表性的少数民族文物禁止出境。

五、现存我国境内的外国文物、图书，与我国的文物、图书一样，分类执行本标准。

六、凡有损国家、民族利益，或者有可能引起不良社会影响的文物，不论年限，一律禁止出境。

七、未列入本标准范围之内的文物，如经文物进出境审核机构审核，确有重大历史、艺术、科学价值的，应禁止出境。

八、本标准所列文物分属不同审核类别的，按禁止出境下限执行。

九、本标准由国家文物局负责解释并定期修订。

十、本标准实施后，此前国家文物局发布的其他规定与本标准不一致的，以本标准为准。

审核类别禁限

1. 化石

古猿化石、古人类化石以及与人类活动有关的第四纪古脊椎动物化石一律禁止出境

2. 建筑物的实物资料

2.1　建筑模型、图样　建筑的木制模型、纸制烫样、平面立面图、内部装修画样及工程做法等 1911 年以前的禁止出境；具有重要历史、艺术、科学价值的 1949 年以前的禁止出境

2.2　建筑物装修、构件　包括园林建筑构件 1911 年以前的禁止出境；具有重要历史、艺术、科学价值的 1949 年以前的禁止出境

3. 绘画、书法

3.1　中国画及书法　1911 年以前的禁止出境；1911 年后参照名单执行肖像、影像、画像、风俗画、战功图、纪事图、行乐图等 1949 年以前的禁止出境；属于本人或其亲属的肖像、影像、画像等不在此限

3.2　油画、水彩画、水粉画　包括素描（含速写）、漫画、版画的原作和原版等 1949 年以前的禁止出境；1949 年后参照名单执行具有重大历史、艺术价值，产生广泛社会影响的一律禁止出境

3.3　壁画　宫殿、庙宇、石窟、墓葬中的壁画等 1949 年以前的禁止出境；近现代著名壁画的原稿、设计方案及图稿一律禁止出境

4. 碑帖、拓片　碑碣、墓志、造像题记、摩崖

等拓片及套帖1949年以前的禁止出境古器物拓片，包括铭文、纹饰及全形拓片1949年以前的禁止出境；新发现的重要的或原作已毁损的石刻等拓片一律禁止出境

5. 雕塑

人像、佛像、动植物造型及摆件等1911年以前的禁止出境；名家作品参照名单执行具有重大历史、艺术价值，产生广泛社会影响的一律禁止出境

6. 铭刻

6.1 甲骨 包括残破、无字或后刻文字及花纹的甲骨和卜骨一律禁止出境

6.2 玺印 1911年以前的禁止出境名家制印参照名单执行历代官印，包括玺、印、戳记等一律禁止出境各类军政机构、党派、群众团体使用过的，以及其他有特殊意义的印章、关防、印信等；著名人物使用过的有代表性的个人印章1949年以前的禁止出境

6.3 封泥 一律禁止出境

6.4 符契 包括符节、铁券、铅券、腰牌等1911年以前的禁止出境

6.5 勋章、奖章、纪念章 1911年以前的禁止出境反映重大历史事件，有特殊意义的；颁发给著名人物的；有重要艺术价值的1949年以前的禁止出境；属于本人或其亲属的不在此限

6.6 碑刻 历代石经、刻石、碑刻、经幢、墓志等1949年以前的禁止出境

6.7 版片 书版、图版、画版、印刷版等1949年以前的禁止出境

7. 图书文献

7.1 竹简、木简 包括无字的一律禁止出境

7.2 书札 1911年以前的禁止出境；名人书札1949年以前的禁止出境；属于本人或其亲属的一般来往函件不在此限

7.3 手稿 1911年以前的禁止出境；涉及重大历史事件的或著名人物撰写的重要文件、电报、信函、题词、代表性著作的手稿等一律禁止出境；属于本人的信函、题词、代表性著作的手稿等不在此限

7.4 书籍 1911年以前的禁止出境；存量不多的木板书及石印、铅印的完整的大部丛书，如图书集成、四部丛刊、丛书集成、万有文库等1949年以前的禁止出境；有重要历史、学术价值的报刊、教材、图册等1949年以前的禁止出境；有重大影响的出版物的原始版本或最早版本1949年以前的禁止出境；有领袖人物重要批注手迹的一律禁止出境；地方志、家谱、族谱1949年以前的禁止出境

7.5 图籍 各种方式印刷和绘制的天文图、舆地图、水道图、水利图、道里图、边防图、战功图、盐场图、行政区划图等1949年以前的禁止出境；非公开发售的各种地图等一律禁止出境

7.6 文献档案 1911年以前的禁止出境；有重要历史价值的一律禁止出境；重大事件或历次群众性运动中散发、张贴的传单、标语、漫画等一律禁止出境；重要战役的战报及相关宣传品等一律禁止出境

8. 钱币

8.1 古钱币 各种实物货币、金属称量货币、压胜钱、金银钱等1911年以前的禁止出境

8.2 古钞 宝钞、银票、钱票、私钞等1911年以前的禁止出境

8.3 近现代机制币 金、银、铜、镍等金属币和纪念币1949年以前的禁止出境

8.4 近现代钞票 具有重要历史、艺术、科学价值的1949年以前的禁止出境

8.5 钱范 古代各种钱范和近代各种硬币的模具一律禁止出境

8.6 钞版 各时期各种材质的钞版一律禁止出境

8.7 钱币 设计图稿包括样钱、雕母、母钱等一律禁止出境

9. 舆服

9.1 车船舆轿 包括零部件1911年以前的禁止出境

9.2 车具、马具 包括零部件1911年以前的禁止出境

9.3 鞋帽 1911年以前的禁止出境

9.4 服装 1911年以前的禁止出境

9.5 首饰 1911年以前的禁止出境

9.6 佩饰 1911年以前的禁止出境

10. 器具

10.1 生产工具 1911年以前的禁止出境；反映近现代生产力发展的代表性实物，如工业设备、

仪器等1949年以前的禁止出境

10.2 兵器 1911年以前的禁止出境；中国自制的各种枪炮1949年以前的禁止出境；名人使用过的或有纪年纪事铭文的一律禁止出境

10.3 乐器 包括舞乐用具1911年以前的禁止出境；已故著名艺人使用过的一律禁止出境

10.4 仪仗 1911年以前的禁止出境

10.5 度量衡 包括附件1911年以前的禁止出境

10.6 法器 包括乐器、幡、旗等1911年以前的禁止出境

10.7 明器 各种材质所制的专为殉葬用的俑及器物1911年以前的禁止出境

10.8 仪器 包括日晷、罗盘、天文钟、天文仪、算筹等有关天文历算的仪器和科学实验仪器及其部件1949年以前的禁止出境

10.9 家具 各种材质的家具及其部件1911年以前的禁止出境；黄花梨、紫檀、乌木、鸡翅木、铁梨木家具1949年以前的禁止出境

10.10 金属器 青铜器1911年以前的禁止出境金、银、铜、铁、锡、铅等制品1911年以前的禁止出境

10.11 陶瓷器 包括具有历史、艺术、科学价值的残片1911年以前的禁止出境；官窑器、民窑堂名款器，有纪年、纪事或作为历史事件标志性的器物及残件1949年以前的禁止出境；名家制品参照名单执行

10.12 漆器 1911年以前的禁止出境；名家、名作坊或有名人款识的制品参照名单执行

10.13 织绣品 各种织物、刺绣及其制成品和残片，包括附属于手卷、画轴、册页上的包首、隔水等所用织绣品1911年以前的禁止出境；地毯、挂毯等1911年以前的禁止出境；成匹的各种绸、缎、绫、罗、纱、绢、锦、棉、麻、呢、绒等织物1949年以前的禁止出境；织绣、印染等名家制品参照名单执行；缂丝、缂毛（包括残片）1949年以前的禁止出境

10.14 钟表 1911年以前的禁止出境

10.15 烟壶 1911年以前的禁止出境；名家制品参照名单执行

10.16 扇子 包括扇骨、扇面1911年以前的禁止出境；名家制品参照名单执行

11. 民俗用品

11.1 民间艺术作品 年画、神马、剪纸、泥人等各种类型的民间艺术作品1911年以前的禁止出境；具有重要艺术价值的1949年以前的禁止出境

11.2 生活及文娱用品 灯具、锁具、餐具、茶具、棋牌、玩具等1911年以前的禁止出境；稀有的具有地方特色的代表性实物和民间文化用品1949年以前的禁止出境

12. 文具

12.1 纸 素纸，包括信笺及手卷、册页所附的素纸1911年以前的禁止出境；腊笺、金花笺、印花笺、暗花笺等1949年以前的禁止出境

12.2 砚 1911年以前的禁止出境；名家制砚或名人用砚1949年以前的禁止出境

12.3 笔 包括笔杆1911年以前的禁止出境

12.4 墨 包括墨模1949年以前的禁止出境

12.5 其他文具 各种材质的笔筒、笔架、镇纸、臂格、墨床、墨盒等1911年以前的禁止出境；名家制品或名人用品1949年以前的禁止出境

13. 戏剧曲艺用品 包括戏衣、皮影、木偶以及各种与戏剧曲艺有关的道具1911年以前的禁止出境；唱片1949年以前的禁止出境

14. 工艺美术品

14.1 玉石器 包括翡翠、玛瑙、水晶、孔雀石、碧玺、绿松石、青金石等各种玉石及琥珀、雄精、珊瑚等制品1911年以前的禁止出境；材质珍稀，工艺水平高，有一定历史价值和其他特殊意义的1949年以前的禁止出境

14.2 玻璃器 1911年以前的禁止出境

14.3 珐琅器 掐丝珐琅、画珐琅等1911年以前的禁止出境

14.4 木雕 1911年以前的禁止出境

14.5 牙角器 象牙、犀角制品一律禁止出境；车渠、玳瑁等其他骨、角制品1911年以前的禁止出境

14.6 藤竹器 各种藤竹制品、草编制品等1911年以前的禁止出境

14.7 火画 包括通草画、纸织画等1911年以前的禁止出境

14.8 玻璃油画 肖像画、风俗画1949年以前

的禁止出境；属于本人或其亲属的肖像画不在此限；一般故事画、寿意画等1911年以前的禁止出境

14.9 铁画 1949年以前的禁止出境

15. 邮票、邮品 1911年以前的禁止出境；珍贵的邮票、实寄封、明信片、邮简等1949年以前的禁止出境；邮票及未发行邮票的设计原图、印样一律禁止出境；邮票的印版一律禁止出境

16. 少数民族文物

16.1 民族服饰 包括各种材质的佩饰1966年以前的禁止出境

16.2 生产工具 能够反映民族传统生产方式的工具1966年以前的禁止出境

16.3 民俗生活用品 反映民族传统生活方式、具有民族工艺特点的1966年以前的禁止出境

16.4 建筑物实物资料 具有代表性的民族建筑构件1966年以前的禁止出境

16.5 民族工艺品 木雕、木刻、骨雕、漆器、陶器、银器、面具、唐卡、刺绣、织物、乐器等1966年以前的禁止出境

16.6 宗教祭祀、礼仪活动用品 少数民族宗教祭祀及其他民族礼仪活动的用品1966年以前的禁止出境

16.7 文献、书画、碑帖、石刻 包括以少数民族语言文字记录的、有关本民族的文献档案，文艺作品的刻本、抄本，绘画、家谱、书札、碑帖、石刻等1966年以前的禁止出境

16.8 名人遗物 与重要历史事件、活动相关的一律禁止出境

文物进出境审核管理办法

《文物进出境审核管理办法》已经2007年7月3日文化部部务会议审议通过，2007年7月13日予以公布，即日起施行。中华人民共和国文化部令第42号

发文单位：中华人民共和国文化部
发文时间：2007-07-13
生效日期：2007-07-13

第一条 为加强对文物进出境审核的管理，根据《中华人民共和国文物保护法》和《中华人民共和国文物保护法实施条例》，制定本办法。

第二条 国家文物局负责文物进出境审核管理工作，指定文物进出境审核机构承担文物进出境审核工作。

文物进出境审核机构是文物行政执法机构，依法独立行使职权，向国家文物局汇报工作，接受国家文物局业务指导。

第三条 文物进出境审核机构由国家文物局和省级人民政府联合组建。省级人民政府应当保障文物进出境审核机构的编制、办公场所及工作经费。国家文物局应当对文物进出境审核机构的业务经费予以补助。

第四条 文物进出境审核机构应当具备以下条件：

（一）有7名以上专职文物鉴定人员，其中文物进出境责任鉴定员不少于5名；

（二）有固定的办公场所和必要的技术设备；

（三）工作经费全额纳入财政预算。

第五条 国家文物局根据文物进出境审核工作的需要，指定具备条件的文物进出境审核机构承担文物进出境审核工作，使用文物出境标识和文物临时进境标识，对允许出境的文物发放文物出境许可证。

第六条 文物进出境审核机构的工作人员实行持证上岗制度，不得在文物商店或者拍卖企业任职、兼职。文物进出境审核机构的主要负责人应当取得国家文物局颁发的资格证书。

文物进出境责任鉴定员应当取得大学本科以上学历和文物博物专业中级以上职称，并经国家文物局考核合格。

第七条 文物进出境审核机构的日常管理工作由所在地省级文物主管部门负责。省级文物主管部门应当制定相关管理制度，并报国家文物局备案。

文物进出境审核机构应当采取措施，保证审核工作高效公正。

第八条 下列文物出境，应当经过审核：

（一）1949年（含）以前的各类艺术品、工艺美术品；

（二）1949年（含）以前的手稿、文献资料和图书资料；

（三）1949年（含）以前的与各民族社会制度、社会生产、社会生活有关的实物；

（四）1949年以后的与重大事件或著名人物有关的代表性实物；

（五）1949年以后的反映各民族生产活动、生活习俗、文化艺术和宗教信仰的代表性实物；

（六）国家文物局公布限制出境的已故现代著名书画家、工艺美术家作品；

（七）古猿化石、古人类化石以及与人类活动有关的第四纪古脊椎动物化石。

文物出境审核标准，由国家文物局定期修订并公布。

第九条 运送、邮寄、携带文物出境，应当在文物出境前填写文物出境申请表，报文物进出境审核机构审核。

文物进出境审核机构应当自收到文物出境申请之日起15个工作日内作出是否允许出境的审核意见。

第十条 文物进出境审核机构审核文物，应当有3名以上专职文物鉴定人员参加，其中文物进出境责任鉴定员不得少于2名。

文物出境许可证，由参加审核的文物进出境责任鉴定员共同签署。文物进出境责任鉴定员一致同意允许出境的文物，文物进出境审核机构方可加盖文物出境审核专用章。

第十一条 经审核允许出境的文物，由文物进出境审核机构标明文物出境标识，发放文物出境许可证。海关查验文物出境标识后，凭文物出境许可证放行。

文物出境许可证一式三联，第一联由文物进出境审核机构留存，第二联由文物出境地海关留存，第三联由文物出境携运人留存。

经审核不允许出境的文物，由文物进出境审核机构登记并发还。

根据出境地海关或携运人的要求，文物进出境审核机构可以为经审核属于文物复仿制品的申报物品出具文物复仿制品证明。

第十二条 因修复、展览、销售、鉴定等原因临时进境的文物，经海关加封后，报文物进出境审核机构审核、登记。文物进出境审核机构查验海关封志完好无损后，对每件临时进境文物进行审核，标明文物临时进境标识并登记。

临时进境文物复出境时，应向原审核、登记的文物进出境审核机构申报。文物进出境审核机构应对照进境记录审核查验，确认文物临时进境标识无误后，标明文物出境标识，发给文物出境许可证。

第十三条 临时进境文物在境内滞留时间，除经海关和文物进出境审核机构批准外，不得超过6个月。

临时进境文物滞留境内逾期复出境，依照文物出境审核标准和程序进行审核。

第十四条 因展览、科研等原因临时出境的文物，出境前应向文物进出境审核机构申报。文物进出境审核机构应当按国家文物局的批准文件办理审核登记手续。

临时出境文物复进境时，由原审核登记的文物进出境审核机构审核查验。

第十五条 文物进出境审核机构在审核文物过程中，发现涉嫌非法持有文物或文物流失问题的，应立即向公安机关和国家文物局报告。

第十六条 文物出境标识、文物临时进境标识和文物出境许可证，由文物进出境审核机构指定专人保管。使用上述物品，由文物进出境审核机构负责人签字确认。

第十七条 违反本办法规定，造成文物流失的，依据有关规定追究责任人的责任。

第十八条 文物出境标识、文物临时进境标识、文物出境许可证、文物复仿制品证明和文物出境申请表，由国家文物局统一制作。

第十九条 尚未组建文物进出境审核机构的省、自治区、直辖市，应当根据本办法的规定组建文物进出境审核机构；组建前的文物进出境审核工作由国家文物局指定文物进出境审核机构承担。

第二十条 本办法自公布之日起施行，1989年文化部发布的《文物出境鉴定管理办法》同日废止。

文化产业振兴规划

2009 年 7 月 22 日，我国第一部文化产业专业规划——《文化产业振兴规划》由中华人民共和国国务院常务会议审议通过

发文单位：新华社（授权发布）
发文时间：2009－09－26
生效日期：2009－09－26

党的十七大明确提出，要积极发展公益性文化事业，大力发展文化产业，激发全民族文化创造活力，更加自觉、更加主动地推动文化大发展大繁荣。为贯彻落实中央精神，在重视发展公益性文化事业的同时，加快振兴文化产业，充分发挥文化产业在调整结构、扩大内需、增加就业、推动发展中的重要作用，结合当前应对国际金融危机的新形势和文化领域改革发展的迫切需要，特制定本规划。

加快文化产业振兴的重要性紧迫性

文化产业是市场经济条件下繁荣发展社会主义文化的重要载体，是满足人民群众多样化、多层次、多方面精神文化需求的重要途径，也是推动经济结构调整、转变经济发展方式的重要着力点。党的十六大以来，党中央、国务院高度重视发展文化产业，采取了一系列政策措施，深入推进文化体制改革，加快推动文化产业发展。国有经营性文化单位转企改制取得重要进展，涌现出一批具有较强实力和竞争力的文化企业和企业集团，文化产业规模逐步壮大，以公有制为主体、多种所有制共同发展的文化产业格局初步形成。文化“走出去”步伐加快，文化进出口贸易逆差逐步缩小，我国文化产业的国际竞争力不断增强。总的看，我国文化产业呈现出健康向上、蓬勃发展的良好态势，正在成为推动社会主义文化大发展大繁荣的重要引擎和经济发展新的增长点。同时要看到，我国文化产业的发展水平还不高、活力还不强，与人民群众日益增长的精神文化需求还不相适应，与日趋完善的社会主义市场经济体制还不相适应，与现代科学技术迅猛发展及广泛应用还不相适应，与我国对外开放不断扩大的新形势还不相适应。当前，国际金融危机仍未见底，并对文化产业发展产生诸多影响，但困难和挑战中蕴涵着新的机遇和有利条件，文化具有反向调节功能，面对经济下滑，文化产业有逆势而上的特点，这为创新文化体制机制、做大做强文化产业带来了契机。要抓住机遇，大力振兴文化产业，为“保增长、扩内需、调结构、促改革、惠民生”作出贡献。

指导思想、基本原则和规划目标

（一）指导思想。全面贯彻党的十七大精神，坚持以邓小平理论和“三个代表”重要思想为指导，深入贯彻落实科学发展观，紧紧围绕《国家“十一五”时期文化发展规划纲要》确定的文化产业发展的各项目标任务和当前文化体制改革的重点，大力培育市场主体，加快转变文化产业发展方式，进一步解放和发展文化生产力，切实维护我国文化安全，推动文化产业又好又快发展，将文化产业培育成国民经济新的增长点。

（二）基本原则。坚持把社会效益放在首位，努力实现社会效益和经济效益的统一；坚持以体制改革和科技进步为动力，增强文化产业发展活力，提升文化创新能力；坚持走中国特色文化产业发展道

路，学习借鉴世界优秀文化，积极推动中华民族文化繁荣发展；坚持以结构调整为主线，加快推进重大工程项目，扩大产业规模，增强文化产业整体实力和竞争力；坚持内外并举，积极开拓国内国际文化市场，增强中华文化在国际上的影响力。

（三）规划目标。完成经营性文化单位转企改制，文化市场主体进一步完善，活力进一步增强，文化产业规模不断扩大，推动经济社会发展的功能和作用得到较好发挥。

1. 文化市场主体进一步完善。按照创新体制、转换机制、面向市场、增强活力的原则，基本完成经营性文化单位转企改制，文化市场主体进一步完善，活力进一步增强。

2. 文化产业结构进一步优化。重点行业和项目对文化的拉动作用明显增强，文化创意、影视制作、出版发行、印刷复制、广告、演艺娱乐、文化会展、数字内容和动漫等产业得到较快发展，以资本为纽带推进文化企业兼并重组取得重要进展，力争形成一批跨地区跨行业经营、有较强市场竞争力、产值超百亿的骨干文化企业和企业集团。

3. 文化创新能力进一步提升。文化体制机制创新取得实质性进展，文化产业发展活力明显增强，以企业为主体、市场为导向、产学研相结合的文化创新体系初步形成，文化原创能力进一步提高，数字化、网络化技术广泛运用，文化企业装备水平和科技含量显著提高。

4. 现代文化市场体系进一步完善。市场在文化资源配置中的基础性作用得到更好的发挥，文化产品和生产要素合理流动，城乡文化市场进一步发展，现代流通组织和流通形式逐步成为文化流通领域的主要力量，文化消费领域不断拓展，在城乡居民消费结构中的比重明显增加。

5. 文化产品和服务出口进一步扩大。一批外向型骨干文化企业和国际知名品牌初步形成，对外文化贸易渠道和网络进一步拓展，文化产品和服务出口大幅增长，文化贸易逆差明显缩小，成为我国服务贸易出口的重要增长点。

重点任务

当前和今后一个时期，要着力做好以下 8 个方面工作：

（一）发展重点文化产业。以文化创意、影视制作、出版发行、印刷复制、广告、演艺娱乐、文化会展、数字内容和动漫等产业为重点，加大扶持力度，完善产业政策体系，实现跨越式发展。文化创意产业要着重发展文化科技、音乐制作、艺术创作、动漫游戏等企业，增强影响力和带动力，拉动相关服务业和制造业的发展。影视制作业要提升影片、电视剧和电视节目的生产能力，扩大影视制作、发行、播映和后产品开发，满足多种媒体、多种终端对影视数字内容的需求。出版业要推动产业结构调整和升级，加快从主要依赖传统纸介质出版物向多种介质形态出版物的数字出版产业转型。出版物发行业要积极开展跨地区、跨行业、跨所有制经营，形成若干大型发行集团，提高整体实力和竞争力。印刷复制业要发展高新技术印刷、特色印刷，建成若干各具特色、技术先进的印刷复制基地。演艺业要加快形成一批大型演艺集团，加强演出网络建设。动漫产业要着力打造深受观众喜爱的国际化动漫形象和品牌，成为文化产业的重要增长点。

（二）实施重大项目带动战略。以文化企业为主体，加大政策扶持力度，充分调动社会各方面的力量，加快建设一批具有重大示范效应和产业拉动作用的重大文化产业项目。继续推进国产动漫振兴工程、国家数字电影制作基地建设工程、多媒体数据库和经济信息平台、“中华字库”工程、国家“知识资源数据库”出版工程等重大文化建设项目。选择一批具备实施条件的重点项目给予支持。

（三）培育骨干文化企业。着力培育一批有实力、有竞争力的骨干文化企业，增强我国文化产业的整体实力和国际竞争力。坚持政府引导、市场运作，科学规划、合理布局，在重点文化产业中选择一批成长性好、竞争力强的文化企业或企业集团，加大政策扶持力度，推动跨地区、跨行业联合或重组，尽快壮大企业规模，提高集约化经营水平，促进文化领域资源整合和结构调整。鼓励和引导有条件的文化企业面向资本市场融资，培育一批文化领域战略投资者，实现低成本扩张，进一步做大做强。

（四）加快文化产业园区和基地建设。加强对文化产业园区和基地布局的统筹规划，坚持标准、突出特色、提高水平，促进各种资源合理配置和产业分工。对符合规划的产业园区和基地，在基础设施建设、土地使用、税收政策等方面给予支持。建设若干辐射全国的区域文化产品物流中心，建设一批文化创意、影视制作、出版发行、印刷复制、演艺娱乐和动漫等产业示范基地，支持和加快发展具有地域和民族特色的文化产业群。

（五）扩大文化消费。不断适应当前城乡居民消费结构的新变化和审美的新需求，创新文化产品和服务，提高文化消费意识，培育新的消费热点。加强原创性作品的创作，打造一批具有核心竞争力的知名文化品牌。努力降低成本，提供价格合理、丰富多样的精神文化产品和服务。加快建设具有自主知识产权、科技含量高、富有中国文化特色的主题公园。开发与文化结合的教育培训、健身、旅游、休闲等服务性消费，带动相关产业发展。

（六）建设现代文化市场体系。建立健全门类齐全的文化产品市场和文化要素市场，促进文化产品和生产要素的合理流动。重点建设传输快捷、覆盖广泛的文化传播渠道。发展文艺演出院线，推动主要城市演出场所连锁经营。支持全国文化票务网络建设。推进有线电视网络整合，鼓励通过并购、重组等方式，进行广电网络的区域整合和跨地区经营。推进电影院线、数字电影院线的跨地区整合以及数字影院的建设和改造。支持国有出版发行企业以资本为纽带实行跨地区兼并重组。鼓励非公有资本进入文化创意、影视制作、演艺娱乐、动漫等领域。支持优先选用拥有自主知识产权、产品质量水平高的文化设备及产品。

（七）发展新兴文化业态。采用数字、网络等高新技术，大力推动文化产业升级。支持发展移动多媒体广播电视、网络广播影视、数字多媒体广播、手机广播电视，开发移动文化信息服务、数字娱乐产品等增值业务，为各种便携显示终端提供内容服务。加快广播电视传播和电影放映数字化进程。积极推进下一代广播电视网建设，发挥第三代移动通信网络、宽带光纤接入网络等网络基础设施的作用，制定和完善网络标准，促进互联互通和资源共享，推进三网融合。积极发展纸质有声读物、电子书、手机报和网络出版物等新兴出版发行业态。发展高新技术印刷。运用高新技术改造传统娱乐设施和舞台技术，鼓励文化设备提供商研发新型电影院、数字电影娱乐设备、便携式音响系统、流动演出系统及多功能集成化音响产品。加强数字技术、数字内容、网络技术等核心技术的研发，加快关键技术设备改造更新。

（八）扩大对外文化贸易。落实国家鼓励和支持文化产品和服务出口的优惠政策，在市场开拓、技术创新、海关通关等方面给予支持。制定《2009—2010 年度国家文化出口重点企业和项目目录》，形成鼓励、支持文化产品和服务出口的长效机制。重点扶持具有民族特色的文化艺术、展览、电影、电视剧、动画片、网络游戏、出版物、民族音乐舞蹈和杂技等产品和服务的出口，抓好国际营销网络建设。支持动漫、网络游戏、电子出版物等文化产品进入国际市场。鼓励文化企业通过独资、合资、控股、参股等多种形式，在国外兴办文化实体，建立文化产品营销网点，实现落地经营。办好国家重点支持的文化会展，通过中国（深圳）国际文化产业博览会、中国国际广播影视博览会、北京国际图书博览会等推动文化产品和服务出口。支持文化企业参加境外图书展、影视展、艺术节等国际大型展会和文化活动。

政策措施

（一）降低准入门槛。落实国家关于非公有资本、外资进入文化产业的有关规定，根据文化产业不同类别，通过独资、合资、合作等多种途径，积极吸收社会资本和外资进入政策允许的文化产业领域，参与国有文化企业的股份制改造，形成以公有制为主体、多种所有制共同发展的文化产业格局。

（二）加大政府投入。中央和地方各级人民政府要加大对文化产业的投入，通过贷款贴息、项目补贴、补充资本金等方式，支持国家级文化产业基地建设，支持文化产业重点项目及跨区域整合，支持国有控股文化企业股份制改造，支持文化领域新产品、新技术的研发。支持大宗文化产品和服务的出口。大幅增加中央财政“扶持文化产业发展专项资金”和文化体制改革专项资金规模，不断加大对文化产业发展和文化体制改革的支持力度。

（三）落实税收政策。贯彻落实《国务院办公厅关于印发文化体制改革中经营性文化事业单位转制为企业和支持文化企业发展两个规定的通知》中的相关税收优惠政策，研究确定文化产业支撑技术的具体范围，加大税收扶持力度，支持文化产业发展。

（四）加大金融支持。鼓励银行业金融机构加大对文化企业的金融支持力度。积极倡导鼓励担保和再担保机构大力开发支持文化产业发展、文化企业“走出去”的贷款担保业务品种。支持有条件的文化企业进入主板、创业板上市融资，鼓励已上市文化企业通过公开增发、定向增发等再融资方式进行并购和重组，迅速做大做强。支持符合条件的文化企业发行企业债券。

（五）设立中国文化产业投资基金。按照有关管理办法，由中央财政注资引导，吸收国有骨干文化企业、大型国有企业和金融机构认购。基金由专门机构进行管理，实行市场化运作，通过股权投资等方式，推动资源重组和结构调整，促进国家文化发展战略目标的实现。

保障条件

（一）加强组织领导。地方各级人民政府要按照科学发展观的要求，切实将《规划》的实施列入重要议事日程，把《规划》提出的目标任务纳入经济社会发展总体规划，建立相关的考核、评价和责任制度，作为评价地区发展水平、衡量发展质量和领导干部工作实绩的重要内容。文化行政主管部门在党委宣传部门协调指导下，具体组织实施，相关部门密切配合，确保《规划》提出的各项任务落到实处。

（二）深化文化体制改革。通过深化文化体制改革，进一步解放和发展文化生产力，激发全社会的文化创造活力。要紧紧抓住转企改制、重塑市场主体这个中心环节，加快推进出版发行单位转企改制和兼并重组，加快电影制片、发行、放映单位和文艺院团转企改制，抓好党报党刊发行体制和广播电视节目制播分离改革。大力推动行政管理体制改革和政府职能转变，建立统一高效的文化市场综合执法机构。

（三）培养文化产业人才。继续抓好全国宣传文化系统“四个一批”人才培养工程，着力加强领军人物和各类专门人才的培养。继续办好经营管理人才培训班，培养一批熟悉市场经济规律、懂经营、善管理的人才。吸引财经、金融、科技等领域的优秀人才进入文化产业领域。注重海外文化创意、研发、管理等高端人才的引进，为我国文化产业发展提供强有力的人才保障。

（四）加强立法工作。进一步完善法律体系，依法加强对文化产业发展的规范管理。完善国家知识产权保护体系，严厉打击各类盗版侵权行为，促进国家文化创新能力建设。

文物认定管理暂行办法

根据《中华人民共和国保护法》制定。经2009年8月5日文化部2009年第三次部务会议审核通过，由文化部于2009年10月1日颁布施行。中华人民共和国文化部令第46号

发文单位：中华人民共和国文化部
发文时间：2009－10－01
生效日期：2009－10－01

第一条 为规范文物认定管理工作，根据《中华人民共和国文物保护法》制定本办法。

本办法所称文物认定，是指文物行政部门将具有历史、艺术、科学价值的文化资源确认为文物的行政行为。

第二条 《中华人民共和国文物保护法》第二条第一款所列各项，应当认定为文物。

乡土建筑、工业遗产、农业遗产、商业老字号、文化线路、文化景观等特殊类型文物，按照本办法认定。

第三条 认定文物，由县级以上地方文物行政部门负责。认定文物发生争议的，由省级文物行政部门作出裁定。

省级文物行政部门应当根据国务院文物行政部门的要求，认定特定的文化资源为文物。

第四条 国务院文物行政部门应当定期发布指导意见，明确文物认定工作的范围和重点。

第五条 各级文物行政部门应当定期组织开展文物普查，并由县级以上地方文物行政部门对普查中发现的文物予以认定。

各级文物行政部门应当完善制度，鼓励公民、法人和其他组织在文物普查工作中发挥作用。

第六条 所有权人或持有人书面要求认定文物的，应当向县级以上地方文物行政部门提供其姓名或者名称、住所、有效身份证件号码或者有效证照号码，以及认定对象的来源说明。县级以上地方文物行政部门应当作出决定并予以答复。

县级以上地方文物行政部门应当告知文物所有权人或持有人依法承担的文物保护责任。

县级以上地方文物行政部门应当整理并保存上述工作的文件和资料。

第七条 公民、法人和其他组织书面要求认定不可移动文物的，应当向县级以上地方文物行政部门提供其姓名或者名称、住所、有效身份证件号码或者有效证照号码。县级以上地方文物行政部门应当通过听证会等形式听取公众意见并作出决定予以答复。

第八条 县级以上地方文物行政部门认定文物，应当开展调查研究，收集相关资料，充分听取专家意见，召集专门会议研究并作出书面决定。

县级以上地方文物行政部门可以委托或设置专门机构开展认定文物的具体工作。

第九条 不可移动文物的认定，自县级以上地方文物行政部门公告之日起生效。

可移动文物的认定，自县级以上地方文物行政部门作出决定之日起生效。列入文物收藏单位藏品档案的文物，自主管的文物行政部门备案之日起生效。

第十条 各级文物行政部门应当根据《中华人民共和国文物保护法》第三条的规定，组织开展经常性的文物定级工作。

第十一条 文物收藏单位收藏文物的定级，由

主管的文物行政部门备案确认。

文物行政部门应当建立民间收藏文物定级的工作机制，组织开展民间收藏文物的定级工作。定级的民间收藏文物，由主管的地方文物行政部门备案。

第十二条 公民、法人和其他组织，以及所有权人书面要求对不可移动文物进行定级的，应当向有关文物行政部门提供其姓名或者名称、住所、有效身份证件号码或者有效证照号码。有关文物行政部门应当通过听证会等形式听取公众意见并予以答复。

第十三条 对文物认定和定级决定不服的，可以依法申请行政复议。

第十四条 国家实行文物登录制度，由县级以上文物行政部门委托或设置专门机构开展相关工作。

文物登录，应当对各类文物分别制定登录指标体系。登录指标体系应当满足文物保护、研究和公众教育等需要。

根据私有文物所有权人的要求，文物登录管理机构应当对其身份予以保密。

第十五条 违反本办法规定，造成文物破坏的，对负有责任的主管人员和其他直接责任人员依法给予处分；构成犯罪的，依法追究刑事责任。

第十六条 古猿化石、古人类化石和与人类活动有关的第四纪古脊椎动物化石，以及上述化石地点和遗迹地点的认定和定级工作，按照本办法的规定执行。

历史文化名城、街区及村镇的认定和定级工作，按照有关法律法规的规定执行。

第十七条 本办法自2009年10月1日起施行。

文物艺术品拍卖规程

发文单位：中华人民共和国商务部
发文时间：2010－01－08
生效日期：2010－07－01

1 范围

本规程确定了文物艺术品拍卖的基本原则，规定了文物艺术品拍卖的主要程序与基本要求。

本规程适用于在中华人民共和国境内举办的各类文物艺术品经营性拍卖活动。

2 术语和定义

SW*****中确立的以下术语和定义适用于本规程。

2.1 拍卖

以公开竞价的形式，将特定物品或者财产权利转让给最高应价者的买卖方式。

2.2 拍卖当事人

参与拍卖活动的拍卖人、委托人、竞买人、买受人。

2.3 拍卖人

依照《中华人民共和国拍卖法》和《中华人民共和国公司法》设立的从事拍卖活动的企业法人。

2.4 委托人

委托拍卖人拍卖物品或者财产权利的公民、法人或者其他组织。

2.5 竞买人

参加竞购拍卖标的的公民、法人或者其他组织。

2.6 拍卖标的

委托人委托拍卖人拍卖的物品或者财产权利。

2.7 买受人

以最高应价购得拍卖标的的竞买人。

2.8 拍卖图录

拍卖人于拍卖日前制作、对拍卖标的进行介绍的图片或文字资料。

2.9 拍卖规则

在拍卖活动中各方参与者应当共同遵守的相关规定。

2.10 委托拍卖合同

拍卖人与委托人签订的确立委托拍卖关系的协议。

2.11 预展

拍卖人依法对拍卖标的进行的公开展示活动。

2.12 委托竞投

拍卖人应竞买人的请求，在拍卖现场为其提供的代为传递竞买信息的服务。

2.13 成交确认书

拍卖成交后由买受人和拍卖人签署的对拍卖成交事实予以确认的书面凭证。

3 基本原则

拍卖活动应当遵守有关法律、行政法规，遵循公开、公平、公正、诚实信用的原则，遵循有利于历史文化遗产保护与传承的原则。

4 拍卖标的征集

4.1 征集方式

拍卖标的征集指拍卖人寻找和选择拍卖资源的活动，一般包括常年征集和定向征集两种方式。

4.2 征集要求

文物拍卖标的征集应遵守国家有关文物拍卖标的范围的规定，并与本企业的文物拍卖资质相符。

拍卖人在征集前可通过适当的媒介对其征集活动进行宣传，主要宣传内容包括：征集时间、征集地点、征集范围以及联络方式。

拍卖人征集拍卖标的时，应安排相应专业人员参加现场征集活动，携带加盖公章的拍卖人营业执照复印件或相关证明。

拍卖人境外征集拍卖标的时，应遵守国家关于文物进出境管理的相关规定。

5　拍卖委托

5.1　委托拍卖合同的内容

拍卖人接受委托人的拍卖委托的，应与委托人签订书面委托拍卖合同。委托拍卖合同应包括以下内容：

——委托人、拍卖人的姓名或者名称、国籍、证件号码、住所、联系方式；

——拍卖标的作者/年代、名称、质地、形式、尺寸、数量、保存状况；

——委托人提出的拍卖标的保留价；

——拍卖的时间、地点或有关拍卖时间、地点安排的其他表述；

——拍卖标的交付或者转移的时间、方式；

——拍卖标的的鉴定；

——佣金、费用及其支付的方式、期限；

——价款的支付方式、期限；

——拍卖未成交的有关事宜；

——有关保密事项的约定；

——违约责任，包括因委托人中止或终止拍卖所造成损失的赔偿约定；

——双方约定的其他事项。

5.2　委托拍卖合同的签订

拍卖人与委托人签订委托拍卖合同时，拍卖人应要求委托人提供身份证明：

——委托人为自然人的，提供有效身份证或护照或中华人民共和国政府认可的其他有效身份证件；

——委托人为法人或者其他组织的，提供有效注册登记文件、法定代表人身份证明或者合法的授权委托证明文件；

——代理人委托拍卖标的的，提供授权委托书和委托人、代理人的有效身份证明。授权委托书应载明代理人的姓名或者名称、代理事项、代理权限和有效期。

拍卖人与委托人签订委托拍卖合同时，有权要求委托人提供拍卖标的的所有权证明或者依法可以处分该拍卖标的的证明及其他资料，并有权要求委托人说明该拍卖标的的瑕疵。

拍卖人与委托人应准确、清晰、完整填写合同的各项内容，有附件的合同应在附件中注明主合同编号。

委托拍卖合同至少一式三份，由拍卖人财务、业务部门和委托人分别留存。

委托拍卖合同确需修改时，可直接在原合同上进行修改，或者签订补充协议。直接在原合同上进行修改的，合同修改处应由合同双方签字确认。

5.3　委托拍卖合同的管理

拍卖人应建立委托拍卖合同管理制度，对委托拍卖合同的执行情况进行跟踪，采取必要的保密措施，予以妥善保存。

6　拍卖标的的鉴定与审核

6.1　鉴定与审核程序

委托拍卖合同签订前，拍卖人应对征集的拍卖标的进行初步鉴定，根据鉴定结果决定是否接受委托。

委托拍卖合同签订后，拍卖人认为需要对拍卖标的做进一步鉴定的，可依法进行鉴定。拍卖标的的鉴定结论与委托拍卖合同载明的拍卖标的状况不相符的，拍卖人有权要求变更或者解除合同。

拍卖人应依法将拟上拍的文物拍卖标的报所在地的省、自治区、直辖市人民政府文物行政部门审核，并依据审核意见确定是否上拍。对未通过审核的拍卖标的，拍卖人应告知委托人，并与其解除该标的的委托拍卖合同。

6.2　鉴定记录

拍卖人对拍卖标的进行鉴定时，应制作鉴定记录。鉴定记录内容包括鉴定时间、地点、鉴定人或鉴定机构、鉴定意见和结论。

7　拍卖标的的保管

7.1　库房基本设施

拍卖标的库房应安装适合的监控、报警和消防系统，满足各类拍卖标的基本的保管条件。对有特殊要求的拍卖标的，可视情况配备相应的防水、防尘、防虫、防火、防盗等保管设施。

7.2　拍卖标的存放

库房存放拍卖标的，应依照拍卖标的的材质、包装形态、质量及安全要求，设定合理的存放方式，避免拍卖标的受损。

7.3　库房安全管理

库房内严禁烟火，应在明显处悬挂禁止烟火标志。消防设备应定期检查，如有故障，应立即修理更换。

非库房管理人员进入库房应有库房管理员在场；

所有进入库房人员避免携带私人箱包、提袋、大衣、雨具及易燃易爆品，库房内不宜使用钢笔、印油等易污损拍卖标的的文具；

库房管理员班前班后必须检查各类库房设施，并填写检查记录。

7.4　拍卖标的入库

拍卖人应将征集到的拍卖标的及时入库，库房管理员应根据委托拍卖合同，对入库拍卖标的核对验收。验收无误后签收，并建立入库拍卖标的登记账目，将拍卖标的存放于指定库位。暂存物品也应入账登记。

库房管理员如发现入库拍卖标的品名、规格、数量、包装等与委托拍卖合同的内容不符，应立即通知业务部门。

7.5　拍卖标的出库

7.5.1　临时出库

因鉴定、拍照、巡展等需要临时提取拍卖标的时，经手人应与库房管理员做好拍卖标的的出库交接手续。归还时由经手人和库房管理员当面清点交接。

7.5.2　买受人提货

拍卖人凭提货凭证为买受人办理提货手续。买受人提货后，拍卖人应当场收回提货凭证。

买受人委托他人提货时，代理人应出具买受人的授权委托书及提货凭证。授权委托书应当载明代理人的姓名或者名称、身份证明种类及号码、代理事项、代理权限和有效期。拍卖人应核对代理人的有效身份证件，并复制留存。

7.5.3　拍卖标的退还

拍卖标的未上拍或未成交，拍卖人应及时通知委托人凭有效身份证件及相关凭证办理退还手续，领取拍卖标的。

委托人委托他人办理领取事宜时，代理人应当出具委托人的授权委托书。授权委托书应当载明代理人的姓名或者名称、身份证明种类及号码、代理事项、代理权限和有效期。拍卖人应核对代理人的有效身份证件，并复制留存。

7.6　库房盘点管理

拍卖人应建立库房定期盘点制度，对库存拍卖标的进行定期盘点。盘点数量与账面数量核对若有差异，应立即会同相关部门查明原因，并及时处理。

库房管理员岗位变更时，应按规定履行拍卖标的移交工作。

7.7　运输包装

为确保拍卖标的的运输安全，拍卖标的临时出库时应根据材质的不同，妥善包装，满足短途或长途运输要求。拍卖人可根据实际情况及各门类拍卖标的的特点，制定短途、长途运输包装技术要求。

8　拍卖图录的制作

8.1　制作目的

拍卖活动举办前，拍卖人应制作拍卖图录，以便相关各方了解拍卖活动以及拍卖标的的基本情况。

8.2　图录内容

拍卖图录一般包括以下内容：拍卖活动名称、预展及拍卖的时间和地点、拍卖规则等拍卖参与各方应知悉的内容、委托竞投授权文本、拍卖人联络方式等信息、拍卖标的基本情况及特别说明。基本情况包括拍卖标的名称、作者及生辰、年代、形式、质地、尺寸、钤印、题跋、参考价等内容。

拍卖图录的内容应符合省、自治区、直辖市人民政府文物行政主管部门的审核意见。

对于禁止出境的拍卖标的、无保留价的拍卖标的，拍卖人应于拍卖图录上特别标注。

应竞买人的要求，拍卖人可提供拍卖标的状态报告，作为拍卖图录的补充。

全部拍卖标的应刊印于拍卖图录，并可根据需要配附图片，图片应尽可能准确反映拍卖标的的实际状况和品质。

9　拍卖会的实施

9.1　申报与备案

拍卖会举办之前，拍卖人应根据有关法律、行政法规的要求完成向有关行政主管部门的拍卖会申报、备案工作。

9.2　拍卖公告

拍卖人应于拍卖日7日前发布拍卖公告，拍卖公告应包括以下内容：拍卖的时间和地点、拍卖标的或拍卖场次、拍卖标的的预展时间和地点、参与竞买应当办理的手续、拍卖人联系方式、需要公告的其他事项。

9.3　日程安排与岗位设置

拍卖日程通常包括：新闻发布、拍卖公告、标的预展、现场拍卖、财务结算、标的移交等各阶段的实施日期和期限。

拍卖会应设置现场指挥、客户接待、安全保卫、新闻报道、联络协调、后勤保障等主要岗位。

9.4　标的展示

9.4.1　标的预展

拍卖人应在拍卖前展示拍卖标的，并提供查看拍卖标的的条件及有关资料。拍卖标的的展示时间不得少于2日。

预展场地应符合国家有关文物艺术品展示场地的要求，展板、展架、灯具等应符合国家安全标准。

拍卖人可选择专业机构负责展区设计、展场布置工作。

9.4.2　展场布置

拍卖人可根据需要设置：展场布局图，计算机系统、通讯系统及摄像系统以及咨询接待处、竞投登记处、结算处、媒体接待处、委托竞投处、图录资料发放处等。

根据国家有关规定，展场明显处应设置安全疏散图示。

9.5　竞买人登记

在办理竞买登记手续时，竞买人为自然人的，应提供本人有效身份证件。竞买人为法人或者其他组织的，应提供有效的注册登记文件、法定代表人身份证明或者合法的授权委托证明文件。竞买人委托他人代为办理竞买手续的，代理人应出具授权委托书和竞买人、代理人的有效身份证明。

拍卖人和竞买人应签署竞买协议。竞买协议的内容包括：竞买人和拍卖人的基本情况、竞买牌号，以及双方在拍卖活动中的主要权利和义务、竞买人认可的拍卖规则。

为维护拍卖秩序，拍卖人可向竞买人收取一定数额的竞买保证金，并向竞买人出具竞买保证金收据。

拍卖人发放的竞买号牌为竞买人参与现场竞价的唯一凭证。

9.6　代为竞买和委托竞投

竞买人可自行参加竞买，也可委托其代理人参加竞买，竞买结果及相关法律责任由竞买人承担。

竞买人可采用书面形式向拍卖人提出委托竞投的请求。拍卖人接受竞买人委托竞投请求的，应在拍卖现场设置委托竞投席，为竞买人提供代为传递竞买信息的服务。

9.7　拍卖现场

9.7.1　会场要求

拍卖人应根据拍卖标的的状况和竞买号牌的发放数量合理布置拍卖会场。

拍卖人可在拍卖现场设置投影系统和监控系统，并根据需要设立委托竞投席。

拍卖人应落实拍卖会场的安全消防措施。

9.7.2　拍卖主持

拍卖师应于拍卖前宣布拍卖规则和注意事项。

拍卖师原则上应按照拍卖图录号的顺序依次拍卖，如有调整应在拍卖前予以说明。

拍卖标的无保留价的，拍卖师应在拍卖前予以说明。

9.7.3　保留价规则

拍卖标的有保留价的，竞买人的最高应价未达到保留价时，该应价不发生效力，拍卖师应停止拍卖标的的拍卖。

9.7.4　拍卖成交

竞买人的最高应价经拍卖师落槌或者以其他公开表示买定的方式确认后，拍卖成交。

拍卖成交后，买受人和拍卖人应签署成交确认书。

9.7.5　拍卖笔录

拍卖人进行拍卖时，应依法制作拍卖笔录。拍卖笔录应由拍卖师、记录人签名；拍卖成交的，还应由买受人签名。

10　**拍卖结算**

10.1　买受人结算

拍卖成交后，买受人凭成交确认书、竞买保证金收据与拍卖人办理结算事宜。

买受人委托他人代为付款的，代理人应出具买受人的授权委托书。拍卖人还应核对代理人的有效身份证件，并复印留存。

10.2　委托人结算

10.2.1　结算程序

拍卖人收到买受人支付的价款后，应按照约定与委托人结算。委托人委托他人办理结算事宜时，代理人应出具委托人的授权委托书。拍卖人应核对代理人的有效身份证件，并复印留存。

拍卖人应根据国家有关税务规定履行代扣代缴义务。

10.2.2 相关费用

10.2.2.1 保险费用

委托人将拍卖标的交付拍卖人后，委托人要求为拍卖标的安排保险的，拍卖人应为拍卖标的安排保险，相关保险费用由委托人承担。

委托人将拍卖标的交付拍卖人后，拍卖人要求为拍卖标的安排保险的，可由委托人自行安排保险或由拍卖人代为安排保险，相关保险费用由委托人承担。

10.2.2.2 保管费用

委托人将拍卖标的交付拍卖人后，双方约定不予投保或无法投保的，拍卖人可向委托人收取合理的保管费用。

委托人逾期不领取未上拍或未成交拍卖标的的，买受人逾期不领取拍卖标的的，拍卖人有权要求收取保管费用。

11 **拍卖档案的管理**

11.1 档案保管期限

拍卖人应妥善保管档案资料，保管期限自委托拍卖合同终止之日起计算，不得少于5年。

11.2 档案资料的内容

档案资料的内容包括：

——委托拍卖合同、委托人提供的对拍卖标的享有所有权或处分权的证明及其他资料、证照复印件等，以及拍卖标的的保管、保险、移交等事项的有关资料。

——拍卖公告，包括刊登公告的剪报、电视录像、电台广播录音。

——拍卖标的资料，包括拍卖图录、与拍卖标的相关的各类图片、文字资料、鉴定记录，以及有关部门的批复文件。

——预展及拍卖现场的影像、文字资料。

——竞买登记文件，包括竞买协议、竞买人的身份证明复印件、委托代理竞买授权书，以及代理人的身份证明复印件。

——拍卖规则、注意事项、重要声明等。

——成交确认书、拍卖笔录。

——有关拍卖业务经营活动的完整账簿和其他有关资料。

11.3 档案资料的管理

拍卖人可自行选择档案管理方式。管理方式包括：以拍卖会为单元整理存档；以资料的内容为单元分类存档。

拍卖资料应当真实、准确、完整，查阅方便。每个拍卖档案均应建立档案目录和编号。

第七部分　艺术品拍卖信息

艺术品拍卖信息

编号	拍卖公司	拍卖会名称	总成交额（万元）	总成交率（%）	拍卖专场名称	专场成交额（万元）	专场成交率（%）	地点及时间
1	浙江佳宝	“长物江南”明清家具瓷杂精品专场拍卖会	4,785.04	66.48	明清精品家具专场	2,937.49	71.53	杭州 2010-01-02
					精品杂项专场	1,847.55	63.21	
2	中都国际	2010年迎春艺术精品拍卖会	1,463.26	77.88	杂项玉器	1,013.59	80.06	北京 2010-01-09
					中国书画	449.67	75.80	
3	秦宝斋	2010年迎春艺术品拍卖会	1,304.98	81.86	怡情珍玩	140.80	82.05	西安 2010-01-10
					中国书画	1,164.19	81.00	
4	皇玛抱趣	2010年迎春拍卖会	2,639.59	78.76	中国书画专场	2,143.68	80.17	广州 2010-01-10
					中国油画　水彩　版画　雕塑	331.83	87.50	
					石章	164.08	25.00	
5	陕西诚挚	2010迎春艺术品拍卖会	1,591.31	46.65	中国书画	1,496.80	61.92	西安 2010-01-16
					油画　雕塑　工艺品	94.51	11.50	
6	南京正大	2010年迎春(暨第十届)中国明清古典家具专场拍卖会	4,417.20	85.53	中国明清古典家具精品专场	4,417.20	85.53	南京 2010-01-17
7	上海嘉泰	2010迎春拍卖会	601.98	70.05	中国书画(一)	91.90	85.20	上海 2010-01-19
					中国书画(二)	244.71	77.71	
					古籍善本	18.63	54.36	
					古董文玩	246.74	60.34	
8	蓝天国拍	2010年迎春拍卖会	1,694.69	71.71	中国近现代书画	1,519.24	74.39	天津 2010-01-23
					瓷器　玉器　工艺品	175.45	67.68	
9	澳门中信	2010年迎春艺术品拍卖会	14,587.22	42.44	书画	4,772.36	36.07	澳门 2010-01-23
					瓷器杂项	9,814.86	58.00	
10	南京经典	2010中国书画迎春拍卖会	2,452.03	84.09	中国书画	2,452.03	84.09	南京 2010-01-28
11	上海新华	2010首届双月艺术品拍卖会	710.57	75.05	中国书画	322.19	91.41	上海 2010-01-31
					瓷杂器物	388.38	66.67	
12	广州嘉德	四季嘉德拍卖会(二)	394.55	60.54	中国书画	377.84	64.04	广州 2010-01-31
					瓷器　玉器　工艺品	9.21	34.92	
					油画　版画	7.50	56.67	
13	上海崇源	2010迎春拍卖会	836.43	40.44	书画古董上午场	150.15	50.35	上海 2010-02-09
					书画古董下午场	686.28	35.65	
14	东方艺都	2010迎春艺术品拍卖会	533.06	94.24	书画　古籍　成扇　文玩	533.06	94.24	北京 2010-03-07

编号	拍卖公司	拍卖会名称	总成交额（万元）	总成交率（%）	拍卖专场名称	专场成交额（万元）	专场成交率（%）	地点及时间
15	北京荣宝	荣宝艺术品拍卖会（第67期）	4,240.48	70.80	中国书画一·名家小品专场	647.58	88.67	北京 2010-03-14
					中国书画二	1,971.48	68.95	
					古董文玩	1,621.42	62.87	
16	北京宏大	2010迎春书画专题拍卖会	1,597.31	93.36	中国书画	1,597.31	93.36	北京 2010-03-19
17	北京中汉	犹珍Ⅲ——中国古代瓷珍暨工艺品残器专场	688.58	45.57	犹珍Ⅲ——中国古代瓷珍暨工艺品残器专场	688.58	45.57	北京 2010-03-19
18	北京保利	第10期精品拍卖会	11,251.56	73.74	“暖日春烟”——瓷玉雅玩专场	519.12	74.90	北京 2010-03-19
					瓷器 玉器 砚 印	1,234.80	65.40	
					工艺品	1,643.82	85.43	
					中国书画（一）及美国回流精品	4,322.30	82.95	
					中国书画（二）	1,674.79	66.25	
					中国古代书画	1,780.13	67.85	
					祖国万岁——中国当代书画家优秀作品集	76.60	83.14	
19	中国嘉德	嘉德四季第21期拍卖会	25,849.94	85.32	中国书画（一）	3,544.46	93.02	北京 2010-03-20
					中国书画（二）	2,887.25	81.88	
					中国书画（三）	2,647.18	88.95	
					中国书画（四）	1,255.07	100.00	
					中国书画（五）	2,930.03	82.38	
					中国书画（六）	2,078.16	84.12	
					中国书画（七）	3,099.94	77.82	
					瓷器	1,645.62	78.35	
					玉器 家具 工艺品	2,935.63	83.60	
					古籍善本 碑帖法书	2,826.60	83.05	
20	NY苏富比	2010春季拍卖会（一）	9,813.59	76.33	中国瓷器工艺品	9,813.59	76.33	纽约 2010-03-23
21	上海驰翰	2010首届艺术品春季拍卖会	5,797.08	94.16	中国书画一	1,445.58	96.94	上海 2010-03-25
					中国书画二	3,919.80	94.06	
					紫砂菁英·寿山珍玩	431.70	90.44	
22	NY佳士得	2010年春季拍卖会	27,637.71	83.66	赛克勒艺术珍藏专场	2,734.79	96.34	纽约 2010-03-25
					重要中国瓷器及工艺精品	15,434.87	86.56	
					乘物游心：普孟斐文房清玩珍藏	9,468.05	70.25	

编号	拍卖公司	拍卖会名称	总成交额（万元）	总成交率（%）	拍卖专场名称	专场成交额（万元）	专场成交率（%）	地点及时间
23	香港淳浩	2010年春季拍卖会	1,640.77	73.65	瓷器工艺品	378.58	63.79	香港 2010-03-27
					中国近现代书画	1,262.19	85.11	
24	中鸿信	2010年春季艺术品拍卖会	7,079.98	73.26	瓷器 玉器 古董珍玩	1,420.50	62.63	北京 2010-03-28
					中国近现代书画 中国古代书画	5,659.48	77.31	
25	上海博海	2010年第一期艺术品拍卖会	298.48	33.77	中国古董杂件	298.48	33.77	上海 2010-03-28
26	江苏爱涛	2010迎春艺术品拍卖会	2,507.87	58.70	古董珍玩	1,078.58	55.45	南京 2010-03-28
					中国书画	1,429.29	60.65	
27	HK苏富比	2010年春季拍卖会	175,768.44	87.19	红酒专场	4,372.28	100.00	香港 2010-04-05
					东南亚现当代艺术	6,097.70	86.71	
					20世纪中国当代艺术	8,956.99	74.24	
					亚洲当代艺术	12,749.53	75.00	
					张宗宪收藏中国书画专拍	9,971.72	56.67	
					中国书画	26,830.94	96.64	
					名贵腕表	4,720.83	90.85	
					珠宝翡翠	35,972.88	75.08	
					水松石山房藏珍玩专场——隽物凝思	3,608.75	59.09	
					中国瓷器工艺品	62,486.82	73.13	
28	香港富得	10周年庆典拍卖会	13,531.42	59.68	中国陶瓷及艺术珍玩	10,582.10	49.78	香港 2010-04-07
					中国书画	1,275.44	64.98	
					翡翠珠宝	978.33	62.29	
					名贵钟表	695.55	65.08	
29	上海新华	第二届双月艺术品拍卖会	615.64	65.68	书画 杂项	615.64	65.68	上海 2010-04-11
30	浙江中财	2010春季艺术品拍卖会	1,128.39	65.70	陶瓷类	417.28	61.47	宁波 2010-04-11
					铜器类	331.89	72.31	
					牙角雕类	237.94	67.39	
					玉石类	141.28	65.17	
31	浙江民和	2010春季艺术品拍卖会	290.58	41.50	木器类	110.21	47.56	宁波 2010-04-11
					书画类	180.37	37.29	
32	上海中天	春秋留真(叁)——2010常州春季精品书画拍卖会	3,247.57	92.03	“隽永逸秀”名家小品	419.13	96.55	常州 2010-04-11
					“怀袖雅物”成扇 扇画	135.67	100.00	
					“瀚墨华章”古代 近现代 当代书画专题	2,692.77	89.75	
33	书画艺拍	2010年春季拍卖会(第281期)	220.31	59.76	中国书画	145.47	61.62	香港 2010-04-17
					中国艺术品	74.84	58.69	

编号	拍卖公司	拍卖会名称	总成交额（万元）	总成交率（%）	拍卖专场名称	专场成交额（万元）	专场成交率（%）	地点及时间
34	辽宁中正	2010春季大型艺术品拍卖会	1,470.30	76.74	古董珍玩	789.24	83.98	沈阳 2010－04－18
					中国书画	681.06	70.02	
35	上海嘉泰	2010春季艺术品拍卖会	5,491.32	70.10	古籍善本	232.51	84.00	上海 2010－04－19
					中国书画	1,989.27	62.08	
					名家西画	2,407.97	86.30	
					神道佛光	111.72	61.86	
					瓷艺画珍	127.74	35.85	
					文房博古	135.86	64.41	
					东瀛拾趣	74.82	92.31	
					国石印供	8.68	46.15	
					玉宝奇瑰	120.57	69.41	
					堂置案供	147.28	65.96	
					木香石韵	134.90	64.18	
36	上海工美	15周年庆典拍卖会	13,036.64	89.65	中国扇面书画	1,757.28	94.77	上海 2010－04－22
					中国书画	2,189.55	82.30	
					唐云百年	9,089.81	91.88	
37	上海恒利	2010春季首届艺术品拍卖会	22,817.54	95.10	中国书画	22,817.54	95.10	上海 2010－04－23
38	上海崇源	崇源雅集首届艺术品拍卖会	1,356.65	65.41	崇源雅集	1,356.65	65.41	上海 2010－04－24
39	香港佳富	2010年春季艺术品拍卖会	1,188.99	53.72	中国近现代书画	1,086.24	45.74	香港 2010－04－25
					古玩杂项精品	102.75	81.48	
40	中信国际	2010春季艺术珍品拍卖会	3,872.87	50.66	陶瓷玉器杂项	2385.89	38.19	香港 2010－04－25
					珠宝名表	42.74	41.46	
					中国字画　油画	1444.24	60.55	
41	云南典藏	2010春季拍卖会	3,422.65	58.28	中国书画	1,049.03	62.17	昆明 2010－04－25
					中国陶瓷·古董珍玩	2,373.62	53.45	
42	曲江盛世	2010年春季拍卖会	4,245.25	93.53	中国书画	4,245.25	93.53	西安 2010－04－25
43	上海敬华	2010年春季拍卖会	16,327.14	92.43	名家小品专场	1,953.62	98.11	上海 2010－04－25
					中国近现代书画（一）	5,735.07	97.98	
					中国近现代书画（二）	3,361.34	91.52	
					中国扇画专场	1,301.33	92.45	
					中国古代书画	3,975.78	83.93	
44	广州嘉德	四季嘉德拍卖会（三）	470.92	65.88	瓷器 玉器 工艺品 中国书画	470.92	65.88	广州 2010－04－25
45	明珠双龙	2010第三期大众典藏拍卖会	618.15	94.88	大众典藏	618.15	94.88	北京 2010－04－26
46	博古斋	2010年春季大型艺术品拍卖会	1,262.79	54.69	中国字画一	1,262.79	54.69	上海 2010－04－28
47	中翰清花	2010“繁花似金”艺术品专场拍卖会	2,720.50	51.68	繁花似金专场	2,720.50	51.68	深圳 2010－05－02

编号	拍卖公司	拍卖会名称	总成交额（万元）	总成交率（%）	拍卖专场名称	专场成交额（万元）	专场成交率（%）	地点及时间
48	华夏国拍	2010 春季拍卖会	5,624.04	88.84	金银币专场	774.35	93.39	北京 2010-05-08
					先秦古钱专场	366.04	96.97	
					历代古钱专场	511.13	80.63	
					金银锭专场	1,102.18	99.20	
					铜镜玺印专场	1,507.37	96.75	
					黄琦收藏中国军用钞票专场	1,362.97	81.58	
49	北京诚轩	2010 春季艺术品拍卖会	33,235.74	84.38	古钱 银锭 机制币专题	1,186.88	86.39	北京 2010-05-08
					机制币专场	1,382.64	86.54	
					纸币专场	1,695.43	79.89	
					邮品专场	1,011.66	80.64	
					中国油画 雕塑	4,610.82	79.82	
					中国书画(一)	11,021.14	97.63	
					瓷器工艺品	5,241.38	88.14	
					中国书画(二)	7,085.79	94.40	
50	中国嘉德	2010 春季拍卖会	170,474.88	85.05	冯乃川收藏纸钞	686.71	100.00	北京 2010-05-08
					纸钞专场	1,014.32	84.57	
					金银币 金银锭 古钱	2,415.05	84.51	
					铜镜专场	1,646.49	80.77	
					邮品专场	1,015.59	86.66	
					中国油画	8,796.82	75.38	
					中南雕塑及雕塑精品	498.85	74.19	
					古籍善本	4,579.90	73.21	
					中国古代书画(一)	12,448.35	76.26	
					艺苑七景	16,477.44	90.41	
					一代书圣于右任	4,510.46	100.00	
					亚洲重要私人珍藏系列(一)	5,271.84	91.30	
					亚洲重要私人珍藏系列(二)、(三)	8,781.70	96.72	
					亚洲重要私人珍藏系列(四)、(五)、(六)	6,920.14	85.71	
					稚柳风腕 纪念谢稚柳诞辰 100 周年作品集珍	2,527.84	75.00	
					三石集珍	9,428.16	84.31	
					借古开今 张大千、黄宾虹、吴湖帆及同时代画家	22,367.63	86.76	
					中国当代书画	3,389.57	94.17	

编号	拍卖公司	拍卖会名称	总成交额（万元）	总成交率（%）	拍卖专场名称	专场成交额（万元）	专场成交率（%）	地点及时间
					中国近现代书画（二）	15,212.62	86.69	
					气象堂皇　宫廷艺术集粹	14,711.20	80.00	
					柔翰清心　书斋雅器紫玉金砂	1,422.06	77.01	
					蒴淞阁　文房清供	8,400.00	100.00	
					金错花镌　宫廷陈设掐丝珐琅	3,907.90	74.36	
					家青制器　创作十五周年	2,056.32	100.00	
					瓷器玉器工艺品	6,380.30	77.95	
					近现代陶瓷艺术	3,832.53	88.83	
					天工神作　现当代工艺美术精品	409.92	64.62	
					国石国艺　翡翠	1,365.17	59.48	
51	北京中嘉	2010春季艺术品拍卖会	15,872.75	30.56	书画　瓷器　杂项	15,872.75	30.56	北京 2010－05－09
52	LD佳士得	2010春季拍卖会	10,128.90	71.48	中国瓷器工艺品	6,908.26	64.08	伦敦 2010－05－11
					中国工艺品	3,220.64	75.70	
53	北京歌德	2010年春邮品钱币专场	421.73	49.78	邮品专场	68.48	51.88	北京 2010－05－11
					钱币专场	353.25	47.67	
54	LD苏富比	2010年春季拍卖会	7,237.12	72.97	中国瓷器工艺品	7,237.12	72.97	伦敦 2010－05－12
55	北京华辰	2010春季拍卖会	23,027.76	58.92	集妙萃珍积翠园基金会珍藏中国书画	11,348.96	100	北京 2010－05－14
					中国书画	6,819.68	73.60	
					中国油画雕塑	1,228.30	60.53	
					影像	252.12	40.88	
					荷香书屋拾珍——张宗宪先生收藏	1,259.33	43.06	
					圆融万象——寿山石艺术珍品	76.27	41.07	
					瓷器玉器工艺品	2,043.10	61.25	
56	北京永乐	2010春季拍卖会	8,159.42	81.22	明清工艺精品	2,735.26	81.88	北京 2010－05－18
					中国书画	5,424.16	80.94	
57	北京中汉	2010春季拍卖会	6,813.86	43.64	瓷器工艺品	4,248.33	54.39	北京 2010－05－19
					油画与雕塑	443.63	43.84	
					中国书画	2,121.90	36.25	
58	金仕德	2010春季拍卖会	5,028.91	83.63	中国书画	2,672.45	75.65	北京 2010－05－19
					瓷器杂项	2,356.46	89.46	
59	北京宝鼎	2010首届海外回流艺术精品拍卖会	2,396.48	96.50	中国书画	2,396.48	96.50	北京 2010－05－23

编号	拍卖公司	拍卖会名称	总成交额（万元）	总成交率（%）	拍卖专场名称	专场成交额(万元)	专场成交率(%)	地点及时间
60	南京正大	2010 春季拍卖会	3,469.49	91.09	第十一届中国明清古典家具专场	3,469.49	91.09	南京 2010－05－23
61	香港富得	2010 年第 94 期拍卖会	1,197.30	72.92	中国书画　印章古籍善本	1,197.30	72.92	香港 2010－05－27
62	伊斯特	2010 春季拍卖伊斯特香港拍卖会	6843.20	72.68	当代艺术　西洋美术	4,406.03	69.40	香港 2010－05－27
					装饰美术	570.18	63.71	
					钟表　珠宝	1,866.99	84.92	
63	华辉拍卖	2010 年春季拍卖会	594.24	50.12	中国近现代书画艺术品	424.66	58.10	香港 2010－05－29
					瓷器工艺品	169.58	42.47	
64	书画艺拍	7 周年拍卖会第 287 期	264.78	51.28	中国书画	214.06	64.36	香港 2010－05－29
					中国艺术品	50.72	44.69	
65	HK 佳士得	2010 春季拍卖会	202,039.25	84.80	顶级珍贵名酒	3,537.71	93.63	香港 2010－05－29
					艺海遗珍　颂德堂藏中国近现代画	8,401.10	95.24	
					中国近现代画	18,747.67	85.11	
					中国古代书画	11,589.38	74.51	
					亚洲当代艺术及中国 20 世纪艺术	26,635.01	100.00	
					东南亚现代及当代艺术	3,910.82	82.09	
					中国 20 世纪艺术	9,220.84	80.00	
					亚洲当代艺术	10,095.47	79.40	
					松竹堂珍藏　重要犀角雕刻(Ⅱ)	20,799.82	100.00	
					中国宫廷御制艺术精品	18,430.36	64.63	
					重要中国瓷器及工艺精品	19,886.24	64.82	
					瑰丽珠宝及翡翠首饰	41,308.13	88.89	
					精致名表及千禧珍藏	9,476.70	90.88	
66	北京荣宝	2010 春季艺术品拍卖会	21,119.16	89.91	中国书画一·名家小品及书法专场	1,233.79	90.37	北京 2010－05－30
					乾隆朝瓷器工艺品专场	767.76	72.73	
					油画雕塑·普洱茶专场	1,065.68	86.36	
					中国书画二	4,188.46	96.84	
					中国书画三·玉莲斋藏画专场	3,632.38	100.00	
					中国书画四	10,231.09	87.55	

编号	拍卖公司	拍卖会名称	总成交额（万元）	总成交率（%）	拍卖专场名称	专场成交额（万元）	专场成交率（%）	地点及时间
67	泰和嘉成	2010春季艺术品拍卖会	6,417.43	78.19	惊艳——朱印本靛印本专场	557.89	98.57	北京 2010-05-30
					展卷——古籍文献专场	2,325.42	66.33	
					中国书画	1,494.06	85.36	
					手卷册页	1,321.02	97.26	
					历代书法	651.93	83.28	
					红色记忆——新中国版画暨宣传画	67.11	56.52	
68	罗芙奥	香港2010春季拍卖会	5,984.24	80.00	现代与当代艺术	5,984.24	80.00	香港 2010-05-31
69	北京翰海	北京工艺60年懋隆专场拍卖会	5,028.20	85.47	中国书画	3,100.22	98.57	北京 2010-06-01
					古董珍玩	1,927.98	73.33	
70	北京保利	5周年春季拍卖会	331,335.59	68.08	珍藏佳酿——法国名庄葡萄酒撷英（三）	525.28	40.17	北京 2010-06-01
					中国当代水墨	4,227.89	86.77	
					现当代中国艺术	4,988.26	72.55	
					中国古籍文献及名家翰墨	3,050.04	71.19	
					现当代中国艺术夜场一	19,952.80	77.08	
					现当代中国艺术夜场二	9,835.84	87.88	
					亚洲重要华人藏中国书画夜场	7,354.70	66.04	
					新金陵与海上名家书画夜场	15,901.76	84.29	
					中国近现代书画	8,829.86	71.83	
					中国近现代、当代书画夜场及北堂旧藏齐白石篆刻稀珍（二）	53,032.00	90.53	
					尤仑斯男爵藏中国书画	14,616.00	100.00	
					黄庭坚《砥柱铭》	43,680.00	100.00	
					中国古代书画夜场	70,467.04	84.31	
					集雅萃珍——明、清珍贵扇面专场	1,480.75	78.21	
					中国古代书画	7,477.01	50.19	
					“雅印聚珍”——当代国石	874.83	73.81	
					中国当代高端工艺品	8,361.02	76.19	
					“九土来王”东西美术交流与乾隆盛世	25,399.36	89.09	

编号	拍卖公司	拍卖会名称	总成交额（万元）	总成交率（%）	拍卖专场名称	专场成交额（万元）	专场成交率（%）	地点及时间
					"会到无声"世家珍藏历代古琴	1,937.60	75.00	
					宫廷艺术与重要瓷器、工艺品	15,984.64	85.56	
					日本及海外藏明清陶瓷专场	3,118.08	100.00	
					"木石犀象之属"——私家藏文房雅玩	2,843.34	55.66	
					中国古董珍玩	7,397.49	56.32	
71	北京歌德	2010 春拍古籍善本专场	1,324.49	64.66	古籍善本	1,324.49	64.66	北京 2010－06－01
72	雍和嘉诚	2010 年春季艺术品拍卖会	6,342.25	61.22	中国新兴木刻运动先驱·李桦版画及收藏作品专场	592.96	77.22	北京 2010－06－02
					中国书画专场	3,429.89	61.00	
					瓷器、玉器、杂项、家具专场	2,319.40	54.29	
73	蓝天国拍	2010 春季艺术品拍卖会	1,437.02	40.30	中国书画	1,303.75	39.47	天津 2010－06－03
					瓷器　玉器　工艺品	133.27	41.38	
74	北京匡时	2010 春季艺术品拍卖会	108,361.44	74.61	近现代书画专场(一)	9,882.88	77.39	北京 2010－06－04
					南张北齐——张大千、齐白石作品专场	12,523.84	92.11	
					入古出新——黄秋园作品专场	856.24	56.36	
					近现代书画专场(二)	7,746.14	75.36	
					古代书法专场	13,137.82	77.59	
					清初"四王吴恽"作品专场	17,832.64	93.33	
					古代绘画专场	10,863.10	85.44	
					油画雕塑专场	8,876.67	70.16	
					清代宫廷艺术品专场	17,139.36	100.00	
					七弦遗韵——宋元明古琴专场	2,833.60	100.00	
					瓷玉工艺品专场	6,669.15	64.14	
75	北京翰海	2010 春季拍卖会	132,627.89	77.23	庆云堂中国书画专场(原天工艺苑)	11,771.31	88.50	北京 2010－06－05
					近现代书画(一)	5,000.46	76.51	
					近现代书画(二)	8,169.95	77.44	
					当代国石艺术	939.85	73.44	
					当代书画	3,294.66	87.16	
					法书楹联	744.91	78.52	
					中国扇画	742.53	66.96	
					古代书画(一)	14,771.12	79.58	

编号	拍卖公司	拍卖会名称	总成交额（万元）	总成交率（%）	拍卖专场名称	专场成交额（万元）	专场成交率（%）	地点及时间
					古代书画（二）	12,931.97	82.89	
					文翰咸集专场	18,213.44	100.00	
					中国玉器	5,638.86	70.59	
					油画雕塑Ⅰ:20世纪中国现当代美术	19,266.13	72.41	
					油画雕塑Ⅱ:2000年以来的亚洲新艺术	1,845.65	67.12	
					古籍善本	1,108.11	65.17	
					玉微山馆、琅石轩古董珍藏	1,185.18	73.33	
					汲珍斋清供雅玩	2,885.34	85.54	
					水月禅心——金铜佛像	6,265.73	66.67	
					明心见性——陈国恩珍藏重要明代佛像	2,925.44	78.95	
					古董珍玩	14,927.25	82.31	
76	中信国际	2010中信国际台湾春季艺术珍品预展暨拍卖会	1,748.68	61.91	陶瓷玉器　珠宝首饰	234.95	47.39	台北 2010-06-06
					中国字画　华人西画	1,513.73	75.83	
77	罗芙奥	台北2010春季拍卖会	9,417.71	86.67	亚洲现代与当代艺术	9,417.71	86.67	台北 2010-06-06
78	浙江佳宝	“长物江南”2010年春季宫廷典藏家具专场及瓷杂文玩	5,963.73	59.91	宫廷典藏家具拍卖专场	4,695.60	71.30	杭州 2010-06-06
					瓷杂精品专场	1,268.13	55.93	
79	北京印千山	2010春季大型艺术品拍卖会	2,943.78	85.82	中国书画（一）	1,621.92	90.26	北京 2010-06-09
					中国书画（二）	336.44	88.89	
					古董珍玩	985.42	80.99	
80	深圳市拍	2010年春季艺术品拍卖会	7,129.27	64.88	瓷器　杂项	2,225.74	50.11	深圳 2010-06-12
					中国近现代书画	4,903.53	80.89	
81	苏州吴门	2010年春季艺术品拍卖会	5,879.55	83.61	中国名家书画专场（一）	1,535.97	96.77	苏州 2010-06-12
					中国名家书画专场（二）	2,436.78	89.03	
					古董珍玩	1,906.80	69.81	
82	台北中诚	2010春季拍卖会	3,676.54	85.71	华人现代与当代艺术	3,676.54	85.71	台北 2010-06-13
83	广州嘉德	2010夏季拍卖会	23,345.77	72.56	一袭幽雅——成扇·扇面	578.70	91.35	广州 2010-06-16
					书联璧合——楹联书法	554.29	84.78	
					中国古代书画	3,987.42	64.10	
					中国近现代书画	7,385.73	76.43	

编号	拍卖公司	拍卖会名称	总成交额（万元）	总成交率（%）	拍卖专场名称	专场成交额（万元）	专场成交率（%）	地点及时间
					岭南名家书画	3,441.42	74.55	
					紫砂佳器	576.58	90.00	
					琳琅艺苑——瓷器·玉器·工艺品	2,492.11	58.52	
					中国油画·版画·雕塑	2,729.22	64.39	
					中国当代工笔画	572.80	63.33	
					稀世真藏——顶级葡萄酒与普洱茶	1,027.50	72.52	
84	北京歌德	2010年春季艺术品拍卖会	17,487.44	58.88	油画	911.19	61.65	北京 2010-06-18
					影像与名人手迹	97.91	32.92	
					陕西书画名家专场	5,923.68	68.25	
					中国书画(一)	1,618.29	75.68	
					中国书画(二)	5,284.05	67.57	
					珠宝工艺品	1,309.20	52.23	
					文房清供	1,864.32	41.96	
					中国名酒	478.80	100.00	
85	北京宏大	2010夏季书画专题拍卖会	1,838.66	86.21	中国书画	1,838.66	86.21	北京 2010-06-18
86	北京传是	2010春季拍卖会	34,155.20	78.88	嘉和居藏近代名贤画迹	5,040.74	87.45	北京 2010-06-18
					中国书画	29,114.46	71.13	
87	中博国际	2010年春季拍卖会	3,366.78	75.55	中国书画(一)清代科举书法专场	266.64	94.55	北京 2010-06-18
					新古典主义——前苏联功勋画家油画精品专场	963.60	93.33	
					中国书画(二)古代书画专场	931.27	84.75	
					中国书画(三)近现代书画专场	1,205.27	66.38	
88	明珠双龙	2010第四期大众典藏拍卖会	1,636.13	95.34	大众典藏	1,636.13	95.34	北京 2010-06-18
89	中国嘉德	嘉德四季第22期拍卖会	29,589.19	85.95	中国书画(一)	2,867.42	95.00	北京 2010-06-19
					中国书画(二)	1,888.32	74.67	
					中国书画(三)	2,157.12	100.00	
					中国书画(四)	2,994.88	88.78	
					中国书画(五)	1,133.78	84.71	
					中国书画(六)	1,416.80	100.00	
					中国书画(七)	1,467.54	90.71	
					中国书画(八)	1,536.98	83.95	
					中国书画(九)	2,272.26	91.63	
					中国书画(十)	3,683.46	86.35	
					中国书画(十一)	3,541.22	77.28	

编号	拍卖公司	拍卖会名称	总成交额（万元）	总成交率（%）	拍卖专场名称	专场成交额（万元）	专场成交率（%）	地点及时间
					瓷器	840.34	73.59	
					玉器　家具　工艺品	3,789.07	88.84	
90	中拍国际	2010 春季拍卖会	6,076.80	71.85	瓷器专场	1,363.66	63.95	北京 2010－06－19
					古董珍玩专场	1,262.91	80.57	
					玉器专场	664.50	55.77	
					油画夜场	2,785.73	78.85	
91	天津鼎天	2010 年春季艺术品拍卖会	2,725.77	93.41	澄春雅集精选	2,725.77	93.41	天津 2010－06－20
92	广东古今	2010 夏季古今艺术品拍卖会	2,803.16	69.97	油画　中国书画　陶瓷古玩	2,803.16	69.97	广州 2010－06－20
93	景薰楼	2010 年春季拍卖会	3,015.60	78.79	20 世纪华人现代及当代艺术	3,015.60	78.79	台北 2010－06－20
94	长风拍卖	北京长风 2010 春季拍卖会	35,510.13	79.55	静悟堂藏紫砂艺术专场	2,298.24	100.00	北京 2010－06－21
					贵水琼浆——国酒茅台陈酿专场	496.72	100.00	
					月圆雅集——文人瓷版画专场	436.05	95.00	
					世家元气——华人重要收藏家藏中国书画专场	9,342.75	95.35	
					海外还珠——北美回流中国书画专场	4,792.48	93.79	
					中国书画专场	14,234.64	69.70	
					瓷器杂项专场	3,909.25	55.90	
95	北京九歌	2010 春季大型艺术品拍卖会	24,791.33	80.73	中国书画一	6,691.50	85.24	北京 2010－06－22
					中国书画二	4,848.48	85.81	
					油画	9,693.48	88.64	
					瓷器杂项	3,557.87	63.54	
96	富比富	2010 春季艺术品拍卖会	3,759.11	55.15	中国书画（一）	2,595.15	62.56	北京 2010－06－23
					中国书画（二）	1,163.96	51.60	
97	上海国拍	2010 春季艺术品拍卖会	3,645.66	65.54	瓷器　玉器　工艺品专场	279.80	51.33	上海 2010－06－26
					古籍善本专场	1,425.73	71.15	
					油画水彩画专场	574.49	60.00	
					中国书画第一专场	279.84	74.67	
					中国书画第二专场	1,085.80	61.95	
98	上海泓盛	2010 春季拍卖会	11,823.54	76.38	马定祥暨藏友钱币收藏	1,379.06	76.80	上海 2010－06－26
					古今名家书法专场	1,537.44	90.27	
					中国书画一	1,098.88	72.43	
					中国书画二	1,720.98	75.89	

编号	拍卖公司	拍卖会名称	总成交额（万元）	总成交率（%）	拍卖专场名称	专场成交额（万元）	专场成交率（%）	地点及时间
					当代艺术	3,597.14	70.47	
					油画雕塑	2,225.77	60.78	
					当代设计	264.27	57.14	
99	澳门中信	2010 仲夏拍卖会	24,658.37	61.70	书画 瓷玉器 黄花梨家俬 中国太空船载物	24,658.37	61.70	澳门 2010－06－26
100	东方艺都	2010 春季艺术品拍卖会	1,275.33	91.03	书画杂项	1,275.33	91.03	北京 2010－06－26
101	辽宁建投	2010 五周年庆典艺术品拍卖会	6,168.58	81.88	古董珍玩	692.61	69.85	沈阳 2010－06－27
					中国书画(一)	1,203.51	98.00	
					中国书画(二)	3,763.87	85.71	
					中国书画(三)	508.59	85.76	
102	河南新恒丰	2010 中国书画艺术品拍卖会	1,028.17	80.26	中国书画	1,028.17	80.26	郑州 2010－06－27
103	金仕发	2010 台北秋季拍卖会	4,116.50	70.00	现代与当代艺术	4,116.50	70.00	台北 2010－06－27
104	河南百瑞森	2010 春季书画精品拍卖会	2,947.65	87.50	中国书画(一)	2,621.47	83.92	郑州 2010－06－27
					中国书画(二)	326.18	92.38	
105	上海博海	2010 年第二期艺术品拍卖会	784.46	37.89	中国古董杂件	784.46	37.89	上海 2010－06－27
106	古天一	2010 年春季夜场拍卖会	7,864.53	87.34	心有灵犀——犀角专场	6,266.40	100.00	北京 2010－06－27
					茗韵香云——紫砂专场	816.26	82.86	
					清供珍玩——文房专场	781.87	86.21	
107	朵云轩	2010 春季艺术品拍卖会	30,561.81	83.68	近现代书画专场(一)	6,228.99	90.71	上海 2010－06－29
					海派精品专场	2,058.50	93.33	
					近现代书画专场(二)	5,468.51	88.02	
					朵云轩藏品专场	3,759.11	97.27	
					当代海派专场	547.68	93.33	
					精品成扇专场	568.46	98.86	
					名家小品专场	823.00	91.67	
					古代书画专场	5,244.23	89.33	
					当代艺术和油画雕塑专场	2,446.75	80.56	
					古籍善本专场	545.91	64.12	
					古今印谱专场	462.56	76.00	
					馨屋文玩专场	919.02	80.25	
					精品印石专场	539.78	90.00	
					瓷器杂项专场	949.31	64.66	

编号	拍卖公司	拍卖会名称	总成交额(万元)	总成交率(%)	拍卖专场名称	专场成交额(万元)	专场成交率(%)	地点及时间
108	上海鸿海	2010春季艺术品拍卖会	2,952.13	60.65	锦绣华章　香港锦绣堂珍藏织绣专场	116.48	45.28	上海 2010－06－30
					文苑英华　书画文献碑版专场	354.54	78.17	
					古调今韵　中国传统书画专场	2,481.11	56.75	
109	上海天衡	2010年春季拍卖会	47,951.13	80.39	中国近现代书画专场(一)	5,234.66	80.36	上海 2010－06－30
					海上三家书画专场	3,316.21	87.27	
					艺海楼书画专场	3,557.12	86.67	
					巨匠·园丁——中国绘画大师林风眠书画专场	1,906.24	75.00	
					山高水长——黄宾虹书画专场	4,533.76	71.43	
					中国近现代书画专场(二)	17,597.78	87.50	
					中国古代书画专场	11,805.36	72.11	
110	上海东方	2010年春季拍卖会	7,397.09	85.08	中国书画一	4,044.33	84.81	上海 2010－07－01
					中国书画二	1,469.22	100.00	
					中国书画三	1,883.54	81.56	
111	西泠拍卖	2010年春季拍卖会	65,263.58	89.16	仰之弥高·陈子庄书画作品专场	1,932.56	100.00	杭州 2010－07－03
					岭南雄风·黎雄才书画作品专场	1,339.97	95.35	
					高风堂藏中国书画作品专场	2,366.45	91.89	
					中国书画古代作品专场	13,857.98	86.33	
					中国现当代油画雕塑专场	5,038.43	86.43	
					中国书画成扇专场	1,140.38	95.16	
					中国当代玉雕大师作品专场	2,277.41	78.63	
					近现代名人手迹专场	2,340.02	100.00	
					西泠印社部分社员作品专场	5,309.14	100.00	
					中国首届18－20世纪东方手工古董毯专场	719.32	82.86	
					中国书画海上画派作品专场	6,054.83	93.67	
					中国书画近现代名家作品专场(一)	6,652.91	94.12	

编号	拍卖公司	拍卖会名称	总成交额（万元）	总成交率（%）	拍卖专场名称	专场成交额（万元）	专场成交率（%）	地点及时间
					中国书画近现代名家作品专场（二）	5,322.58	90.22	
					文房清玩·近现代名家篆刻专场	3,056.26	92.93	
					文房清玩·历代名砚专场	1,164.02	100.00	
					“梵云雅集”文房古玩专场	1,624.22	80.83	
					首届香具·茶具专场	1,488.14	84.78	
					文房清玩·古玩杂件专场	3,578.96	75.89	
112	秦宝斋	2010年夏季艺术品拍卖会	3,714.65	90.17	中国书画	3,714.65	90.17	西安 2010-07-03
113	浙江钱塘	“闲情雅趣”浙江钱塘2010年春季文房雅玩艺术品专场	5,596.42	72.87	清宫雅玩	1,564.64	100.00	杭州 2010-07-03
					闲情雅趣——文房雅玩	1,258.43	73.68	
					宝器铭香	362.77	89.47	
					玉润华光	2,410.58	56.76	
114	十竹斋	2010春季艺术品拍卖会	2,694.90	68.33	瓷器玉器工艺品专场	830.78	77.49	南京 2010-07-11
					新金陵画派作品专场	1,148.99	84.97	
					中国书画专场	715.13	54.83	
115	海士德	首届艺术品拍卖会	37,225.66	93.90	中国近现代书画（一）	16,636.37	96.45	北京 2010-07-16
					中国近现代书画（二）	6,935.49	91.95	
					中国古代书画	12,322.46	92.56	
					中国当代书画	1,331.34	94.19	
116	中贸圣佳	2010年夏季艺术品拍卖会	68,681.53	71.46	中国近现代书画专场（一）	9,646.67	64.50	北京 2010-07-17
					中国近现代书画专场（二）	9,263.86	72.80	
					鱼悠轩珍藏中国书画专场（一）	4,739.84	73.50	
					中国古董珍玩专场	2,538.82	44.29	
					佛教艺术品专场	1,904.22	68.89	
					鱼悠轩珍藏中国书画专场（二）	1,210.05	61.24	
					留月馆书画专场	693.50	98.04	
					齐白石绘画专场	5,289.76	81.25	
					中国古代书画专场（一）	18,007.47	78.76	

编号	拍卖公司	拍卖会名称	总成交额（万元）	总成交率（%）	拍卖专场名称	专场成交额（万元）	专场成交率（%）	地点及时间
					中国古代书画专场（二）	3,378.26	63.22	
					中国近现代书法专场	1,966.61	87.66	
					中国古代书法专场	4,831.34	78.15	
					中国绫本书画专场	1,928.86	95.52	
					名家书法楹联专场	1,218.22	74.12	
					中国当代书画专场	2,064.05	80.13	
117	中信国际	2010 中信国际香港夏季艺术珍品拍卖会	2,088.34	58.37	陶瓷玉器杂项	203.94	39.72	香港 2010-07-18
					珠宝名表	31.43	35.71	
					中国字画　油画	1,852.97	75.37	
118	南京经典	2010 年春季拍卖会	8,075.38	88.82	一代草圣　林散之书法专场	1,590.20	97.22	南京 2010-07-18
					清新完美　李长白李小白书画专场	102.03	55.56	
					近现代书画专场	4,837.05	90.60	
					中国现当代艺术专场	1,546.10	86.54	
119	上海大众	新海上雅集——上海大众第三届艺术品拍卖会	6,738.53	77.00	江南旧韵	1,129.14	77.52	上海 2010-07-19
					海外回珍	1,651.15	71.30	
					海上集珍	2,078.17	66.67	
					海外回流书画	1,880.07	84.10	
120	北京荣宝	第 68 期拍卖会	10,875.09	79.46	中国书画一　名家藏名家书画专场	3,497.20	99.58	北京 2010-07-24
					中国书画二　近现代书画专场	2,991.86	73.30	
					中国书画三　当代书画专场	1,769.26	89.72	
					古董文玩	2,616.77	66.75	
121	安华白云	2010 春季艺术品拍卖会	7,298.46	67.44	瓷器　杂项	619.50	46.33	广州 2010-07-24
					名家小品	2,130.84	98.17	
					中国书画	4,548.12	68.65	
122	中都国际	2010 年夏季艺术精品拍卖会	1,161.05	84.83	瓷玉珍玩	752.58	90.58	北京 2010-07-24
					中国书画	408.47	80.25	
123	浙江长乐	2010 年春季拍卖会	19,023.87	90.12	中国书画艺术品（上）	6,102.32	99.40	杭州 2010-07-25
					余任天作品及余任天收藏专场	2,271.92	100.00	
					陆俨少作品专场	5,807.76	100.00	
					中国书画艺术品（下）·名人书法对联专场	4,841.87	84.44	
124	广州嘉德	四季嘉德拍卖会（四）	336.69	60.23	瓷器　玉器　工艺品	51.52	60.00	广州 2010-07-25
					狮子会慈善拍卖专题	14.34	62.50	
					中国书画	270.83	60.29	

编号	拍卖公司	拍卖会名称	总成交额（万元）	总成交率（%）	拍卖专场名称	专场成交额（万元）	专场成交率（%）	地点及时间
125	上海驰翰	2010 春季大型艺术品拍卖会	10,973.15	90.03	成扇小品专场	1,837.98	95.71	上海 2010-07-30
					古代书画及楹联专场	1,141.95	89.29	
					中国书画（一）	4,015.31	92.39	
					中国书画（二）	2,200.02	89.66	
					于右任书法专场	799.57	92.54	
					中国书画（三）	638.85	87.50	
					中国书画（四）	339.47	80.15	
126	香港淳浩	2010 夏季艺术品拍卖会	1,567.33	73.59	瓷器工艺品	594.04	67.43	香港 2010-07-31
					中国近现代书画	973.29	79.88	
127	上海崇源	2010 年春季大型艺术品拍卖会	13,738.73	67.24	近现代书画（一）	1,686.77	69.72	上海 2010-07-31
					古代书画	4,326.22	52.90	
					近现代书画（二）	5,993.68	51.34	
					海上旧梦（四）	1,732.06	90.33	
128	北京保利	第 11 期精品拍卖会	19,488.37	72.44	中国陶瓷	1,336.27	73.57	北京 2010-07-31
					玉器 印章	973.22	74.70	
					京华余晖与江南逸趣——私家珍藏文玩清赏	581.39	65.63	
					工艺品	2,457.39	81.56	
					古砂妙器·紫泥菁英——古今紫砂壶艺术品专场	1,078.56	68.93	
					中国书画（一）暨海外回流精品	5,436.76	65.28	
					中国书画（二）	1,697.30	56.62	
					吴氏三代暨家藏名家书画	950.54	96.43	
					美国回流名家扇面暨小品　寄畅园藏清末民初中国书画	1,056.72	98.78	
					中国古代书画	3,920.22	67.06	
129	书画艺拍	2010 夏季拍卖会（296 期）	261.74	51.13	中国书画	225.4	56.06	香港 2010-07-31
					艺术品	36.34	47.34	
130	广东省拍	2010 年夏季艺术品拍卖会	1,566.71	71.31	中国书画　油画　杂项	1,566.71	71.31	广州 2010-08-01
131	辽宁中正	2010 仲夏艺术品拍卖会	1,351.48	59.58	古董珍玩	345.57	60.90	沈阳 2010-08-01
					中国书画	1,005.91	58.62	
132	朵云轩	庆世博特别拍卖会	2,066.20	92.19	书画	2,066.20	92.19	上海 2010-08-20
133	明珠双龙	2010 第五期大众典藏拍卖会	391.19	94.00	书画	391.19	94.00	北京 2010-08-22

编号	拍卖公司	拍卖会名称	总成交额（万元）	总成交率（%）	拍卖专场名称	专场成交额(万元)	专场成交率(%)	地点及时间
134	江苏爱涛	2010 艺术品拍卖会	6,882.64	62.08	中国书画专场	1,092.88	55.78	南京 2010-08-28
					珠宝玉器专场 仲夏雅玩专场	2,709.59	69.95	
					古董珍玩	3,080.17	71.84	
135	上海新华	2010 秋季大型艺术品拍卖会	12,296.10	55.99	中国古代及近现代名家绘画	1,706.88	59.11	上海 2010-09-04
					中国古代及近现代名家书法	768.21	65.29	
					十家文物商店书画及成扇联拍	382.77	47.44	
					海上名家成扇 100 例	199.02	46.00	
					珠山八友及民国瓷粹	486.64	80.88	
					明清古典家具	1,706.10	60.00	
					明清宫廷器及精典古玩	4,911.20	75.00	
					中国古玩瓷杂器物	2,135.28	54.03	
136	浙江一通	2010 年秋季拍卖会	19,333.54	85.39	中国近现代名人墨迹专场	1,431.42	89.64	杭州 2010-09-04
					中国博采斋藏画专场	1,936.82	100.00	
					中国近现代书画专场	6,148.46	95.93	
					中国书画藏扇专场	639.74	97.52	
					中国古代书画专场	4,183.42	78.00	
					中国瓷器杂件工艺品暨海外回流精品专场	2,532.54	71.05	
					龟阜斋、静妙轩藏中国名砚专场	413.78	86.02	
					中国书画专场	1,842.74	90.18	
					中国极品名酒专场	204.62	88.00	
137	上海驰翰	2010 海外回流艺术品专场拍卖会	873.29	89.54	中国书画	873.29	89.54	上海 2010-09-09
138	上海中天	2010 常州三周年艺术品拍卖会	5,686.53	89.57	中国书画(一)	1,938.62	88.89	常州 2010-09-11
					茅台陈酿专场	19.38	100.00	
					名家小品·成扇扇画	864.07	91.24	
					中国书画(二)·百年草圣专题	2,864.46	88.51	
139	北京荣宝	2010"迎中秋·庆国庆"苏州专场拍卖会	11,485.72	93.62	中国书画上午场	4,495.46	95.50	苏州 2010-09-12
					中国书画下午场	6,990.26	92.40	

编号	拍卖公司	拍卖会名称	总成交额（万元）	总成交率（%）	拍卖专场名称	专场成交额(万元)	专场成交率(%)	地点及时间
140	NY 苏富比	2010 秋季拍卖会	13, 643. 24	70. 12	名家收藏中国鼻烟壶专场	3, 347. 10	83. 07	纽约 2010-09-14
					中国瓷器工艺品	10, 296. 14	59. 75	
141	NY 佳士得	2010 年秋季拍卖会	37, 703. 16	81. 65	思源堂中国古代青铜器珍藏	14, 083. 71	80. 33	纽约 2010-09-16
					赛克勒藏中国艺术品	465. 59	88. 89	
					中国瓷器和工艺精品	23, 153. 86	81. 33	
142	明珠双龙	2010 第二期书画精品拍卖会	773. 30	92. 18	中国书画	773. 30	92. 18	北京 2010-09-17
143	北京中汉	犹珍Ⅳ——中国古代瓷珍暨雕塑残器专场	1, 135. 01	55. 56	犹珍Ⅳ——中国古代瓷珍暨雕塑残器专场	1, 135. 01	55. 56	北京 2010-09-17
144	东方艺都	2010 年中秋艺术品拍卖会	1, 562. 43	85. 31	中国书画、古籍、瓷杂专场	1, 427. 13	97. 28	北京 2010-09-17
					张大千绘画及中秋精选	135. 30	73. 33	
145	远方国拍	首场书画艺术品拍卖会——感恩回馈五周年	2, 525. 50	76. 15	中国书画专场	2, 525. 50	76. 15	北京 2010-09-17
146	北京翰海	翰海四季（第 69 期）2010 金秋拍卖会	4, 057. 47	60. 01	中国书画（一）当代专场	866. 69	76. 28	北京 2010-09-18
					古董珍玩（一）	912. 21	69. 89	
					古董珍玩（二）	767. 45	52. 43	
					中国书画（二）近现代专场	1, 511. 12	51. 95	
147	中国嘉德	嘉德四季第 23 期拍卖会	39, 194. 14	81. 80	中国书画（一）	4, 609. 92	91. 48	北京 2010-09-18
					中国书画（二）	2, 136. 74	100. 00	
					中国书画（三）	3, 330. 88	92. 00	
					中国书画（四）	1, 383. 09	93. 38	
					中国书画（五）	1, 368. 19	79. 85	
					中国书画（六）	1, 593. 98	99. 56	
					中国书画（七）	3, 917. 31	80. 95	
					中国书画（八）	2, 104. 14	87. 68	
					中国书画（九）	2, 189. 26	72. 84	
					中国书画（十）	3, 438. 74	90. 04	
					中国书画（十一）	533. 34	100. 00	
					中国书画（十二）	3, 884. 05	74. 06	
					瓷器	1, 355. 54	63. 78	
					玉器工艺品	4, 425. 01	83. 62	
					古籍善本碑帖法书	2, 923. 95	82. 24	
148	HK 佳士得	SK Networks 珍藏波尔多佳酿拍卖会	4, 202. 03	100. 00	顶级珍贵名酒呈献“现代经典”——SK Networks 珍藏	4, 202. 03	100. 00	香港 2010-09-18

编号	拍卖公司	拍卖会名称	总成交额（万元）	总成交率（%）	拍卖专场名称	专场成交额（万元）	专场成交率（%）	地点及时间
149	中翰清花	2010"时空呢喃"书画专场	2,920.96	49.14	中国书画	2,920.96	49.14	深圳 2010－09－19
150	北京宝鼎	2010迎中秋海外回流艺术品拍卖会	171.16	89.53	中国书画	171.16	89.53	北京 2010－09－19
151	中鸿信	2010年秋季艺术品拍卖会	6,858.59	68.46	瓷器·玉器·古董珍玩	1,562.84	58.02	北京 2010－09－19
					中国近现代书画（一）	3,853.02	79.24	
					中国近现代书画（二）·中国古代书画	1,442.73	63.13	
152	皇玛抱趣	2010年夏季拍卖会	2,423.58	83.14	中国书画·雕塑	2,290.67	83.97	广州 2010－09－24
					香港水墨画	127.34	65.45	
					十香园慈善拍卖	5.57	100.00	
153	中都国际	2010年金秋艺术精品拍卖会	4,047.20	82.79	瓷玉古董珍玩	3,656.33	94.74	北京 2010－09－25
					中国书画	390.87	74.55	
154	曲江盛世	2010年秋季艺术品拍卖会	6,429.92	79.62	中国书画（一）日场	3,589.82	78.03	西安 2010－09－25
					中国书画（二）夜场	2,840.10	88.89	
155	中都国际	2010年金秋艺术精品拍卖会	4,047.20	82.79	瓷玉古董珍玩	3,656.33	94.74	北京 2010－09－25
					中国书画	390.87	74.55	
156	陕西诚挚	2010秋季艺术品拍卖会	4,212.14	51.89	古玩杂项 工艺品专场	103.87	30.23	西安 2010－09－26
					中国书画（一）	1,402.80	60.32	
					中国书画（二）	2,263.07	57.49	
					于右任书法专场	442.40	65.85	
157	上海嘉泰	2010秋季艺术品拍卖会	6768.82	59.89	紫砂茶韵	25.54	97.22	上海 2010－09－27
					石翁斋藏	2.80	7.14	
					沉香课具	47.21	60.00	
					东瀛拾趣	134.31	75.89	
					禅境道门	120.46	38.68	
					日本船木家藏	335.44	100.00	
					玉宝奇瑰	82.21	53.03	
					宫府宝器	586.77	52.83	
					文房雅具	195.05	53.25	
					堂置案供	524.70	43.59	
					古籍善本	410.75	63.60	
					中国书画	1,669.98	55.59	
					华人西画	2,633.60	77.69	
158	书画艺拍	2010年秋季拍卖会	262.98	64.77	中国书画	228.23	71.99	香港 2010－10－02
					艺术品	34.75	57.23	
159	香港普艺	九周年中国书画及艺术品拍卖会	373.36	73.06	中国书画	222.17	65.90	香港 2010－10－02
					中国艺术品	151.19	80.39	

编号	拍卖公司	拍卖会名称	总成交额（万元）	总成交率（%）	拍卖专场名称	专场成交额（万元）	专场成交率（%）	地点及时间
160	HK苏富比	2010秋季拍卖会	269,327.90	87.61	美国收藏家 Marcus D Hiles 显赫窖藏	4,336.77	100.00	香港 2010-10-07
					尊酩芳醇 重要美国藏家珍稀佳酿（第六部分）	5,000.77	100.00	
					现代及当代东南亚艺术	6,801.78	80.67	
					二十世纪中国艺术	11,987.49	69.42	
					当代亚洲艺术——重要欧洲收藏家收藏	4,358.67	76.32	
					当代亚洲艺术	17,974.74	77.09	
					中国书画	35,556.90	98.89	
					名贵腕表	4,859.69	79.67	
					瑰丽珠宝及翡翠首饰	36,943.03	77.04	
					瑰辞神笔——重要私人清宫御制工艺珍藏	28,578.53	88.89	
					彩华腾瑞——戴润斋清宫御瓷珍藏	58,199.42	100.00	
					明心菩提 Stephen Markbreiter 伉俪重要明代御制鎏金佛珍藏	6,411.31	100.00	
					花赏瑶华——巴黎名藏中国艺术品专拍（Ⅱ）	7,298.28	61.54	
					儒雅清蕴——松石山房藏珍玩专场	6,852.27	79.17	
					中国瓷器及工艺品	34,168.25	61.31	
161	上海鸿海	2010年金秋拍卖会	229.50	66.10	书画 杂项	229.50	66.10	上海 2010-10-10
162	上海博海	2010年第3期艺术品拍卖会	427.56	21.12	中国古董杂件	427.56	21.12	上海 2010-10-10
163	北京宏大	2010秋季中国书画拍卖会	2,118.69	93.12	中国书画	2,118.69	93.12	北京 2010-10-15
164	江苏嘉恒	2010年金秋南京 六朝艺宴拍卖会	5,544.90	84.50	中国书画	5,544.90	84.50	南京 2010-10-23
165	深圳市拍	2010年秋季艺术品拍卖会	6,516.43	84.40	瓷器 杂项	1,302.44	75.07	深圳 2010-10-23
					中国近现代书画	5,213.99	91.46	

编号	拍卖公司	拍卖会名称	总成交额（万元）	总成交率（%）	拍卖专场名称	专场成交额（万元）	专场成交率（%）	地点及时间
166	北京保利	第12期精品拍卖会	9,651.38	84.08	丹枫秋实——海外私家藏瓷器杂项专场	1,996.29	100.00	北京 2010-10-23
					中国陶瓷	1,301.33	68.52	
					京华余晖——清宫木器杂项专场	2,139.54	100.00	
					桂月山庄——藏清代竹木雕刻小品专场	88.03	45.59	
					工艺品	2,511.26	84.94	
					玉器　印章	1,614.93	85.32	
167	广州嘉德	四季嘉德拍卖会（五）	488.52	71.24	瓷器　玉器　工艺品	93.26	64.00	广州 2010-10-24
					中国书画	395.26	74.19	
168	福建东南	2010年秋季拍卖会	3536.18	70.02	中国书法专场	503.14	81.77	福州 2010-10-30
					中国近现代书画专场	1,364.16	60.58	
					中国古代书画专场	1,124.52	59.88	
					闽籍书画专场	544.36	77.86	
169	江苏嘉恒	2010年常州首届艺术品拍卖会	2,487.61	84.64	中国书画（一）	2150.71	86.19	常州 2010-10-30
					中国书画（二）	336.90	82.09	
170	中信国际	十周年庆典拍卖会	29,851.63	65.90	艺术珍玩	985.70	55.40	香港 2010-10-30
					玉器　陶瓷	10,565.43	46.22	
					清宫珍藏	9,940.74	67.57	
					翡翠珠宝　名贵钟表	530.88	42.86	
					扇画　小品　书法　对联　华人西画	2,144.73	90.70	
					中国书画	5,684.15	76.76	
171	辽宁中正	2010秋季大型艺术品拍卖会	2,110.19	44.53	古董珍玩	912.54	60.80	沈阳 2010-10-31
					中国书画	1,197.65	34.19	
172	秦宝斋	2010年秋季艺术品拍卖会	11,956.56	93.10	中国书画（一）	3,027.70	98.80	西安 2010-10-31
					名人书法墨迹	516.43	83.33	
					文房清玩	81.87	82.98	
					向古典致意——王西京作品专场	1,701.28	90.24	
					中国书画（二）	6,629.28	96.79	
173	上海恒利	2010秋季艺术品拍卖会	44,066.18	92.49	听莲居藏中国书画	5,756.46	91.07	上海 2010-11-03
					海上重要藏家藏中国书画	4,941.78	92.50	
					中国油画及当代艺术	3,639.44	94.74	
					中国书画	29,728.50	92.46	

编号	拍卖公司	拍卖会名称	总成交额（万元）	总成交率（%）	拍卖专场名称	专场成交额（万元）	专场成交率（%）	地点及时间
174	上海工美	2010 秋季艺术品拍卖会	6, 604. 87	78. 39	古董珍玩	354. 37	58. 02	上海 2010 - 11 - 04
					中国书画	2, 492. 00	81. 63	
					宫廷艺术	1, 527. 46	75. 00	
					大石斋挚友藏品	2, 231. 04	91. 89	
175	老城隍庙	世佳艺术 2010 年秋季大型艺术品拍卖会	19, 348. 08	58. 40	古玩珍品	16, 975. 59	65. 49	上海 2010 - 11 - 06
					辽金钱币	876. 18	21. 79	
					书画集锦	1, 496. 31	62. 84	
176	北京中汉	2010 秋季拍卖会	10, 434. 01	42. 47	邮品钱币	627. 66	39. 10	北京 2010 - 11 - 10
					中国油画	330. 85	20. 00	
					中国名酒	297. 44	100. 00	
					瓷器玉器工艺品	4, 732. 67	56. 86	
					中国书画	4, 445. 39	53. 53	
177	博古斋	2010 年秋季大型艺术品拍卖会	2, 654. 79	71. 41	字画上午专场	243. 53	83. 69	上海 2010 - 11 - 11
					字画下午专场	1, 404. 18	73. 50	
					古籍上午专场	112. 24	58. 55	
					古籍下午专场	894. 84	69. 12	
178	金懋拍卖	2010 秋季铜镜钱币专场拍卖会	7, 308. 33	93. 64	景星麟凤铜镜、铜杂专场	5, 782. 71	96. 60	北京 2010 - 11 - 12
					景星麟凤古钱、机制币、银锭专场	905. 50	89. 97	
					景星麟凤纸币专场	620. 12	96. 15	
179	华夏国拍	2010 秋季拍卖会	8, 297. 57	89. 21	铜镜玺印专场	3, 029. 26	94. 22	北京 2010 - 11 - 13
					金银锭专场	1, 278. 91	97. 93	
					历代古钱专场	1, 093. 84	86. 74	
					机制币专场	1, 410. 08	94. 91	
					黄琦收藏中国军用钞票专场	1, 485. 48	81. 68	
180	北京诚轩	2010 年秋季拍卖会	47, 700. 08	88. 19	机制币	3, 790. 06	93. 48	北京 2010 - 11 - 13
					纸币	1, 929. 35	81. 78	
					邮品	953. 48	84. 39	
					古钱　银锭	2, 165. 54	90. 73	
					中国书画(一)	13, 916. 45	99. 17	
					中国书画(二)	11, 744. 43	93. 00	
					近现代书画扇	1, 815. 97	97. 87	
					中国油画雕塑	4, 048. 02	71. 79	
					瓷器工艺品	7, 336. 78	84. 62	
181	北京荣宝	2010 秋季艺术品拍卖会	42, 585. 99	88. 06	中国书画一	5, 126. 58	88. 89	北京 2010 - 11 - 13
					中国书画二 · 名家小品及书法专场	2, 722. 83	95. 95	
					中国书画三	12, 443. 54	89. 68	
					中国书画四 · 当代书画	5, 263. 44	88. 29	
					中国书画五	3, 545. 92	91. 49	
					油画专场	2, 118. 48	73. 42	
					古董文玩专场	9, 299. 58	77. 97	
					紫砂专场	2, 065. 62	97. 98	

编号	拍卖公司	拍卖会名称	总成交额（万元）	总成交率（%）	拍卖专场名称	专场成交额（万元）	专场成交率（%）	地点及时间
182	辽宁建投	2010秋季艺术品拍卖会	11,489.55	82.89	古董珍玩	380.50	69.14	沈阳 2010－11－15
					中国古代宫廷艺术及古董珍玩夜场	3,007.87	92.00	
					中国书画夜场	4,391.18	96.00	
					中国当代书画	1,142.46	85.86	
					中国近现代书画	827.96	86.61	
					中国古代书画	1,739.58	84.90	
183	北京保利	第12期中国书画精品拍卖会	15,637.37	66.85	当代水墨	742.22	64.85	北京 2010－11－17
					名家小品	676.03	65.91	
					耕读斋藏联暨中国书法	471.63	57.69	
					岛内珍藏晚清民国书画	440.83	68.89	
					近现代书画（一）	1,483.66	68.15	
					近现代书画（二）10家精粹	3,069.92	73.53	
					近现代书画（三）海外回流	5,026.45	76.01	
					古代书画（一）“涤旧砚斋”珍藏暨海外回流	2,075.92	62.06	
					古代书画（二）	1,650.71	64.12	
184	中鼎国际	2010年秋季艺术品拍卖会	24,269.14	73.45	中国油画	5,882.24	88.19	北京 2010－11－18
					瓷器古董珍玩	1,437.49	43.94	
					中国书画（一）	5,312.61	84.05	
					中国书画（二）	6,341.89	83.41	
					中国古代书画	5,294.91	80.54	
185	北京歌德	2010秋季艺术品拍卖会	21,322.89	66.79	奇珍雅玩	376.04	46.15	北京 2010－11－19
					珠宝名品	403.08	53.33	
					中国名酒	3,058.72	79.20	
					中国书画	12,571.89	89.95	
					文房清供	2,032.98	53.95	
					古籍文献	2,880.18	78.13	
186	中国嘉德	2010秋季拍卖会	413,442.95	83.12	徐枫收藏　海外集钞	806.38	95.17	北京 2010－11－20
					纸钞	1,018.89	71.81	
					莹质良工——稻房藏镜　海外收藏	4,563.32	91.95	
					金泉古韵——博宝艺术网收藏　历代古钱	3,634.96	89.96	
					金银币	1,261.75	90.75	
					金银锭	1,044.43	97.46	
					狮城收藏　邮品	1,920.89	91.13	
					四海藏珍（一）	25,451.66	93.55	

编号	拍卖公司	拍卖会名称	总成交额（万元）	总成交率（%）	拍卖专场名称	专场成交额（万元）	专场成交率（%）	地点及时间
					四海藏珍(二)	12,780.66	89.89	
					秋光万华——清代宫廷艺术集粹	69,417.60	80.00	
					近现代陶瓷(一)	2,150.74	94.90	
					近现代陶瓷(二)	3,677.97	98.15	
					国石国艺 翡翠	1,834.78	62.98	
					宋元明清法书墨迹	19,387.65	80.77	
					碧湖山庄专场	6,980.96	85.00	
					翁氏藏画专场	7,212.80	47.50	
					中国古代绘画	28,244.50	75.88	
					紫泥菁英——紫砂古器遗珍	2,412.70	100.00	
					瞻麓斋旧藏——嘉怡珍赏	2,772.78	75.00	
					絜古怡情——墨痴楼座右长物	2,393.33	92.31	
					瓷器玉器工艺品(一)	6,330.69	69.35	
					简约隽永——明式黄花梨家具精品	21,935.98	100.00	
					铄古铸今——明清工艺的摹古与创新	3,914.40	62.22	
					长征——大师们的笔墨征途	68,810.56	85.05	
					张仃藏画	12,418.34	100.00	
					旧时明月——一个文人的翰墨因缘	4,425.01	100.00	
					涧庐藏画	5,696.43	100.00	
					瀛海埙篪——李傅铎若藏溥心畬旅日逸品	3,833.31	100.00	
					诗画辞章——范曾精品集珍	8,400.00	100.00	
					中国当代书画	5,746.72	83.84	
					文房清韵——明清书斋雅玩	3,811.47	56.30	
					瓷器玉器工艺品(二)	4,942.67	53.21	
					名表拍卖	1,871.21	80.91	
					中国近现代书画(一)	22,901.76	87.18	
					中国近现代书画(二)	13,420.85	85.71	
					古籍善本	3,901.86	74.82	
					中国油画(上)	9,805.04	75.79	
					中国雕塑系列专场——京津雕塑	2,010.40	81.82	
					中国油画(下)	8,426.54	75.00	

编号	拍卖公司	拍卖会名称	总成交额（万元）	总成交率（%）	拍卖专场名称	专场成交额（万元）	专场成交率（%）	地点及时间
					开拓与奠基——20世纪中国油画先驱专场	1,870.96	60.66	
187	北京翰海	翰海四季（第70期）拍卖会	4,645.95	69.99	中国书画（一）近现代专场Ⅰ	358.06	48.12	北京 2010－11－20
					中国书画（二）古代专场	484.58	66.18	
					中国书画（三）近现代专场Ⅱ	860.52	64.00	
					中国书画（四）当代专场	1,655.09	91.10	
					古董珍玩	1,287.70	73.64	
188	广东古今	2010年古今冬季艺术品拍卖会	2,272.98	59.04	陶瓷古玩	229.43	37.29	广州 2010－11－21
					中国书画·油画	2,043.55	67.08	
189	北京永乐	2010秋季拍卖会	16,935.47	56.96	国酒精神——茅台会特供	213.70	92.00	北京 2010－11－23
					新千禧名藏佳酿	1,000.50	47.74	
					明清瓷器与古美术文献	6,087.87	83.97	
					明清玉器与工艺精品	3,056.59	63.10	
					中国书画（一）	2,296.78	53.20	
					中国书画（二）	3,316.66	45.38	
					中国20世纪及当代艺术	963.37	72.73	
190	HK佳士得	2010秋季拍卖会	50,970.91	81.18	极品稀世佳酿Ⅰ	4,093.22	88.93	香港 2010－11－26
					极品稀世佳酿Ⅱ	2,814.52	90.69	
					亚洲当代艺术及中国20世纪艺术晚间拍卖	24,187.93	84.09	
					中国20世纪艺术日间拍卖	8,273.52	78.01	
					亚洲当代艺术日间拍卖	11,601.72	64.18	
191	书画艺拍	2010年冬季拍卖会（313期）	247.20	62.56	中国书画	205.52	73.67	香港 2010－11－27
					艺术品	41.68	53.22	
192	香港普艺	第279期拍卖会	445.21	63.75	中国书画	244.41	71.31	香港 2010－11－27
					中国艺术品	200.80	60.30	
193	泰和嘉成	2010秋季艺术品拍卖会	9,388.40	83.07	近现代书画	1,420.37	84.55	北京 2010 11 27
					古代书画	1,402.34	84.47	
					中国扇画暨手卷册页专场	794.80	89.09	
					历代书法	1,184.42	82.71	
					琅嬛墨缘——西泠林氏·蜀中徐氏旧藏	790.88	81.38	

编号	拍卖公司	拍卖会名称	总成交额（万元）	总成交率（%）	拍卖专场名称	专场成交额（万元）	专场成交率（%）	地点及时间
					丹黄纷华——钞校·题识专场	709.41	77.27	
					古籍文献	3,086.18	82.00	
194	香港淳浩	2010秋季艺术品拍卖会	2,870.75	86.12	瓷器工艺品	956.35	81.54	香港 2010-11-27
					中国近现代书画	1,914.40	90.34	
195	罗芙奥	香港2010秋季拍卖会	5,521.48	81.58	现代与当代艺术	5,521.48	81.58	香港 2010-11-29
196	北京保利	5周年秋季拍卖会	528,162.33	72.41	古籍善本及各家墨迹	4,516.85	66.57	北京 2010-12-01
					珍藏佳酿——法国名庄葡萄酒撷英	396.26	36.79	
					现当代中国艺术夜场	37,294.88	89.71	
					现当代中国艺术	6,391.39	74.30	
					历久弥香——中国陈年名酒珍品选萃	2,013.76	100.00	
					“艺海楼”藏书精选	4,981.76	83.33	
					“虚怀斋”藏中国书画	7,140.00	95.83	
					“自得园”藏中国书画	13,619.20	100.00	
					中国近现代书画夜场(一)	35,194.88	90.70	
					中国近现代书画日场(一)	11,587.30	73.56	
					中国近现代书画日场(二)	8,176.45	69.84	
					郭秀仪诞辰100周年珍藏书画日场	4,674.32	100.00	
					中国近现代书画夜场(二)	107,722.72	90.21	
					中国当代水墨	8,117.54	88.52	
					中国当代高端工艺品专场	4,419.97	91.21	
					尤伦斯夫妇藏重要中国书画夜场	6,336.62	100.00	
					咀英澄华——清代宫廷典藏中国古代书画夜场	74,268.32	80.39	
					畅神观道——中国历代名家重要书画夜场	45,843.84	84.72	
					中国古代书画	12,184.70	55.52	
					雅印聚珍——当代国石专场	1,839.49	78.09	

编号	拍卖公司	拍卖会名称	总成交额（万元）	总成交率（%）	拍卖专场名称	专场成交额（万元）	专场成交率（%）	地点及时间
					近现代艺术陶瓷专场	2,888.48	96.80	
					“在望山庄”徐氏珍藏	9,796.64	100.00	
					酌兕觥——亚洲私家重要犀角器收藏	6,046.88	100.00	
					云龙九九——龙纹图像与明清宫廷艺术	18,457.60	100.00	
					松石间意——宋徽宗御制清乾隆御铭琴	13,664.00	100.00	
					喜，舍，慈，悲——重要佛教造像与法器	6,731.20	92.59	
					宫廷艺术与重要瓷器工艺品	42,264.32	90.16	
					“清斋”藏茗壶雅玩	3,441.20	57.78	
					文华秋实——文馨阁海外回流集珍	4,353.44	90.15	
					清代官窑颜色釉瓷器	3,925.60	100.00	
					中国古董珍玩（一）	7,152.54	68.51	
					中国古董珍玩（二）	8,436.40	57.52	
					天工开物　真艺载时——名贵腕表、古董钟表专场	4,283.78	64.32	
197	北京荣海	2010秋季首届大型艺术品拍卖会	13,641.61	96.26	近现代书画	8,570.58	98.61	北京 2010-12-02
					中国当代水墨	2,525.94	97.92	
					油画　雕塑	1,323.62	80.95	
					紫砂壶专场	1,221.47	98.81	
198	雍和嘉诚	2010年秋季艺术品拍卖会	5,671.51	59.65	中国新兴木刻运动先驱·李桦、古元、沃渣版画作品及收藏专场	478.86	56.97	北京 2010-12-03
					瓷器、玉器、杂项、家具专场	3,120.61	65.76	
					中国书画专场	2,072.04	57.46	
199	北京匡时	2010五周年秋季艺术品拍卖会	149,625.51	82.66	锦灰吉金——王世襄藏铜炉专场	9,844.80	100.00	北京 2010-12-04
					䞍一斋长物——胡若思藏古琴专场	2,856.00	100.00	
					妙化自然——明清犀角雕刻工艺品专场	4,872.00	66.67	
					清代宫廷艺术品专场	12,174.40	59.38	
					清代宫廷玉器专场	5,969.60	55.56	

编号	拍卖公司	拍卖会名称	总成交额（万元）	总成交率（%）	拍卖专场名称	专场成交额（万元）	专场成交率（%）	地点及时间
					瓷玉工艺品专场	6,928.32	66.67	
					金玉紫瓯——静悟堂藏紫砂名品专场	2,639.84	100.00	
					油画雕塑专场	17,804.64	81.94	
					古代书法专场	15,943.54	95.65	
					古代绘画专场	23,477.78	81.58	
					渡海三家——张大千、溥儒、黄君璧书画专场	7,119.28	100.00	
					墨林精舍藏近现代书画专场	4,724.83	98.65	
					海外重要私人收藏近现代书画精品专场	14,526.40	100.00	
					近现代书法专场	4,798.64	91.18	
					近现代绘画专场	15,945.44	79.81	
200	金仕发	2010 台北秋季拍卖会	3,655.01	68.49	现代与当代艺术	3,655.01	68.49	台北 2010-12-04
201	罗芙奥	台北 2010 秋季拍卖会	8,194.24	75.57	亚洲现代与当代艺术	8,194.24	75.57	台北 2010-12-05
202	重庆恒升	2010 年秋季文物艺术品拍卖会	1,302.69	61.84	书画 杂项	1,302.69	61.84	重庆 2010-12-05
203	蓝天国拍	2010 秋季艺术品拍卖会	4,809.92	45.33	中国书画	4,622.07	66.67	天津 2010-12-05
					瓷器 玉器 工艺品	187.85	26.77	
204	广州嘉德	2010 冬季拍卖会	31,448.98	67.19	中国古代书画	10,176.21	71.08	广州 2010-12-07
					中国近现代书画	5,573.01	85.79	
					岭南名家书画	4,821.26	82.87	
					中国油画 雕塑 版画	3,963.34	75.00	
					中国当代工笔画	672.95	77.22	
					艺苑琳琅——瓷器 玉器 工艺品	3,671.70	60.14	
					紫砂佳器	815.02	72.15	
					东西物事——18～19 世纪欧洲古董自鸣钟 广彩瓷	319.31	30.23	
					稀世真藏——顶级葡萄酒	1,436.18	43.23	
205	古天一	2010 秋季拍卖会	7,625.52	83.50	宽以居藏文房珍玩	6,660.08	91.30	北京 2010-12-09
					藏传佛教艺术	965.44	67.65	
206	浙江盛世	2010 秋季艺术品拍卖会	2,257.81	79.57	近现代书画专场	2,257.81	79.57	杭州 2010-12-10

编号	拍卖公司	拍卖会名称	总成交额（万元）	总成交率（%）	拍卖专场名称	专场成交额（万元）	专场成交率（%）	地点及时间
207	上海泓盛	2010 秋季拍卖会	15, 658. 73	74. 65	中国书画（一）暨名家小品专场	2, 242. 61	83. 28	上海 2010－12－09
					中国书画（二）	3, 034. 16	82. 64	
					当代艺术	4, 832. 65	65. 22	
					油画　雕塑	3, 225. 52	66. 20	
					欧洲古董家具与装饰艺术	699. 89	48. 05	
					"江南藏韵——柏文纸币"专场	815. 28	100. 00	
					中国纸币"美国 Jason 英国 Austin"专场	808. 62	77. 15	
208	上海道明	5 周年秋拍	36, 469. 66	78. 98	油画雕塑	985. 82	58. 65	上海 2010－12－10
					听帆楼后人藏宋元明尺牍暨明清精品书画	26, 919. 20	100. 00	
					近现代书画	3, 944. 64	81. 41	
					古代书画	4, 620. 00	85. 90	
209	北京翰海	2010 秋季拍卖会	190, 319. 37	81. 50	庆云堂成扇小品	3, 029. 71	98. 20	北京 2010－12－10
					庆云堂近现代书画	36, 436. 96	96. 89	
					庆云堂古代书画	7, 551. 15	87. 32	
					古籍善本	1, 290. 99	75. 26	
					漱芳闻馨——名家紫砂·烟壶工艺	993. 66	78. 57	
					当代书画	8, 337. 62	89. 47	
					法书楹联	1, 182. 16	79. 43	
					近现代书画（Ⅰ）	3, 122. 90	73. 23	
					近现代书画（Ⅱ）	7, 653. 40	64. 55	
					小雅观心——赵庆伟藏油画插画手稿专场	2, 296. 78	100. 00	
					油画雕塑Ⅰ：中国经典美术	7, 554. 06	87. 04	
					油画雕塑Ⅱ：中国当代艺术	7, 219. 30	74. 75	
					北京市文物公司 50 周年庆典夜场	43, 846. 88	94. 00	
					中国玉器	5, 331. 42	82. 72	
					古代书画	21, 152. 54	75. 33	
					行愿之缘——金铜佛像	7, 752. 53	79. 31	
					清皇气度——清代宫廷模式藏传佛教造像	7, 346. 08	90. 00	

编号	拍卖公司	拍卖会名称	总成交额（万元）	总成交率（%）	拍卖专场名称	专场成交额（万元）	专场成交率（%）	地点及时间
					华郦馆珍藏犀角专场	7,891.52	100.00	
					古董珍玩	10,329.71	81.52	
210	西泠拍卖	2010年秋季艺术品拍卖会	107,267.98	91.91	近现代名人手迹专场	3,943.18	98.50	杭州 2010-12-11
					岭南雄风·黎雄才书画作品专场	1,728.38	100.00	
					元烨堂藏中国书画作品专场	4,734.80	94.44	
					西泠首届古籍善本专场	2,153.09	87.29	
					中国书画成扇专场	1,001.67	96.85	
					文房清玩·近现代名家篆刻专场	3,123.29	90.88	
					中国书画海上画派作品专场	7,653.07	96.02	
					中国书画近现代名家作品专场(一)	11,509.90	89.50	
					中国书画近现代名家作品专场(二)	9,360.29	84.73	
					中国现当代油画雕塑专场	7,051.41	90.38	
					中国书画古代作品专场	33,800.37	94.23	
					西泠印社部分社员作品专场	5,526.19	98.02	
					中国当代玉雕大师作品专场	3,949.12	85.31	
					西泠首届法国波尔多列级名庄葡萄酒专场	866.30	98.46	
					西泠首届中国陈年名酒专场	902.50	100.00	
					文房清玩·古玩杂件专场	4,479.33	90.08	
					西泠首届典藏普洱茶及茶具专场	4,018.67	83.98	
					文房清玩·历代名砚专场	1,466.42	98.88	
211	天津鼎天	2010秋季“传承季”主题艺术品拍卖会	6,214.32	88.96	津派书画家藏系列专场	4,711.41	95.29	天津 2010-12-11
					百年藏珍专场	1,502.91	81.16	
212	中翰清花	2010“清花岁月”冬季大型艺术品拍卖会	7,195.20	64.94	文玩瓷艺	2,772.19	46.03	深圳 2010-12-12
					中国书画	4,423.01	70.20	

编号	拍卖公司	拍卖会名称	总成交额（万元）	总成交率（%）	拍卖专场名称	专场成交额（万元）	专场成交率（%）	地点及时间
213	台北中诚	华人当代艺术与雕塑专场拍卖会	2,657.35	85.62	华人当代艺术与雕塑	2,657.35	85.62	台北 2010－12－12
214	浙江佳宝	“长物江南”御制家具及瓷杂专场拍卖会	4,321.68	74.38	清宫御制古典家具专场	3,657.30	78.35	杭州 2010－12－12
					紫檀黄花梨雅玩专场	664.38	70.75	
215	浙商拍卖	2010 秋季艺术品拍卖会	18,630.95	78.35	工艺品专场(一)——铁壶、瓷器、杂项	1,957.65	80.77	杭州 2010－12－13
					工艺品专场(二)——玉器、翡翠、印石	4,318.61	82.40	
					中国油画、雕塑专场	2,677.36	79.07	
					海上双侠——钱瘦铁、伍蠡甫书画专场	731.86	100.00	
					中国当代书画专场	813.79	90.13	
					中国古代书画专场	2,165.30	67.86	
					中国近现代书画专场(一)	4,053.78	78.02	
					中国近现代书画专场(二)	1,912.60	62.61	
216	浙江长乐	2010 年秋季中国书画艺术品拍卖会	35,511.05	91.35	中国书画艺术品(一)专场	12,730.03	99.38	杭州 2010－12－13
					于右任书法专场	1,182.94	97.62	
					陆俨少作品专场	11,167.52	100.00	
					名人书法对联专场	2,709.73	91.53	
					中国书画艺术品(二)专场	7,720.83	82.16	
217	上海东方	2010 秋季艺术品拍卖会	6,978.96	86.67	中国书画一	3,939.45	84.85	上海 2010－12－14
					中国书画二	2,009.50	100.00	
					中国书画三	1,030.01	87.25	
218	上海驰翰	2010 年金秋大型艺术品拍卖会	12,326.38	90.33	紫砂珍砚专场	2,035.26	88.28	上海 2010－12－15
					中国书画一	1,071.84	91.55	
					中国书画二	2,215.42	91.47	
					中国书画三	3,334.91	94.71	
					中国书画四	1,213.35	80.82	
					于右任书法专场	1,838.70	97.89	
					中国书画五	616.90	90.20	
219	上海天衡	2010 年秋季艺术品拍卖会	53,644.00	84.77	袖海楼藏书法墨迹专场	1,241.07	100.00	上海 2010－12－15
					旧时明月——海派绘画精品专场	8,031.41	92.13	
					中国古代书画专场	4,581.25	72.73	
					浑然天趣——齐白石绘画专场	13,176.80	100.00	
					中国近现代书画专场(一)	9,711.65	88.89	
					中国近现代书画专场(二)	6,203.80	70.68	
					油画暨雕塑专场	10,698.02	90.99	

编号	拍卖公司	拍卖会名称	总成交额（万元）	总成交率（%）	拍卖专场名称	专场成交额（万元）	专场成交率（%）	地点及时间
220	上海大众	新海上雅集——2010年上海大众第四届大型艺术品拍卖会	8,510.04	84.88	精品古董专场	6,322.29	86.85	上海 2010-12-16
					海外回流书画专场	2,187.75	83.46	
221	朵云轩	2010秋季艺术品拍卖会	37,056.29	87.00	近现代书画专场(一)	9,010.18	91.53	上海 2010-12-16
					海派精品专场	2,582.83	100.00	
					寥天楼藏品专场	2,753.52	100.00	
					古代书画专场	5,141.70	87.22	
					精品成扇专场	928.76	94.74	
					当代海派专场	709.30	91.11	
					名家小品专场	1,249.64	90.98	
					近现代书画专场(二)	6,655.82	86.34	
					古籍善本	803.84	88.69	
					金石缘书画篆刻碑版专场	1,039.25	84.13	
					瓷器杂项专场	2,207.24	67.81	
					当代艺术和油画雕塑专场	3,974.21	77.05	
222	上海嘉泰	2010秋季艺术品拍卖会(二)	3,949.70	71.95	古籍善本专场	315.02	73.33	上海 2010-12-16
					瓷器工艺品专场	898.24	72.00	
					中国书画专场	2,736.44	71.17	
223	明珠双龙	2010第三期书画精品拍卖会	1,086.57	91.50	中国书画一——鸣远堂藏画	219.70	91.79	北京 2010-12-17
					中国书画二——干归轩旧藏书画	375.88	100.00	
					中国书画三	490.99	87.44	
224	远方国拍	2010季度拍卖会第一期	1,380.99	87.72	中国书画	1,380.99	87.72	北京 2010-12-17
225	中国嘉德	嘉德四季第24期拍卖会	34,134.91	81.71	中国书画(一)	3,007.20	89.27	北京 2010-12-18
					中国书画(二)	3,652.32	100.00	
					中国书画(三)	2,219.50	83.25	
					中国书画(四)	2,381.46	85.51	
					中国书画(五)	1,265.49	88.02	
					中国书画(六)	2,220.18	80.86	
					中国书画(七)	2,817.14	90.91	
					中国书画(八)	7,765.74	78.39	
					瓷器	1,422.51	73.66	
					玉器 家具 工艺品	4,455.58	82.48	
					陈香滋气——名扬轩藏国酒茅台臻品	1,061.31	100.00	
					陈香滋气——普洱茶臻品	1,449.39	84.44	
					大学时代——2010中国艺术院校学生作品专场	417.09	71.88	

编号	拍卖公司	拍卖会名称	总成交额（万元）	总成交率（%）	拍卖专场名称	专场成交额（万元）	专场成交率（%）	地点及时间
226	北京中汉	犹珍V——中国古代瓷珍暨雕塑残器专场	1,472.24	71.18	犹珍V——中国古代瓷珍暨雕塑残器专场	1,472.24	71.18	北京 2010-12-19
227	上海泓盛	2010秋季艺术品拍卖会	15,658.73	74.65	中国书画（一）暨名家小品专场	2,242.61	83.28	上海 2010-12-19
					中国书画（二）	3,034.16	82.64	
					当代艺术	4,832.65	65.22	
					油画　雕塑	3,225.52	66.20	
					欧洲古董家具与装饰艺术	699.89	48.05	
					“江南藏韵——柏文纸币”专场	815.28	100.00	
					中国纸币“美国Jason英国Austin”专场	808.62	77.15	
228	德宝国际	2010年金秋艺术品拍卖会	2,145.62	50.37	书画　杂项	2,145.62	50.37	深圳 2010-12-19
229	北京荣宝	第69期艺术品拍卖会	5,430.43	74.38	中国书画一·当代书画专场	1,625.23	82.25	北京 2010-12-20
					中国书画二·近现代及古代书画专场	3,245.82	67.04	
					紫砂壶·普洱茶·茅台酒专场	559.38	85.83	
230	宁波富邦	2010年秋季艺术品拍卖会	6,257.10	83.08	珍玩集粹——典藏工艺与家具	1,457.79	77.44	宁波 2010-12-20
					艺海拾珍	794.64	92.89	
					中国书画	4,004.67	82.58	
231	中美宏凯威	2010秋季艺术品拍卖会	4,078.64	51.77	中国书画精品	4,078.64	51.77	北京 2010-12-21
232	北京九歌	2010秋季大型艺术品拍卖会	113,369.54	65.08	中国书画一	4,084.98	74.58	北京 2010-12-21
					博雅堂书画专场	27,733.44	96.15	
					古代书画专场	70,307.66	68.75	
					中国书画二	8,535.07	58.66	
					油画	2,088.02	72.22	
					瓷器杂项	620.37	54.64	
233	富比富	2010秋季艺术品拍卖会	5,183.50	60.16	中国书画（一）	3,543.33	67.53	北京 2010-12-22
					中国书画（二）	1,640.17	55.59	
234	中博国际	首届太和堂书画专场拍卖会	6,063.78	95.91	中国书画（一）	494.26	98.84	北京 2010-12-22
					中国书画（二）	5,475.24	94.13	
					吴东魁艺术希望基金无底价专场	94.28	98.06	
235	北京更乐	2010年秋季艺术品拍卖会	8,216.54	76.56	小品　扇画专场	771.57	82.52	北京 2010-12-24
					中国书画（一）	1,650.99	83.87	
					中国书画（二）	3,447.36	75.17	
					中国书画（三）	2,346.62	67.13	

编号	拍卖公司	拍卖会名称	总成交额（万元）	总成交率（%）	拍卖专场名称	专场成交额（万元）	专场成交率（%）	地点及时间
236	红太阳	2010年秋季拍卖会	74, 922. 90	79. 49	瓷器	27, 181. 59	63. 66	北京 2010－12－25
					瓷器　杂项	24, 307. 25	72. 83	
					玉石　田黄　翡翠	1, 814. 02	85. 17	
					中国书画　油画	21, 049. 99	91. 44	
					邮票　钱币　磁卡	570. 05	85. 93	
237	十竹斋	2010秋季艺术品拍卖会	3, 453. 4[illegible]	67. 45	瓷器玉器工艺品专场	877. 37	72. 82	南京 2010－12－26
					中国书画专场	2, 576. 11	64. 13	
238	福建拍卖	厦门唐颂2010秋季拍卖会	6, 887. 29	55. 77	绿衣翠衿　翡翠珠宝专场	587. 66	29. 45	厦门 2010－12－26
					烟云供养　佛像得道专场	1, 336. 05	70. 00	
					昭华白珩　明清白玉专场	686. 74	43. 48	
					洞天清韵　书斋铜炉专场（台湾回流）	1, 114. 29	74. 63	
					闲情偶寄　古董珍玩专场	3, 162. 54	64. 05	
239	上海崇源	2010年秋季大型艺术品拍卖会	15, 730. 37	52. 80	名家小品	897. 73	49. 54	上海 2010－12－29
					中国书画	6, 410. 43	42. 05	
					文渊永乐	5, 415. 65	79. 67	
					海上旧梦（伍）	3, 006. 56	62. 64	
240	上海国拍	2010年秋季艺术品拍卖会	4, 649. 45	63. 91	瓷器　玉器　工艺品专场	175. 95	45. 56	上海 2010－12－29
					中国书画专场	1, 865. 25	60. 41	
					翡翠钻石珠宝专场	77. 82	27. 27	
					古籍善本专场	2, 530. 43	81. 98	
241	海士德	2010秋季艺术品拍卖会	111, 653. 92	93. 98	当代书画	1, 451. 86	95. 98	北京 2010－12－29
					中国近现代书画一	16, 881. 76	92. 02	
					现当代油画	6, 869. 46	89. 86	
					中国古代书画	75, 486. 10	92. 50	
					中国近现代书画二	10, 964. 74	100. 00	
242	澳门中信	2010年秋季拍卖会	17, 797. 22	52. 83	书画　瓷玉器	17, 797. 22	52. 83	澳门 2010－12－30
243	未来四方	2010秋季兰州文物艺术品拍卖会	774. 67	73. 32	中国书画	159. 58	75. 00	兰州 2010－12－31
					瓷杂珍玩	487. 15	61. 40	
					首届"四方缘"当代书画精品专场	127. 94	100. 00	

第八部分 年度重要拍品

NIANDU ZHONGYAO PAIPIN

古代书画

作品名称	成交价（RMB）	拍卖公司	页码
东晋 王羲之《平安帖》	308,000,000	中国嘉德	363
北宋 黄庭坚《砥柱铭》手卷（局部）	436,800,000	北京保利	364～365
宋代 佚名《汉宫秋图》	168,000,000	北京保利	366
元代 王蒙《秋山萧寺图》	136,640,000	北京保利	367
清代 钱维城《雁荡图》（局部）	129,920,000	北京保利	368
清代 朱耷《竹石鸳鸯图（芙蓉鸳鸯图）》	118,700,000	杭州西泠	369
明代 陈栝《情韵墨花》手卷	113,680,000	中国嘉德	370
明代 周之冕《百花图卷》	90,720,000	北京保利	371
清代 乾隆 御笔《汉柏图》	87,360,000	北京保利	372
元代 赵孟頫 行书《洛神赋》册页	80,080,000	中国嘉德	373
明代 杨维桢《赠装潢萧生显序》手卷	73,920,000	北京翰海	374
佚名《元人出猎图》手卷	67,200,000	北京保利	375
明代 仇英《浮峦暖翠图》手卷	72,800,000	北京翰海	376～377
清代 朱耷《孤禽图》	62,720,000	北京翰海	378
明代 夏昶《湘江竹石图》手卷	59,360,000	北京保利	379
清代 佚名《平定太平天国战图》（局部）	61,600,000	北京保利	380～381
元代 王冕《墨梅图》	57,120,000	北京保利	382
清代 朱耷《仿倪云林山水》	56,000,000	中国嘉德	383
清代 乾隆 行书 《洪咨夔春秋说论隐公作伪事》	57,120,000	北京匡时	384～385
明代《明人金扇集册》（十二开）	53,760,000	北京保利	386
明代 文征明 行书《西苑诗》册页 （十六开31页）	52,080,000	中国嘉德	387
清代 朱耷《古木双禽》	50,400,000	中国嘉德	388
明代 陈继儒《云岩萧寺》	50,400,000	北京保利	389
明代 傅山 草书《为毓青词丈作诗》手卷	48,720,000	中国嘉德	390
清代 邹一桂《竹石梅花》	48,720,000	北京匡时	391
北宋 易元吉《山猿野麞图》手卷	45,920,000	北京保利	392
北宋 曾纡《草书与允直知县七哥札》	45,920,000	北京保利	393
清代 乾隆《盘龙松》	45,360,000	中国嘉德	394
明代 王铎《雒州香山作诗轴》	45,360,000	北京匡时	395
清代 金廷标《听泉图》	45,136,000	中国嘉德	396
元代 倪瓒《霜林湍石》	43,680,000	北京翰海	397

续表

作品名称	成交价（RMB）	拍卖公司	页码
明代 唐寅《野亭霭瑞图》手卷（局部）	44,800,000	中国嘉德	398～399
明代 周臣《观潮图》	38,080,000	北京保利	400
清代 康熙 行书《笃志经学》匾额	33,600,000	北京保利	401
明代 尤求《秋窗博弈图》手卷（局部）	37,520,000	北京匡时	402～403
明代 陈洪绶《出处图》手卷	39,200,000	北京保利	404～405
明代 文征明《吴山秋霁图》手卷	34,720,000	北京保利	406～407
清代 乾隆《御临钟繇力命帖卷》	33,600,000	北京传是	408
明代 王铎《宿江上作诗轴》	36,960,000	北京匡时	409
明代 仇英《春江图》手卷	33,600,000	北京保利	410
南宋 范成大《自书四时田园杂兴诗卷》	33,600,000	广州嘉德	411
王穀祥、乾隆 花卉对题册（十八开）	33,600,000	北京保利	412～413
清代 郑燮《双松兰竹图》	33,600,000	北京翰海	414
元代 黄溍《临黄公望富春山居图》手卷	33,600,000	北京翰海	415
清代 石涛《番人秋狩图》	32,480,000	北京保利	416
清代 郎世宁《山水》册页（十开）	31,360,000	北京翰海	417
清代 沈铨《松溪群鹿图》屏风（十二扇）	31,360,000	北京保利	418～419
明代 蓝瑛《四季山水》	28,560,000	杭州西泠	420
明代 宋懋晋《摹诸家树谱》手卷	26,320,000	北京匡时	421
清代 乾隆 御笔《濯足图》	25,760,000	北京翰海	422
明代 王铎 行书《苏水园亭邀饮诗》手卷	24,640,000	北京匡时	423
清代 朱耷《柳树八哥》	24,620,000	北京匡时	424
清代 朱耷《拳石双鸟图》	22,400,000	北京翰海	425
明代 董其昌《仿吴镇山水》	22,400,000	北京翰海	426
明代 王铎《草书诗卷》	22,400,000	广州嘉德	427
明代 沈周《秋林小集图》	22,400,000	北京翰海	428
明代 倪元璐《书画合璧卷》	20,720,000	杭州西泠	429
明代 吴彬《仿黄鹤山樵山水》	20,160,000	北京翰海	430
清代 徐元文《感蝗赋》手卷	20,160,000	北京翰海	431
清代 雍正《书画合璧册》（十八开）	20,160,000	北京保利	432～433
明代 杜堇《听琴图》	18,480,000	北京保利	434
清代 朱耷《山水》	17,920,000	北京华辰	435
南宋 刘松年《雪溪举网图》	17,920,000	北京保利	436

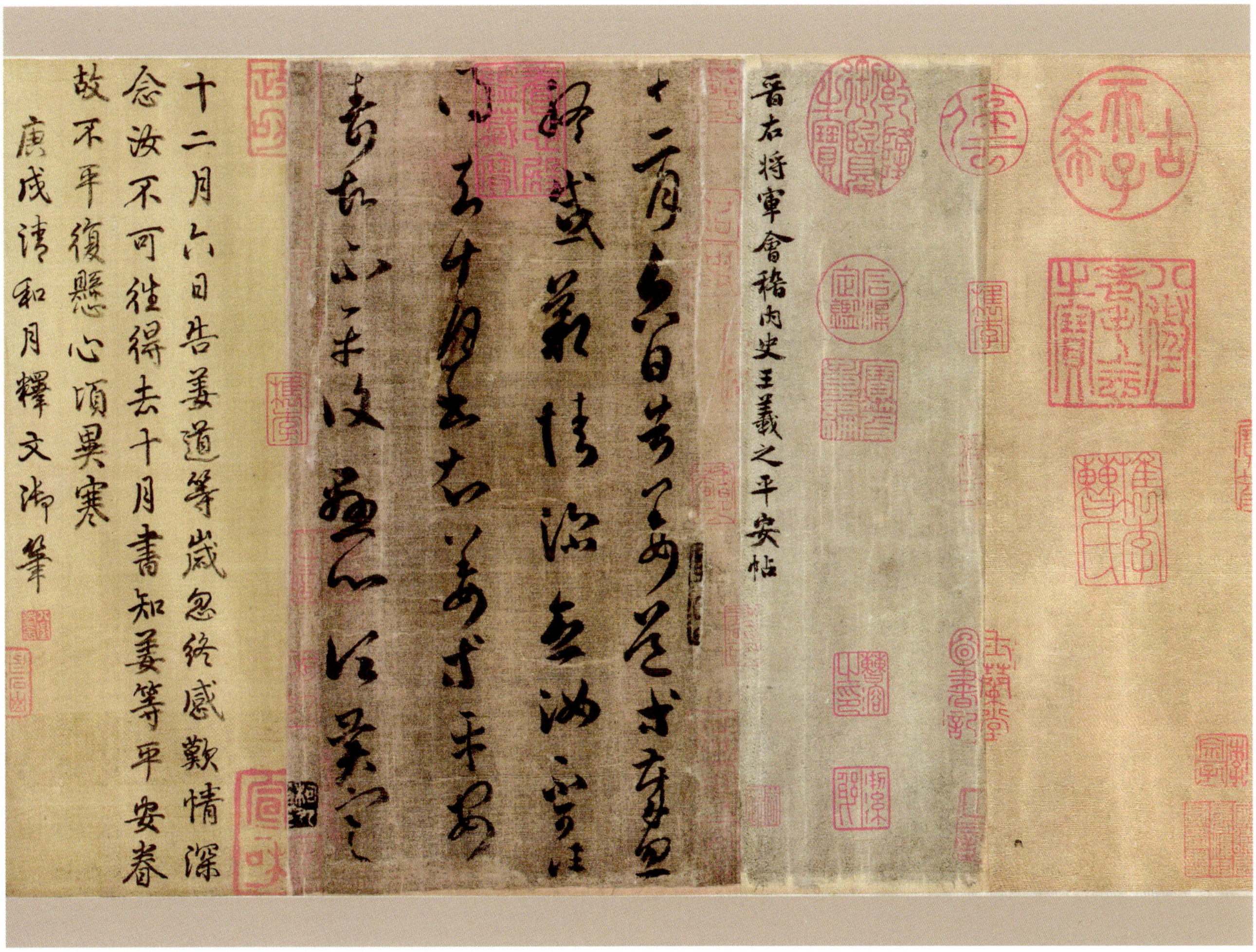

东晋 王羲之《平安帖》

24.5×13.8cm，约0.3平方尺

成交价：RMB 308,000,000

中国嘉德 2010·秋

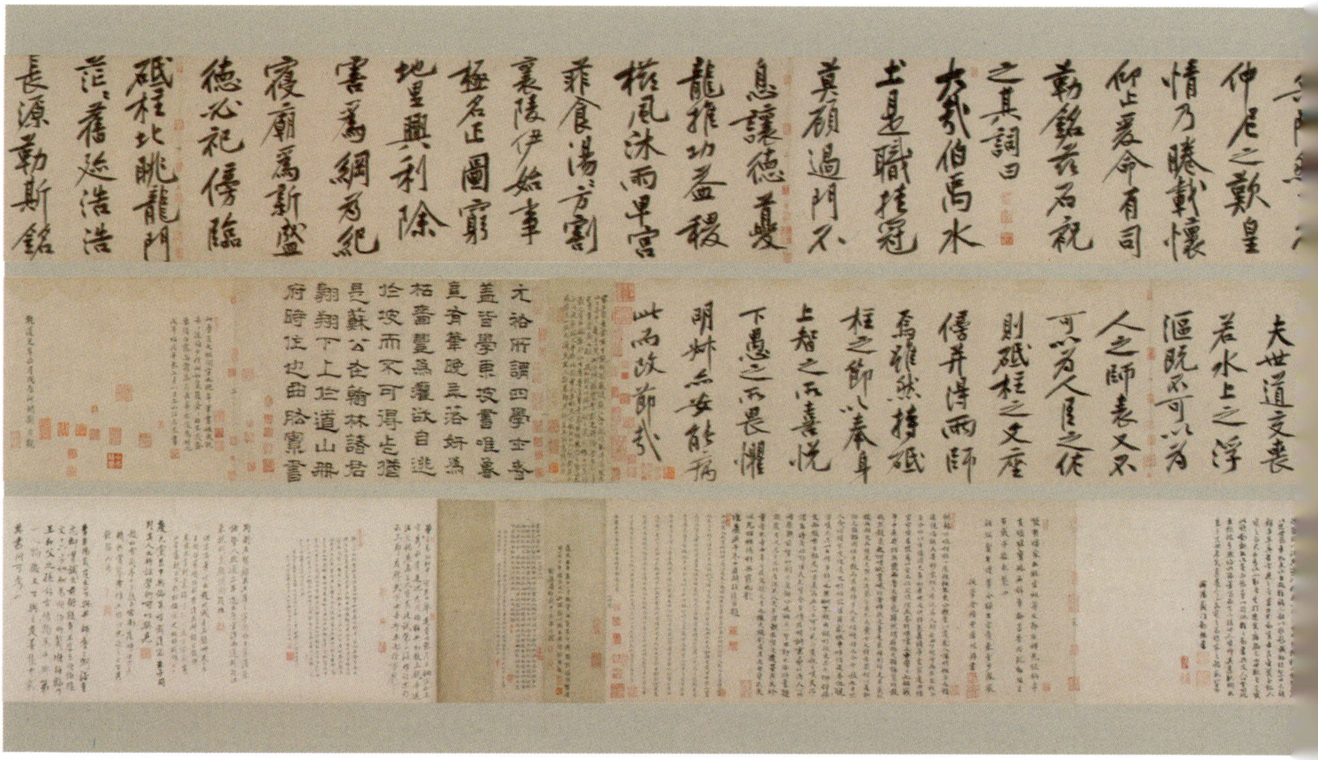

北宋 黄庭坚《砥柱铭》手卷（局部）

37.6×824cm，约28.0平方尺

成交价：RMB 436,800,000

北京保利 2010·春

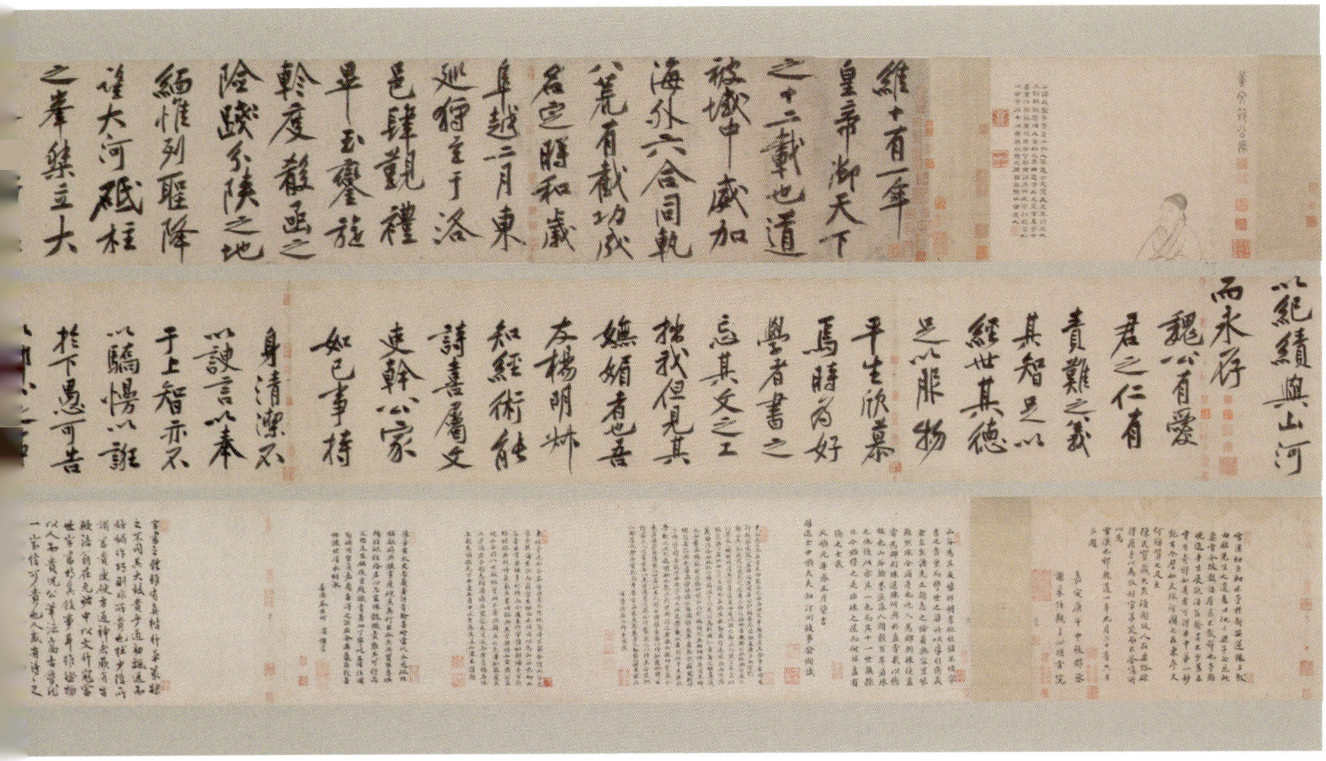

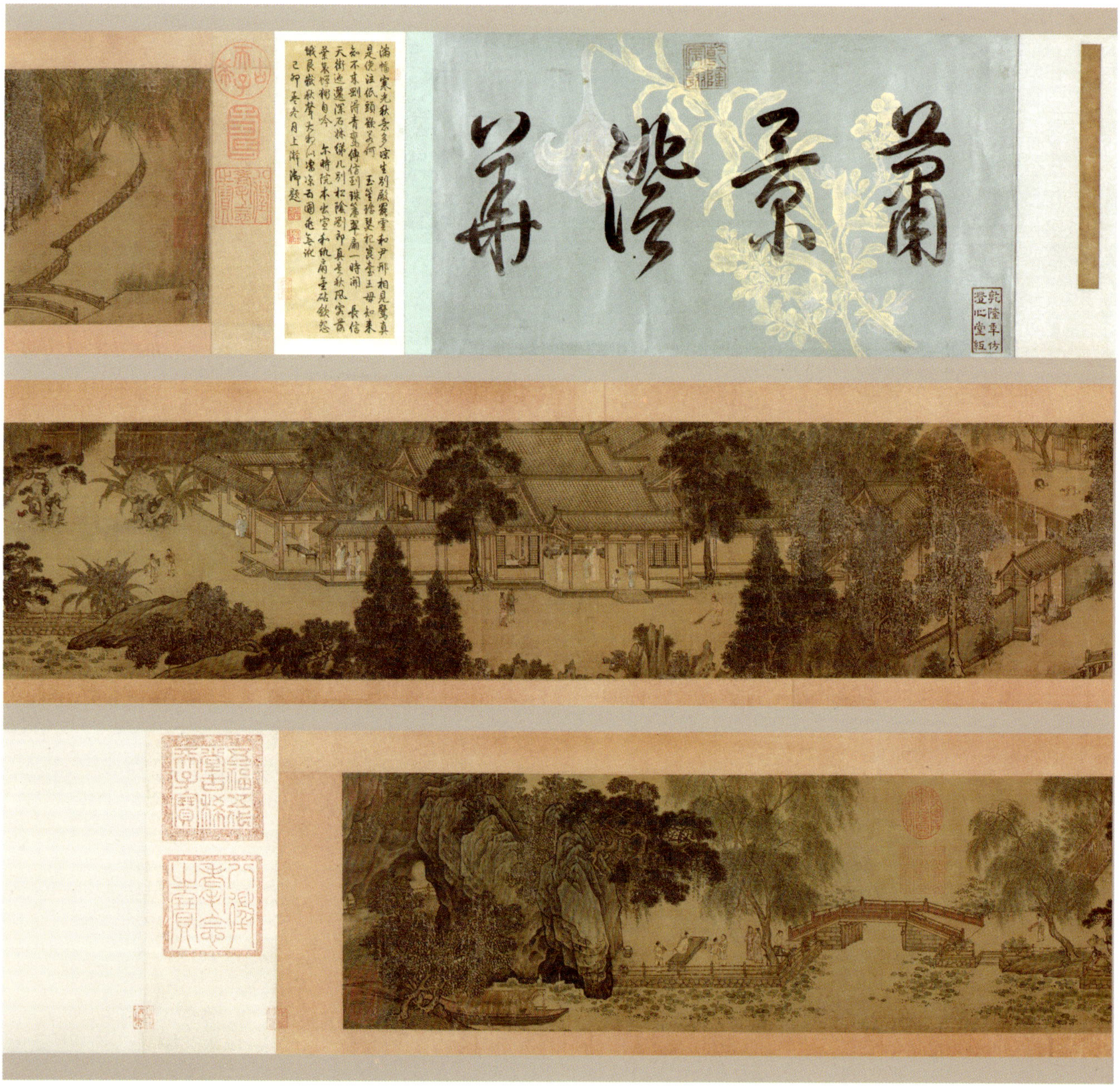

宋代 佚名《汉宫秋图》

20×166 cm，约3.0平方尺

成交价：RMB 168,000,000

北京保利 2010·秋

元代 王蒙《秋山萧寺图》

135×35 cm，约4.2平方尺

成交价：RMB 136,640,000

北京保利 2010·春

清代 钱维城《雁荡图》（局部）

31.5×730 cm，约20.4平方尺

成交价：RMB 129,920,000

北京保利 2010·春

清代 朱耷《竹石鸳鸯图（芙蓉鸳鸯图）》

121.5×65cm，约7.0平方尺

成交价：RMB 118,700,000

杭州西泠 2010·秋

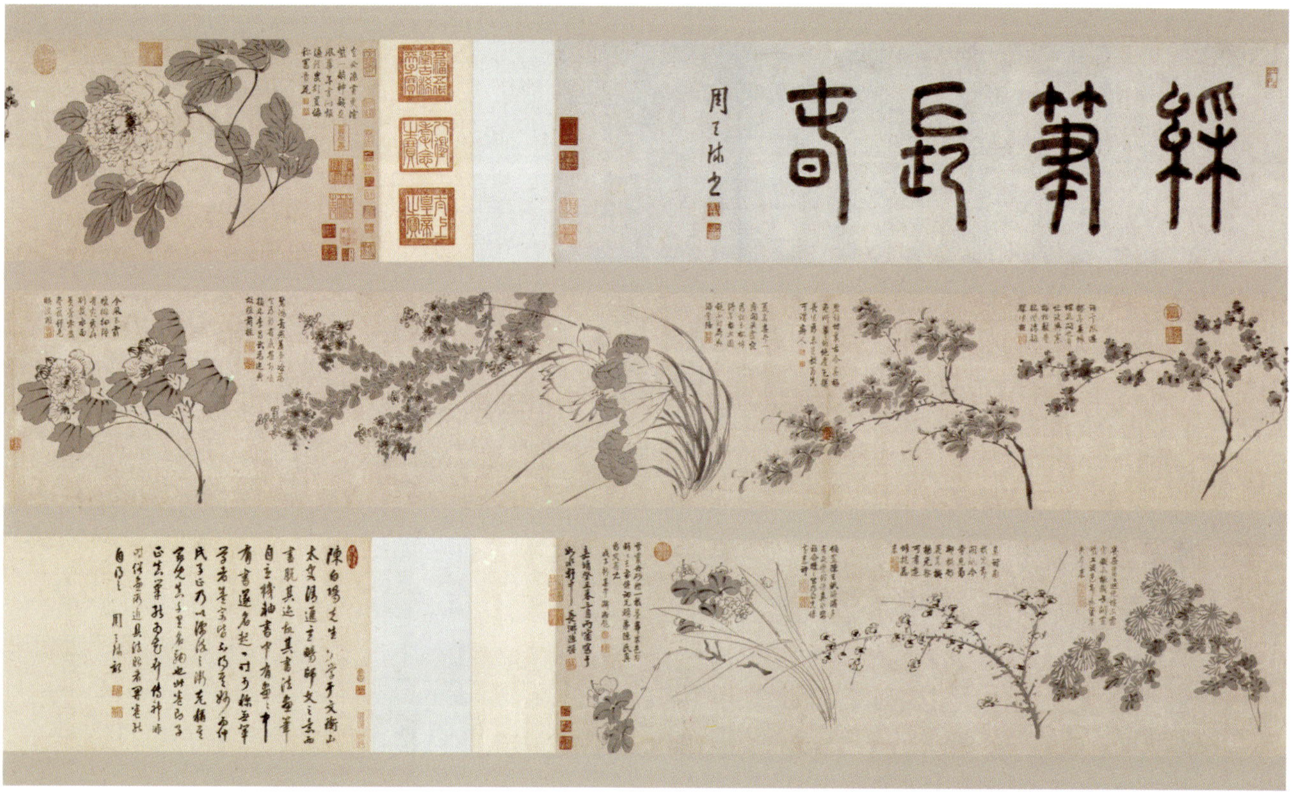

明代 陈栝《情韵墨花》手卷

32.4×367 cm，约10.6平方尺

成交价：RMB 113,680,000

中国嘉德 2010·秋

明代 周之冕《百花图卷》
32×1717 cm，约49.4平方尺
成交价：RMB 90,720,000
北京保利 2010·秋

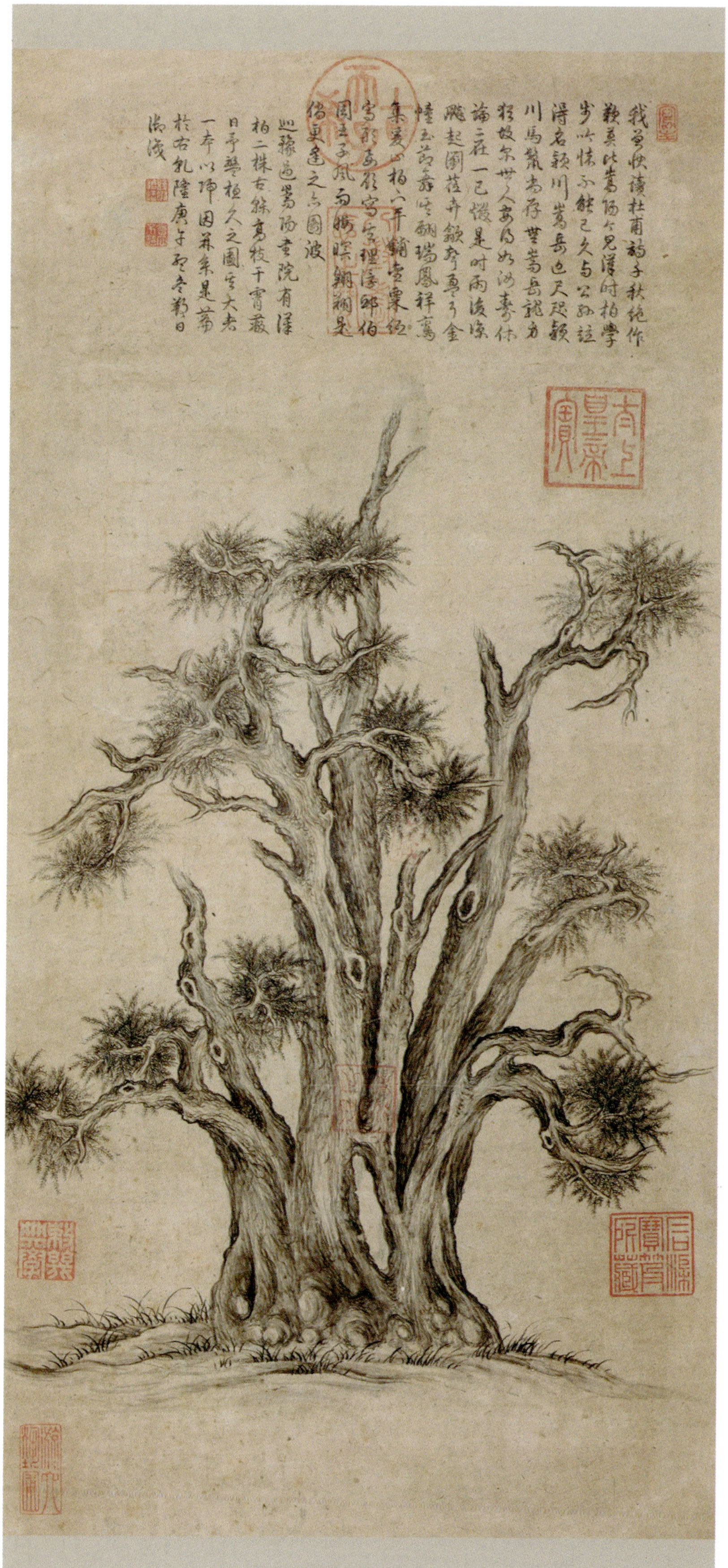

清代 乾隆 御笔《汉柏图》

58×29 cm，约1.5平方尺

成交价：RMB 87,360,000

北京保利 2010·秋

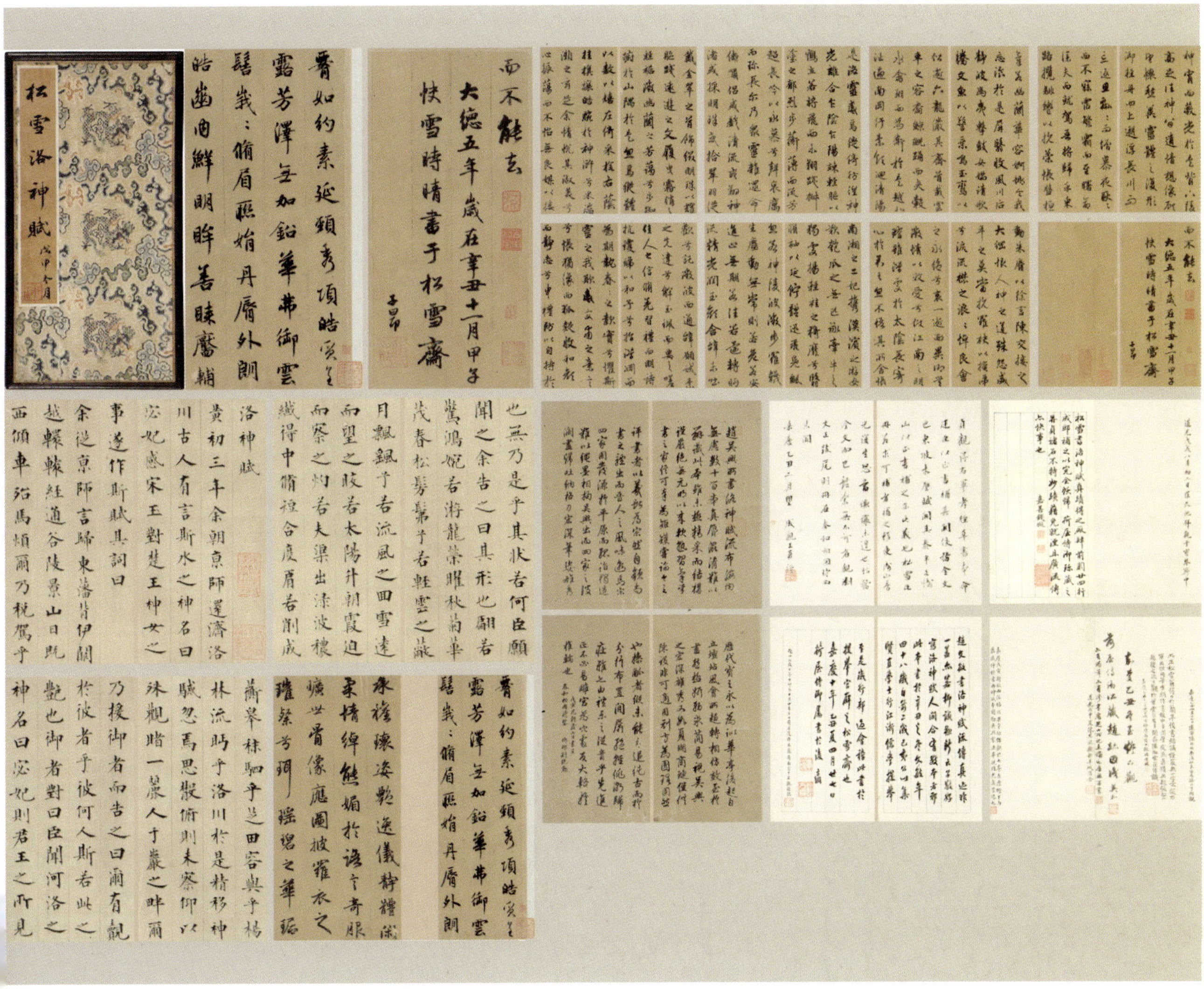

元代 赵孟頫 行书《洛神赋》册页

23×11.5cm×18，约0.2平方尺（每幅）

成交价：RMB 80,080,000

中国嘉德 2010·秋

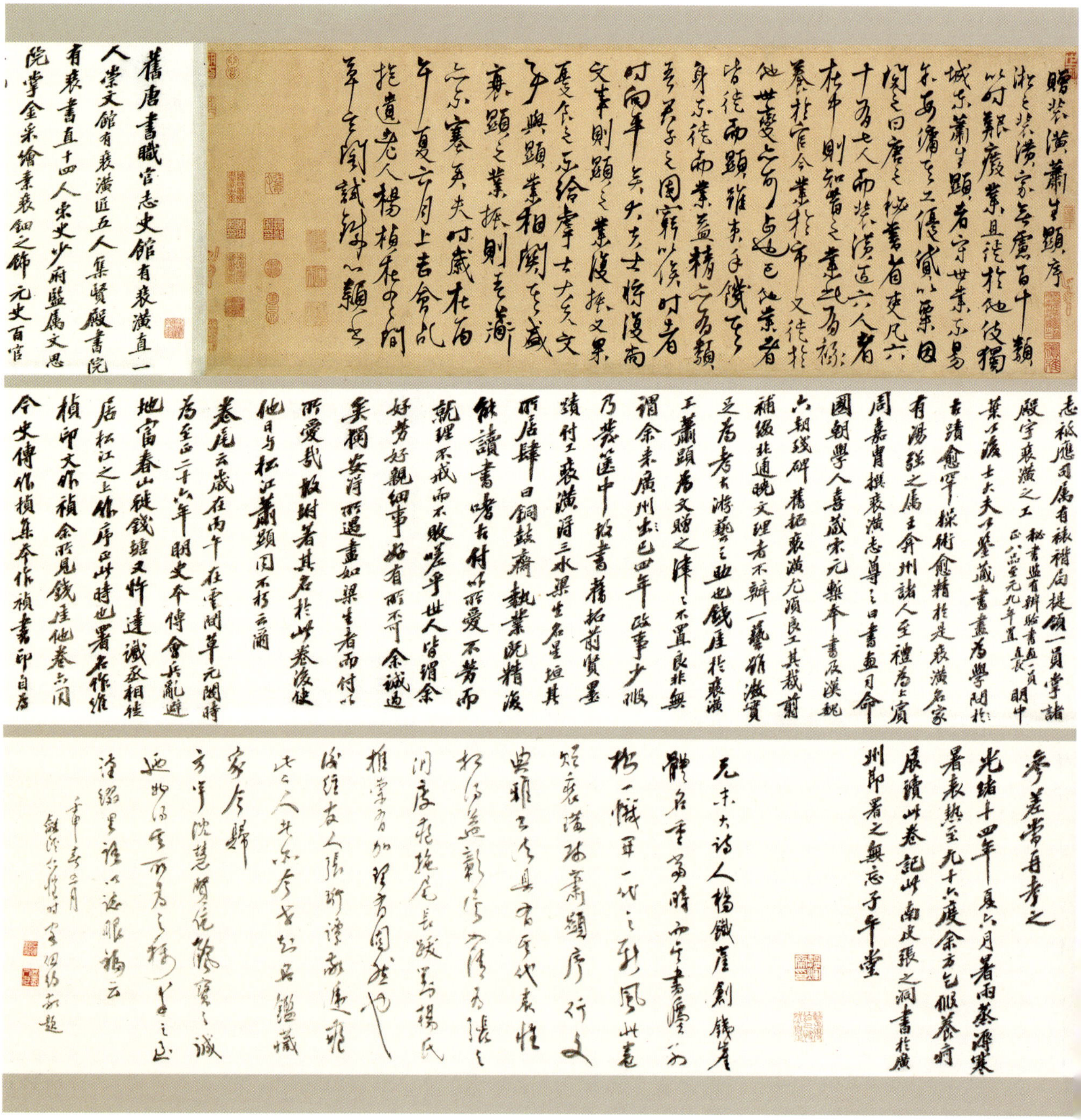

明代 杨维桢《赠装潢萧生显序》 手卷

27×76cm，约1.8平方尺

成交价：RMB 73,920,000

北京翰海 2010·春

佚名《元人出猎图》 手卷

59×1240 cm，约65.8平方尺

成交价：RMB 67,200,000

北京保利 2010·春

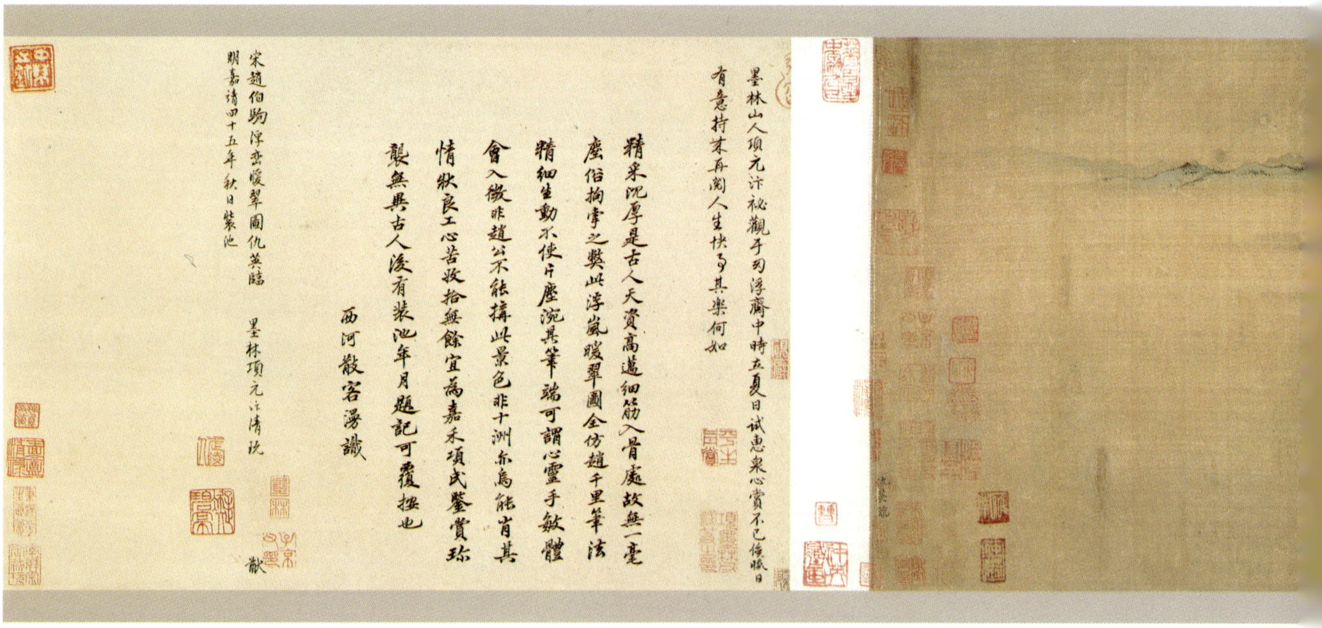

明代 仇英《浮峦暖翠图》手卷

27.5×99.5cm，约2.5平方尺

成交价：RMB 72,800,000

北京翰海 2010·春

清代 朱耷《孤禽图》

78×41.2cm，约2.9平方尺

成交价：RMB 62,720,000

北京翰海 2010·秋

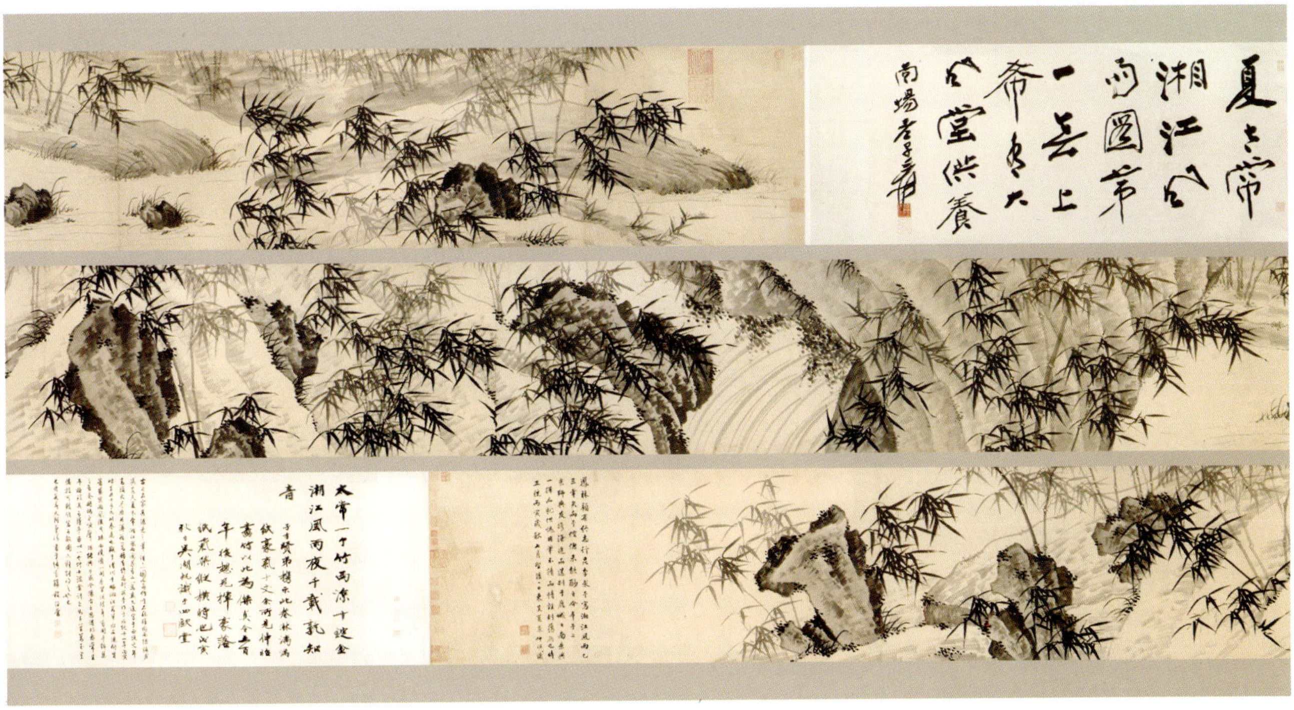

明代 夏昶《湘江竹石图》手卷

56×824 cm， 约41.5平方尺

成交价：RMB 59,360,000

北京保利 2010·春

清代 佚名《平定太平天国战图》（局部）

画心：120×590 cm，约63.7平方尺

题跋：120×240 cm，约25.9平方尺

成交价：RMB 61,600,000

北京保利 2010·秋

元代 王冕《墨梅图》

107 × 33 cm，约3.2平方尺

成交价：RMB 57,120,000

北京保利 2010 · 春

青代 朱耷《仿倪云林山水》
24.5×58 cm，约6.5平方尺
成交价：RMB 56,000,000
中国嘉德 2010·秋

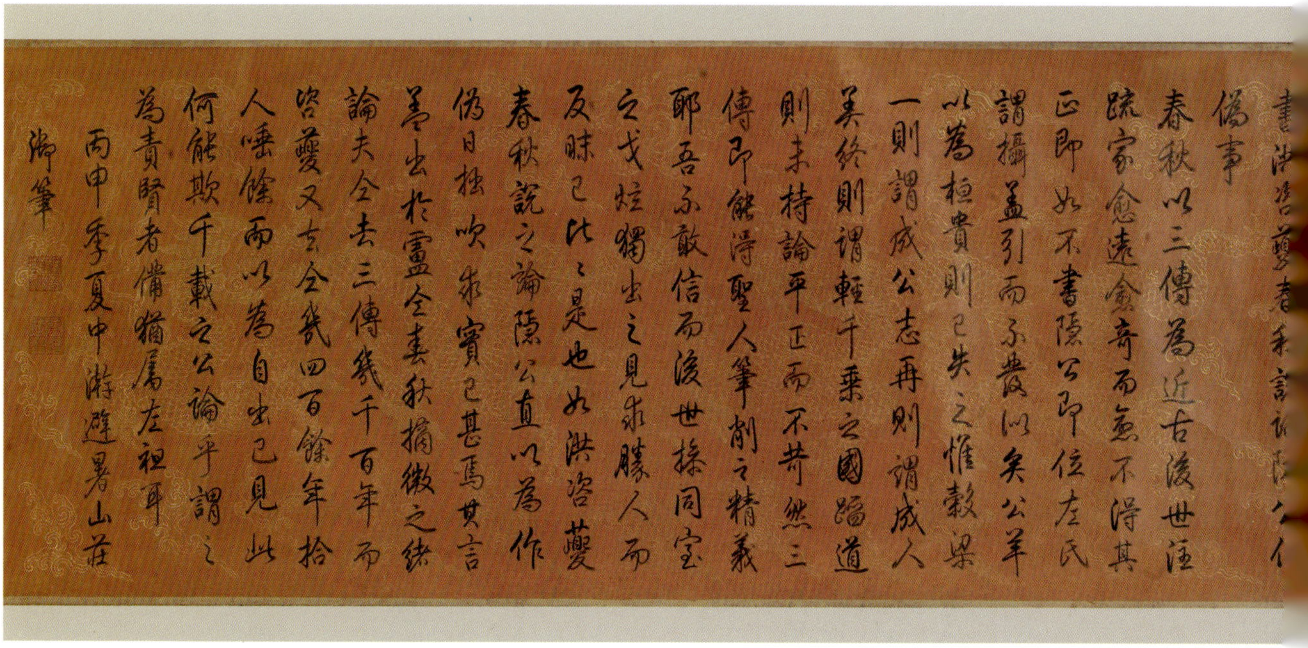

清代 乾隆 行书《洪咨夔春秋说论隐公作伪事》手卷

34.5×180cm，约5.6平方尺

成交价：RMB 57,120,000

北京匡时 2010·春

論闡唾餘

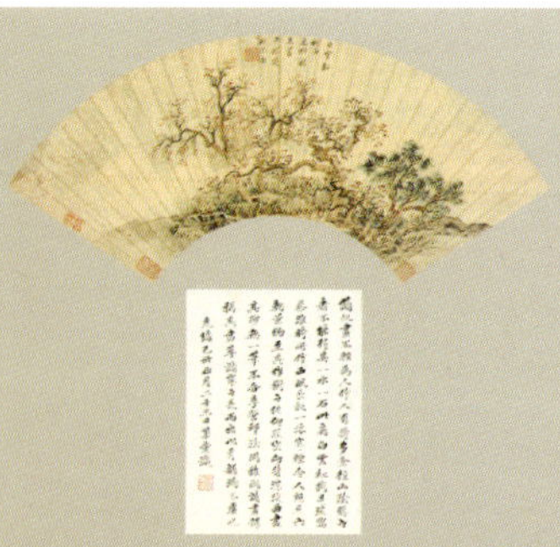

明·姚允在《白云红树图》

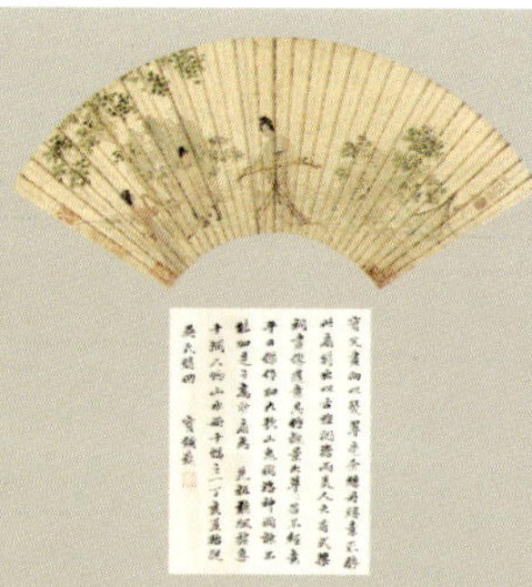

明·仇英《听琴图》

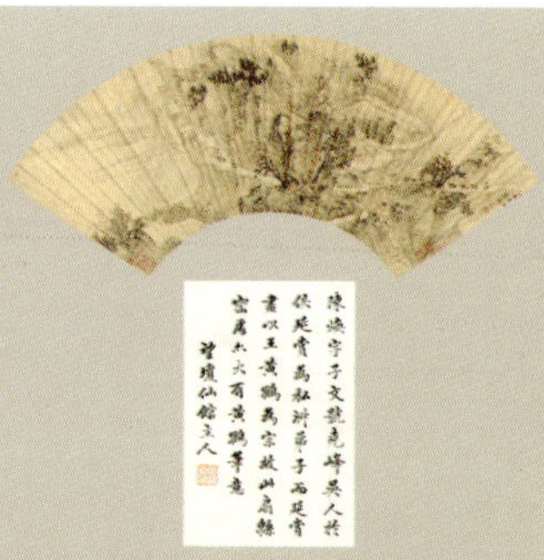

明·陈焕《层峦巨嶂图》

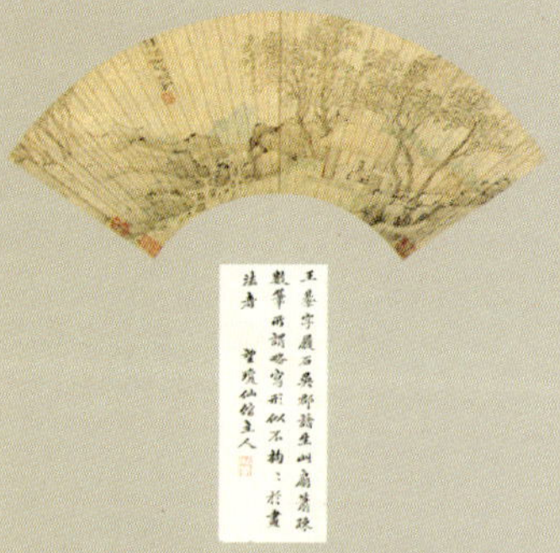

明·王綦《清溪独隐图》

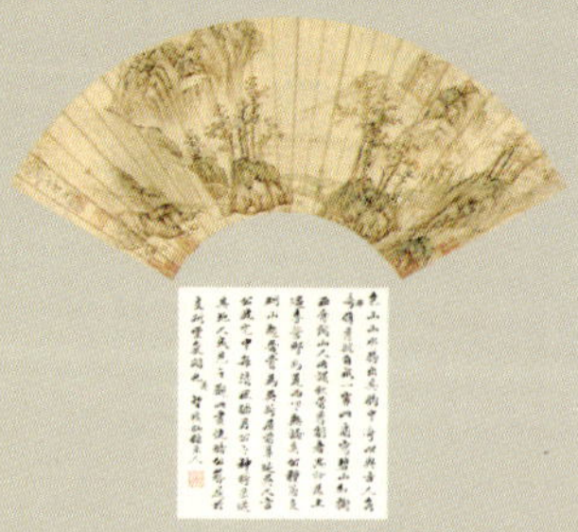

明·陆治《溪山幽居图》

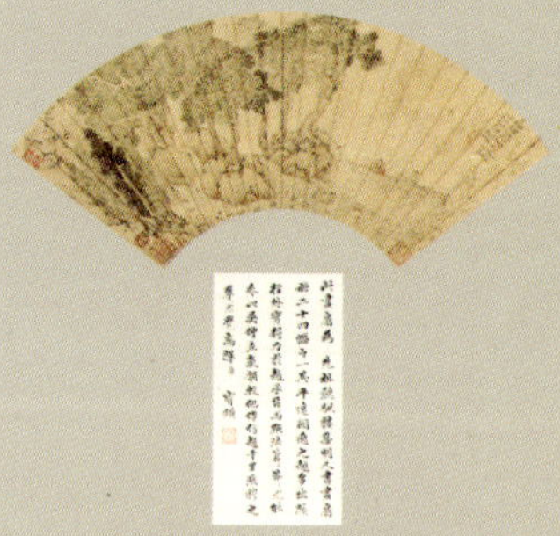

明·文征明《烟波渔叟图》

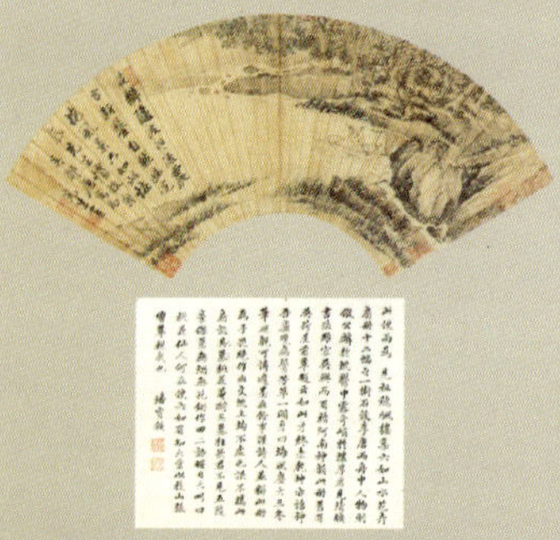

明·唐寅《春江放棹图》

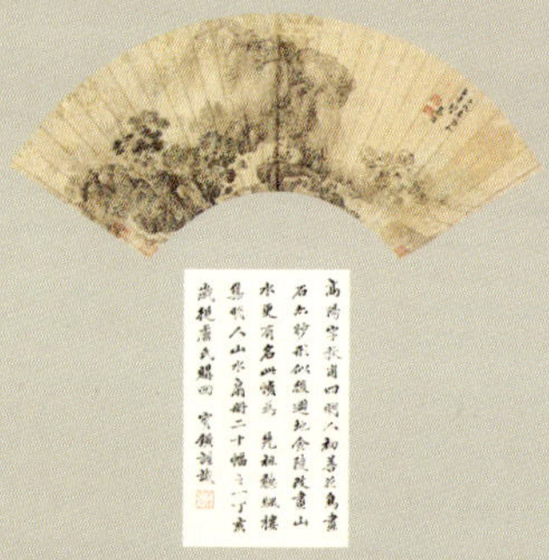

明·高阳《溪山深秀图》

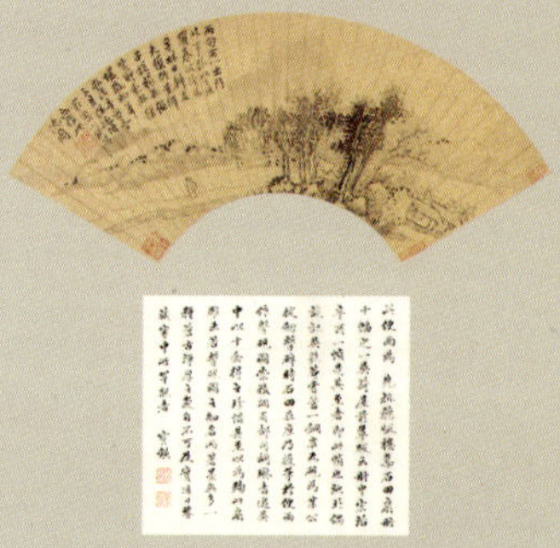

明·沈周《策杖访友图》

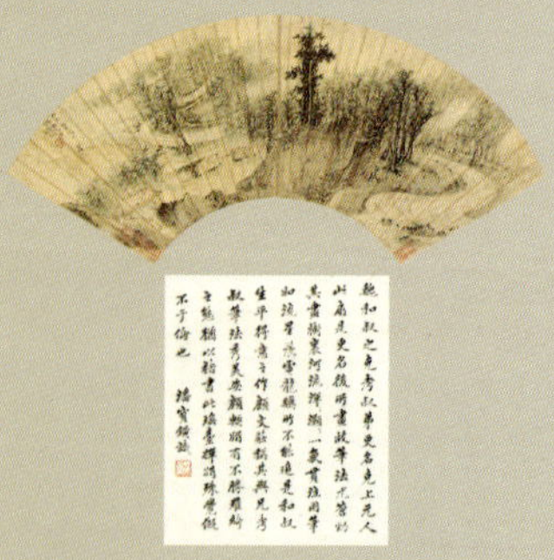

明·魏克《林泉隐庐图》

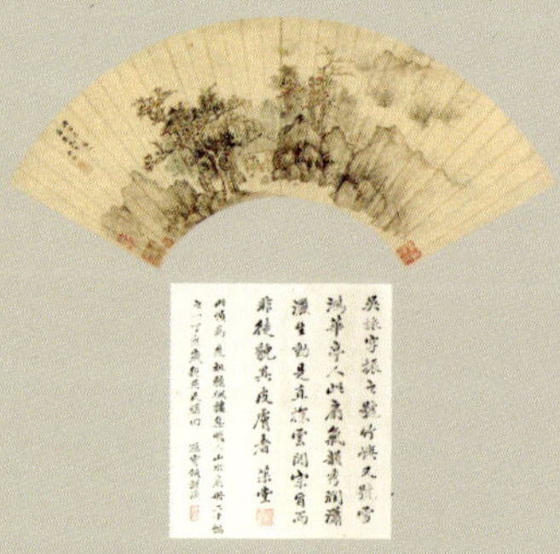

明·吴振《山林幽居图》

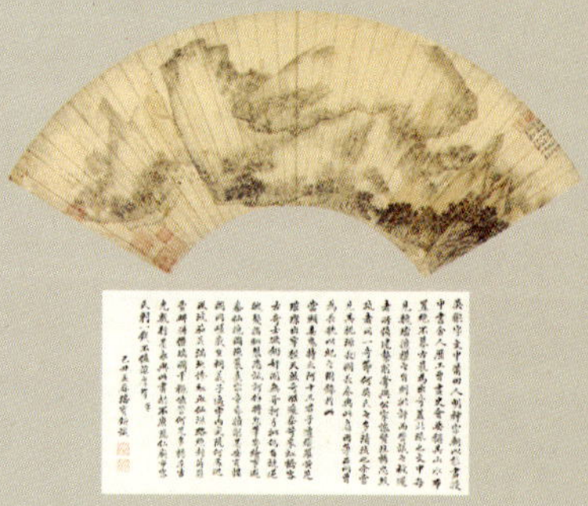

明·吴彬《夏云野舍图》

明代《明人金扇集册》（十二开）

28×112cm×12，约2.8平方尺（每幅）

成交价：RMB 53,760,000

北京保利 2010·秋

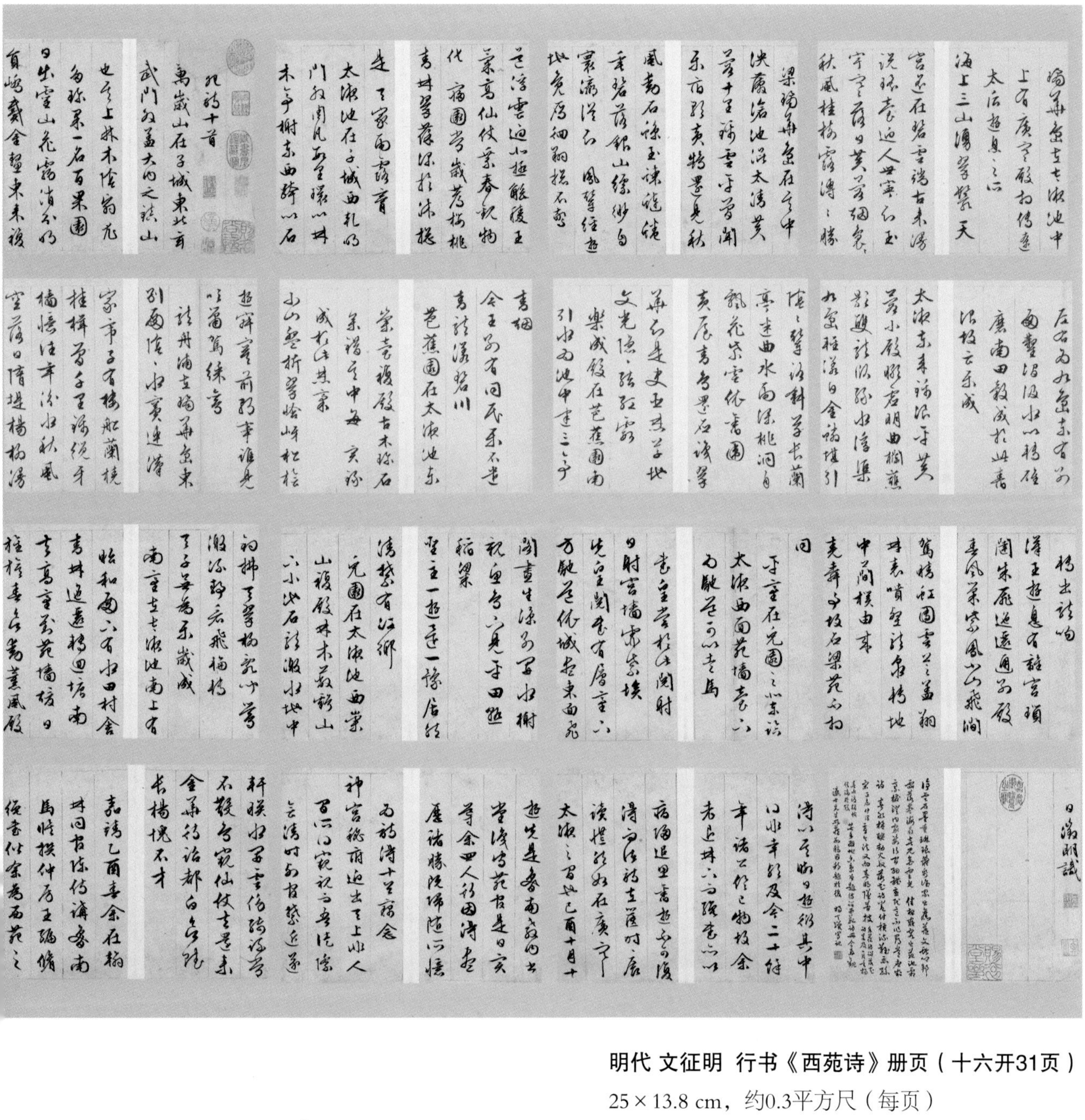

明代 文征明 行书《西苑诗》册页（十六开31页）

25×13.8 cm，约0.3平方尺（每页）

成交价：RMB 52,080,000

中国嘉德 2010·秋

清代 朱耷《古木双禽》

140.3×60.8 cm，约7.7平方尺

成交价：RMB 50,400,000

中国嘉德 2010·秋

明代 陈继儒《云岩萧寺》
142×57 cm，约7.3平方尺
成交价：RMB 50,400,000
北京保利 2010·秋

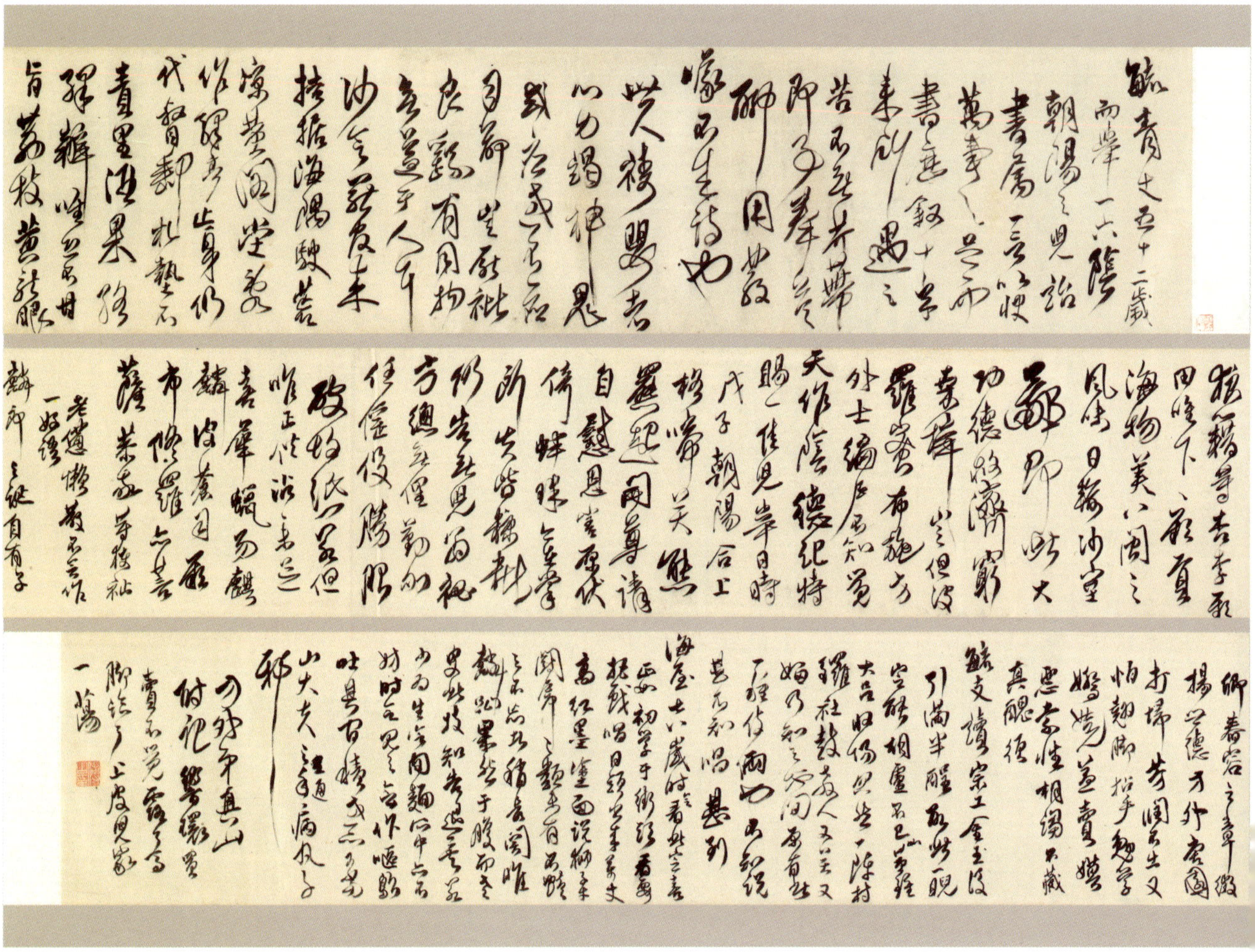

明代 傅山 草书《为毓青词丈作诗》手卷

25×334.8 cm，约7.5平方尺

成交价：RMB 48,720,000

中国嘉德 2010·秋

清代 邹一桂《竹石梅花》
165×82.5cm，约12.3平方尺
成交价：RMB 48,720,000
北京匡时 2010·秋

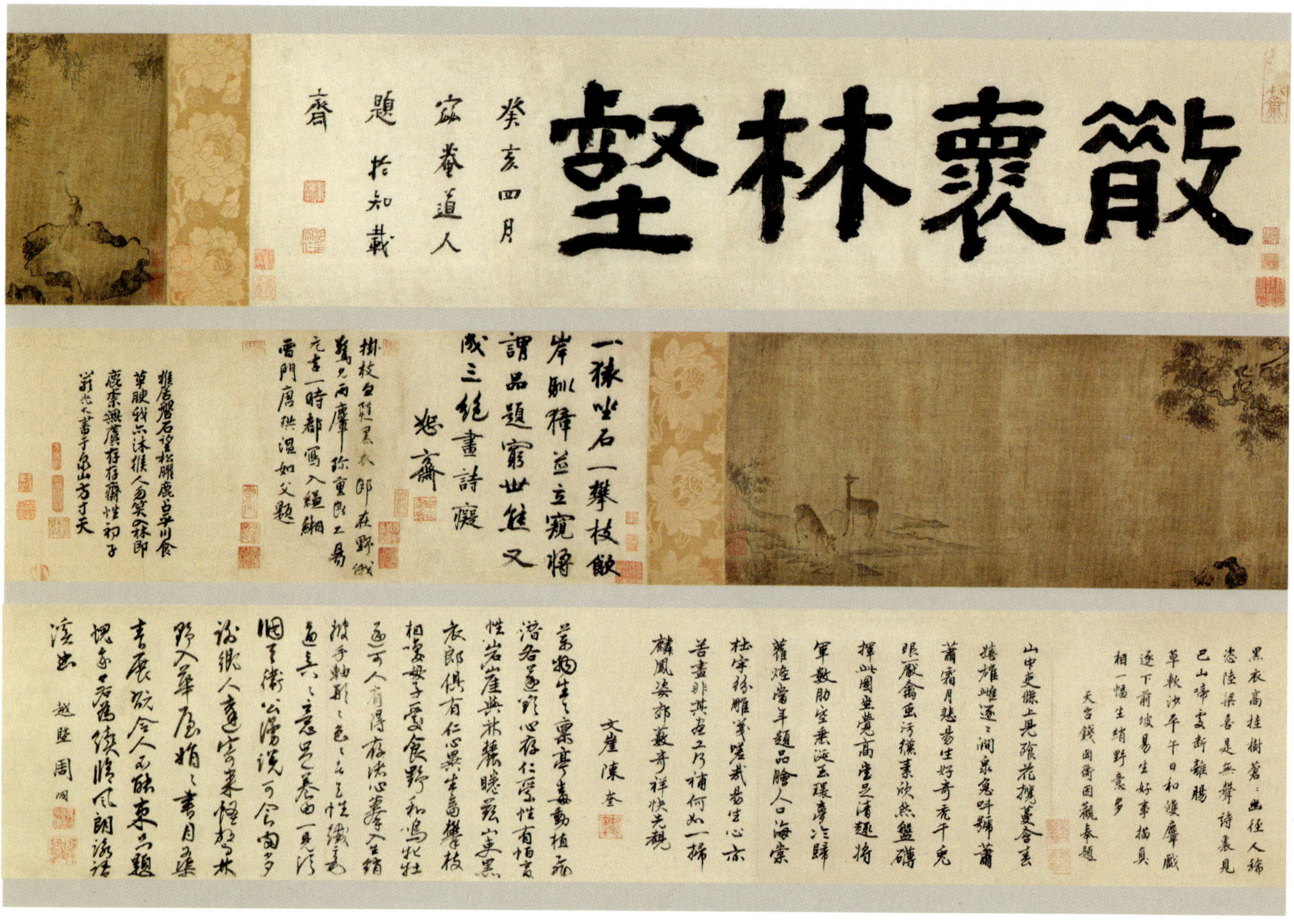

北宋 易元吉《山猿野麞图》手卷

画心：25×73 cm，约1.7平方尺

题跋：25×185 cm，约4.2平方尺

成交价：RMB 45,920,000

北京保利 2010·秋

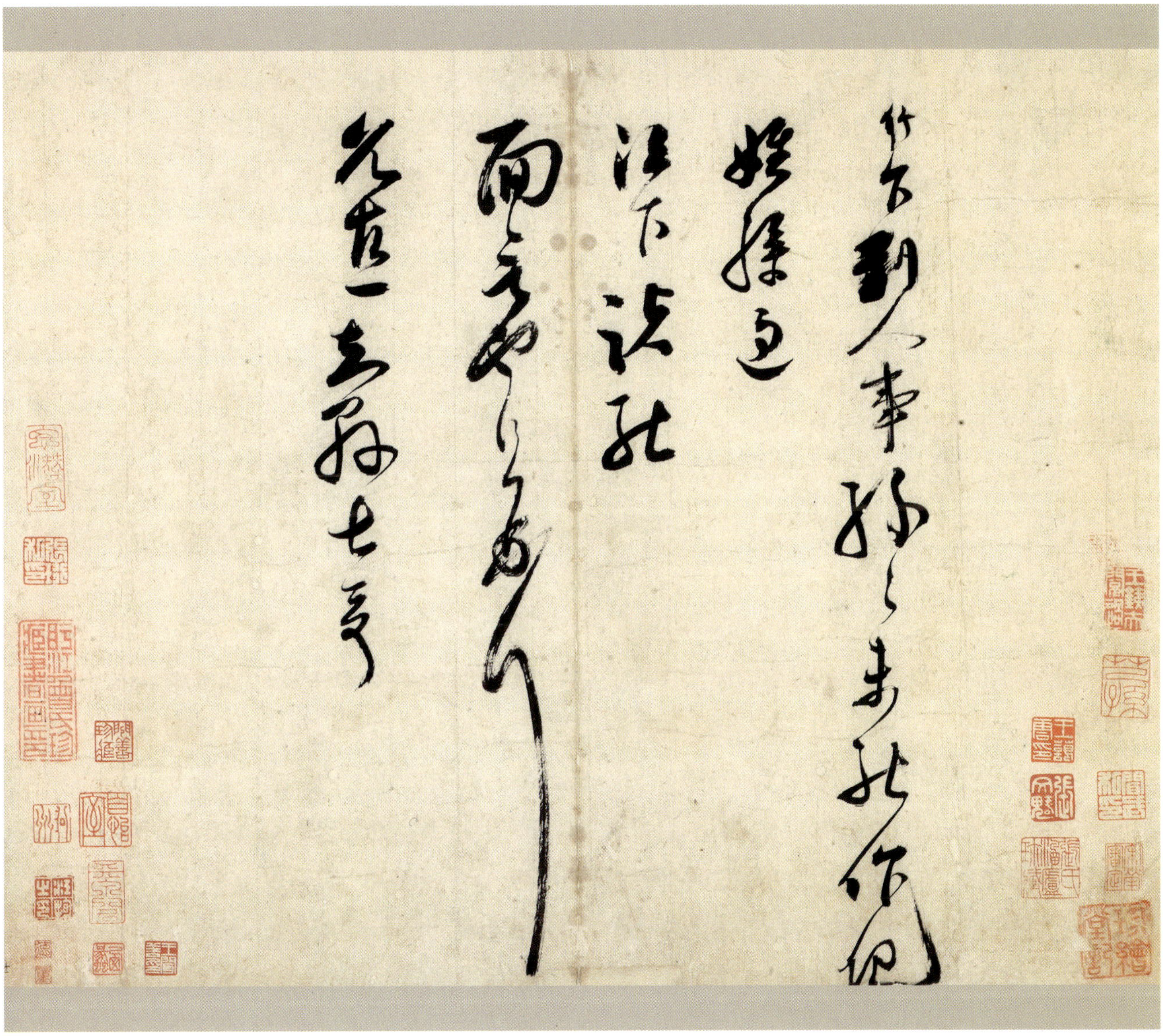

北宋 曾纡《草书与允直知县七哥札》

32×40 cm，约1.2平方尺

成交价：RMB 45,920,000

北京保利 2010·秋

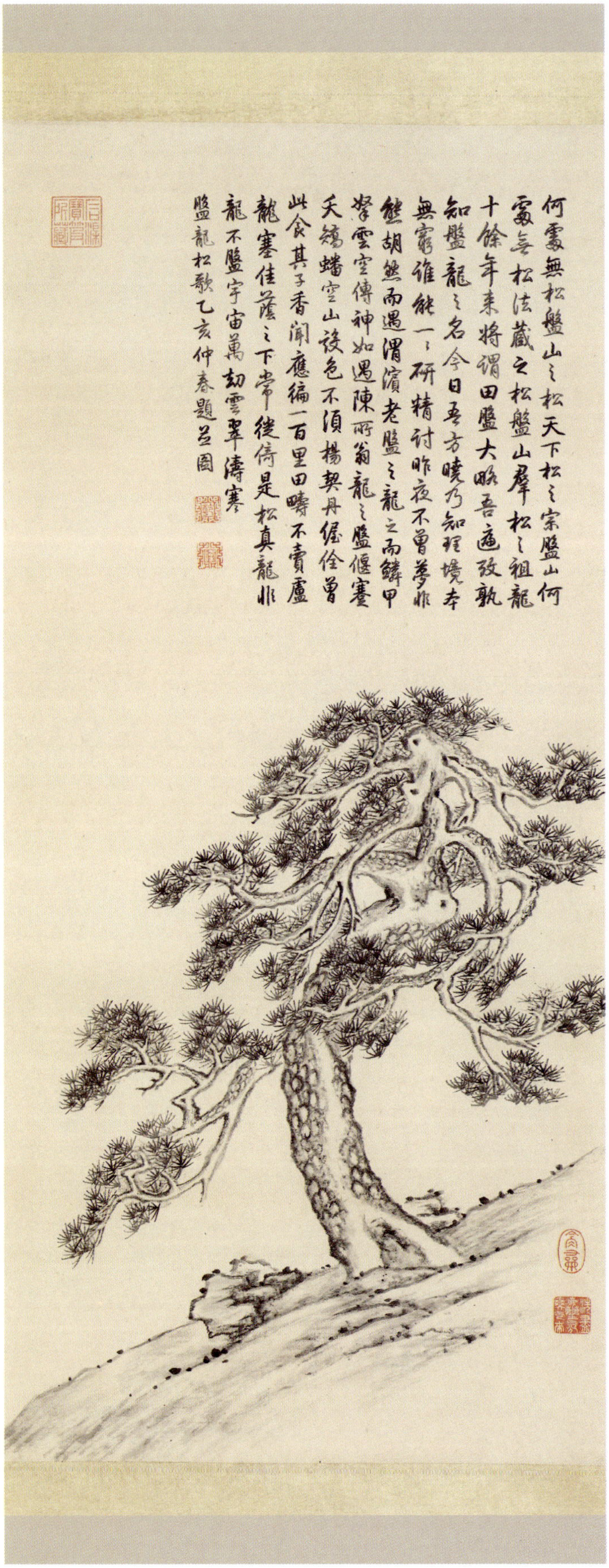

清代 乾隆《盘龙松》

85.8×40.2 cm，约3.1平方尺

成交价：RMB 45,360,000

中国嘉德 2010·秋

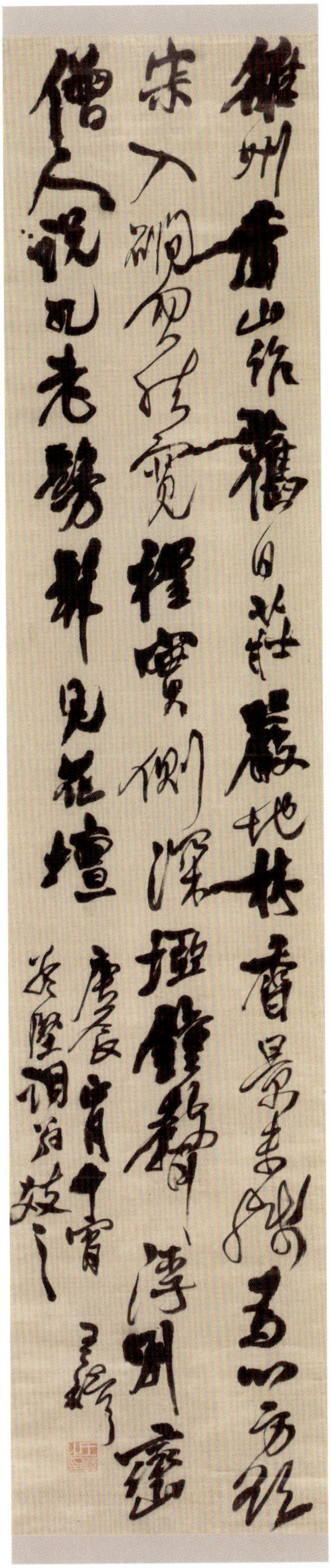

明代 王铎《雒州香山作诗轴》

247×53.5cm，约12.0平方尺

成交价：RMB 45,360,000

北京匡时 2010·秋

清代 金廷标《听泉图》

112.7×148.3 cm，约15.0平方尺

成交价：RMB 45,136,000

中国嘉德 2010·春

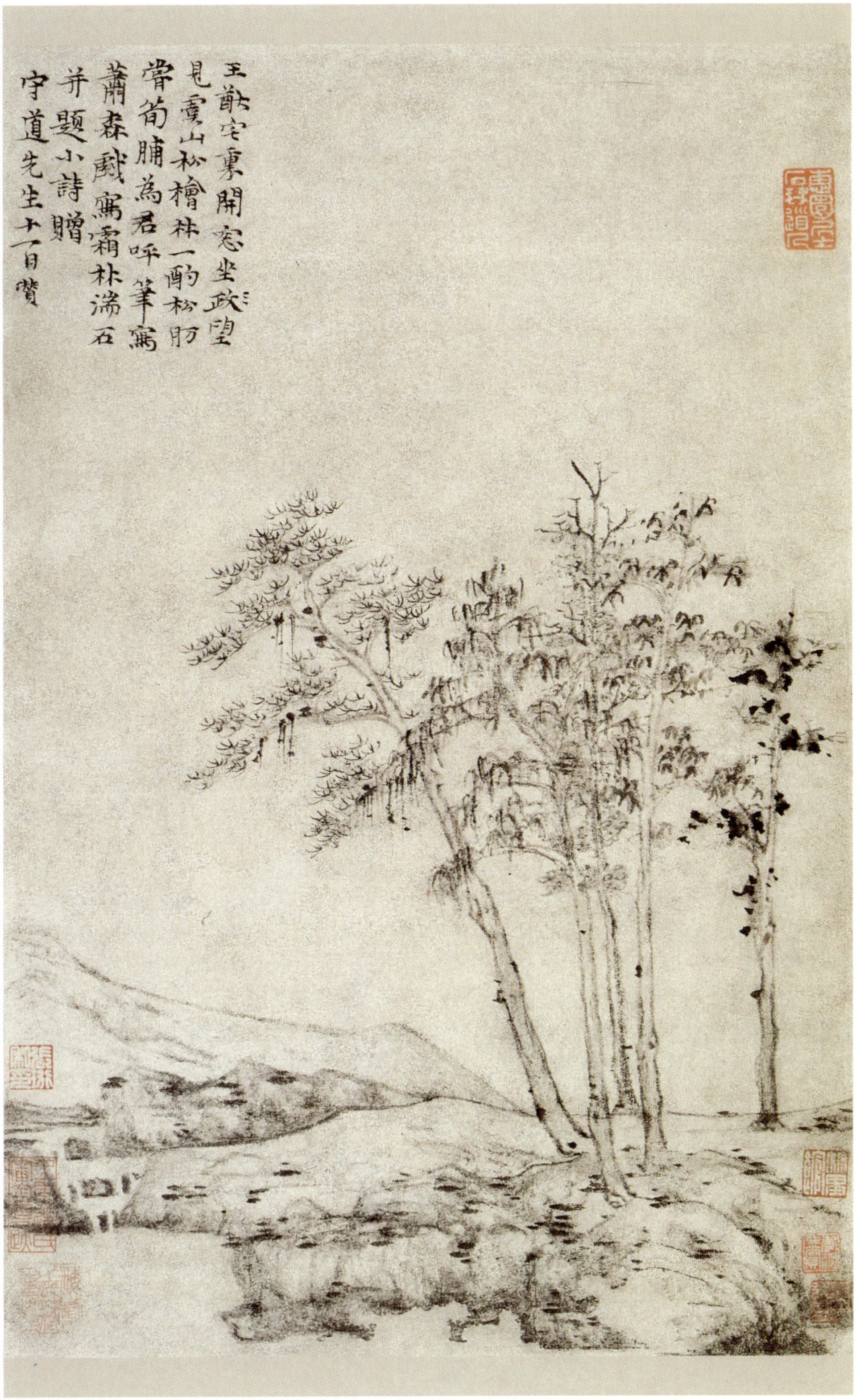

元代 倪瓒《霜林湍石》

50×33cm，约1.5平方尺

成交价：RMB 43,680,000

北京翰海 2010·秋

明代 唐寅《野亭霭瑞图》手卷（局部）

画心：26.2×123 cm，约2.9平方尺

题跋：26.2×153 cm，约3.6平方尺

成交价：RMB 44,800,000

中国嘉德 2010·秋

明代 周臣《观潮图》

181.5×99 cm，约16.2平方尺

成交价：RMB 38,080,000

北京保利 2010·春

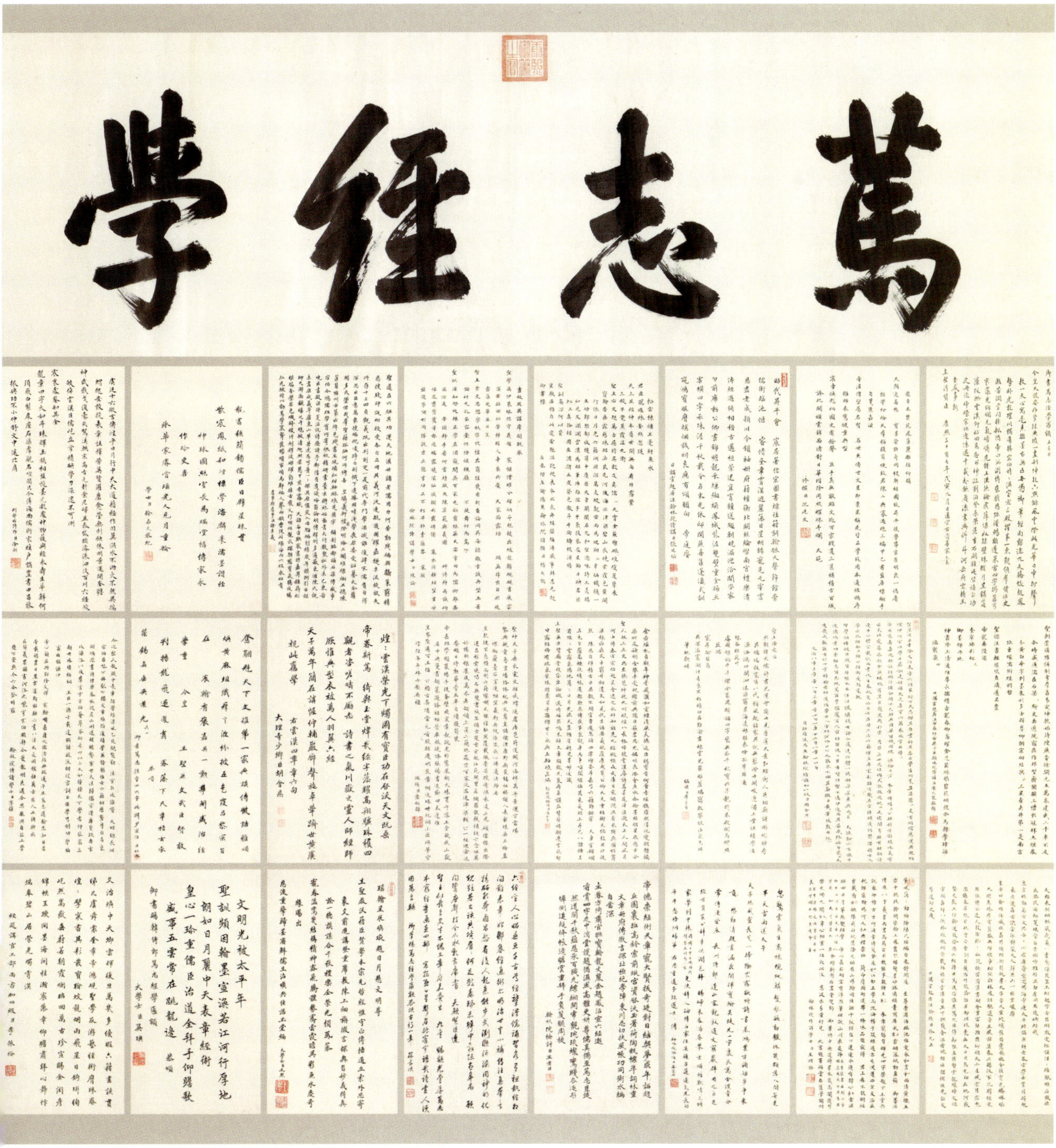

清代 康熙 行书《笃志经学》匾额

扁额：66 × 220 cm，约13.0 平尺

题诗册：47 × 25 cm × 40，约1.0 平尺（每页）

成交价：RMB 33,600,000

北京保利 2010 · 春

明代 尤求《秋窗博弈图》手卷（局部）

画心：31.5×201cm，约5.7平方尺

题跋：31.5×467.5cm，约13.0平方尺

成交价：RMB 37,520,000

北京匡时 2010·秋

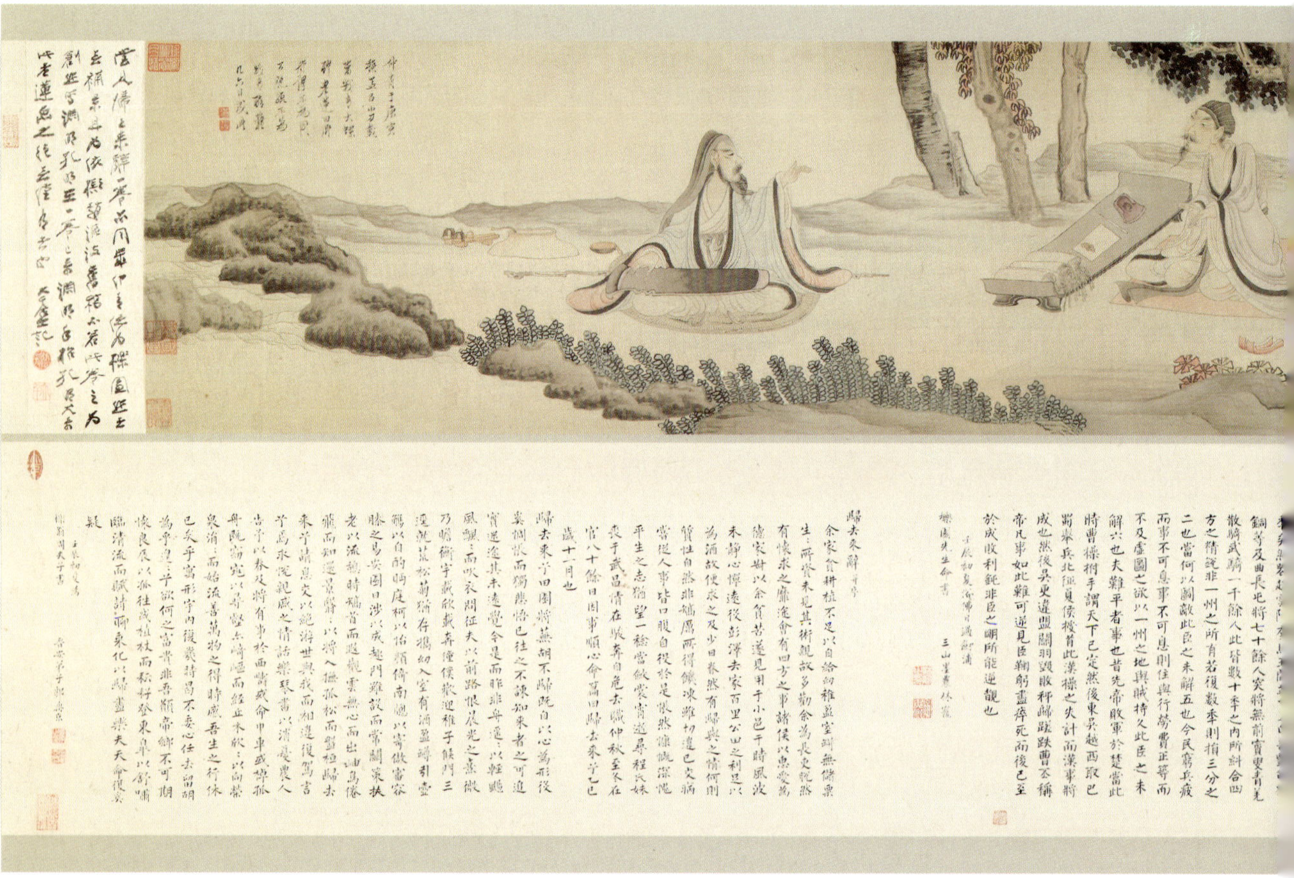

明代 陈洪绶《出处图》手卷

画心：26 × 106 cm，约2.5平方尺

题跋：26 × 195 cm，约4.5平方尺

成交价：RMB 39,200,000

北京保利 2010 · 春

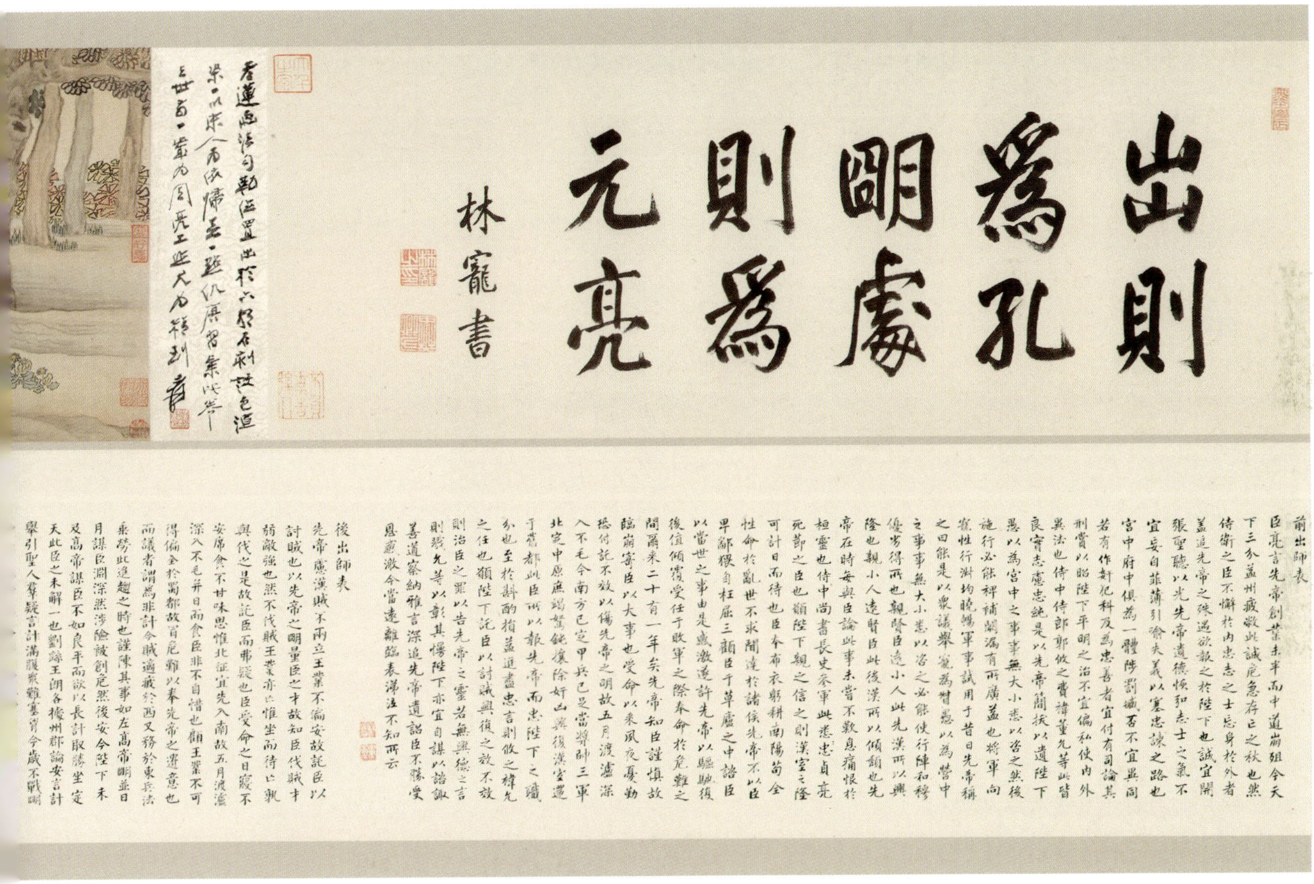
出則為孔明
處則為元亮
林寵書
前出師表
後出師表

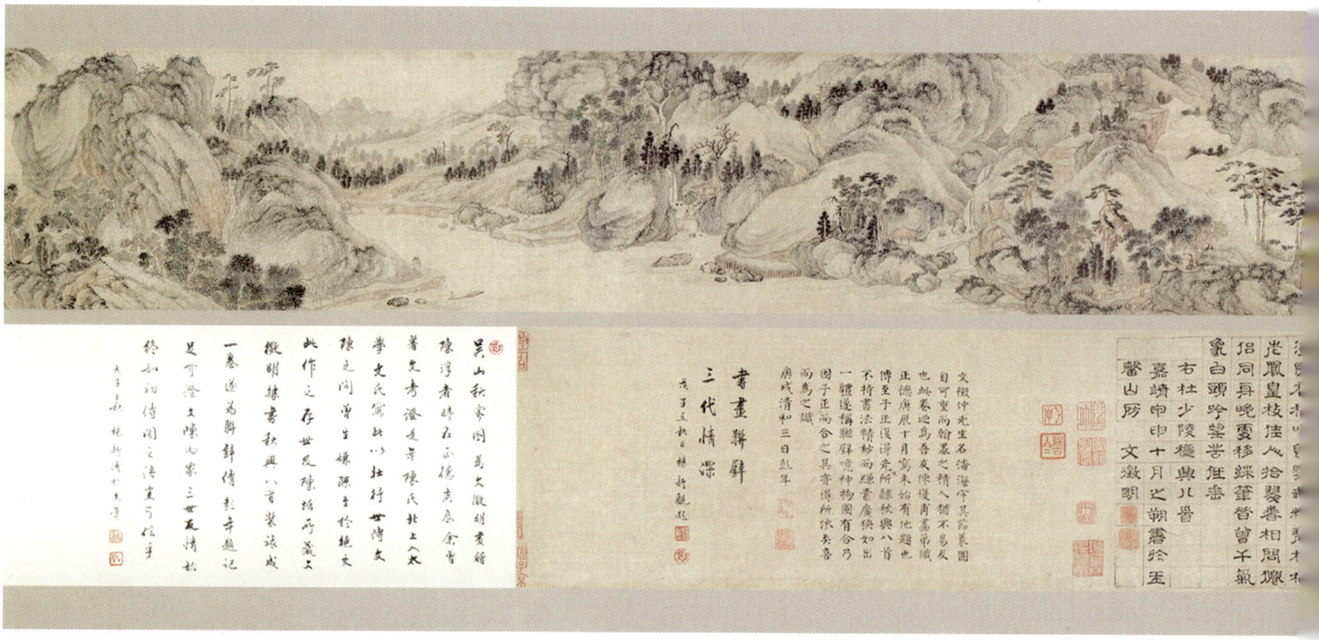

明代 文征明《吴山秋霁图》手卷

画心：22×196 cm，约3.9平方尺

题跋：22×190 cm，约3.8平方尺

成交价：RMB 34,720,000

北京保利 2010·秋

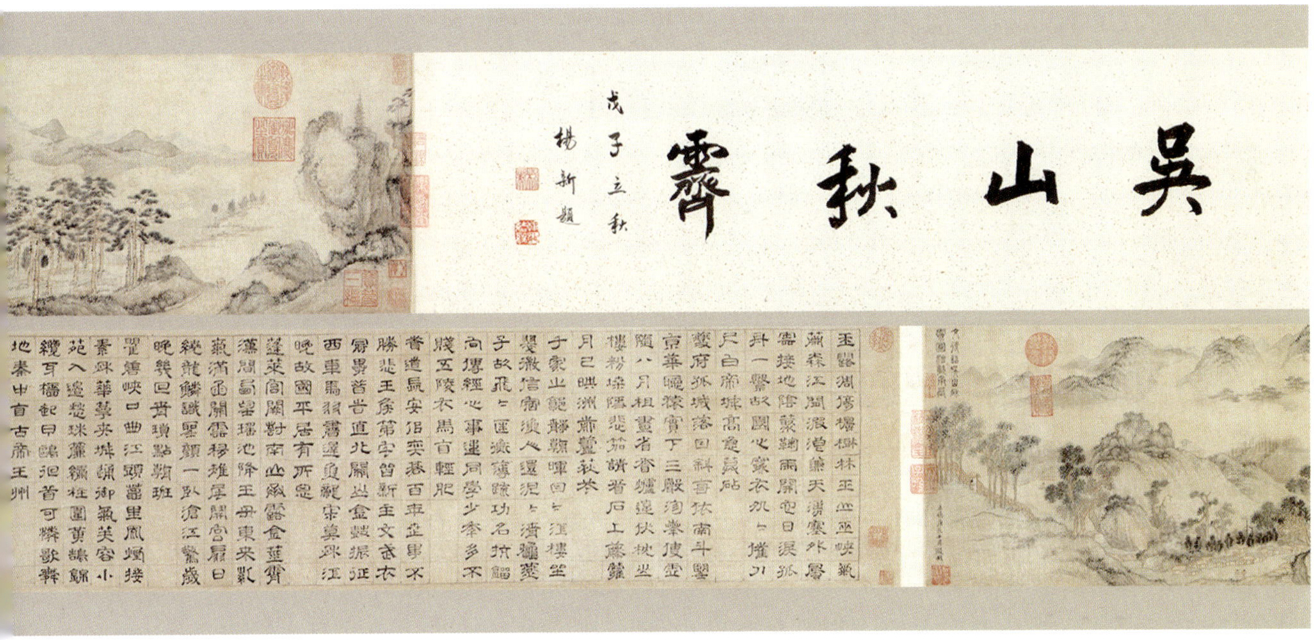
吳山秋霽
戊子立秋 楊新題

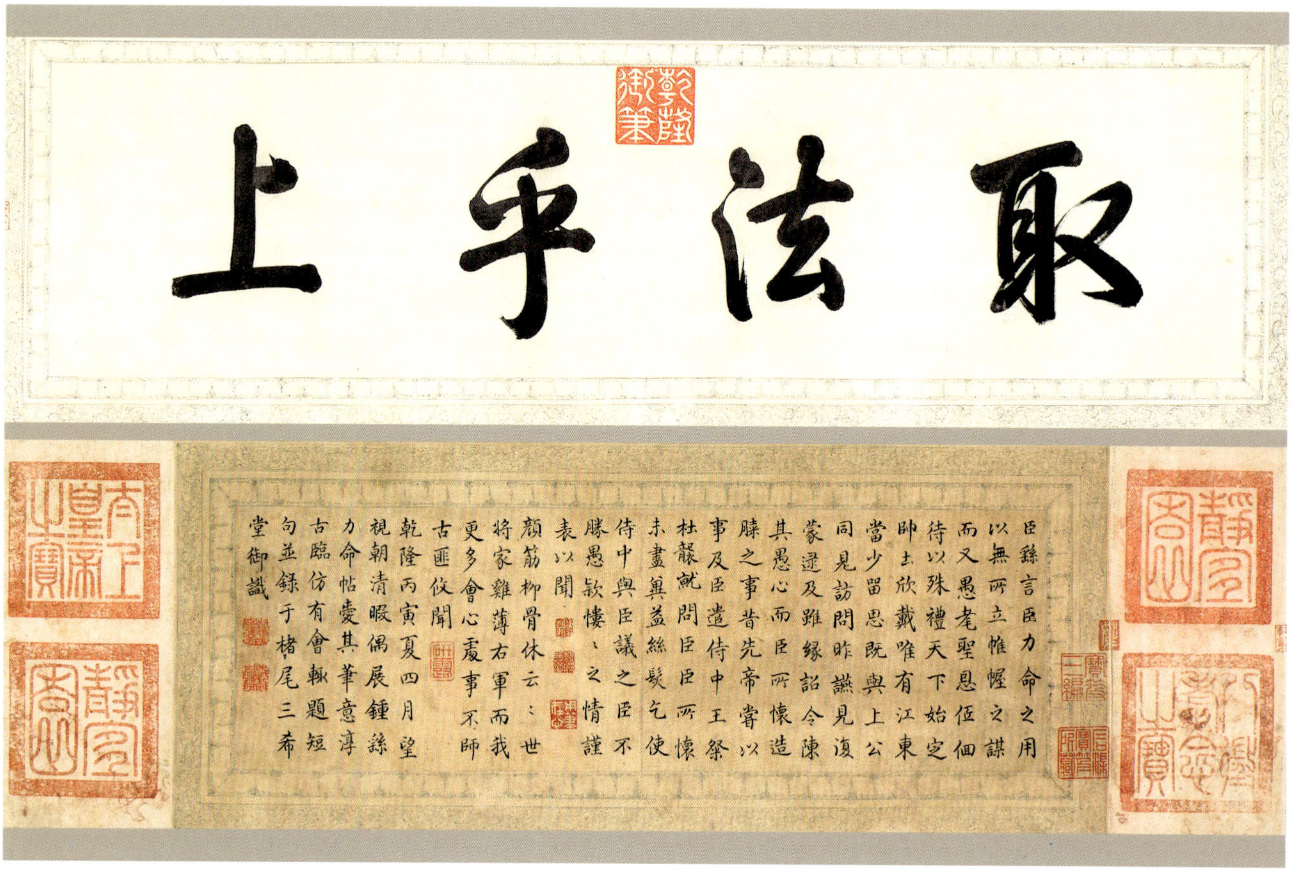

清代 乾隆《御临钟繇力命帖卷》

画心：25×60cm，约1.4平方尺

题跋：25×60cm，约1.4平方尺

成交价：RMB 33,600,000

北京传是 2010·秋

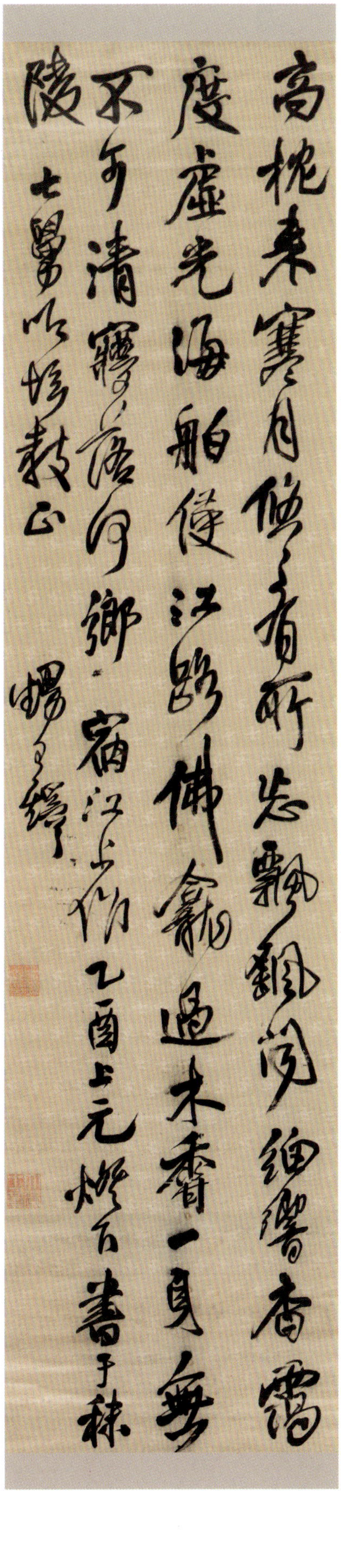

明代 王铎《宿江上作诗轴》

243×59cm，约13.0平方尺

成交价：RMB 36,960,000

北京匡时 2010·秋

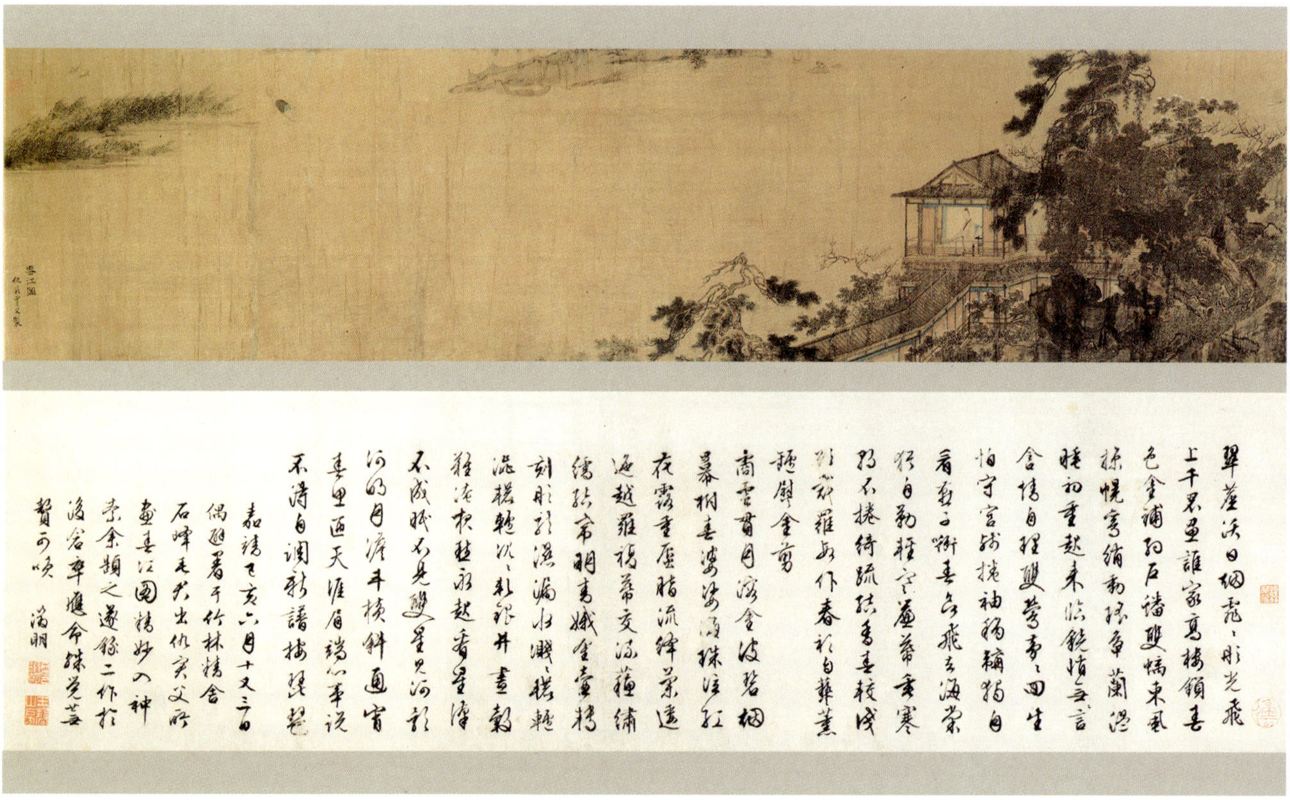

明代 仇英《春江图》手卷

画心：27×114 cm，约2.8平方尺

题跋：27×100 cm， 约2.4平方尺

成交价：RMB 33,600,000

北京保利 2010·秋

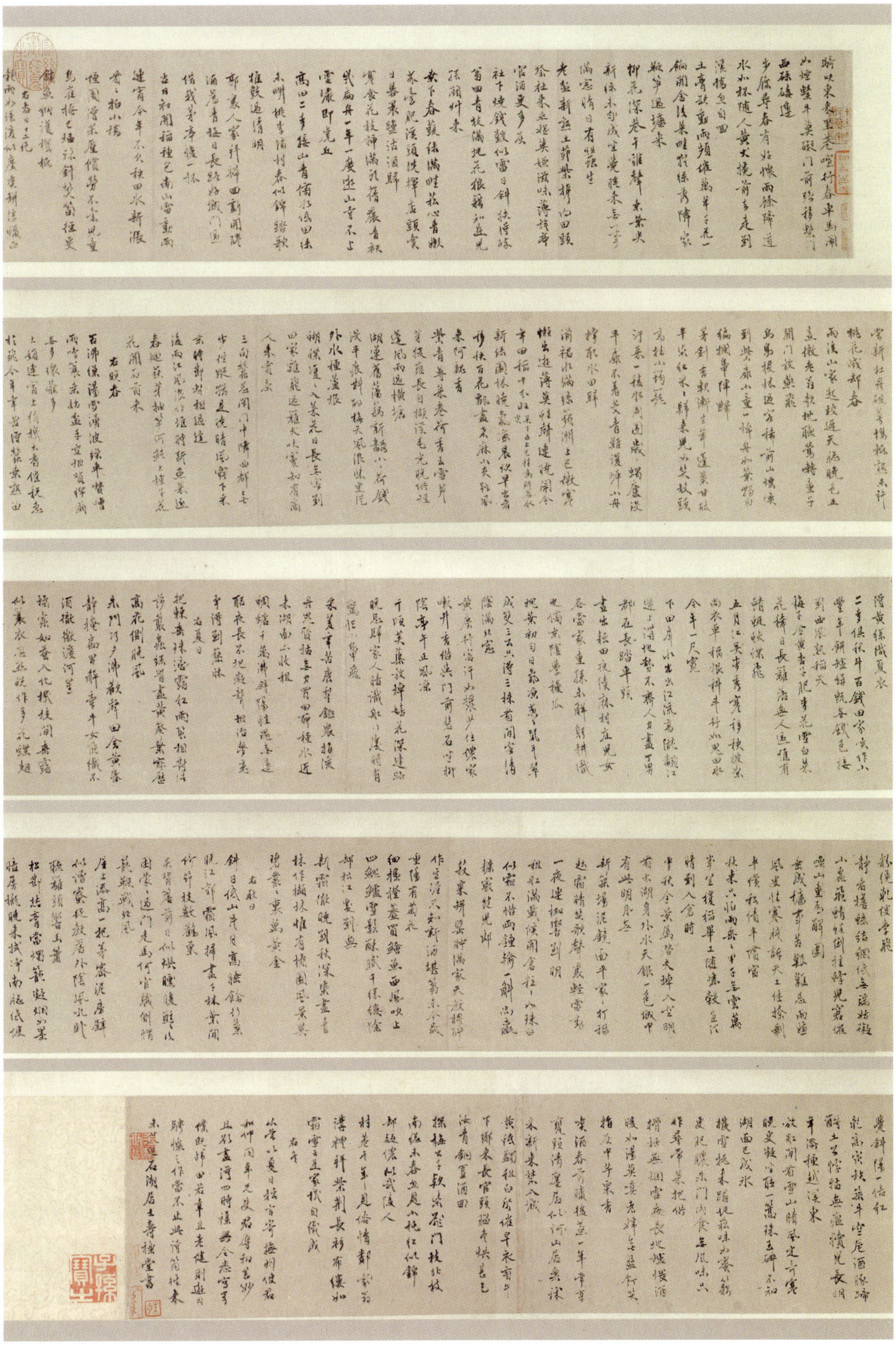

南宋 范成大《自书四时田园杂兴诗卷》

16×321cm，约4.6平方尺

成交价：RMB 33,600,000

广州嘉德 2010·冬

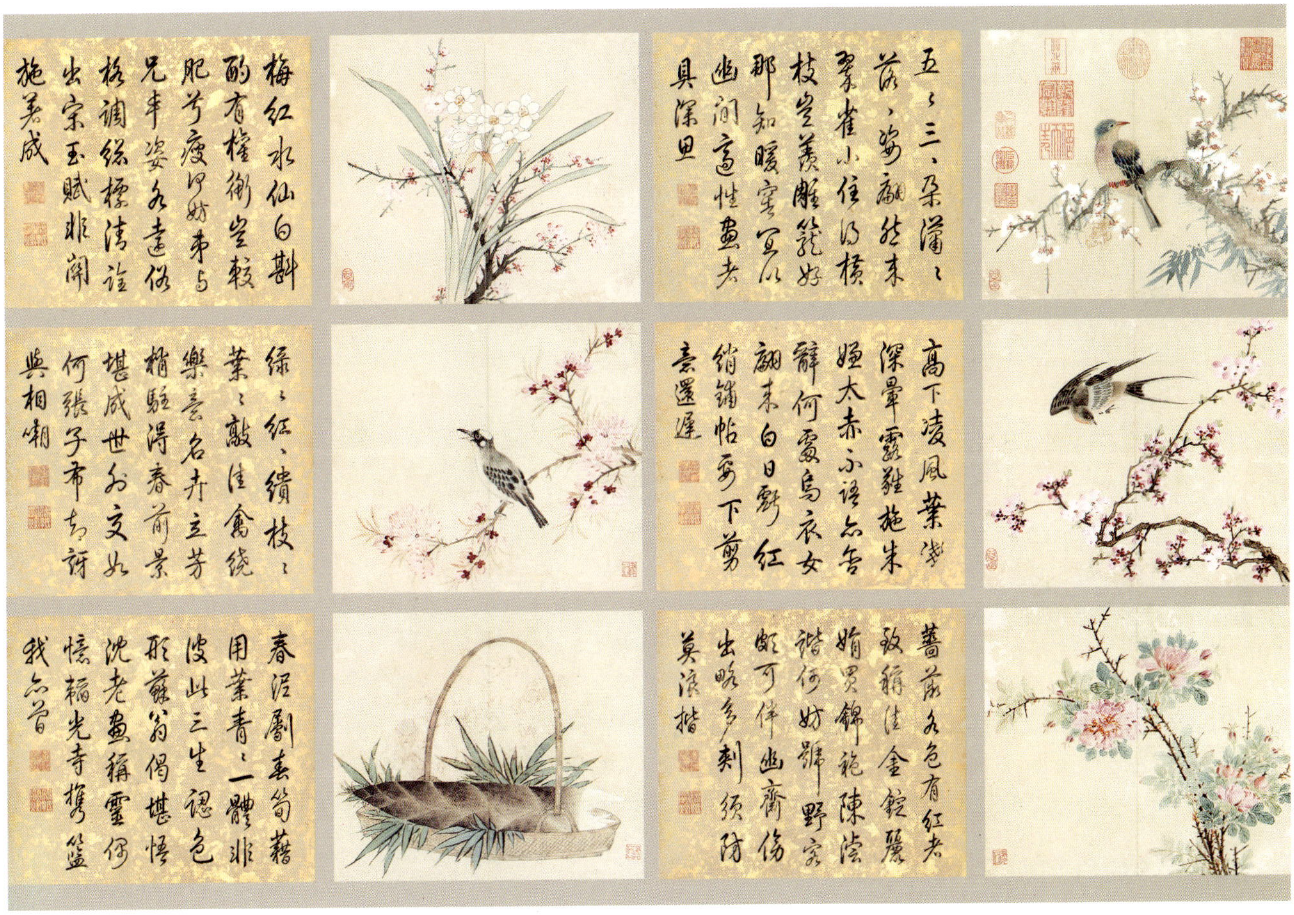

王穀祥、乾隆 花卉对题册（十八开）

28 × 32 cm × 18，约0.8平方尺（每幅）

成交价：RMB 33,600,000

北京保利 2010 · 秋

清代 郑燮《双松兰竹图》

245×123.5cm，约27.0平方尺

成交价：RMB 33,600,000

北京翰海 2010·秋

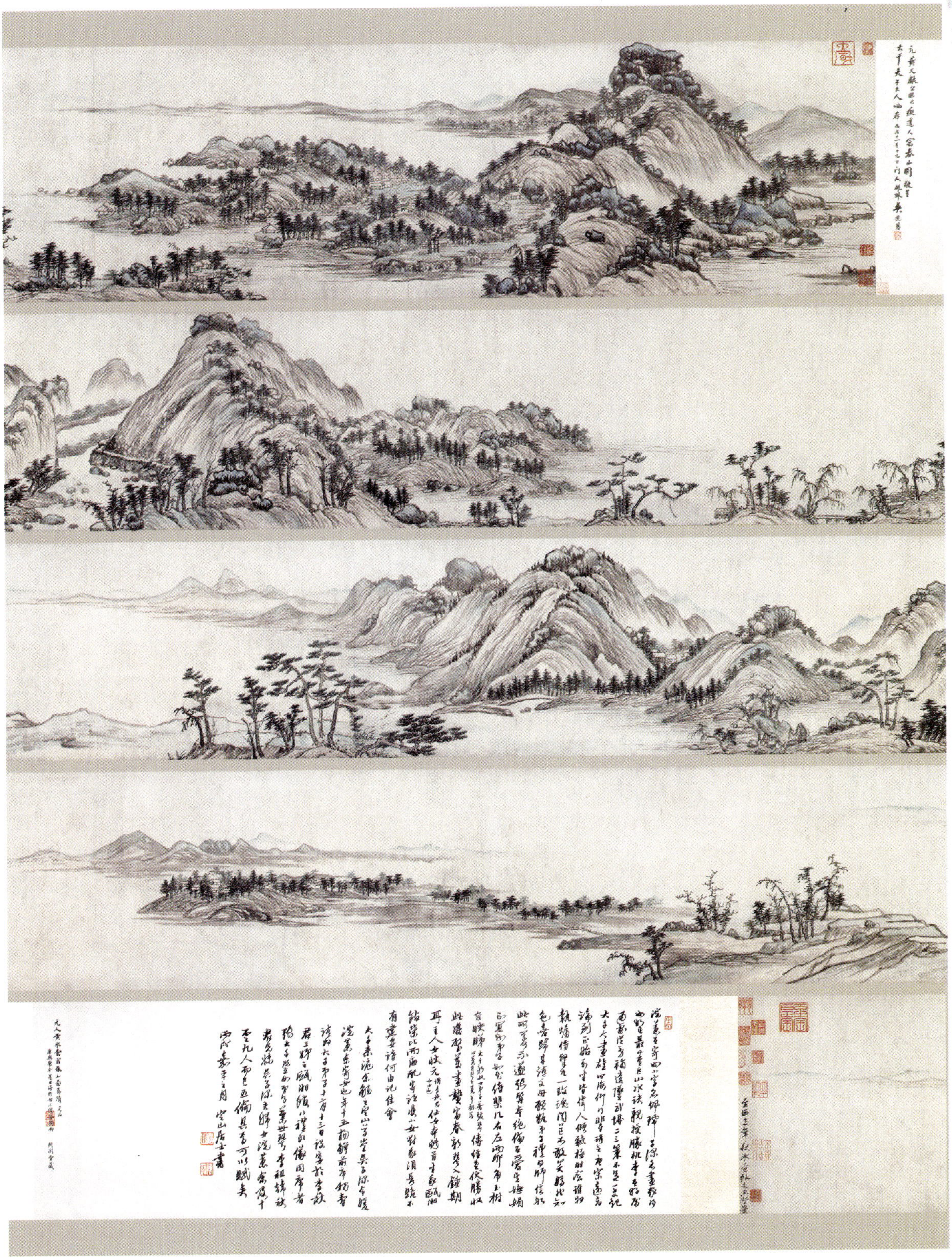

元代 黄溍《临黄公望富春山居图》手卷

34×608cm，约18.6平方尺

成交价：RMB 33,600,000

北京翰海 2010·秋

清代 石涛《番人秋狩图》
161×60cm，约8.7平方尺
成交价：RMB 32,480,000
北京保利 2010·春

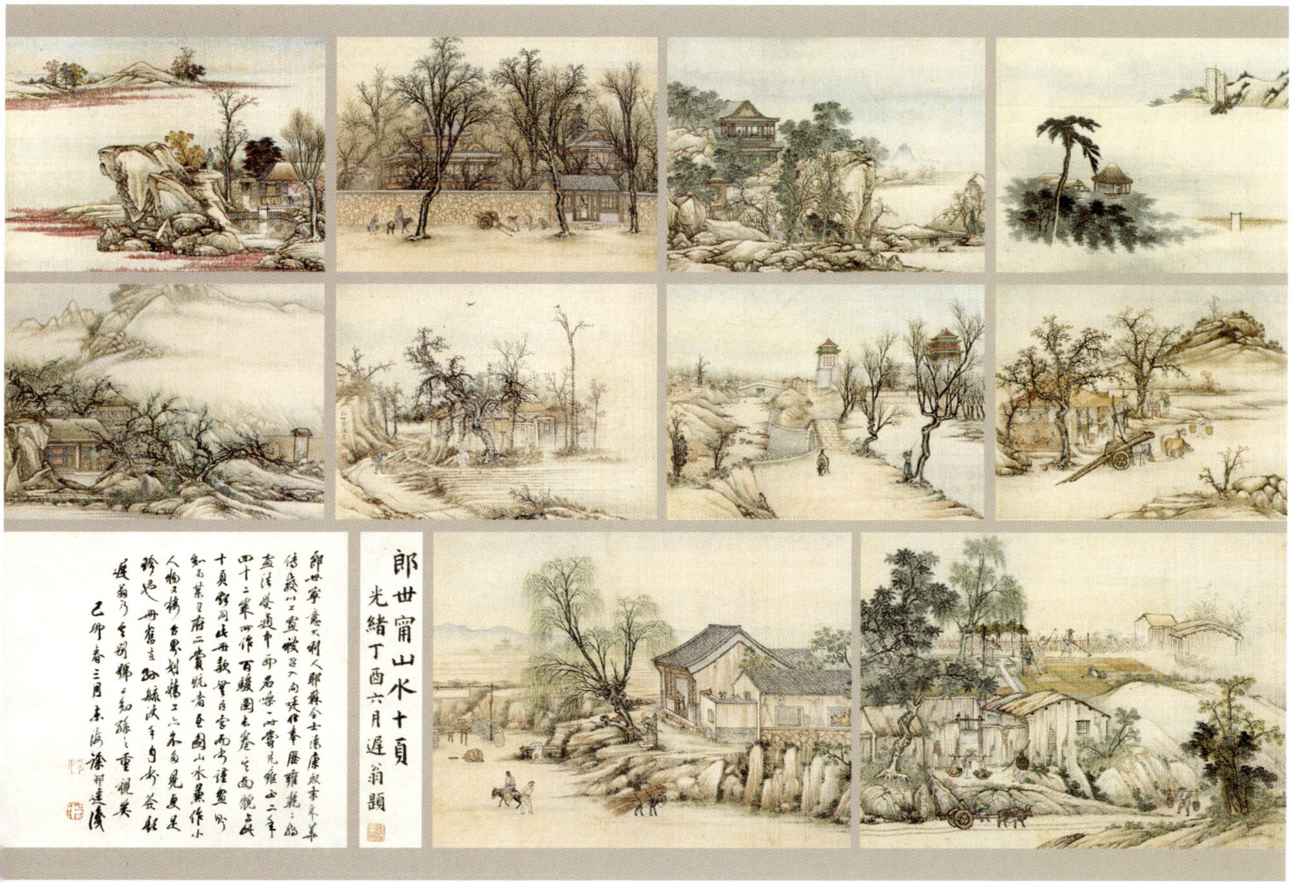

清代 郎世宁《山水》册页（十开）

18.7×26.1cm×10，约0.44平方尺（每幅）

成交价：RMB 31,360,000

北京翰海 2010·春

清代 沈铨《松溪群鹿图》屏风（十二扇）

160×565.4 cm，约81.4平方尺

成交价：RMB 31,360,000

北京保利 2010·秋

明代 蓝瑛《四季山水》

178.5×48cm×4，约7.7平方尺（每幅）

成交价：RMB 28,560,000

杭州西泠 2010·秋

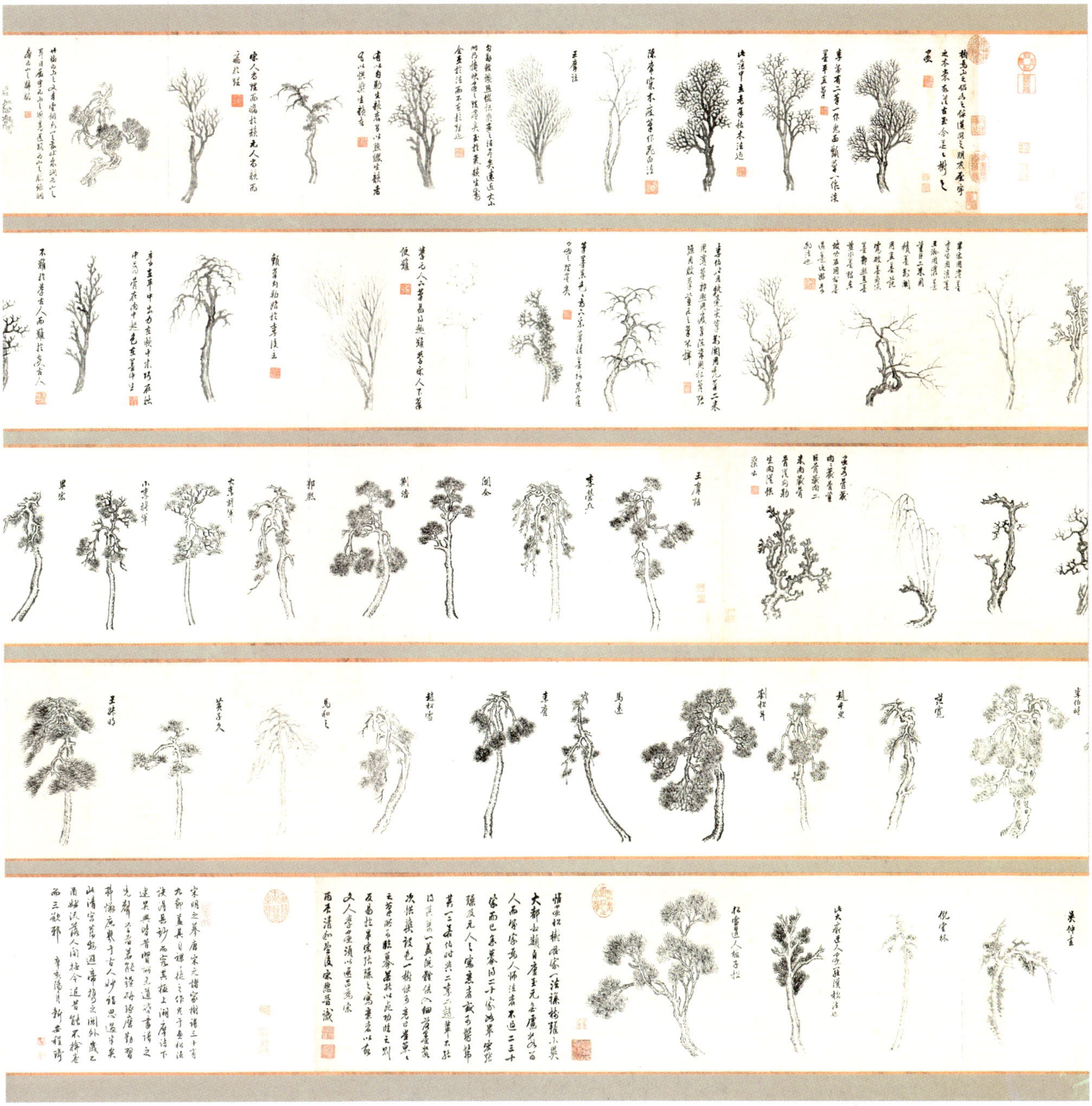

明代 宋懋晋《摹诸家树谱》手卷

25×780cm，约17.5平方尺

成交价：RMB 26,320,000

北京匡时 2010·秋

清代 乾隆 御笔《濯足图》

133.5×46cm，约5.5平方尺

成交价：RMB 25,760,000

北京翰海 2010·秋

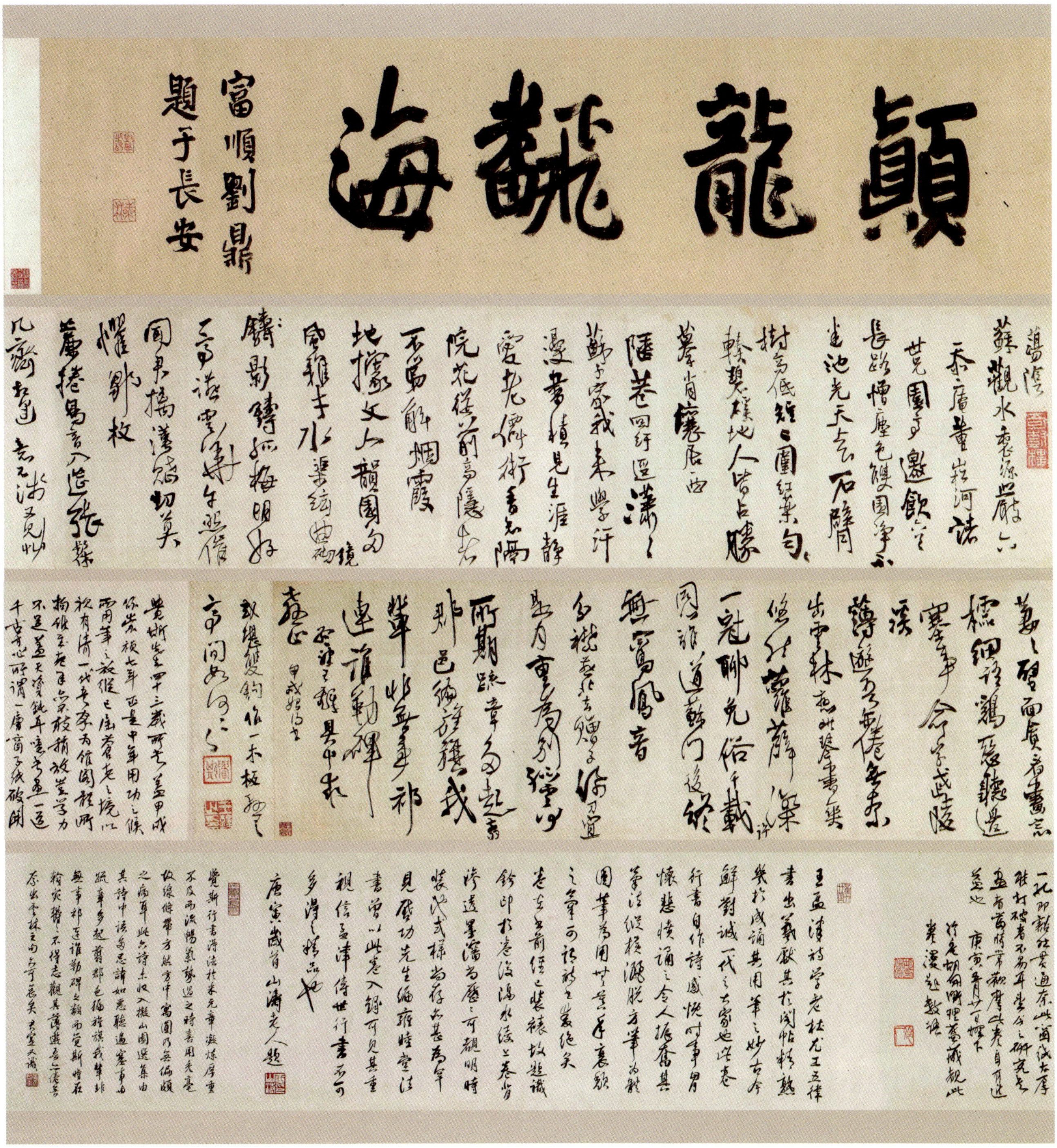

明代 王铎 行书《苏水园亭邀饮诗》手卷

27.5×133cm；27.5×210cm；27.5×140cm

成交价：RMB 24,640,000

北京匡时 2010·春

清代 朱耷《柳树八哥》
123×47cm，约5.2平方尺
成交价：RMB 24,620,000
北京匡时 2010·秋

清代 朱耷《拳石双鸟图》
171×43cm，约6.6平方尺
成交价：RMB 22,400,000
北京翰海 2010·春

明代 董其昌《仿吴镇山水》
166.5×55cm，约8.2平方尺
成交价：RMB 22,400,000
北京翰海 2010·春

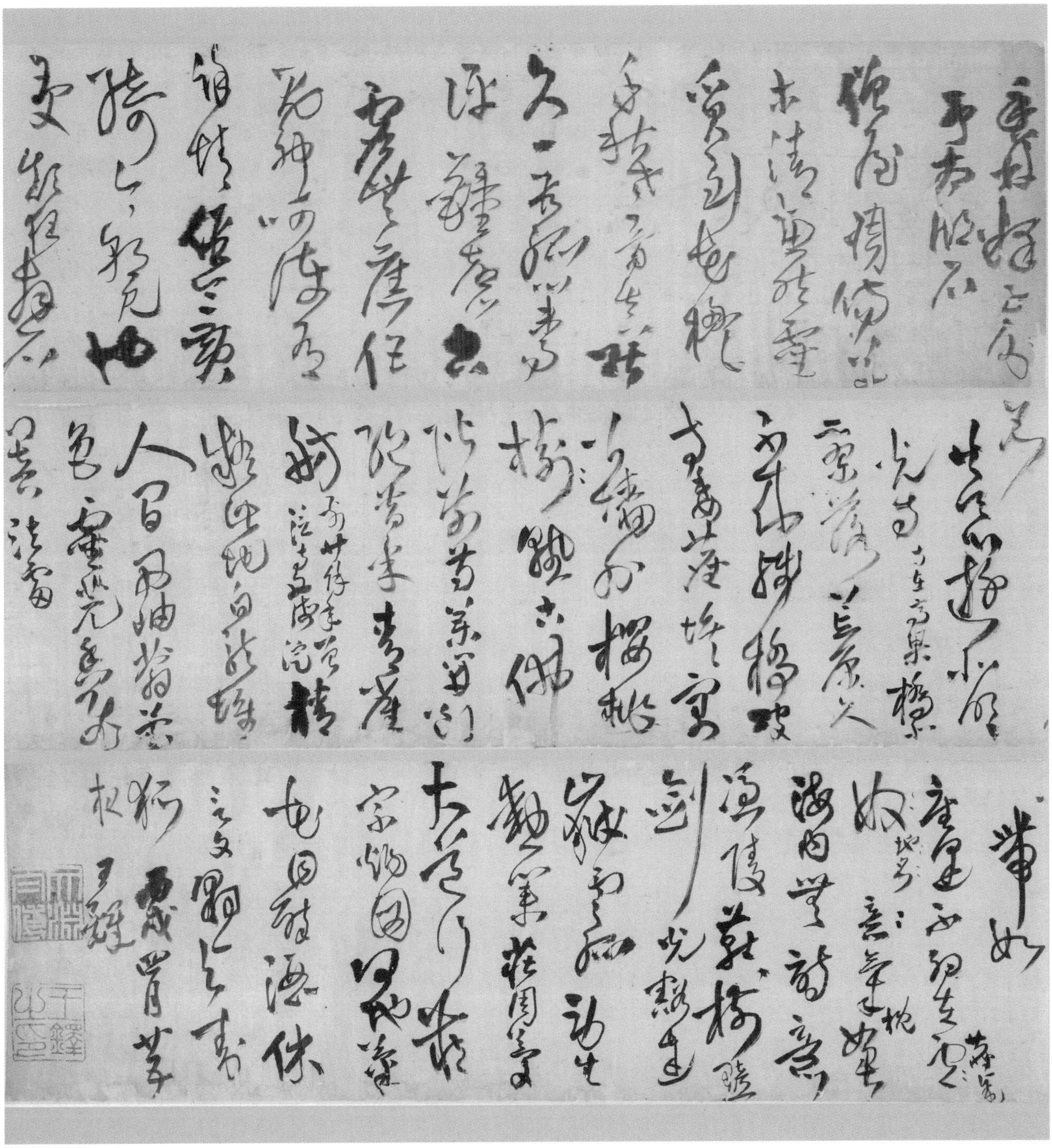

明代 王铎《草书诗卷》

26×240cm，约5.6平方尺

成交价：RMB 22,400,000

广州嘉德 2010·冬

明代 沈周《秋林小集图》

123.5×36.6cm，约4.0平方尺

成交价：RMB 22,400,000

北京翰海 2010·秋

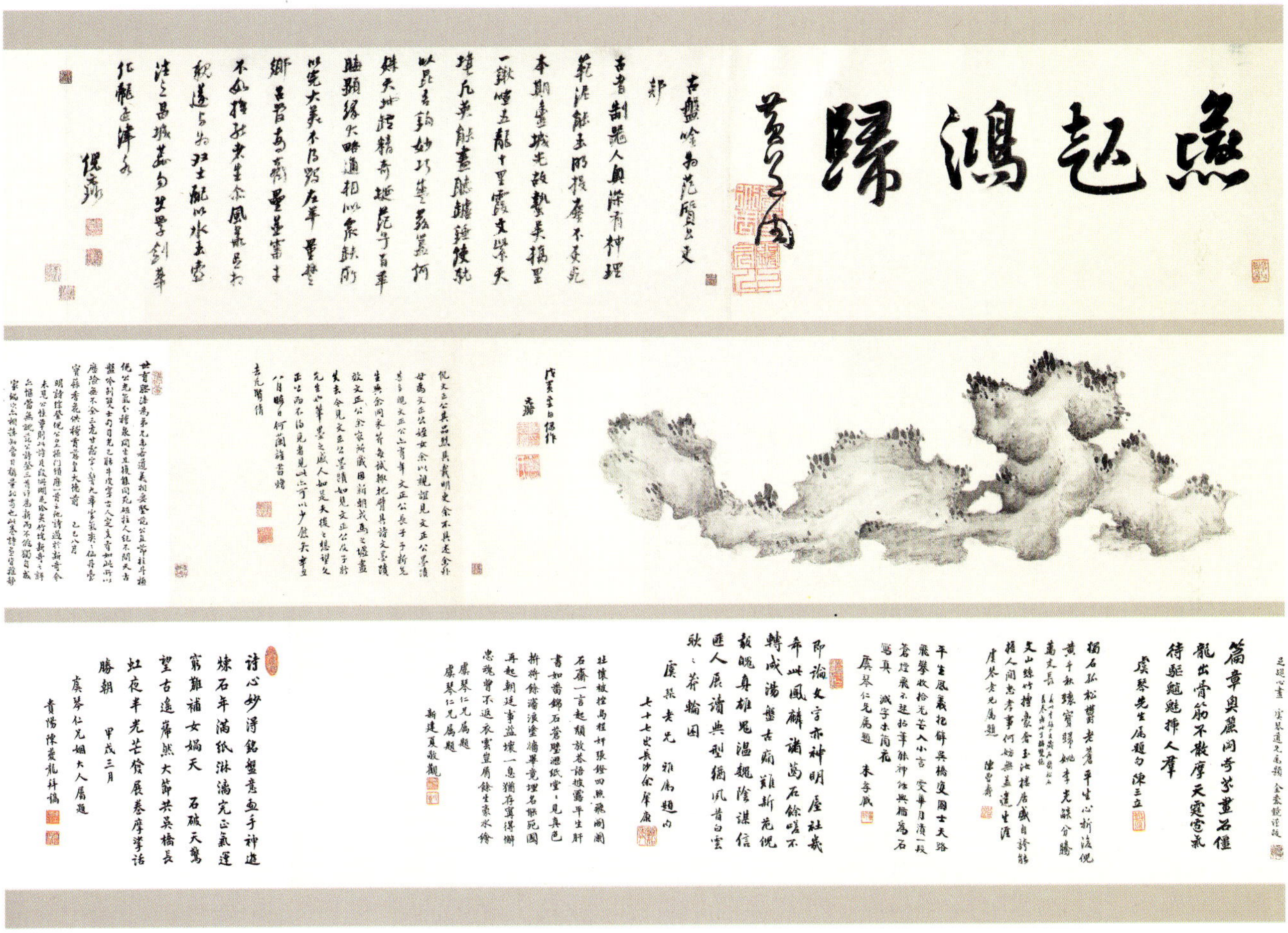

明代 倪元璐《书画合璧卷》

26.8×100.5cm；27.8×63cm；25×332cm；

27.8×34.5cm；25×55cm

成交价：RMB 20,720,000

杭州西泠 2010·春

明代 吴彬《仿黄鹤山樵山水》

269×54cm，约13.0平方尺

成交价：RMB 20,160,000

北京翰海 2010·秋

清代 徐元文《感蝗赋》手卷

25.5×133cm，约3.0平方尺

成交价：RMB 20,160,000

北京翰海 2010·秋

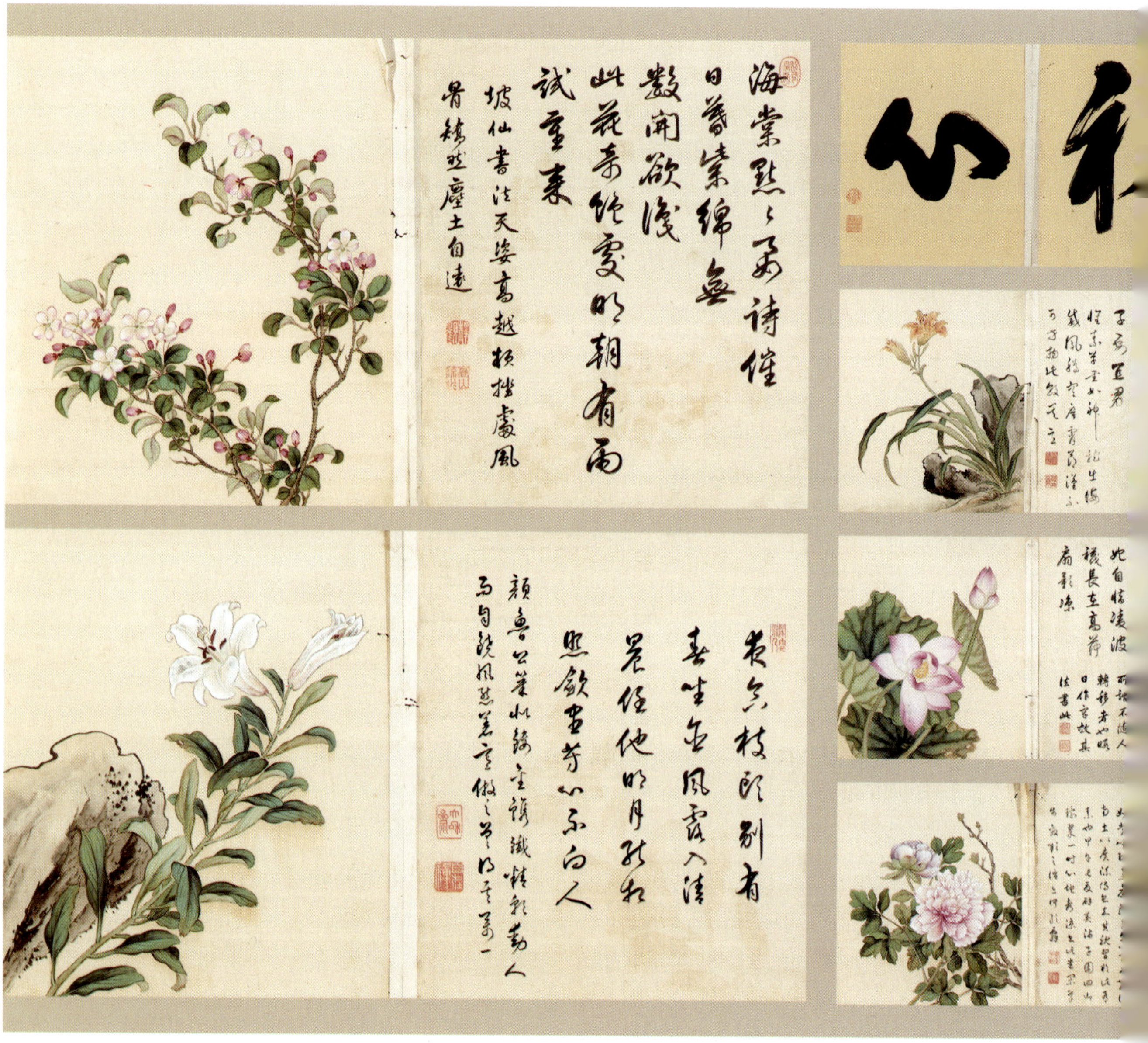

清代 雍正《书画合璧册》（十八开）

35×62 cm×18，约2.0平方尺（每幅）

成交价：RMB 20,160,000

北京保利 2010·春

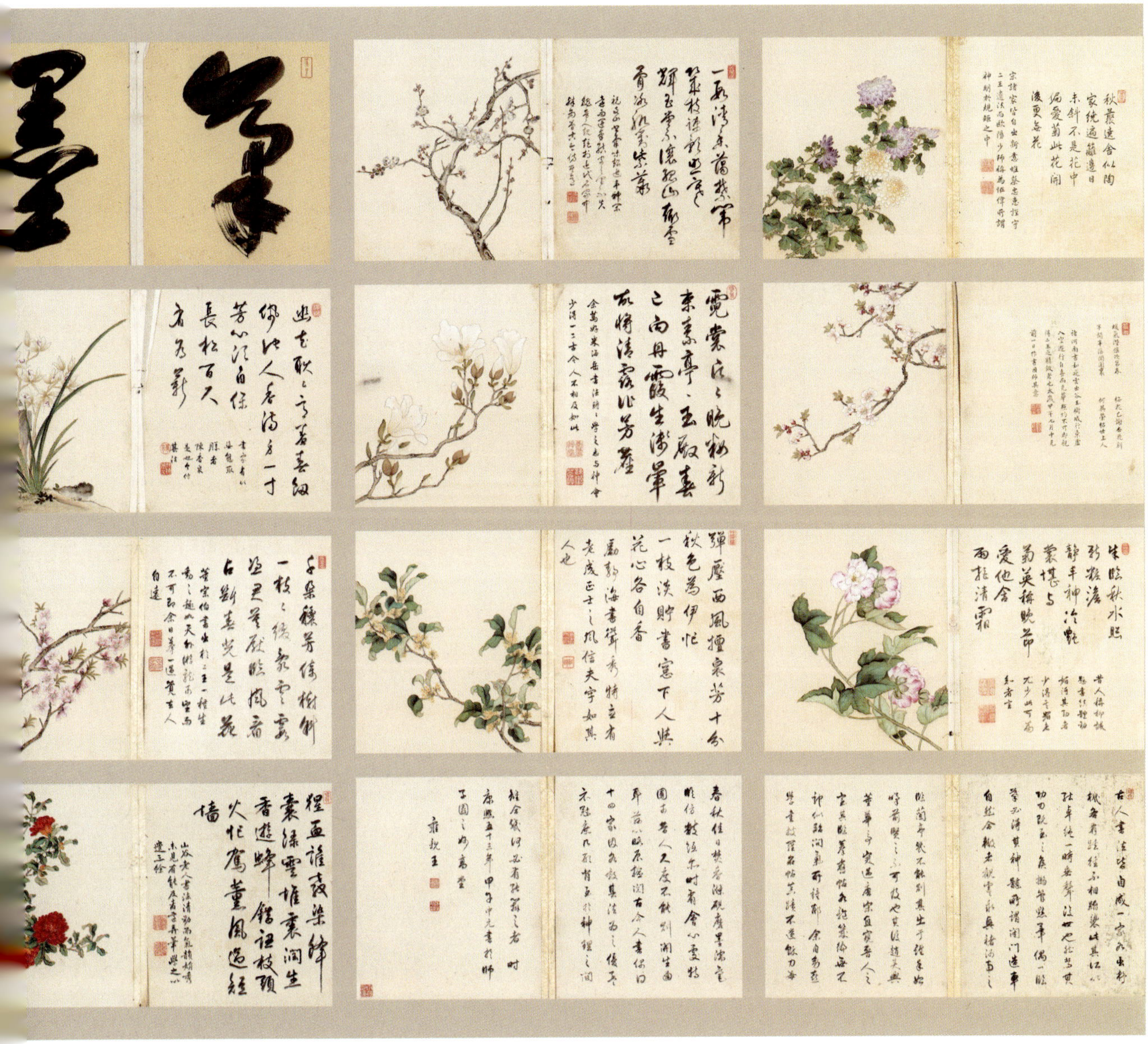

明代 杜堇《听琴图》

163×94.5 cm，约13.9平方尺

成交价：RMB 18,480,000

北京保利 2010·春

清代 朱耷《山水》

201×57cm，约10.3平方尺

成交价：RMB 17,920,000

北京华辰 2010·秋

南宋 刘松年《雪溪举网图》

25.4×29.3 cm，约0.7平方尺

成交价：RMB 17,920,000

北京保利 2010·春

近现代书画

作品名称	成交价（RMB）	拍卖公司	页码
徐悲鸿《巴人汲水图》	171,360,000	北京翰海	439
李可染《长征》（1959年作）	107,520,000	中国嘉德	440
李可染《长征》（1978年作）	98,560,000	北京保利	441
张大千《爱痕湖》	100,800,000	中国嘉德	442～443
张大千《天女散花》	74,480,000	北京保利	444
齐白石 1955年作 花卉草虫 镜心（十二开）	72,800,000	上海恒利	445
徐悲鸿《十二生肖》册页	72,800,000	北京保利	446
徐悲鸿《春山驴背图》手卷	67,200,000	北京保利	447
傅抱石《琵琶行》	60,107,616	HK佳士得	448
齐白石《花卉四屏》	57,120,000	北京翰海	449
张大千《灵岩山色图》	62,720,000	北京保利	450～451
张大千《峨嵋接引殿》	54,880,000	北京保利	452
张大千《碧峰古寺》	52,422,624	HK佳士得	453
齐白石《花卉果蔬》册页（十二开）	53,760,000	北京传是	454
刘文西等《幸福渠》	45,920,000	北京华辰	455
谢稚柳《江山多娇》通景八屏	45,920,000	北京保利	456
张大千《自画像与黑虎》	45,360,000	中国嘉德	457
齐白石、吴湖帆、冯超然、郑午昌等《贞松永茂》册页	40,320,000	中国嘉德	458
齐白石《花卉禽石》四屏	40,320,000	北京保利	459
张大千《山水花卉》册页（二十四开）	42,560,000	北京保利	460～461
张大千《太乙观泉图》	40,320,000	中国嘉德	462
李可染《千岩万壑》	37,520,000	北京保利	463
黄胄《丰收图》	37,520,000	北京保利	464～465
吴昌硕《花卉屏风十二扇》	36,960,000	北京保利	466～467
张大千《青山绿水》	36,960,000	北京翰海	468
于非闇《临宋徽宗天水金英秋禽图》手卷	34,720,000	中国嘉德	469
齐白石《大吉图》	34,160,000	上海天衡	470
徐悲鸿《万里秋风频回首》	33,600,000	北京传是	471
齐白石《花、物、果》册页（二十九开）	33,600,000	北京保利	472
傅抱石《对弈图》	33,213,306	HK苏富比	473
齐白石《紫藤蜻蜓·篆书八言联》	32,480,000	中国嘉德	474
石鲁《高山仰止》	31,920,000	中国嘉德	475
齐白石《和平延年》	31,360,000	中国嘉德	476

续表

作品名称	成交价（RMB）	拍卖公司	页码
徐悲鸿《五骏图》	29,120,000	北京保利	477
齐白石《松鹰图》	28,560,000	北京保利	478
傅抱石《罢阮图》	28,434,148	HK苏富比	479
张大千《巫峡清秋》	28,000,000	中国嘉德	480
潘天寿《指画鹰石图》	28,000,000	中国嘉德	481
齐白石《虎》	27,451,989	HK苏富比	482
齐白石为叶浅予作《花鸟鱼虫册》(八开)	30,240,000	杭州西泠	483
齐白石《竹圃晴岚》	26,880,000	上海天衡	484
齐白石《樱桃》	24,080,000	中国嘉德	485
齐白石《红荷》	23,520,000	中国嘉德	486
张大千《神鹰图》	23,520,000	北京匡时	487
张大千《松荫策杖》	22,960,000	北京匡时	488
徐悲鸿《七喜图》	22,400,000	中国嘉德	489
徐悲鸿《奔马·书法对联》	22,400,000	北京保利	490
齐白石《花虫册》	21,840,000	北京保利	491
徐悲鸿《三狮图》	21,280,000	北京保利	492
徐悲鸿《双飞神骏》	21,280,000	北京保利	493
齐白石《鹤寿图》	20,720,000	北京传是	494
齐白石《花卉》册页（十开）	20,160,000	北京保利	495
齐白石《英雄长寿》	20,160,000	北京保利	496
张大千《仿吴渔山凤阿山房图》	22,400,000	杭州西泠	497
徐悲鸿《采芝图》	19,600,000	北京保利	498
张大千《西园雅集图》	19,600,000	北京保利	499
傅抱石《塔景钟声》	19,600,000	北京保利	500
徐悲鸿《鹤寿》 书法对联	19,600,000	北京保利	501
张大千《南无观世音菩萨》	19,264,000	北京翰海	502
傅抱石《山阴图》	17,920,000	北京保利	503
傅抱石《高士观瀑图》	17,920,000	北京保利	504
徐悲鸿《猛狮图》	17,360,000	北京匡时	505
黄胄《日夜想念毛主席》	16,800,000	北京保利	506
徐悲鸿《奔马图》	16,800,000	北京荣宝	507
徐悲鸿《白马图》	16,800,000	北京翰海	508
潘天寿《微风燕子斜》	16,800,000	北京匡时	509
黄胄《套马图》	16,240,000	北京保利	510

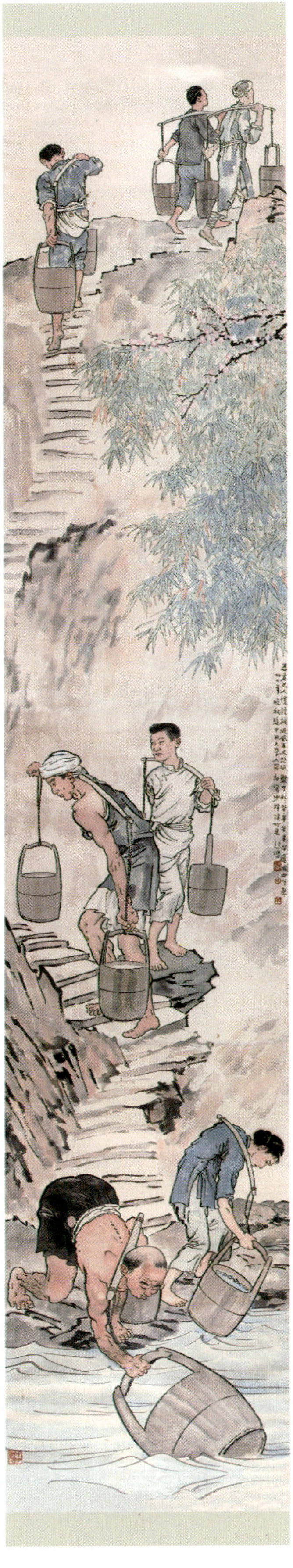

徐悲鸿《巴人汲水图》

300×62cm，约16.8平方尺

成交价：RMB 171,360,000

北京翰海 2010·秋

李可染《长征》（1959年作）

96×146.5 cm，约12.7平方尺

成交价：RMB 107,520,000

中国嘉德 2010·秋

李可染《长征》（1978年作）
180×95 cm，约15.4平方尺
成交价：RMB 98,560,000
北京保利 2010·秋

张大千《爱痕湖》

76.2×264.2 cm，约18.1平方尺

成交价：RMB 100,800,000

中国嘉德 2010·春

张大千《天女散花》
167×72 cm，约10.8平方尺
成交价：RMB 74,480,000
北京保利 2010·秋

齐白石 1955年作 花卉草虫 镜心（十二开）

34×34cm×12，约1.0平方尺（每幅）

成交价：RMB 72,800,000

上海恒利 2010·秋

徐悲鸿《十二生肖》册页

33×35 cm×12，约1.0平方尺（每幅）

成交价：RMB 72,800,000

北京保利 2010·春

徐悲鸿《春山驴背图》手卷

36.5×455 cm，约14.9平方尺

成交价：RMB 67,200,000

北京保利 2010·春

傅抱石《琵琶行》

113×66cm，约6.7平方尺

成交价：RMB 60,107,616

HK 佳士得 2010·秋

齐白石《花卉四屏》

101×34cm×4，约3.0平方尺（每幅）

成交价：RMB 57,120,000

北京翰海 2010·春

张大千《灵岩山色图》

95×265 cm，约22.7平方尺

成交价：RMB 62,720,000

北京保利 2010·秋

张大千《峨嵋接引殿》

170.5×78.5 cm，约12.0平方尺

成交价：RMB 54,880,000

北京保利 2010·秋

张大千《碧峰古寺》
127.3×63cm，约7.2平方尺
成交价：RMB 52,422,624
HK佳士得 2010·秋

齐白石《花卉果蔬》册页（十二开）

28×35cm×12，约0.9平方尺（每幅）

成交价：RMB 53,760,000

北京传是 2010·秋

刘文西等《幸福渠》

227.5×208cm，约42.6平方尺

成交价：RMB 45,920,000

北京华辰 2010·秋

谢稚柳《江山多娇》通景八屏

165×656 cm，约97.5平方尺

成交价：RMB 45,920,000

北京保利 2010·春

张大千《自画像与黑虎》
177.5 × 96.3 cm，约15.4平方尺
成交价：RMB 45,360,000
中国嘉德 2010 · 秋

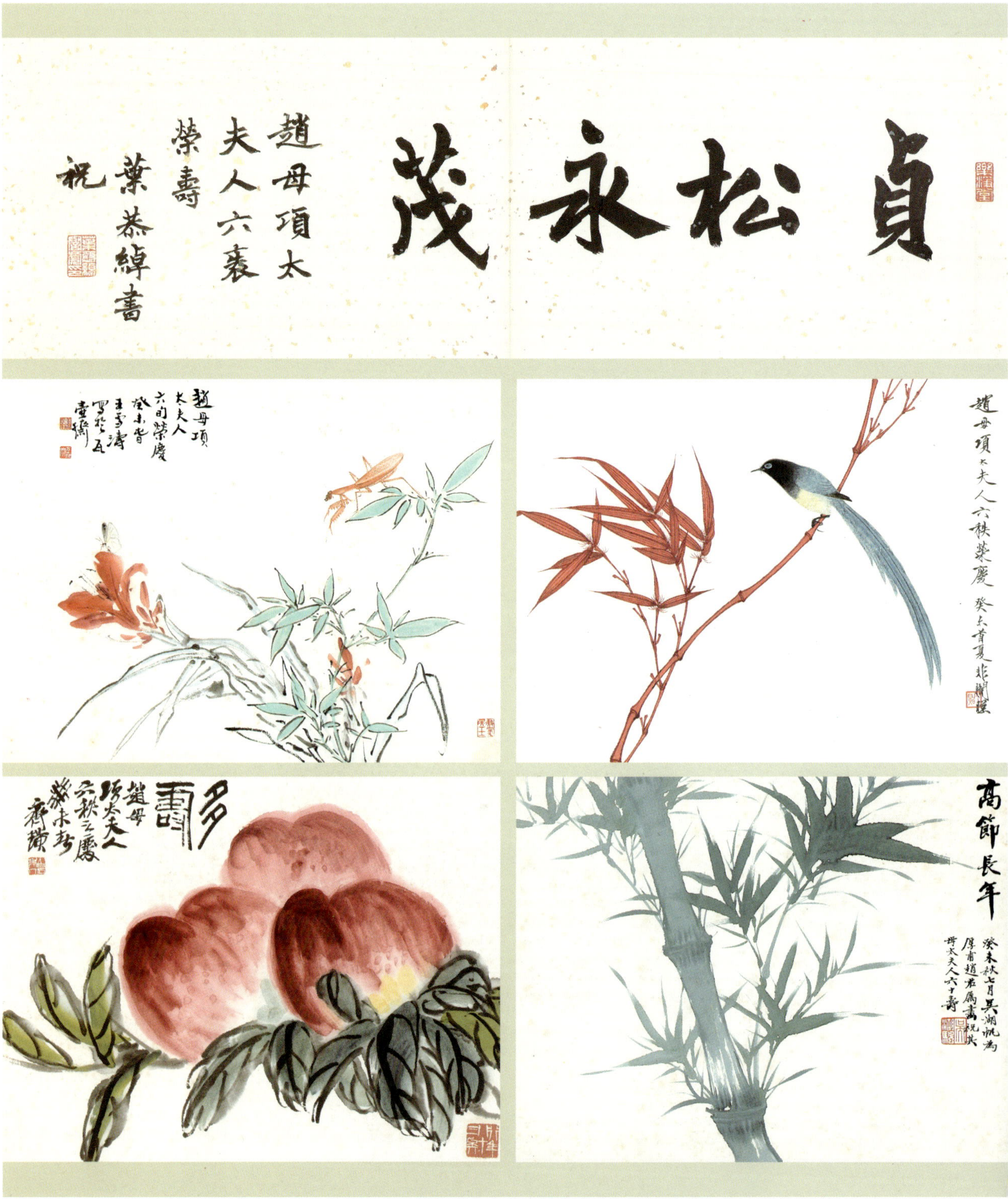

齐白石、吴湖帆、冯超然、郑午昌等《贞松永茂》册页（局部，4册192幅选5）

29.5×39 cm ×192，约1.0平方尺（每幅）

成交价：RMB 40,320,000

中国嘉德 2010·春

齐白石《花卉禽石》四屏

136 × 57 cm × 4，约7.0平方尺（每幅）

成交价：RMB 40,320,000

北京保利 2010 · 秋

张大千《山水花卉》册页（二十四开）

33×48 cm，约1.4平方尺（每幅）

成交价：RMB 42,560,000

北京保利 2010·春

张大千《太乙观泉图》

136×67.2 cm，约8.2平方尺

成交价：RMB 40,320,000

中国嘉德 2010·秋

李可染《千岩万壑》

96.3×127.5 cm，约11.1平方尺

成交价：RMB 37,520,000

北京保利 2010·秋

黄胄《丰收图》

123×245 cm，约27.1平方尺

成交价：RMB 37,520,000

北京保利 2010·秋

吴昌硕《花卉屏风十二扇》

137 × 48 cm × 12，约5.9平方尺（每幅）

成交价：RMB 36,960,000

北京保利 2010 · 秋

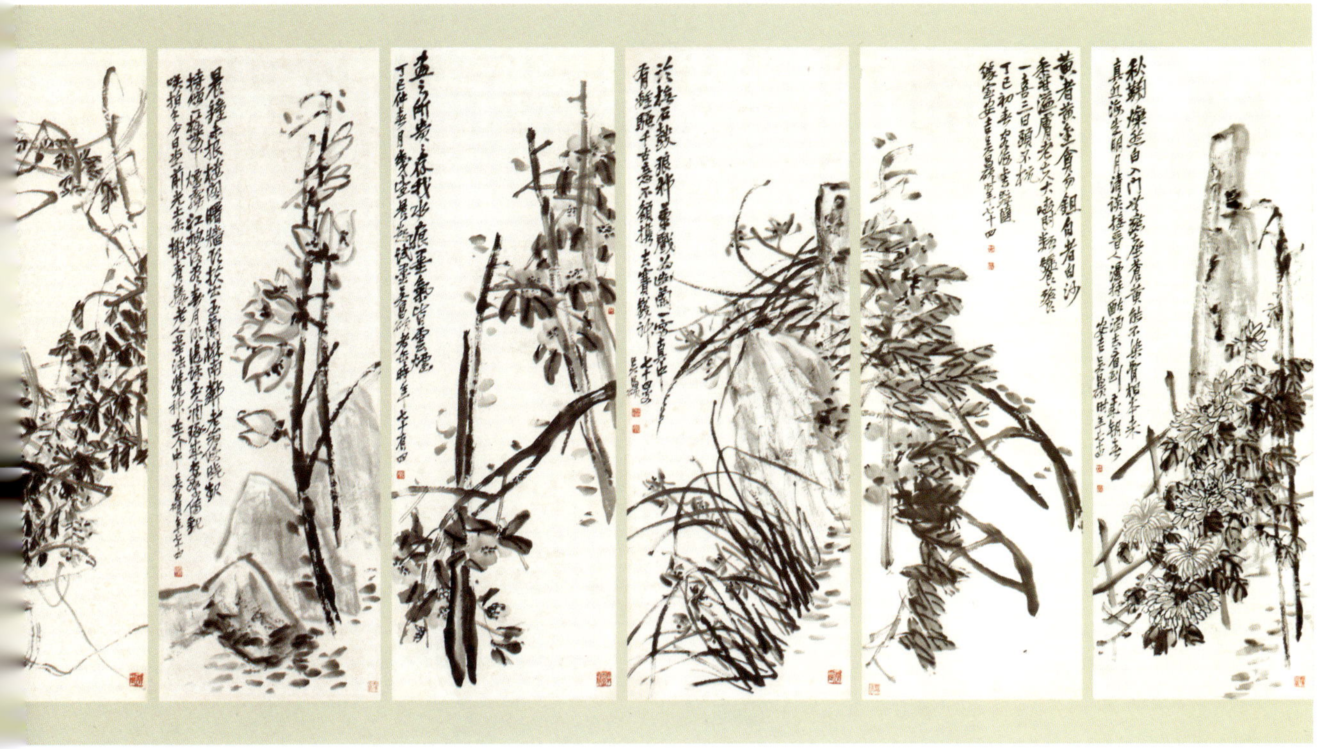

张大千《青山绿水》

98.5×49.5cm，约4.4平方尺

成交价：RMB 36,960,000

北京翰海 2010·秋

于非闇《临宋徽宗天水金英秋禽图》手卷

27.2×275 cm，约6.7平方尺

成交价：RMB 34,720,000

中国嘉德 2010·秋

齐白石《大吉图》

176×63cm，约10.0平方尺

成交价：RMB 34,160,000

上海天衡 2010·秋

徐悲鸿《万里秋风频回首》

130×79cm，约9.2平方尺

成交价：RMB 33,600,000

北京传是 2010·秋

齐白石《花、物、果》册页（二十九开）

尺寸不一

成交价：RMB 33,600,000

北京保利 2010·春

傅抱石《对弈图》

87.7×59.9cm，约4.7平方尺

成交价：RMB 33,213,306

HK苏富比 2010·春

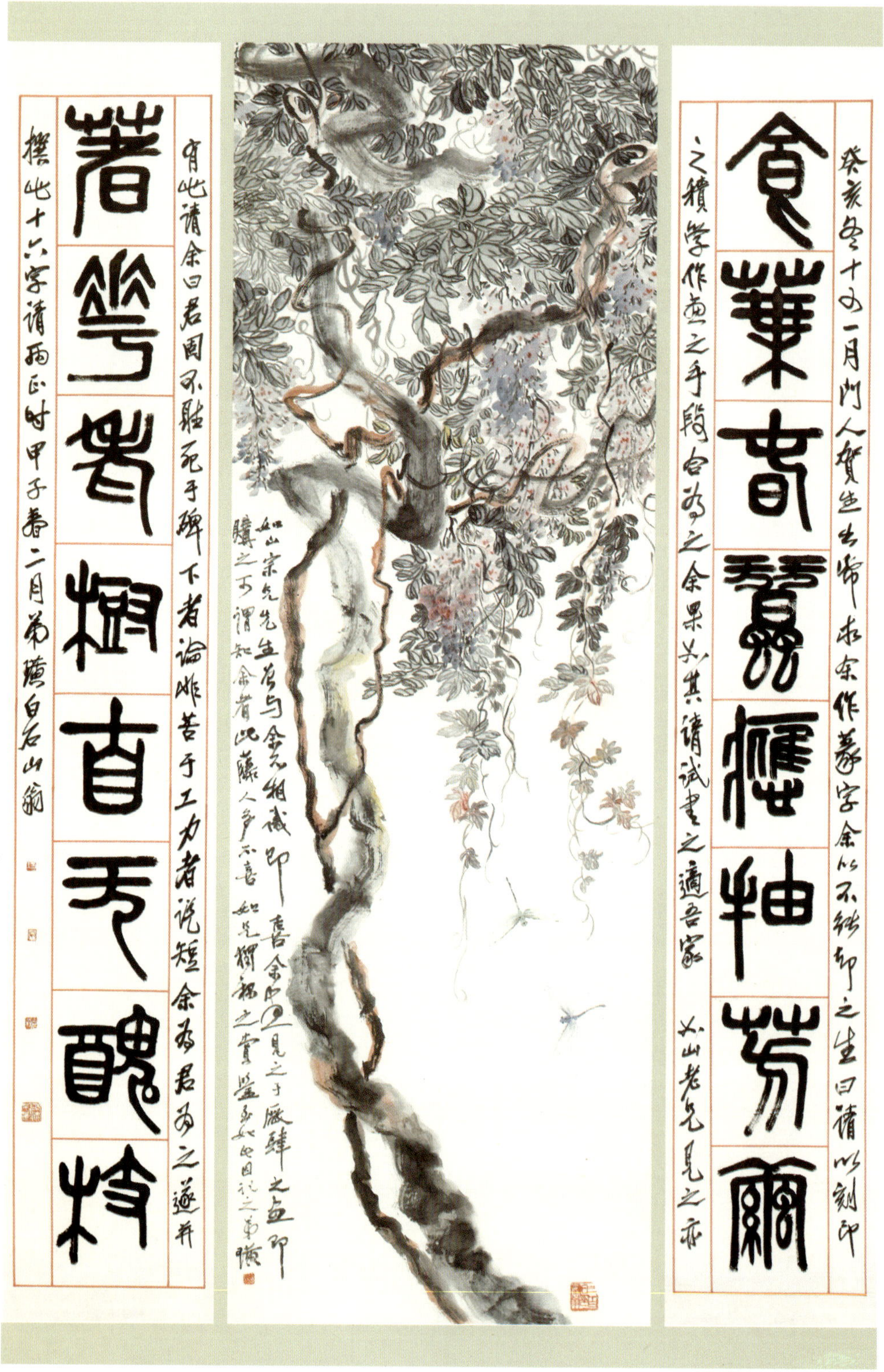

齐白石《紫藤蜻蜓·篆书八言联》

画心：166×57 cm，约8.5平方尺

对联：177.8×31 cm×2，约5.0平方尺（每幅）

成交价：RMB 32,480,000

中国嘉德 2010·秋

石鲁《高山仰止》

135.5×79.2 cm，约9.7平方尺

成交价：RMB 31,920,000

中国嘉德 2010·春

齐白石《和平延年》

138×68 cm，约8.4平方尺

成交价：RMB 31,360,000

中国嘉德 2010·秋

徐悲鸿《五骏图》

74×96 cm，约6.5平方尺

成交价：RMB 29,120,000

北京保利 2010·秋

齐白石《松鹰图》

187 × 55 cm，约9.3平方尺

成交价：RMB 28,560,000

北京保利 2010 · 秋

傅抱石《罢阮图》

68×45.3cm，约2.8平方尺

成交价：RMB 28,434,148

HK苏富比 2010·秋

张大千《巫峡清秋》

91.8×47.3 cm，约3.9平方尺

成交价：RMB 28,000,000

中国嘉德 2010·秋

潘天寿《指画鹰石图》
214×48 cm，约9.2平方尺
成交价：RMB 28,000,000
中国嘉德 2010·春

齐白石《虎》

69.3×138cm，约8.6平方尺

成交价：RMB 27,451,989

HK苏富比 2010·春

齐白石为叶浅予作《花鸟鱼虫册》（八开）

33×41cm×7；33.5×41cm

成交价：RMB 30,240,000

杭州西泠 2010·秋

齐白石《竹圃晴岚》
67.5×41cm，约2.5平方尺
成交价：RMB 26,880,000
上海天衡 2010·秋

齐白石《樱桃》

68.3×34.6 cm，约2.1平方尺
成交价：RMB 24,080,000
中国嘉德 2010·秋

齐白石《红荷》

105 × 34.5 cm，约3.3平方尺

成交价：RMB 23,520,000

中国嘉德 2010・秋

张大千《神鹰图》

174×93cm，约14.6平方尺

成交价：RMB 23,520,000

北京匡时 2010·秋

张大千《松荫策杖》

154×73cm，约10.0平方尺

成交价：RMB 22,960,000

北京匡时 2010·春

徐悲鸿《七喜图》

91.6×61cm，约5.0平方尺

成交价：RMB 22,400,000

中国嘉德 2010·秋

徐悲鸿《奔马 · 书法对联》

画心：106×59 cm，约5.6平方尺

对联：177×36 cm×2，约5.7平方尺（每幅）

成交价：RMB 22,400,000

北京保利 2010 · 秋

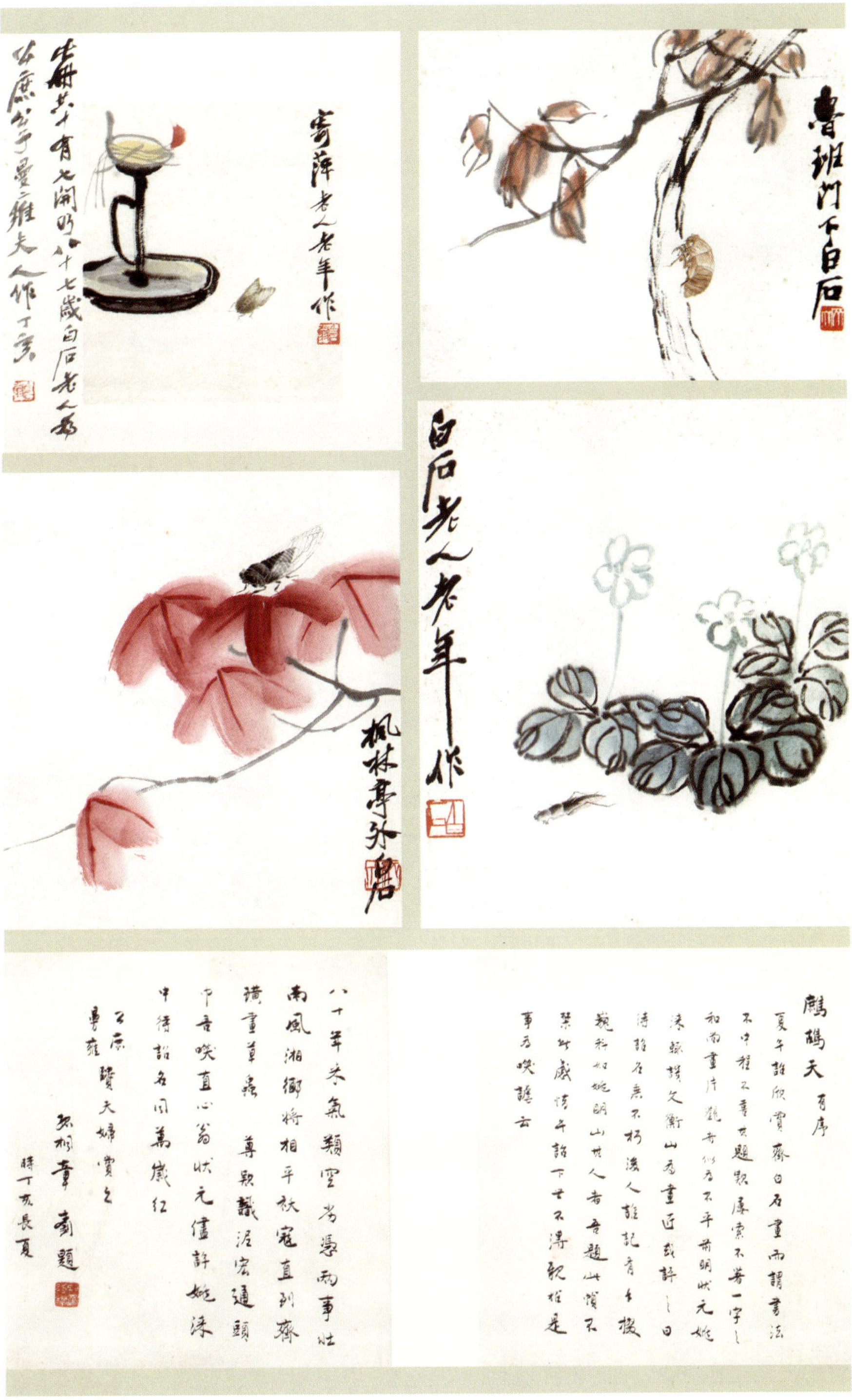

齐白石《花虫册》

画心：32×26 cm×2，约0.8平方尺（每幅）

22×28 cm，约0.6平方尺

41×38 cm，约1.4平方尺

题跋：41×38 cm，约1.4平方尺

成交价：RMB 21,840,000

北京保利 2010・秋

徐悲鸿《三狮图》

99×82 cm，约7.3平方尺

成交价：RMB 21,280,000

北京保利 2010·秋

徐悲鸿《双飞神骏》

100×78 cm，约7.0平方尺

成交价：RMB 21,280,000

北京保利 2010·秋

齐白石《鹤寿图》

155×39cm，约5.4平方尺

成交价：RMB 20,720,000

北京传是 2010·秋

齐白石《花卉》册页（十开）

28 × 37 cm × 10，约0.9平方尺（每幅）

成交价：RMB 20,160,000

北京保利 2010 · 秋

齐白石《英雄长寿》

156×55 cm，约7.7平方尺

成交价：RMB 20,160,000

北京保利 2010·秋

张大千《仿吴渔山凤阿山房图》
96.5×47.5cm，约4.0平方尺
成交价：RMB 22,400,000
杭州西泠 2010·秋

徐悲鸿《采芝图》

110×68 cm，约7.8平方尺

成交价：RMB 19,600,000

北京保利 2010·秋

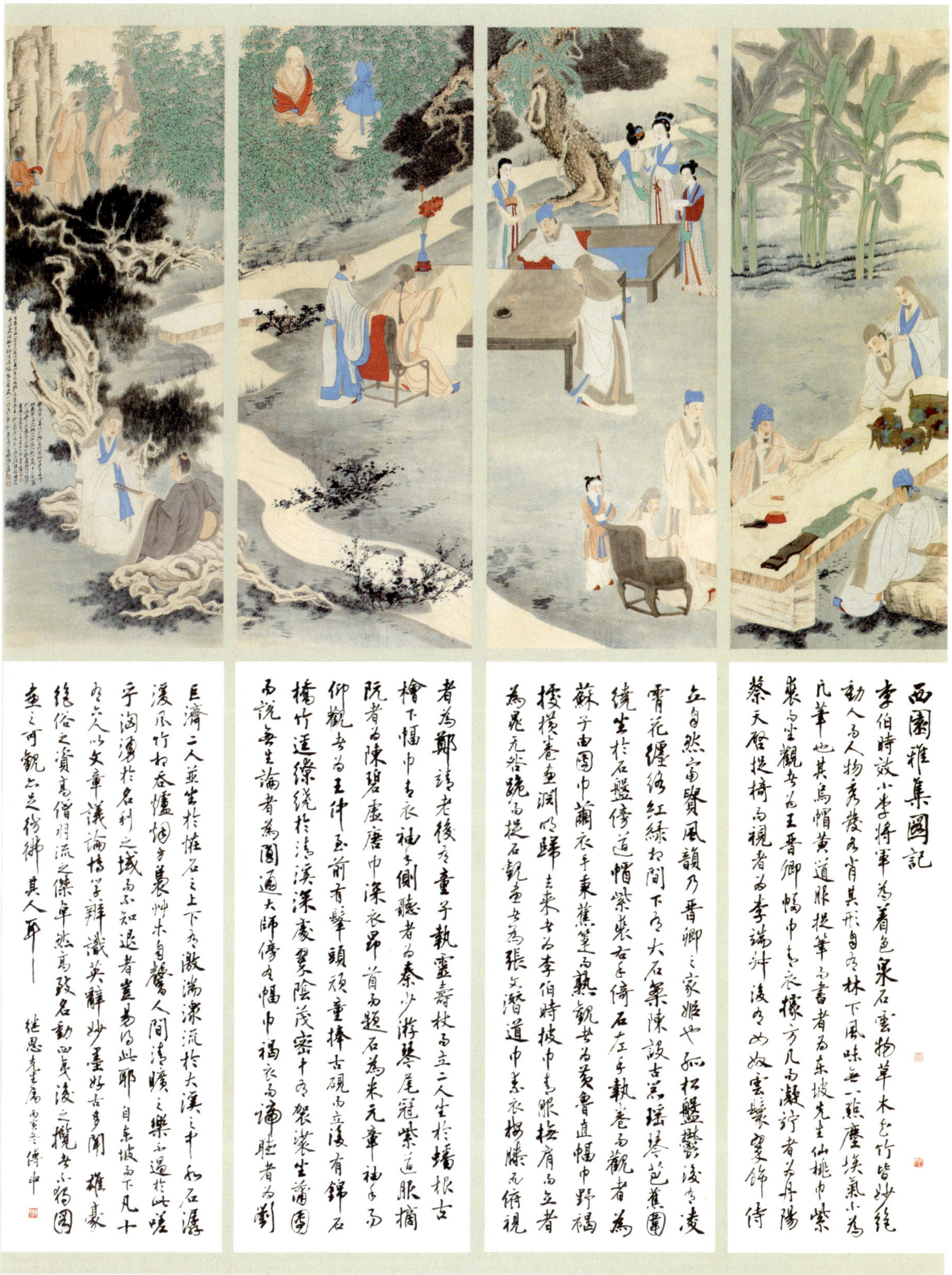

张大千《西园雅集图》

149×58cm×4，约7.8平方尺（每幅）

成交价：RMB 19,600,000

北京保利 2010·春

傅抱石《塔景钟声》

52×70.5 cm，约3.3平方尺

成交价：RMB 19,600,000

北京保利 2010·秋

徐悲鸿《鹤寿》书法对联

画心：123 × 60 cm，约6.6平方尺

对联：176 × 46 cm × 2 ，约7.3平方尺（每幅）

成交价：RMB 19,600,000

北京保利 2010 · 秋

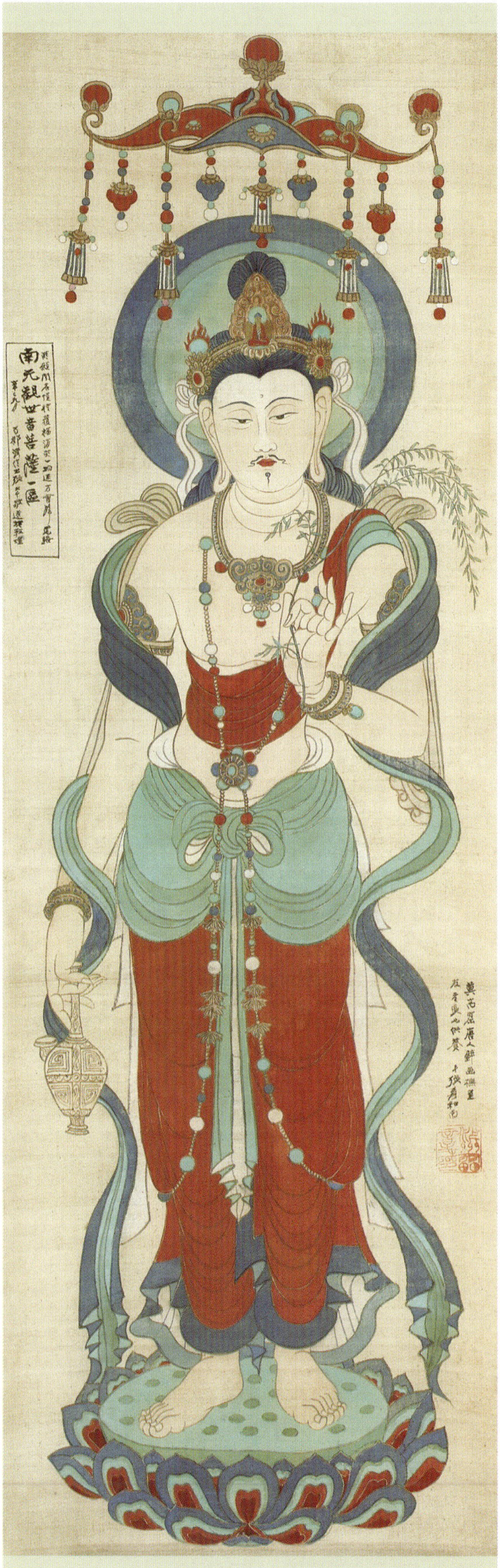

张大千《南无观世音菩萨》

225×74.5cm，约15.0平方尺

成交价：RMB 19,264,000

北京翰海 2010·秋

傅抱石《山阴图》

75×65 cm，约4.4平方尺

成交价：RMB 17,920,000

北京保利 2010・春

傅抱石《高士观瀑图》

89×56 cm，约4.5平方尺

成交价：RMB 17,920,000

北京保利 2010·秋

徐悲鸿《猛狮图》

112×81cm，约8.0平方尺

成交价：RMB 17,360,000

北京匡时 2010・秋

黄胄《日夜想念毛主席》

205×143 cm，约26.4平方尺

成交价：RMB 16,800,000

北京保利 2010·春

徐悲鸿《奔马图》
109×52cm，约5.0平方尺
成交价：RMB 16,800,000
北京荣宝 2010·秋

徐悲鸿《白马图》

101×61.5cm，约5.6平方尺

成交价：RMB 16,800,000

北京翰海 2010·秋

潘天寿《微风燕子斜》

131×47.5cm，约5.6平方尺

成交价：RMB 16,800,000

北京匡时 2010·秋

黄胄《套马图》

142.5×320 cm，约41.0平方尺

成交价：RMB 16,240,000

北京保利 2010·秋

当代艺术

作品名称	成交价（RMB）	拍卖公司	页码
陈逸飞《弦乐四重奏》	53,638,122	HK佳士得	513
吴冠中《长江万里图》	57,120,000	北京翰海	514～515
梵克雅宝6.43卡拉鲜彩粉红钻石镶钻指环	51,480,051	HK苏富比	516
陈逸飞《二重奏》	45,920,000	北京保利	517
常玉《青花盆与菊》	45,768,710	HK佳士得	518
张晓刚《创世篇：一个共和国的诞生二号》	44,770,485	HK苏富比	519
107.43卡拉D色内部无瑕钻石项链	44,735,940	HK苏富比	520
迪比尔斯5.16卡拉梨形内部无瑕鲜彩千禧蓝钻指环	42,609,854	HK苏富比	521
翡翠玉珠项链	37,054,184	HK苏富比	522
刘小东《违章》	36,400,000	北京保利	523
吴冠中《山水、花卉、动物》册页（十二开）	35,840,000	北京保利	524～525
陈逸飞《二重奏》	35,280,000	北京翰海	526
曾梵志《协和医院》	34,160,000	北京保利	527
10.88及10.88卡拉圆形D色无瑕白钻一对	32,277,992	HK苏富比	528
冷军《肖像之像——小罗》	31,360,000	北京保利	529
刘小东《白胖子》	31,024,000	北京翰海	530
刘野《齐白石知道蒙德里安》	29,120,000	北京保利	531
吴冠中《美国大峡谷》	28,000,000	北京保利	532
曾梵志《面具系列》1996年作	26,533,830	HK佳士得	533
石冲《今日景观》	26,096,000	中国嘉德	534
袁庆一《春天来了》	23,744,000	北京翰海	535
常玉《红色背景的百合花》	22,195,690	HK佳士得	536
李曼峰《峇里民采》	21,690,672	HK苏富比	537
刘小东《青藏铁路》	21,840,000	北京保利	538～539
袁运生《泼水节·生命的赞歌》线描稿（局部）	21,280,000	中国嘉德	540
吴冠中《误入崂山》	21,280,000	北京保利	541
艾轩《圣山》	20,720,000	北京保利	542
吴冠中《乞力马扎罗雪山》	20,160,000	北京保利	543
陈逸飞《上海滩》	20,160,000	杭州西泠	544
常玉《仰躺的豹》	19,247,962	HK佳士得	545
赵无极《02.01.65》	18,265,386	HK佳士得	546
赵无极《14.3.59》	18,265,386	HK佳士得	547

续表

作品名称	成交价（RMB）	拍卖公司	页码
蔡国强《天空中的人、鹰与眼睛》（局部，九联）	17,920,000	中国嘉德	548
王沂东《远方来信》	17,920,000	中国嘉德	549
赵无极《4.4.1959》	17,849,794	HK苏富比	550
曾梵志《面具系列》2000年作	17,282,810	HK佳士得	551
吴冠中《贵州侗家村寨》	16,800,000	北京匡时	552
刘野《金光大道》	16,409,465	HK苏富比	553
赵无极《教堂风景》	15,954,646	HK佳士得	554
陈逸飞《聆听》	14,780,000	广州嘉德	555
王沂东《春袭羽萍沟》	14,560,000	北京保利	556
刘野《中午的蒙德里安》	14,000,000	北京匡时	557
赵无极《8–2–72》	13,550,286	HK佳士得	558
方力钧《2007.08.01》	13,440,000	北京保利	559
刘野《小海军》	13,440,000	北京保利	560
赵无极《5.12.61》	12,880,000	北京匡时	561
吴冠中《墙上秋色》	12,320,000	北京保利	562
王沂东《红绣球》	12,320,000	北京匡时	563
吴冠中《御花园——故宫白皮松》	12,107,670	HK佳士得	564
赵无极《18–10–60》	12,097,812	HK苏富比	565
尹朝阳《天安门广场组画》	10,976,000	中国嘉德	566～567
王沂东《瑞雪》	11,200,000	北京保利	568
朱铭《太极——进步推拦捶》	10,404,778	HK佳士得	569
毛旭辉《'92家长》	10,184,182	HK佳士得	570

陈逸飞《弦乐四重奏》
油画，150×226cm
成交价：RMB 53,638,122
HK佳士得 2010·春

吴冠中《长江万里图》

油画，22.5×509cm，约10.3平方尺

成交价：RMB 57,120,000

北京翰海 2010·春

梵克雅宝6.43卡拉鲜彩粉红钻石镶钻指环

成交价：RMB 51,480,051

HK苏富比 2010 · 秋

陈逸飞《二重奏》

油画，162.5×238.7cm

成交价：RMB 45,920,000

北京保利 2010·春

常玉《青花盆与菊》

油画，123.5×93.6cm

成交价：RMB 45,768,710

HK佳士得 2010·秋

张晓刚《创世篇：一个共和国的诞生二号》

油画，149.4×119.4cm

成交价：RMB 44,770,485

HK苏富比 2010·秋

107.43卡拉D色内部无瑕钻石项链

成交价：RMB 44,735,940

HK苏富比 2010·春

迪比尔斯5.16卡拉梨形内部无瑕鲜彩千禧蓝钻指环

成交价：RMB 42,609,854

HK苏富比 2010·春

翡翠玉珠项链

成交价：RMB 37,054,184

HK苏富比 2010·春

刘小东《违章》

油画，180×230cm

成交价：RMB 36,400,000

北京保利 2010·秋

亦平常，
點綫舞蹁躚，黄山叢林处处见。
不平常，
七十年代此画人不看，怕人看。
吴冠中 1989 春節
翩误蹁
查词典，蹁躚亦宜，無误。

武夷山中溪九曲，
千里来寻画。
其時無游人，無招待所，借燕屏县慶儲宿医院病房中，颇寧静。
吴冠中 一九八九 春節

画倚斑驳，
人見高高白樺！
吴冠中作于
八十年代
一九八九春節誌。

肖像，
虎視眈眈！
此作曾由蘇州顧文霞女士親自指導繡成佳品。
吴冠中 一九八九 春節

紅葉满香山，白皮松閑抱風雨亭，人心逐逐游春歸。兒童有幸過隊日，入佳境。七十年代唱福音。
吴冠中 1989 春節
此画曾作中学美術教材之封面

梵高的向日葵豈有種子！
除却巫山不是雲，何处寻自家硕果，眼底便是。几度用油彩、墨彩抒懷，美醜真偽任人評介。
吴冠中 1989 春節
這字曾作向日葵油彩二幅，水墨三幅，此其一。
左上一章：土生土長

吴冠中《山水、花卉、动物》册页（十二开）

国画，尺寸不一

成交价：RMB 35,840,000

北京保利 2010·春

陈逸飞《二重奏》

油画，153×183cm

成交价：RMB 35,280,000

北京翰海 2010·春

曾梵志《协和医院》
油画，150×116cm×3
成交价：RMB 34,160,000
北京保利 2010·秋

10.88及10.88卡拉圆形D色无瑕白钻一对

成交价：RMB 32,277,992

HK苏富比 2010·秋

冷军《肖像之像——小罗》
油画，125×33cm
成交价：RMB 31,360,000
北京保利 2010·秋

刘小东《白胖子》
油画，250×152cm
成交价：RMB 31,024,0
北京翰海 2010·秋

刘野《齐白石知道蒙德里安》

油画，80×65cm

成交价：RMB 29,120,000

北京保利 2010·秋

吴冠中《美国大峡谷》

彩墨，123.8×123.8cm，约13.8平方尺

成交价：RMB 28,000,000

北京保利 2010·春

曾梵志《面具系列》1996年作

油画，200×180cm

成交价：RMB 26,533,830

HK佳士得 2010·秋

石冲《今日景观》

油画，215×165.5cm

成交价：RMB 26,096,000

中国嘉德 2010·春

袁庆一《春天来了》

油画，170×188cm

成交价：RMB 23,744,000

北京翰海 2010·春

常玉《红色背景的百合花》
油画，91×50cm
成交价：RMB 22,195,690
HK佳士得 2010·春

李曼峰《峇里民采》

油画

成交价：RMB 21,690,672

HK苏富比 2010·春

刘小东《青藏铁路》

油画，250×200cm×5

成交价：RMB 21,840,000

北京保利 2010·秋

袁运生《泼水节·生命的赞歌》线描稿（局部）

线描稿，340×2700cm

成交价：RMB 21,280,000

中国嘉德 2010·秋

吴冠中《误入崂山》

国画，96×180 cm，约15.6平方尺

成交价：RMB 21,280,000

北京保利 2010·秋

艾轩《圣山》

油画，190 × 220 cm

成交价：RMB 20,720,000

北京保利 2010·秋

吴冠中《乞力马扎罗雪山》

油画，100×180 cm

成交价：RMB 20,160,000

北京保利 2010·春

陈逸飞《上海滩》

油画，179×121cm

成交价：RMB 20,160,000

杭州西泠 2010·秋

常玉《仰躺的豹》
油画，65×80cm
成交价：RMB 19,247,962
HK佳士得 2010·春

赵无极《02.01.65》
油画，162×200cm
成交价：RMB 18,265,386
HK佳士得 2010·春

赵无极《14.3.59》
油画，162×140cm
成交价：RMB 18,265,386
HK佳士得 2010·春

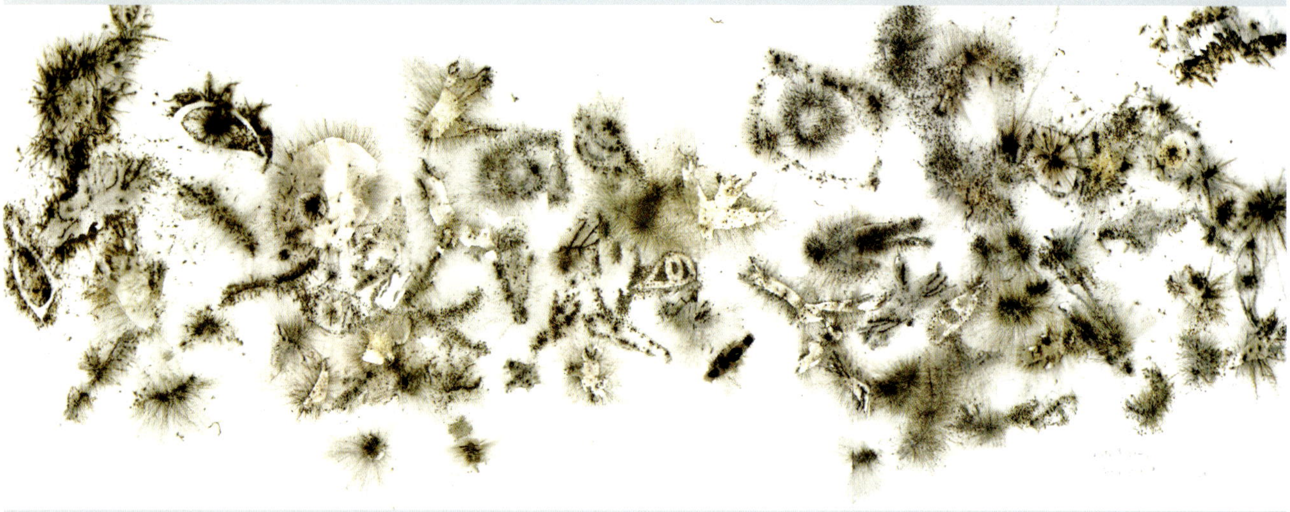

蔡国强《天空中的人、鹰与眼睛》（局部，九联）

火药画，230×77.5cm×9

成交价：RMB 17,920,000

中国嘉德 2010·秋

王沂东《远方来信》
油画，150×180cm
成交价：RMB 17,920,000
中国嘉德 2010·秋

赵无极《4.4.1959》

油画，89.5×116cm

成交价：RMB 17,849,794

HK苏富比 2010·春

曾梵志《面具系列》2000年作

油画，89.5×116cm

成交价：RMB 17,282,810

HK佳士得 2010·春

吴冠中《贵州侗家村寨》

彩墨，90×96.5cm，约7.8平方尺

成交价：RMB 16,800,000

北京匡时 2010·秋

刘野《金光大道》

油画，170×200cm

成交价：RMB 16,409,465

HK苏富比 2010·春

赵无极《教堂风景》

油画，97×130cm

成交价：RMB 15,954,646

HK佳士得 2010·秋

陈逸飞《聆听》

油画，92×72cm

成交价：RMB 14,780,000

广州嘉德 2010·冬

王沂东《春袭羽萍沟》

油画，180×145 cm

成交价：RMB 14,560,000

北京保利 2010·秋

刘野《中午的蒙德里安》

油画，90×90cm

成交价：RMB 14,000,000

北京匡时 2010·秋

赵无极《8–2–72》

油画，149.8×161.2cm

成交价：RMB 13,550,286

HK佳士得 2010·秋

方力钧《2007.08.01》

油画，120 × 270 cm

成交价：RMB 13,440,000

北京保利 2010 · 秋

刘野《小海军》

油画，105 × 92 cm

成交价：RMB 13,440,000

北京保利 2010 · 春

赵无极《5.12.61》

油画，60×92cm

成交价：RMB 12,880,000

北京匡时 2010·秋

吴冠中《墙上秋色》

油画，61×93cm

成交价：RMB 12,320,000

北京保利 2010·春

王沂东《红绣球》
油画，100 × 150cm
成交价：RMB 12,320,000
北京匡时 2010 · 秋

吴冠中《御花园——故宫白皮松》

油画，73.8×54.7cm

成交价：RMB 12,107,670

HK佳士得 2010·秋

赵无极《18–10–60》
油画，196×116cm
成交价：RMB 12,097,812
HK苏富比 2010·秋

尹朝阳《天安门广场组画》

油画，385×285cm×3

成交价：RMB 10,976,000

中国嘉德 2010・秋

王沂东《瑞雪》

油画，100×150 cm

成交价：RMB 11,200,000

北京保利 2010·秋

朱铭《太极——进步推拦捶》

雕塑，220×135×240cm

成交价：RMB 10,404,778

HK佳士得 2010·秋

毛旭辉《'92家长》

油画，180×330cm

成交价：RMB 10,184,182

HK佳士得 2010·秋

古董杂项

作品名称	成交价（RMB）	拍卖公司	页码
清乾隆 粉彩镂空吉庆有余转心瓶	554,132,400	伦敦拍卖行班布里奇斯	573
清乾隆 浅黄地洋彩锦上添花万寿延图长颈葫芦瓶	220,572,180	HK苏富比	574
宋徽宗 御制清乾隆御铭松石间意琴	136,640,000	北京保利	575
清乾隆 珐琅彩祥云瑞蝠纸槌瓶	120,120,120	HK苏富比	576
清雍正 御制掐丝珐琅双鹤香炉一对	111,115,518	HK佳士得	577
清乾隆 青花胭脂红料双凤戏珠纹龙耳扁壶	106,309,038	HK佳士得	578
清乾隆 御宝信天主人交龙钮白玉玺	104,350,064	HK苏富比	579
清乾隆 御宝题诗太上皇帝白玉圆玺	82,247,962	HK苏富比	580
清嘉庆 黄地粉彩福寿万年云口瓶	77,470,158	HK佳士得	581
清乾隆 御制紫檀雕云龙纹宝座	71,680,000	北京保利	582
清雍正 青花花鸟图八方扁壶	67,857,198	HK佳士得	583
清乾隆 唐英制青花缠枝莲纹花觚	66,800,000	北京匡时	584
明宣德 御制鎏金铜无量寿佛坐像	61,456,670	HK佳士得	585
清18世纪 御制东珠朝珠	58,179,012	HK苏富比	586
清乾隆 御制白玉交龙钮自强不息宝玺	56,560,000	北京保利	587
清乾隆 御制铜鎏金珐琅嵌宝石料西洋式座钟	49,280,000	北京保利	588
清乾隆 御制碧玉雕马远四皓图山子	48,631,278	HK佳士得	589
明 黄花梨簇云纹马蹄腿六柱式架子床	43,120,000	中国嘉德	590
清乾隆 黄花梨云龙纹大四件柜一对	39,760,000	中国嘉德	591
清乾隆 青花缠枝花卉三羊开泰尊	38,640,000	北京保利	592
明成化 青花缠枝卷草纹梅瓶	37,070,075	HK苏富比	593
清乾隆 青花红彩云龙纹贲巴壶	35,840,000	中国嘉德	594
清乾隆 青花穿花龙纹梅瓶	35,840,000	北京保利	595
清雍正 御制金胎画珐琅浅绿地丹凤呈祥图盖壶	35,148,812	HK苏富比	596
清康熙 犀角莱菔尊	34,945,262	HK佳士得	597
明末 犀角雕兰亭序杯	34,945,262	HK佳士得	598
清乾隆 洋彩厂官釉榴开百子一对	34,720,000	北京荣宝	599
清雍正 柠檬黄地青花缠枝花卉仿汉壶尊	33,600,000	北京保利	600
清乾隆 铜鎏金掐丝珐琅太平有象一对	31,920,000	北京华辰	601
清晚期 翠玉双龙活环耳盖炉	30,035,742	HK佳士得	602
清乾隆 青花苍龙教子双螭耳扁壶	28,000,000	中国嘉德	603
清乾隆 御制紫檀漆地嵌玉圆光大座屏一对	27,482,766	HK佳士得	604
明宣德 青花云龙纹十棱洗	26,880,000	北京保利	605

续表

作品名称	成交价（RMB）	拍卖公司	页码
清 御制白玉雕如意常青松枝瑞鼠纹笔筒	25,200,000	北京匡时	606
明永乐 鎏金铜如意轮观音菩萨坐像	23,621,237	HK苏富比	607
清乾隆 铜胎画北京珐琅富贵万寿图三层提匣	23,611,000	HK苏富比	608
明嘉靖 青花五彩鱼藻纹盖罐	23,520,000	北京翰海	609
清康熙 犀角雕穆王八骏图杯	23,162,414	HK佳士得	610
清乾隆 御制长寿多子图百宝嵌紫檀框挂屏	22,960,000	北京翰海	611
宋 缂丝蟠桃献寿图	22,400,000	中国嘉德	612
明末清初 犀角雕百子图杯	22,180,510	HK佳士得	613
清乾隆 青花缠枝莲绶带耳如意尊	20,753,694	HK佳士得	614
明15世纪 犀角雕卷瓣莲花碗	20,739,343	HK苏富比	615
清雍正 粉彩玉堂富贵碗一对	19,234,798	HK佳士得	616
晋太康二年 猿啸青萝琴	19,040,000	中国嘉德	617
清乾隆 孔雀绿地粉彩加胭脂料彩宝相花螭龙福寿耳瓶	19,040,000	北京保利	618
清乾隆 茶叶末釉如意耳尊	19,040,000	北京翰海	619
清乾隆 暗刻填金《御制十六罗汉赞》玉册	19,040,000	北京翰海	620
明成化 青花荷塘罐	19,040,000	北京翰海	621
清康熙 大成就者嘎巴拉造像	17,920,000	北京翰海	622
清雍正 仿龙泉青釉暗灵芝纹五岳真形图三孔扁瓶	17,869,806	HK佳士得	623
清乾隆 青花缠枝莲纹凤耳背壶	17,869,806	HK佳士得	624
清乾隆 青花釉里红狮子戏球蒜头瓶	16,800,000	北京保利	625
清乾隆 白玉雕太平有象吉祥万年如意	16,800,000	北京匡时	626
清乾隆 碧玉夔龙纹兽耳衔环狮钮盖瓶	16,576,000	北京翰海	627
清乾隆 白玉雕八吉祥纹莲蓬钮盖碗	16,427,862	HK佳士得	628

清乾隆 粉彩镂空吉庆有余转心瓶

成交价：RMB 554,132,400

伦敦拍卖行班布里奇斯 2010·秋

注：未交割（截至出版前）

清乾隆 浅黄地洋彩锦上添花万寿延图长颈葫芦瓶

成交价：RMB 220,572,180

HK苏富比 2010・秋

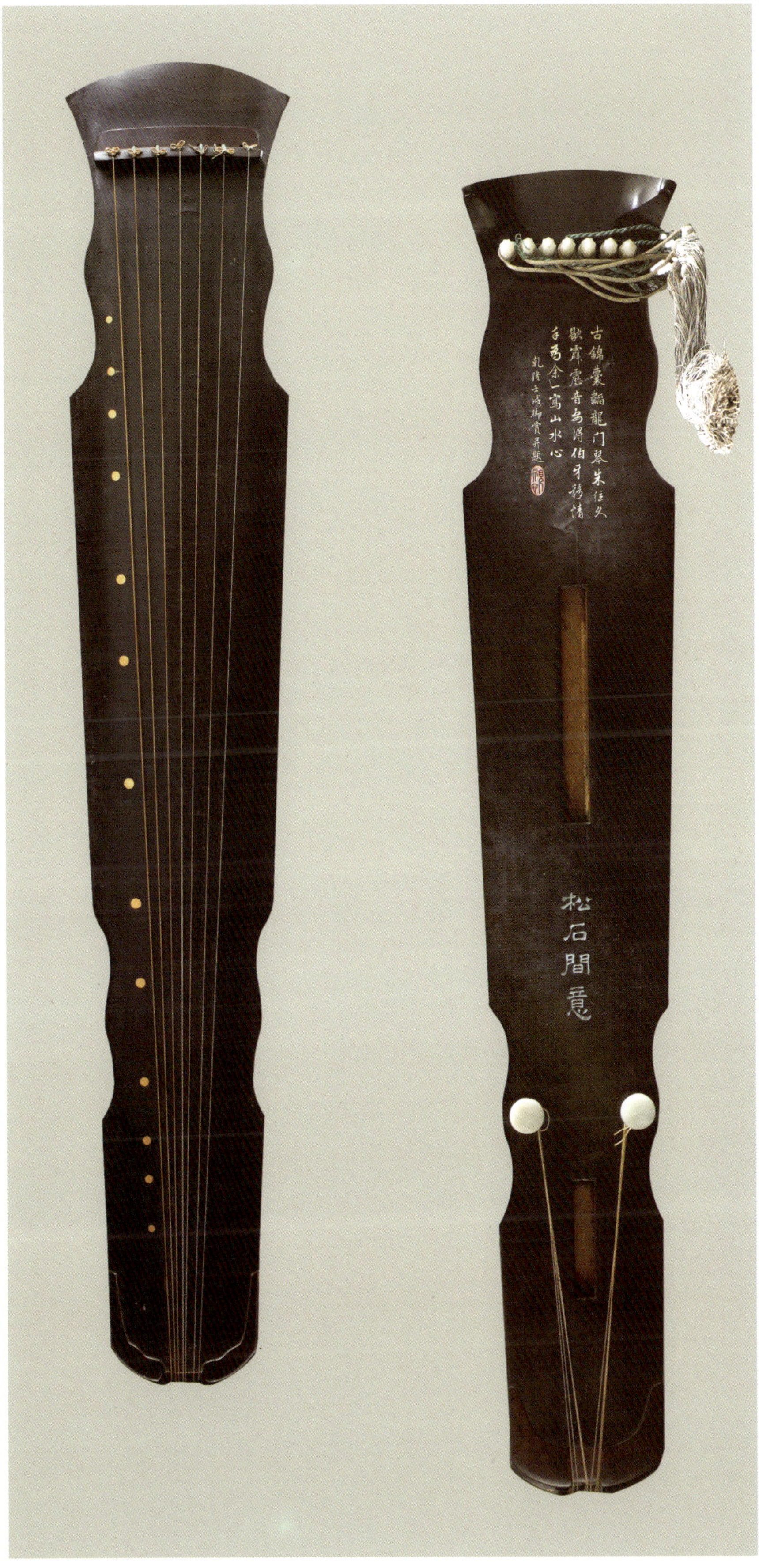

宋徽宗 御制清乾隆御铭松石间意琴

成交价：RMB 136,640,000

北京保利 2010・秋

清乾隆 珐琅彩祥云瑞蝠纸槌瓶

成交价：RMB 120,120,120

HK苏富比 2010·秋

清雍正 御制掐丝珐琅双鹤香炉一对

成交价：RMB 111,115,518

HK佳士得 2010·秋

清乾隆 青花胭脂红料双凤戏珠纹龙耳扁壶

成交价：RMB 106,309,038

HK佳士得 2010·秋

清乾隆 御宝信天主人交龙钮白玉玺

成交价：RMB 104,350,064

HK苏富比 2010·秋

清乾隆 御宝题诗太上皇帝白玉圆玺

成交价：RMB 82,247,962

HK苏富比 2010·春

清嘉庆 黄地粉彩福寿万年云口瓶

成交价：RMB 77,470,158

HK佳士得 2010·秋

清乾隆 御制紫檀雕云龙纹宝座

成交价：RMB 71,680,000

北京保利 2010·秋

清雍正 青花花鸟图八方扁壶

成交价：RMB 67,857,198

HK佳士得 2010·秋

清乾隆 唐英制青花缠枝莲纹花觚

成交价：RMB 66,800,000

北京匡时 2010·秋

明宣德 御制鎏金铜无量寿佛坐像

成交价：RMB 61,456,670

HK佳士得 2010·春

清18世纪 御制东珠朝珠

成交价：RMB 58,179,012

HK苏富比 2010・春

清乾隆 御制白玉交龙钮自强不息宝玺

成交价：RMB 56,560,000

北京保利 2010·春

清乾隆 御制铜鎏金珐琅嵌宝石料西洋式座钟

成交价：RMB 49,280,000

北京保利 2010·秋

清乾隆 御制碧玉雕马远四皓图山子

成交价：RMB 48,631,278

HK佳士得 2010·秋

明 黄花梨簇云纹马蹄腿六柱式架子床

成交价：RMB 43,120,000

中国嘉德 2010・秋

清乾隆 黄花梨云龙纹大四件柜一对

成交价：RMB 39,760,000

中国嘉德 2010·秋

清乾隆 青花缠枝花卉三羊开泰尊

成交价：RMB 38,640,000

北京保利 2010 · 秋

明成化 青花缠枝卷草纹梅瓶

成交价：RMB 37,070,075

HK苏富比 2010·秋

清乾隆 青花红彩云龙纹贲巴壶

成交价：RMB 35,840,000

中国嘉德 2010·春

清乾隆 青花穿花龙纹梅瓶

成交价：RMB 35,840,000

北京保利 2010·春

清雍正 御制金胎画珐琅浅绿地丹凤呈祥图盖壶

成交价：RMB 35,148,812

HK苏富比 2010・秋

清康熙 犀角莱菔尊

成交价：RMB 34,945,262

HK佳士得 2010・春

明末 犀角雕兰亭序杯

成交价：RMB 34,945,262

HK佳士得 2010·春

清乾隆 洋彩厂官釉榴开百子一对

成交价：RMB 34,720,000

北京荣宝 2010·秋

清雍正 柠檬黄地青花缠枝花卉仿汉壶尊

成交价：RMB 33,600,000

北京保利 2010·秋

清乾隆 铜鎏金掐丝珐琅太平有象一对

成交价：RMB 31,920,000

北京华辰 2010 · 秋

清晚期 翠玉双龙活环耳盖炉

成交价：RMB 30,035,742

HK佳士得 2010・春

清乾隆 青花苍龙教子双螭耳扁壶

成交价：RMB 28,000,000

中国嘉德 2010·秋

清乾隆 御制紫檀漆地嵌玉圆光大座屏一对

成交价：RMB 27,482,766

HK佳士得 2010 · 春

明宣德 青花云龙纹十棱洗

成交价：RMB 26,880,000

北京保利 2010・秋

清 御制白玉雕如意常青松枝瑞鼠纹笔筒

成交价：RMB 25,200,000

北京匡时 2010·秋

明永乐 鎏金铜如意轮观音菩萨坐像

成交价：RMB 23,621,237

HK苏富比 2010·秋

清乾隆 铜胎画北京珐琅富贵万寿图三层提匣

成交价：RMB 23,611,000

HK苏富比 2010·春

明嘉靖 青花五彩鱼藻纹盖罐

成交价：RMB 23,520,000

北京翰海 2010·秋

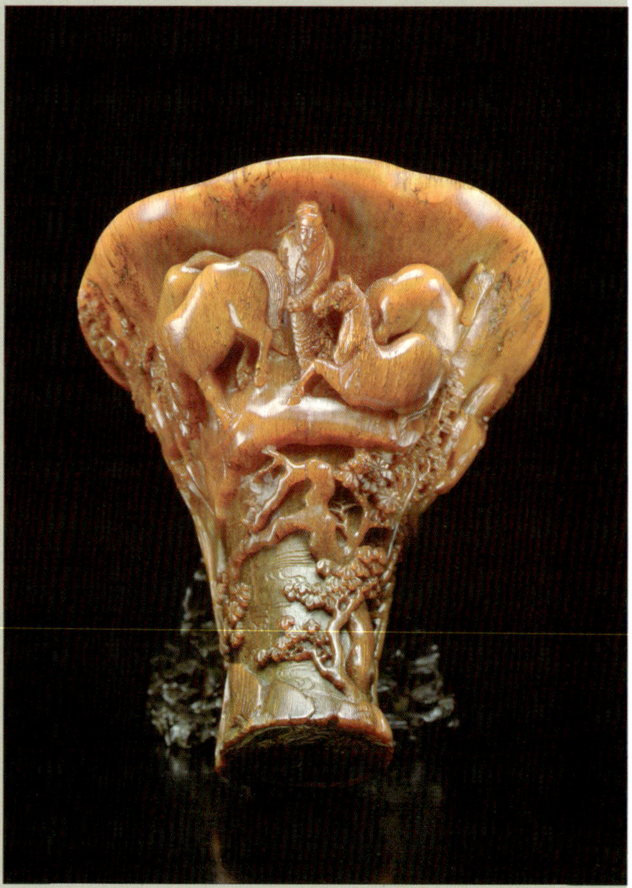

清康熙 犀角雕穆王八骏图杯

成交价：RMB 23,162,414

HK佳士得 2010·春

清乾隆 御制长寿多子图百宝嵌紫檀框挂屏

成交价：RMB 22,960,000

北京翰海 2010 · 秋

宋 缂丝蟠桃献寿图

117×47.5cm

成交价：RMB 22,400,000

中国嘉德 2010·秋

明末清初 犀角雕百子图杯

成交价：RMB 22,180,510

HK佳士得 2010・春

清乾隆 青花缠枝莲绶带耳如意尊

成交价：RMB 20,753,694

HK佳士得 2010·秋

明15世纪 犀角雕卷瓣莲花碗

成交价：RMB 20,739,343

HK苏富比 2010·秋

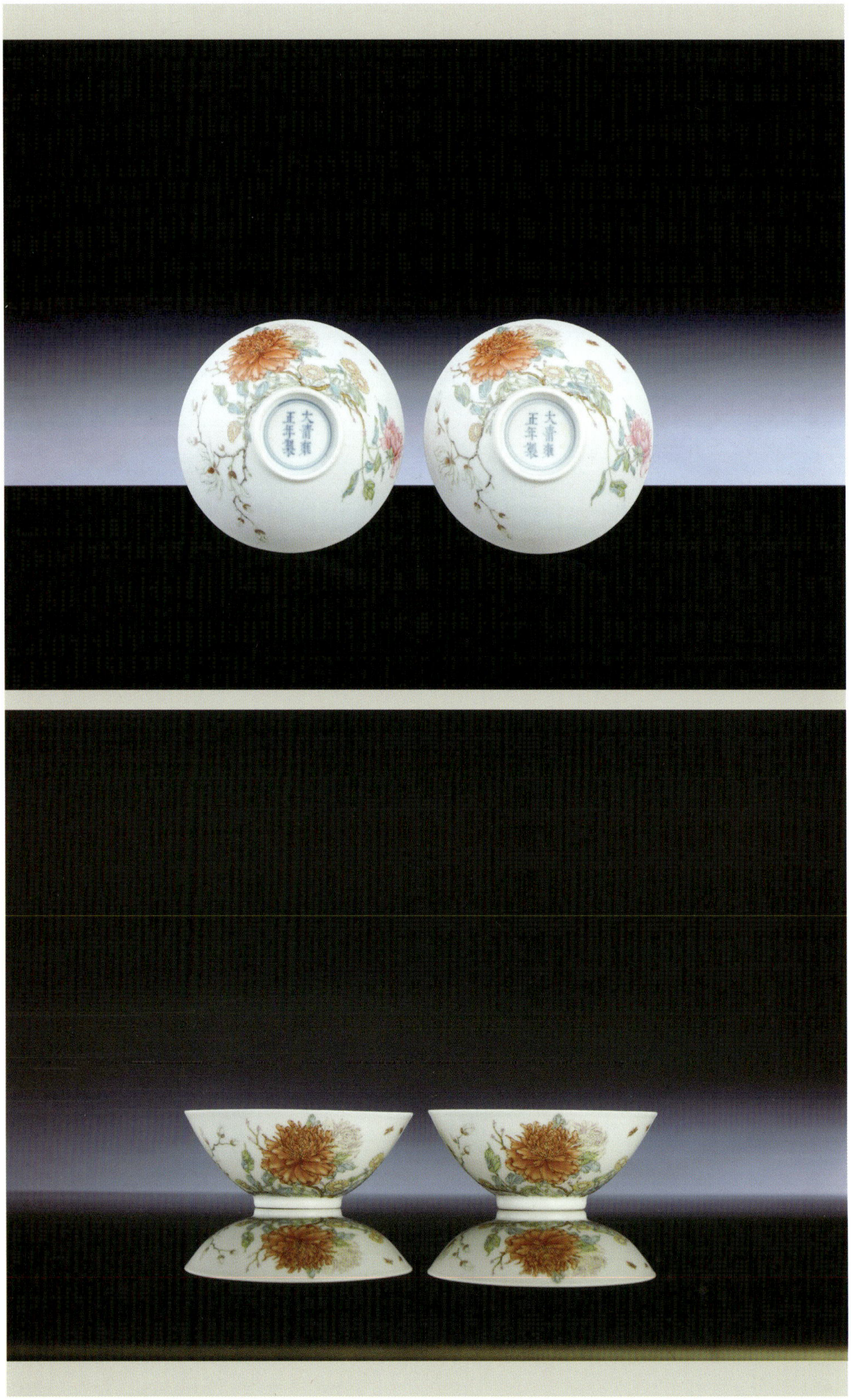

清雍正 粉彩玉堂富贵碗一对

成交价：RMB 19,234,798

HK佳士得 2010・春

晋太康二年 猿啸青萝琴

成交价：RMB 19,040,000

中国嘉德 2010・春

清乾隆 孔雀绿地粉彩加胭脂料彩宝相花螭龙福寿耳瓶

成交价：RMB 19,040,000

北京保利 2010·春

清乾隆 茶叶末釉如意耳尊

成交价：RMB 19,040,000

北京翰海 2010 · 春

清乾隆 暗刻填金《御制十六罗汉赞》玉册

成交价：RMB 19,040,000

北京翰海 2010·秋

明成化 青花荷塘罐

成交价：RMB 19,040,000

北京翰海 2010·秋

清康熙 大成就者嘎巴拉造像

成交价：RMB 17,920,000

北京翰海 2010·秋

清雍正 仿龙泉青釉暗灵芝纹五岳真形图三孔扁瓶

成交价：RMB 17,869,806

HK佳士得 2010·秋

清乾隆 青花缠枝莲纹凤耳背壶

成交价：RMB 17,869,806

HK佳士得 2010·秋

清乾隆 青花釉里红狮子戏球蒜头瓶

成交价：RMB 16,800,000

北京保利 2010·春

清乾隆 白玉雕太平有象吉祥万年如意

成交价：RMB 16,800,000

北京匡时 2010·秋

清乾隆 碧玉夔龙纹兽耳衔环狮钮盖瓶

成交价：RMB 16,576,000

北京翰海 2010·春

清乾隆 白玉雕八吉祥纹莲蓬钮盖碗

成交价：RMB 16,427,862

HK佳士得 2010・秋

第九部分　文化机构名录

WENHUAJIGOUMINGLU

全国主要文物收藏组织

(排名不分先后)

单位名称	负责人、联系人	联系电话	通信地址
中国文学艺术界联合会	主席:孙家正	010-59759350	北京市朝阳区北沙滩1号院32号楼 邮编:100083
中国长城学会	会长:许嘉璐	010-63345230	北京市西城区莲花池东路甲5号白云时代大厦东塔507室 邮编:100038
中国文物学会	会长:彭卿云	010-84020901	北京市东城区雍和宫大街戏楼胡同1号 邮编:100007
中国文物保护基金会	理事长:马自树	010-64025850	北京市东城区戏楼胡同1号 邮编:100007
中国博物馆协会	理事长:张柏	010-64031809	北京市东城区戏楼胡同1号 邮编:100007
中国美术家协会	主席:刘大为	010-59759390	北京市朝阳区北沙滩1号院32号楼B座18层 邮编:100083
中国书法家协会	主席:张海	010-65389212	北京市朝阳区农展馆南里10号 邮编:100026
中国收藏家协会	会长:阎振堂	010-64012635	北京市海淀区羊坊店路9号京门大厦2层 邮编:100038
中国书画收藏家协会	会长:苏士澍	010-64897301	北京市朝阳区安惠东里16号楼2104室 邮编:100101
中国艺术研究院	院长:王文章	010-64891166	北京市朝阳区惠新北里甲1号 邮编:100029
李可染艺术基金会	会长:邹佩珠	010-68520423	北京市海淀区翠微中里12号 邮编:100036
中国艺术科技研究所	所长:白国庆	010-67172619	北京市崇文区广渠门南小街领行国际1号楼2单元20层 邮编:100061
中国国家画院	院长:杨晓阳	010-68416601	北京市海淀区西三环北路54号 邮编:100044
北京画院	院长:王明明	010-65025171	北京市朝阳区六里屯北里1号 邮编:100026
北京收藏家协会	常务副会长:王钧	010-63370493	北京复兴门外大街16号首都博物馆内 邮编:100045
天津市文博学会民间收藏专业委员会	会长:李家璘	022-27331014	天津市南开区东门里1号文庙博物馆内 邮编:300100
河北省民间收藏协会	会长:赵德润	0311-86212249	河北省石家庄市西大街46号 邮编:050011
山西省收藏家协会	会长:郭士星	0351-4085545	山西省太原市太原广场收投分公司01012信箱 邮编:030001

单位名称	负责人、联系人	联系电话	通信地址
内蒙古收藏家协会	会长：赵中田	0471－6310371	内蒙古呼和浩特市新华大街18号 邮编：010010
辽宁省收藏家协会	常务副会长兼秘书长：聂鑫	024－23848168	辽宁省沈阳市沈河区青年大街215号62B 邮编：110016
吉林省收藏家协会	副会长兼秘书长：关放	0431－86772798	吉林长春市重庆路279号吉林古玩城内5楼西侧 邮编：130041
黑龙江省收藏家协会	会长：于万领	0451－82296555	黑龙江省哈尔滨市道外区靖宇大街368号同记珠宝古玩城5楼 邮编：150020
上海市收藏协会	会长：吴少华	021－63140930	上海市中山南路1551号 邮编：200003
上海市收藏鉴赏家协会	会长：卢惠民	021－62535241	上海市南丹东路300弄3号103室 邮编：200030
江苏省收藏家协会	会长：徐湖平	025－68580985	江苏省南京市石头城路99号南艺后街艺术收藏品市场D2－18室 邮编：210013
浙江省收藏协会	会长：林华东	0571－87053150	浙江省杭州市省府大楼浙江省社科院 邮编：310025
台州市古玩商会	会长：郑官民	0576－88818872	浙江省台州市椒江新堂53号 邮编：318000
安徽省收藏家协会	副会长兼秘书长：蔡中寅	0551－4692776	安徽省合肥市长江东路1121号圣大国际大厦5－1706 邮编：230011
福建省收藏家协会	会长：陈华棣	13805008955	福建省福州市仓山区东升路17号 邮编：350007
江西省收藏学研究会	会长：刘新园	0791－6271743	江西省南昌市031201803信箱 邮编：330046
山东省收藏家协会	会长：王济红	0531－2060628	山东省济南市马鞍山路15号新世界商城3楼东厅609室 邮编：250000
河南省收藏协会	会长：葛纪谦	0371－65865531	河南省郑州市经五路1号附5号 邮编：450003
湖北省收藏家协会	会长：桂祥盛	027－83744659	湖北省武汉市石乔口崇仁路92号收藏品市场 邮编：430030
湖南省收藏协会	会长：张一兵	0731－84443953	湖南省长沙市清水塘路1号汽车摩托贸易总公司院内 邮编：410011
广东省收藏家协会	会长：陈少湘	020－83333406	广东省广州市解放北路542号 邮编：510030
广西文物收藏家协会	副会长兼秘书长：林峰	0771－2808908	广西南宁市古城路21－8号广西文物商店 邮编：530022
广西收藏协会	会长：彭洋	0771－2564939	广西南宁市青秀区青山路10号澳洲丽园E座11单元105室 邮编：530022
海南省收藏家协会	会长：欧宗文	0898－68928942	海南省海口市国兴大道68号省博物馆 邮编：570200
重庆收藏协会	会长：王雍刚	023－63528552	重庆渝北区红锦大道金山路3号汇景台东宫会所 邮编：401120

单位名称	负责人、联系人	联系电话	通信地址
四川省收藏家协会	会长:张仲炎	028-86526095	四川省成都市锦江区庆云西街73号 邮编:610017
四川省古玩收藏研究会	会长:徐世群	028-86653938	四川省成都市锦江区宏济新路5号5楼512、513室 邮编:610021
贵州省收藏协会	副会长:何小龙	13985424779	贵州省贵阳市新添大道南段187号(大营坡)银佳花园5栋2单元5号 邮编:550004
云南省收藏家协会	会长:李德昆	0871-5389989	云南省昆明市人民西路124号昆明潘家湾文化市场办公楼2楼 邮编:650031
西藏自治区收藏家协会	常务副秘书长、办公室主任:王宜文	0891-6887792	西藏拉萨市巴尔库路10号自治区文物局 邮编:830000
陕西省收藏家协会	会长:杨才玉	029-87427035	陕西省西安市东新街2号收藏品市场 邮编:710004
西安市收藏协会	会长:王明亮	13402988880	陕西省西安市东一路1号西北古玩城4楼22号 邮编:710004
甘肃省收藏协会	会长:鲍建和	0931-4607166	甘肃省兰州市城关区张掖路大众市场52号金城珠宝古玩城4楼15号 邮编:730030
青海省收藏家协会	会长:南文魁	0971-7115771	青海省西宁市七一路328号1楼青海省西宁市军区办公楼 邮编 810000
青海省艺术品收藏协会	会长:聂生成	0971-8127911	青海省西宁市共和南路56号4单元2号楼1室 邮编:810007
宁夏收藏协会	会长:张汝教	0951-4123896	宁夏银川市兴庆区北京东路365号国际花园3号楼2单元504室 邮编:750004
宁夏收藏家协会	会长:夏德雅	0951-6087659	宁夏银川市进宁北街76号宁夏博物馆院内 邮编:750001
新疆自治区收藏家协会	会长:岳峰	0991-8877177	新疆乌鲁木齐市幸福路9号名家古玩城7楼 邮编:830001

全国文物拍卖企业

（排名不分先后，截止 2011 年 2 月 16 日）

序号	名　称	注册地址	邮编	联系电话	拍卖范围	拍卖行业资质等级
北京市						
1	北京雍和嘉诚拍卖有限公司	北京市东城区安定门东大街 28 号雍和大厦 B 座 1110～1112 号	100007	010－64097672	第一、二、三类文物	A 级
2	北京泰和嘉成拍卖有限公司	北京市朝阳区东三环中路 55 号富力双子座 B 座 1602 室	100022	010－58761988	第二、三类文物	无
3	北京嘉德在线拍卖有限公司	北京市崇文区崇文门外大街 44 号大康大厦 11 层	100062	010－67102935	第二、三类文物	无
4	太平洋国际拍卖有限公司	北京市朝阳区东三环南路 17 号院京瑞大厦 B 座 22A、B、C	100021	010－67656089	第二、三类文物	AA 级
5	北京市古天一国际拍卖有限公司	北京市崇文区广渠门内大街 80 号通正国际大厦 1306 室	100061	010－51696950	第一、二、三类文物	无
6	北京长风拍卖有限公司	北京市东城区东四十条甲 22 号南新仓商务大厦 1 栋 A501 室	100007	010－51690666	第一、二、三类文物	无
7	北京瑞平国际拍卖行有限公司	北京市朝阳区朝阳门北大街乙 12 号天辰大厦 709 室	100020	010－65526123	第二、三类文物	AA 级
8	北京明珠双龙国际拍卖有限公司	北京市宣武区大安澜营胡同 31 号 5 号楼 419 室	100052	010－83171287	第二、三类文物	无
9	北京歌德拍卖有限公司	北京市朝阳区北辰路曹八里 1 号院 28 号楼	100029	010－65089800	第二、三类文物	无
10	北京九歌国际拍卖股份有限公司	北京市朝阳区东三环中路 39 号建外 SOHO 城 15 号楼 28 层	100022	010－58692808	第一、二、三类文物	无
11	北京金仕德国际拍卖有限公司	北京市朝阳区华威里 10 号楼 606 室	100020	010－58615005	第一、二、三类文物	无
12	北京匡时国际拍卖有限公司	北京市朝阳区东三环北路霞光里 18 号佳程广场 A 座 8 层	100027	010－84400975	第一、二、三类文物	无
13	北京中博国际拍卖有限公司	北京市西城区西直门外大街德宝新园 22 号楼德宝饭店 440 室	100044	010－68305070	第一、二、三类文物	无
14	北京诚轩拍卖有限公司	北京市朝阳区东三环中路 39 号建外 SOHO 南办公楼 B 座 2906 室	100022	010－58692369	第一、二、三类文物	无
15	北京中招国际拍卖有限公司	北京市海淀区皂君庙 14 号院 9 号楼	100081	010－62117269	第一、二、三类文物	AAA 级
16	北京紫禁万象国际拍卖有限公司	北京市大兴区西红门镇宏旭路 202 号	100006	13381226269	第二、三类文物	无
17	东方国际拍卖有限责任公司	北京市西城区金融街 19 号富凯大厦 B812 室	100033	010－66573668	第一、二、三类文物	AA 级
18	北京圣天阁文升国际拍卖有限公司	北京市西城区白云路 4 号	100045	010－63361068	第二、三类文物	无
19	北京嘉宝国际拍卖有限公司	北京市朝阳区广渠门外大街 8 号优士阁 A 座 2609 室	100022	13717538827	第二、三类文物	无

序号	名　　称	注册地址	邮编	联系电话	拍卖范围	拍卖行业资质等级
20	中鸿信国际拍卖有限公司	北京市东城区朝阳门北大街8号富华大厦F座10层	100027	010－65541750	第一、二、三类文物	AAA级
21	北京盛佳国际拍卖有限公司	北京市西城区东绒线胡同57号	100031	010－66089700	第二、三类文物	A级
22	北京今典联合国际拍卖有限公司	北京市朝阳区百子湾路32号院4号楼1001室	100022	010－58074866	第二、三类文物	无
23	北京保利国际拍卖有限公司	北京市东城区东直门南大街14号保利大厦3层	100010	010－64082173	第一、二、三类文物	无
24	北京德宝国际拍卖有限公司	北京市宣武区白纸坊西街20号圣都大厦2009、2010室	100054	010－63519330	第二、三类文物	A级
25	金懋国际拍卖有限公司	北京市西城区阜成门外大街14号	100037	010－68043499	第一、二、三类文物	A级
26	中宝拍卖有限公司	北京市西城区广成街4号院2号楼607室	100007	010－64005152	第一、二、三类文物	AA级
27	北京东正拍卖有限公司	北京市西城区北三环中路10号院5号楼1层	100120	010－82235637	第一、二、三类文物	无
28	北京嘉信国际拍卖有限公司	北京市朝阳区东四环中路195号华腾新天地大厦5层0501、0502、0503室	100022	010－87952831	第二、三类文物	AA级
29	北京长宜天地国际拍卖有限公司	北京市海淀区西直门北大街32号院枫蓝国际B座写字楼801室	100082	010－82295358	第二、三类文物	无
30	北京万隆拍卖有限公司	北京市朝阳区建外SOHO城A座1805室	100022	010－59005912	第一、二、三类文物	无
31	中都国际拍卖有限公司	北京市东城区民旺园31号楼9层	100013	010－64484567	第一、二、三类文物	AAA级
32	北京永乐国际拍卖有限公司	北京市朝阳区建国门外大街19号国际大厦805室	100004	010－59692688	第一、二、三类文物	无
33	翰宝国际拍卖有限公司	北京市顺义区马坡镇向阳东路12号恒丰花园会所203室	100038	010－69402187	第二、三类文物	无
34	中美宏凯威国际拍卖(北京)有限公司	北京市东城区海运仓1号海运仓国际大厦920室	100007	010－66055888	第二、三类文物	无
35	北京东方艺都拍卖有限公司	北京市朝阳区华威里1号(住宅)楼8E室	100021	010－87731081	第一、二、三类文物	无
36	北京北纬四十度大成国际拍卖有限公司	北京市海淀区车道沟1号2号楼9层	100089	010－82560899	第二、三类文物	无
37	中安太平(北京)国际拍卖有限公司	北京市朝阳区东三环南路58号富顿中心2203室	100022	010－58673399	第二、三类文物	AA级
38	北京三希堂国际拍卖有限公司	北京市宣武区大栅栏街42号	100062	13641157666	第二、三类文物	无
39	北京东西方国际拍卖有限责任公司	北京市宣武区广安门内报国寺1号	674100	010－63014828	第二、三类文物	无
40	北京国拍国际拍卖有限公司	北京市朝阳区东三环南路76号古玩书画城B1层艺术馆	100021	010－87380696	第二、三类文物	无
41	北京中鼎国际拍卖有限公司	北京朝阳区幸福二村32号7单元	100027	010－64682880	第一、二、三类文物	AA级
42	北京荣宝拍卖有限公司	北京市宣武区琉璃厂西街36号	100052	010－83159597	第一、二、三类文物	AAA级
43	北京中泰国际拍卖有限公司	北京市西城区新街口北大街53号101室	100035	010－62233884	第二、三类文物	无

序号	名　　称	注册地址	邮编	联系电话	拍卖范围	拍卖行业资质等级
44	中国嘉德国际拍卖有限公司	北京市东城区建国门内大街18号恒基中心2座603室	100005	010－65182315	第一、二、三类文物	AAA级
45	北京中拍国际拍卖有限公司	北京市西城区西直门外新兴东巷甲15号华侨酒店主楼7层	100044	010－88363400	第一、二、三类文物	A级
46	北京建亚世纪拍卖有限公司	北京市朝阳区东三环中路乙10号(艾维克大厦)11层02B－04A室	100022	010－65661531	第二、三类文物	AAA级
47	北京富比富国际拍卖有限公司	北京市东城区东安门大街23号706室	100006	010－65280267	第二、三类文物	无
48	北京开元天兴拍卖有限公司	北京市朝阳区广渠门外大街8号优士阁B座2608室	100022	010－58613677	第二、三类文物	无
49	北京红太阳国际拍卖有限公司	北京东城区东四十条24号青蓝大厦2、3、5层	100007	010－84018185	第一、二、三类文物	无
50	中贸圣佳国际拍卖有限公司	北京市东城区春秀路12号楼	100027	010－64156669	第一、二、三类文物	无
51	北京远方国际拍卖有限公司	北京市朝阳区农光南里1号楼10层南侧	100031	010－67356156	第二、三类文物	无
52	北京亚洲宏大国际拍卖有限公司	北京朝阳区东三环南路17号京瑞大厦B－11B	100021	010－67668866	第二、三类文物	无
53	北京华辰拍卖有限公司	北京市朝阳区东三环北路19号中青大厦1501室	100020	010－83915366	第一、二、三类文物	AA级
54	北京江洋富通国际拍卖有限公司	北京市朝阳区高井财满街A座1单元302室	100123	010－51388696	第二、三类文物	AA级
55	北京传是国际拍卖有限责任公司	北京东城建国门内大街18号宝辰饭店4层401室	100005	010－65599479	第二、三类文物	无
56	北京百衲民间艺术品拍卖有限责任公司	北京市朝阳区华威南路6号楼612室	100020	010－51369156	第二、三类文物	无
57	北京翰海拍卖有限公司	北京市宣武区琉璃厂东街80号2层	100050	010－63017475	第一、二、三类文物	AAA级
58	北京大得国际拍卖有限公司	北京市朝阳区西坝河西里28号英特公寓1号楼A1－12B	100028	010－64462898	第二、三类文物	无
59	北京印千山国际拍卖有限公司	北京市海淀区北三环西路43号青云当代大厦12B06	100086	010－62161055	第二、三类文物	无
60	北京荣海嘉国际拍卖有限公司	北京市朝阳区安贞西里五区仟村商务大楼B座703室	100029	010－64426069	第二、三类文物	无
61	北京太和天辰国际拍卖有限公司	北京市丰台区太平桥路华源四里3号楼B座1902室(威尔夏大道)	100073	010－88395593	第二、三类文物	无
62	北京时代国际拍卖有限公司	北京市石景山区阜石路166号泽洋大厦1503室	100043	010－68884484	第二、三类文物	无
63	北京中汉拍卖有限公司	北京市朝阳区东三环中路39号建外SOHO写字楼B座2102室	100022	010－58693716	第一、二、三类文物	无
64	北京海王村拍卖有限责任公司	北京市宣武区琉璃厂东街115号	100050	010－63150313	第一、二、三类文物	无
65	北京中嘉国际拍卖有限公司	北京市朝阳区光华路12号院内1号楼4层	100020	010－65817250	第一、二、三类文物	无
66	北京华铭国际拍卖有限公司	北京市朝阳区北苑东路高尔夫会所北侧	100012	010－84955569	第二、三类文物	无
67	舍得拍卖(北京)有限公司	北京市朝阳区白家庄东里23号C19A	100026	010－65901988	第二、三类文物	无

序号	名　　称	注册地址	邮编	联系电话	拍卖范围	拍卖行业资质等级
68	大唐国际拍卖(北京)有限责任公司	北京市朝阳区南磨房路37号2301室	100021	010－64362260	第二、三类文物	无
69	北京德隆宝国际拍卖有限公司	北京市宣武区广安门内大街223号旁门	100053	010－87361292	第二、三类文物	无
70	东方求实国际拍卖(北京)有限公司	北京市宣武区清芷园9楼C座101室	100054	010－83505606	第二、三类文物	无
71	北京东方佳琦国际拍卖有限公司	北京市朝阳区东三环南路劲松桥华腾大厦1008A室	100022	010－87216266	第二、三类文物	无
72	北京海士德国际拍卖有限公司	北京朝阳区东大桥路8号SOHO尚都南塔2701室	100020	010－59005809	第二、三类文物	无
73	北京紫金大溪国际拍卖有限公司	北京市长阳镇京良环岛东西棕榈滩公馆	100000	010－61370308	第二、三类文物	无
74	中联环球国际拍卖(北京)有限公司	北京宣武区马连道路11号一商大厦1325室	100055	010－63342985	第二、三类文物	无
75	北京华夏藏珍国际拍卖有限公司	北京市朝阳区劲松三区甲302号华腾大厦518室	100021	010－87216111	第二、三类文物	无
76	更乐(北京)国际拍卖有限公司	北京朝阳区东三环中路39号建外SOHO城13号楼1802室	100022	010－59000373	第二、三类文物	无
77	北京宣石国际拍卖有限公司	北京市朝阳区广渠路11号院1号楼金泰国际大厦A座701、702室	100022	010－67711588	第二、三类文物	无
78	北京亚洲荣海国际拍卖有限公司				第二、三类文物	无
79	北京琴岛瑞昌国际拍卖有限公司	北京市朝阳区首图东路5号御景园1号楼22H	100021	0931－8477254	第二、三类文物	无
80	北京宝鼎拍卖有限责任公司	北京市朝阳区东土城8号林达大厦B座12层C－1室	100013	010－64226849	第二、三类文物	无
天津市						
81	天津国际拍卖有限责任公司	天津国际和平区解放北路77号	300041	022－23126305	第一、二、三类文物	AA级
82	天津市海天拍卖有限公司	河西区环湖中路10号梧桐大厦6层	300060	022－23520169	第一、二、三类文物	AA级
83	天津市同方拍卖行有限责任公司	天津市南开区南门外大街与南开三纬路交口律师大厦10层	300100	022－27225810	第二、三类文物	AA级
84	天津瀚雅拍卖有限公司	天津市南开区霞光道翠泉别墅15号	300381	022－23918515	第二、三类文物	无
85	天津市雍盛拍卖行有限公司	天津市和平区河北路283号	517200	022－23191777	第二、三类文物	无
86	天津蓝天国际拍卖行有限责任公司	天津市解放南路256号泰达大厦F座9楼	300042	022－23311986	第一、二、三类文物	AAA级
87	天津福信国际拍卖有限公司	天津市河东区真理道29号福信大厦5层	300151	022－26473083	第一、二、三类文物	AAA级
88	天津鼎天拍卖有限公司	天津市和平区云南路12号清华园商务中心B－4－20层	300051	022－83520768	第二、三类文物	无
河北省						
89	河北翰华拍卖有限责任公司	河北省石家庄市建设南大街80号恒辉商务大厦B501室	050000	0311－87682988	第二、三类文物	无
山西省						
90	山西海德拍卖有限公司	山西省太原市府西街69号山西国际贸易中心东塔楼15层	030002	0351－8689350	第二、三类文物	无

序号	名　称	注册地址	邮编	联系电话	拍卖范围	拍卖行业资质等级
91	山西晋通拍卖有限公司	山西省太原市平阳路130号水龙盛大厦12层	030012	0351－1346152	第一、二、三类文物	AA级
92	山西晋德拍卖有限责任公司	山西省太原市亲贤北街368号水工大厦10层	030006	0351－8780101	第一、二、三类文物	无
93	山西百业拍卖有限公司	山西省临汾市信合西路F区5号楼	041000	0357－2114666	第一、二、三类文物	AAA级
94	山西兴晋拍卖股份有限公司	山西省太原市迎泽大街229号305室	030006	0351－4196268	第一、二、三类文物	无
95	山西晋宝拍卖有限公司	山西省太原市府西街9号主府大厦A座12层F号	030002	0351－5228569	第一、二、三类文物	AA级
			辽宁省			
96	辽宁国际商品拍卖有限公司	沈阳市和平区民主路68号文新大厦3、14层	110001	024－23869900	自2010年11月22日暂停文物拍卖资质一年，一年内，禁止辽宁国际商品拍卖有限公司从事文物的商业经营活动	A级
97	辽宁建投拍卖有限公司	沈阳市皇姑区昆山中路34号九州大厦12楼	110031	024－62265799	第二、三类文物	AA级
98	辽宁中正拍卖有限公司	沈阳市沈河区市府大路262号甲新华科技大厦2701室	110013	024－62566170	第一、二、三类文物	AA级
99	辽宁天巳拍卖有限公司	大连市甘井子区华北路北市商贸街158号	350005	0411－86523582	第二、三类文物	无
100	辽宁如丰拍卖有限公司	沈阳市和平区和平北大街65号总统大厦A座1601室	110003	024－22814444	第二、三类文物	无
101	辽宁荣信拍卖有限公司	沈阳市和平区和平北大街69号总统大厦A座1503～1507室	110003	024－22815222	第二、三类文物	无
102	辽宁光大拍卖行有限公司				第二、三类文物	无
			黑龙江省			
103	黑龙江嘉瑞拍卖有限公司	哈尔滨市南岗区东大直街37号	150008	0451－82827598	第二、三类文物	无
			上海市			
104	上海敬华艺术品拍卖有限公司	上海番禺路888号11号楼	200030	021－64483600	第一、二、三类文物	无
105	上海长城拍卖有限公司	上海市虹口区黄浦路99号上海滩国际大厦2210室	200080	021－62668899	第一、二、三类文物	AAA级
106	上海朵云轩拍卖有限公司	上海市延安西路593号1号楼3楼	200050	021－61229066	第一、二、三类文物	无
107	上海国际商品拍卖有限公司	上海市福州路108号国拍大楼	200002	021－63392222	第一、二、三类文物	AAA级
108	上海新华拍卖有限公司	上海欧阳路580号	200081	021－56669979	第一、二、三类文物	无
109	上海嘉泰拍卖有限公司	上海市思南路86号	200025	021－54658581	第一、二、三类文物	无
110	上海青莲阁拍卖有限责任公司	上海市福州路515号（近湖北路、上海书城）	200001	021－51701200	第一、二、三类文物	AAA级
111	上海国泰拍卖行有限责任公司	上海市黄浦区西藏南路748号	200011	021－63859898	第一、二、三类文物	AAA级
112	上海拍卖行有限责任公司	上海市虹口区四川北路73号	200085	021－63572599	第一、二、三类文物	AAA级
113	上海信仁拍卖有限公司	上海市汉中路158号汉中广场1222室	200070	021－63532173	第一、二、三类文物	无
114	上海东方国际商品拍卖有限公司	上海市长寿路728号	200060	021－62989807	第一、二、三类文物	AAA级

序号	名　称	注册地址	邮编	联系电话	拍卖范围	拍卖行业资质等级
115	上海老城隍庙拍卖行有限公司	上海市方浜中路265号(华宝楼)2楼	200010	021-63559999	第一、二、三类文物	AA级
116	上海黄浦拍卖行有限公司	上海市黄浦区延安东路45号5楼	200002	021-63373553	第二、三类文物	AAA级
117	上海华夏拍卖有限公司	上海市黄浦区制造局路409号	200011	021-53071493	第二、三类文物	AAA级
118	上海中天拍卖有限公司	上海市静安区西康路709号	200040	021-62157656	第二、三类文物	无
119	上海天衡拍卖有限公司	上海凯旋路3131号2F(明申中心大厦)	200030	021-51531556	第二、三类文物	无
120	上海博海拍卖有限公司	上海市周家嘴路366~368号	200080	021-65351075	第二、三类文物	无
121	上海金槌商品拍卖有限公司	上海市静安区江宁路445号时美大厦15D座(武定路口)	200041	021-32181528	第二、三类文物	AA级
122	上海中亿拍卖有限公司	上海市万航渡路397号	200042	021-62481320	第二、三类文物	无
123	上海泓盛拍卖有限公司	上海市漕溪北路18号37楼	200030	021-64275592	第一、二、三类文物	无
124	上海和韵拍卖有限公司	上海市闸北区俞泾港路18号	200070	021-66059085	第二、三类文物	无
125	上海博古斋拍卖有限公司	上海市黄浦区福建中路188号1201~1204室	200001	021-63757760	第二、三类文物	无
126	上海恒利拍卖有限公司	上海市成都北路恒利大厦199号1802室	200041	021-61375333	第二、三类文物	无
127	上海驰翰拍卖有限公司	上海市黄浦区汉口路398号15楼(华盛大厦)	200001	021-63503828	第二、三类文物	无
128	上海大众拍卖有限公司	上海市虹口区丹徒路377号1栋302室	200082	021-65850706	第一、二、三类文物	AAA级
129	上海工美拍卖有限公司	上海市南京东路432号4楼	200001	021-63606287	第一、二、三类文物	无
130	上海崇源艺术品拍卖有限公司	上海市常熟路179号崇源别墅	200031	021-52984787	第一、二、三类文物	无
131	上海鸿海商品拍卖有限公司	上海市静安区泰兴路399号201~202室	200041	021-52132689	第二、三类文物	AA级
132	上海道明拍卖有限公司	上海市黄浦区淮海东路85号16楼A	200021	021-63115050	第二、三类文物	无
133	上海申之江拍卖有限公司	上海市黄浦区云南北路30号	200001	021-63221182	第二、三类文物	无
134	上海宏大拍卖有限公司	上海市奉贤区奉城镇东街123弄5号西	201400	021-63241356	第二、三类文物	无
135	上海鸿生拍卖有限公司	上海市黄浦区福州路655号黄图大厦3楼	200001	021-63606021	第二、三类文物	无
136	上海晟安拍卖有限公司	上海市徐汇区古宜路186号	200235	021-61152559	第二、三类文物	AA级
137	上海博华拍卖有限公司	上海市金沙江路1006号	200062	021-52820642	第二、三类文物	AA级
138	上海和润拍卖有限公司	上海市制造局路27号3楼	200011	021-63129001	第二、三类文物	无
139	上海聚德拍卖有限公司	上海市延安西路300号静安大厦9楼	200040	021-62495999	第二、三类文物	无
140	上海汇元拍卖有限公司	上海市方斜路10号	200021	021-63860066	第二、三类文物	无
141	上海瑞星拍卖有限公司	上海市新华路211弄新华别墅	200052	021-62800372	第二、三类文物	无
142	上海涵古轩拍卖有限公司	上海市黄浦区普育东路227号3号楼4楼	200011	021-63766771	第二、三类文物	无
江苏省						
143	江苏省实成拍卖有限公司	南京市洪武路359号东南京福鑫国际大厦36层	210002	025-86895888	第一、二、三类文物	AAA级
144	南京正大拍卖有限公司	秦淮区江宁路32号南京都市产业园	210006	025-83202180	第二、三类文物	无
145	江苏省拍卖总行有限公司	南京市鼓楼区傅厚岗29号	210008	025-83281770	第一、二、三类文物	AAA级
146	江苏五爱拍卖有限公司	江苏省无锡市新生路4号-25	214002	0510-82706337	第二、三类文物	AA级

序号	名　　称	注册地址	邮编	联系电话	拍卖范围	拍卖行业资质等级
147	苏州东方艺术品拍卖有限公司	苏州市南环东路北侧商用房	215007	0512－6777012	第一、二、三类文物	无
148	江苏嘉恒国际拍卖有限公司	南京市山西路8号金山大厦A座2106室	210009	025－83208181	第二、三类文物	无
149	江苏省南京十竹斋拍卖有限公司	南京市玄武区中山东路147号大行宫大厦501、502、503室	210002	025－84415812	第一、二、三类文物	无
150	苏州市吴门拍卖有限公司	江苏省苏州市景德路169号4楼	215005	0512－65230918	第一、二、三类文物	AA级
151	江苏文海拍卖有限公司	江苏无锡市崇安区锡沪路165号华盛大楼8楼	214000	0510－2400557	第一、二、三类文物	无
152	江苏聚德拍卖有限公司	南京市中山南路89号江苏文化大厦23楼D座	210005	025－85639199	第二、三类文物	无
153	江苏中山汇金拍卖有限公司	无锡市解放北路21号锡州银行大厦1220室	210042	0510－82490889	第二、三类文物	AA级
154	江苏爱涛拍卖有限公司	南京市中华路50号弘业大厦21楼	210001	025－52278910	第一、二、三类文物	AA级
155	江苏淮海拍卖有限公司	江苏省徐州市淮海西路315－1号友谊大厦6楼	221000	0516－85826211	第二、三类文物	A级
156	无锡金鼎来拍卖有限公司	江苏省无锡市解放东路941号2楼	214007	0510－82759188	第二、三类文物	无
157	南京经典拍卖有限公司	南京市北京西路72号7栋	210024	025－83739973	第二、三类文物	无
158	江苏中山拍卖有限公司	江苏省南京市定淮门12号世界之窗21楼	210024	025－84650519	第二、三类文物	无
159	南京嘉信拍卖有限公司	南京市下关区黄家圩41－1号红山创意园A3－2室	210024	025－85550979	第二、三类文物	A级
160	苏州景宏拍卖有限公司	江苏省吴江市鲈乡南路2337号801室	215200	0512－63439999	第二、三类文物	A级
			浙江省			
161	浙江浙商拍卖有限公司	杭州市惠民路56号浙商集团1号楼4楼	310002	0517－87080208	第一、二、三类文物	AA级
162	浙江省省直拍卖行	杭州市省府路9号浙江省人民大会堂北3楼	310007	0517－87058782	第二、三类文物	A级
163	浙江中财拍卖行有限公司	杭州市体育场路458号	310041	0571－56080122	第一、二、三类文物	AA级
164	浙江世贸拍卖中心有限公司	杭州市庆春路39号青春外贸大厦7、9楼	310009	0571－87049969	第一、二、三类文物	A级
165	浙江丽泽拍卖有限公司	杭州市梅花碑8号6号楼1楼	310009	0571－87824946	第一、二、三类文物	无
166	浙江盛世拍卖有限公司	浙江省绍兴市解放路星洲商务楼B3栋401室	312000	0571－88682983	第二、三类文物	无
167	浙江保利国际拍卖有限公司	杭州市劳动路127号4号楼	310002	0571－87087218	第二、三类文物	AA级
168	西泠印社拍卖有限公司	浙江省杭州市清吟街127号（王文昭故居）	310002	0571－87807077	第一、二、三类文物	无
169	浙江民和拍卖有限公司	宁波市江东区甬江大道临699号E3－1	315040	0574－87730138	第二、三类文物	无
170	宁波富邦拍卖有限公司	浙江省宁波市天童北路702号富邦艺术馆2楼	315000	0574－88219070	第二、三类文物	无
171	浙江萧然拍卖有限公司	浙江省杭州市萧山区金城路471号帝凯大厦1栋1单元801室	311202	0571－82728839	第二、三类文物	AA级
172	浙江长乐拍卖有限公司	杭州市体育场路580号昆仑大厦7楼	310007	0571－85175857	第二、三类文物	无
173	浙江南北拍卖有限公司	浙江省杭州市潮王路218号206室	310005	0571－88223668	第二、三类文物	无

序号	名　称	注册地址	邮编	联系电话	拍卖范围	拍卖行业资质等级
174	浙江佳宝拍卖有限公司	杭州市体育馆路257号8楼	310003	0571－85176839	第一、二、三类文物	A级
175	浙江一通拍卖有限公司	浙江省杭州市西湖大道239号耀江广厦B座F6004室	310006	0571－87709630	第一、二、三类文物	AA级
176	浙江国际商品拍卖中心有限责任公司	杭州市平海路平海路58号旺角大厦1103室	310006	0571－87083979	第二、三类文物	AAA级
177	绍兴翰越堂拍卖有限公司	浙江省.绍兴市华舍街道永兴路52号	312033	0575－84084268	第二、三类文物	无
178	浙江中钜拍卖有限公司	浙江省杭州市江干区杭海路181～187号501室	310016	0571－86505191	第二、三类文物	无
179	浙江时代拍卖有限公司	杭州市凤起路361号国都商务大厦606座	310003	0571－87797076	第二、三类文物	无
180	浙江联合拍卖有限公司	浙江湖州市龙溪北路167号	313000	0572－2211647	第二、三类文物	AAA级
181	浙江钱塘拍卖有限公司	浙江杭州延安路8号(吴山广场)天风商厦316室	310002	0571－87030388	第一、二、三类文物	无
182	浙江大地拍卖有限公司	杭州市庆春路136号广利大厦1705室	310006	0571－56803000	第二、三类文物	无
183	浙江皓瀚国际拍卖有限公司	浙江省杭州市中河中路168号浙江国贸大厦14楼	310003	0571－87210670	第一、二、三类文物	无
184	浙江隆安拍卖有限公司	杭州市天目山路46号宁波大厦1602室	310007	0571－88250149	第二、三类文物	无
185	温州汇丰拍卖行有限公司	温州市杏花路口侨房大厦2楼	325000	0577－88529131	第一、二、三类文物	AA级
186	浙江诚信拍卖有限公司	杭州市拱墅区新青年广场3栋1001室	310015	0571－88230822	第二、三类文物	无
187	浙江骏成拍卖有限公司	杭州市延安路126号耀江广厦A座7002室	310000	0571－87831238	第二、三类文物	无
188	浙江经典拍卖有限公司	宁波市长春路70号4楼	315000	0574－87173886	第二、三类文物	A级
			安徽省			
189	安徽艺海拍卖有限责任公司	安徽省合肥市安庆路268号省博物馆内(东八角楼2楼)	230061	0551－2828988	第一、二、三类文物	无
			福建省			
190	福建省海峡拍卖行有限公司	福州市鼓楼区五四路210号国际大厦20层	350003	0591－87810113	第二、三类文物	AAA级
191	福建省金盛拍卖有限公司	福州市鼓楼区中山路商业大厦14层	350003	0591－87815523	第二、三类文物	A级
192	福建运通拍卖行有限公司	福州市五一中路115号运通大厦9层D区	350003	0591－83378392	第二、三类文物	AA级
193	福建省华宏达拍卖行	福州市鼓楼区鼓屏路115号综合楼7层	350003	0591－87816122	第二、三类文物	AA级
194	福建省佳富拍卖行有限公司	泉州市丰泽区丰泽街东段香江花园1403～1407室	362000	0595－22111390	第二、三类文物	AA级
195	福建鼎丰拍卖有限公司	泉州市丰泽区田安北路东侧汇源大厦A栋8C	362000	0595－22168126	第二、三类文物	无
196	厦门特拍拍卖有限公司	厦门市思明区湖滨北路振业大厦18层	361001	0592－2278555	第一、二、三类文物	AAA级
197	福建省拍卖行	福建省福州市杨桥东路建兴广厦8层	350001	0591－87504758	第一、二、三类文物	AA级

序号	名　称	注册地址	邮编	联系电话	拍卖范围	拍卖行业资质等级
198	福建华兴拍卖行	福州市湖东路152号中山大厦B座12层	350003	0591－87838233	第二、三类文物	AA级
199	福建省贸易信托拍卖行	福州市五四路138号天福大酒店6层	350003	0591－87839045	第二、三类文物	AAA级
200	福建省顶信拍卖有限公司	厦门市厦和路878号铁道大厦24层A、B单元	361001	0592－2290222	第二、三类文物	AAA级
山东省						
201	山东新世纪拍卖行有限公司	青岛市市北区辽宁路49号	266012	0532－83831297	第二、三类文物	A级
202	青岛新天地拍卖有限公司	青岛市市南区中山路12号	266002	0532－82961788	第二、三类文物	A级
河南省						
203	河南省方迪拍卖有限公司	开封市西大街1号楼	475001	0378－5960399	第二、三类文物	AA级
204	河南鸿远拍卖有限公司	郑州市建设西路187号泰隆大厦1712室	450007	0371－674474	第二、三类文物	无
205	嘉信诚(郑州)拍卖有限公司	河南省郑州市经三路56号绿洲银郡2号楼502室	450000	0371－65708077	第二、三类文物	AA级
206	河南省新恒丰拍卖行有限公司	郑州市金水路299号浦发国际金融中心B座510室	450008	0371－60171068	第二、三类文物	无
207	河南原田拍卖有限公司	郑州市管城回族区紫荆山路60号1406室	450000	0371－66618918	第二、三类文物	无
208	河南省日信拍卖有限公司	河南省郑州市纬五路14号金融广场B座1403室	450014	0371－65981058	第一、二、三类文物	无
209	河南省万邦拍卖有限公司	许昌市三国大酒店8楼	461000	0374－2293333	第二、三类文物	无
210	河南省豫呈祥拍卖有限责任公司	郑州嵩山南路11号附2号珍宝商务2层	450015	0371－68983928	第二、三类文物	A级
211	郑州拍卖总行	郑州市淮河路46号	450000	0371－68988758	第二、三类文物	AA级
湖北省						
212	武汉市大唐拍卖有限责任公司	武汉市江汉路179号俊华大厦B－31F	430023	027－82755561	第一、二、三类文物	无
213	武汉中信拍卖有限公司	武汉市江岸区惠济路63号	430015	027－82868382	第一、二、三类文物	无
214	湖北诚信拍卖有限公司	湖北武汉市汉口台北一路中诚大厦2楼	430022	027－85761821	第二、三类文物	AAA级
215	湖北金信拍卖有限公司	武汉武昌中北路66号津津花园B座21楼	430077	027－87899129	第二、三类文物	A级
湖南省						
216	湖南省国际商品拍卖有限公司	长沙市五一中路49号	410011	0731－4454401	第二、三类文物	无
广东省						
217	中国嘉德广州国际拍卖有限公司	广州市东湖路125号	510100	020－87306600	第一、二、三类文物	AAA级
218	广东省古今拍卖有限公司	广州市越秀区沿江中路298号江湾新城中区3207、3208室	510110	020－83283715	第一、二、三类文物	无
219	广东凤凰拍卖有限公司	广东省汕头市榕江路5号东梯2楼	515041	0754－88366149	第二、三类文物	A级
220	广东保利拍卖有限公司	广州市珠江新城华利路59号保利大厦东塔4楼	510623	020－28269988	第二、三类文物	A级
221	广东中翰清花拍卖有限公司	深圳市福田区红荔西路上步工业区201栋4楼A20	518028	0755－83232011	第二、三类文物	无

序号	名　　称	注册地址	邮编	联系电话	拍卖范围	拍卖行业资质等级
222	广东旭通达拍卖有限公司	深圳市罗湖区笋岗东路3019号百汇大厦2901室	518000	0755－82116006	第二、三类文物	AA级
223	广东省拍卖行有限公司	广州市天河路351号广东对外经贸大厦2楼	510080	020－38869826	第二、三类文物	AAA级
224	安华白云拍卖行有限公司	广州市越秀区东风中路268号广州交易广场3001～3003室	510080	020－83511307	第一、二、三类文物	AAA级
225	深圳市拍卖行有限公司	深圳市福田区红荔路1号银荔大厦7楼	518027	0755－82095531	第一、二、三类文物	AAA级
226	广州市银通拍卖行有限公司	广州市文德路48号君宝轩2楼	510115	020－83392926	第二、三类文物	无
227	珠海圣荣拍卖有限公司	珠海市吉大石花西路32号	519000	0756－3333925	第二、三类文物	无
228	广州市皇玛拍卖有限公司	广州市沙面大街46号	510130	020－81216662	第二、三类文物	无
			广西壮族自治区			
229	广西邕华拍卖有限责任公司	南宁市东葛路24号	530022	0771－5884298	第一、二、三类文物	无
			海南省			
230	海南安达信拍卖有限公司	海南省海口市国贸大道中衡大厦H楼	570125	0898－68525260	第二、三类文物	无
231	海南泰达拍卖有限公司	海口市国贸大道36号嘉陵国际大厦20层	570125	0898－68556266	第二、三类文物	AAA级
			四川省			
232	四川联拍拍卖有限公司	成都市锦江区东大街紫东楼段11号东方广场1期1幢903、905、906室	610061	028－84444737	第二、三类文物	AA级
			云南省			
233	云南典藏拍卖集团有限公司	昆明市吴井路139号云南邮政大厦21楼	650011	0871－3178783	第一、二、三类文物	无
234	昆明雅士得拍卖有限公司	昆明市北京路金星小区伟龙广场A栋4单元1408室	650000	0871－5613370	第二、三类文物	无
235	云南国信拍卖有限公司	云南昆明市南屏街4号	650021	0871－3155329	第二、三类文物	AA级
			重庆市			
236	重庆恒升拍卖有限公司	重庆市高新区渝州路108－7号	400010	023－68886656	第一、二、三类	AAA级
237	重庆华夏文物拍卖有限公司	重庆市渝中区民生路283号重庆宾馆商务大厦19楼D座	400010	023－63554389	第一、二、三类文物	无
			陕西省			
238	陕西文德拍卖有限公司	陕西省西安市解放路108号文德大厦14层	710001	029－87431256	第一、二、三类文物	无
239	陕西瑞晨拍卖有限公司	西安市和平路99号金鑫国际大厦507室	710003	029－87206002	第一、二、三类文物	无
240	陕西润德拍卖有限责任公司	陕西省西安市西一路祥瑞大厦811号	710002	029－87451678	第二、三类文物	无
241	陕西大德拍卖有限责任公司	西安市碑林区太乙路1号骊景豪庭10802室	710054	029－82680016	第二、三类文物	无
242	陕西华秦拍卖有限公司	西安市尚德路56号	710004	029－87406673	第二、三类文物	无
243	陕西宝隆拍卖有限责任公司	西安市西大街335号宝隆大厦B2区(西门好又多正对面)	710002	029－87629700	第二、三类文物	A级
244	陕西曲江盛世拍卖有限公司	西安市曲江新区大唐不夜城A区西安美术馆	710061	029－85425699	第二、三类文物	无

序号	名　　称	注册地址	邮编	联系电话	拍卖范围	拍卖行业资质等级
245	陕西大唐西市诚挚拍卖有限责任公司	西安市劳动南路1号大唐西市(七坊)3层	710068	029-82255306	第二、三类文物	无
246	陕西华夏国际拍卖有限公司				第二、三类文物	无
247	陕西秦宝斋拍卖有限责任公司	西安市和平路108号佳腾大厦8层D座	710001	029-87516853	第二、三类文物	无
248	西安力邦拍卖有限公司	西安市高新区高新二路18号	710000	029-88839031	第二、三类文物	无
			甘肃省			
249	未来四方集团拍卖有限公司	兰州市张掖路民基大厦1703室	730030	0931-8488711	第一、二、三类文物	AAA级
			宁夏回族自治区			
250	宁夏佳朋拍卖行(有限公司)	银川市兴庆区永康北巷141号(世纪银河南务公寓9号楼C座12层)	750001	0951-6019333	第二、三类文物	A级
251	宁夏力鼎拍卖有限公司	宁夏银川市凤凰南街4~6号凤凰商务办公楼3楼	750001	0951-5053328	第二、三类文物	无

全国主要画廊、文化艺术中心

（排名不分先后）

序号	市场名称	地　址
北京市		
1	北京颂雅风文化艺术中心	北京市朝阳区北苑路172号欧陆经典
2	北京徐氏文化艺术中心	北京市朝阳区十八里店乡吕家营村
3	北京世纪墙文化艺术中心	北京市朝阳区高碑店路
4	北京画家村文化艺术发展中心	北京市朝阳区花家地北里14号楼102室
5	北京世纪华彩文化艺术中心	北京市板井路69号世纪金源大饭店不夜城F4
6	北京世纪光彩文化艺术中心	北京市丰台区嘉园三里13号楼1139室
7	北京世纪大潮文化艺术中心	北京市朝阳区惠新南里2号全国市长之家B4层
8	北京京瀚轩文化艺术中心	北京市朝阳区王四营观音堂文化大道98号
9	北京市中卡文化艺术中心	北京市崇文区东花市大街花市枣苑11幢505室
10	北京市新形象文化艺术中心	北京市海淀区复兴路4号12号楼50单元301室
11	北京市翠玲珑文化艺术中心	北京市西城区前海西街甲22号
12	北京市佳艺发文化艺术中心	北京市朝阳区芳草地北巷2号住宅楼2门302室
13	北京市凡思度文化艺术中心	北京市东城区东直门外斜街56号
14	北京市月光文化艺术中心	北京市朝阳区北四环高原街1号
15	北京市至美文化艺术中心	北京市复兴门内大街45号
16	北京市映山红文化艺术中心	北京市西城区前桃园胡同1号楼D1－5号
17	北京市艾丽丝文化艺术中心	北京市西城区鲍家街43号新4楼503室
18	北京市库劳文化艺术中心	北京市西城区宣武门西大街127号408室
19	北京市好立人文化艺术中心	北京市西城区西长安街7号2层
20	北京市鸿瑞堂文化艺术中心	北京市海淀区复兴路22号楼108室
21	北京市靓彩文化艺术中心	北京市西城区月坛南街22号
22	北京市墙烁文化艺术中心	北京市古城大街51－10号303室
23	北京市夕阳秀文化艺术中心	北京市王府井大街277号好友写字楼2307室
24	北京市精卫文化艺术中心	北京市南三环东路6号嘉业大厦20层
25	北京市中福音文化艺术中心	北京市护国寺街85号蓝鼎晨大厦2000号
26	北京市梵雅博信文化艺术中心	北京市西城区什坊街6号楼833室
27	北京市正锋国际文化艺术中心	北京市朝阳区和平西苑20号住宅楼A602室
28	北京市艺雕国际文化艺术中心	北京市朝阳区红松园北里2号内12住宅楼1门牌号801室
29	北京市天地行科教文化艺术中心	北京市和平里西街3号三川大厦

序号	市场名称	地　址
30	北京市名人四海文化艺术中心	北京市北河沿大街甲83号
31	北京市今日视觉文化艺术中心	北京市海淀区文慧园路6号五月华庭A座327室
32	北京市古今集萃文化艺术中心	北京市丰台区西局后街甲3号
33	北京市世纪兄弟文化艺术中心	北京市西城区复外大街13号楼18号
34	北京市中视嘉韵文化艺术中心	北京市东城区北官厅胡同3号楼5单元602室
35	北京市五洲同辉文化艺术中心	北京市西城区地安门外大街109号
36	北京市昊峰伟业文化艺术中心	北京市海淀区蓟门东里13号楼3单元102室
37	北京市迅捷五月文化艺术中心	北京市广渠门外大街8号优士阁A座2101室
38	北京市华兴风采文化艺术中心	北京市西城区西直门内大街199号
39	北京艺品轩画廊	北京市和平门外琉璃厂西街51号商务印书馆
40	红门画廊	北京市崇文门东大街东便门角楼
41	北京季节画廊	北京市朝阳区酒仙桥路2号
42	世纪翰墨画廊	北京市朝阳区酒仙桥路2号院3818库3号
43	北京画店画廊	北京市宣武区琉璃厂西街44号
44	3818库画廊	北京市朝阳区酒仙桥路2号院内3818库
45	滴水斋画廊	北京市朝阳区惠新东街15号
46	听雨楼画廊	北京市朝阳区呼家楼向军南里2巷5号
47	一月当代画廊	北京市东城区安定门外地坛公园一月当代画廊
48	中国当代(北京)画廊	北京市朝阳区酒仙桥路4号798工厂中区
49	站台·中国	北京市朝阳区草场地村319－1艺术东区A区内
50	艺美仓画廊	北京市朝阳区孙河乡康营村837号
51	程昕东国际当代艺术空间	北京市朝阳区酒仙桥路4号大山子798厂艺术区内
52	北京星空间艺术中心	北京市朝阳区酒仙桥路2号院3818库
53	东方画廊	北京市朝阳区三里屯东中街15楼南(北使馆区)
54	艺之道画廊	北京市宣武区虎坊路19号院2号楼906室
55	清秘阁名人画廊	北京市宣武区西琉璃厂52号
56	仁艺术中心	北京市朝阳区酒仙桥4号(798艺术区)8503信箱
57	西区印象—华阳艺术	北京市朝阳区798艺术区化工1号库,酒仙桥路4号院
58	尚艺术中心	北京市朝阳八里庄西里100号住邦2000A1501
59	索卡当代空间	北京市东四北大街107号天海商务大厦B座103室
60	索卡(北京)艺术中心	北京市东城区东四北大街107号天海商务大厦B座101室
61	酱艺术中心	北京市来广营东路费家村(香格里拉艺术中心)
62	新锐艺术计划	北京市朝阳区酒仙桥路4号
63	瑞士玛特优	北京市朝阳区酒仙桥路2号院内3818库
64	想象画廊	北京市朝阳区来广营东路同达生态园对面
65	常青画廊	北京市朝阳区酒仙桥路2号8503号
66	环碧堂画廊	北京市朝阳区百子湾路甲16号易构空间7号搂3层

序号	市场名称	地　　址
67	北京现在画廊	北京市朝阳区工人体育场内 12 号看台对面
68	新梓堂	北京市大钟寺太阳园 12－306
69	静清苑	北京市朝阳区左家庄东里 13 号楼上康城公寓 C 座 303 室
70	大雅堂	北京市朝阳区光华路 2 号阳光 100 国际公寓 A 座 605 室
71	关公画堂	北京市宣武区琉璃厂东街 28 号
72	瀚宝轩	北京市宣武区琉璃厂东侧 115 号
73	提案艺术中心	北京市朝阳区北四环东路 6 号大院内
74	百年印象	北京市朝阳区酒仙桥路 4 号
75	798SPACE 时态空间	北京市朝阳区酒仙桥路 4 号大山子艺术区内
76	墨岚画馆	北京市建国门外大街 14 号
77	景平艺术沙龙	北京市朝阳区左家庄中街 6 号力鸿小区 3 号楼 703 室
78	北京俄罗斯画廊	北京市东三环中路国贸桥下向南 500 米路东
79	蜜雪儿艺术中心	北京市朝阳区望京科技园广泽路 2 号慧谷根园仁爱胡同 15 号
80	大千画廊	北京市宣武区琉璃厂南新华街 17 号
81	四分之三画廊	北京市朝阳区酒仙桥南路 9 号亮马水晶 B－102
82	秦昊画廊	北京市朝阳区华威里 1－1E
83	北京四合苑画廊	北京市东城区东华门大街 95 号
84	北京艺森画廊	北京市西城区北二环中路德胜门箭楼
85	藏酷・新媒体艺术空间	北京市朝阳区工体北路 4 号院内藏酷餐吧南厅
86	北京云峰画苑	北京市南池子大街 136 号
87	文雅堂	北京市琉璃街 5 号
88	荣宝斋	北京市琉璃厂西街 19 号
89	可创铭佳艺苑	北京市朝阳区日坛东路北口
90	北京翰文轩画廊	北京市和平门外琉璃厂西街 19 号
91	嘉瑞画廊	北京市燕莎中心凯宾斯基首层大堂 6 号
92	雅昌数字画廊	北京市顺义区天竺空港工业区 A 区天纬四街 7 号
93	茗圣轩画廊	北京市西城区平安大街官园育幼 3－4 号茗圣轩画廊
94	方音艺术画廊	北京市朝阳区北四环东路 89 号富成俱乐部
95	莲画廊	北京市朝阳区望京西路金隅国际大厦 G 座 3A－02 室
96	嘉维画廊	北京市朝阳区安苑东里 1 区 4 号写字楼 515 室
97	云水天地	北京市朝阳区草场地 319 号艺术东区 A 区
98	春夏翰墨画廊	北京市朝阳区三里河北路
99	海王村画廊	北京市琉璃厂东街 115 号
100	华莱画廊	北京市东城区东华门大街 74 号
101	新时空 ART 专递空间	北京市安定路 1 号奥体中心内
102	雅美佳画廊	北京市朝阳区东三环亮马收藏品市场 B－12
103	融德画廊	北京市宣武区琉璃厂东街 69 号

序号	市场名称	地　址
104	雪芹书画社	北京市海淀区海淀大街31号
105	千景画廊	北京市朝阳区三里屯路2号
106	五洲印象画廊	北京市亚运村汇园公寓Q座首层
107	长征空间	北京市朝阳区酒仙桥路4号
108	杰孚画廊	北京市朝阳区京顺路北皋村西9978信箱
109	西五艺术中心	北京市朝阳区三里屯西五街5号
110	苏河艺术	北京市朝阳区酒仙桥路4号大山子798艺术区
111	3+3空间	北京市朝阳区酒仙桥路4号大山子艺术南区8502信箱
112	具象画廊	北京市朝阳区酒仙桥路2号大山子798艺术区706厂院内
113	青红皂白版画画廊	北京市朝阳区十里河大洋路千鹤年华书画城4楼4号
114	欧艺得画廊	北京市朝阳区王四营甲2号观音堂文化大道29号
115	东方元象画廊	北京市朝阳区王四营甲2号观音堂文化大道39号
116	泽中画廊	北京市朝阳区王四营甲2号观音堂文化大道50号
117	柏池空间	北京市朝阳区酒仙桥路4号艺术区内
118	799艺术空间	北京市朝阳区酒仙桥路4号艺术区内
119	玛蕊乐画廊	北京市朝阳区酒仙桥路4号艺术区内
120	力透空间	北京市朝阳区酒仙桥路4号艺术区内
121	另辟蹊径	北京市朝阳区酒仙桥路4号艺术区内
122	BB画廊	北京市朝阳区草场地村艺术东区B区249－3
123	平行线画廊	北京市朝阳区酒仙桥路4号艺术区内
124	青铜时代画廊	北京市朝阳区酒仙桥路4号艺术区内
125	怡然画廊	北京市朝阳区酒仙桥路4号艺术区内
126	雨画廊	北京市朝阳区酒仙桥路4号艺术区内
127	中方角画廊	北京市朝阳区酒仙桥路4号艺术区内
128	永一格艺廊	北京市朝阳区酒仙桥路4号
129	百雅轩画廊	北京市东城区五四大街1号
130	美阿画廊	北京市亚运村安立路56号九台2000家园3号楼首层
131	正品斋画廊	北京市宣武区琉璃厂西街乙36号
132	所染画廊	北京市朝阳区王四营甲2号观音堂文化大道26号
133	家画廊	北京市朝阳区大山子798艺术区酒仙桥路2号门边
134	洞庐画廊	北京市宣武区南新华街临时3－1号
135	翰华堂	北京市东城区北河沿大街81－3
136	茹古斋画廊	北京市宣武区琉璃厂东街54号
137	圣邦德画廊	北京市朝阳区酒仙桥路2号工美楼1层
138	汲古阁	北京市宣武区琉璃厂东街136号
139	雅棋画廊	北京市朝阳区北苑路86号嘉铭桐城6号9301室
140	魁逸轩	北京市朝阳区安贞里二区金瓯大厦408室

序号	市场名称	地　址
141	桥舍画廊	北京市朝阳区王四营甲2号－观60号
142	影天国际艺廊	北京市朝阳区西大望路3号蓝堡国际中心1201室
143	麦勒画廊	北京市朝阳区草场地村104号
144	新北京画廊	北京市东城区东四十条22号南新仓1－3号仓
145	古砚斋画廊	北京市门头沟区野溪34号
	上海市	
146	上海明圆文化艺术中心	上海市徐汇区复兴中路1217号
147	香格纳画廊	上海市皋兰路2号甲(思南路)复兴公园内
148	迪·画廊	上海市绍兴路96号
149	凡达利画廊	上海市福州路458号
150	上海田青画廊	上海市桂平路218弄111号牡丹园
151	格希画廊	上海市中山北路3058号绿洲广场B－1903室
152	禾山艺术	上海市普陀区莫干山路50号3号楼2层
153	视平线画廊	上海市虹桥开发区紫云西路24号
154	崇雅堂	上海市南京西路688号A5
155	夜清斋	上海市莫干山路50号4号楼A座2楼
156	沪申画廊	上海市中山东一路3号(广东路入口)外滩3号
157	大扑堂画廊	上海市多伦路135弄3号
158	上海商城AA画廊	上海市南京西路1376号
159	黑苹果画廊	上海市巨鹿路777号
160	大雅艺术有限公司画廊	上海市天钥桥路811号
161	霍克艺术会馆	上海市古北荣华东道39弄8B
162	新城画廊	上海市安福路167号
163	日月山画廊	上海市南京东路422号
164	新视野画廊	上海市浦东花园石桥路190号
165	点石斋画廊	上海市多伦路99号
166	童心斋画廊	上海市安福路233号
167	中雅画廊	上海市乌鲁木齐北路450号
168	新具象画廊	上海市陆家嘴东园三村335号
169	朵云画廊	上海市康平路83号
170	炬冠艺廊	上海市淮海中路2006弄16号
171	春天翰墨画廊	上海市南昌路209弄5号
172	煌杰画廊	上海市愚园路356号甲
173	圣菱画廊	上海市绍兴路19号丙
174	顶层画廊	上海市南京东路479号先施大厦12楼
175	东廊画廊	上海市复兴西路70号
176	德加画廊	上海市大木桥路37号1204室

序号	市场名称	地　　址
177	上海大剧院画廊	上海市黄坡北路 286 号
178	梵谷子画廊	上海市仙霞路 127 号
179	上海东海堂	上海市虹桥路 1440 号 11 号楼
180	小雅画廊	上海市安福路 5 号
181	无形画廊	上海市桂林路 100 号上海师范大学东部美术楼
182	亦安画廊	上海市东大名路 713 号 5 楼 251 室
183	龙人画廊	上海市古北新区荣华东道 8 弄罗马花园 E 座
184	杰画廊	上海市长乐路 191 号
185	华氏画廊	上海市南京西路 1266 号(恒隆广场)410 室
186	海莱画廊	上海市乌鲁木齐中路 86 号
187	国友画廊	上海虹桥路农工里 100 号
188	鼎杰画廊	上海市梅川路 1510 号
189	陈凡画廊	上海市长宁区仙霞路 1396 号
190	红桥画廊	上海市虹桥路 1426 号
191	圣东方画廊	上海市静安区康定路 1156 号
192	艺博画廊	上海市花园石桥路 198 号
193	东廊艺术	上海市莫干山路 50 号 6 号楼 5 层
194	升艺术空间	上海市莫干山路 50 号 9 号楼
195	上海奥赛画廊	上海市仙霞路 650 号 203 室
196	春天画廊	上海市南昌路 209 弄 5 号
197	55 画廊	上海市莫干山路 50 号
198	熏依社画廊	上海市莫干山路 50 号 3 号楼 103、208 室
199	上海索美画廊	上海市长宁区番禺路 390 号时代大厦
200	一见斋	上海市旅顺路 199 号 1 号楼 1702 室
201	一零零一艺术画廊	上海市莫干山路 50 号 3 号楼 202 室
202	兰莉画廊	上海市漕溪北路 90 号
203	印象画廊	上海市茂名南路 56 号
204	当代艺展画廊	上海市莫干山路 50 号 4 栋 1 层 A 座 108 室
205	奇岗草堂	上海市天钥桥路 907 号 301 室
206	拉斐达画廊	上海市建国中路 8－10 号 3 号楼 3203 室
207	鱼波画廊	上海市莫干山路 50 号
208	格希画廊	上海市中山北路 3058 号绿洲广场 B－1903 室
209	家藏收画廊	上海市安福路 284A 号 1 楼
210	资本画廊	上海市莘凌路 198 号(莘北路口)
211	缙华画廊	上海市南京东路 422 号朵云轩 2 楼
212	源·画廊	上海市泰康路 210 弄 5 号 305 室
213	嘉雨画廊	上海市江宁路 838 号富容大厦 11 楼 E 座

序号	市场名称	地　址
214	蕙园画廊	上海市虹梅路 3279 弄 78 号
215	原弓画廊	上海市新华路 483 号新华花园别墅甲幢
216	雅巢画廊	上海市莫干山路 50 号 4 号楼 B 座 1 层
山东省		
217	天逸画廊	山东省济南市马鞍山路 17 号
218	怡馨斋画廊	山东省济南市羊头峪路 19 号
219	颂雅斋艺术中心画廊	山东省济南市经十路 124 号
220	齐香斋画廊	山东省济南市新世界商城 3 搂东厅 210 室
221	盛宝斋画廊	山东省东营市西城北一路 210 号
222	烟台画院	山东省烟台市海岸路 22 号
223	龙宝斋画廊	山东省龙口市黄城西环路 36 号
224	决澜画社	山东省青州市尧王山西路钰铧文化市场
225	太白画苑	山东省德州市湖滨北路温泉小区营业楼 11 号
226	集文斋画廊	山东省潍坊市和平路 36 号
227	博雅书画艺术发展中心	山东省栖霞市山城路 39 号
228	集萃轩画廊	山东省临沂市洗砚池街 1813 号
229	天地画廊	山东省济宁市中区半截阁东路
230	荣泰画廊	山东省淄博市开发区万杰路 92 号
231	博雅轩	山东威海市区统一路 73－1
232	世文轩画廊	山东青岛市市南区浙江路 15 号
233	若水画廊	山东省济南市舜井街 2 号 204 室
234	八大画廊欣店	山东济南新世界商城 3 楼中庭 113 号
235	沈学仁画廊	山东省潍坊市东风西街 385 号万基商务大厦 5F
236	翰易阁	山东菏泽市马海文化市场 037 号
237	鸿鼎八大画廊	山东济南文化西路 13 号海辰大厦 1－406 室
238	中百美术馆画廊	山东省潍坊市潍城区胜利西街 233 号中百美术馆
239	濯缨画廊	山东济南新世界商城 3 楼东厅 607 号
240	锦泉斋	山东省青州市钰铧文化市场
河南省		
241	史正学画廊	河南省郑州市纬二路 26 号院
242	大河画廊	河南省郑州市农业路 10 号
243	金聚画廊	河南省许昌市凭心街 11 号
244	金砚台画廊	河南省郑州市嵩山南路 166 号
245	开封书画院	河南省开封市宋都御街 24 号
246	朴真斋画廊	河南省周口市八一路
海南省		
247	海口红黄蓝画廊	海南省海口市海秀大道 67 号

序号	市场名称	地　　址
248	楚云轩	海南省海口市公园路2号
		甘肃省
249	锺艺斋画廊	甘肃省兰州市张掖路隍庙院内西2楼9号
		江苏省
250	十竹斋画廊	江苏省南京市太平南路72号
251	过雅斋画廊	江苏省南京市马家街43巷154号
252	逸云轩画廊	江苏省南京市长江路353号
253	小汀堂	江苏省扬州市汤汪大陈28号
254	天放楼	江苏省苏州市皮市街172号
255	苏州吴门艺苑	江苏省苏州市观前街245号
256	可人轩画廊	江苏省镇江市大路邮政1号信箱
257	两汉画廊	江苏省徐州市中山南路111－4号
258	古彭堂	江苏省南京市汉中门大街1－1号1栋5楼
259	朱方画廊	江苏省镇江市健康路5号
260	瀚霖聚艺画廊	江苏省无锡市西门小木桥北39号102室
261	集雅轩	江苏省扬州东圈门历史街区汪氏小苑对面
262	逸友草堂	江苏省南京古玩城夫子庙瞻园路11号7017～7021室
263	名人画廊	江苏省徐州建国东路46号3楼
264	艺友画廊	江苏省徐州建国东路彭城文化市场8区1－6
265	可一画廊	江苏省南京市湖南路2－5号
266	九达艺术家画廊	江苏省苏州市司前街采莲苑A栋204室
267	鼎成画廊	江苏省苏州市白塔东路273号
268	竹石斋画廊	江苏省徐州市滨湖花园
		重庆市
269	重庆书画社	重庆市小龙坎正街166号
270	淳珍堂	重庆市北碚天生路216号
271	锦瑟画廊	重庆市渝中区临江门华庭嘉园A幢9－9
		河北省
272	河北画店	河北省石家庄市平安南大街12号
273	天羽画院	河北省裕华西路169号艺术中心2楼
274	德嘉画廊	河北省唐山市华岩路
275	颂雅斋画廊	河北省清河县祥和大街38号
276	艺林阁	河北省廊坊市新世纪步行街二大街B－063
277	宝和阁	河北省石家庄市长安区西大街55号古玩城
278	芳清艺苑	河北省秦皇岛市北戴河区石塘路芳清艺苑
279	逸鹤斋画廊	河北省沧州市解放桥东天心阁2楼平台8号
		浙江省
280	艺林堂	浙江省杭州市莲花港家园4号楼3501室

序号	市场名称	地　　址
281	乐清画廊	浙江省乐清市云浦南路63号
282	嘉禾画廊	浙江省浦江县中山南路中山花园内
283	其昌画廊	浙江省富阳市鹳山路9号
284	大真画廊	浙江省宁波镇海人民大会堂内
285	金彩画廊	浙江省杭州市延安路37号
286	三尚艺术	浙江省杭州文三路90号东部软件园科技大厦17层
287	积翠堂画廊	浙江省海宁市海昌路191号
288	陈时风画廊	浙江省台州市椒江区云西路189号
289	精彩画廊	浙江省诸暨市高湖路72－19号
290	陶然草堂书画艺苑	浙江省宁波市公园路76弄7号
291	印象画廊	浙江省杭州市延安南路52－1号
292	湖天一碧	浙江省杭州市萧山区金惠路800号
293	中博画廊	浙江省杭州延安路31－3
	广东省	
294	华夏艺术中心	广东省深圳市华侨城光侨街1号
295	艺缘轩	广东省汕头市金圆路
296	行有恒堂画廊	广东省深圳市福田区同德路2号220号
297	艺宝画廊	广东省广州市昌岗东路252号江南商务中心602室
298	紫云斋	广东省广州市江南大道233号北楼
299	景坤斋	广东省珠海市香洲区阳光地带运通路41号
300	笔组艺廊	广东省广州市二沙岛广东美术馆2层
301	原子空间画廊	广东省广州市越秀区建设大马路8号逸雅居大厦
302	深圳一画廊	广东省深圳市布吉大芬画家村老围西3巷7号
303	紫蓝色画廊	广东省广州市中山三路3号广州画院美术馆3楼
304	波托菲诺画廊	广东省深圳市南山区华侨城波托菲诺国际酒店B17
305	珍风阁画廊	广东省深圳市福田区同德路2号荔湖大厦珍风阁
	福建省	
306	行云居画廊	福建省厦门市禾祥西路378号605行云居
307	怡轩艺苑	福建省漳州市芗城区瑞鑫小区1栋308号
308	圣东方艺术画廊	福建省福州市登云山庄别墅A076
309	福州画院	福建省福州市于山路2号
	四川省	
310	四川美术家画廊	四川省成都市东城根上街2号
311	四川西部画廊	四川成都市浣花北路送仙桥艺术城A区1层42~43号
312	蓝色空间画廊	四川省成都市水碾河路48号骄子音乐厅1层
313	净砚斋	四川省成都市紫荆东路96号紫竹苑2－5－601号
314	名人堂字画廊	四川省成都市送仙桥艺术城B区195号
315	雅风画廊	四川省成都市金牛区迎宾大道18号

序号	市场名称	地　址
316	诗婢家	四川省成都市琴台路7号
317	汉默画廊	四川成都小天西街8号附11号12号
318	三和画廊	四川省成都市高新区机场路新加坡工业园区新园南一路2号
	安徽省	
319	无尘居	安徽省芜湖市中二街新安花园1-1-501室
320	太和艺术网画廊	安徽省太和县镜湖宾馆北楼
321	太和画廊	安徽省太和县先锋路
322	名家画廊	安徽省合肥市琥珀山庄
	辽宁省	
323	博朗画廊	辽宁省沈阳市八经街74号
324	万达玥宝斋	辽宁省大连市沙河口区联合路122号
325	东南画廊	辽宁省大连市中山区勤俭街23号
326	半岛画廊	辽宁省大连市中山区天津街229号
	湖北省	
327	三彩艺术	湖北省美术院武汉市武昌区华中村44号1-1-1
	陕西省	
328	大人物画廊	陕西省西安市湘子庙街66号
329	玺源阁	陕西省西安市碑林区长安学巷12号
330	陕西美术家画廊	陕西省西安市东大接587号陕西美术馆5楼
	黑龙江省	
331	约西画廊	黑龙江省哈尔滨市南岗区中山路117号
332	璞玉轩画廊	黑龙江省大庆东风新村
333	博古斋画廊	黑龙江省哈尔滨市南岗区建设街29号2楼
334	墨宝堂	黑龙江省哈尔滨市南岗区苗圃街89号文化大厦2层C厅58号
335	春风名家画廊	黑龙江省哈尔滨市道里区通达街347号银恒大厦18层
	吉林省	
336	九如堂画廊	吉林省长春市重庆路和平大世界3楼B05室
	山西省	
337	山西省河津画院	山西省河津市振兴东路53号
	天津市	
338	三家园画廊	天津市新安花园底商B座20号
	湖南省	
339	宏景画廊	湖南省长沙市窑岭三北路243号宏景名厦京阳座6楼
340	灵犀画廊	湖南省湘潭市建设北路24号
341	奥赛画廊	湖南省长沙市人民东路10号西街花园DC8-2
	云南省	
342	云海艺术家画廊	云南省个旧市云海艺术家画廊

序号	市场名称	地　址
343	云南六·九画廊	云南省玉溪市东风路26号
		新疆维吾尔自治区
344	元景斋	新疆乌鲁木齐延安路11号
		宁夏回族自治区
345	博雅画廊	宁夏银川市兴庆区进宁南街72号
		香港特别行政区
346	香港集古斋	香港中环域多利皇后街9-10号中商大厦3楼
347	唐韵画廊	香港沙田马鞍山耀安村耀平楼301室
348	田园画廊	香港康民街金万丰工业大厦14层
349	三行画廊	香港九龙奥丽香港酒店海运大厦3043号商店
350	少励画廊	香港中环奥卑利街21-31号
351	艺倡画廊	香港中环太子大厦315室
352	艺苑中心画廊	香港上环皇后大道中325号地下
353	香港珍画廊	香港九龙尖沙咀海港城海洋廊158A地下
354	精艺轩	香港中环皇后大道138号3层
355	香港艺廊	香港中环文成西街9号文景大厦B座
		澳门特别行政区
356	澳门14商业画廊	澳门文化广场澳门荷兰园大马路32号地下
		台湾省
357	亚洲艺术中心	台湾台北市建国南路2段177号
358	爱力根画廊	台湾台北市逸仙路48号
359	帝门艺术中心	台湾台北市安和路1段135巷1号2楼
360	新视觉画廊	台湾台中市公益路2段154号
361	雪泥鸿爪艺术中心	台湾台北三芝乡芝柏路(芝柏山庄艺术村)38号
362	第雅艺术	台湾700台南市卫民街40号131
363	观想艺术	台湾台北市松德路200巷1号B1-2
364	雅逸艺术中心	台湾台北市石碑路2段334-1号1楼
365	晴山艺术中心	台湾台北市忠孝东路4段224号13楼(阿波罗大厦E栋)
366	哥德艺术中心	台湾台北市忠孝东路4段222号3楼
367	首都艺术中心	台湾台中市民权路361号B1
368	霍克艺术会馆	台湾台北市罗斯福路3段283巷4弄7号
369	观想文物艺术	台湾强北市安和路1段135巷1号1楼
370	名门艺术中心	台湾高雄市民生一路206号4楼之4
371	雅特艺术视觉	台湾台中市大隆路141号
372	云河艺术有限公司	台湾台北市忠孝东路4段218-1号4楼
373	雅逸艺术中心	台湾台北市石碑路2段334-1号1楼
374	奕源庄画廊	台湾台北市忠孝东路4段220路7号
375	长流画廊	台湾台北市金山南路2段12号3楼

序号	市场名称	地　　址
376	台北卡门国际艺术中心	台湾桃园市成功路2段129号
377	德元艺廊	台湾高雄市苓雅1路400号
378	大未来画廊	台湾台北市敦化南路1段252巷11号1楼
379	雍雅堂	台湾台北市敦化南路1段252巷11号1楼
380	诚品画廊	台湾台北市敦化南路1段245号B2
381	御殿画廊	台湾台北市民生东路2段134号
382	琢璞艺术中心	台湾高雄市五福二路195号
383	一壶春艺术中心	台湾台北市仁爱路4段345巷15弄15－1号
384	协民国际艺术	台湾台北市安和路1段49巷3号
385	现代画廊	台湾台中市公益路155巷9号B1
386	茉莉画廊	台湾高雄市苓雅区泰顺街38号
387	龙门画廊	台北市信义路五段150巷2号2楼
388	韩湘子画廊	台湾高雄市广州一街159号
389	德鸿画廊	台湾台南市中山路1号2楼
390	大都会画廊	台湾台南市金华路二路146号

全国主要博物馆名录

（排名不分先后）

序号	名　　称	性质	地　　址	电话
			北京市	
1	故宫博物院	文物	东城区景山前街4号	(010)85117045
2	中国国家博物馆	文物	东长安街16号	(010)65119031
3	北京鲁迅博物馆	文物	西城区阜成门宫门口二条19号	(010)66164080
4	中国美术馆	文物	东城区五四大街1号	(010)84033500
5	毛主席纪念堂	行业	东城区前门东大街11号	(010)65132277
6	中国体育博物馆	行业	崇文区天坛东里14号	(010)64912233
7	民族文化宫博物馆	行业	西城区复兴门内大街49号	(010)66069242
8	中国地质博物馆	行业	西城区西四羊肉胡同15号	(010)66557858
9	中国农业博物馆	行业	朝阳区东三环北路16号	(010)65018877
10	中国古动物馆	行业	西城区西直门外大街142号	(010)88369280
11	中华航天博物馆	行业	丰台南大红门1号	(010)68753590
12	中国人民抗日战争纪念馆	行业	丰台区卢沟桥城内街101号	(010)83892355
13	中国科学技术馆	行业	朝阳区北辰东路5号	(010)59041188
14	中国人民革命军事博物馆	行业	海淀区复兴路9号	(010)66866114
15	中国航空博物馆	行业	昌平区小汤山5806信箱	(010)61784882
16	北京自然博物馆	行业	崇文区天桥南大街126号	(010)67024431
17	北京天文馆	行业	西城区西直门外大街138号	(010)68352453
18	首都博物馆	文物	西城区复兴门外大街16号	(010)63370491
19	大钟寺古钟博物馆	文物	海淀区北三环西路甲31号	(010)62550819
20	北京艺术博物馆	文物	海淀区苏州街万寿寺	(010)68413380
21	北京古代建筑博物馆	文物	宣武区先农坛东经路21号	(010)63045608
22	北京石刻艺术博物馆	文物	海淀区五塔寺村24号	(010)62173543
23	徐悲鸿纪念馆	文物	西城区新街口北大街53号	(010)62252042
24	炎黄艺术馆	民办	朝阳区亚运村慧忠路9号	(010)64190909
25	明十三陵博物馆	文物	昌平区十三陵特区办事处	(010)60761422
26	郭沫若纪念馆	行业	西城区前海西街18号	(010)66125392
27	梅兰芳纪念馆	文物	西城区护国寺街9号	(010)66183598
28	中国长城博物馆	文物	延庆县八达岭特区	(010)69121890
29	雍和宫藏传佛教艺术博物馆	行业	东城区雍和宫大街12号	(010)64044499
30	北京古代钱币博物馆	文物	西城区北二环中路德胜门箭楼	(010)62018073
31	北京西周燕都遗址博物馆	文物	房山区琉璃河董家林村7区1号	(010)89381435
32	北京辽金城垣博物馆	文物	丰台区右安门外大街玉林小区甲40号	(010)63054991
33	北京大葆台西汉墓博物馆	文物	丰台区花乡郭公庄世界公园东南	(010)83612852
34	北京大学赛克勒考古与艺术博物馆	行业	海淀区北京大学校内(西校门内)	(010)62759784
35	詹天佑纪念馆	行业	八达岭特区	(010)69121516

序号	名　　称	性质	地　　址	电话
36	焦庄户地道战遗址纪念馆	文物	顺义区龙湾屯乡焦庄户村	(010)60461906
37	中央民族大学民族博物馆	行业	海淀区中关村南大街27号	(010)68932390
38	北京航空馆	行业	海淀区学院路37号北京航空航天大学院内	(010)82317512
39	北京房山云居寺石经陈列馆	文物	房山区南尚乐乡云居寺	(010)61389604
40	北京长辛店二·七纪念馆	行业	丰台区长辛店花园南里甲15号	(010)83305948
41	郭守敬纪念馆	文物	西城区德胜门西大街甲60号汇通祠	(010)66183083
42	中国第四纪冰川遗迹陈列馆	文物	石景山区模式口大街28号	(010)88722585
43	周口店北京人遗址博物馆	文物	北京市房山区周口店大街1号	(010)69301278
44	中国印刷博物馆	行业	大兴县黄村镇兴华北路25号	(010)69245505
45	中国工艺美术馆	行业	西城区复兴门内大街101号	(010)66053476
46	北京红楼文化艺术博物馆	文物	宣武区南菜园街大观园	(010)63544994
47	中国国家画院美术馆	行业	海淀区西三环北路54号	(010)68411369
48	北京中华民族博物院	民办	朝阳区民族园路1号	(010)62063647
49	观复博物馆	民办	朝阳区大山子张万坟金南路18号	(010)64338887
50	中国钱币博物馆	行业	西城区西交民巷22号	(010)66081385
51	中国医史博物馆	行业	东城区东直门内中医研究院内	(010)64014411
52	中国现代文学馆	行业	朝阳区文学馆路45号	(010)84619071
53	中国蜜蜂博物馆	行业	香山卧佛寺西侧	(010)82590094
54	国际友谊博物馆	文物	东城区雍和宫大街戏楼胡同1号	(010)64040710
55	卢沟桥历史博物馆	文物	丰台区卢沟桥城南街77号	(010)83894614
56	北京中医药大学中医药博物馆	行业	朝阳区北三环东路11号	(010)64286839
57	曹雪芹纪念馆	行业	海淀区香山正白旗村39号	(010)62591561
58	中国电信博物馆	行业	海淀区学院路42号	(010)58843008
59	北京上庄纳兰性德史迹陈列馆	文物	海淀区上庄乡上庄村翠湖水乡旅游渡假区内	(010)80713599
60	北京航空航天模型博物馆	行业	朝阳区大山子环铁内中心	(010)64373015
61	老甲艺术馆	民办	昌平县东小口霍营	(010)81706415
62	北京戏曲博物馆	文物	宣武区虎坊路3号	(010)83532033
63	老舍纪念馆	文物	东城区灯市口西街丰富胡同19号	(010)65142612
64	北京民俗博物馆	文物	朝阳区朝外大街141号	(010)65510151
65	保利艺术博物馆	行业	东城区朝阳门北大街1号新保利大厦15层	(010)65008117
66	中国紫檀博物馆	民办	朝阳区兴隆西街9号	(010)85752818
67	坦克博物馆	行业	昌平区阳坊镇61077部队	(010)69767910
68	北京工艺美术博物馆	行业	王府井大街200号工美大厦四层	(010)65288866
69	中华世纪坛世界艺术馆	行业	市海淀区复兴路甲9号	(010)59802222
70	北京服装学院服饰博物馆	行业	市朝阳区和平街北口樱花路甲2号北京服装学院综合大楼3层	(010)64288259
71	北京警察博物馆	行业	东城区东交民巷36号	(010)85225018
72	北京王府井古人类文化遗址博物馆	文物	东城区东长安街1号王府井东方广场W1P3	(010)85186306
73	北京金台艺术馆	民办	朝阳区农展南路1号朝阳公园西内	(010)65019441
74	北京睦明唐古瓷标本博物馆	民办	崇文区东花市北里东区1号	(010)67187266
75	北京松堂斋民间雕刻博物馆	民办	东城区国子监3号院	(010)64045966
76	中国铁道博物馆	行业	朝阳区酒仙桥北路1号北侧	(010)64381317
77	中国马文化博物馆	民办	八达岭镇阳光路8号	(010)81182374
78	北京皇城艺术馆	文物	东城区菖蒲河公园西侧北岸	(010)85115104
79	北京御生堂中医药博物馆	民办	昌平区北七家镇王府街1号王府公寓2-35	(010)81788271

序号	名　　称	性质	地　　址	电话
80	北京人民艺术剧院戏剧博物馆	行业	东城区王府井大街22号(首都剧场)	(010)85120003
81	居庸关长城博物馆	文物	昌平区南口镇居庸关长城	(010)69771665
82	北京宣南文化博物馆	文物	宣武区长椿街9号	(010)83167249
83	北京百工博物馆	民办	崇文区光明路乙12号	(010)67126612
84	孔庙国子监博物馆	文物	东城区国子监街13号	(010)84027224
85	老爷车博物馆	民办	怀柔区杨宋镇凤翔一园19号	(010)61677039
86	北京百年世界老电话博物馆	民办	西城区德外大街乙10号泰富大厦内	(010)82022250
87	北京晋商博物馆	民办	朝阳区建国路58号	(010)65581268
88	北京李大钊故居	文物	西城区文华胡同24号	(010)66089208
89	中国电影博物馆	行业	朝阳区南影路9号	(010)84355959
90	北京励志堂科举扁额博物馆	民办	朝阳区高碑店乡高碑店村东工业区(华夏民族园斜对面)	(010)87739159
91	北京铁路博物馆	行业	崇文区前门大街甲2号	(010)67051638
92	中国邮政邮票博物馆	行业	东城区贡院街6号	(010)65213894
93	北京通信电信博物馆	行业	东皇城根北街14号	(010)66198899
94	北京韩美林艺术馆	文物	通州区梨园镇九棵树东路68号	(010)59751888
95	北京西瓜博物馆	文物	大兴区庞各庄镇政府院内	(010)89281181
96	北京空竹博物馆	文物	宣武区报国寺小星胡同9号	(010)83165726
97	中国人民大学博物馆	行业	中国人民大学明德新闻楼B1层	(010)62512864
			天津市	
98	天津博物馆	文物	河西区友谊路31号	(022)58793000
99	天津自然博物馆	文物	河西区马场道206号	(022)23359807
100	周恩来邓颖超纪念馆	文物	南开区水上公园北路1号	(022)23529240
101	平津战役纪念馆	文物	红桥区平津路8号	(022)26526255
102	天津戏剧博物馆	文物	南开区东马路东门里257号	(022)27273443
103	天津文庙博物馆	文物	南开区东马路东门里1号	(022)27272812
104	元明清天妃宫遗址博物馆	文物	河东区大直沽中路	(022)24126989
105	中共天津历史纪念馆	文物	和平区山西路98号	(022)27314789
106	中共中央北方局旧址纪念馆	文物	和平区黑龙江路隆泰里19号	(022)27115679
107	天津民俗博物馆	文物	南开区古文化街80号	(022)27275062
108	天津老城博物馆	文物	南开区东门里202号	(022)27283899
109	天津觉悟社纪念馆	文物	河北区三马路三戒里49号	(022)26355181
110	天津梁启超纪念馆	文物	河北区民族路44号、46号	(022)24450856
111	天津义和团纪念馆	文物	红桥区芥园道与怡华路交口	(022)27573656
112	天津三条石历史博物馆	文物	红桥区三条石小马路16号	(022)27270970
113	天津杨柳青博物馆	文物	西青区杨柳青镇津西御河桥西石家大院	(022)27391617
114	天津杨柳青年画博物馆	文物	西青区杨柳青镇估衣街2号	(022)27945662
115	平津战役天津前线指挥部旧址陈列馆	文物	西青区杨柳青镇药王庙东大街4号	(022)27391551
116	大沽口炮台遗址博物馆	文物	塘沽区东炮台路1号	(022)25862720
117	塘沽博物馆	文物	塘沽区中心路988号副1号	(022)25862720
118	中国金融博物馆	行业	和平区解放北路29号	(022)28359685
119	北洋水师大沽船坞旧址陈列馆	行业	塘沽区大沽坞路7号	(022)65266132
120	天津科技馆	行业	河西区隆昌路94号	(022)28320315
121	天津黄崖关长城博物馆	行业	蓟县黄崖关长城八卦城中心提调公署院	(022)29718106
122	天津市蓟县中上元古界国家自然保护区地质陈列馆	行业	蓟县迎宾路2号	(022)27129898

序号	名　称	性质	地　址	电话
123	天津港博物馆	行业	滨海经济技术开发区	
124	天津一二·九运动纪念馆	行业	西青区李七庄街王兰庄村	
125	天津霍元甲故居陈列馆	行业	西青区南河镇小南河村	(022)23989292
126	天津电力科技博物馆	行业	河北区进步道29号	(022)84406361
127	南开大学博物馆	行业	南开区卫津路南开大学范孙楼	
128	天津美术学院美术馆	行业	天津河北区天纬路天津美术学院	(022)26351847
河北省				
129	河北省博物馆	文物	石家庄市中山东路316号	(0311)86047475
130	河北省民俗博物馆	文物	石家庄市育才街181号	(0311)85870856
131	河北省科学技术馆	行业	石家庄市东大街1号	(0311)85936788
132	西柏坡纪念馆	行业	石家庄市平山县西柏坡纪念馆	(0311)82851366
133	石家庄市博物馆	文物	石家庄市建设北大街11号	(0311)86690045
134	平山县博物馆	文物	平山县城文庙路35号	(0311)82942369
135	藁城梅花惨案纪念馆	行业	藁城市梅花镇梅花村村东	(0311)88396222
136	石家庄和平医院白求恩、柯棣华纪念馆	行业	石家庄市中山西路398号	(0311)87998975
137	保定直隶总督署博物馆	文物	保定市裕华西路301号	(0312)5081610
138	留法勤工俭学运动纪念馆	文物	保定市金台驿街86号	(0312)2025444
139	保定军校纪念馆	文物	保定市东风东路585号	(0312)5020071
140	保定市博物馆	文物	保定市高新技术开发区朝阳北路23号	(0312)3122512
141	冉庄地道战纪念馆	文物	清苑县冉庄镇冉庄村	(0312)8036158
142	晋察冀边区革命纪念馆	行业	阜平县城南庄镇	(0312)7888372
143	安国市关汉卿纪念馆	文物	安国市药王庙大街121号	
144	唐县白求恩、柯棣华纪念馆	文物	唐县向阳北大街66号	(0312)6415074
145	满城汉墓博物馆	文物	满城县中山西路汉墓景区	(0312)7072035
146	山海关长城博物馆	文物	秦皇岛市山海关区第一关路	
147	武强年画博物馆	文物	武强县小范镇新开街1号	(0318)3822491
148	唐山博物馆	文物	唐山市路北区工人文化宫院内	
149	李大钊纪念馆	文物	唐山市乐亭县新城区觅园街1号	(0315)4622549
150	隆化董存瑞烈士纪念馆	行业	隆化县隆化镇北安路3号	
151	中国人民抗日军政大学陈列馆	文物	邢台县浆水镇前南峪村	
152	邢台地震资料陈列馆	行业	隆尧县城康庄东路	
153	邢台郭守敬纪念馆	行业	邢台市泉南西大街达活泉公园内	(0319)2182132
山西省				
154	山西博物院	文物	太原市滨河西路北段13号	(0351)8789014
155	山西省艺术博物馆	文物	太原市起凤街1号	(0351)2029127
156	山西省民俗博物馆	文物	太原市文庙巷3号	(0351)2029496
157	红军东征纪念馆	文物	吕梁市石楼县故乡村	(0358)8236509
158	八路军太行纪念馆	文物	武乡县太行街117号	(0355)6382329
159	大同市博物馆	文物	大同市广场展览馆西侧	(0352)2427185
160	晋祠博物馆	文物	太原市晋源区晋源镇	(0351)6020014
161	晋绥边区革命纪念馆	文物	兴县蔡家崖村	(0358)6330009
162	吕梁汉画像石博物馆	文物	吕梁市龙凤南大街	
163	晋城博物馆	文物	晋城市凤台东街1263号	(0356)2191707
164	朔州市朔城区博物馆	文物	朔州市朔城区东大街94号	(0349)2023425
165	定襄河边民俗馆(阎锡山故居)	文物	定襄县河边镇河边一村	(0350)6051760

序号	名　称	性质	地　址	电话
166	定襄县西河头地道战纪念馆	文物	定襄县晋昌镇西河头村	(0350)6025483
167	五台县博物馆	文物	五台县城东西米市街	(0350)6522230
168	祁县乔家大院民俗博物馆	文物	祁县东观镇乔家堡村	(0354)5321045
169	灵石县王家大院民居艺术馆	文物	灵石县静升镇	(0354)7722122
170	榆社县化石博物馆	文物	榆社县迎春南路27号	(0354)6622243
171	祁县晋商文化博物馆	文物	祁县东大街33号	(0354)5223101
172	平遥县博物馆	文物	平遥县城东大街清虚观	(0354)5685851
173	中国票号博物馆	文物	平遥城内西大街38号	(0354)2636533
174	双林寺彩塑艺术馆	文物	平遥县达蒲乡桥头村	(0354)5627660
175	介休市博物馆	文物	介休县庙底街后土庙	(0354)7221210
176	武则天纪念馆	文物	文水县南徐村则天庙	
177	侯马晋国古都博物馆	文物	侯马市市府西路24号	
178	武乡县八路军总部旧址纪念馆	文物	武乡县朝北乡王家峪村、砖壁村	
179	高君宇故居纪念馆	文物	太原市娄烦县峰岭村	
180	稷山金墓博物馆	文物	稷山县金龙大道	(0359)5570119
181	中国煤炭博物馆	行业	太原迎泽西大街2号	(0351)4117829
182	太原解放纪念馆	行业	太原市凯旋街	
183	赵树理故居陈列馆	行业	太原市南华门15号	
184	太原市孙中山纪念馆	行业	太原市海子边西街21号(儿童公园内)	
185	大同煤矿万人坑遗址纪念馆	行业	大同市煤峪口矿建新街1号	
186	平型关大捷纪念馆	行业	大同市灵丘县白崖台乡(村)	(0352)3338540
187	刘胡兰纪念馆	行业	山西省文水县刘胡兰村村南	(0350)3031715
188	祁县度量衡博物馆	行业	祁县东大街49号	
189	徐向前故居纪念馆	行业	五台县东冶镇永安村	(0350)3028354
190	平阳木版年画博物馆	民办	临汾市贡家胡同1号	
191	晋中市民间文化艺术博物馆	民办	榆次老城东大街3号	(0354)3290128
			内蒙古自治区	
192	内蒙古自治区博物院	文物	呼和浩特市新华东街27号	(0471)4614000
193	内蒙古清·将军衙署博物院	文物	呼和浩特市新华东街31号	(0471)6900116
194	呼伦贝尔民族博物馆	文物	呼伦贝尔市海拉尔区胜利大街	(0470)8252299
195	海拉尔博物馆	文物	海拉尔区西山国家森林公园内	(0470)8337675
196	阿荣旗博物馆(王杰纪念馆)	文物	阿荣旗那吉镇振兴路	(0470)4211561
197	莫旗达乌尔民族博物馆	文物	莫旗尼尔基镇纳文东大街11号	(0470)4612868
198	鄂伦春旗博物馆	文物	鄂伦春自治旗阿里河镇	(0470)5622956
199	巴尔虎博物馆	文物	呼伦贝尔市新巴尔虎右旗阿镇	(0470)6406119
200	满洲里博物馆	文物	满洲里市南区三道街	(0470)6211173
201	扎兰屯市博物馆	文物	扎兰屯市吊桥路8－1	(0470)3211780
202	陈巴尔虎旗博物馆	文物	呼伦贝尔市陈巴尔虎旗巴彦库仁镇	(0470)6712271
203	敖鲁古雅鄂温克驯鹿博物馆	文物	呼伦贝尔市根河市敖鲁古雅民族乡	(0470)5220145
204	鄂温克博物馆	文物	鄂温克族自治旗巴彦托海镇索伦大街	(0470)8813665
205	巴彦塔拉达乌尔民族博物馆	文物	鄂温克旗自治旗巴彦塔拉达斡尔民族乡	(0470)8912318
206	恩歌腾博物馆	文物	呼伦贝尔市新巴尔虎旗阿镇	
207	内蒙古民族解放纪念馆	文物	兴安盟乌兰浩特市新桥街	(0482)8418432
208	通辽博物馆	文物	通辽市科尔沁区霍林河大街体育广场北侧	(0475)8226900
209	库伦旗宗教博物馆	文物	通辽市库伦旗兴源寺兴源路西	(0475)4912919

序号	名　　称	性质	地　　址	电话
210	奈曼旗王府博物馆	文物	通辽市奈曼旗大沁他拉镇	(0475)4213852
211	曾格林沁博物馆	文物	通辽市科左后旗甘旗卡—吉尔嘎朗公路4公里处	
212	赤峰市博物馆	文物	赤峰市红山区新华街文化广场	(0476)8223745
213	巴林左旗辽上京博物馆	文物	赤峰市巴林左旗林东镇契丹街契丹广场	(0476)7862722
214	喀喇沁旗王府博物馆	文物	赤峰市喀喇沁旗王爷府镇	(0476)3929530
215	宁城县辽中京博物馆	文物	赤峰市宁城县天义镇	(0476)4050371
216	敖汉旗博物馆	文物	赤峰市敖汉旗新惠镇惠远路惠文广场北侧	(0476)4332058
217	镶黄旗博物馆	文物	镶黄旗新宝拉格镇	(0479)6226565
218	呼和浩特博物馆	文物	呼和浩特市新城区通道北路62号	(0471)4223885
219	乌兰夫纪念馆	文物	呼和浩特市新华西街26号	(0471)3965138
220	内蒙古大学民族博物馆	行业	呼和浩特市大学西路235号	(0471)4992238
221	内蒙古北上荞麦民俗博物馆	行业	呼和浩特市武川县金三角路东	(0471)6204766
222	内蒙古电影博物馆	行业	呼市新城区昭乌达路15号中房大厦	(0471)6632564
223	内蒙古土默特民俗博物馆	民办	呼和浩特市土左旗台阁牧镇	(0471)4968717
224	内蒙古元瓷博物馆	民办	呼和浩特市老绥远古玩城4楼	(0471)6688430
225	包头博物馆	文物	包头市阿尔丁大街25号	(0472)2248020
226	查布恐龙博物馆	文物	鄂尔多斯市鄂托克旗阿尔巴斯苏木	13384808406
227	内蒙古历史文化博物馆	民办	鄂尔多斯市伊金霍洛旗成陵旅游区	(0477)8536498
228	内蒙古酒文化博物馆	行业	巴彦淖尔市杭锦后旗陕坝镇	(0478)6627001
229	内蒙古巴彦淖尔博物馆	文物	巴彦淖尔市临河胜利北路	(0478)8226046
230	阿拉善博物馆	文物	阿拉善左旗巴彦浩特镇王府街16号	(0483)8222021
			辽宁省	
231	辽宁省博物馆	文物	沈阳市和平区市府大路363号	(024)22741193
232	沈阳九·一八历史博物馆	文物	沈阳市大东区望花南街46号	(024)88320918
233	沈阳故宫博物院	文物	沈阳市大东区望花南街46号	(024)24842215
234	张氏帅府博物馆	文物	沈河区沈阳路171号	(024)24842454
235	沈阳金融博物馆	文物	沈河区朝阳街少帅府巷46号	(024)24867711
236	沈阳新乐遗址博物馆	文物	沈河区朝阳街240号	(024)86809440
237	鲁迅美术学院美术馆	民办	大东区珠林路1号	(024)23930124
238	沈阳古旧钟表博物馆	民办	沈阳市阜新四街3号	(024)22522443
239	旅顺博物馆	文物	旅顺列宁街42号	(0411)86383334
240	大连现代博物馆	文物	大连沙河口区会展路10号	(0411)4801025
241	旅顺日俄监狱旧址博物馆	文物	旅顺口区向阳街139号	(0411)86610676
242	旅顺万忠墓纪念馆	文物	旅顺九三路23号	(0411)86638228
243	大连市金州区关向应纪念馆	行业	金州区向应镇大关屯	(0411)87290016
244	大连向阳老式汽车博物馆	民办	旅顺口区新华大街23号	(0411)86384999
245	大连自然博物馆	行业	大连沙河口区西村街40号	(0411)84691290
246	大连邢良坤陶艺馆	民办	大连沙河口区联合路73号	(0411)82683778
247	大连大学博物馆	民办	大连经济技术开发区学府大街10号	(0411)87403645
248	大连金石毛泽东像章陈列馆	民办	大连金石滩国家旅游度假区	(0411)87902913
249	旅顺蛇岛自然博物馆	行业	大连市旅顺口区友谊路2－西1	(0411)86382480
250	鞍山市博物馆	文物	鞍山市铁东区南胜利路45号甲	
251	岫岩满族博物馆	文物	中共岫岩满族自治县委院内	(0412)7820571
252	抚顺市雷锋纪念馆	行业	东洲区南昌路17号	(0413)6658818
253	本溪满族自治县杨靖宇纪念馆	文物	本溪满族自治县草河掌镇汤沟风景区	(0414)6173200

序号	名称	性质	地址	电话
254	本溪地质博物馆	行业	本溪水洞风景区	
255	抗美援朝纪念馆	文物	丹东市锦江山大街68号	(0415)2152784
256	辽沈战役纪念馆	行业	锦州市凌河区北京路5段1号	(0416)3839801
257	凌海市萧军纪念馆	文物	凌海市凌河公园	(0416)8123205
258	黑山阻击战纪念馆	行业	黑山县城东下湾子山中段小小公路北侧	
259	道光廿十五博物馆	行业	锦州市古塔区中央大街2段60－28号	
260	盖州市沈延毅纪念馆	文物	盖州鼓楼街	
261	阜新查海遗址博物馆	文物	阜蒙县沙拉镇查海村	(0418)8249127
262	辽阳曹雪芹纪念馆	文物	辽阳文圣区卧狮胡同	(0419)2138074
263	朝阳古生物化石博物馆	行业	朝阳市龙城区上河首村	(0421)3862200
264	朝阳市赵尚志纪念馆	行业	市双塔区中山大街2段	
			吉林省	
265	吉林省博物院	文物	长春市人民大街3188号	(0431)88911462
266	东北抗日联军纪念馆	文物	长春市浦东路22号	
267	吉林大学地质博物馆	行业	长春市西民主大街938号	(0431)88502476
268	吉林省自然博物馆	行业	长春市净月大街2556号	(0431)84537568
269	伪满皇宫博物院	文物	长春市光复北路5号	(0431)82866611
270	东北老航校暨飞行训练基地历史纪念馆	行业	长春市西安大路2480号	
271	长春市刘英俊纪念馆	行业	长春市光复北路5号	(0431)88650257
272	长春大学萨满文化博物馆	行业	长春市卫星路6543号	(0431)85250268
273	东北师大民俗博物馆	行业	长春市卫星路	
274	吉林市文庙博物馆	文物	吉林市南昌路2号	(0432)2459630
275	吉林市陨石博物馆	文物	吉林市吉林大街100号	(0432)4661214
276	丰满水电站博物馆	行业	吉林市丰满区丰满街2号	
277	白城市博物馆	文物	白城市公园东路12号	(0436)5093177
278	辽源市博物馆	文物	辽源市辽河大路龙山公园内魁星塔底层	
279	四平战役纪念馆	文物	四平市铁西区公园北街英雄广场内	(0434)5016927
280	四平市博物馆	文物	四平市铁西区南新华大街647号	(0434)3223161
281	伪满皇帝溥仪行宫	文物	临江市大栗子街道南大楼	
282	四保临江战役纪念馆	行业	临江林业局机关院内	
283	延边博物馆	文物	延边市延朝路1－4号	(0433)2211307
284	吉林省长白山人参博物馆	民办	通化市滨汇西路4057号	
285	长白山自然博物馆	文物	吉林省安图县二道白河镇	(0433)5721966
			黑龙江	
286	黑龙江省博物馆	文物	哈尔滨市南岗区红军街64号	(0451)53644151
287	东北烈士纪念馆(东北抗联博物馆)	文物	哈尔滨市一曼街241号	(0451)53643712
288	黑龙江省民族博物馆	文物	哈尔滨市文庙街25号	(0451)82540093
289	革命领袖视察黑龙江纪念馆	文物	哈尔滨市颐园街1号	(0451)53642522
290	侵华日军第731部队罪证陈列馆	文物	哈尔滨市平房区新疆街21号	(0451)86801556
291	金上京历史博物馆	文物	哈尔滨市阿城区通城路	(0451)53773079
292	萧红故居纪念馆	文物	哈尔滨市呼兰区文化路29号	(0451)57322998
293	尚志书法博物馆	文物	尚志市尚志镇	
294	齐齐哈尔博物馆	文物	齐齐哈尔市建华区中华路1号	(0452)2559982
295	牡丹江市博物馆	文物	牡丹江市太平路156号	
296	渤海上京遗址博物馆	文物	宁安市渤海镇	(0453)7912705

序号	名　称	性质	地　址	电话
297	海林杨子荣纪念馆	文物	海林县	(0453)7222509
298	林口县八女投江纪念馆	文物	林口县刁翎镇	
299	佳木斯市博物馆	文物	佳木斯市长安路526号	(0454)8224971
300	同江赫哲族博物馆	文物	同江市	
301	大庆市博物馆	文物	大庆市开发区火炬新街	(0459)5812170
302	小兴安岭恐龙博物馆	文物	伊春市	
303	鹤岗市博物馆	文物	鹤岗市工农区文化路48号	(0468)6114456
304	黑龙江流域博物馆	文物	萝北县名山镇	
305	瑷珲历史陈列馆	文物	黑河市爱辉镇	(0456)8211007
306	黑河鄂伦春族博物馆	文物	黑河市新生乡	
307	大兴安岭资源馆	文物	加格达旗	(0457)2111991
308	黑龙江省美术馆	文物	哈尔滨市道里区地段街	(0451)84610221
309	黑龙江省科技博物馆	行业	哈尔滨市太阳岛风景区	
310	哈尔滨建筑艺术博物馆	行业	哈尔滨市道里区透笼街88号	
311	黑龙江地质博物馆	行业	哈尔滨市南岗区红旗大街263号	
312	黑龙江省邮政博物馆	行业	哈尔滨市南岗区民益街100号	
313	哈尔滨艺术宫版画博物馆	行业	哈尔滨市道外区南直路326号	(0451)55601880
314	北大荒博物馆	行业	哈尔滨市南岗区红旗大街面175号	(0451)55198241
315	伊春林业资源博物馆	行业	伊春市区	
316	大庆油田历史陈列馆	行业	大庆市区	(0451)87010055
317	大庆铁人王进喜纪念馆	行业	大庆市区	(0459)5935100
318	黑龙江大学博物馆	行业	哈尔滨市南岗区学府路74号	
319	哈尔滨工业大学博物馆	行业	哈尔滨市南岗区西大直街哈工大院内	
320	黑龙江省工业遗产博物馆	行业	哈尔滨市平房区友协大街15号	
321	哈尔滨钱币博物馆	行业	哈尔滨市道里区尚志大街160号	
322	黑龙江省古生物化石博物馆	民办	哈尔滨市道里区经纬五道街18号	
323	俄罗斯艺术博物馆	民办	哈尔滨市太阳岛风景区3号	
324	绥芬河侵华罪证史料陈列馆	民办	绥芬河侵华罪证史料陈列馆	
325	哈尔滨冰雪艺术馆	民办	哈尔滨市太阳岛风景区	
326	于志学美术馆	民办	哈尔滨市太阳岛风景区平原街20号	
327	禹舜美术馆	民办	哈尔滨市松北区学院路美术家大街1号	(0451)85965555
			上海市	
328	上海博物馆	文物	人民大道201号	(021)63723500
329	上海美术馆	文物	南京西路325号	(021)63272829
330	刘海粟美术馆	文物	虹桥路1660号	(021)62701018
331	朱屺瞻艺术馆	文物	欧阳路580号	(021)56720743
332	陆俨少艺术馆	文物	嘉定镇东大街358号	(021)59529530
333	上海隧道科技馆	文物	中华路268号	(021)63331160
334	上海科技馆	文物	世纪大道2000号	(021)68622000
335	上海东方地质科普馆	行业	机场镇华洲路南	(021)33935562
336	中国共产党第一次全国代表大会会址纪念馆	文物	黄陂南路374号	(021)53832171
337	中国共产党代表团驻沪办事处旧址纪念馆	文物	思南路71、73号	(021)64730420
338	中国社会主义青年团中央机关旧址纪念馆	文物	淮海中路567弄1~5号	(021)53823370

序号	名　称	性质	地　址	电话
339	中国共产党第二次全国代表大会会址纪念馆	文物	老成都北路7弄30号	(021)63590984
340	中共上海地下组织斗争史陈列馆	文物	愚园路81号	(021)62555377
341	上海龙华烈士纪念馆	文物	龙华西路180号	(021)64685995
342	中国左翼作家联盟成立大会旧址纪念馆	文物	多伦路201弄2号	(021)56960558
343	上海淞沪抗战纪念馆	文物	宝山友谊路1号(临江公园内)	(021)66786322
344	陈云故居暨青浦革命历史纪念馆	文物	青浦朱枫公路3516号	(021)59257178
345	上海孙中山故居纪念馆	文物	香山路7号	(021)64372954
346	上海韬奋纪念馆	文物	重庆南路205弄53、54号	(021)63842811
347	上海蔡元培故居纪念馆	文物	华山路303弄16号	(021)62484996
348	上海宋庆龄故居纪念馆	文物	淮海中路1843号	(021)64747183
349	徐光启纪念馆	文物	南丹路17号光启公园内	(021)64381780
350	黄道婆纪念馆	文物	华泾镇外环线北侧便道	(021)64963328
351	上海鲁迅纪念馆	文物	甜爱路200号	(021)65402288
352	上海吴昌硕纪念馆	文物	川沙镇华夏东路1539号	(021)58786863
353	上海陶行知纪念馆	文物	真华路1105号大华行知公园	(021)66670825
354	上海陈化成纪念馆	文物	宝山友谊路1号(临江公园内)	(021)66786322
355	顾维均生平陈列馆	文物	嘉定镇南大街法华塔院	
356	上海城市规划展示馆	文物	人民大道100号	(021)63184477
357	上海儿童博物馆	文物	宋园路53号	(021)62783130
358	江南造船博物馆	行业	鲁班路600号	(021)63019797
359	上海昆虫博物馆	行业	枫林路300号	(021)54924191
360	上海工艺美术博物馆	行业	汾阳路79号	(021)64372509
361	上海中国留学生博物馆	行业	华山路905弄12号	(021)64744996
362	上海邮政博物馆	行业	北苏州路250号	(021)63629898
363	中国烟草博物馆	行业	长阳路728号	(021)61665902
364	上海市银行博物馆	行业	浦东大道9号	(021)58788743
365	中国乳业博物馆	行业	万荣路467号	(021)58800064
366	上海铁路博物馆	行业	天目东路200号	(021)51221987
367	上海眼镜博物馆	行业	宝昌路533号	(021)56977528
368	南京路上好八连事迹陈列馆	行业	大场镇沪太路3100号	
369	上海汽车博物馆	行业	安亭博园路7565号	(021)69550055
370	上海天文博物馆	行业	松江佘山天文台	(021)57651723
371	上海农垦博物馆	行业	奉贤五四农场场部	(021)57160457
372	上海师范大学博物馆	文物	桂林路81号	(021)64324672
373	复旦大学博物馆	文物	邯郸路220号	(021)65643015
374	上海印刷博物馆	文物	水丰路100号	(021)64670228
375	上海海洋大学鲸馆	文物	军工路334号	(021)65710081
376	上海中医药博物馆	文物	蔡伦路1200号	(021)51322710
			江苏省	
377	南京博物院	文物	南京市中山东路321号	(025)84802119
378	南京市博物馆	文物	南京市朝天宫4号	(025)84200177
379	南京市太平天国历史博物馆	文物	南京市秦淮区瞻园路128号	(025)86623024
380	南京明城垣史博物馆	文物	南京市解放门8号	(025)83608359
381	南京条约史料陈列馆	文物	南京市建宁路288号	(025)58808703

序号	名　称	性质	地　址	电话
382	镇江市博物馆	文物	镇江市伯先路85号	(0511)85277143
383	焦山碑刻博物馆	文物	镇江市焦山公园内	(0511)8800729
384	扬州博物馆(中国雕版印刷博物馆)	文物	扬州市文昌西路明月湖西侧	(0514)85228018
385	扬州广陵王墓博物馆	文物	扬州市平山堂东路	(0514)87625587
386	史可法纪念馆	文物	扬州市广储门外街24号	
387	朱自清纪念馆	文物	扬州市文昌中路安乐巷27号	(0514)87345247
388	扬州八怪纪念馆	文物	扬州市驼岭巷18号	(0514)87340275
389	唐城遗址博物馆	文物	扬州市平山堂东路	(0514)87340843
390	邮驿博物馆(盂城驿)	文物	高邮市南门大街馆驿巷13号	(0514)84611979
391	张謇纪念馆	文物	南通市环城南路21号	(0513)85535766
392	南通纺织博物馆	文物	南通市文峰路4号	(0513)85517697
393	梅兰芳纪念馆	文物	泰州市迎春东路90号	
394	新四军黄桥战役纪念馆	文物	泰兴市黄桥镇米巷10号	(0523)87211543
395	中国人民海军诞生地纪念馆	文物	泰州市高港区白马镇	
396	徐州博物馆	文物	徐州市和平路101号	(0516)83804400
397	徐州汉画像石艺术馆	文物	徐州市湖东路	(0516)85690228
398	施耐庵纪念馆	文物	大丰市白驹镇	(0515)83612938
399	李汝珍纪念馆	文物	灌云县板浦镇东大街7号	
400	苏州博物馆	文物	苏州市东北街204号	(0512)67575666
401	苏州碑刻博物馆	文物	苏州市人民路613号	(0512)65197203
402	中国昆曲博物馆	文物	苏州市中张家巷14号	(0512)67275338
403	常熟博物馆	文物	常熟市北门大街1号	(0512)52713157
404	常熟美术馆	文物	常熟市西门大街117号	(0512)52223202
405	翁同和纪念馆	文物	常熟市虞山镇翁家巷门2号	
406	庞熏琹美术馆	文物	常熟市元和路98号	
407	常熟古琴艺术馆	文物	常熟市南赵弄10号	(0512)52777086
408	宋文治艺术馆	文物	太仓市县府东街6号	(0512)65223377
409	柳亚子纪念馆	文物	吴江市黎里镇中心街30号	
410	无锡博物院	文物	无锡市太湖广场南侧	(0510)85727600
411	高城墩良渚文化遗址陈列馆	文物	江阴市横土镇高城墩村	
412	徐悲鸿纪念馆	文物	宜兴市公园路1号	
413	尹瘦石艺术馆	文物	宜兴市公园路1号	
414	常州市博物馆	文物	常州市龙城大道1288号	(0519)86648677
415	瞿秋白纪念馆	文物	常州市延陵西路188号	
416	张太雷纪念馆	文物	常州市清凉路子和里3号	(0519)88813757
417	洪亮吉纪念馆	文物	常州市延陵东路狮子巷20号	
418	雨花台烈士纪念馆	行业	南京市雨花路215号	(025)52411523
419	南京天文历史博物馆	行业	南京市紫金山第三峰	
420	颜真卿纪念馆	行业	南京市广州路221号	
421	侵华日军南京大屠杀遇难同胞纪念馆	行业	南京市水西门大街418号	(025)86612230
422	南京古生物博物馆	行业	南京市北京东路39号	(025)83282253
423	南通蓝印花布博物馆	行业	南通市濠东绿苑	(0513)85108771
424	南通中国珠算博物馆	行业	南通市濠北路58号	(0513)85053112
425	南通城市博物馆	行业	南通市环城南路1号	(0513)85516789
426	南通中国审计博物馆	行业	南通市濠北路518号	

序号	名　　称	性质	地　　址	电话
427	徐州汉兵马俑博物馆	行业	徐州市东郊狮子山	(0516)83567053
428	龟山汉墓陈列馆	行业	徐州市九里区龟山汉墓	
429	周恩来纪念馆	行业	淮安市楚州区桃花垠	(0517)85912365
430	苏州丝绸博物馆	行业	苏州市人民路274号	(0512)67536506
431	苏州中医药博物馆	行业	苏州市景德路314号	
432	苏州工艺美术博物馆	行业	苏州西北街88号	(0512)67535273
433	苏州刺绣博物馆	行业	苏州市景德路274号	(0512)65225756
434	苏州园林博物馆	行业	苏州市东北街202	(0512)67546354
435	常熟碑刻博物馆	行业	常熟市虞山镇塔后街7－1号	(0512)52774297
436	郑和纪念馆	行业	太仓浏河镇新东街90号	(0512)53611908
437	无锡革命陈列馆	行业		
438	宜兴陶瓷博物馆	行业	宜兴市丁山北路150号	(0510)87188321
439	南京市长风堂博物馆	民办	南京市北京东路22号和平大厦16楼	(025)86882760
440	南京市金陵竹刻艺术博物馆	民办	南京市富贵山4号	(025)84815926
441	炎黄圣旨博物馆	民办	徐州市九里区龟山汉墓北院	(0516)85770107
442	傅抱石纪念馆	文物	南京市汉口西路132号	(025)83732904
443	南京渡江胜利纪念馆	文物	南京市中山北路457号	(025)58806337
444	明孝陵博物馆	行业	南京市中山陵风景区	(025)84430117
445	孙中山纪念馆	行业	南京市中山陵风景区	(025)84430116
446	南通市个簃艺术馆	文物	南通市文峰路7号	(0513)85517002
447	淮海战役纪念馆	行业	徐州市解放南路2号	
448	盐城中国海盐博物馆	文物	盐城市开放大道1号	
449	连云港市博物馆	文物	连云港市朝阳东路68号	(0518)85681790
450	吴作人艺术馆	文物	苏州市定慧寺巷88号	(0512)65245605
451	无锡中国民族工商业博物馆	文物	无锡市振新路415号	
452	锡剧博物馆	文物	无锡市长大弄9号	
453	无锡泥人博物馆	文物	无锡市惠山下河塘8号之1	
			浙江省	
454	中国财税博物馆	行业	杭州市上城区吴山广场28号	(0571)87811779
455	中国丝绸博物馆	文物	杭州市玉皇山路73－1号	(0571)87035150
456	浙江省博物馆	文物	杭州市孤山路25号	(0571)87980281
457	浙江自然博物馆	文物	杭州市西湖文化广场6号	(0571)88050941
458	浙江革命烈士纪念馆	行业	杭州万松岭路100－1号	(0571)87031841
459	马寅初纪念馆	行业	杭州市庆春路210号	(0571)88515452
460	浙江吴越古陶瓷博物馆	民办	杭州市吴山广场高银街101号旁	
461	杭州南宋钱币博物馆	民办	杭州市酱园弄12号	(0571)87911087
462	浙东越窑青瓷博物馆(余姚)	民办	余姚市北滨江路43号	
463	杭州南宋官窑博物馆	文物	杭州市上城区南星街道南复路60号	(0571)86083990
464	杭州历史博物馆	文物	杭州上城区粮道山18号(近吴山广场)	(0571)87802660
465	杭州龚自珍纪念馆	文物	杭州市马坡巷16号	(0571)87068558
466	杭州西湖博览会博物馆	行业	杭州市西湖区北山路40～42号	(0571)87997317
467	中国茶叶博物馆	文物	杭州市龙井路88号	(0571)87964221
468	杭州苏东坡纪念馆	文物	杭州南山路2－1号	(0571)87963684
469	杭州章太炎纪念馆	文物	杭州南山路2－1号	(0571)87972985
470	杭州李叔同纪念馆	文物	杭州市虎跑路39号	(0571)87982498

序号	名　　称	性质	地　　址	电话
471	杭州唐云艺术馆	文物	杭州市南山路45号	(0571)87917697
472	杭州西湖博物馆	文物	杭州市南山路89、91号	(0571)87882279
473	杭州京杭大运河博物馆	文物	杭州市运河文化广场1号	(0571)88162018
474	良渚博物院	文物	杭州市余杭区良渚镇美丽州路1号	(0571)88773875
475	岳飞纪念馆	文物	杭州市北山路80号	
476	杭州马一孚纪念馆	文物	杭州花港公园蒋庄内	
477	中国印学博物馆	文物	杭州市孤山后山路10号	(0571)87977149
478	杭州俞曲园纪念馆	文物	杭州市孤山路32号	(0571)87968525
479	浙江辛亥革命纪念馆	文物	杭州龙井路南天竺	(0571)87970469
480	杭州潘天寿纪念馆	行业	杭州南山路212号	(0571)87912845
481	杭州胡庆余堂中药博物馆	民办	杭州市上城区大井巷95号	(0571)87027507
482	桐庐县叶浅予艺术馆	文物	桐庐县大奇山路505号	(0571)64223691
483	宁波博物馆	文物	宁波市鄞州区首南中路1000号	(0574)82815500
484	宁波服装博物馆	文物	宁波市月湖景区宝奎巷4号	(0574)87321028
485	宁波天一阁博物馆	文物	宁波市天一街10号	(0574)87293526
486	镇海口海防历史纪念馆	文物	宁波市镇海区沿江东路198号	(0574)86255760
487	宁波银台第官宅博物馆	文物	宁波市迎凤街133号	
488	宁波保国寺古建筑博物馆	文物	宁波市江北区洪塘街道	(0574)87586317
489	鄞州革命烈士纪念馆	行业	宁波市鄞州区章水镇振兴中路66号	(0574)88476427
490	余姚河姆渡遗址博物馆	文物	余姚市河姆渡镇芦山寺村	(0574)62963732
491	奉化溪口博物馆	文物	奉化市溪口镇武岭中路159号	
492	温州文天祥纪念馆	文物	温州市鹿城区江心屿	
493	温州鞋文化博物馆	民办	温州市牛岭村卧旗山	
494	温州方介堪艺术馆	民办	温州市杨府山下前巷66号	
495	嘉兴南湖革命纪念馆	文物	嘉兴市南湖路	
496	嘉兴沈钧儒纪念馆	文物	嘉兴市环城南路535号	(0573)82055894
497	嘉兴蒲华美术馆	文物	嘉兴市中和街36号	(0573)82071601
498	海宁市张宗祥纪念馆	行业	海宁市仓基街41号	(0573)87010233
499	平湖李叔同纪念馆	文物	平湖市当湖镇叔同路29号	(0573)85011053
500	桐乡丰子恺纪念馆	文物	桐乡市石门镇西市街大井路1号	(0573)88611275
501	桐乡茅盾纪念馆	文物	桐乡市乌镇镇观前街17号	(0573)88711377
502	湖州市湖笔博物馆	民办	湖州市莲花庄路1号	
503	湖州市赵孟頫艺术馆	民办	湖州市莲花庄路1号	
504	安吉吴昌硕纪念馆	文物	安吉县递铺镇天目路572号	(0572)5024258
505	绍兴鲁迅纪念馆	文物	绍兴市鲁迅中路235号	(0575)85132084
506	绍兴周恩来纪念馆	文物	绍兴市劳动路369号	(0575)85133368
507	兰亭书法博物馆	文物	绍兴市兰亭景区内	
508	绍兴陆游纪念馆	文物	绍兴市鲁迅路318号	
509	绍兴越文化博物馆	民办	绍兴市鲁迅路与中兴路交叉口	
510	嵊州越剧博物馆	文物	嵊州市百步阶级8号	(0575)83022152
511	太平天国侍王府纪念馆	文物	金华市将军路鼓楼里	(0579)82338358
512	台湾义勇军纪念馆	行业	金华市酒坊巷84号	
513	金华艾青纪念馆	文物	金华市婺江东路238号	(0579)82314442
514	金华何氏三杰纪念馆	文物	金华市东市街66号	
515	武义潘洁兹艺术馆	行业	武义县柳城镇龙山公园	(0579)87881508

序号	名　　称	性质	地　　址	电话
516	浦江吴茀之纪念馆	文物	浦江县书画街5号	
517	龙泉市博物馆	文物	龙泉市区龙渊公园九姑山	(0578)7123131
518	遂昌汤显祖纪念馆	文物	遂昌县妙高镇北街4弄12~14号	(0578)8121892
519	台州市椒江区戚继光纪念馆	文物	椒江区戚继光路100号	(0576)88222908
520	解放一江山岛革命烈士纪念馆	行业	台州市椒江区枫山北麓解放一江山岛烈士陵园北山	
			安徽省	
521	安徽省博物馆	文物	合肥市安庆路268号	(0551)2823465
522	李鸿章故居陈列馆	文物	合肥市淮河路步行街	(0551)2616772
523	合肥市赖少其艺术馆	文物	合肥市政务文化区石台路艺术公园内	(0551)3526753
524	安徽省古生物化石博物馆	行业	合肥市繁华大道302号	(0551)3831765
525	中国科技大学博物馆	行业	合肥市金寨路96号中国科技大学内	
526	吴敬梓纪念馆	文物	全椒县襄河镇河湾街	(0550)5011603
527	蚌埠市博物馆	文物	蚌埠市胜利路中路51号	(0552)2042312
528	淮南市博物馆	文物	淮南市洞山中路15号	(0554)6646365
529	马鞍山市博物馆	文物	马鞍山市太白大道2006号1幢	(0555)2515859
530	马鞍山市朱然家族墓地博物馆	文物	马鞍山市雨山区朱然路3号	(0555)2515857
531	林散之艺术馆	行业	马鞍山采石公园内	
532	安庆市博物馆	文物	安庆市菱湖南路102号	(0556)5512797
533	安庆中国黄梅戏博物馆	文物	安庆湖心路市民广场	
534	严凤英故居陈列馆	行业	安庆市宜秀区罗岭镇	
535	宿州市彭雪枫纪念馆	行业	宿州市彭雪枫烈士陵园内	
536	阜阳市博物馆	文物	阜阳市清河路	(0558)2553173
537	亳州市博物馆	文物	亳州市谯城区芍花路	(0558)5570789
538	华佗纪念馆	文物	亳州市永安街华祖庵内	
539	安徽中国徽州文化博物馆	文物	黄山市屯溪区机场大道1号	(0559)2574222
540	黄山市屯溪区博物馆	文物	黄山市屯溪区老街168号	(0559)2538024
541	屯溪区戴震纪念馆	文物	黄山市屯溪区老街立新巷1号	(0559)2534492
542	休宁县状元博物馆	文物	休宁县海阳镇状元广场	(0559)7512963
543	歙县博物馆	文物	歙县徽城镇河西新安碑园内	(0559)6530306
544	歙县黄宾虹纪念馆	文物	歙县徽城红星路1号	(0559)6512114
545	陶行知纪念馆	行业	歙县小北街8号	
546	歙县巴慰祖故居博物馆	民办	歙县渔梁镇渔梁路77号	
547	淮北市博物馆	文物	淮北市相山公园	(0561)3115614
548	刘开渠纪念馆	行业	淮北市相山路1号	
549	泾县王稼祥故居纪念馆	行业	泾县桃花潭厚岸街道	(0563)5982008
550	寿县孙叔敖纪念馆	文物	寿县北大街	
551	巢湖市博物馆(放王岗汉墓)	文物	巢湖市长江东路	(0565)2313941
552	刘禹锡纪念馆	文物	和县历阳镇陋室东街	
553	冯玉祥旧居陈列馆	文物	巢湖市居巢区夏阁镇竹柯村	
554	张治中故居陈列馆	文物	巢湖市居巢区黄麓镇洪家疃村	
555	李克农故居陈列馆	文物	巢湖市居巢区烔炀李村	
556	金牛洞古采矿遗址陈列馆	文物	铜陵市凤凰山金牛洞遗址	
557	周瑜墓园陈列馆	文物	庐江县军二东路	
558	涡阳县老子博物馆	文物	涡阳县闸北镇郑店行政村	
559	刘铭传旧居纪念馆	文物	肥西县铭传乡启明村	

序号	名　　称	性质	地　　址	电话
			福建省	
560	福建博物院	文物	福州市鼓楼区湖头街96号	(0591)83725750
561	福建中国闽台缘博物馆	文物	泉州市西湖北侧	
562	福建省昙石山遗址博物馆	文物	闽侯县甘蔗镇昙石村330号	
563	福建闽越王城博物馆	文物	武夷山市兴田镇城村	(0599)5287610
564	福州市博物馆	文物	福州市晋安区文博路8号	(0591)83924687
565	福州市林则徐纪念馆	文物	福州市鼓楼区澳门路16号	(0591)87622782
566	福州市鼓楼区博物馆	文物	福州市鼓楼区乌山道山观8号	(0591)87619320
567	福州市高士其纪念馆	文物	福州市鼓楼区鳌峰坊3号	
568	福州市林纾纪念馆	文物	福州市鼓楼区水部莲宅社区	
569	福州市陈文龙纪念馆	文物	福州市台江区三通街2号	(0591)83263070
570	福州市仓山区博物馆(蔡襄纪念馆)	文物	福州市仓山区下藤路199号	
571	福州市阳岐严复纪念馆	文物	福州市仓山区盖山镇上岐村	
572	马尾中国船政文化博物馆	文物	福州市马尾区昭忠路8号	(0591)83983253
573	长乐市郑和史迹陈列馆	文物	长乐市吴航镇建设路塔平山上	
574	泉州海外交通史博物馆	文物	泉州市东湖街425号	(0595)22100561
575	泉州历史名人纪念馆	文物	泉州市中山中路泮宫内	
576	南安市郑成功纪念馆	文物	南安市石井镇鳌峰山	(0595)86087138
577	德化县陶瓷博物馆	文物	德化县唐寨山森林公园内	(0595)23518883
578	厦门市博物馆	文物	厦门市体育路95号厦门文化艺术中心	(0592)5371607
579	厦门市郑成功纪念馆	文物	厦门市鼓浪屿永春路72号	(0592)2061921
580	漳州市博物馆	文物	漳州市龙文区迎宾大道东3号路口	(0596)2108396
581	华安县福建土楼博物馆	文物	华安县仙都镇大地村南阳楼	
582	古田会议纪念馆	文物	龙岩市上杭县古田镇	(0597)3643110
583	三明市万寿岩遗址博物馆	文物	三明市三元区岩前镇岩前村	
584	福建省革命历史纪念馆	行业	福州市鼓山下院	
585	福建省地质博物馆	行业	福州市塔头街	
586	冰心文学馆	行业	长乐市文学路1号	(0591)28803170
587	闽侯县林祥谦烈士纪念馆	行业	闽侯县祥谦乡福厦公路东侧枕峰山	
588	闽清县黄乃裳纪念馆	行业	闽清县梅城镇台山公园内	(0591)22334744
589	闽侯县林白水纪念馆	行业	闽侯县青口镇青圃村	
590	厦门陈嘉庚纪念馆	行业	厦门市集美区浔江路8号	
591	厦门大学人类博物馆	行业	厦门市思明南路422号厦门大学博学楼	
592	厦门大学鲁迅纪念馆	行业	厦门市思明南路422号厦门大学集美楼2楼	
593	厦门革命烈士纪念馆	行业	厦门市虎园路1号	
594	厦门总工会旧址纪念馆	行业	厦门市大同路土堆巷1号	
595	鼓浪屿钢琴博物馆	行业	厦门市鼓浪屿菽庄花园听涛轩	(0592)2060238
596	鼓浪屿管风琴博物馆	行业	厦门市鼓浪屿鼓新路43号八卦楼	
597	厦门林巧稚纪念馆	行业	厦门市鼓浪屿复兴路102号毓园	
598	泉州市洛江区俞大猷纪念馆	行业	泉州市洛江区河市镇白杨村	
599	叶飞将军纪念馆	行业	南安市金沟镇	
600	李光前纪念馆	行业	南安市梅山镇	
601	李子芳纪念馆	行业	石狮市永宁镇子英村	
602	太姥山国家地质公园博物馆	行业	福鼎市太姥山风景名胜区	
603	漳州市林语堂纪念馆	行业	漳州市芗城区天宝镇五里沙村	

序号	名　　称	性质	地　　址	电话
604	武夷山自然博物馆	行业	武夷山自然保护区三港	
605	蔡襄纪念馆	行业	莆田市东海镇东沙村	
606	陈国柱故居纪念馆	行业	莆田市西天尾镇下土宅村	
			江西省	
607	江西省博物馆	文物	南昌市新洲路99号	(0791)6595424
608	井冈山革命博物馆	文物	井冈山市茨坪红军南路5号	(0796)6553718
609	瑞金中央革命根据地纪念馆	文物	瑞金市龙珠路1号	
610	安源路矿工人运动纪念馆	文物	萍乡市安源镇	(0799)6351085
611	南昌八一起义纪念馆	文物	南昌市中山路380号	(0791)6613806
612	八大山人纪念馆	文物	南昌市青云谱259号	(0791)5273396
613	南昌市博物馆	文物	南昌市八一大道376号	(0791)6221207
614	南昌市民俗博物馆	文物	南昌市子固路165号	(0791)6793024
615	周敦颐纪念馆	文物	九江市庐山区莲花镇周家湾之栗树岭	
616	陶渊明纪念馆	文物	九江县沙河街公园路18号	(0792)6813360
617	庐山博物馆	文物	庐山风景名胜区芦林1号	
618	庐山会议旧址纪念馆	文物	庐山河西路504号	
619	上饶集中营革命烈士纪念馆	行业	上饶市陵园路66号	
620	方志敏纪念馆	行业	弋阳县弋江镇广场北路69号	
621	抚州市王安石纪念馆	文物	抚州市赣东大道1085号	(0794)8222249
622	抚州市汤显祖纪念馆	文物	抚州市文昌大道中段	(0794)8276465
623	奉新县宋应星纪念馆	文物	奉新县工业园区	
624	文天祥纪念馆	文物	吉安县敦厚镇文山路59号	(0796)8227765
625	井冈山会师纪念馆	文物	宁冈县龙市镇龙江路53号	(0796)6865276
626	景德镇官窑博物馆	文物	景德市中华北路龙珠阁	(0798)8221390
627	景德镇陶瓷民俗博物馆	文物	景德镇市枫树山盘龙岗	(0798)8502272
628	景德镇民窑博物馆	文物	景德镇市湖田航空大道18号	(0798)8487577
629	景德镇陶瓷馆	文物	景德镇市莲社北路169号	
630	江西自然科学博物馆	行业	新余市仰天岗应星村	
631	黄秋园纪念馆	民办	南昌市系马桩小桃花巷21号	(0791)6274879
			山东省	
632	山东省博物馆	文物	济南市经十一路14号	(0531)85058201
633	济南市博物馆	文物	济南市经十一路30号	(0531)82959203
634	济南市历城区辛弃疾纪念馆	文物	济南市历城区遥墙镇四风闸村南	(0531)88264363
635	山东大学博物馆	行业	济南市文化西路44号	
636	青岛市博物馆	文物	青岛市崂山区梅岭路27号	(0532)88897227
637	青岛市民俗博物馆	文物	青岛市太平路19号	(0532)82880728
638	青岛德国总督楼旧址博物馆	文物	青岛市市南区龙山路26号	(0532)80760236
639	青岛市康有为故居纪念馆	文物	青岛市福山支路5号	(0532)82879957
640	中国人民解放军海军博物馆	行业	青岛市市南区莱阳路8号	(0532)82888409
641	青岛啤酒博物馆	行业	青岛市登州路56号	(0532)83833437
642	青岛德国监狱旧址博物馆	行业	青岛市市南区常州路23号	(0532)82868820
643	淄博市博物馆	文物	淄博市张店区商场西街153号	(0533)2183902
644	淄博市陶瓷博物馆	行业	淄博市张店区西四路119号	
645	淄博市蒲松龄纪念馆	文物	淄博市淄川区洪山镇蒲家庄	(0533)5811643
646	齐国故城遗址博物馆	文物	淄博市临淄区齐都镇张皇路7号	

序号	名　称	性质	地　址	电话
647	临淄古车博物馆	文物	淄博市临淄区齐陵街道办事处	
648	淄博市博山区赵执信纪念馆	文物	淄博市博山区秋谷路26号	(0533)4182402
649	王士祯纪念馆	文物	桓台县新城镇新立村	
650	台儿庄大战纪念馆	文物	枣庄市台儿庄区沿河南路6号	(0632)6681099
651	贺敬之文学馆	文物	枣庄市台儿庄区沿河南路4号	(0632)6620251
652	滕州市汉画像石馆	文物	滕州市府前东路1号	(0632)5527531
653	王学仲艺术馆	文物	滕州市塔寺街20号	
654	烟台市博物馆	文物	烟台市芝罘区毓岚街2号	(0535)6222814
655	烟台张裕酒文化博物馆	行业	烟台市大马路56号	(0535)6632892
656	王懿荣纪念馆	文物	福山区高新技术产业区盐场居委	
657	潍坊市博物馆	文物	潍坊市东风东街6616号	(0536)8890779
658	郭味蕖故居陈列馆	文物	潍坊市潍城区东风西街	
659	陈介祺故居陈列馆	文物	潍坊市潍城区芙蓉街北首	
660	山东临朐山旺古生物化石博物馆	文物	临朐县山旺路80号	
661	青州市博物馆	文物	青州市范公亭西路1号	(0536)3261736
662	济宁市李白纪念馆	文物	济宁市太白楼中路33号	(0537)2216986
663	朱复戡艺术馆	文物	济宁市古槐路38号	
664	中国甲午战争博物馆	文物	威海市刘公岛	(0631)5324184
665	临沂银雀山汉墓竹简博物馆	文物	临沂市沂蒙路212号市委院内	(0539)8321649
666	沂蒙革命历史纪念馆	行业	临沂市兰山区陵园前街15号	
667	孟良崮战役烈士纪念馆	行业	蒙阴县垛庄镇泉桥村	
668	沂南汉墓博物馆	文物	沂南县界湖镇北寨村	
669	临邑县邢侗纪念馆	文物	临邑县邢侗公园内	(0534)4369955
670	聊城市傅斯年陈列馆	文物	聊城市东关大街111号	
671	孔繁森同志纪念馆	行业	聊城市繁森路1号	(0635)8421662
672	临清市张自忠将军纪念馆	文物	临清市青年路中段	(0635)2425825
673	临清市张彦青艺术馆	文物	临清市青年路中段	(0635)2325966
			河南省	
674	河南博物院	文物	郑州市农业路8号	(0371)63511237
675	黄河博物馆	行业	郑州市紫荆山路4号	
676	河南省地质博物馆	行业	郑州市金水东路	(0371)68108999
677	河南省钱币博物馆	行业	郑州市丰产路	
678	郑州博物馆	文物	郑州市嵩山南路168号	(0371)67447301
679	郑州大河村遗址博物馆	文物	郑州市金水区柳林镇	(0371)65692110
680	郑州古荥冶铁遗址陈列馆	文物	郑州市惠济区古荥镇	
681	郑王陵博物馆	文物	新郑市文化路南端	(0371)62681258
682	郑州二七纪念馆	文物	郑州市二七广场	(0371)66964758
683	华夏美术馆	民办	郑州市经五路47号	(0371)65865573
684	登封嵩山地质博物馆	行业	登封嵩山	
685	开封市博物馆	文物	开封市迎宾路26号	
686	开封市古代艺术馆	文物	开封市徐府街85号	
687	焦裕禄纪念馆	文物	兰考县建设路88号	
688	刘少奇在开封纪念馆	行业	开封市	
689	洛阳博物馆	文物	洛阳市中州中路298号	(0379)65295901
690	洛阳都城(周公庙)博物馆	文物	洛阳市定鼎南路21号	(0379)63984880

序号	名　　称	性质	地　　址	电话
691	洛阳古代艺术博物馆	文物	洛阳市机场路45号	
692	洛阳周王城天子驾六博物馆	文物	关林南路关林庙	(0379)63912399
693	洛阳匾额博物馆	文物	洛阳市瀍河区新街433号	
694	偃师商城博物馆	文物	偃师市商城东路52号	(0379)67711935
695	安阳市博物馆	文物	安阳市文明大道东段市民广场	(0372)2948816
696	安阳殷墟博物馆	文物	河南省安阳市小屯	(0372)3161009
697	汤阴县岳飞纪念馆	文物	汤阴县城	(0372)6213664
698	新乡市博物馆	文物	新乡市和平大道中段	(0373)2858900
699	新乡市潞简王墓博物馆	文物	新乡市凤泉区潞王坟村	(0373)3981827
700	延津县陈玉成纪念馆	文物	延津县城西大街	
701	沁阳市朱载堉纪念馆	文物	沁阳市北寺街薛街1号	
702	韩愈纪念馆	文物	孟州市西虢镇韩庄	
703	范县郑板桥纪念馆	文物	范县辛庄乡毛楼	
704	禹州钧官窑址博物馆	文物	禹州市钧官窑路中段	(0374)8188127
705	许慎纪念馆	文物	郾城区海河路西段	
706	三门峡市虢国博物馆	文物	三门峡市六峰北路	
707	三门峡市车马坑陈列馆	文物	三门峡市春秋路	(0398)2868056
708	南阳市博物馆	文物	南阳市卧龙路766号	(0377)63512907
709	南阳市汉画馆	文物	南阳市汉画街	
710	南阳知府衙门博物馆	文物	南阳市民主街100号	(0377)63232861
711	南阳市张衡博物馆	文物	南阳市卧龙区石桥镇	(0377)69866665
712	南阳市张仲景博物馆	文物	南阳市医圣街7号	
713	新野汉画砖博物馆	文物	新野县解放南路	(0396)7100010
714	镇平县彭雪枫纪念馆	文物	镇平县建设东路378号	(0377)65921774
715	西峡恐龙遗迹园	行业	河南西峡	
716	许世友将军纪念馆	文物	新县田铺乡河铺村	
717	周口市平粮台古城博物馆	文物	淮阳县大连乡大朱行政村	(0394)8273531
718	扶沟吉鸿昌纪念馆	文物	周口市扶沟县城内	
			湖北省	
719	湖北省博物馆	文物	武汉市武昌区东湖路88号	(027)86794127
720	辛亥革命武昌起义纪念馆	文物	武汉市武昌武珞路1号	(027)88877172
721	明代藩王博物馆	文物	武汉市黄陂木兰胡风景区	(027)61550655
722	湖北艺术博物馆	文物	武汉市武昌东湖路三官殿1号	(027)86796002
723	武汉市博物馆	文物	汉口青年路373号	(027)85625587
724	武汉市革命博物馆	文物	武汉市武昌红巷13号	(027)88875306
725	武汉市中山舰博物馆	文物	武昌造船厂内	(027)81562008
726	武汉国民政府旧址纪念馆	文物	武汉市汉口中山大道708号南阳大楼3楼	(027)85663790
727	八七会议纪念馆	文物	武汉市汉口鄱阳街139号	(027)82835088
728	八路军武汉办事处旧址纪念馆	文物	汉口长春街57号	(027)82735576
729	郑州铁路局武汉二七纪念馆	行业	武汉市解放大道2499号	(027)82934390
730	汉口新四军军部旧址纪念馆	文物	武汉市汉口胜利街332~352号	
731	湖北省美术馆	文物	武汉市武昌华中村	(027)88848780
732	武汉市盘龙城遗址博物馆	文物	黄陂区盘龙城遗址	
733	中国地质大学逸夫博物馆	行业	武汉市洪山区鲁磨路388号	(027)87436365
734	湖北地质博物馆	行业	武汉市汉口解放大道684号	(027)85833247

序号	名　　称	性质	地　　址	电话
735	中南民族大学民族学博物馆	行业	武汉市民院路中南民族大学	(027)67842750
736	湖北大学博物馆	行业	武汉市武昌学院路11号	
737	武汉科学技术馆	行业	武汉市赵家条144号	(027)82281188
738	黄继光纪念馆	行业	武汉市黄陂区95942部队	(0838)7202597
739	武当山博物馆	文物	武当山旅游经济特区文化广场东侧	(0719)5667386
740	荆州市博物馆	文物	荆州市荆中路142号	(0716)8494187
741	洪湖市革命历史博物馆	文物	洪湖市新堤镇玉沙路19号	(0716)2438019
742	荆州市周梁玉桥遗址博物馆	文物	荆州市沙市区长港路	(0716)8560225
743	宜昌市博物馆	文物	宜昌市夷陵大道61号	(0717)6443785
744	秭归屈原纪念馆	文物	秭归归州镇大慈寺向家坪	(0717)2888588
745	宜都市杨守敬纪念馆	文物	宜都市陆城邻苏巷30号	(0717)4822368
746	襄樊市博物馆	文物	襄樊市襄城南街156号	(0710)3511443
747	鄂州市博物馆	文物	鄂州市武昌大道西段2224号	(0711)3223467
748	黄州李四光纪念馆	文物	黄冈市黄州区体育路24号	
749	陈潭秋纪念馆	文物	黄冈市黄州区体育路24号	
750	红安县革命博物馆	文物	红安县七里坪填	
751	李先念纪念馆	文物	红安县城东北棵子山陵园大道1号	
752	董必武纪念馆	文物	红安县城关镇	
753	蕲春县李时珍纪念馆	文物	蕲春县蕲州镇	(0713)7504552
754	安陆市李白纪念馆	文物	安陆市河西大凹山市政府大院	(0712)5222997
755	赤壁市博物馆	文物	赤壁市陆水湖大道	(0715)5355322
756	潜江市曹禺纪念馆	文物	潜江市潜泽大道曹禺公园内	
757	神农架林区自然博物馆	行业	神农架林区松柏镇沿河路3号	(0719)3332235
758	铜绿山古铜矿遗址博物馆	文物	黄石市大冶县铜绿山镇	
759	王昭君纪念馆	行业	兴山县高阳镇昭君村	
760	荆州张居正纪念馆	文物	荆州市沙市区	
湖南省				
761	湖南省博物馆	文物	长沙市东风路50号	(0731)84535566
762	刘少奇同志纪念馆	文物	长沙市宁乡县花明楼镇	(0731)7094027
763	胡耀邦故居陈列馆	文物	长沙市浏阳市中和镇苍坊村	(0731)3780021
764	长沙简牍博物馆	文物	长沙市白沙路92号	(0731)85425688
765	浏阳市博物馆(浏阳文庙)	文物	长沙市浏阳市圭斋东路81号	
766	徐特立纪念馆	文物	长沙县江背镇特立村	
767	杨开慧纪念馆	文物	长沙县开慧乡	
768	长沙市博物馆	文物	长沙市八一路538号	(0731)82242209
769	李富春故居纪念馆	文物	长沙市三兴街2号	(0731)82258620
770	浏阳谭嗣同故居陈列馆	文物	长沙市浏阳市才常路89号	
771	黄兴纪念馆	文物	长沙县黄兴镇凉塘	
772	秋收起义文家市会师纪念馆	文物	长沙市浏阳市文家市镇	(0731)3768005
773	湖南省地质博物馆	行业	长沙市芙蓉中路2段223号	(0731)85507956
774	湖南省湘绣博物馆	行业	长沙市芙蓉区车站路39号	
775	株洲市博物馆	文物	株洲市建设中路市文化园内	(0733)8352341
776	醴陵市博物馆	文物	株洲市醴陵城区东正街30号	(0731)23238623
777	李立三故居陈列馆	文物	株洲市醴陵市阳三街办立三路	
778	韶山毛泽东同志纪念馆	文物	湘潭市韶山市韶山冲	(0732)5685347

序号	名　称	性质	地　址	电话
779	湘潭市齐白石纪念馆	文物	湘潭市大湖路2号	
780	彭德怀纪念馆	文物	湘潭市湘潭县乌石镇乌石村	(0732)7838100
781	黄公略故居纪念馆	文物	湘潭市湘乡市中沙镇朝阳村	
782	汨罗市屈原纪念馆	文物	岳阳市汨罗市屈子祠镇	
783	湘阴县岳州窑遗址博物馆	文物	岳阳市湘阴县文星镇马王勘	
784	任弼时纪念馆	文物	岳阳市汨罗市弼时镇	(0730)5750297
785	衡阳市博物馆	文物	衡阳市明翰路28号	(0734)8291204
786	罗荣桓生平业迹陈列馆	文物	衡阳市荣桓镇南湾村	
787	衡阳县夏明翰生平事迹陈列馆	文物	衡阳市衡阳县洪市镇礼梓村	
788	衡阳县王船山纪念馆	文物	衡阳市衡阳县西渡镇船山广场	
789	耒阳市蔡伦纪念馆	文物	衡阳市耒阳市人民路71号	(0734)4359980
790	郴州市博物馆	文物	郴州市文化中心	(0735)2858179
791	湘南暴动纪念馆	文物	郴州市宜章县中夏街26号	(0735)3721499
792	林伯渠故居纪念馆	文物	常德市临澧县修梅镇凉水井村	
793	沅州石雕博物馆	民办	常德市武陵大道中段	
794	蔡和森同志纪念馆	文物	娄底市双峰县书院路70号	
795	罗盛教纪念馆	文物	娄底市新化县上梅镇上梅中路	
796	湘西土家族苗族自治州博物馆	文物	湘西州吉首市环城路张家中	(0743)8223223
797	贺龙纪念馆	文物	张家界市桑植县洪家关乡	(0744)6222394
798	向警予同志纪念馆	文物	怀化市溆浦县警予西路27号	
799	麻阳苗族自治县博物馆、滕代远纪念馆	文物	怀化市麻阳县友谊东路59号	(0745)5850407
800	会同县粟裕同志纪念馆	文物	怀化市会同县粟裕公园	(0745)8822423
801	永州市零陵区柳宗元纪念馆	文物	永州市零陵区柳子街86号	
			广东省	
802	广东省博物馆	文物	广州市珠江新城珠江东路2号	(020)83832195
803	广州鲁迅纪念馆	文物	广州市文明路215号	(020)83832194
804	广州博物馆	文物	广州市越秀公园内	(020)83550627
805	广东革命历史博物馆	文物	广州市陵园西路2号大院2号	(020)83753901
806	广东民间工艺博物馆	文物	广州市中山七路恩龙里34号陈家祠	(020)81814559
807	广州艺术博物院	文物	广州市麓湖路13号	(020)83659337
808	西汉南越王博物馆	文物	广州市解放北路867号	(020)83357045
809	毛泽东同志主办农民运动讲习所旧址纪念馆	文物	广州市中山四路42号	(020)83333936
810	孙中山大元帅府纪念馆	文物	广州市珠海区纺织路东沙街18号	(020)89012366
811	三元里人民抗英斗争纪念馆	文物	广州市广园中路34号	(020)86578325
812	黄埔军校旧址纪念馆	文物	广州市黄浦区长洲岛	(020)82202278
813	广州起义纪念馆	文物	广州市起义路200号之1	
814	全国总工会旧址纪念馆	文物	广州市越秀南路89号	(020)83832587
815	陈树人纪念馆	文物	广州市越秀区署前路10号	(020)87752582
816	高剑父纪念馆	文物	广州市盘福路朱紫街87号	(020)81364905
817	广州市海珠博物馆	文物	广州市海珠区宝岗大道龙涎里2号	(020)34384021
818	番禺博物馆	文物	广州市番禺区沙头街银平路121号	(020)84809245
819	乳源瑶族自治县民族博物馆	文物	韶关市乳源瑶族自治县乳城镇育才路1号	(0751)5384497
820	深圳市博物馆	文物	深圳福田区深圳市民中心A区	(0755)82013036
821	东江纵队司令部旧址	文物	深圳市龙岗区葵涌街道土洋社区中心巷16号	

序号	名　称	性质	地　址	电话
822	深圳市中英街历史博物馆	文物	深圳市盐田区沙头角镇内环城路9号	(0755)25251107
823	珠海市博物馆	文物	珠海市吉大景山路191号九洲城	
824	汕头市博物馆	文物	汕头市月眉路与韩堤路交界处	(0754)88272498
825	唐代龙窑陈列馆	文物	佛山市高明区荷城沿江路283号	
826	广东粤剧博物馆	文物	佛山市禅城区兆祥路	(0757)83284524
827	湛江市博物馆	文物	湛江市赤坎区南方路50号	(0759)3336241
828	雷州市博物馆	文物	雷州市雷城镇曲街4号	
829	茂名市博物馆	文物	茂名市人民北路20号	(0668)2898149
830	肇庆市博物馆	文物	肇庆市江滨东路阅江楼	(0758)2287193
831	惠州市博物馆	文物	惠州市西湖丰湖书院内	(0752)2828818
832	惠州市惠阳区叶挺纪念馆	文物	惠州市惠阳区淡水镇	(0752)3370155
833	广东客家博物馆	文物	梅州市梅江区东山大道客家公园	
834	梅县博物馆	文物	梅州市文保路1号(金山顶)	(0756)3342111
835	叶剑英元帅纪念馆	文物	梅州市梅县雁洋镇虎形村	(0753)2826268
836	陆丰市博物馆	文物	陆丰市马街313号大院内	(0660)8886533
837	河源市博物馆	文物	河源市源城区南堤路龟峰塔下	(0762)3333596
838	清远市博物馆	文物	清远市新城18号区银泉路博物馆大楼	(0763)3375617
839	连山壮族瑶族自治县民族博物馆	文物	连山县吉田镇金山路广山巷3号	
840	东莞市博物馆	文物	东莞市城区新芬路36号	(0769)22114802
841	鸦片战争博物馆	文物	东莞市虎门镇解放路88号	(0769)85512065
842	广东东江纵队纪念馆	文物	东莞市大岭山镇大王岭村大岭村委会(厚大公路旁)	(0769)85651766
843	东莞蚝岗遗址博物馆	文物	东莞南城胜和社区龙船塘(胜和加油站东侧)	
844	孙中山故居纪念馆	文物	中山市翠亨村	(0760)5501691
845	中山市博物馆	文物	中山市孙文中路197号	(0760)88840408
846	商业文化博物馆	文物	中山市孙文西路152号	
847	中山美术馆	文物	中山市西区岐江公园内	(0760)88625363
848	潮州市韩愈纪念馆	文物	潮州市桥东韩文公祠内	
849	丁日昌纪念馆	文物	揭阳市区元鼎路丁日昌光禄公祠	(0663)8624807
850	广东凉茶博物馆	民办	广州市经济技术开发区科学城金峰园路	
851	陈李济中药博物馆	行业	广州市广州大道南1688号	(020)84218338
852	广东中医药博物馆	行业	广州大学城外环东路232号广州中医药大学内	(020)39356886
853	中山大学生物博物馆	行业	广州市新港西路135号中山大学马文辉堂	(020)84114063
854	中山大学医学博物馆	行业	广州市中山二路74号	
855	珠江—英博国际啤酒博物馆	行业	广州市阅江路魔碟沙隧道东出口	(020)84202521
856	神农草堂中医药博物馆	民办	广州市白云区沙太北路389号	
857	美容化妆品博物馆	民办	广州高新技术开发区科学城科林路15号广州环亚化妆品科技有限公司	
858	深圳古生物博物馆	行业	深圳市罗湖区莲塘仙湖路160号	(0755)25702716
859	招商局历史博物馆	行业	深圳市南山区蛇口沿山路21号	
860	深圳玺宝楼青瓷博物馆	民办	深圳市宝安南路2095号玺宝楼	(0755)25563935
861	深圳红木家具博物馆	民办	深圳市宝安区观澜高尔夫大道	
862	深圳钢琴博物馆	民办	深圳市上步南路乐器城3楼	
863	汕头海关关史陈列馆	行业	汕头市外马路2号	
864	梅州市革命历史纪念馆	行业	梅州市华南大道剑英公园内	(0753)2313992
865	东莞市唯美陶瓷博物馆	民办	东莞市高埗镇北王路草墩桥侧唯美集团总部	(0769)88463008

序号	名　　称	性质	地　　址	电话
866	东莞市观音山古树博物馆	民办	东莞市樟木头镇广东观音山国家森林公园内	
867	广东石湾陶瓷博物馆	行业	佛山市禅城区石湾高庙路5、6号	(0757)82701218
			广西壮族自治区	
868	广西壮族自治区博物馆	文物	南宁市民族大道34号	(0771)2832285
869	广西壮族自治区自然博物馆	文物	南宁市人民东路1－1号	(0771)2820904
870	广西民族博物馆	文物	南宁市青环路11号	(0771)2024322
871	南宁市博物馆	文物	南宁市北宁街47－2号	(0771)2825718
872	柳州市博物馆	文物	柳州市解放北路37号	
873	三江侗族自治县侗族博物馆	文物	三江侗族自治县古宜镇江峰街17号	(0772)8614112
874	桂林博物馆	文物	桂林市秀峰区西山路4号	(0773)2898690
875	八路军桂林办事处纪念馆	文物	桂林市中山北路14号	(0773)2822818
876	桂林市靖江王陵博物馆	文物	桂林市七星区尧山靖江路1号	(0773)5897276
877	桂林甑皮岩遗址博物馆	文物	桂林市象山区甑皮岩路26号	(0773)3655181
878	桂海碑林博物馆	文物	桂林市七星区龙隐路1号	(0773)5814210
879	梧州市博物馆	文物	梧州市大中路102－3号	(0774)2820106
880	钦州市博物馆	文物	钦州市宫保街	(0774)2837862
881	桂平市博物馆	文物	桂平市人民中路3号	(0775)3383402
882	百色起义纪念馆	文物	百色市迎龙山上	(0776)2824401
883	右江革命纪念馆	文物	田东县平马镇南华路1号	(0776)5222473
884	右江民族博物馆	文物	百色市城东路后龙山2号	(0776)2932787
885	靖江县壮族博物馆	文物	靖西县中山公园西北侧	
886	贺州市博物馆	文物	贺州市体育路65号	(0774)5283962
887	南丹县里湖白裤瑶生态博物馆	文物	南丹县里湖乡怀里村蛮降屯	
888	罗城仫佬族博物馆	文物	罗城县东门镇白马路一巷3号	
889	金秀瑶族自治县瑶族博物馆	文物	金秀瑶族自治县金秀镇平安路6号	(0772)6212197
890	中国红军第八军革命纪念馆	文物	龙州县城东区独山大道	(0771)8812446
891	凭祥市博物馆	文物	凭祥市北环路新洞口旁	(0771)8520816
892	广西地质博物馆	行业	南宁市建政路1号	(0771)5606554
893	昆仑关战役博物馆	行业	南宁昆仑关东北面	
894	邓颖超纪念馆	文物	南宁市朝阳路3号	(0771)2842629
895	融水苗族自治县安太苗族生态博物馆	文物	融水苗族自治县安太乡小桑村下屯	
896	灵川长岗岭商道古村生态博物馆	文物	灵川县灵田乡东北10公里长岗岭村	
897	东兴市京族博物馆	文物	东兴市江平镇 沥尾村	
898	靖江县旧州壮族生态博物馆	文物	靖西县旧州街	
899	那坡县达文黑衣壮生态博物馆	文物	那坡县龙合乡达文屯	
900	贺州市客家围屋生态博物馆	文物	贺州市八步区莲塘镇仁冲村白花洞	
901	忻城县土司博物馆	文物	忻城县城关镇西宁街98号	(0772)5512606
			海南省	
902	海南省博物馆	文物	海口市国兴大道68号	(0898)68928907
903	海南省民族博物馆	文物	五指山市海榆北路	(0898)86622336
904	海口市博物馆	文物	海口市琼山区海府大道169号五公祠内	(0898)65305577
905	海南生物多样性博物馆	行业	海南师范学院内	
906	三亚市博物馆	文物	三亚市西河西路1号	
907	琼海市博物馆	文物	琼海市加积镇不偏岭	
908	文昌市博物馆	文物	文昌市文城镇文东里20号	(0898)63235956

序号	名　称	性质	地　址	电话
909	东方市博物馆	文物	八所镇东方市委大院内	(0898)25984055
910	五指山蝴蝶博物馆	民办	五指山市水满乡	(0898)86550355
911	海南天涯雨林博物馆	民办	万宁市兴隆镇	
			重庆市	
912	重庆中国三峡博物馆	文物	渝中区人民路236号	(023)63679066
913	重庆红岩革命历史博物馆	文物	渝中区红岩村52号沙坪坝烈士墓	(023)63300192
914	重庆自然博物馆	文物	渝中区枇杷山正街74号	(023)63869867
915	重庆大足石刻艺术博物馆	文物	大足县龙冈镇北山路	(023)43722268
916	重庆市九龙坡区巴人博物馆	文物	九龙坡区九龙园红狮大道6号	
917	川陕苏区城口纪念馆	文物	城口县葛城镇土城路半月池2号	(023)59222350
918	綦江县石刻博物馆	文物	綦江县古南镇	(023)85891600
919	奉节县白帝城博物馆	文物	奉节县鱼腹开发区白帝村一社	
920	西南大学历史博物馆	行业	北碚区西南师范大学内	(023)68367383
921	重庆师范大学博物馆	行业	沙坪坝区陈家湾重庆师范大学内	
922	聂荣臻元帅陈列馆	行业	江津市几江西关	(023)47562678
923	钓鱼城古战场遗址博物馆	行业	合川市瑞山路石马街4号	(023)42822763
924	重庆警察博物馆	行业	市高新区科园六路42号	
925	重庆抗战遗址博物馆	行业	南岸区南山镇黄山17号	(023)62465242
926	重庆市民族博物馆	行业	黔江区新华大道西段1558号	(023)79226896
927	重庆佛教博物馆	行业	九龙坡区华岩寺	
928	重庆民间医药博物馆	民办	渝中区枇杷山正街103号	(023)63528755
929	重庆巴渝名匾文化艺术博物馆	民办	渝中区大坪七牌坊36－1、42－44、40－4	(023)63528755
930	重庆火锅博物馆	民办	九龙坡区金凤镇海含路1号	
931	重庆巴渝民俗博物馆	文物	渝北区双龙大道二支巷(民俗文化村内)	(023)67821175
			四川省	
932	四川省博物馆	文物	成都市浣花南路251号	(028)65521581
933	成都博物院	文物	成都市通惠门路25号琴台大厦	(028)87777912
934	邛崃市博物馆	文物	邛崃市临邛镇东星大道28号	
935	彭州市博物馆	文物	成都市彭州市金彭西路403号	(028)83873715
936	四川鹿野苑私立石刻艺术博物馆	民办	成都市郫县新民场镇	(028)85251180
937	四川原道文化博物馆	民办	成都市高新西区天朗路55号	
938	自贡盐业历史博物馆	文物	自贡市解放路107号	(0813)2202746
939	泸州市博物馆	文物	泸州市江阳西路37号	(0830)3113485
940	叙永县木雕石刻艺术博物馆	文物	泸州市叙永县叙永镇南大街4号春秋祠	
941	合江县汉代画像石棺博物馆	文物	泸州市合江县合江镇学坎上70号	
942	德阳市博物馆	文物	德阳市文庙街133号	(0838)2203214
943	广汉三星堆博物馆	文物	广汉市西安路133号	(0838)5500349
944	四川宋瓷博物馆	文物	遂宁市明月花园小区西山路613号	(0825)5809048
945	大英汉陶博物馆	文物	大英县新城区花园干道5号	
946	宜宾市博物馆	文物	四川宜宾市翠屏公园内	(0831)8224168
947	川陕革命根据地博物馆	文物	巴中市南龛坡	(0827)5229398
948	红四方面军总指挥部旧址纪念馆	文物	通江县诺江镇文庙街29号	(0827)7239278
949	川陕苏区将帅碑林纪念馆	文物	巴中市南龛坡	
950	红军强渡大渡河纪念馆	文物	石棉县安顺乡	
951	红军飞夺泸定桥革命文物陈列馆	文物	泸定县泸桥镇丰碑路	(0836)3122117

序号	名　称	性质	地　址	电话
952	凉山彝族自治州博物馆	文物	西昌市西门坡街37号	
953	四川大学博物馆	行业	成都市武侯区望江路19号	(028)87760688
954	成都华西昆虫博物馆	民办	成都市武阳大道1段288号	(028)87435382
955	自贡恐龙博物馆	文物	自贡市大安区大山铺镇238号	(0813)5802095
956	峨眉山博物馆	文物	乐山市峨眉山市报国寺凤凰堡	
957	蜀南竹海博物馆	文物	宜宾市长宁县竹海镇白羊村二组	
958	通江银耳博物馆	文物	通江县陈河乡麻柳林村	
959	成都武侯祠博物馆	文物	成都武侯祠大道231号	(028)85581934
960	成都杜甫草堂博物馆	文物	成都市青华路37号	(028)87344294
961	成都永陵博物馆	文物	成都市永陵路10号	(028)87760688
962	成都金沙遗址博物馆	文物	成都市金沙遗址路2号	(028)87303522
963	明蜀王陵博物馆	文物	成都市龙泉驿区十陵镇	(028)84600460
964	隋唐窑址博物馆	文物	成都市一环路西2段31号	(028)85599328
965	新津纯阳观博物馆	文物	新津县纯阳大道313号	
966	红军四渡赤水太平渡陈列馆	文物	泸州市古蔺县太平镇长征街	
967	泸州老窖博物馆	行业	泸州市江阳区三星街1号	
968	庞统祠博物馆	文物	罗江县白马关镇凤雏村	(0838)3960277
969	平武报恩寺博物馆	文物	平武县龙安镇北街63号	(0816)8822756
970	皇泽寺博物馆	文物	广元皇泽寺内	(0839)3454017
971	乐山崖墓博物馆	文物	乐山市凌云路257号	
972	荥经严道古城遗址博物馆	文物	荥经县荥兴路62号(分馆:荥经县民主路129号)	
973	三苏纪念馆	文物	眉山市东坡区纱縠行南段96号	(028)38299285
974	彭山县汉崖墓博物馆	文物	彭山市江口镇双江村	(0833)7680519
975	大邑刘氏庄园博物馆	文物	成都市大邑县安仁镇	(028)88315113
976	新都区杨升庵博物馆	文物	成都市新都区桂湖中路109号	
977	况场朱德旧居陈列馆	文物	泸州市江阳区况场镇中大街189号	
978	中江黄继光纪念馆	文物	中江县凯江镇东河路下段1号	(0838)7202597
979	江油市李白纪念馆	文物	江油市文风街1号	
980	内江市张大千纪念馆	文物	内江市东兴区东桐路圆顶山	(0832)2255773
981	威远县罗世文纪念馆	文物	威远城区青龙山公园路	
982	沙湾郭沫若旧居博物馆	文物	乐山市沙湾区文豪路中段	(0833)3441616
983	丁佑君烈士纪念馆	行业	四川省乐山市	
984	朱德同志故居纪念馆	文物	南充市仪陇县马鞍镇	(0817)7555022
985	宜宾市赵一曼纪念馆	文物	四川宜宾市翠屏公园内	(0831)8226665
986	李硕勋纪念馆	文物	高县庆符镇硕勋中路硕勋公园内	
987	邓小平故居陈列馆	文物	广安市协兴镇	(0826)2412393
988	宣汉县王维舟纪念馆	文物	宣汉县东乡镇项山路158号	
989	刘伯坚烈士纪念馆	文物	平昌县江口镇幸福路2号	
990	四川省乐至县陈毅纪念馆	文物	乐至县园林路	(0832)3336012
991	成都川剧艺术博物馆	文物	成都市锦江区华兴正街54号	
992	成都·中国皮影博物馆	文物	成都市通惠门路25号	
993	成都川菜博物馆	民办	四川郫县古城镇荣华北巷8号	(028)87918008
994	成都蜀星郫县豆瓣文化博物馆	民办	成都郫县城灌西路199号	
995	四川客家博物馆	文物	泉驿区洛带镇老街下街178号	(028)84893201
996	成都皮影艺术博物馆	民办	成都都江堰市中兴镇花木城	

序号	名　称	性质	地　址	电话
997	成都中药博物馆	民办	成都市高新西区迪康大道1号	
998	成都乌木艺术博物馆	民办	都江堰市青城大道中段	(028)87541369
999	四川电信博物馆	行业	成都市文庙前街72号	
1000	绵竹年画博物馆	文物	绵竹市大南街574号	
1001	四川夹江手工造纸博物馆	文物	夹江县千佛岩景区	(0833)5674316
1002	青神县竹编博物馆	文物	青神县南城镇兰沟村	
1003	茂县羌族博物馆	文物	茂县禹羌大道	
1004	凉山彝族奴隶社会博物馆	文物	西昌市邛海泸山风景区	
1005	西南民族大学博物馆	行业	成都市一环路南四段16号	
		贵州省		
1006	贵州省博物馆	文物	贵阳市北京路168号	(0851)6822232
1007	遵义市博物馆	文物	遵义市红花岗区子尹路	
1008	遵义会议会址纪念馆	文物	遵义市汇川区人民路	(0852)8222052
1009	贵州酒文化博物馆	文物	遵义市汇川区人民路	
1010	遵义市杨粲墓博物馆	文物	遵义市汇川区人民路	
1011	习水四渡赤水纪念馆	文物	习水县土城镇	
1012	安顺市王若飞故居纪念馆	文物	安顺市中华北路202号	(0853)3251251
1013	锦屏县隆里古城生态博物馆	文物	镜屏县隆里乡隆里村	
1014	贵州民族节日文化博物馆	文物	黄平县东坡飞云崖	
1015	贵州民族民间古建筑博物馆	文物	镇远县舞阳镇	
1016	台江古生物化石博物馆	行业	台江县文昌宫内	
1017	台江苗族刺绣博物馆	文物	台江县文昌宫内	
1018	榕江红七军军部旧址陈列馆	文物	榕江县古州镇中路西侧	
1019	三穗县杨至成将军陈列馆	文物	三穗县城中心杨志成广场	
1020	思南乌江博物馆	文物	思南县思唐镇文化街354号	(0856)7223144
1021	铜仁地区傩文化博物馆	文物	铜仁市中山路17号	
1022	黔东南州民族博物馆	文物	凯里市广场路5号	(0855)8061560
1023	毕节地区博物馆	文物	毕节市百花路19号	(0857)8222861
1024	六枝梭嘎生态博物馆	文物	六枝特区梭嘎乡高兴村	
1025	贵州民族婚俗博物馆	文物	兴义市下五屯镇	
1026	关岭县国家地质公园博物馆	行业	关岭县国家地质公园内	
1027	黔南州民族博物馆	行业	都匀市人民广场	
1028	贵州民族民俗博物馆	民办	贵阳市白云区公园路3号	
1029	贵阳金阳古生物化石博物馆	民办	金阳高新技术开发区市科技大厦	
		云南省		
1030	云南省博物馆	文物	昆明市五一路118号	(0871)6179528
1031	昆明市博物馆	文物	昆明市拓东路71号	(0871)31533256
1032	嵩明兰茂纪念馆	文物	嵩明县杨林镇南街	(0871)7971042
1033	杨升庵纪念馆(升庵祠)	文物	昆明市西山区碧鸡镇高峣村	(0871)8413035
1034	云南陆军讲武堂纪念馆	文物	昆明市翠湖西路22号	(0871)5322488
1035	昆明聂耳墓纪念馆	文物	昆明市西山森林公园聂耳墓	
1036	会泽县汉墓博物馆	文物	会泽县水城	
1037	彝良罗炳辉纪念馆	文物	昭通市彝良县将军路	(0870)5120544
1038	玉溪市博物馆	文物	玉溪市红塔大道30号	(0877)2063860
1039	江川李家山青铜器博物馆	文物	江川县大街镇星云路西段1号	(0877)8013320

序号	名　　称	性质	地　　址	电话
1040	楚雄州博物馆	文物	楚雄市鹿城南路428号	(0878)3127463
1041	元谋县元谋人博物馆	文物	元谋县元马镇	
1042	禄丰恐龙博物馆	文物	禄丰县金山镇金山南路95号	(0878)4122718
1043	大理州博物馆	文物	大理市下关洱河南路8号	(0872)2139103
1044	保山市博物馆	文物	保山市隆阳区三馆文化中心广场	(0875)2229372
1045	腾冲艾思奇故居纪念馆	文物	腾冲县和顺乡水碓村	
1046	腾冲李根源故居纪念馆	文物	腾冲县天成社区叠园小区38号	
1047	腾冲国殇墓园纪念馆(滇西抗战纪念馆)	文物	腾冲县腾越镇天成社区太极小区2号	(0875)5133679
1048	龙陵县抗战纪念馆	文物	龙陵县东卡抗战文化广场	
1049	红河州博物馆	文物	蒙自县红河州行政中心区广场	(0873)3734160
1050	丽江市博物馆	文物	丽江市古城区黑龙潭	
1051	怒江驼峰航线纪念馆	文物	泸水县片马镇片马抗英纪念馆内	
1052	云南民族博物馆	行业	昆明市滇池路1503号	
1053	云南民族学院民族博物馆	行业	昆明市“一二·一”大街134号	(0871)4311219
1054	昆明动物博物馆	行业	昆明市校场东路32号	(0871)5199680
1055	云南大学伍马瑶人类学博物馆	行业	昆明市翠湖北路云南大学内	
1056	云南锡博物馆	行业	个旧市金湖东路121号	
1057	云南地质博物馆	行业	昆明市北京路1018号	
1058	云南钱币博物馆	行业	昆明市正义路69号	
1059	云南民俗博物馆	民办	昆明市小龙路小龙四方街翡翠大楼6楼	
1060	香格里拉茶马古道博物馆	民办	香格里拉县独克宗古城金龙街	
1061	西双版纳勐泐博物馆	民办	景洪市宣慰街勐泐文化园	
			西藏自治区	
1062	西藏博物馆	文物	拉萨市罗布林卡19号	(0891)6835244
1063	西藏山南地区雅砻历史博物馆	文物	山南地区乃东县泽当镇	
			陕西省	
1064	陕西历史博物馆	文物	西安市莲湖区小寨东路91号	(029)85253806
1065	秦始皇兵马俑博物馆	文物	西安市临潼区安寨镇	(029)91399127
1066	西安碑林博物馆	文物	西安市碑林区三学街15号	(029)87210764
1067	西安半坡博物馆	文物	西安市灞桥区半坡路155号	(029)83512807
1068	汉阳陵博物馆	文物	咸阳市渭城区正阳镇	(029)86031470
1069	西安事变纪念馆	文物	西安市碑林区建国路69号	(029)87418247
1070	乾陵博物馆	文物	咸阳市乾县唐永泰公主墓	(029)35510222
1071	西安博物院	文物	西安市碑林区友谊东路72号	(029)87803591
1072	八路军西安办事处纪念馆	文物	西安市新城区北新街七贤庄1号	(029)87277277
1073	钟鼓楼博物馆	文物	西安市北大街2号	
1074	西安唐皇城墙含光门遗址博物馆	文物	西安市莲湖区含光路含光门内	
1075	大明宫遗址陈列馆	文物	西安市未央区栖凤路41号	(029)86261230
1076	汉长安城长乐宫四号、五号遗址博物馆	文物	西安市未央区罗高路罗家寨村	
1077	丰镐遗址车马坑陈列馆	文物	西安市长安区马王镇沣京中路10号	
1078	唐华清池御汤遗址博物馆	文物	西安市临潼区华清路38号	
1079	临潼区扁鹊纪念馆	文物	西安市临潼区代王街道办陈东村	
1080	仙游寺博物馆	文物	西安市周至县马召镇金盆水库北	
1081	蔡文姬纪念馆	文物	西安市蓝田县三里镇蔡王村工业园区文姬路	(029)82734159
1082	陕西省美术博物馆	行业	西安市碑林区长安北路14号	(029)85268293

序号	名　称	性质	地　址	电话
1083	民间工艺美术博物馆	行业	西安市临潼区秦陵街道办下和村	
1084	陕西自然博物馆	行业	西安市雁塔区长安南路 88 号	(029)85239902
1085	陕西地质博物馆	行业	西安市雁塔区雁塔北路 100 号	
1086	西安钱币博物馆	行业	西安市莲湖区西大街 188 号	
1087	西北大学历史博物馆	行业	西安市碑林区太白北路 229 号	
1088	西安航空博物馆	行业	西安市碑林区友谊西路 127 号	(029)88493944
1089	西北工业大学航天馆	行业	西安市碑林区友谊西路 127 号	
1090	罗盛教纪念馆	行业	西安市临潼区 68310 部队(兵马俑馆后门)	
1091	大唐西市博物馆	民办	西安市莲湖区劳动南路 1 号	(029)88361111
1092	咸阳博物馆	文物	咸阳市中山街 53 号	(029)33213015
1093	秦咸阳宫遗址博物馆	文物	咸阳市渭城区窑店镇牛羊村	
1094	茂陵博物馆	文物	咸阳市兴平市东	(029)38456140
1095	杨贵妃墓博物馆	文物	咸阳市兴平市马嵬镇西	
1096	昭陵博物馆	文物	咸阳市礼泉县烟霞镇西	(029)35767009
1097	于右任纪念馆	文物	咸阳市三原县宴友思大街东	(029)87273903
1098	周家大院民俗博物馆	文物	咸阳市三原县鲁桥镇孟店村	
1099	大佛寺石窟博物馆	文物	咸阳市彬县西	
1100	苏武纪念馆	文物	咸阳市武功县武功镇龙门村	
1101	陕西医史博物馆	行业	咸阳市世纪大道陕西中医学院内	
1102	宝鸡青铜器博物馆	文物	宝鸡市公园南路	(0917)3305762
1103	宝鸡北首岭遗址陈列馆	文物	宝鸡市金台区群建巷 17 号	
1104	宝鸡先秦陵园博物馆	文物	宝鸡市凤翔县南指挥镇南指挥村	
1105	五丈原诸葛亮庙博物馆	文物	宝鸡市岐山县五丈原镇五丈原村	
1106	张载祠博物馆	文物	宝鸡市眉县横渠镇西街 45 号	
1107	大唐秦王陵博物馆	文物	宝鸡市金台区陵原乡	
1108	西岳庙博物馆	文物	渭南市华阴市岳庙街	
1109	元代建筑博物馆	文物	渭南市韩城市昝村镇普照寺	
1110	司马迁祠墓博物馆	文物	渭南市韩城市芝川镇东	
1111	大禹庙博物馆	文物	渭南市韩城市新城区周原村	
1112	仓颉庙博物馆	文物	渭南市白水县史官乡	
1113	清代考院博物馆	文物	渭南市蒲城县东槐院巷 17 号	
1114	蒲城县王鼎纪念馆	文物	渭南市蒲城县城关镇达仁巷 54 号	
1115	蒲城县杨虎城将军纪念馆	文物	渭南市蒲城县东槐院巷 29 号	(0913)2095058
1116	林则徐纪念馆	民办	渭南市蒲城县权把巷 6 号	
1117	耀州窑博物馆	文物	铜川市王益区黄堡镇新宜南路 25 号	(0919)7189413
1118	药王山博物馆	文物	铜川市耀州区东药王山	(0919)7188608
1119	陕甘边照金革命根据地纪念馆	行业	铜川市印台区玉华镇玉华宫森林公园内	
1120	延安革命纪念馆	文物	延安市王家坪	(0911)8213666
1121	延安新闻纪念馆	文物	延安市宝塔区清凉山	(0911)2212236
1122	中国抗日军政大学纪念馆	文物	延安市北二道街	
1123	陕甘宁边区银行纪念馆	行业	延安市宝塔区南关市场沟	
1124	洛川民俗博物馆	文物	延安市洛川县凤栖镇解放路 111 号	(0911)3622284
1125	洛川会议纪念馆	文物	延安市洛川县永乡冯家村	(0911)3861545
1126	保安革命旧址纪念馆	文物	延安市志丹县红都街 50 号	(0911)6623507
1127	钟山石窟历史博物馆	文物	延安市子长县安定镇东北钟山南	

序号	名称	性质	地址	电话
1128	瓦窑堡革命旧址纪念馆	文物	延安市子长县瓦窑堡中心街151号	
1129	洛川黄土国家地质公园博物馆	行业	延安市洛川县凤栖镇谷咀村	
1130	碾畔黄河原生态民俗文化博物馆	民办	延安市洛川县土岗乡碾畔村	
1131	杨家沟革命纪念馆	文物	榆林市米脂县杨家沟村	
1132	陕北历史文化博物馆	行业	榆林市文化路榆林学院内	
1133	古生物化石博物馆	文物	榆林市府谷县府谷镇城内村南门路60号文庙	
1134	古麟州博物馆	民办	榆林市神木县体育中心	
1135	汉中市博物馆	文物	汉中市汉台区东大街26号	(0916)2231536
1136	张骞纪念馆	文物	汉中市城固县博望镇饶家营村	(0916)7236064
1137	江神庙民俗博物馆	文物	汉中市略阳县南环路江神庙	(0916)4828677
1138	灵岩寺博物馆	文物	汉中市略阳县城南	(0916)4831302
1139	勉县武侯墓博物馆	文物	汉中市勉县定军山镇	(0916)3316453
1140	勉县武侯祠博物馆	文物	汉中市勉县武侯镇武侯村	
1141	蔡伦纸文化博物馆	民办	汉中市洋县龙亭镇蔡伦墓祠区	(0916)8442638
1142	安康历史博物馆	文物	安康市香溪路段家沟口	(0916)3287945
1143	汉阴县三沈纪念馆	文物	安康市汉阴县城新街	(0915)5210767
			甘肃省	
1144	甘肃省博物馆	文物	兰州市西津西路3号	(0931)2339133
1145	大地湾遗址博物馆	文物	天水市秦安县五营乡	
1146	兰州市博物馆	文物	兰州市城关区庆阳路240号	(0931)8828555
1147	天水市博物馆	文物	天水市秦州区伏羲路110号	(0938)8230242
1148	嘉峪关长城博物馆	文物	嘉峪关市峪泉镇文物景区内	(0937)6396281
1149	定西市博物馆	文物	定西市安定区城关中华路23号	(0932)8217972
1150	平凉市博物馆	文物	平凉市东郊宝塔梁	(0933)8613630
1151	庆阳市博物馆	文物	庆阳市西峰区北大街15号	(0934)8213759
1152	武威西夏博物馆	文物	武威市凉州区崇文街43号	(0935)2228884
1153	酒泉博物馆	文物	酒泉市肃州区雄关路177号	(0937)2613307
1154	甘南藏族自治州博物馆	文物	甘南州合作市人民街111号文博大厦3楼	(0941)8213169
1155	白银市博物馆	文物	白银市长安路与诚信大道交汇处	
1156	兰州战役纪念馆	文物	兰州市华林路529号	
1157	张一悟纪念馆	文物	榆中县兴隆路277号	
1158	八路军兰州办事处纪念馆	文物	兰州市城关区酒泉路314号、甘南路700号	(0931)4660431
1159	张家川回族自治县博物馆	文物	张家川县滨河路	(0938)7881414
1160	会宁红军长征胜利纪念馆	文物	会宁县会师路7号	(0943)3221155
1161	陇东古石刻艺术博物馆	文物	合水县西华北街乐蟠西路	(0934)5521460
1162	庆阳华池南梁革命纪念馆	文物	华池县东山公园	
1163	武威市雷台汉文化博物馆	文物	武威市凉州区北关中路257号	
1164	中国工农红军西路军纪念馆	文物	高台县城关镇人民东路47号	
1165	肃南裕固族自治县民族博物馆	文物	肃南裕固族自治县红湾寺镇祁丰路9号	(0936)6124836
1166	玉门市博物馆	文物	玉门市新市区玉苑路文化馆大楼	
1167	阿克塞县哈萨克民族博物馆	文物	阿克塞县和平路	
1168	肃北蒙古族自治县博物馆	文物	肃北县东大街2号	
1169	铁人纪念馆	文物	玉门市赤金镇甘店子	
1170	嘉峪关市城市博物馆	文物	嘉峪关市五一南路1379号	(0937)6330550
1171	嘉峪关新城魏晋壁画墓博物馆	文物	嘉峪关市新城镇	

序号	名　称	性质	地　址	电话
1172	临夏市博物馆	文物	临夏市环城东路35号东公馆院内	(0930)6282579
1173	和政古动物化石博物馆	文物	和政县城关镇梁家庄新村	(0930)5524668
1174	积石山保安族东乡族撒拉族自治县博物馆	文物	积石山县吹麻滩镇大河路17号	
1175	广河县齐家文化博物馆	文物	广河县城关镇西街29号	(0930)5621920
1176	永靖刘家峡恐龙博物馆	文物	永靖县盐锅峡库区北岸	
1177	迭部腊子口战役纪念馆	文物	迭部县腊子口镇	
1178	碌曲县民俗博物馆	文物	碌曲县玛艾镇	
1179	夏河县民俗博物馆	文物	夏河县拉卜楞镇	
1180	西北民族大学博物馆	行业	兰州市西北新村1号	
1181	甘肃中医学院医药文化博物馆	行业	兰州市定西东路35号	
1182	阳关博物馆	民办	敦煌市鸣山路36号	
1183	敦煌民俗博物馆	民办	敦煌市鸣沙山月牙泉管理处	
1184	甘肃临洮马家窑彩陶博物馆	民办	临洮县洮阳镇河口村窑头滩	
1185	甘肃钱币博物馆	行业	兰州市东岗西路698号	
1186	甘肃省地质博物馆	行业	兰州市团结路	
1187	兰州市地震博物馆	行业	兰州市安宁西路348号	(0931)7677551
			宁夏回族自治区	
1188	宁夏博物馆	文物	银川市兴庆区进宁南街76号	(0951)5042945
1189	西夏陵博物馆	文物	银川市西夏陵风景区内	(0951)8025225
1190	贺兰山自然博物馆	行业	银川市	(0951)2089001
1191	红军西征纪念馆	行业	同心县红军西征纪念园	(0953)8038377
1192	六盘山红军会师纪念馆	行业	固原市	
1193	治沙博物馆	行业	中卫市	
1194	宁夏科技馆	行业	银川市	(0951)5085123
1195	石嘴山市星海湖历史文化展示馆	行业	石嘴山市大武口区山水大道南侧,中华奇石山东侧	(0952)2017910
1196	张家场古城遗址陈列馆	文物	盐池县	
1197	银川世界岩画博物馆	文物	银川市	
1198	西夏文化艺术馆	民办	银川市	
1199	灵武恐龙化石博物馆	文物	灵武市	
1200	民俗文化博物馆	行业	大武口区	
1201	苏维埃政府纪念馆	文物	盐池县	
1202	毛泽民纪念馆	文物	盐池县	
			青海省	
1203	青海省博物馆	文物	西宁市西关大街58号	(0971)6118691
1204	青海省民俗博物馆	文物	西宁市为民巷13号	
1205	海南州民族博物馆	文物	海南州恰卜恰镇人民街29号	
1206	黄南州民族博物馆	文物	同仁县隆务镇热贡路52号	
1207	青海柳湾彩陶博物馆	文物	乐都县高庙镇柳湾村	
1208	青海省阳光医学历史博物馆	民办	西宁市南大街红十字医院内	
1209	青海藏医药文化博物馆	行业	西宁市生物园区经二路36号	(0971)5317881
1210	海北州民族博物馆	文物	海北州西海镇原子路65号	
1211	西宁市博物馆	文物	西宁市城中区解放路4号	
			新疆维吾尔自治区	
1212	新疆维吾尔自治区博物馆	文物	乌鲁木齐市西北路581号	(0991)4552826

序号	名　　称	性质	地　　址	电话
1213	八路军驻新疆办事处纪念馆	文物	乌鲁木齐市胜利路392号	(0991)2321253
1214	毛泽民纪念馆	文物	乌鲁木齐市明德路29号	(0991)2321253
1215	伊犁州林则徐纪念馆	文物	伊宁市经济合作区福州路885号	(0999)8123131
1216	阿拉尔市三五九旅屯垦纪念馆	文物	阿拉尔市胜利大道	
1217	乌鲁木齐市博物馆	文物	乌鲁木齐市南湖南路123号	(0991)6193619
1218	吐鲁番地区博物馆	文物	吐鲁番市木纳尔路1268号	(0995)8522393
1219	哈密地区博物馆	文物	哈密市天山东路28号	(0902)2233778
1220	昌吉回族自治州博物馆	文物	昌吉市延安路中心转盘东南角	(0994)2724077
1221	伊犁州博物馆	文物	伊宁市飞机场路122号	(0999)8236317
1222	博尔塔拉蒙古自治州博物馆	文物	博乐市南城区	(0909)2222765
1223	塔城地区博物馆	文物	塔城市团结路	(0901)6237031
1224	巴音郭楞蒙古自治州博物馆	文物	库尔勒市人民广场文教大楼	
1225	尉犁县罗布淖尔博物馆	文物	尉犁县和平东路18号	(0996)4020802
1226	若羌县楼兰博物馆	文物	若羌县团结路	
1227	新和县龟兹文化博物馆	文物	新河县解放路10号	
1228	喀什地区博物馆	文物	喀什市塔吾古孜路19号	(0998)2652629
1229	和田地区博物馆	文物	和田市北京西路342号	(0903)2960750
1230	新疆兵团军垦博物馆	文物	石河子市北三路59号	(0991)2012111
1231	策勒县达玛沟佛寺遗址博物馆	文物	策勒县达玛沟乡托普鲁克墩村东1公里处	
1232	新疆地质矿产博物馆	行业	乌鲁木齐市友好北路430号	(0991)4812066
1233	新疆钱币博物馆	行业	乌鲁木齐市人民路395号	(0991)2841771
1234	伊宁市汉家公主纪念馆	文物	伊宁市江苏大道	(0999)8235361

全国主要古玩城

（排名不分先后）

序号	市场名称	地　址
1	北京古玩城	北京市东三环南路 21 号
2	琉璃厂海王村	北京市琉璃厂东街
3	亮马收藏市场	北京市亮马路 59 号
4	北京荣兴画廊	北京市琉璃厂西街
5	潘家园旧货市场	北京市潘家园路
6	报国寺市场	北京市宣武区报国寺
7	北京红桥市场	北京市崇文区天坛东路
8	河北霸州文物市场	河北省霸州香港街
9	廊坊旧货市场	河北省廊坊光明东道 106 号
10	大成县文物市场	河北省大成县新风南路文化楼
11	石家庄古玩城	河北省石家庄市西大街 1 号
12	保定市文物市场	河北省保定市新北街 207 号
13	天津市文物市场	天津市南开区水阁大街 30 号
14	天津沈阳道市场	天津市和平区沈阳道
15	兰州古玩城	甘肃省兰州市白塔山公园
16	兰州一工市场	甘肃省兰州市张掖路 224 号
17	兰州雁滩旧货市场	甘肃省兰州市城关区五泉西路
18	南京夫子庙市场	江苏省南京夫子庙东市
19	南京朝天宫市场	江苏省南京市博物馆朝天宫
20	上海东台路市场	上海市东台路浏河路口
21	上海豫园商城	上海黄浦区方浜中路 265 号
22	山西平遥古物市场	山西省平遥县明清街
23	太原文化宫市场	山西省太原市迎泽大街 248 号
24	郑州古玩城	河南省郑州市金海大道
25	郑州夕阳楼	河南省郑州市金海大道
26	成都杜甫草堂市场	四川省清华路杜甫草堂北门
27	大连古玩城	辽宁省大连市万云巷 22 号
28	云南古玩城	云南省昆明市护国路 4244 号
29	昆明古玩城	云南省昆明桃园街 119 号
30	西安古玩城	陕西省西安朱雀大街中段 2 号
31	绍兴古玩城	浙江省绍兴胜利西路
32	吉林古玩城	吉林省长春市重庆路 15 号
33	白鹭洲古玩城	福建省厦门市湖滨中路
34	武昌古玩城	湖南省武汉东湖中南路
35	武汉文物市场	湖南省武汉市香港路 209 号
36	深圳古玩城	广东省深圳市乐园路 13 号
37	广州古玩城	广东省龙津西路梁家寺街
38	广州带河路古玩市场	广东省广州市荔湾区带河路
39	广州缘胜工艺城	广东省广州市文昌北路福寿东 21 号
40	贵州省古玩城	贵州省贵阳市观水路中段
41	合肥市城隍庙古玩城	安徽省合肥城隍庙

编 后

《中国收藏拍卖年鉴》由中国收藏家协会、中国拍卖行业协会、中国艺术科技研究所主办，新华出版社出版发行。首卷2011年版，终于与大家见面了。

《中国收藏拍卖年鉴》编辑出版的过程中，主办方及其他部门领导及有关单位都给予了大力支持，全体工作人员也付出了辛勤的汗水，我仅在此表示衷心感谢！

文物艺术品是人类所创造的物质文明和精神文明的结合体，是历史的传承和文化的体现。而“拍卖”已经成为近年文物艺术品交流最主要的方式，它对“教育人民、引导社会，推动发展，促进和谐”，弘扬中华文化，提高中国软实力起到了至关重要的作用。正如罗哲文老在序文中所言，当下收藏与拍卖已密不可分，《中国收藏拍卖年鉴》把二者合为一体，既是应运，也是尝试。对于编者无疑是一种责任担当，我们必须全力以赴。

“专文”、“特稿”、“专访”等栏目，是本年鉴一个突出特点，虽仅是个人观点，但相信对读者会有所启迪。详实的文图资料，都是重要文化机构和知名拍卖企业所提供，使年鉴更具有可读性和欣赏性。因体例和篇幅所限，恕不再一一说明和感谢。

《中国收藏拍卖年鉴》坚持服务艺术行业的宗旨，希望尽快形成全面、准确、客观、实用的风格，能成为有益于行业和广大读者的资料手册与工具书。但由于时间有限，经验不足，首卷付梓之际，尚存诸多遗憾，我们在今后的编辑过程中会尽量完善。比如，新一卷的《中国收藏拍卖年鉴》在栏目设置上，将会进一步细分，突出类别化与条理化，使内容更为清晰明确，便于读者快速查询阅览。再比如原计划推出的“文物知识”栏目，旨在以历代文物艺术品标准器为范本，建立系统知识架构，普及基础文物知识。邀请权威专家点评，利用学术引导和规范市场，推动收藏拍卖事业的健康发展。然而，海量的知识信息需要漫长而细致的收集、梳理工作，为了确保内容的准确性和指导性，我们最终决定将此栏目延至“2012年卷”并作为未来编辑的重点呈献给大家。

此外，在本卷年鉴的编辑过程中，许多文化机构和文化创意产业希望能通过年鉴宣传推广他们的卓越理念和成功经验，共同促进文化大发展、大繁荣，我们也将在未来的工作中予以考虑。

初次编撰这样一卷融合了收藏、文物、考古、艺术、市场、法规等综合信息的文化类年鉴，难免缺乏经验和存在不足之处，恳请各位读者给予及时的指导和帮助，以便我们总结经验教训，动员更多社会力量参与，在以后的工作中不断充实、改进，更好地为行业和读者朋友服务。

张忠义

2011年3月

《中国收藏拍卖年鉴》主办单位简介

中国收藏家协会（英文译名：China Association of Collectors，缩写CAC）是中华人民共和国民政部正式批准注册的一级协会，业务主管单位为国家文物局，是由全国收藏家、收藏组织、收藏爱好者自愿组成的非营利性的全国性社会团体，具有社会团体法人资格。

中国拍卖行业协会（英文译名：China Association of Auctioneers，缩写CAA）是经中华人民共和国民政部批准成立的一级协会，业务主管单位为中华人民共和国商务部，由全国拍卖企事业单位、社会团体和从事拍卖或相关工作的个人自愿组成的全国性、非营利性的社会团体，具有社会团体法人资格。

中国艺术科技研究所（英文译名：China Art Science & Technology Institute，缩写CASTI）系中华人民共和国文化部直属的文化艺术研究单位，主要业务包括文化艺术科技理论应用研究、艺术品鉴定与评估研究、文化工作标准化、文化数字技术研究等。

新华出版社（英文译名：Xinhua Publishing House）是新华社主管的以出版社科类图书为主的中央级综合出版社，主要编辑出版时政、新闻、文教、经济、生活类图书及画册、图片。在“全国国民阅读调查”评比中，新华出版社连续多年被评为“最受读者欢迎的出版社”之一。

华夏城乡文化书画研究院

谢坚，华夏城乡文化书画研究院院长兼秘书长、北京大学可持续发展战略研究中心副主任、《拓展》杂志主编、《华夏翰风》报主编，著名收藏家、书画理论家、书画评论家。

对中国传统书画艺术极度热爱，专注于领先的书画艺术，认真研究书画名家的笔墨语言，对现代书画艺术有独特的见解和很高的鉴赏能力。作为书画理论家、书画评论家，撰写的上百篇文章刊发于多家报刊、杂志。积极主动地组织举办多次书画展览和学术研讨活动，以书画为桥梁，为我国书画家，以及他们与书画爱好者之间建立起沟通、交流的平台，对我国书画艺术地传承起到极大的作用。

华夏城乡文化书画研究院是由国资委系统事业单位批准成立的城乡文化研究专门机构。鉴于书画艺术是华夏文明中既源远流长又扎根深厚的一种文化形式，研究院以书画艺术为主要载体，召集全国各地、及海内外在书画艺术界有影响、有实力的专家、学者、书画艺术家、书画理论家、书画鉴赏家、书画收藏家及艺术教育界资深人士组成研究院。

本着“统筹城乡文化、共建华夏文明”的宗旨，华夏城乡文化书画研究院以院刊《拓展》、院报《华夏翰风》和研究院官网为平台，发掘和推介国内外书画名家，为书画艺术家提供展示才华、展览艺术和创作研究的平台。根据实际情况的需要，研究院经常组织书画教学培训，促进城乡区域文化的协调发展，充分发挥书画艺术在和谐社会构建中的精神支撑作用，并围绕中国书画艺术发展中遇到的热点和难点问题，组织专家、研究员开展相关学术研讨、交流活动。研究院还建立中国书画艺术人才咨询库，为各级政府、社会团体、各地创作中心提供信息咨询服务；与国内外有影响的艺术团体、教育机构、书画经营行业建立联系，开展国内外书画艺术交流与合作活动。

地 址：北京市丰台区靛厂甲131号
邮 编：100039
联系电话：010-63347302转801、803、805
传 真：010-63347301
网 址：http://www.hxchx.org
电子信箱：hxcx169@163.com